VIDAS DE JESÚS / EDIBESA • 8
Colección dirigida por José A. Martínez Puche, O.P.

REMIGIO VILARIÑO UGARTE, S.J.

VIDA DE NUESTRO SEÑOR JESUCRISTO

SEGUNDA EDICIÓN

EDIBESA. Madre de Dios, 35 bis.
Tel.: 91 345 19 92 - Fax: 91 350 50 99
E-mail: edibesa@planalfa.es
http://www.edibesa.com
28016 MADRID

Gracias a:
**Juan Gil Aguilar, y a
D. Santos Martín
por su valiosa colaboración**

© EDIBESA
Madre de Dios, 35 bis. 28016 Madrid
Tel.: 91 345 19 22
Fax: 91 350 50 99
E-mail: edibesa@planalfa.es
http://www.edibesa.com

ISBN: 84-8407-123-5
Depósito legal: M. 22.407-2004

Fotocomposición e impresión:
Impresos y Revistas, S. A. (IMPRESA)

IMPRESO EN ESPAÑA - PRINTED IN SPAIN

INTRODUCCIÓN

Con la gracia de Dios deseo escribir una vida de Nuestro Señor Jesucristo, de tal estilo que la pueda entender cualquier cristiano, por sencillo y poco erudito que sea.

O, hablando de otra manera, deseo que todo el pueblo pueda saber todo cuanto el Evangelio nos dice acerca de Jesucristo, y conocer todo cuanto el Espíritu Santo acerca del Hijo se ha dignado revelarnos.

Conocer a Jesucristo es vida y vida eterna.

Así nos lo dijo el mismo Señor Nuestro en la oración última que dirigió a su Padre después de la cena: «Levantó –dice San Juan– sus ojos al cielo y dijo: Padre, llega ya la hora: glorifica a tu Hijo, para que tu Hijo te glorifique, ya que le has dado autoridad sobre toda carne, para que dé la vida eterna a todos los que le has encomendado. Porque esto es vida eterna: el conocerte a ti, único verdadero Dios, y al que tú has enviado, a Jesucristo. Yo te he glorificado en la tierra, glorifícame tú junto a ti con aquella gloria que tuve en ti desde antes que el mundo existiese».

En esta oración pide Jesucristo al Padre nuestra vida eterna, pues va a consumar nuestra redención con el acto redentor por excelencia de su Sacratísima Pasión. Y al pedir esta vida eterna, suplica que, así como Él, en sus predicaciones anteriores y en toda su vida, ha glorificado al Padre y le ha dado a conocer a los hombres, así el Padre ahora le glorifique a Él, su Hijo, haciendo que, mediante su Pasión, sobre todo, sea conocido en su propia gloria, en la gloria que tiene junto al Padre, en la gloria que tiene desde la eternidad, de manera que sea conocido y glorificado no sólo como hombre, como un hombre eminente, sabio, justo, virtuoso, sino como lo que es y lo que fue desde la eternidad, como Dios. Porque, dice, ésta es la vida eterna que yo quiero dar a los hombres: el conocerte a ti y a mí.

Así se lo concedió el Padre, y, como dice San Pablo, porque Jesucristo fue obediente hasta la muerte de cruz, por eso le dio nombre y gloria, sobre todo nombre y gloria, nombre de Dios, que hace que ante él se arrodille todo lo que no sea Dios, en el cielo, en la tierra y en el abismo.

Vamos, pues, a facilitar a todos, en cuanto podamos, este conocimiento de Jesucristo, y a cooperar a los designios del Señor divulgando el Evangelio, la buena nueva, el santo conocimiento de Jesucristo.

Conoced a Jesucristo tal como es desde la eternidad.

Conociéndole no podréis menos de amarle. Su vida es encantadora. En ella más que en toda la historia, ni sagrada, ni profana, vemos bien perfectamente lo que fue Dios, lo que es y lo que será en el juicio y en la eternidad. Precisamente fue ésta su gran sabiduría: el hacerse visible para que, por lo que en Él viésemos, averiguásemos lo que en Él no vemos. «Por el misterio de la Encarnación –nos dice la Iglesia en el prefacio de la misa de Navidad– refulgió a los ojos de nuestra mente una nueva luz; para que, al conocer visiblemente a Dios, por este conocimiento de lo visible de Dios, nos sintamos arrebatados al amor de lo invisible de él».

Porque, en efecto, Cristo, tal como vivió entre nosotros y como le vieron los contemporáneos, fue bondadosísimo y suavísimo. Y por lo que hizo visiblemente nos manifestó lo que es invisiblemente, ya que no se puede decir de Él que es una cosa por fuera y otra por dentro, lo cual sería hipocresía y engaño.

Ni tampoco puede decirse que será distinto después de subido a los cielos que antes, porque fuera de que Jesucristo por su parte no varía, por ser Dios, además es verdad lo que dice San Pablo: que si cuando éramos enemigos y pecadores Cristo nos amó y nos reconcilió con su Padre, mucho más nos salvará y amará después que ya nos hemos reconciliado por su sangre con Dios.

Y conviene que muchos que tienen falsa idea de la bondad de Jesucristo, la tengan verdadera y le conozcan como su verdadero y buenísimo padre y hermano primogénito y amantísimo, que así como dio su sangre por nosotros, así nos ama ahora mucho más que antes de haberla dado.

Tal vez extrañará a alguno de los lectores el que yo me ponga a hacer ahora una historia de Nuestro Señor Jesucristo, y buscará la razón de ello.

La razón es, de parte de mis lectores, el ver por experiencia que muchos, aun entre los cristianos piadosos, no conocen suficientemente la historia de Jesucristo, sino algunos hechos, trozos y fragmentos de su vida, no en su relación ordenada. No hay, que yo sepa, en castellano una vida que, al mismo tiempo que completa, sea bastante popular para los que no se dedican a serios estudios de Escritura y de Teología.

Hay otra razón de mi parte y es el vivo deseo de que Nuestro Señor Jesucristo sea cada día más y más conocido. Por lo cual me he movido a poner yo también algún empeño en una empresa tan agradable y gustosa.

En fin, de parte de los malos hay otra razón, y es el ver los muchos que, sobre todo en estos últimos tiempos, con aparato de filosofía y ciencia y progreso, se empeñan sacrílegamente en desfigurar la persona de Nuestro Señor Jesucristo, diciendo de Él, con apariencias de respeto, tales cosas, que, si no fuese por cierto miramiento excesivo que tenemos los católicos para tratar con dureza a todos los que, aunque no sea más que de palabra, dicen que son hermanos nuestros, yo no dudaría afirmar que son tan sacrílegos y tan blasfemos como los racionalistas que en los años pasados fueron censurados como tales por todo el orbe católico. El Jesucristo que estos modernistas nos quieren enseñar se parece al de los Evangelios y al de la tradición de nuestros Santos Padres como al sol la luna. Obra de una herejía sumamente atrevida y anárquica, la historia de Jesucristo, según los modernistas, es la mayor injuria, tal vez, que se haya hecho desde el comienzo de la Iglesia a nuestra fe, a nuestros Evangelios y a Nuestro Señor Jesucristo.

Por eso me parece aptísima la ocasión; y con grande alegría de mi alma y con vivísimo deseo de que Jesucristo Nuestro Señor sea conocido por todo el mundo, iré recogiendo en este libro lo que acerca de Nuestro Señor yo sepa y conozca.

No será ni mucho, ni poco, sino una cosa regular.

Algunos, y tal vez muchos, sabrán más que yo. No escribo para ellos, antes aprendo de ellos muchas cosas. Los sabios no necesitan más libros porque tienen muchos y muy buenos.

Otros sabrán tanto como yo y mejor. Tampoco escribo para ellos.

Pero otros, y también muchos, sabrán menos que yo, porque, distraídos con otros estudios o con el tráfago de los negocios y ocupaciones mundanas o con la brega de la vida, no han podido estudiar.

Para éstos, humildes, indoctos, ocupados, he procurado yo estudiar un poco a Nuestro Señor, y me alegraré en el alma de poderles enseñar alguna cosa más de lo que saben acerca de Nuestro Redentor y Nuestro Sumo Bien, Jesucristo.

Dos cosas he de advertir desde el principio:

La primera, que he procurado recoger aquí todo lo que de Jesucristo nos dicen los Evangelios y demás historias del Nuevo Testamento. De manera que, a ser posible, no desperdicie nada de ellos que no lo ponga en este libro.

La segunda, que en la interpretación de los Sagrados Evangelios procuraré seguir opiniones seguras y probadas por autores sólidos. Y aunque no las citaré por no cargar esta historia de notas, no necesarias a aquellos para quienes principalmente escribo, pueden estar seguros los lectores de que no habrá opiniones aquí que no tengan el voto de autoridades seguras. Y si alguna vez aventuramos nuestro propio juicio, tendremos cuidado de advertirlo.

Estoy seguro de que adivino el deseo de muchos y de que los más de ellos me agradecerán mi empeño.

A los cuales diré yo, como San Andrés a su hermano San Pedro: «Hemos hallado al Mesías, Cristo».

O como Felipe a su amigo Natanael: «Aquel de quien escribió Moisés en la Ley y los Profetas, le hemos encontrado: es Jesús, el hijo de José, el de Nazaret. –Y le dijo Natanael: Pero de Nazaret ¿puede salir cosa buena? –Y le respondió Felipe: Ven tú y velo».

Venid, pues, y vedlo. Venid, los que sabéis menos que yo. Los pequeños, los artesanos, los niños, las mujeres, los soldados, los comerciantes, los labradores, los jornaleros, los profanos, los que no tenéis tiempo para estudiar. ¿Por qué habéis de estar vosotros separados del conocimiento de Cristo Nuestro Señor?

Ojalá que estas pobres páginas lleguen a vuestras manos para que las leáis en las tardes de fiesta y en las noches de invierno, como una historia interesante.

Porque la historia de Jesucristo lo es de veras, si yo acierto a escribirla medianamente de modo que la entendáis.

Voy a contárosla, voy a contaros una historia la más alegre y la más triste, la más humana y la más divina, la más increíble y la más cierta, la más misteriosa y la más radiante, la más importante de todas las historias de todos los siglos: la historia de Nuestro Señor Jesucristo, a quien quizá no conocéis como debéis, o al menos no le conocéis de modo que os sintáis obligados a amarle con todas vuestras fuerzas y todo vuestro corazón.

Ojalá yo acierte a hacer el libro que más queráis tener en la mano y meditar en vuestra vida. Ojalá yo acierte a haceros entender quién es

Jesucristo, y cómo Él es vuestra vida, vuestro bien, vuestra felicidad, vuestro Rey, vuestro Padre y vuestro todo.

Y por lo menos, ojalá que contra las innumerables blasfemias que en nuestros días dicen y escriben los impíos, pueda hacer resaltar en estas páginas que Jesucristo en su vida fue dos cosas, que están íntimamente unidas: Mesías y Dios.

Fue *Mesías,* es decir, el ungido y enviado por Dios para cumplir las profecías y ser el salvador del mundo.

Y fue *Dios,* es decir, hijo verdadero de Dios verdadero.

Éste es el fundamento de toda nuestra fe y religión y de toda nuestra vida y salvación: creer que Jesucristo es Mesías, Hijo de Dios.

El que esto crea y obre conforme a esta fe se salvará, y el que no lo crea se condenará. *Qui vero non crediderit condemnabitur.*

I

VIDA ETERNA

1. JESUCRISTO EN CUANTO DIOS NACE DEL PADRE Y VIVE EN EL PADRE (Jn 8, 51 s.; 1, 1-2)

Estaba un día Jesucristo en Jerusalén disputando con los fariseos en una de las más elocuentes discusiones que con ellos sostuvo, y les decía: «Si creéis mis palabras, seréis de verdad mis discípulos, conoceréis la verdad y la verdad os hará libres». Y le respondieron indignados: «Nosotros somos descendientes de Abrahán, y jamás hemos sido esclavos. ¿A qué vienes diciendo que nos haremos libres?» Pero Jesús les cerró los labios diciéndoles: «Todo el que comete pecado es esclavo del pecado... Ya sé que sois hijos de Abrahán. Pero si sois hijos de Abrahán, haced lo que hizo Abrahán... Abrahán estaba deseando ver mi día, lo ha visto y se ha alegrado». Y espantados entonces de oírle hablar como si hubiera conocido a Abrahán y le hubiese tratado, le dijeron: «Aún no tienes cincuenta años ¿y has visto a Abrahán?» Y les dijo Jesús gravemente: «Os digo y os vuelvo a decir: antes que Abrahán fuese criado existo yo».

En efecto, Jesucristo, en cuanto hombre nació después de Abrahán, pero en cuanto Dios existe desde la eternidad.

In principio erat Verbum. Así comienza su Evangelio San Juan: «En el principio ya existía el Verbo». Imaginad cualquier principio, retroceded con la imaginación buscando el origen de todas las cosas, el principio de todos los tiempos, y os encontraréis con que ya entonces existía el Verbo, que, por consiguiente, si ya en todo principio existía, existió sin principio desde toda la eternidad.

«Este Verbo estaba junto a Dios», porque, distinto del Padre, estaba junto al Padre.

Y el mismo «Verbo era Dios», Dios como el Padre, Dios consustancial con el Padre, junto al cual y dentro del cual, igual e idéntico en sustancia, aunque distinto en persona, estaba ya en el principio y antes del principio de todas las cosas.

Es notable que San Juan llame a la segunda persona de la Santísima Trinidad *Verbo*.

Sólo San Juan le da este nombre, que no se halla en ningún otro de los evangelistas, ni de los escritores sagrados. Y parece, según el modo firme y sencillo de hablar de San Juan desde el principio, que estaba seguro de que todos sus oyentes entendían bajo el nombre de Verbo a la segunda persona divina. Y como tampoco Jesucristo en su vida se llamó nunca, que sepamos al menos, Verbo, algunos han querido deducir malamente que toda su doctrina del Verbo o al menos la denominación, la sacó San Juan, no de la revelación e inspiración del Espíritu Santo, ni de la doctrina de Cristo, sino de la doctrina de Platón, que fue un filósofo griego, o de alguno de los neoplatónicos de la escuela alejandrina, y principalmente de Filón, que renovaron las doctrinas platónicas.

Pues bien, esto no es verdad. Respecto a la doctrina, no tuvo el evangelista necesidad de aprender de Platón ni de sus discípulos lo que Jesucristo enseñó en toda su predicación acerca de su Divinidad, que es muy distinto de lo que enseñó Platón a sus discípulos.

Y en cuanto al nombre de *Verbo*, o, como dicen los griegos, *Logos*, San Juan lo derivó más bien del libro de la Sabiduría, donde expresamente se llama *Logos* o *Verbo* a la Sabiduría del Padre. Y como esta Sabiduría en los libros del Antiguo Testamento aparece como verdadera persona, *engendrada* del Padre, *unigénita* de Él, sabiendo San Juan, como sabía, que en Jesucristo había naturaleza divina, porque Jesucristo era el Hijo de Dios y Dios como el Padre, que se unió con la santísima Humanidad en unidad de persona, dedujo natural y fácilmente, sin necesidad de Platón, que aquella Sabiduría, aquel *Verbo*, aquel *Logos*, era el Hijo de Dios que se hizo hombre por nosotros. Y por eso llamó Verbo al Hijo de Dios.

Lejos de tomar San Juan esta doctrina y este nombre de los platónicos, ¿quién sabe si Platón y los platónicos tomaron esta idea y este nombre de los libros judíos y sagrados o del trato con los sabios de Israel?

Sea de una manera, sea de otra, es cierto que entre los primeros cristianos influyó mucho la filosofía griega y su diccionario, no para la formación, sino para la expresión de nuestros dogmas y la enseñanza de las doctrinas cristianas. Y como San Juan tenía que expresar nuevas y desconocidas ideas, habiendo de significar con alguna palabra acomodada la naturaleza divina que había en Jesucristo, y a la Sabiduría personal de Dios, que está tan bien retratada en los libros sagrados, con caracteres iguales a los del Hijo de Dios que se hizo hombre, a quien él conoció y cuya historia nos describió, no halló en todo el vocabulario palabra mejor que esta de *Logos* o *Verbo,* aun cuando él la entendiese por revelación de un modo distinto de la filosofía griega.

Lo que no puede negarse es que el Logos de Filón no se parece en nada al Logos o Verbo de San Juan. El Logos de Filón es un ente vago, distinto de Dios, medio entre Dios y el mundo, en nada parecido al Mesías, y que unas veces presenta unos caracteres, otras otros, y por cierto no muy coherentes. Al paso que el Verbo de San Juan está perfectamente definido como Persona divina, consustancial con el Padre.

Por lo demás, es aptísima esta palabra para definir la naturaleza divina de Jesucristo. Verbo es lo mismo que concepto, idea, sabiduría, y eso es precisamente el Hijo de Dios: la idea, la sabiduría, el concepto del Padre, personal como el Padre, consustancial con Él e idéntico en naturaleza, no como nuestro pensamiento e idea, que nos son accidentales y muy distintos de nuestra naturaleza y sustancia misma.

2. LO QUE EL VERBO HIZO POR LOS HOMBRES EN SU VIDA ETERNA (Jn 1, 3 s.)

Estaba, pues, este Verbo desde el principio en Dios.

Y no porque no hubiese nacido según la carne dejó de hacer nada por nosotros. Porque dice San Juan que «todo fue hecho por medio de Él, y sin Él (sin su intervención) no se hizo ni una sola cosa de cuantas han sido creadas».

«En Él había vida y la vida era la luz de los hombres». No era Verbo muerto, sino lleno de vida, de vida personal, divina, consustancial con el Padre, que consiste en conocer al Padre, y ser para con Él su sabiduría y su idea, y para con los demás la luz con la cual el Padre hace todas las cosas, la sabiduría con la que gobierna todo el mundo, y lo que es más que todo «la luz de los hombres» que les da a conocer al Padre, y mediante este conocimiento sobrenatural de Dios, con la luz que nos da el Verbo comunicándonos su vida.

«Esta luz –prosigue San Juan– luce en las tinieblas siempre», pero especialmente en medio de la humanidad, que, aun en su estado natural, es tinieblas respecto de Dios y de la luz sobrenatural, pero mucho más lo es desde que, caído Adán de la justicia original, se vio envuelta en pecados. Pero a pesar de que esta luz del Verbo lucía continuamente a los ojos de las tinieblas, «las tinieblas no la comprendieron», los hombres pecadores la descuidaron, la despreciaron, la rechazaron y la siguen todavía rechazando muchísimos.

Estaba, pues, Nuestro Señor Jesucristo, en cuanto Dios antes de encarnar, en el seno del Padre, y estaba allí como Verbo del Padre, como su idea, su concepto, la expresión total de su sabiduría, el aliento de su poder, como una «purísima emanación de la gloria de Dios omnipotente, resplandor de su luz eterna, espejo sin mancha de su majestad; imagen de su bondad» (Sb 7, 25).

Allí Nuestro Señor, como Dios y Verbo del Padre, abrazado estrechísimamente con su Padre y en Él reclinado por toda la eternidad, espira y produce al divino Amor, al Espíritu Santo, con el cual y con el Padre vive y reina desde todos los siglos y por todos los siglos.

Desde allí, en fin, cuando Dios quiere crear los mundos, el Hijo y Verbo eterno de Dios es el autor, tipo y moderador de toda la creación.

«Yo –dice la Sabiduría increada (Si 24 y Pr 8)– nací de la boca (es decir, del entendimiento) del Altísimo engendrada ante toda criatura. El Señor me poseyó al principio de sus caminos y de sus obras, antes que hiciese nada del principio. Fui fundada desde la eternidad y desde la antigüedad, antes que se hiciese la tierra. Aún no había abismos y ya yo había sido concebida; aún no habían brotado las aguas de las fuentes, aún no se habían asentado los montes y antes de los collados yo nacía. Aún no había hecho la tierra, ni los ríos, ni los elementos del polvo de la tierra.»

Pero «yo hice que en los cielos amaneciese la luz indeficiente, y como una nube cubrí la tierra entera. Cuando preparaba el Señor los cielos estaba presente; cuando con un círculo ceñía la superficie de los mares; cuando colgaba las nubes y comprimía las fuentes del abismo y fijaba sus límites al mar para que las olas no traspasasen sus bordes; cuando ponía los cimientos de la tierra, yo estaba con Él componiéndolo todo y me deleitaba cada día jugando sin cesar en su presencia, jugando en el orbe de la tierra, encontrando mis delicias entre los hijos de los hombres».

Tal es el retrato que del Verbo, de la Sabiduría hipostática, nos hace el Antiguo Testamento, en todo conforme con aquella sentencia de San Juan en su Evangelio: *Omnia per ipsum facta sunt*, todo se hizo por medio del Verbo, *et sine ipso factum est nihil, quod factum est*, y sin él no se hizo ni una cosa de las que fueron hechas.

3. EL VERBO QUIERE REDIMIRNOS

Pero no era esto lo único que hacía el Verbo en favor nuestro desde la eternidad, sino que ya desde entonces pensaba cosas mayores. Porque, después de haber determinado crear al hombre como lo creó, determinó encarnar Él mismo y hacerse hombre, como veremos que lo hizo, para vivir entre los hombres como el primogénito de ellos.

Porque habiendo creado Dios al primer hombre en el estado sobrenatural, dotado del don sublime de la gracia y capaz de aspirar a la gloria, y habiendo por su pecado perdido Adán y sus descendientes esta elevación sobrenatural, quiso el Hijo de Dios restablecernos en el estado de gracia sobrenatural y devolvernos la facultad de entrar en la gloria, y para ello satisfacer y pagar por nuestros pecados, como veremos.

Y por eso, habiendo visto desde la eternidad esta prevaricación y pecado de Adán, y todos los demás pecados de los hombres, desde esa misma eternidad determinó hacerse hombre y redimirnos con su sangre. Por donde desde toda la eternidad y al mismo tiempo que estaba gozando en el seno del Padre, pensaba también en mí y en todos nosotros, y mucho más que en la creación ponía su pensamiento en la redención del género humano.

Lo que no sabemos es si el Hijo de Dios se hubiera hecho hombre, aun en el caso de que Adán no hubiera pecado. La liturgia parece darnos a entender que no, cuando en el oficio de Sábado Santo dice hablando de la culpa de Adán: «¡Oh feliz culpa, que mereció tan grande Redentor!»[1].

Sin embargo, no deja de ser muy probable la opinión de muchos y graves teólogos, que, explicando estas palabras de la Iglesia y otras de la Escritura, opinan que Jesucristo hubiera venido a encarnar y vivir entre nosotros, aun en el caso de que Adán no hubiese prevaricado; en ese supuesto, ciertamente no hubiera venido a redimirnos, sino a ser la flor, la gloria, la perla de la creación y el sol del género humano.

---

[1] Pregón pascual con el que empieza la Vigilia Pascual, que antes del Concilio Vaticano II se celebraba en Sábado Santo (N. del E.).

Ésta es la opinión de no pocos doctores, y la que elegantemente expuso nuestro insigne maestro Fray Luis de León en su hermoso libro de *Los Nombres de Cristo*. Allí, al explicar el lindísimo nombre de *Pimpollo* que las Escrituras dan a Jesucristo, dice expresamente Marcelo (uno de los interlocutores del diálogo) que Dios «crió todo cuanto se parece y esconde, en el mundo, a fin de hacer esta unión bienaventurada y maravillosa de Jesucristo, Dios y hombre, que es decir que el fin para que fue fabricada toda la variedad y belleza del mundo, fue para sacar a luz este compuesto de Dios y hombre, o para mejor decir, este juntamente Dios y hombre que es Jesucristo».

Y sostiene que todo este mundo se hizo para producir en él a Jesucristo, «así como en el árbol la raíz no se hizo para sí, ni menos el tronco, que nace y se sustenta sobre ella, sino lo uno y lo otro juntamente con las ramas y la flor y la hoja y todo lo demás que el árbol produce, se ordena y endereza para el fruto que de él sale».

Nosotros somos el árbol, pero la flor, el pimpollo, que vale él solo más que todo el árbol, el fruto por el cual vale el árbol todo lo que vale, sin el cual no vale nada, es Jesús, Dios y hombre y Verbo encarnado.

Tal vez esto quiso significar San Pablo en su carta a los Colosenses (1, 15 s.) cuando entonó aquel hermoso himno a su Redentor, diciendo que Jesucristo es «la imagen de Dios invisible, el *primogénito de toda criatura,* porque en Él fueron creadas todas las cosas en los cielos y en la tierra, las visibles y las invisibles, los tronos y las dominaciones y los principados y las potestades; todo ha sido criado por Cristo y en Cristo; Él es ante todo y todo se sostiene en Él». «Por Cristo y para Cristo, se añade en la carta a los Hebreos, se hicieron todas las cosas» (2, 10).

Si esto es así, Cristo, el Verbo encarnado, fue la primera idea y fin y motivo de la creación de este mundo; y la tierra material con sus galas y hermosuras, la humanidad entera con sus pueblos y sus razas, los ángeles del cielo con sus coros y jerarquías fueron escogidos después de Cristo y hechos para Cristo, para la Divinidad encarnada, para agruparlos en torno del Verbo humanado, para su gloria y honor, para su adoración y amor perpetuos.

En resumen, según esta hermosura manera de pensar de estos teólogos, la idea de Dios desde la eternidad fue criar (prescindiendo de otros mundos de que poco sabemos) este mundo nuestro y en él al género humano variado, perfecto, admirable, elevado al orden sobrenatural, santo, sabio, feliz, donde todos fuésemos y pudiésemos ser

I. VIDA ETERNA

como Adán y Eva, nuestros felices padres. Y desarrollada la humanidad convenientemente, sacar de ella el portento mayor que puede pensarse, a Jesucristo, el Verbo encarnado, no ciertamente para redimirnos, sino para ser nuestra gloria, nuestra flor, nuestro pimpollo hermoso, que diese precio a este árbol, por lo demás despreciable, de la humanidad.

Y si, como sucedió, Adán prevaricaba y perdía para nosotros el derecho de la gracia y de la gloria, entonces vendría Jesucristo a ser no ya sólo nuestra gloria y pimpollo, sino nuestro Redentor, nuestra raíz, nuestra salud.

Si Adán no hubiese pecado, Dios nos hubiese venido del primer modo.

Pecó Adán, y vino el Verbo del segundo modo.

Bendito sea nuestro buen Dios, que así desde la eternidad no sólo pensaba en criarnos, sino en honrarnos y, por haber de caer Adán, en redimirnos. En medio de las delicias de que gozaba en el seno del Padre, ponía también, por su inmensa caridad, sus delicias en estar en medio de los hombres, y ocuparse de todo nuestro bien.

«En él estaba la vida», como dice San Juan, pero esta vida no la guardaba sólo para sí, «era luz de los hombres».

II

VIDA EN LAS PROFECÍAS

4. ESPERANZA DE ISRAEL EN EL MESÍAS

Triste y abatida estaba la nación judía poco antes de la venida de Jesucristo. Casi ya no se podía decir que era nación. A consecuencia de las guerras entre los sucesores de Judas Macabeo, Pompeyo, general romano, entró en la Ciudad Santa el año 63 antes de Jesucristo. Todavía después de este hecho, sujeto a la protección de Roma, tuvieron, sin embargo, por gobernadores a príncipes de su nación y de la familia de los Macabeos.

Pero el año 40 recibió el pueblo de Israel una humillación terrible, pues no tuvo más remedio que recibir por rey a un extranjero, Herodes de Idumea, que compró el reinado de Judea a los romanos.

Con todo, si en medio de esa humillación y abatimiento hubierais penetrado en las casas de Israel, lo mismo por las ciudades de Judea que por los campos galileos, en todas ellas hubierais visto que en medio de las tinieblas del abatimiento lucía perenne un rayo de luz y de esperanza. Ningún israelita creía en su ruina definitiva; todos estaban esperando un libertador, un salvador, un profeta, un rey, un mesías, un cristo, un Jesús, o mejor dicho, al Libertador, al Salvador, al Profeta, al Gran Rey, al Mesías, al Cristo, al Jesús, a un personaje augusto y poderoso más que todos sus anteriores libertadores, más que Moisés, más que Josué, más que David, Zorobabel y Judas Macabeo.

Ya lo veremos mejor en el relato de la vida de Jesús, pero ya sabemos todos que cuando nació Jesús el ángel habló de Cristo a los Pastores como de cosa conocida, y les dijo: «Os anuncio una gran nueva para todo el pueblo: os ha nacido un salvador, que es *Cristo Señor*»; como si dijese: «Os ha nacido ese Cristo Señor que estáis todos esperando; ya sabéis de quién os hablo».

Como de cosa sabida preguntaban también los Magos al entrar en Jerusalén: «¿Dónde está *el* nacido *Rey* de los judíos?» Y como de cosa esperada preguntaba Herodes a los sacerdotes: «¿Dónde ha de nacer *el Cristo*?»

El anciano Simeón esperaba de un día para otro «el consuelo de Israel y tenía promesa del Espíritu Santo de «no ver la muerte sin contemplar por sus propios ojos al *Cristo* del Señor».

Como de cosa sabida hablaba de Cristo la profetisa Ana «a los que esperaban la redención de Israel».

Y cuando preguntaron a Juan Bautista quién era, también San Juan contestó como de cosa conocida: «No, yo no soy *el Cristo*. –¿Eres *el Profeta*?– No soy *el Profeta*». Es decir: aunque soy profeta, no soy el Profeta, ese Profeta grande que vosotros estáis aguardando y al que aludís en vuestra pregunta.

Le estaban aguardando todos en Israel, porque veían que sin Él se deshacía el pueblo, contra lo que ellos firmemente esperaban. Por eso Juan desde la cárcel, oyendo las obras que hacía Jesús, le mandó a dos de sus discípulos con esta pregunta: «¿Eres tú *el que ha de venir,* o esperamos a otro?» Y cuando San Andrés halló a Jesús, volvió a decírselo a Pedro y se lo dijo con estas palabras: «Hemos hallado *al Mesías, al Cristo*». Y cuando Jesucristo, con su elocuencia y milagros y virtudes, convencía al pueblo de su elevada misión y poder, el pueblo exclamaba: «¿Éste es verdaderamente *el Profeta* que va a venir al mundo?» Y al ver sus innumerables y estupendos milagros, se argüía a sí mismo y se decía: «*El Cristo, el Mesías,* cuando venga, ¿hará más milagros que éste?»

Ésta era la grande y conocida disputa acerca de Jesús, sobre si Él era o no *el Cristo, el Mesías*. «Dinos, decía Caifás: ¿Eres tú *el Cristo?»*

Esta misma esperanza de que había de venir un Redentor, *el Mesías, el Cristo,* el Salvador que había de renovar y restablecer el poder o influencia de los judíos, de una o de otra manera, y por ellos salvar al mundo, se reflejaba en muchos libros de aquel tiempo, y aun se rezumaba a los pueblos gentiles. «Era, dice Tácito, persuasión de muchos, que en libros antiguos de los sacerdotes estaba escrito que en este tiempo había de prevalecer el oriente, y que hombres salidos de Judea se apoderarían del mundo». Y casi con iguales ideas dice Suetonio: «Se había difundido por todo el Oriente una antigua y constante opinión de que estaba decretada por los hados que algunos hombres salidos de Judea se apoderasen del gobierno del mundo».

II. VIDA EN LAS PROFECÍAS

¿Cómo y de dónde se había formado esta idea el pueblo judío? ¿De dónde había salido esa esperanza de un salvador? ¿Por qué se llamaba con especialidad Mesías y Cristo? Y ¿qué significaba este nombre de Mesías y de Cristo? El título de *Mesías,* lo mismo que el de *Cristo,* significa *Ungido.* Mesías es palabra hebrea, Cristo griega y Ungido castellana; pero las tres significan una misma cosa.

Según esto, se puede aplicar y se aplicó a todos aquellos que para ejercer algún ministerio teocrático o sagrado eran ungidos, como hoy, por ejemplo, los sacerdotes, con lo cual quedaban hechos sacerdotes, profetas o reyes; sobre todo, reyes.

Pero por excelencia este nombre de *Mesías* y de *Cristo,* en el pueblo judío se fue singularizando poco a poco y aplicando especial y exclusivamente, sobre todo desde el tiempo de Daniel y su célebre profecía de *las setenta semanas,* a un solo personaje, que para el pueblo de Israel era el conjunto de todas sus esperanzas, el remedio de todas sus calamidades, y en especial el rehabilitador de su raza, conquistador de todo el mundo, avasallador de todas las *gentes,* de aquellos pueblos gentiles distintos de Israel que los judíos denominaban *goyim,* a los cuales tenían por inferiores y aun por enemigos suyos y como herencia que un día habían de recibir y dominar de un modo o de otro, y sobre la cual tendrían ellos que reinar de una o de otra manera, pues en esto no tenían, como veremos, ideas bien definidas.

Sobre este personaje, la tradición del pueblo israelita había acumulado todas las ideas de majestad, dominio, imperio, grandeza, valor, hermosura, santidad y nobleza. Lo concebía como sacerdote, profeta, rey, y no como quiera, sino como sumo sacerdote entre todos los sacerdotes, como el profeta por excelencia entre todos los profetas, como rey eterno sobre todos los reyes y sobre todos los dominadores, y por tanto, como ungido con una unción especialísima y singular de bendición y gracia de Dios, en virtud de la cual, más que un ungido cualquiera, era *el Ungido,* más que un cristo o mesías como tantos otros que podían llevar este nombre, era *el Cristo, el Mesías,* la esperanza de Israel, que reuniría, cuando viniese, en su sola persona todas las buenas cualidades y facultades que habían tenido y podían tener todos los ungidos, mesías y cristos de Israel, y como tal, había de proporcionar al pueblo de Dios conquistas, glorias, dominios, victorias y prosperidades incomparablemente mayores y más excelentes que las que les habían proporcionado todos sus antecesores y reparadores.

En una palabra, todos los judíos estaban seguros y completamente ciertos de que iba a venir un excelentísimo judío, enviado por Yahvé a su pueblo, que, ungido con una consagración extraordinaria por Dios, se pondría a la cabeza de los buenos judíos, y con ellos sacudiría el yugo que los gentiles, los *goyim,* les querían imponer, y luego a la cabeza de los suyos conquistaría el mundo, sometería a su reinado a esos últimos gentiles, y en fin, establecería en toda la tierra el reinado de los judíos.

En efecto, como lo esperaban, así ha sucedido: este Ungido, este gran Mesías y Cristo es Jesús, el cual, por medio de doce judíos, impuso al mundo su doctrina y su suave yugo, y fundó en él un reinado, no material como el que muchos judíos se habían imaginado, sino mucho mejor, espiritual, santo, admirable, que es la Iglesia católica.

De modo que Jesucristo, ya antes de venir, era esperado, deseado, buscado, y, antes de aparecer al mundo, vivía ya en la esperanza y deseo del pueblo de Dios.

Ahora bien, ¿de dónde se habían formado los judíos esta idea y de dónde habían sacado esta esperanza?

De las Sagradas Escrituras y de las profecías que, inspirados por el Espíritu Santo, dictaron los patriarcas y profetas del Antiguo Testamento. Son éstas tantas, tan continuadas, de tantas clases y de tan diversos autores, que se necesita mente muy obtusa y perversidad muy grande para no ver la majestad del Señor que tan vaticinado había sido en el Antiguo Testamento, y la grandeza de un acontecimiento mil veces, con maravillosos encarecimientos, durante más de cuarenta siglos profetizado.

No hay otro pueblo como el pueblo judío antiguo en que se haya estado constantemente prediciendo un gran acontecimiento para todo el mundo, con tanta insistencia, tanta confianza y tantas señales como se estuvo en el pueblo de Israel prediciendo la venida de un mesías, de un salvador, redentor y reformador, príncipe y legislador de toda la tierra.

Y si bien tal vez cada una de las profecías pudiera dejar en el ánimo alguna duda acerca de la persona a quien se refiere, pero todas ellas, acumuladas sobre una misma misteriosa persona regia, augusta y bienhechora de la humanidad, ansiada y esperada como el rocío por todos los pueblos, no dejan ninguna duda en el ánimo menos bien dispuesto.

Recordad siquiera las principales de estas profecías.

5. A LAS PUERTAS DEL PARAÍSO (Gn 13)

Triste, sin duda, y tristísima fue la tarde aquella en que, después de haber pecado Adán y Eva, bajó Dios entre la brisa de la tarde a tomarles cuentas de su prevaricación y primer pecado. De los labios de Yahvé, irritado, brotó maldición contra Adán, maldición contra Eva, maldición contra la serpiente y el demonio en ella encerrado.

Pero no todo fue maldición, porque, benigno, el Señor les prometió desde entonces mismo un redentor y remediador del daño que habían hecho, y anunció a nuestros afligidos padres cómo un hijo de ellos había de vencer a la serpiente que a ellos había vencido.

Porque dijo Dios a la serpiente y al demonio en ella:

«Yo pondré enemistad entre ti y la mujer y entre tu descendencia y la suya. Ésta te quebrantará la cabeza, al paso que tú sólo podrás poner asechanzas a su talón.»

Es decir: ahora la mujer ha hecho amistad contigo consintiendo en tus proposiciones, pero yo haré que esta amistad se convierta en enemistad, y que aunque pongas asechanzas en el talón a la mujer y a su hijo, pero esa descendencia y familia de la mujer algún día te vencerá del todo, no ciertamente por todos sus hijos (porque bien pecadores y desgraciados y vencidos, por querer ellos, habían de ser muchos), sino por uno, el principal de todos ellos, el cabeza de toda la familia humana, que había de ser Cristo Nuestro Señor.

Bien lo entendieron Adán y Eva.

6. AL OTRO DÍA DEL DILUVIO (Gn 9)

Noé comenzó a cultivar la tierra y plantó la viña, y de su mosto, aún no experimentado ni bebido por nadie, se embriagó y cayó descubierto por el campo. Cam se burló de su padre; Sem llamó a Jafet, su hermano, y con respeto muy grande, lejos de burlarse de su padre, le cubrió.

Y despertó Noé, y al saber la irreverencia de Cam, maldijo a Canaán su hijo, diciendo: «¡Maldito Canaán!, sea siempre el esclavo de los esclavos de sus hermanos».

Y en cambio bendijo a Jafet, y especialmente a Sem, diciendo: «Bendito sea Yahvé, Dios de Sem, y que Canaán sea su esclavo. Que

Dios dilate los espacios de Jafet, y que habite en las tiendas de Sem y sea Canaán su esclavo».

En efecto, Dios ha sido de Sem y ha venido al mundo de sus descendientes, y Jafet, después de haberse propagado mucho más que Sem, al fin ha tenido que introducirse en la gran tienda de campaña de Sem, en la cual ha venido al mundo Dios humanado, nacido de una rama de la familia de Sem.

Aún no están claras las profecías; ya se irán aclarando cada vez más, y nos dirán otros patriarcas quién era ese descendiente de la mujer que quebrantará la cabeza del dragón, y nos explicará Isaías cuáles son esas tiendas de campaña donde mora Sem, las cuales se tendrán que dilatar muchísimo para que en ellas entren todos los hijos de Jafet y los de Cam.

7. ABRAHÁN, PADRE DE MUCHAS GENTES
(Gn 12; 15; 18; 22)

Quería Dios ir ya determinando más en la tierra las esperanzas del futuro salvador del mundo, y entre los que vivían en Caldea llamó a Abrahán, y, señalándole la tierra de Canaán, le dijo: «Sal de tu tierra y de tu parentela y de la casa de tu padre a la tierra que te voy a enseñar, y te propagaré en mucha gente y te bendeciré y engrandeceré tu nombre y serás dichoso. Bendeciré a los que te bendigan y maldeciré a los que te maldigan, y en *ti serán bendecidas todas las razas de la tierra*».

Que fue decirle que por medio de su posteridad alcanzarían bendición, dicha y ventura todas las naciones de la tierra.

Y no se lo dijo el Señor una sola vez, sino varias. Porque una vez llegado Abrahán a los setenta y cinco años, le habló de esta manera: «–No temas, yo seré tu escudo, y tu premio será muy grande.

–Pues ¿qué me vais a dar, Señor?, –dijo Abrahán–; yo me voy sin dejar hijos, y el heredero de mi casa va a ser ese Eliezer de Damasco, mi criado».

«No será ése tu heredero –le respondió el Señor–, sino un hijo que engendrarás».

Y tomando a Abrahán consigo, le sacó fuera de la tienda y le dijo: «Levanta tus ojos al cielo y cuenta si puedes las estrellas... Pues tantas como ellas será tu descendencia».

Después le repitió casi lo mismo cuando, teniendo ya él noventa años, le prometió que de Sara tendría un hijo. Y cuando el ángel reveló a Abrahán el castigo que iba a dar a Sodoma, le dijo estas palabras: «¿Acaso puedo yo ocultar lo que voy a hacer a Abrahán, a un hombre que va a tener tanta descendencia y tan fuerte, en la cual han de ser bendecidas todas las naciones de la tierra?»

Y, en fin, cuando el Señor, para probar la fe de Abrahán, le hizo ir a sacrificar a su único hijo Isaac, en el cual él esperaba que se verificarían aquellas promesas tan repetidas, el ángel detuvo su mano al ir a dar el golpe, y dijo el Señor solemnemente:

«Lo juro por mí mismo: porque has hecho esto y no has perdonado a tu primogénito por mí, te bendeciré y multiplicaré tu descendencia como las estrellas del cielo y como la arena de las playas. Tu descendencia poseerá las puertas de sus enemigos, y en ella serán bendecidas todas las naciones de la tierra, porque has obedecido a mis órdenes.»

Esta fue la promesa magnífica: que de Abrahán saldría el Redentor del mundo, causa de todas nuestras bendiciones. Siempre desde entonces los judíos estuvieron ciertos de que de alguno de los hijos de Abrahán saldría el Mesías y Redentor.

Todos los demás vaticinios sobre el Mesías que después vendrán, descansan en éste como en su base y se refieren a él como a la gran promesa y pacto de Yahvé con el pueblo circunciso.

A este pacto aludió la Virgen María en su cántico cuando dijo en el *Magnificat*: «Dios ha tomado a Israel su siervo, acordándose de la misericordia que había prometido a nuestros Padres, Abrahán y sus descendientes».

Y Zacarías también, en el himno que al nacer el Bautista pronunció, exclamaba: «Yahvé va a cumplir ya el pacto santo que había jurado a Abrahán, nuestro Padre, de concedernos el que, libres de nuestros enemigos, le sirvamos sin temor en justicia y santidad todos los días de nuestra vida».

Abrahán es el tronco del Antiguo Testamento y el centro de todas las promesas que después se suceden.

8. ISRAEL (Gn 49)

Israel, «el que lucha con Dios», fue el nombre que el ángel dio a Jacob, y con él quedó para siempre el pueblo de Dios, y aunque con algunas intermitencias, siempre fue el nombre más general. Israelita era lo mismo que uno de los descendientes de Jacob y heredero del pacto y testamento antiguo que hizo Dios con Abrahán, de quien lo heredó Isaac y luego Jacob, padre de las doce tribus que siempre se distinguieron en el pueblo de Dios.

De todos los anteriores padres sólo un hijo fue escogido para el pueblo de Dios. Después de Jacob, ninguno ni de sus hijos ni de sus nietos fue repudiado de la gran familia heredera de las promesas Abrahánicas.

Desde este punto de vista, Jacob es lo último del tronco patriarcal, que después de él queda dividido en las doce ramas de las doce tribus.

Su profecía es de las más notables del Antiguo Testamento.

Iba a morir y dijo a sus doce hijos:

«Reuníos todos, que voy a profetizaros lo que os sucederá en los últimos días. Reuníos y escuchad, hijos de Jacob, escuchad a Israel vuestro padre.»

Y fue profetizando a cada uno lo que le correspondía. Y cuando llegó a Judá, entonó un canto magnífico y dijo:

«Judá, te alabarán tus hermanos; tu mano humillará la cerviz de tus enemigos. Los hijos de tu padre se prosternarán ante ti. Judá es un león joven. Vuelves, hijo mío, de la presa. Ha plegado sus rodillas y se ha tendido como un león, como una leona... ¿Quién será capaz de hacerle levantar? No se apartará de Judá el cetro, ni en su posteridad la vara de mando hasta que venga Aquel a quien está reservada. A éste se dirigirá la ansiosa expectación de todos los pueblos.»

Magnífico vaticinio y abierta profecía del Redentor, que se cumplió exactamente con la vida de Jesús Nazareno. Por muchas guerras y persecuciones que sufrió el pueblo judío, nunca perdió su cetro, autonomía y gobierno hasta el advenimiento del Mesías, a quien correspondía en toda propiedad el cetro del pueblo de Dios. La Sinagoga nunca cesó, ni la nación judía perdió su nacionalidad hasta que, viniendo Jesús, *aquel a quien pertenecía y estaba reservado* el imperio sobre el pueblo escogido, vino y tomó la vara de poder y el cetro de Rey y Sumo Sacerdote del pueblo judío, no destruyéndolo, sino perfeccionándolo y convirtiendo con su autoridad la Sinagoga en la Iglesia, a la cual acudieron ansiosos todos los pueblos del mundo.

Hasta San Juan «la ley (antigua) y los profetas»; después de San Juan, «el reino de Dios, adonde acuden tantos, que por entrar se hacen mutuamente violencia». Así decía Jesucristo en un sermón.

II. VIDA EN LAS PROFECÍAS

Hoy ya el poder, la autonomía, toda forma de pueblo y de nación ha desaparecido de Judá, aun conservándose los judíos en gran número, y es que el prometido de Jacob, aquel propietario del cetro de Judá, ha venido y ha dejado sin autoridad a los que se la guardaban en el Antiguo Testamento: a los unos sometiéndolos a sí y salvándolos por obedientes, a los otros maldiciéndolos y rechazándolos por rebeldes.

9. MOISÉS (Dt 18, 15)

Ya la persona del futuro Redentor y Mesías se va delineando cada vez más clara. Moisés en el Deuteronomio le describe como un profeta semejante a él, es decir, como un profeta que, así como Moisés, legado divino, dio al pueblo una ley suprema e invariable, así también diese a su nueva Iglesia un nuevo código, invariable como el primero e indeclinable. Dijo Moisés al pueblo:

«Yahvé, tu Dios, te suscitará de en medio de ti, de tus hermanos, un *Profeta* semejante a mí; a ese profeta oirás. Así lo pediste a Yahvé, tu Dios, en el monte Horeb... Y me dijo el Señor: —Bien está lo que dicen. Yo les suscitaré *Profeta* de en medio de sus hermanos semejante a ti, yo pondré mis palabras en su boca y él les dirá cuanto yo le encargue. Si alguno no oye lo que diga en mi nombre, yo me vengaré».

San Pedro y San Esteban, y antes de ellos Natanael y los samaritanos, se acordaron muy bien de esta profecía cuando vieron a Jesucristo, y su recuerdo es claro indicio de cuán popular era esta creencia y esperanza en el *Profeta* verdadero.

10. EL HIJO DE DAVID (2R 7; 1Cro 17; Sal 88)

«¡Hosanna al Hijo de David», decía el pueblo a Jesucristo el día de Ramos. Y es que una de las grandes profecías era la que Dios dijo a David: que de su familia nacería el *rey eterno* y salvador del mundo. Así se lo prometió al rey el profeta Natán con estas hermosas palabras:

«Yahvé te anuncia que te formará casa. Cuando tus días se cumplan y tú reposes con tus padres, suscitaré en pos de ti a tu posteridad, que saldrá de tus entrañas, y consolidaré su reino. Ella edificará casa a mi gloria, y yo *afirmaré* para *siempre el trono de su reino*. Yo seré para ella padre, y ella será para mí hija. Si hace mal, la castigaré con vara humana y con heridas humanas. Pero *mi misericordia no se apartará de ella* como se apartó de Saúl, a quien hice desaparecer de tus ojos. Tu *casa y tu reino serán firmes perpetuamente* delante de ti; tu trono será firme para siempre.»

Es decir, que promete Dios a David, y lo mismo prometió a su hijo Salomón, que tendría entero su reino temporal mientras no apostatasen de Yahvé, pero que, si se apartaban de él, los castigaría, sí, con penas y aflicciones, como efectivamente lo hizo, pero no por eso se apartaría de la familia y posteridad de David su misericordia, sino que de esta familia saldría uno que tendría dominio eterno, según magníficamente lo canta y profetiza el salmo 88, diciendo:

«He hallado a David mi siervo, le he ungido con óleo santo... yo le conservaré mi misericordia por siempre y mi alianza con él será indisoluble. Yo estableceré su posteridad por los siglos de los siglos y su trono durará como los días del cielo. Si sus hijos dejan mi ley y no andan según mis preceptos, si violan mis mandatos y no observan mis órdenes, yo castigaré con vara sus iniquidades, y con golpes sus prevaricaciones. Lo que no haré es retirar mi bondad, ni violar mi alianza. No cambiará la palabra que sale de mis labios. Lo juré una vez.»

11. SALMOS MESIÁNICOS

Tenía el pueblo judío, principalmente para su culto y sus fiestas en el templo y fuera del templo, muchos y hermosos cánticos religiosos que llamaba *salmos,* es decir, cantares compuestos por santos varones inspirados por Dios, principalmente por David y Salomón y los hijos de Coré, todos los cuales reunió Esdras a la vuelta de Babilonia en una hermosa colección de 150 cánticos que se llama Salterio. En ella muchos de los salmos se llaman mesiánicos, porque tratan del Mesías futuro y vaticinan sus futuros hechos y glorias.

No es ya una u otra profecía, es una nube de vaticinios hermosos. No es una u otra estrella que ilumina las oscuridades de lo futuro, es una lluvia espléndida de estrellas o una aurora boreal, que a veces convierte antes del alba casi en día la noche del Antiguo Testamento.

En ellos se ha expresado el origen del Salvador, hijo de David: su carácter de sacerdote y de rey, su pasión dolorosa, su gloriosa resurrección, su magnífica y triunfadora ascensión a los cielos, su reinado universal después de su pasión, la unión de todos los pueblos a su alrededor en una Iglesia pacífica y maravillosa.

Allí sobre todo aparece el carácter regio y la unción divina, por la cual el hijo real, prometido, como hemos dicho, a David para perpetuar su trono en todo el mundo, era continuamente en los cánticos del pueblo de Dios, llamado por todos los irsaelitas su rey, su sacerdote, su salvador, su Cristo, sobre todo, y su Mesías.

Más se extienden después los profetas en la descripción del Mesías. Pero apenas dicen más. Porque son tantos los datos y rasgos que del futuro Mesías nos dan los salmos y con tanta elocuencia, que todo lo esencial está ya profetizado en estos cánticos. El pueblo, conociendo de memoria y cantando en todas las fiestas estos salmos, conocía perfectamente al Cristo que había de venir.

12. LOS PROFETAS

Puso Dios después de Moisés en Israel un cargo importantísimo: el de los profetas. Profetas eran los supremos y autorizados maestros señalados por Yahvé para explicar, conservar y perfeccionar la alianza nueva que había de traer Cristo. Por espacio de mil años no faltaron, desde Moisés hasta Malaquías, en el pueblo de Dios, profetas sumamente autorizados, a quienes el pueblo y los reyes y todos reconocían como superiores representantes de Dios, como maestros, como consultores, como directores de toda la vida privada y pública, religiosa y civil del pueblo de Dios.

Su fin principal era no sólo, como se cree generalmente, vaticinar lo futuro, sino principalmente promover la religión, instruir, enseñar, reformar al pueblo en el culto del verdadero Dios, preservarlo de la idolatría y disponerlo así para la venida del Mesías.

Esto lo hacían muy frecuentemente vaticinando lo futuro.

Yahvé les inspiraba muchísimas veces, y no sólo les enseñaba lo presente, sino que les revelaba con frecuencia lo por venir, tanto que por eso, el nombre de profeta, que de suyo significa una persona que habla en nombre de otro, y aquí en nombre de Dios, se aplica ya de ordinario sólo a los que vaticinan los sucesos futuros.

Los profetas de Israel vaticinaron y profetizaron todos ellos cosas y sucesos futuros que importaban a la nación, pero, sobre todo, muchas verdades de la venida y hechos del Mesías, manteniendo al pueblo en una constante contemplación del futuro Salvador, así como nosotros ahora nos mantenemos en una contemplación constante del Salvador pasado y presente.

Uno de los puntos que más frecuentemente predicaban, y en que muchas veces coinciden los profetas, es éste: El pueblo de Israel no ha cumplido la condición que le puso Dios para conservarle su prosperidad y dominio temporal, sino que ha sido muy rebelde a los mandatos de Dios. Por eso, decían, seréis castigados, humillados, abatidos vosotros y vuestros directores y pastores. Pero al fin vendrá un nuevo Pastor que resucitará lo abatido y reunirá lo disperso y renovará la gloria de Israel y salvará *las reliquias* del pueblo, es decir, a los que se hayan conservado fieles, y las dilatará por toda la tierra.

¡Cuántas y cuán hermosas promesas se podrían aquí citar, si hubiese tiempo, de todos los profetas y sobre todo de Isaías!

Para conservar al pueblo, describe cada cual lo que del Salvador se le ha revelado, y son tantos los datos que se reúnen de estos vaticinios, pronunciados y escritos muchos siglos antes de Jesucristo, que de ellos se puede componer una biografía del futuro Cristo.

Miqueas dijo que nacería en Belén, Isaías que nacería de una virgen, Malaquías que había de precederle un gran enviado de Dios, que fue San Juan Bautista.

Isaías, que empezaría a enseñar por Galilea, daría vista a los ciegos, oído a los sordos, lengua a los mudos y andadura a los cojos; que haría otros muchos milagros, y que sería benigno con los pecadores y manso con todos.

Zacarías predijo que entraría en Jerusalén manso sobre un pollino, y que, a pesar de esto, destruiría las cuadrigas y carrozas de Efraín, daría paz a las naciones y extendería su reino de mar en mar, de los ríos a la tierra, es decir, por todo el orbe; que sería vendido por treinta monedas, y que con ellas se compraría un campo de alfarero.

La pasión, en particular, por ser el acto principal de la vida de Jesucristo, y muy increíble, la describen de tal modo, en particular Isaías, que aquello más que profecía es visión y evangelio. Allí se ve cómo le habían de afligir muchísimo, lo cual era inverosímil, cómo le habían de confundir con malhechores, cómo, a petición de todo el pueblo, le habían de condenar a muerte, cómo le habían de azotar y abofetear y escupir. Que le traspasarían los pies y las manos, que se reirían los que le viesen pasar, y moverían la cabeza diciendo: «Ha esperado en Yahvé; que le salve, pues, ya que tanto le quiere».

El salmo 22 dice que dividirían sus vestidos y que sobre su túnica echarían suertes, que se le secaría su lengua y se le pegaría a las fauces. Y el 69 añade que en su sed le darían vinagre.

Isaías dijo que se le querría sepultar con los impíos, pero que un rico le daría sepultura.

El salmista vuelve a decir que no será abandonado en el sepulcro, ni su cuerpo se corromperá, sino que Yahvé dará al Cristo conocimiento de la senda para la vida y facultad de caminar a la resurrección.

Casi todos los profetas dicen de mil maneras que el reino de Cristo se extenderá por toda la tierra y vivirá perpetuamente, y que lo extenderían los judíos, y que los gentiles de todas las lenguas vendrían a estos judíos y les cogerían del orillo del manto y les rogarían diciendo: «Iremos con vosotros, porque hemos oído que Dios está con vosotros». Así lo hicieron los apóstoles.

Malaquías vaticinó que en todas partes se ofrecería el sacrificio limpio de la misa.

Ageo, viendo que los judíos vueltos del cautiverio estaban tristes al ver que el templo que edificaba Zorobabel era muy inferior al antiguo, les profetizó que aquel templo sería mucho más afortunado que el primero, pues a él vendría el Mesías a dar la paz al mundo.

También Malaquías profetizó que el Mesías vendría a aquel templo.

13. DANIEL (Dn 9)

La profecía de Daniel es una de las más estupendas.

Había rogado el Profeta al Señor que, cumplidos los setenta años de cautiverio, restituyese al pueblo de Dios del cautiverio de Babilonia a su patria y restaurase su templo y su ciudad de Jerusalén. Y vino el arcángel Gabriel y le dijo estas palabras:

«Desde el comienzo de tus oraciones ha salido una palabra y vengo a indicártela, porque eres hombre favorecido por Dios. Fíjate en mi palabra y entiende la visión: Setenta semanas se han contado en tu pueblo y tu ciudad santa, para que en ella se ponga fin a la prevaricación y reciba término el pecado y venga justicia sempiterna y se cumpla la visión y profecía y sea ungido el Santo de los santos. Atiende, pues, y comprende:

»Desde que salga el decreto de edificación de Jerusalén hasta el Mesías caudillo, habrá siete semanas y sesenta y dos semanas, y otra vez volverá a edificarse la plaza y los muros entre angustias de tiempo.

»Después de las sesenta y dos semanas será muerto el Mesías.

»Y dejará de ser ya pueblo suyo el que le va a negar.

»Un pueblo con un general que vendrá disipará la ciudad y el santuario, y su fin será invasión, y después del fin de la guerra vendrá la desolación decretada.

»Sellará *(sin duda este Redentor)* su pacto para todo el mundo en una semana, y a la mitad de la semana hará cesar hostias y sacrificios, y habrá en el templo abominación de desolación, y esta desolación durará hasta que la destrucción se arroje sobre la devastación.»

Tal vez no haya profecía más atrevida y precisa entre todas las profecías que ésta. La hizo Daniel casi un siglo antes que el decreto de la reedificación.

Unos 454 ó 453 años antes de Jesucristo, es decir, 484 ó 483 años antes de que Jesucristo apareciese en su vida pública, y lo que es lo mismo, sesenta y nueve semanas (siete más sesenta y dos) de años antes de la salida del Mesías al Jordán, dio el rey Artajerjes un decreto permitiendo a Nehemías levantar la ciudad y los muros y la plaza.

En esto se debieron de emplear las siete primeras semanas de años que en la profecía aparecen separadas.

Pasadas éstas y otras sesenta y dos semanas de años, se presentó en público el Mesías; y pasados tres años o tres y medio más, *en medio de la última semana* de las sesenta, fue muerto el Cristo, y dejó de ser su pueblo el que le negó, y se confirmó el pacto y testamento nuevo *para muchos,* es decir (pues a esto equivale este lenguaje de la Escritura), para todos, para el universo mundo.

En medio de esta semana dejó de valer la hostia y sacrificio de la ley antigua.

Y poco después el pueblo romano, acaudillado por Tito, disipó la ciudad y el templo, y después del fin de esta guerra vino la desolación decretada por Dios sin término definido.

14. ESPERANZAS MESIÁNICAS POPULARES

Con todas estas profecías, ¿qué maravilla que el pueblo de Dios conociese, esperase y desease al Ungido, al Cristo, al Mesías antes de que naciese? Aún no había venido al mundo, pero ya vivía el Redentor vida ilustre en la imaginación que le pintaba con las imágenes de los salmos y de los profetas, en la mente que le figuraba con la verdad del Espíritu Divino y en el corazón que le amaba tal vez más antes de haber venido, que lo que aquel pueblo prevaricador le amó después de venir.

Porque, como dice San Juan, «vino a los suyos», vino a aquel pueblo, al que había hecho suyo para nacer en él y honrarlo con su nacimiento, y «los suyos no le reconocieron...»

III

LA PATRIA DE NUESTRO SEÑOR

15. EL PAÍS DE PALESTINA

Muchas regiones hemos visto, tierras hermosísimas, ruinas muy interesantes, países espléndidos, campos preciosamente recortados, vegetaciones exuberantes de lujo, magníficas ciudades, montañas soberanas. Pero en ninguna parte hemos encontrado esa luz singular del alma, ese calor del corazón, ese ambiente del espíritu, que encontramos en este país de Cristo. Ni en Oriente ni en Occidente hay otra tierra igual. *Tierra Santa,* como la llamó Zacarías, tierra prometida por Dios a un pueblo que hizo suyo, tierra escogida por el Verbo divino para aparecer y vivir en ella, no tiene una piedra, no tiene un terrón que no haya sido pisado por algún ángel o algún santo; no tiene un árbol ni una yerba que no haya sido testigo de algún prodigio celestial; no tiene un monte ni campo que no conserve el eco de alguna revelación y enseñanza divina.

Y sobre todo, la sombra de Nuestro Señor Jesucristo restaurada por nuestra fantasía y buscada por nuestro corazón, vaga allí por todas partes llenándonos de dulces recuerdos. Éstos son sus montes, éstos son sus sembrados, éstas sus viñas, éste su mar, éste su pueblo. Aquí multiplicó sus panes, aquí buscó a su oveja, aquí dijo el Paternóster. Aquí cenó, aquí sudó sangre, aquí murió, aquí resucitó y por aquí se fue al cielo... Casi busco sin darme cuenta algún pedazo de aquellos panes por el suelo, casi me figuro ver alguna gota de la divina sangre entre las yerbas, o algún fulgor del resucitado entre las luces del crepúsculo, y hasta casi espero ver la misma graciosa persona del Maestro al volver de una esquina.

Y sin embargo, aquellas tierras valen poco. No faltan, como en todas partes, rincones agradables, pero los más no pasan de vulgares. En cambio, hay mucho pedregal, mucho desierto, mucho yermo... Si no fuese por sus santos recuerdos, serían bien pocos los que fuesen a visitarlas, y menos los que de ellas se ocupasen. Pero... ¡es el país de Nuestro Señor Jesucristo!...

Hoy conserva el nombre de Palestina, derivado de los Filisteos, antiguos pobladores, aunque sólo de una parte, y precisamente los más enemigos del pueblo de Dios. Cortada en Occidente por el Mediterráneo y en Oriente por los desiertos sirio y árabe, limitada al Norte por Fenicia y Siria, y al Sur por donde empieza la Arabia Pétrea, *desde Dan hasta Bersabé,* que eran los límites proverbiales de Norte a Sur, su extensión ocupa 25.124 kilómetros cuadrados, menos que Sicilia, bastante menos que Bélgica, y menos también que nuestro Reino de Valencia (*).

No es mala su posición geográfica; situada en el centro del orbe antiguo, por ella habían de pasar los mercaderes y los soldados del Oriente como por un puente tendido entre Egipto y Mesopotamia, y entre Arabia y Asia Menor, o como por un desembocadero del interior al mar. No era fácil, ciertamente, el paso, por lo escabroso de toda la tierra; mas, primero, era obligado, y luego los romanos, perfeccionando las vías antiguas y abriendo otras nuevas, lo hicieron apto para toda comunicación entre todos los pueblos.

Sin meternos en muchas averiguaciones geológicas, pronto se ve que toda Palestina fue una elevada planicie, la cual, por efecto de algunos terremotos, rompiéndose los puentes y bóvedas subterráneas en que estribaba, se partió de alto a bajo en una gran hendidura que hoy forma el Gor, el valle hundido y alargado del Jordán, y se resquebrajó en otras partes en innumerables grietas que hoy presentan casi desnudas de tierra mil crestas por todas partes, alternando con innumerables valles, si tal nombre merecen, y no más bien el de surcos y rincones que recogieron la tierra que bajó desde las hoy peladas crestas que erizan todo el país.

Por el Gor, valle central, se abre paso el único río de Palestina digno de este nombre: el Jordán, que divide la tierra en dos partes bien señaladas: la Transjordania al Este, que se extiende en 9.481 kilómetros cuadrados, y la Cisjordania al Oeste, que se extiende en 15.643 kilómetros cuadrados. Este valle oblongo, que antiguamente debió de

---

(*) La nomenclatura y las dimensiones han variado desde la creación del estado de Israel en 1948, y las contiendas y pactos que desde entonces ha habido (N. del E.).

III. LA PATRIA DE NUESTRO SEÑOR   37

ser un lago continuado de arriba abajo, desde Dan hasta el mar Muerto, uniendo a éste con el lago de Genesaret y el lago de Merón por toda la cuenca del Jordán, hoy, retiradas las aguas al cauce, se presta a la agricultura y al comercio, ofreciendo camino y vistiendo de una ancha faja de tropical verdura y frondosidad ambas orillas a todo lo largo del insigne río que, nacido en el Norte de Tierra Santa, muere en el mar Muerto sin salir ya de su tierra a ningún mar vivo.

De estas dos partes en que el cauce del Jordán divide a la Tierra Santa, la Cisjordánica es, sin duda, la más importante en sí, y la que Jesucristo recorrió principalmente, como veremos.

Ésta, desde Dan hasta Bersabé, que eran sus límites proverbiales de Norte a Sur, no pasa de 228 kilómetros, poco más que de Bilbao a Valladolid en línea recta; su anchura, desde el Jordán hasta el Mediterráneo, va estrechándose desde la base casi regularmente por el lado del mar, desde 94 kilómetros que tiene al Sur hasta 37 no más que tiene al Norte. Baste decir que desde Neby Samul, collado que junto a Jerusalén se alza un poco más que la Ciudad Santa, pudimos ver distintamente por una parte la línea del Mediterráneo, y por otra los montes de Moab, que están al otro lado del Jordán, en la Transjordania, los dos límites de la tierra.

Se divide esta región en tres partes principales y bien determinadas: Galilea, Samaría y Judea. Galilea es la región del Norte y comienza en las estribaciones del Líbano, y llega hasta Samaría. Samaría ocupa el medio, y Judea continúa al Sur hasta el fin de Palestina en los límites de Idumea.

La otra parte occidental, la Transjordánica, dividíase en dos partes principales: la Decápolis al Norte y la Perea al Sur; mucho menos importantes en la historia de Jesucristo.

16. GALILEA. SAMARÍA. JUDEA

Galilea es la parte de Palestina más interesante en la historia de Nuestro Señor.

Comprendía las cuatro tribus de Aser, Neftalí, Zabulón e Isacar.

La dividen en tres partes: Galilea superior, Galilea inferior y llanura de Esdrelón.

La Galilea superior, formada por las estribaciones del Líbano y del Hermón, es montuosa y tiene alturas de las mayores de Palestina.

Cuando desde las orillas de Genesaret subimos a Safed, la *Ciudad puesta en alto* al pie del Djebel Safed o Djebel Djarmuk, la cumbre más alta de Galilea, a 1.198 metros, bien pudimos ver que toda la región era un laberinto de montañas; sólo que, a diferencia de lo que sucede en todas partes de Tierra Santa, las montañas eran risueñas y cultivadas todavía, y pobladas aun en alturas tan elevadas como Safed.

La Galilea inferior todavía tiene montes en los últimos escalones, como quien dice, del Líbano, antes de llegar al descanso de Esdrelón; pero son montes ya más bajos y más abiertos que van descendiendo o a las orillas del lago de Genesaret, o a la llanura de Esdrelón, o a la vertiente del Jordán, hasta más abajo que el nivel del mar. Aquí, tal vez, el monte más alto de todos es el Tabor, que sólo tiene 562 metros.

Sigue ya al Sur *la llanura del Esdrelón,* la «Gran Llanura», como la llamaban, aunque no es grande, sino relativamente.

Forma un triángulo irregular, cuya base se apoya en el Carmelo y en los montes de Samaría o de Djenin, y cuyo vértice es el monte Tabor. Su base podrá tener unos 35 kilómetros a lo largo de la cadena del Carmelo; y su lado, desde el Tabor hasta Djenin o Samaría, unos 25. No es extraño que fuese llamada grande, siendo la única llanura de toda Palestina. Por lo mismo, cultivada mejor que hoy, por los más numerosos habitantes de entonces, podía ser un granero de toda la tierra, tampoco muy grande, un tesoro de sus habitantes, y al mismo tiempo un paso fácil para todos los viajeros que por Esdrelón pasaban desde Tiberíades, ya a Jerusalén y Egipto, ya al mar, al que tenían salida siguiendo al pie del Carmelo hasta Haifa. Apenas en toda la llanura hay un pueblo; todos están a sus bordes: Endor, Naím, Jezrael, que dio el nombre a la llanura; Beisán, Djenin o Engenin, y, vigilándola desde las montañas y asomada a ellas, la bella Nazaret del monte. Fertilidad y mieses y flores y olivares y el torrente Cisón, y muchas fuentes y arroyos la enriquecen y la hacen tan apacible, que de una de sus poblaciones, de Beisán, se dice que «si el paraíso está en Palestina, Beth Sche'an debe de ser la puerta». Además, Galilea tenía el precioso lago de Genesaret, de que luego en su sitio daremos cuenta, y en él poseían una fuente de riqueza, de comercio y de atractivo singular, que por sí solo era capaz de dar nombre y alegría a Galilea.

Galilea era, en verdad, la parte más risueña, más agradable y también más rica de Palestina. En ella es donde Nuestro Señor Jesucristo ejercitó principalmente su ministerio, como veremos.

La Samaría extendíase intermedia entre Galilea al Norte y Judea

III. LA PATRIA DE NUESTRO SEÑOR

al Sur. Desde la llanura de Esdrelón vuelven a escalonarse subidas rudas y montuosas hasta el macizo montañoso de Judea. Pero no son éstos ya los montes abiertos y fértiles de Galilea, aunque todavía no se cierran como en Judea, y dan lugar a no pocos valles fértiles aún y risueños.

Samaría era la capital que dio nombre a toda la región, y después se llamó Sabaste, que significa Augusta, por haberla adornado espléndidamente Herodes, en honor de Augusto; por cierto que la hermosa e ingente estatua que como a un dios le había levantado, yacía, cuando nosotros pasamos, hecha pedazos y arrinconada en un repecho entre breñas y lastimosas ruinas. Siquem, donde hoy está Naplusa, y Sicar, en el valle del pozo de Jacob, se disputan la procedencia de la Samaritana. Ambos están en el paso que tienen a un lado y a otro los célebres montes de las bendiciones y maldiciones de Moisés, el Hebal y el Garizim, en los que se colocaron las doce tribus para oírlas en tiempo de Josué. Poco hizo en Samaría el Maestro; pero muchas veces tuvo que pasar por esta región, siendo forzoso el tránsito por ella desde Galilea a Jerusalén, a menos de rodear por el Jordán, que era más largo y difícil.

Mal mirada era esta parte de Palestina; por cismáticos eran tenidos los samaritanos, no sin razón, entre los judíos, que los consideraban enemigos y espurios. El mayor insulto que a un israelita se podía echar en cara era llamarle samaritano; y como una injuria se lo dijeron a Nuestro Señor. Es el caso que en Samaría, por una parte, los herodianos habían fundado, o al menos adornado, de nuevo, varias ciudades que, helenizadas, ofendían mucho los sentimientos israelitas; y por otra parte, y esto era lo principal, los samaritanos, que eran los más de los habitantes, formaban una población espuria. Cuando los asirios despoblaron el reino de Efraín, mandaron allá, en sustitución de los cautivos, colonos de Babilonia, de Kuta y de otros pueblos asiriobabilonios, de los cuales, enlazados con los pocos israelitas que quedaron o volvieron, descendían los samaritanos, aborrecidos por lo mismo de los judíos, que los llamaban *Cuteos* por desprecio. Estas diferencias, como suele suceder en pueblos vecinos, fueron agrandándose y exacerbándose por discordias políticas y por diferencias religiosas donde tantos elementos de diversas religiones se habían fundido, y por fin llegaron a una escisión completa, cuando los samaritanos tuvieron la audacia inaudita de levantar en su monte Garizim un templo rival del de Jerusalén. Hoy es, y los 158 ó 160 samaritanos que residen en

Naplusa agarrados a un Pentateuco antiguo, esperando la venida del Mesías, aborrecen a los judíos, y aun a todo el mundo, creyéndose (bien lo vimos al visitar una sinagoga) los hombres superiores del mundo. Al verlos, sin sentir recordaba yo el dicho del hijo de Sirach: «Dos naciones aborrece mí corazón y una tercera que no es nación: los que viven en los montes de Seir, los filisteos, y el pueblo insensato de *Siquem*».

El mismo Maestro, al dar instrucciones de cómo habían de predicar sus discípulos, les dijo que primero evangelizasen a Jerusalén, luego a Samaría y, en fin, todo el mundo; así contrapuso Samaría a su pueblo.

Judea era de todas las provincias de Palestina la principal, sin duda ninguna.

Desde luego, ella era el centro religioso de todo israelita. Consiguientemente había de ser el centro político y el director de toda la intelectualidad. En un pueblo cuya religión sólo permitía un templo y en que todos los israelitas tenían que acudir, si podían, a ese templo una o más veces al año de todas partes, fácilmente se entiende que Jerusalén, la ciudad sagrada, había de pesar en la balanza más que todas las demás ciudades juntas. Toda la aristocracia religiosa, rabínica y política se congregaba alrededor de ella.

Siendo como era el centro religioso y además el punto en que en las fiestas se reunían israelitas venidos de todas partes en número exorbitante, el Maestro, que siempre se mostró observantísimo de la ley, hallóse muchas veces en Judea para visitar el templo, asistir a sus fiestas y evangelizar a las muchedumbres. Y si bien su ordinaria morada era Galilea, mucho tuvo que hacer en Judea; y en Jerusalén realizó las maravillosas obras de nuestra redención y de la fundación de la Iglesia, mediante su crucifixión, resurrección, ascensión a los cielos y la venida del Espíritu Santo.

Judea es una región pobre, escabrosa, desapacible en general. Los montes son los más duros e ingratos de toda Palestina. En cambio era la parte más fuerte y defendida. Las montañas, que desde la llanura de Esdrelón comienzan a subir, no cesan de remontarse hasta cerca de Jerusalén a 1.011 metros, para no bajar luego sino un poco hacia Jerusalén y subir de nuevo hasta los montes de Hebrón a 1.027 metros.

Triste es el aspecto de toda la región. Mucha roca, mucha aspereza; pocos valles, y ellos estrechos, hundidos, abruptos; pocas fuentes, contadas; muchos desiertos: el de Bethaven, el de Tecue, el de Zif, el de Maón, el gran desierto, en fin, de Judá, lleno de antros, cuevas, rígidos repliegues, tristes hondonadas y estepas desnudas, que en áridas y escuetas ondulaciones no interrumpidas descienden desde las alturas de 374 metros hasta las bajuras de 207, bajo el nivel del Mediterráneo, en las orillas del triste mar de Sodoma. Algo de la tristeza del país se les debió de pegar a los rígidos y huraños judíos en su carácter. ¡Cuán distinta la tierra y cuán distintos los hombres de Galilea!

Sin embargo, en Judea está la risueña Belén, patria del Niño Jesús, y la risueña Ainkarin, patria de su primo bendito.

Los habitantes de esta parte de Palestina eran o judíos todos, o gentiles ya judaizados. No faltaba, sin embargo, en Jerusalén, una colonia bastante regular de helenizados, y una facción bastante poderosa de amigos de los griegos y romanos.

17. EL JORDÁN. LOS CAMINOS

Poco hay que decir de la Palestina Transjordánica en nuestra historia y ello se dirá a su propio tiempo. Pero merece alguna mención el famoso Jordán que la separa, río insigne y muy curioso de Palestina, y el Gor (grieta), depresión profunda de terreno, única tal vez en el mundo, por donde corre el río, y que parte en dos toda la región de Palestina.

Del pie del Líbano y del Hermón bajan tres fuentes que, unidas, forman el río Jordán, que comienza a andar desde una altura de 73 metros sobre el nivel del mar, embalsa después en el pantanoso lago de Merón o de Hule, desciende luego feroz y espumoso, hasta que tres kilómetros antes del lago de Tiberíades se amansa de nuevo en la llanura de Bethsaida, para entrar en el riente lago con toda placidez y sosiego por el Norte. Mucho ha descendido ya, pues el lago tiene un nivel nada menos que de 208 metros inferior al del mar. Después de descansar en este precioso lago, sale de nuevo por el Sur, y, dando vueltas y más vueltas, llega al mar Muerto, recorriendo hasta 300 kilómetros para avanzar 105 en línea recta, y bajando en todo este curso hasta un desnivel de 393 metros que tiene bajo el Mediterráneo el lago Asfaltites. De esta manera el insigne río enlaza, con una curiosa antítesis consigo, por el Norte al risueño lago de Genesaret, y por el Sur al lago triste del mar Muerto.

En sus mil giros, a veces fluye dulcemente y sin ruido, a veces hasta se remansa en calma, a veces se precipita raudo y peligroso; ora ensancha su cauce y presenta vados para pasar a la otra orilla, ora lo recoge profundo e invadeable; ya se cubre por todas partes, hasta por encima, de tamariscos y álamos que se cruzan sobre el lecho del río; ya se extiende y forma en sus orillas jardines tropicales.

Tendrá en su curso unos 60 vados, difíciles casi todos por la rapidez de la corriente o el fango de su lecho. Y después de haber descendido de nivel 914 metros, desde la primera fuente de Hesbani a 520 metros, derramando diariamente en el mar Muerto más de seis millones de litros de agua dulce y sabrosa, muere en él, en aquella cubeta recalentada de aguas bituminosas.

Los caminos de Palestina eran difíciles por lo montañoso de todo el país. Mas el comercio y la guerra se abren sitio por todas partes; y se lo abrieron en Palestina para dar salida a los pueblos del interior, por vías que luego, según su proceder ordinario, perfeccionaron admirablemente los romanos.

Caminos de herraduras o vecinales había, naturalmente, muchísimos. Sobre todo, Galilea estaba surcada de ellos en todas direcciones. A Tiro, a Damasco, a Menfis de Egipto había trilladas salidas para las caravanas.

Pero a nosotros más nos interesa señalar, siquiera brevemente, los caminos interiores de la misma Palestina que recorría Nuestro Señor Jesucristo.

De Nazaret a Tiberíades podía ir por varios sitios con facilidad. Era corta la distancia.

De Nazaret a Jerusalén podía ir siguiendo el camino natural, digámoslo así, cruzando la llanura de Esdrelón, saliendo a Betsan, orillas del Jordán, y siguiendo después el valle de este río hasta Jericó, de donde por el desierto se subía a Jerusalén.

Pero este camino exigía algunos rodeos, era muchas veces caluroso, y no dejaba de ofrecer peligro de ladrones en el desierto entre Jericó y Jerusalén. Por eso, más frecuentemente seguían el camino entre montes, cruzando la llanura de Esdrelón, llegando a Engannim, subiendo desde aquí por el macizo de Samaría y de Judea, pasando por Siquem a Betel y a Jerusalén; todo ello, 110 ó 120 kilómetros, se hacía sin dificultad en tres días.

Cuando se venía a Jerusalén desde Cafarnaún, se tomaba al principio el famoso «camino del mar», *via maris*, que desde Damasco venía al mar de Genesaret, pasaba por Cafarnaún y por Tiberíades, por la llanura de Esdrelón, de donde se podía seguir a Engannim o Betsan, dejando ya el «camino del mar» que seguía al Mediterráneo.

18. GOBERNADORES Y HABITANTES

Omitiendo épocas anteriores, cuando nació Jesucristo gobernaba Herodes el Grande toda Palestina. Gracias a su amistad con Augusto y Agripa, logró reunir bajo su cetro todas las seis provincias de Idumea, Judea, Samaría, Galilea, Batanea y Perea. Al morir (750 u. c.) dividió su reino, dejando a Arquelao con el título de rey al frente de Idumea, Judea y Samaría; a Herodes Antipas con el título de tetrarca al frente de Perea y Galilea, y a Filipo, asimismo como tetrarca, al frente de Batanea. Mas Arquelao fue pronto destituido, primero del título de rey y luego de etnarca; con lo cual desde el año 6 la provincia de Judea comenzó a gobernarse por procuradores dependientes de los legados de Siria. Uno de éstos fue Poncio Pilato, como después veremos, que gobernó en el decenio 26 a 36 de Jesucristo, en Judea, Idumea, Samaría y en la costa entre Joppe y Cesarea.

Los habitantes de Palestina tenían en tiempos de Jesucristo tres nombres: israelitas, hebreos, judíos. Judea, si bien, según acabamos de decir, era una de las provincias de Palestina, la principal sin duda, pero políticamente para los romanos entendíase bajo esa denominación más o menos toda la Palestina Cisjordánica y Perea. Y en este sentido se llamaban judíos todos los habitantes de Palestina.

Pero su población en tiempos de Jesucristo era muy mestiza de distintos pueblos y razas, por efecto, primero, de las mezclas inevitables con antiguos habitantes; además, de las deportaciones de los israelitas en las dos cautividades, y, en fin, del comercio.

Las deportaciones de israelitas cautivos a Asiria y Babilonia, y la colonización de sus pueblos abandonados por otras razas orientales, que casi todas hablaban el arameo, la vuelta de los judíos a su patria al tiempo de los persas; las victorias de Alejandro Magno, y las consiguientes colonizaciones griegas, con el poderoso influjo de su civilización, y, en fin, la forzosa judaización más o menos a la fuerza impuesta en muchas ocasiones a gentes extrañas que habitaban en Idumea, Perea y Galilea, sin contar los matrimonios mixtos con prosélitos heterogéneos y aun helenos, hicieron que ya en tiempo de Jesucristo estuviese la población muy mezclada.

Los judíos que de la cautividad de Babilonia habían vuelto pasaban de 50.000. Casi todos ellos se establecieron en la provincia de Judea. El helenismo hizo muchos progresos antes de los Macabeos. Gracias que la persecución de Antíoco Epifanes y las guerras macabeas provocaron una reacción religioso-nacional, en virtud de la cual todos los judíos, aun los herodianos, a pesar de su helenismo, se esforzaban en hacer más y más prosélitos del judaísmo.

El número de habitantes de toda Palestina hoy es de 700.000 y cuando más de 1.000.000: de ellos 500.000 musulmanes y 18.000 judíos (*). En tiempo de Jesucristo pueden calcularse en 1.500.000. De los cuales Judea con Idumea tenía 600.000, Samaría 400.000, Galilea 300.000 y Perea 200.000. Puede ser que de todos éstos la quinta parte, unos 300.000, fuesen heterogéneos de ningún modo judaizantes.

Otros, sin embargo, forman cálculos mucho más elevados. Josefo dice que cada pueblo de Galilea tendría unos 15.000, lo cual, siendo 204 los pueblos galileos, daría un resultado increíble de 5.000.000 para sólo Galilea. Los más creen, sin embargo, que Palestina nunca ha sido capaz de más que 2.000.000 de habitantes, dada la extensión y calidad de las tierras que forman Palestina, y en cuanto a Josefo, es muy conocida la exageración de sus cifras.

Era natural que la provincia de Judea, en donde estaba la capitalidad y el centro religioso y doctrinal de todo Israel, fuese la más poblada, a pesar de lo ingrato de su suelo, en gran parte desierto. No será verdad lo que dice el Talmud: que en Lyda se hundía la gente hasta las rodillas en la miel de sus dátiles; pero es verdad, en cambio, que al Oriente todo es árido, feo y despoblado. Tampoco será verdad que «en la *montaña real* había en tiempo de Jesucristo sesenta miles de villas, cada una de las cuales tenía tantos hebreos como salieron de Egipto». Pero es más verdad lo que decía un rabino: «Yo no hallaría en toda esa región sitio ni para sesenta mil cañas». Tenía la provincia de Judea la característica de ser un país cerrado, como quien dice, a los extraños. Asentada la capital en medio de una serie de colinas pedregosas roqueñas, y puesta toda la Judea en medio de esta cadena de montañas, hállase separada al Este por un desierto y por el Jordán que está 1.000

(*) En 1998, la población del estado de Israel era de 4.476.800 (N. del E.).

III. LA PATRIA DE NUESTRO SEÑOR

metros más bajo que Jerusalén, y es difícil de vadearse; al Oeste, por una serie de colinas nada fáciles de escalar; al Sur, por un extenso océano de desiertos, y al Norte, por una cadena de montañas que vienen subiendo desde Samaría. Las grandes vías declinan hacia el mar antes de llegar a Judea, y la tierra está lejos de producir nada que exija exportación y trato de gentes. De ahí el carácter particular de los judíos de esta región, de ahí también su aislamiento, su altivez, su desdén para con otros, su arrogante superioridad sobre los demás.

Ya veremos en la historia de Nuestro Señor cómo el nombre de judíos, que debía ser propio de todos los israelitas, se contrae a los habitantes de Judea, y aun a los de Jerusalén. Tres sentidos logró ese nombre: primero, el sentido nacional: así se llama judío todo israelita perteneciente a la nacionalidad judía; segundo, el sentido político: así son judíos los habitantes de Judea, en oposición al nombre de samaritano o galileo; tercero, el sentido religioso: así es judío todo el que persiste en sus creencias tradicionales en oposición a las doctrinas de Jesucristo, a quien hacen declarada guerra, considerándose los encargados de protegerlas y conservarlas.

IV

INFANCIA DE JESUCRISTO

19. LOS PADRES DE JESÚS (Mt 1, 1-16; Lc 3, 23-28)

Pocas noticias nos da la Sagrada Escritura de los padres santísimos de Jesús.

En cambio hay otros libros, los Evangelios Apócrifos, que nos dan muchas noticias acerca de lo que falta en los Evangelios verdaderos y canónicos, en especial acerca de la Virgen María, de San José y de la infancia de Jesús.

Porque sucedió por una parte que, como los Evangelios inspirados por Dios apenas dicen nada de José y María, y sólo muy poco de la infancia de Jesús, los fieles estaban ávidos de saber esto que ignoraban; y como suele acaecer en estos casos, no faltaron quienes, con el deseo de satisfacer esta curiosidad, compusiesen novelas y ficciones acerca de José y María y de Jesús mismo, llenas de fantasías y mentiras, que, si en algún tiempo fascinaron a algunos crédulos, entre ellos a algún Padre de la Iglesia, por casi todos los fieles fueron despreciadas y siempre por la Iglesia repudiadas.

Y sucedió también, por otra, que los herejes, y sobre todo los gnósticos, deseosos de autorizar sus errores con la persona de Nuestro Señor, también compusieron libros a semejanza de los Evangelios verdaderos, en los que ponían en labios de Jesucristo y del Padre sus sentencias heréticas y doctrinas anticristianas, que querían introducir.

Mucho más que aquellos anteriores, que al cabo no eran sino ficciones y mentiras, la Iglesia y los Padres rechazaron desde el principio estos libros, que además de mentiras contenían herejías.

20. MARÍA

Dulce nombre, nombre adorable, nombre lleno de esperanzas. Entre las mujeres notables del Antiguo Testamento, a pesar de ser un nombre tan hermoso, sólo lo llevó la hermana de Moisés, y quizás debe su origen al egipcio, de donde lo sacó aquella egregia cantora de la libertad de Israel en su salida para la Tierra de promisión.

Significa, según unos, Mar amargo, Señora del mar y Gota del mar, Mirra olorosa. Según otros, Esperanza, o Excelsitud, o Señora, o Regalo, o Iluminadora. En fin, según los más acertados, o significa *Hermosa, Graciosa,* si viene este nombre del hebreo, o si se deriva del egipcio, *Querida de Yhavé.*

Todo lo fue la Virgen Santa. Mar amargo de dolores, Señora del mar del mundo tempestuoso, Gota purísima del mar incorrupto de la gracia de Dios, perfume suavísimo e incontaminado del cielo y de la tierra, Esperanza nuestra, gran Regalo del cielo, Iluminadora de nuestras tinieblas y, sobre todo, Hermosa y hermosísima, Querida y queridísima Madre de Dios y Madre nuestra.

Ya mucho antes de nacer la habían visto los profetas.

Como místicamente interpretan los Padres, Moisés la vio en la zarza que ardía sin quemarse, figura de esta preciosa Virgen que había de ser madre sin dejar de ser virgen.

Gedeón la vio en el vellón de lana inmaculada, que tendido en el campo, una noche por milagro de Dios quedó preservado de la rociada que cayó en todo lo demás del suelo, y a la noche siguiente quedó empapado él solo de la rociada, mientras el campo de su alrededor quedó enjuto. Cuando rociaba el pecado, la Virgen quedaba intacta; en cambio, cuando después rociaba la gracia, la Virgen quedaba de ella empapada.

Salomón la vio en la fuente sellada y en el jardín cerrado, y en la Sabiduría divina.

Mucho mejor la vio Adán en aquella mujer que con su Hijo Divino había de quebrantar la cabeza al dragón infernal, sin que él pudiese otra cosa que acechar a su talón.

Pero quien con más propiedad la vio fue Isaías en la célebre visión de la Virgen-Madre de Emmanuel.

Había profetizado el profeta Isaías a Acaz la victoria de Judá contra los reyes de Siria y de Israel, y le había intimado cómo por la fe de las divinas promesas aquel reino de Judá, tan postrado entonces, triunfaría de sus enemigos coligados.

IV. INFANCIA DE JESUCRISTO

Callaba soberbio el incrédulo e irreligioso Acaz, como quien dudaba.

Entonces Yahvé hizo hablar así a su Profeta:

–Rey, pide un milagro, baja a lo profundo de los abismos o sube a lo alto de los cielos y pide lo que quieras, para que veas ser verdad lo que te digo.

–¡Oh! –dijo hipócritamente humilde Acaz–. No voy yo a pedir milagros, no voy a tentar a Dios.

Entonces irritado el profeta de aquella falsa humildad y religión, dijo inspirado:

«–Oíd, familia de David. ¿No os basta ser importunos y molestos a nosotros los hombres, sino que también lo queréis ser a mi Dios? Pues bien, ya que vosotros no queréis pedir la señal y el milagro, el mismo Señor os la dará. Una Virgen concebirá y parirá un hijo y le llamará *Manuel (Dios-con-nosotros)*».

Preciosa visión y profecía entre las más preciosas de los antiguos profetas.

Cuando se cumplía la plenitud de los tiempos designada por Dios para la venida del Mesías, y llegaban a su término las semanas de Daniel, la casa de David estaba tan postrada, que parecía un tronco sin ramas, y casi enterrado por las ruinas amontonadas sobre él por las tempestades. Pero, también lo había predicho Isaías: «De ese tronco de David –que parecía condenado a esterilidad y fuego– brotará una ramita y de sus raíces saldrá un pimpollo. Y descansará sobre él el espíritu de Yahvé».

Esta ramita brotaba ya al nacer María, y se acercaba la primavera dichosa en la que iba a florecer «el pimpollo de David, que, según el mismo Isaías, sería buscado por todos los pueblos».

Nacía María de la tribu de Judá y de la familia de David.

Sus padres, según la tradición, se llamaron Joaquín y Ana.

Dos genealogías de Jesucristo nos presenta la Sagrada Escritura.

Una, San Mateo, en el capítulo 1: «Libro de la generación de Jesucristo, hijo de David, hijo de Abrahán. Abrahán engendró a Isaac. Isaac engendró a Jacob. Jacob engendró a Judas y sus hermanos. Judas engendró de Tamar a Farés y a Zara. Farés engendró a Esrón. Esrón engendró a Aram. Aram engendró a Aminadab. Aminadab engendró a Naasón. Naasón engendró a Salmón. Salmón engendró de Rahab a Booz. Booz engendró de Tut a Obed. Obed engendró a Jesé. Jesé engendró al Rey David. El Rey David engendró a Salomón de la que fue *mujer* de Urías. Salomón engendró a Roboam. Roboam engendró a Abías. Abías engendró a Asaf. Asaf engendró a Josafat. Josafat engendró a Joram. Joram engendró a Ozías. Ozías engendró a Joatam. Joatam engendró a Acaz. Acaz engendró a Ezequías. Ezequías engendró a Manasés. Manasés engendró a Amón. Amón engendró a Josías. Josías engendró a Jecomías y a sus hermanos cerca del tiempo de la transmigración de *los judíos* a Babilonia. Y después de la transmigración de Babilonia, Jecomías engendró a Salatiel. Salatiel engendró a Zorobabel. Zorobabel engendró a Abiud. Abiud engendró a Eliaquim. Eliaquim engendró a Azor. Azor engendró a Sadoc. Sadoc engendró a Aquim. Aquim engendró a Eliud. Eliud engendró a Eleazar. Eleazar engendró a Matán. Matán engendró a Jacob. Y Jacob engendró a José, el esposo de María, de la cual nació Jesús, que se llama Cristo».

Otra es de San Lucas, en el capítulo 3: «Tenía Jesús al comenzar *su misterio* cerca de treinta años, hijo, como se creía, de José, el cual fue *hijo* de Helí, que fue de Matat, que fue de Leví, que fue de Melqui, que fue de Janne, que fue de José, que fue de Matatías, que fue de Amós, que fue de Nahúm, que fue de Hesli, que fue de Nagge, que fue de Mahat, que fue de Matatías, que fue de Semeí, que fue de José, que fue de Judas, que fue de Joanna, que fue de Resa, que fue de Zorobabel, que fue de Salatiel, que fue de Nerí, que fue de Melquí, que fue de Addí, que fue de Cosán, que fue de Elmadán, que fue de Her, que fue de Jesús, que fue de Eliezer, que fue de Jorim, que fue de Matat, que fue de Leví, que fue de Simeón, que fue de Judá, que fue de José, que fue de Jonás, que fue de Eliaquim, que fue de Melea, que fue de Menna, que fue de Matata, que fue de Natán, que fue de David, que fue de Jesé, que fue de Obed, que fue de Booz, que fue de Salmón, que fue de Naasón, que fue de Aminadab, que fue de Aram, que fue de Esrón, que fue de Farés, que fue de Judá, que fue de Jacob, que fue de Isaac, que fue de Abrahán, que fue de Tare, que fue de Nacor, que fue de Sarug, que fue de Ragau, que fue de Faleg, que fue de Heber, que fue de Salé, que fue de Cainán, que fue de Arfaxad, que fue de Sem, que fue de Noé, que fue de Lamec, que fue de Matusalén, que fue de Henoc, que fue de Jared, que fue de Malaleel, que fue de Cainán, que fue de Henós, que fue de Set, que fue de Adán, que fue de Dios».

Parece cierto que ambas genealogías son de San José, que al fin y al cabo, pública y legalmente era el verdadero padre de Jesús. No han faltado, sin embargo, quienes creyeron que San Lucas pone la genealogía de Jesús por la Santísima Virgen y San Mateo por San José.

IV. INFANCIA DE JESUCRISTO

Parece que San Joaquín y Santa Ana habitaban en Jerusalén y en una casa que San Sofronio llama la «probática piscina en que la ilustre Ana engendró a María». Lo confirman San Juan Damasceno y otros muchos autores después; porque según parece, la casa de Santa Ana distaba muy poco, sólo treinta metros, de esta piscina de Betesda, en la que después veremos a Jesucristo sanar a un paralítico. Y aunque muchos creen que la Virgen, así como vivió en Nazaret, nació en Nazaret, también, sin embargo, es mucho más probable que su nacimiento ocurrió en Jerusalén en esta misma casa, donde después por este motivo se edificó un templo, que al principio se llamó de *Santa María de la Natividad* y más tarde de Santa Ana. Así lo asegura San Juan Damasceno, que, a pesar de que en muchas ocasiones hizo a los apócrifos más caso del que merecen, en esto se apartó de ellos. Por eso es más valioso su testimonio.

Allí fue concebida María sin pecado original, y enriquecida desde su primer instante con un sinnúmero de gracias y dones altísimos de santidad, tales que ya desde el principio y desde el primer momento fue mayor la santidad de la Virgen que la que ningún bienaventurado ha tenido al fin de su vida y tiene ahora en el cielo. Y aun hay autores que aseguran que la Virgen desde el primer momento fue ella sola más santa y tuvo más gracia que juntos todos los ángeles y santos en el fin de sus carreras.

De todos modos, como Dios la preparaba para madre suya, la adornó, con singularísimos privilegios, incomparablemente mayores que los que dio jamás a ningún hombre, ni a nuestros primeros padres. Entre otros, la dotó del don de la impecabilidad más perfecta que puede tener ninguna criatura y de los auxilios más especiales para merecer que se han concedido a ningún santo.

Dice el evangelista San Juan que tuvo una hermana: la que estuvo junto a ella en la cruz, y se llamaba María y era esposa de Cleofás. Bien puede ser que fuese hermana carnal, hija también de Joaquín y Ana, pero más probable es que no fuese sino hermana política, o porque Cleofás, con quien estaba casada, era hermano de San José, o porque ella misma era hermana de San José; porque, ciertamente, parece algo difícil que en una misma familia hubiese dos hermanas del mismo nombre de María.

Difícil es asegurar nada cierto de la juventud de la Virgen, a pesar de que los apócrifos y algunos autores guiados por ellos nos cuentan varias cosas.

La Santa Madre Iglesia celebra la fiesta de la Presentación, con lo cual nos da a entender que, si no por obligación, pues sólo estaban obligados a ser presentados los primogénitos varones, por devoción de sus padres y providencia de Dios, la Virgencita María fue presentada y consagrada a Dios en el templo, tal vez como lo eran otras niñas de padres devotos.

También cree la Santa Iglesia que muy jovencita aún hizo voto de castidad. Que lo hizo, además de ser constante y general creencia de la Iglesia, parece bien claro por aquella pregunta que dirigió al arcángel: «¿Cómo, podrá ser eso, si yo no conozco varón?» Porque si no hubiera tenido este voto de no conocerlo nunca, la respuesta hubiera sido muy sencilla en el ángel, y la pregunta no muy discreta en la Virgen.

Creen algunos que fue educada en el templo. Esto si se entiende con rigor, viviendo como interna dentro de las habitaciones del templo, es muy difícil de creerse, porque no se halla vestigio ninguno de que jamás las niñas judías se hubiesen de esta manera educado en el templo. Pero aunque no de este modo como colegiala interna, sí se puede creer que María pasaría muchos ratos en el templo aprendiendo la Ley y orando en la presencia del Señor, y que de ella se podría decir con mucha mayor razón lo que de Ana la profetisa decía San Lucas: que «no se apartaba del templo, y daba culto a Dios día y noche». La casa de sus padres distaba muy poco del templo, casi estaba pegada a él, separada únicamente por el estanque de Betesda. Seguramente que de ella pasaría la niña María muchísimas veces a las salas que en el templo estaban destinadas al pueblo.

No sabemos cuándo, pero ciertamente María pasó a vivir a Nazaret, sea a la muerte de sus padres, sea con ocasión de sus desposorios, como luego veremos.

21. JOSÉ (Mt 1)

José era otro descendiente oscuro de David, ramito imperceptible de aquel árbol magnífico, entonces casi del todo desmochado.

San Mateo nos cuenta su nobilísima alcurnia.

Hijo de Jacob, podía presentar en las listas oficiales de su genealogía entre sus abuelos a Zorobabel, a David, a Judá, a Jacob, a Isaac y a Abrahán. Era paisano de Nazaret y en aquella aldea pasaba la vida como un humilde artesano.

IV. INFANCIA DE JESUCRISTO

No nos dice el Evangelio el arte u oficio que ejercía. La tradición le atribuye el oficio de carpintero, y San Justino, que es muy autorizado por su antigüedad, lo afirma así en sus diálogos con Trifón.

Tampoco de él podemos asegurar casi nada fuera de lo poco que nos dice la Sagrada Escritura. Era, según dice San Mateo, un varón justo, un hombre honrado, religioso, santo, que en posición y en otras condiciones humanas y sociales igualaba lo bastante, para poder casarse con ella, a María, la hermosa hija de Joaquín y Ana.

Es un error el de algunos escritores, y sobre todo artistas, el figurarse a San José mucho más viejo que María. Y aun no ha faltado quien creyó que era viudo. Son ficciones de los apócrifos, seguidas sobre todo por San Epifanio, que afirma que José se casó a los ochenta años y murió a los noventa y dos: no es creíble tal cosa.

22. LOS DESPOSORIOS (Mt 1)

Aún jovencita debió de venir a Nazaret la Virgen.

José, también joven, buscaba compañera digna de su virtud y de su vida. Era costumbre de las jóvenes israelitas salir vestidas de blanco dos veces al año a las viñas y danzar en corros alegres cantando regocijadas aquellos consejos del libro de los Proverbios de Salomón: «Oh jóvenes, miradnos y elegidnos bien. No os fijéis en la hermosura, mas consultad a la familia. Porque la gracia es engañosa y la hermosura es vana. La mujer que teme a Dios ésa es digna de alabanza».

Si José oyó alguna vez a estas amables cantadoras y meditó en su cantar prudente, de seguro que al ver a aquella Virgen venida de la ciudad, que reunía en sí la gracia y la prudencia ciudadana con el candor y modestia de la aldea, hija de su misma tribu de Judá y descendiente de su mismo abuelo David, de quien era una gran esperanza el descender, cayó en la cuenta de que ella era la mujer fuerte de los Proverbios a quien aludían las niñas de su pueblo en sus corros, y determinó elegirla; tanto más cuanto que al temor de Dios y a la virtud celestial unía la gracia y pureza de los ángeles.

En Oriente se arreglan los casamientos por los padres o hermanos de los desposados, a veces sin tratarse y aun sin verse antes del matrimonio. Se requería el consentimiento de la desposada, pero todo lo arreglaba la familia. La Virgen debió de someterse a esta costumbre que servía de ley.

De una o de otra manera, sin duda ninguna por especialísima providencia de Dios, y también por inclinación amiga del corazón, José vio en María la joven virginal, piadosa, honrada, diestra, que, aunque de condición humilde, le convenía y conformaba del todo con sus aspiraciones, y la pretendió por esposa.

María correspondió a su afecto, porque conoció en José al varón justo y casto, y sea por luz natural, sea, como sin duda ninguna creo, por especial ilustración del cielo, vio en él al hombre más apto para guardar su castidad, según el voto que ella había hecho, y quizá en sus tratos y conversaciones se lo propuso ella a él ingenuamente desde los primeros días.

Cuando San José dudó si casarse definitivamente con la Virgen o abandonarla, como luego diremos, Dios le envió un ángel que le dijo: «No temas recibir a tu esposa, porque lo que en ella ha nacido es del Espíritu Santo». ¿No es asimismo creíble que a la Virgen María se le dijese también de una o de otra forma antes de casarse: «No temas recibir a José por esposo, porque él respetará tu virginidad»? Así lo creo.

Lo cierto es que José se desposó con María. Pero conviene saber lo que entre los judíos significaban los desposorios y cómo se hacían, según costumbres que habían adquirido casi fuerza de ley, y a las que se sujetarían regularmente San José y la Virgen.

Hecha la elección, el joven, que había de contar por lo menos dieciocho años, se dirigía por sí mismo, o más bien por sus padres, a los padres o parientes de la joven, que había de tener doce por lo menos. Si su petición era aceptada, entonces los padres o parientes del joven presentaban la dote o el *mohar* como regalo a los padres de la elegida para que se la concediesen. Pedían entonces consentimiento a la joven, y obtenido éste, se celebraban algunas fiestas o festines, se cambiaban algunos regalos, se prestaban algunos juramentos, y quedaban unidos los jóvenes por el desposorio.

Pero el desposorio entre los judíos era un lazo mucho más estrecho que entre nosotros. En virtud de él, los jóvenes se pertenecían y estaban tan indisolublemente unidos como los casados. Los desposorios constituían un contrato tan inviolable como el mismo matrimonio: *equivalían*, como dice Filón.

Sin embargo, hasta que se celebrase el matrimonio verdadero, los esposos solían morar separados cada uno en su casa y de ordinario sin comunicarse por sí mismos, sino por mediación de otro, que era llamado el «amigo del esposo».

En este estado permanecían durante doce meses, más o menos, según la costumbre, los esposos, sea para que la joven preparase su equipo, sea por otras razones más serias y graves, como el que aprendiese todo aquello que para regir una familia se necesita.

Así estaba desposada, y aún no casada, María, cuando el ángel vino a anunciarle la Encarnación del Hijo de Dios en sus purísimas entrañas.

23. LA ENCARNACIÓN (Lc 1, 26; Jn 1, 14)

«Flor de Galilea» llama a la aldea de Nazaret San Jerónimo, y flor parece significar el mismo nombre de la villa dichosa, y flor es su hermosa campiña.

Como una flor que brota entre altas peñas aparece sobre sus montes abruptos al que, caminando por la llanura de Esdrelón, que está al pie de ellos, la mira asomarse con sus caseríos, como para ver quién viene o pasa.

En primavera sobre todo, es un jardín no interrumpido sembrado de infinitas anémonas y tulipanes, iris, escabiosas y ranúnculos escarlatas, ni más ni menos que nuestros campos de cabezuelas azules y amapolas rojas. Magníficas higueras y fecundos datileros coronan las multiplicadas terrazas en que está escalonado, sostenido por tapias el terreno en toda la cuesta, en que como en una concha está reclinada la pintoresca villa. Más aún que florido, era este rincón apacible retiro, separado por las colinas que lo circundan del camino que pasaba por la llanura de Esdrelón, y del bullicio y movimiento comercial del mar de Tiberíades.

A pesar de toda su amenidad y dulzura, sea por su oscuridad, sea también por los defectos de sus habitantes, era tan despreciable esta villa, que cuando San Felipe dijo a Natanael que había encontrado al Mesías y que éste era Jesús, hijo de José el de Nazaret, le dijo Natanael sorprendido: «¿De Nazaret? ¿Pues acaso puede salir algo bueno de Nazaret?» Verdad es que Natanael, siendo natural de la vecina Caná, podía tener contra Nazaret alguna envidia.

Allí, en una casita José y en otra María, vivían separados, preparándose para el día de su unión definitiva en un hogar y en una familia. ¿Qué hacía María? En su casita pequeña, adosada como otras muchas a la roca y unida por un paso a una gruta de esta roca que servía también de habitación, pasaba su vida tranquila y ocupada en los quehaceres de la casa. Ella misma, según tradición y toda verosimilitud, iba por agua, lavaba y hacía todos los arreglos domésticos.

Era un día de primavera, el más feliz que ha habido en la tierra. Estaba María en su casa cuando, según nos cuenta el evangelista San Lucas:

«Fue enviado el ángel Gabriel por Dios a la ciudad de Galilea que se llama Nazaret, a una virgen desposada con un hombre que se llamaba José, descendiente de David. La Virgen se llamaba María. Entró el ángel a donde ella estaba y dijo: "Salve, llena de gracia. El Señor es contigo. Bendita tú entre las mujeres". Al oír esto se turbó por tales palabras, y se quedó pensando qué significaría aquel saludo.»

Era natural que se turbase la Virgen y suspendiese, pues no preveía ni a qué venía el ángel, ni por qué le dirigía aquellos saludos tan extraordinarios.

«Entonces le dijo el ángel: "No temas, María. Porque has encontrado gracia delante de Dios. Tú vas a concebir en tu seno y a dar a luz un hijo y le pondrás por nombre Jesús. Éste será grande y será reconocido por el Hijo del Altísimo, y le dará Dios Señor el trono de su padre David, y reinará en la casa de Jacob eternamente, y su reino no tendrá fin"».

Era esta embajada una magnífica síntesis de todas las profecías mesiánicas. No cabía duda de que el ángel, al referirse al hijo que había de nacer, se refería al Gran Rey esperado y ansiado de los judíos, al Gran Prometido en todas las Escrituras, al Gran Profeta de Moisés, al Gran Heredero de David, al Cristo, al Mesías; y, por si no estaba bastantemente revelado en las antiguas Escrituras que éste sería Hijo de Dios, el Enmanuel, el Hijo del Altísimo que iba a hacerse hombre.

Estupendo debió de ser en María el sobrecogimiento ante esta proposición tan maravillosa, cual ninguna mujer jamás había recibido. Pero sin dejarse llevar de ningún transporte ni entusiasmo, sólida en su humilde sencillez y prudencia reflexiva, dijo al ángel: «¿Y cómo se hará esto, siendo así que yo no conozco varón?»

No era sólo la admiración, no era curiosidad imprudente, no era duda de que así lo pudiese hacer Dios Todopoderoso, ni mucho menos era discusión con el ángel. Era sencillamente discreción y prudencia de quien deseaba saber cómo se verificaría una maravilla tan estupenda.

IV. INFANCIA DE JESUCRISTO

En esta pregunta, al mismo tiempo indicaba cómo había hecho voto de castidad, pues, como dicen los Padres, si no lo hubiera hecho, no hubiera dicho esto, y mucho menos estando ya desposada.

«Le respondió el ángel y le dijo: "El Espíritu Santo vendrá sobre ti, y la virtud del Altísimo te cubrirá con su sombra. Y por esto lo Santo que nacerá de ti será reconocido por Hijo de Dios. Mira, Isabel, tu pariente, también ella ha concebido un hijo en su vejez y éste es el sexto mes de esa a quien tienen por estéril; porque para Dios ninguna cosa es imposible". Dijo entonces María: "Aquí está la esclava del Señor; hágase en mí según tu palabra". Entonces la dejó el ángel.»

¡Oh Virgen admirable! ¡Qué prudente, qué sencilla, qué dulce y sublime serenidad y sencillez en el más importante suceso de la humanidad!

Quedó sin duda ninguna María en silencio y adoración. Bajó el Espíritu Santo, la virtud del Altísimo extendió sus alas sobre la azucena purísima de Nazaret, y mientras el mundo rodaba indiferente por sus caminos, «*el Verbo se hizo carne,* y empezó a habitar entre nosotros», y como dice muy bien el Catecismo del P. Astete, «en las entrañas de la purísima Virgen María formó el Espíritu Santo de la purísima sangre de esta Señora un cuerpo; creó de la nada un alma, y en el mismo instante a este cuerpo y alma se unió el Hijo de Dios, y de esta suerte el que antes era sólo Dios, sin dejar de serlo, quedó hecho hombre».

Aquel de quien en el primer capítulo de esta historia decíamos que vivía vida eterna de Dios en el seno del Padre sin madre, comenzó a vivir vida humana en el seno de la Madre sin padre, hecho hombre el que desde la eternidad era Dios.

Si toda la vida estuviésemos meditando este misterio, no lo profundizaríamos sino superficialmente. Si todos los momentos de ella estuviésemos dando a Dios gracias de un favor tan grande, no cumpliríamos con una mínima parte de lo que merece. Si con todos los afectos y facultades de nuestro ser rindiésemos culto a este Verbo encarnado, no haríamos nada de más.

Dice muy bien la Iglesia en el *Tedeum,* y lo debemos decir admirados nosotros:

«Tú eres el rey de la gloria, Cristo; tú eres Hijo sempiterno del Padre. Y sin embargo, para librar al hombre, no te horrorizaste de entrar en el seno de una Virgen...»

24. CONCEPCIÓN DEL PRECURSOR (Lc 1, 5-25)

Al anunciar Gabriel a María la Encarnación del Hijo de Dios, le había dicho, como noticia agradable y como prueba de lo que decía, que también su prima Isabel había concebido un hijo. Isabel era, como dice San Lucas, de la familia de Aarón. Pudo, sin embargo, ser pariente de María, aunque ésta era de la tribu de Judá. Porque los levitas tenían permiso para tomar esposa de cualquier tribu, por lo cual pudo muy bien el abuelo de Isabel tener una mujer de la tribu de Judá, pariente de los padres de María.

Y ¿qué había sucedido a Isabel?

Era en tiempo de Herodes. Época triste, por cierto, para los judíos. Este príncipe idumeo, que por medio de los romanos había obtenido el trono de Judea, por más que había restaurado espléndidamente el templo queriendo captarse la benevolencia de los judíos, nunca logró librarse de la nota de usurpador y sacrílego, intruso y tirano. A pesar de que sus costumbres fuesen paganas y viciosas, practicaba, sin embargo, las ceremonias de la religión judaica.

Pero sacrílego además de tirano, se entrometía, arreglaba y desarreglaba a su gusto el sacerdocio. Aquéllos eran los pontífices que Herodes quería; y los que por desgracia quería que fuesen, en su mayor parte fueron de la secta de los saduceos. En los días de que venimos hablando debía ser pontífice Simón, a quien Herodes había dado esta dignidad para que le permitiese casarse con su hija, la bellísima Mariamne, a la que después, el mismo Herodes, celoso, dio muerte.

Sin embargo, entre tanta abyección como entonces reinaba en el sacerdocio, no faltaban sacerdotes rectos y santos. Tal fue Zacarías, casado con una descendiente de Aarón, que era Isabel. Estaban divididos los sacerdotes en veinticuatro clases, que iban turnando en el servicio y culto del templo, por semanas, de sábado a sábado. Zacarías era del turno de Abías.

«Tanto él como Isabel, dice San Lucas, ambos eran justos ante Dios y se conducían en todos los mandamientos y preceptos de Dios como irreprensibles. Pero no tenían ningún hijo, porque Isabel era estéril, y los dos de edad avanzada.

»Ocurrió, pues, que una vez que le tocó a él ejercer las funciones sacerdotales ante Dios, según el turno de su clase, conforme a la costumbre del sacerdocio, le cayó en suerte el cargo de entrar en el templo y ofrecer incienso.»

Porque entre los sacerdotes de una misma clase se sorteaban los distintos oficios, quién para matar las víctimas, quién para quitar las cenizas del altar, quién para arreglar las lámparas, y así los otros cargos. A Zacarías le tocó este día el de poner incienso. Oficio el más honroso entre cuantos ejercían los sacerdotes, fuera de su Príncipe, y que solamente una vez en la vida tocaba a cada uno.

Dos veces cada día se ofrecía el sacrificio: el matutino a media mañana, el vespertino a media tarde. En una de ellas, al inmolar la víctima y ponerla en el brasero del altar para el holocausto, mientras el pueblo de rodillas estaba orando en el atrio, Zacarías, según rito, entró en el *Santo,* que era una sala después del vestíbulo, y antes del *Sancta Sanctorum,* con sus dos ayudantes, que llevaban en vasos de oro el uno el incienso y el otro la brasa viva tomada del altar del holocausto. Mientras sonaban fuera los instrumentos, un asistente retiró del altar de los perfumes las cenizas y restos del día anterior; el otro puso la nueva brasa que traía; retiráronse ambos sin volver la espalda, y quedó dentro solo Zacarías para incensar, aguardando la señal que se le había de dar desde fuera. Y cuando ésta sonaba, y el pueblo todo estaba de rodillas en el atrio, y reinaba el más sagrado silencio en todo el templo, él solo dentro había de esparcir el incienso sobre las brasas con todo respeto.

«Entró, pues, Zacarías a poner incienso, y toda la multitud del pueblo estaba fuera orando. Entonces se le apareció un ángel del Señor de pie a la derecha del altar de los perfumes. Se turbó Zacarías al verle y el terror le invadió todo. Pero el ángel le dijo: "No temas, Zacarías, porque tu oración ha sido oída".»

Quizás oraba entonces por todo el pueblo, y pedía, según era propio de los sacerdotes, a Yahvé que enviase pronto al Mesías, y tal vez oraba también por sus intenciones privadas, y entre ellas para que el Señor le concediese un hijo.

«Tu esposa, añadió el ángel, te parirá un hijo, y le llamarás Juan. Él será tu gloria y tu alegría: muchos se alegrarán de su nacimiento. Porque será grande a los ojos de Dios. No beberá vino ni sidra, y ya desde el seno de su madre será lleno de Espíritu Santo, y convertirá muchos hijos de Israel a su Dios y Señor. Él precederá delante de Dios con el espíritu y poder de Elías, para renovar en los hijos el espíritu de los padres y traer a los incrédulos a la prudencia de los justos, y preparar así al Señor un pueblo perfecto».

Al oír esto quedó Zacarías perplejo; y algo incrédulo, según parece, «dijo al ángel: "Y ¿cómo sabré yo eso?, porque soy viejo, y mi mujer tiene ya bastantes años". Y respondió el ángel y dijo: "Yo soy Gabriel, que estoy ante Dios, y he sido enviado a ti para darte esta feliz noticia. Pero ahora vas a estar mudo y no podrás hablar hasta el día en que esto suceda, por no haber creído a mis palabras que se cumplirán a su tiempo". A todo esto el pueblo estaba aguardando a Zacarías, admirada de que se retardase tanto en el templo. Por fin salió, pero no podía hablarles. Todos conocieron que había visto alguna visión en el templo. Así se lo indicaba él mismo, pero quedó mudo. Cuando pasó el tiempo de su turno, fuese a casa.»

Solían los sacerdotes vivir fuera de Jerusalén el tiempo que no tenían que servir en el templo, y según parece, Zacarías debía de tener alguna casa de campo en el monte, sea, como parece, en Ain-Karim, sea en Hebrón, o en Juta, o en otra cualquiera de las villas señaladas a los sacerdotes cerca de Jerusalén.

Allí se retiró Zacarías. A los pocos días concibió Isabel, su esposa, un hijo, y no se atrevía a salir al público en los cinco primeros meses, diciendo: «¡Qué gracia me ha hecho el Señor en este tiempo! Se ha dignado librarme del oprobio que pasaba entre los hombres».

25. LA VISITACIÓN (Lc 1, 30-56)

Cuando María concibió al Hijo de Dios, es natural que quedase en contemplación de aquellos misterios bien recogida por algún tiempo en su casa. Pero recordando lo que el ángel le había dicho de su prima Isabel, se levantó a los pocos días y se fue de prisa a las montañas, a la villa de Zacarías.

Iría sin duda con alguna compañía, pues era mujer y muy joven, estaba desposada, tenía tres o cuatro días de camino, y aun el salir fuera de casa una joven desposada podría llamar la atención. La excusaba el motivo justísimo de visitar a su prima en aquellas circunstancias, y lo que ella por el ángel había sabido.

Parece seguro que no la acompañó San José, aunque bien puede ser, y así lo creo, que le hubiese dado noticia de su viaje la Virgen.

No iba María a averiguar lo que ya había creído del ángel y sabía de ciencia certísima, sino a ejercitar la caridad, a visitar y felicitar a su prima, a darle noticia, como a su íntima amiga, como a confidente señalada en cierto modo por el ángel, de su divina maternidad; en fin, a presenciar el nacimiento de su sobrino y servir en él a su prima.

IV. INFANCIA DE JESUCRISTO

Caminó, según el Evangelio, con diligencia, para estar poco tiempo fuera de casa; pasó por Jerusalén, visitó seguramente el Templo, y andando otros seis kilómetros llegó al montañoso pueblo de sus primos. Gracioso es sobremanera, y tanto más gracioso cuanto que nadie espera hallar un rincón tan risueño en medio de las austeridades de Judea. Escalonado alrededor de una rica fuente en el repliegue de las montañas, despliégase en frondosos huertos que más parecen jardines, coronado de frutales de todas clases, y presidido por elevados cipreses.

Llegada allá la Virgen, entró en la casa de Zacarías. Desde la puerta y antes de verla, debió de saludar a Isabel.

Al oírla, y antes de verla también, el niño Juan saltó en el seno de su madre, Isabel se llenó del Espíritu Santo, dio un grito de alegría y exclamó diciendo:

«Bendita eres entre todas las mujeres y bendito es el fruto de tu vientre. ¿Pero de dónde a mí tanto favor que la Madre de mi Señor venga a visitarme?»

Y como tal vez la Virgen se extrañase de que su prima supiese que ella era ya Madre de Dios, pues aún no se lo había dicho, añadió Isabel:

«Sí, porque apenas el sonido de tu saludo ha llegado a mis oídos, mi hijo ha saltado de gozo en el seno. ¡Oh dichosa tú que has creído, porque se realizará lo que se te ha dicho de parte del Señor!»

Debía de pensar Isabel al decir esto en el castigo que su esposo sufría por no haber creído al ángel como creyó María.

La Virgen, confundida por aquellas ingenuas alabanzas de su prima, levantó sus ojos al cielo y al Señor de quien era su gloria, e inspirada del Espíritu Santo, entonó aquel magnífico himno de acción de gracias al Dios de Israel:

Glorifica mi alma al Señor.
Y mi espíritu palpita de gozo en Dios mi Salvador,
porque se ha fijado en la bajeza de su esclava,
porque desde ahora me proclamarán dichosa todas las generaciones,
pues ha hecho en mí maravillas el Omnipotente,
cuyo nombre es santo,
y cuya misericordia pasa de generación en generación,
a todos los que le temen;
ha desplegado la fuerza de su brazo,
ha disipado a los que se enorgullecían con los proyectos de su corazón.

A los poderosos ha derribado de sus tronos;
y a los pequeños los ha ensalzado.
A los hambrientos ha colmado de bienes;
a los ricos los ha despedido vacíos.
Ha recogido a su siervo Israel,
acordándose de su misericordia.
Como dijo a nuestros padres,
a Abrahán y a su descendencia por los siglos.

Fácilmente la Virgen pudo en medio de su conversación prorrumpir en este cántico, lleno de alusiones a muchos pasajes de la Sagrada Escritura, que le debían de ser muy familiares. Ni era cosa rara en el pueblo judío y otros pueblos orientales pasar en los momentos solemnes de la conversación ordinaria a la entonación poética y solemne, como lo hizo aquí la Virgen y después Zacarías. Sobre todo cuando los guiaba inspiración divina.

Los devotos de Nuestra Señora y toda la Iglesia repiten sin cesar este dulcísimo hinmo en sus acciones de gracias. ¡Ojalá pudiésemos pronunciarlo con el mismo fervor y espíritu!

En esta visita de la Santísima Virgen creen los más en la Iglesia que San Juan conoció por auxilio especial de Dios a Jesucristo y sintió su divina presencia, que fue santificado y lleno del Espíritu Santo, limpiado de la mancha original y dotado de gracia. Así convenía que, en la primera visita que la madre de la Divina Gracia hizo con el dador de toda gracia en el mundo a una familia tan buena como eran aquellos sus piadosos primos, quedase santificado el que había de ser el Ángel del Mesías.

Con ellos estuvo la Virgen muy en su centro por espacio de tres meses, es decir, hasta que nació San Juan y quedó su prima libre de cuidados. Aunque algunos creen que volvió un poco antes del nacimiento de su sobrino. Éste ocurrió muy pronto, de esta manera.

26. NACIMIENTO DE SAN JUAN (Lc 1, 57-80)

«Llegó a Isabel la hora del parto y dio a luz un hijo. Oyeron los vecinos y parientes la gracia con que el Señor la había honrado y venían a felicitarla. A los ocho días fueron a circuncidarle.»

IV. INFANCIA DE JESUCRISTO

Era entre los hebreos la circuncisión una ceremonia que los teólogos con mucha razón comparan con el bautismo, por la cual el varón recién nacido era incorporado al pueblo de Dios, y dejaba de pertenecer al pueblo *incircunciso* de los gentiles. Celebrábase a los ocho días del nacimiento, y no en el templo, sino en la sinagoga del pueblo en que el niño había nacido, o tal vez en su misma casa, ejerciendo la circuncisión o alguno de la familia, el padre o la madre, o comúnmente en los grandes centros algún *mohel* o circuncisor designado para ello. En esta ceremonia, como se hace en nuestros bautismos, se imponía el nombre al circuncidado.

«Fueron, pues, a circuncidar al niño y querían ponerle el nombre de su padre, Zacarías. Pero su madre, replicándoles, decía: "De ningún modo, sino que se llamará Juan".»

Debía ella de saber, sin duda, de su marido que esto había mandado el ángel.

«Pero todos le decían: "¡Si no hay nadie en tu familia que haya llevado ese nombre!..." Y se ponían a preguntar a su padre, por señas, cómo quería que se llamase. Y Zacarías, pidiendo una tablilla, escribió en ella estas palabras: *Juan es su nombre*. Y todos quedaron admirados...

»En aquel mismo instante se abrió su boca y se soltó su lengua y comenzó a hablar bendiciendo a Dios, y lleno del Espíritu Santo profetizó y dijo:

Bendito sea el Señor, el Dios de Israel;
porque ha visitado y redimido a su pueblo,
suscitando una fortaleza de salvación para nosotros
en la casa de David su siervo,
como lo había anunciado por labios de sus santos profetas
que existen desde los tiempos antiguos,
para salvarnos de nuestros enemigos
y de las manos de todos los que nos odian,
para ejercer la misericordia con nuestros padres,
acordándose de su santa alianza
y del juramento que juró a nuestro padre Abrahán
que nos concedería la gracia de servirle sin temor
salvos de manos de nuestros enemigos, en santidad y justicia
delante de él todos los días de nuestra vida.
Y tú, niño, serás llamado profeta del Altísimo.

Porque irás ante la faz del Señor para preparar su camino,
para dar a su pueblo la ciencia de salvación
con la remisión de sus pecados,
por la entrañable misericordia de nuestro Dios,
con que nos ha visitado como oriente que viene del cielo
a iluminar a los que están sentados en tinieblas y sombras de muerte.
Y dirigir nuestros pasos por el camino de la paz.»

Todos le escuchaban sobrecogidos. Y considerando las muchas maravillas que habían visto y oído en aquellos días, «se apoderó una gran veneración de todos los vecinos, se divulgaron estas noticias por toda la montaña, y todos cuantos habían escuchado estos sucesos pensaban entre sí y decían: ¿Qué pensáis que va a ser este niño? Porque se veía claramente la mano de Dios en él».

Pasadas las fiestas de familia y tranquilos ya Isabel y Zacarías, María se volvió a Nazaret a esperar su día y prepararse al nacimiento de su Señor y de su Hijo, de su Dios y de su Niño, que iba creciendo en sus entrañas. Volvió a Nazaret, dice San Lucas, «a su casa», porque aún no estaba sino desposada con José.

27. MATRIMONIO DE MARÍA Y JOSÉ (Mt 1, 18-25)

Es en verdad admirable la humildad de la Santísima Virgen María. Enriquecida con el don más hermoso que se ha concedido a criatura ninguna, hecha Madre de Dios, que es la más insigne dignidad que se ha concedido a mortal ninguno, no reveló a nadie esta hora. Y aunque preveía el descrédito a que podría exponerse a los ojos de su esposo, no le dijo una sola palabra. Se resignó a dejarlo todo en manos de Dios y a esperar que así como llegada la ocasión el Espíritu Santo había revelado este misterio a sus primos, así también se lo revelaría a su esposo, cuando llegase la hora de la divina providencia.

Entretanto iba creciendo el fruto divino en su seno. A nadie llamaba esto la atención sabiendo que ya estaba desposada, lo cual, como ya dijimos, entre los judíos era un verdadero casamiento. Pero sí quedó sorprendido San José cuando notó las señales de que su esposa había concebido un hijo.

Aún no vivían juntos, aún no la había jamás tocado, siempre la había respetado, y la pensaba respetar castísimamente. Pero precisa-

IV. INFANCIA DE JESUCRISTO

mente cuando se acercaba la hora de las bodas solemnes, la fiesta de familia, para que él recibiese a María en su casa, advirtió las señales claras de una purísima maternidad, que era bendición del Espíritu Santo, pero que él no alcanzaba lo que podría ser.

Su esposa era madre. ¿Cómo? Lo ignoraba. Su esposa era santa. ¿Habría faltado? Ni se atrevió a imaginarlo. ¿Cómo, pues, explicar aquel misterio?

Algunos creen que María refirió a José todo cuanto le había sucedido y que San José, sabiendo que su virgen era Madre de Dios, por su humildad se tuvo por indigno de habitar con una señora tan santísima, y que por eso resolvió apartarse de ella. Pero, fuera de que el sagrado texto se opone mucho a esta interpretación, francamente parece que esta humildad no hubiera sido prudente, ni justa, pues hubiera dejado sin razón suficiente a María abandonada y expuesta a muchísimos peligros y sinsabores.

Diré lo que parece más cierto, y se deduce bastante claramente del santo Evangelio y siguen hoy los más de los escritores de autoridad.

San José notó sorprendido la maternidad de su esposa. Justo y muy virtuoso, conocía la santidad y virtud de María, y no se atrevió ni a imaginar en ella culpa alguna. Pero, como no conocía el misterio, ni hallaba explicación de lo que sus ojos veían, como María, a pesar de observar las angustias y vacilaciones de su esposo, callaba confiada, esperando que el que había iluminado a Isabel y Zacarías iluminaría también a San José, si lo quería, después de reflexionar y esperar reverente algún tiempo, tomó una resolución verdaderamente justa, prudente y digna en sus circunstancias.

No quiso ni llevarla a los jueces, ni difamarla en público, ni quejarse de ella siquiera entre sus parientes, y resolvió dejarla secretamente: «No quiso, dice el Evangelio, descubrirla, sino resolvió abandonarla ocultamente», ausentándose tal vez a otra región y dejando libre a su esposa, pero de todos modos sin descubrirla, ni poner en peligro su fama.

Mas el Señor, que vigilaba singularmente por su Madre, dispuso muy bien todas las cosas, y llegada la hora que él juzgó conveniente, libró a María y a José de la cruel angustia e incertidumbre en que estaban viviendo.

Cuando San José estaba enredándose en estos pensamientos y tal vez preparando ya lleno de dolor su ausencia, mientras su humilde esposa en silencio encomendaba a Dios su causa, «he aquí que, durante el sueño, se le apareció un ángel del Señor y le dijo: José, hijo de David, no tengas recelo de recibir en tu casa a tu esposa, porque lo que en ella se ha engendrado es del Espíritu Santo. Dará a luz un hijo. Y le pondrás el nombre de Jesús. Porque él salvará a su pueblo de sus pecados».

Se ensanchó con esto el oprimido corazón del justo. Se levantó del sueño. Habló con su esposa. Conoció todo el misterio. Se abismó en profunda admiración, y mucho más alegre de lo que había pensado, estupefacto de su dicha y de su elección para un cargo tan alto como el de esposo de la Madre de Dios y Padre legal del Salvador del mundo, del Cristo y Mesías esperado por su pueblo y prometido por los Profetas, «recibió a su Esposa», y celebradas las bodas solemnes con todos sus parientes, comenzó a vivir con María como un hermano castísimo con una hermana Virgen perpetua, Virgen intemerada e inviolada, Virgen siempre y modelo de la más hermosa virginidad.

¡Dichoso varón! Como dice la Iglesia, «Dios le hizo Señor de su casa y rey de toda su posesión».

Te, Joseph, celebrent agmina caelitum.

«Celébrente, oh José, los coros celestiales. Celébrente los coros de los cristianos. Esclarecido de méritos, te has unido con castísimos vínculos a la ínclita Virgen».

28. DE NAZARET A BELÉN (Lc 2, 1-5)

Felices y amantes vivían los dos virginales esposos en su casita de Nazaret, trabajando San José en su carpintería y preparando María para el Mesías que iba a nacer los vestidos, las fajas y pañales. La hora gratísima para el mundo se iba acercando. La noche se iba alejando. La Estrella Matutina brillaba ya con esplendores de sol. Se acercaba el oriente. Venía el Sol de Justicia; iba a amanecer aquel día, viendo el cual Isaías, exclamaba:

«Levántate e ilumínate, Sión, porque viene tu luz... El pueblo que andaba en tinieblas ha visto un gran resplandor. A los que habitaban en regiones de tinieblas mortales ha brotado una luz» (Is 60, 1).

Mas no era en Nazaret donde debía aparecer este sol.

Setecientos años antes lo había profetizado Miqueas, cuando, vaticinando el reinado del futuro Mesías, de repente, fijando sus ojos en una aldea pequeñita de Judá, exclamó complacido:

IV. INFANCIA DE JESUCRISTO

«Tú, Belén Efratá, pequeña eres para figurar entre las ciudades millares de Judá. Pero de ti me saldrá el que ha de ser Dominador de Israel, cuyos orígenes son antiguos desde los días de la eternidad» (Mi 5, 2).

Todo lo tenía medido y calculado la suave y fuerte providencia de Yahvé.

«Por aquellos días, dice el Evangelio, salió un edicto de César Augusto mandando formar el censo de todo el orbe.»

Ya hacía tiempo que se estaba formando la estadística del mundo, o de lo que entonces se llamaba *la habitada,* de toda la tierra dominada por los romanos.

Bajo la política diestra y dominadora de Julio César primero, y de César Augusto después, la República Romana se había ido transformando en imperio y monarquía. El talento de César emprendió la formación de la estadística de todas las tierras sujetas al yugo romano. No pudo él llevar a cabo lo que había intentado; pero su talento tuvo digno sucesor en Augusto, quien con incansable laboriosidad y constancia trabajó tanto en este asunto, que al fin de su vida pudo dejar al Senado un breviario o catálogo en que, según Tácito, «estaban anotadas las riquezas públicas, el número de ciudadanos y de aliados que estaban armados, el de las naves, reinos, provincias, tributos, vectigales, gastos y regalos. Y todo ello (dice) escrito de mano del propio Augusto».

Consta, además, que tres veces hizo el censo de los ciudadanos romanos. Y que ordenó que se hiciese también el censo en las provincias. Y desde el año 9 al 8 antes de Jesucristo estos censos se hicieron con regularidad por ciclos de catorce años.

Uno, pues, de estos censos, fue el que se hizo, según San Lucas, no precisamente en el año del nacimiento de Cristo Nuestro Señor, sino *por aquel tiempo, in illis diebus,* gobernando Cirino en Siria.

Es verdad que Palestina entonces estaba gobernada por un rey que no era romano, por Herodes. Pero Herodes era de aquellos reyes que, independientes de nombre, no lo eran de ningún modo de hecho. Reyes que debían la corona a Augusto, que se la había concedido de un modo o de otro después de la batalla de Actuim; *reyes amigos, socios, servidores,* que todos estos y otros parecidos nombres recibían; reyes en realidad, que no pasaban de lugartenientes o procuradores del Emperador, a cuya voluntad en todo estaban.

Pudo por eso muy bien ordenar Augusto el censo de Palestina, y para hacerlo se sirvió, según parece, de varios legados, pues no era negocio de un día, sino de varios años. Uno de éstos fue Cirino, quien estuvo en Siria dos veces como protector o legado: la segunda en los años 6 a 19 de Jesucristo, y la primera, según parece con mucho fundamento, en los años 10 a 8 antes de Cristo; y en esta vez gobernó o juntamente con Cayo Sentio Saturnino o inmediatamente antes de él, bajo cuya prefectura dice Tertuliano que nació Nuestro Señor Jesucristo.

Debió, pues, de comenzarse el censo gobernando Cirino y terminarse con Cayo Sentio Saturnino. Y, según parece por los nuevos descubrimientos que hoy se han hecho, debió de ser este censo uno de los que hacían de catorce en catorce años y que comenzó en 98 antes de nuestra era. Cirino, pues, y Sentio, sin saberlo ellos mismos, empadronaron en sus tablas a la más augusta familia que haya figurado en tablas y estadísticas mundanas.

Por eso Justino en su primera apología, escrita en el siglo I de Jesucristo, pudo asegurar a los gentiles que Cristo había nacido en Belén, como lo podéis ver, decía, en los catálogos que por vuestro paisano Quirinio se hicieron, cuando fue por la primera vez presidente». Y Tertuliano algo después les decía de un modo parecido: «Consta que en Judea se hicieron en tiempo de Augusto los censos por Sentio Saturnino, y en ellos hubieran podido encontrar su familia».

En resumen, que, como dice San Lucas muy acertadamente, «por aquellos días salió un edicto de César Augusto mandando formar el censo de todo lo habitado. Este censo se acabó gobernando Cirino la primera vez». Dice esto San Lucas porque después, regularmente catorce años más tarde, se formó otra vez otro por el mismo Cirino. «Con esto, añade, todos iban a empadronarse cada cual a su ciudad».

Cada cual podría ir a su ciudad, sea porque así lo exigían los romanos, sea porque sin exigirlo ellos, dejaban, como lo hacían en otros muchos asuntos, a cada provincia la suficiente autonomía y libertad de formar el censo según sus costumbres; y la de los judíos era empadronarse cada cual en su ciudad por tribus y familias.

Como José era de la tribu de David, y David era de Belén, a Belén tenía que ir a empadronarse. «Fue, pues, José de Nazaret de Galilea a Judea a la ciudad de David que se llama Belén, porque pertenecía a la casa y familia de David, para empadronarse con su esposa, que estaba encinta».

No se sabe si María fue por obligación, por tener que empadronarse también las mujeres, al menos las que como María eran herederas. Sea por esto, sea porque José no quiso dejar sola a María en aquel tiempo, o por impulso del Espíritu Santo o por otra causa, lo cierto es que José y María se pusieron en camino para recorrer los 120 kilómetros que separaban el pueblo de Nazaret del pueblo de Belén.

Tal vez sería esto al fin del otoño, pues según indica el evangelista San Lucas, debieron de estar varios días en Belén antes del nacimiento. El viaje lo harían despacio, según las costumbres orientales y los medios de que disponían. Tardarían seguramente, como solían las caravanas, tres días en llegar a Jerusalén, y después de descansar en Jerusalén y visitar el templo, en pocas horas pasarían a Belén, que de la capital dista muy poco.

No sería gravoso a María el embarazo en su viaje, supuesto que, según toda la tradición cristiana, en nada fue doloroso a la segunda Eva el parto, cuyo dolor fue maldición echada a la primera y a sus hijas; pero no pudieron evitar las incomodidades que trae consigo todo viaje, especialmente si es largo, como era éste.

Yo no sé de dónde lo sacaría, pero dice San Ignacio en su libro de los Ejercicios, y de seguro que no lo dice sin algún fundamento, que María caminaba, «como se puede meditar piadosamente, asentada en una asna con José y una ancila (o criada), llevando un buey para ir a Belén a pagar el tributo». Cierto que es tradición bien antigua que recién nacido Jesús estaba en medio de dos animales, de un buey y de un jumento.

29. NO HAY POSADA (Lc 2, 6-7)

Belén, casa de pan, Efratá, la fructuosa, la fértil. Verdaderamente fértil y fructuosa, y casa de trigo y casa de viñas, y rincón acaso el más pintoresco de Palestina es el pueblo de Jesús.

Es agradable caminar a pie desde Jerusalén a Belén. Salíamos nosotros de Jerusalén desagradable, de la ciudad ingrata, desapacible, árida, cruzamos el triste valle de Hinnom, ladeamos el monte del Mal Consejo, entramos en la llanura de Rafaim, entre cuyas moreras venció dos veces David a los filisteos. Empieza a sonreír la naturaleza, y llegados a mitad del camino, vemos ya detrás a la ciudad donde murió Jesucristo, delante a la aldea donde nació el dulce Jesús. ¡Oh Belén! ¡Qué graciosa se presenta a nuestra vista, asentada en dos colinas elevadas! La de Oriente es la antigua y de Nuestro Señor. A sus pies, como floridos tapices, descienden en gracioso declive huertos escalonados sembrados de viñas y almendros, granados y olivos y frutales de todas clases. Y más allá, campos alegres y prados vistosos y fecundos. Los campos de David, los sembrados de Booz y de Rut, los prados de los pastores de Belén, que acaso eran vecinos de la aldea de Beth-Lehur, y ocupaban la colina de Migdal Ader que desde Belén se contempla. Todo es alegre en este pueblo, y hasta sus habitantes, casi todos católicos, y muchos de ellos hablando español, y sus niños graciosos, y sus virgencitas sencillas con sus famosos velos blancos, y las madres con sus mitras o tarbux coronadas de ristras de monedas de oro y plata. Allí, bajo una basílica espléndida, aunque deteriorada, en la cripta se conserva aún la gruta donde nació Jesucristo y donde nosotros tuvimos la dicha de que volviese a nacer en nuestras manos en la misa que celebramos.

Si, como parece seguro, tanto José como María tenían en Belén parientes, irían confiados en que alguno de ellos les prestaría alojamiento en su casa, para esperar en ella la hora de dar a luz al Salvador del Mundo. No fue así, y «habiendo venido a los suyos, los suyos no le recibieron» (Jn 1, 11). Tal vez la afluencia inmensa de gente en un pueblo tan pequeño sirvió de obstáculo o al menos de pretexto para no recibir huéspedes de quienes en aquella ocasión podrían esperar muy poco provecho.

Por eso José y María tuvieron que dirigirse al *han,* a la posada. Pero con sumo dolor suyo fueron también de ella despedidos por falta de sitio *para ellos.*

Siendo muchos los que, desatendidas otras genealogías menos importantes, se jactaban, y con razón, de pertenecer a la de David, la principal de todas, de cuyas ramas tenía que nacer la Flor del Mesías, habían confluido a Belén muchos más peregrinos de los que cómodamente podían alojarse. Algunos, sin duda, serían varones principales y de muchas pretensiones, de quienes los hospederos podrían esperar buenas y fuertes recompensas. En cambio, José y María eran y parecían pobres: no era fácil que ningún vecino se resignase a cederles por un precio ordinario alojamiento en su casa.

Desechados, pues, de todas partes, se recogieron, tal vez como otros muchos de la plebe, a una gruta cerca de la posada, y quizás perteneciente a ella, dispuesta para recibir en casos apurados a transeúntes, pastores y otra gente de esta clase, que no quiere gastar mucho en posadas.

IV. INFANCIA DE JESUCRISTO

Una tradición, de las más auténticas de los Santos Lugares, que de ningún modo puede negarse, muestra esta cueva o gruta a los peregrinos, único sitio que en toda la tierra pudo encontrar el dueño del universo para salir al mundo.

Sucedía esto, según parece, el año 748 ó 747 de Roma, cuatro o cinco años antes del año 1, en que comienza a contarse la era cristiana. Porque ha de saberse que un monje muy instruido llamado Dionisio el Pequeño, introdujo en el siglo VI la costumbre de contar las fechas tomando por partida el año de nacimiento de Cristo. Pero Jesucristo nació por lo menos cuatro años más tarde de lo que, según parece, pudo nacer. Dionisio calculaba que nació a 25 de diciembre de 753 de Roma, y por tanto al año 754 llamó el 1 de Jesucristo. Ahora bien, como Herodes murió en la primavera de 750 de Roma, y Jesús nació en tiempo de Herodes, su natividad tuvo que ser en diciembre por lo menos de 749, o, si los Magos vinieron más tarde, de 748 ó 747, es decir, cinco o seis antes de lo que había calculado Dionisio.

También dudan acerca del día en que nació. Y unos ponen una fecha y otros otra. Nosotros no vemos razón ninguna para apartarnos de la opinión que la Iglesia, desde muy antiguo, sobre todo desde San Juan Crisóstomo, tiene de celebrar esta fecha el 25 de diciembre.

Dicen que en este tiempo es inverosímil, por ejemplo, que los pastores estuviesen durante la noche en el campo. Pero es de saber que en Belén la temperatura es muy suave por estos días. Durante cinco años la temperatura más baja observada por algunos curiosos viajeros en Belén fue de más de 3 grados, y la media de 17; estos mismos viajeros nos aseguran que las semanas a fines de diciembre son en Belén gratísimas, como tal vez en ninguna época del año. La tierra se cubre de verdura, los pastos brotan por todas partes, los pastores salen al campo, los rebaños se extienden por las praderas, la primavera se adelanta y lo entibia todo más que en otras tierras vecinas.

En fin, también preguntan acerca de la hora del nacimiento. La creencia general es que nació a medianoche. Y así parece confirmarlo el Evangelio. Pues, según luego veremos, el ángel que anunció a los pastores el Nacimiento del Mesías apareció de noche, y a poco de nacer o mejor dicho cuando acababa de nacer el Mesías.

30. EL NACIMIENTO (Lc 2, 6-7)

Pasaron, pues, los dos Santos Esposos algunos días recogidos en aquella gruta preparándose con altísimo reconocimiento y humildad al momento más dichoso de toda la historia del mundo. Tal vez por los recintos de aquella misma gruta habitaban con ellos otros, si en linaje nobles, en fortuna plebeyos, que tampoco habían encontrado posada más cómoda.

Y el 25 de diciembre, cuando el sol vuelve a levantarse del solsticio y a hacer los días más grandes, a medianoche, cuando las sombras empiezan a decrecer, porque se acerca el día, la Virgen Purísima y su Esposo Castísimo, conociendo que se acercaba el día grande de la venida del Mesías, se recogieron en oración profunda.

«Era la medianoche –dice el piadosísimo Luis de Granada, con estilo dulcísimo que yo jamás podré imitar–, era la medianoche muy más clara que el mediodía, cuando todas las cosas se reparan del trabajo y gozan del silencio y quietud; y acabada la oración de la Virgen Santísima, comenzaron los cielos a destilar miel y dulzura; y ella sin dolor, sin pesadumbre, sin corrupción y mengua de su pureza virginal, vio delante de sí, salido de sus entrañas, más limpio y más resplandeciente que el mismo sol, al bien y remedio del mundo, tiritando de frío, y que ya con sus lágrimas comenzaba a hacer oficio de Redentor. No se puede con palabras explicar, ni con entendimiento humano comprender el gozo que la purísima Virgen tuvo en aquel punto, y la admiración y estupor que le causó ver al que sabía que era verdadero Dios tan abatido y humillado, y postrándose delante de él con profundísima reverencia, dicen que dijo: *Bene veneris, Deus meus, Dominus meus, et Filius meus:* Bien seáis venido, mi Dios y mi Señor; y abrazándole y aplicándole a sus virginales pechos, lo envolvió en aquellos pañales que traía aparejados. Sonríe, como niño, a la Madre el Santo Infante; halágala con el rostro, y vuelve sus dulces y alegres ojos a mirarla, y como dice San Cipriano *(Orat. de Nativ.),* el niño, mamando en los brazos de la Madre, gozaba de aquella leche proveída del cielo, y la fuente del sagrado pecho infundía en la boca del Niño purísimo licor. El Hijo daba a la Madre lo que la Madre daba al Hijo; él henchía los pechos de la Madre, y ella sustentaba al Hijo con la divina leche que él mismo le había proveído. Mas como el Niño tierno temblase de frío e hiciese pucheritos, púsole la Virgen así empañado en el pesebre, para que con alguna paja o heno que allí había, y con el huelgo del buey y del jumento que allí estaban, se abrigase algún tanto y se mitigase la fuerza de aquel frío y rigor. ¡Oh bienaventurado pesebre! ¡Oh establo más glorioso que todos los palacios de Reyes, donde Dios asentó la cátedra de filosofía del cielo, donde la palabra de Dios enmudecida tanto más claramente habla cuanto más calladamente nos avisa! ¡Oh Señor, Dios nuestro (dice San Cipriano), cuán admirable es vuestro nombre en toda la tierra! Verdaderamente Vos sois Dios obrador de maravillas. Ya no me maravillo de la figura del mundo ni de la firmeza de la tierra, estando cerca de un cielo tan movible; no de la sucesión de los días ni de la mudanza de los tiempos, en los cuales unas cosas se secan, otras reverdecen, unas mueren y otras viven: de nada de esto me maravillo, sino de ver a Dios en el vientre de una doncella; maravíllome de ver al Todopoderoso en la cuna; maravíllome de ver cómo a la palabra de Dios se pudo pegar carne; y cómo, siendo Dios sustancia espiritual, recibió vestidura corporal; maravíllome de tantas expensas y de tan largo proceso y de tan largos espacios, como se gastaron a esta obra. Esto es de San Cipriano».

Nació Jesús, según toda la tradición cristiana, sin dolor de María Santísima.

Nació, como dice nuestro catecismo, sin detrimento de la virginidad de su Madre, a la manera que un rayo de sol sale por un cristal sin romperlo ni mancharlo.

Y después de nacido Jesús, su madre quedó Virgen perpetuamente como lo había estado antes, Virgen purísima antes del parto, en el parto y después del parto.

Ved ya aquel prodigio que profetizó Isaías. He ahí la Virgen que ha concebido y parido un hijo. He ahí su fruto bendito, el augusto *Emanuel*, el *Dios-con-nosotros* que ha brotado de su seno.

Ved la vara más hermosa del árbol de David, coronada de su pimpollo hermoso que acaba de brotar.

¡Oh María! ¡Oh hermosísimo ideal de la humanidad! ¡Oh Virgen Madre! ¡Oh Deípara! ¡Oh Madre de Dios! ¿Quién ha visto ni cielo con sol, ni concha con perla, ni rosa con rocío, ni joyel con diamante, ni paloma con ramo de oliva, ni árbol con fruto de bendición más precioso que María teniendo en sus brazos a Jesús?

¡Oh árbol singular, árbol delicioso, árbol que tiene flor y fruto a un mismo tiempo, árbol que no ha perdido la flor para dar fruto, árbol en el cual el fruto se conserva y guarda la flor, y la flor embellece el fruto, árbol en que la flor es la más pura de todas las flores, y el fruto el más rico y el más copioso de todos los frutos! ¡Bendita tú eres entre todas las mujeres, y bendito es el fruto de tu vientre, Jesús!

31. LOS PASTORES (Lc 2, 8-20)

Estaban entonces unos pastores en aquella tierra en vela, guardando de noche sus rebaños. Y de repente apareció sobre ellos un ángel del Señor, y la gloria de Dios resplandeciendo a su alrededor. Llenáronse de profundo espanto. Pero el ángel les dijo:

«No temáis: porque vengo a daros la buena noticia de un gran gozo para vosotros y para todo el pueblo. Hoy os ha nacido un Salvador que es *Cristo Señor,* en la ciudad de David. Y ésta será la señal para reconocerle: Hallaréis un niño envuelto en pañales y reclinado en un pesebre.

»Entonces de repente apareció al lado de este ángel una multitud de milicia celestial de ángeles que alababan a Dios y decían:

»Gloria a Dios en las alturas y en la tierra paz a los hombres de buena voluntad.»

Canto hermosísimo, símbolo y compendio de toda la escena que acababa de realizarse y aun de toda la vida del Redentor. En aquella hora se daba a Dios la gloria verdadera, la gloria cumplida que por el pecado se le había quitado, la gloria que Él merecía. Un Hombre Dios glorificaba a Yahvé con honores debidos y dignos, con gloria tan infinita como Él se merecía y reclamaba del género humano, para darse por satisfecho de su justicia irritada por las ofensas de los hombres.

Y una vez satisfecha la justicia divina y glorificada la majestad ofendida, Yahvé se reconciliaba con los hombres y nos concedía la paz verdadera y el perdón de nuestras ofensas.

Apenas apareció Jesús en la tierra, aquel Niño que algunos de nuestros artistas antiguos pintan con un dedito en los labios, para indicarnos el silencio y la impotencia a que voluntariamente por nosotros se redujo el que era omnipotente y eficacísima Palabra y Verbo del Padre, estaba hablando elocuentemente en silencio por nosotros al Padre, y como dice San Pablo: «Al entrar en el mundo dijo: No has querido víctimas ni holocaustos. Pero me has formado a mí en cuerpo. Los holocaustos por el pecado no te han agradado. Y he dicho: Aquí estoy yo, según está de mí escrito en el libro, para hacer tu voluntad».

En efecto, allí estaba aquel Niño, víctima suficiente por los peca-

IV. INFANCIA DE JESUCRISTO

dos del mundo. Allí estaba aquel Dios a quien Yahvé había formado un cuerpo, para que, siendo Dios y hombre, pudiese ser víctima propiciatoria. Ni los toros, ni corderos, ni carneros de la Ley antigua pudieron satisfacer ni aplacar a Yahvé; sino la sangre y el sacrificio inmaculado de este Cordero de Dios, que se ofreció por los pecados del mundo, que restableció la gloria divina y trajo sobre todos los hombres el beneplácito y buena voluntad divina, para que los que hasta entonces habíamos sido hijos de ira, fuésemos desde entonces, si lo queremos, hijos de la amistad y buena voluntad de Dios.

Por eso cantaban los ángeles a los pastores y a todo el mundo: Gloria a Dios en las alturas, y en la tierra paz a los hombre de buena voluntad.

Ni fue otra cosa lo que hizo Jesús en toda su vida que realizar este cántico y dar gloria a Dios y paz a los hombres.

Y se fueron los ángeles cantando el dichoso himno por las alturas a los cielos. «Y en cuanto ellos se fueron, mirándose los pastores, se dijeron: Vamos a Belén, y veamos este suceso que ha ocurrido y que el Señor nos ha revelado.

»Y vinieron de prisa y encontraron a María y a José y al Niño reclinado en el pesebre. Y al verle, refirieron las palabras que les habían dicho de aquel Niño. Y todos los que les oían se admiraron de las cosas que les referían los pastores».

Sin duda que al venir éstos del valle y preguntar por el recién nacido, se reunirían alrededor de la Santa Familia los que tal vez en la misma gruta estaban recogidos; bajarían quizá muchos de la hospedería y acudirían otros de la villa. Muchos se admirarían, algunos creerían, los más lo pondrían en duda, y regularmente la noticia no salió de los confines de Belén.

«Observándolos atenta María, iba guardando todos estos recuerdos en su corazón, reflexionando sobre todo cuanto veía.»

Así lo refiere San Lucas, quien de seguro recibió estas preciosas narraciones, que tan bien y con tanto cariño puntualiza, de labios de la misma Madre que vio todo aquello y lo conservó como reliquia en el relicario de sus recuerdos.

«Y los pastores volvieron glorificando a Dios y alabándole por todo lo que habían visto y oído, según se les había anunciado.»

32. LA CIRCUNCISIÓN (Lc 2, 21)

Fueronse los pastores, retirándose los que tal vez junto con ellos vinieron a adorar a Jesús y María. Todos con mucha más razón que en el nacimiento de San Juan dirían ahora: ¿Qué va a ser este Niño?, porque con él está la diestra del Altísimo.

Aquel Niño, que, según la profecía de Isaías, tantos nombres había de tener, aún no tenía ninguno. «Será llamado, había dicho el Profeta: Admirable, Consejero, Dios, Fuerte, Padre del futuro siglo, Príncipe de la paz».

No era, sin embargo, ninguno de ésos el nombre adecuado y preferido, sino otro augustísimo, ante el cual, como San Pablo dijo después, habían de doblar su rodilla los cielos, la tierra y los infiernos; nombre que ya desde entonces merecía por la vida que iba a tener, por la misión que iba a cumplir, por la pasión que iba a sufrir, y sobre todo, por lo que todo esto comprende, por la obediencia que iba a tener a su Padre hasta el punto de morir muerte de cruz. «Se humilló a sí mismo, haciéndose obediente hasta la muerte, y muerte de cruz; por lo cual Dios le exaltó y le dio un nombre sobre todo nombre, para que al nombre de Jesús se doble toda rodilla de los celestiales, de los terrestres y de los infiernos».

Este nombre santísimo de Jesús se lo impuso San José el día en que circuncidaron al Niño.

«Pasaron, dice San Lucas, los ocho días para la circuncisión. Y se puso al Niño el nombre de Jesús, como le había llamado el ángel antes de haber sido concebido en el seno.»

Antes se le había llamado Hijo, y este nombre y Dios eran sus propios nombres, mientras estuvo en el seno del Padre. Cuando fue concebido en el seno de su Madre Virgen, había de recibir otro nombre.

Éste lo solían poner los israelitas en la circuncisión, así como nosotros lo acostumbramos imponer en el bautismo. Por razones que no hay ahora motivo de exponer, Dios al formar con Abrahán la alianza de que nacería de su descendencia el Salvador y del Salvador, por un nacimiento espiritual y sublime, muchísimas gentes, había mandado que todos los varones que quisiesen pertenecer a este pueblo, al pueblo de Dios, recibiesen en su cuerpo una marca sangrienta. Según esta disposición de Dios, Abrahán se circuncidó a los 99 años y circuncidó a su familia toda, para de este modo inaugurar el pueblo circuncidado.

IV. INFANCIA DE JESUCRISTO

En esta ceremonia se producía una pequeña, mas sangrienta, herida, y mediante este símbolo se significaba la nota del pecado original, y según parece, se le imponía el remedio; como en el bautismo, se señalaba la circuncisión del corazón, mediante la cual se cohibían las pasiones y depravadas concupiscencias del hombre caído, y se daba gracia para ello.

De ahí se ve cuán humillante debía ser para Jesús someterse a este rito, aunque para los judíos fuese glorioso. Siendo Dios, no podía ser jamás bajo ningún concepto excluido del pueblo de Dios; siendo rectísimo, no necesitaba de rectificación ni circuncisión de afectos; siendo autor de toda la gracia que se daba en el mundo, no podía recibir gracia ninguna. Pero Jesucristo, aunque no estaba obligado, quería voluntariamente sujetarse a la Ley, y obrar en todo conforme a ella, de manera que pudiera decir con verdad lo que después dijo: «No he venido a disolver la ley, sino a cumplirla».

La manera como se llevaba a cabo la circuncisión era poco más o menos ésta: En la misma casa del recién nacido o en la sinagoga, nunca en el templo, un circuncidador designado para ello, llamado *mohel,* o también el mismo padre del niño asistido del padrino y rodeado de diez personas, tomaba al infante, e hiriéndole, según, el rito, con un cuchillo de pedernal, decía: «Bendito sea el Señor nuestro Dios, que nos ha santificado por sus preceptos y nos ha dado la circuncisión». El padre o alguno de los circunstantes añadía: «Nos ha santificado por sus preceptos, y se ha dignado introducirnos en la alianza de Abrahán. nuestro Padre». Acabada la ceremonia, decían tal vez los circunstantes: «¡Viva el que Yahvé ha escogido por hijo suyo!» Restañaba el *mohel* la sangre, curaba la herida, y se imponía el nombre al niño circuncidado. La fiesta de familia y las felicitaciones terminaban la circuncisión.

Era, pues, la mañana del primer día en que ahora comienza el año y en que también nuestro Redentor empezaba a derramar la sangre infantil con que había de pagar y redimir nuestros pecados y nuestras incircuncisiones. Vino el *mohel,* o quizás más seguramente el mismo José, tomó a su niño en sus brazos, y con todo el respeto y cariño hirió con el pedernal aquel cuerpecito inocente que pagó las primicias de su sangre por nuestras culpas. Dijo las preces y oraciones que en estos casos se acostumbraban, y poniendo al infante el sacrosanto nombre de Jesús, cumplió con la misión que le había dado el ángel, cuando le dijo: «Le llamarás Jesús».

Jesús en hebreo es Yesua, abreviatura de Yehosua, que es nombre compuesto de *Yheo,* que es Yahvé, y *Yesua,* que es salud. Por donde Jesús significaba lo mismo que Dios-salud o Dios-salvador.

Otros habían llevado este nombre, como Josué, que es lo mismo que Jesús, pero nadie lo había llevado por derecho, impuesto por el consejo de lo alto como nuestro Redentor, a quien el Padre Eterno por medio de San Gabriel mandó que se le impusiese.

Jesús era el nombre adecuado y personal del Verbo encarnado. Es decir, el nombre que llena toda su misión y toda su historia, sin que nada falte ni sobre.

Todo lo que es nuestro Redentor está encarnado en este nombre.

Y por tanto, todos los nombres están incluidos en él, todos los títulos están encerrados en él. Todos los cargos y todos los beneficios que hizo a la humanidad están significados en él. Jesús y nada más que Jesús ha sido Jesús para nosotros, y diciendo Jesús decís todo cuanto de Jesús decirse puede.

No hay ni en la tierra ni en el cielo nombre más venerando, más augusto ni más dichoso. Y con razón pudo decir San Pablo que al oírlo se arrodillan en el cielo los que de él están recibiendo la salvación, y en los abismos los que, por no haberse querido salvar en él por amor, están ahora perdidos para siempre y sujetos a su majestad por temor y castigo de la justicia divina.

Entre los demás nombres que Jesucristo tuvo en este mundo, dados por la Sagrada Escritura, hay otro que suele ponerse al lado del de Jesús. Es el de *Cristo.*

Ya en otro sitio dijimos lo que significaba y por qué se le daba a Jesús este nombre. Cristo, lo mismo que Mesías, era lo mismo que el *ungido*, el que había de ser enviado por Yahvé a su pueblo para que fuese aquel rey de quien tantas esperanzas se habían depositado en el Antiguo Testamento.

Jesús era el nombre personal y propio del Verbo encarnado.
Cristo era el nombre oficial de su dignidad mesiánica.
Jesús es más amable.
Cristo, más respetuoso.

La Iglesia ha unido sabiamente los dos nombres de modo que formen uno solo, *Jesucristo,* mezcla sublime de amor y de dignidad, que infunde a la vez reverencia y dulzura.

Nada se piensa más dulce,

Nada se canta más suave,
Nada se escucha más grato,
Que Jesús Hijo del Padre.

Así cantaba, y con razón, San Bernardo.

La última palabra que se nos ha de decir tres veces a la hora de la muerte por el sacerdote que nos asista, será ésta: ¡Jesús! ¡Jesús! ¡Jesús! Sea el sello de una vida cristiana, en la cual, más aún que con las palabras, con las obras, hayamos dicho aquello de San Francisco de Asís: *Jesus meus et omnia:* «Jesús es todo para mí».

33. LA PRESENTACIÓN Y PURIFICACIÓN (Lc 2, 22-39)

Había que cumplir otras dos leyes a que tampoco en realidad estaban obligados ni Jesús ni María; pero a ellas, lo mismo que a la de la circuncisión y a toda la ley, voluntariamente se quisieron sujetar. Las dos se cumplían a un tiempo. Era ley dada por medio de Moisés al pueblo: que la mujer que hubiese tenido un hijo se presentase a los cuarenta días en el templo a purificarse. Además, si el hijo era primogénito, debía consagrarle al Señor y dejarle en el templo dedicado al servicio de Yhavé. Siguiendo el Señor en las personas la misma ley que en las cosas y frutos y animales de la tierra, así como exigía las primicias de todos los bienes, así también reclamaba para sí y para su servicio los primogénitos varones de su pueblo.

Luego el Señor adoptó a la tribu de Leví en premio de su fidelidad con Yahvé y con Moisés, para que ella ejerciese el culto del templo. Se conservó, sin embargo, la costumbre de ofrecer a Dios los primogénitos, si bien después de hecha la oferta y consagración, los rescataban sus padres ofreciendo por ellos cinco siclos. Con esto quedaba libre el primogénito y le sustituía uno de los levitas en la prestación del servicio personal en el templo.

Al presentarse el hijo para el ofrecimiento, y la madre para su purificación, debían ofrecer a Dios como víctima un cordero añal, o, si la familia era pobre, un par de tórtolas o palominos.

Purísima era María y no tenía ni culpa ni mancha ninguna, ni legal siquiera, por la que debiera presentarse al templo a pedir la purificación de lo que de ningún modo estaba manchada.

Dueño de todas las cosas, e Hijo, que no siervo, era Jesucristo, y por tanto no tenía que presentarse a Yahvé, con quien era idéntico en dignidad y esencia.

Pero además de que la gente no sabía los misterios augustos que aquella Sagrada Familia encerraba, Jesucristo quería honrar la ley antigua y presentarse también como primogénito de toda criatura ante el Padre para simbolizar la presentación que por nuestra redención más tarde había de hacer de sí mismo en la cruz.

Parece, aunque estos puntos están un poco oscuros en el Evangelio, que San José y María, conocidos ya en Belén por lo que de ellos se había hablado por los pastores y vecinos encariñados, amados y tal vez animados por los betlemitas, pensaron en trasladar de Nazaret a Belén su morada. Los invitaba aunque no sea más que el recuerdo de su regio abuelo David, y tal vez no poco la proximidad de Jerusalén y su templo, y sus propios parientes que allí tendrían, ya más propicios que cuando allá fueron antes de nacer Jesucristo.

Y es muy probable lo que creen muchos: que con este designio se fueron a Nazaret para levantar de allí su casa, recoger su ajuar y sus bienes, que no serían muchos, y despedirse de los suyos, porque San José, a juzgar por lo que sucedió al volver de Egipto, pensó establecerse en Belén. De paso, ya que tenían que pasar por Jerusalén, dispusieron el viaje de modo que cayesen en la ciudad y en el templo el día de su purificación.

El día, pues, 2 de febrero, a los cuarenta del Nacimiento del Salvador, Jesús, en brazos de María y acompañado de José, vino al templo que edificó Zorobabel y cumplió la profecía que Ageo, al verlo edificar, decía:

«Vendrá el Deseado de todas las gentes y llenaré de gloria este templo... Mayor será la gloria de este templo novísimo que la del primero (de Salomón); en este sitio daré yo paz» (Ag. 2, 8-9).

Al ir a presentarse al sacerdote, regularmente en el atrio que llamaban de las mujeres, les sucedió un caso maravilloso. Porque «había en Jerusalén un varón, llamado Simeón, hombre justo y timorato, que estaba esperando la consolación de Israel», es decir, la redención y venida del Mesías consolador y salvador de su pueblo, la venida del Jesucristo.

No se sabe quién hubiese sido este Simeón, ni parece que fue ninguna persona notable, y de seguro que fue sacerdote. Eso sí, era justo y virtuoso, y «el Espíritu Santo estaba en él. Y había recibido una reve-

IV. INFANCIA DE JESUCRISTO

lación de este Espíritu Santo de que no vería la muerte antes de ver con sus ojos al Cristo de Yahvé. Inspirado por el Espíritu, vino al templo, y al introducir al Niño Jesús sus padres, para cumplir por Él lo que es costumbre de ley», le miró, e inspirado por el Espíritu Santo, le conoció y supo que Aquél era en verdad el que él esperaba ver antes de morir, y arrebatado de gozo divino, se lanzó, «tomolo en sus brazos y empezó a alabar a Dios, diciendo:

> Ahora ya, Señor, sueltas a tu siervo
> en paz según tu promesa,
> porque mis ojos han visto a tu salud,
> que has preparado a la faz de los pueblos,
> como luz que iluminará a las gentes
> y gloria de tu pueblo Israel».

¡Oh, qué bien conoció aquel santo anciano al Salvador y qué poderosa inspiración recibió del Espíritu Santo para en tan pocas palabras encerrar todo el misterio de la Redención! Sorprendidos por un caso tan notable, «quedaron sus padres admirados de lo que del Niño se decía» y de lo bien inspirado que aquel anciano estaba del cielo.

El cual no acabó con este cántico, sino que, vuelto a los padres, los felicitó, y hablando a la madre y señalando al Niño, le dijo:

«Éste ha sido puesto para caída y levantamiento de muchos de Israel. Él será una bandera a la que se hará guerra (y la espada atravesará aun tu propia alma) para que se vean los pensamientos de muchos corazones.»

Porque, en efecto, había muchos hipócritas y falsos israelitas que no tenían más que orgullo de su nación y el egoísmo explotador del mesianismo.

Pero cuando Jesús, el Salvador prometido, y el Cristo suspirado por los verdaderos israelitas, apareció en Israel y levantó su bandera, bandera sobrehumana, su cruz, entonces se descubrieron las mezquindades y falsías de muchos, de los más de los judíos. Muchos que estaban caídos se levantaron y fueron con sinceridad a la bandera de Cristo, y muchos que estaban levantados y erguidos en los puestos principales del pueblo de Dios, cayeron para no levantarse jamás de su postración, ni siquiera después de veinte siglos que desde entonces han pasado.

Se salvaron *las reliquias* de Israel, que había profetizado tantas veces Isaías, es decir, los buenos y legítimos israelitas que Yahvé conservaba para de ellos sacar su Mesías y entre ellos salir y llevar la luz al mundo, llenando de gloria al pueblo de quien había salido el Mesías, según las esperanzas prometidas al gran padre Abrahán y sus hijos.

Hoy sigue la lucha también, y en medio de ella tremola nuestra inmortal bandera sostenida por Jesucristo.

Todo el mundo se divide en dos bandos: los que contradicen a esa bandera de la cruz, y los que la defienden y mueren a su sombra.

Los primeros tropiezan en Cristo y caen sin remedio a sus plantas, los segundos se levantan al tocar a Cristo, y por su potente diestra surgen inmortales a la resurrección eterna.

Es seguro que al ver aquel grupo y escuchar aquellas palabras de aquel anciano conocido sin duda en el templo por sus asiduas visitas y oraciones, se juntarían otros a escuchar lo que pasaba y se decía, y escucharían estupefactos aquellos vaticinios.

Entre el grupo de los que allí se arremolinaron debía de estar una anciana virtuosa y también verdadera israelita, ilustrada como Simeón por el Espíritu Santo, profetisa, como la llama el evangelista San Lucas, es decir, mujer dotada de espíritu profético para animar al pueblo y consolarlo con la esperanza de Cristo, y aun también para predecir lo futuro. Hablando así con todos los fieles que querían escucharla, pasaba su vida en el templo, o porque, según algunos, vivía en él entre las viudas o mujeres que cuidaban del servicio del santuario, y dedicadas a Dios en habitaciones a ellas destinadas en lo exterior del templo, o porque sencillamente frecuentaba tanto el templo, que se podía decir que se pasaba en él la vida dedicada al culto.

«Vivía entonces, dice el Evangelio, Ana, una profetisa hija de Fanuel, de la tribu de Aser. Era muy avanzada de edad, había vivido con su marido siete años desde su virginidad y después viuda hasta los 84 años. No se apartaba del templo, y daba culto a Dios de día y de noche con oraciones y ayunos. Ésta, acercándose en aquella misma hora, empezó a su vez a alabar a Dios» como respondiendo y confirmando, según indica el Evangelio, lo que decía el anciano Simeón, «y seguía hablando de aquel Niño a todos los que estaban aguardando la redención de Israel».

Cuando cesaron estas alabanzas y entusiasmo, probablemente acompañados de otra gente que al oír estas felicitaciones se reuniría alrededor de la Sagrada Familia, se adelantaron a la puerta llamada de Nicanor, que daba al atrio de Israel y de los sacerdotes, donde estaba el altar. Se purificó, según los ritos acostumbrados, la Madre, aunque era inmaculada y nada tenía de que purificarse. Y no pudiendo ofrecer por víctima para la purificación un cordero de un año, como solían hacer los ricos, ofrecieron, como pobres, dos tórtolas o dos pichones.

Acabado el rito de la purificación, procedieron a la presentación del primogénito. La Madre, y quizás más probablemente San José, que hacía de padre, presentó al Unigénito de su Esposa, y Unigénito también del Eterno Padre, al sacerdote, quien conforme al rito le aceptó, le bendijo y le devolvió a sus padres mediante la suma de los cinco siclos, bien ajeno de que por aquel Niño había de ser él y todos los hombres comprados y redimidos de la deuda eterna de nuestros pecados, no por cinco siclos, sino por cinco fuentes de su sangre preciosísima de Cordero Inmaculado.

«Cuando cumplieron todo, según la ley del Señor, se volvieron a Galilea, a su ciudad de Nazaret.»

34. LA EPIFANÍA (Mt 2, 1-12)

Poco tiempo debieron de estar en Nazaret, lo suficiente para recoger sus cosas, recibir las felicitaciones de sus parientes y despedirse de ellos. Pronto volvieron a Belén a establecerse en aquel pueblo donde ya con tantas simpatías debían de contar, y en el que esperaban, por una parte, vivir más tranquilos, y, por otra, más satisfechos en la ciudad y patria de David y ya también de su esperado nieto el Mesías.

Entretanto venían ya del Oriente las primicias de la gentilidad a presentar sus ofrendas y adorar también ellos al que era Jesús y salud no sólo de Israel, sino de todos los pueblos.

«Nació Jesús, dice San Mateo, y después que nació, mientras reinaba Herodes, he aquí que vinieron del Oriente unos magos a Jerusalén preguntando: ¿Dónde está el nacido Rey de los judíos?, porque hemos visto su estrella en el Oriente y hemos venido para adorarle».

Ya comienza a ser llamado Rey de los judíos al nacer el que al morir será también titulado Rey de los judíos.

¿Quiénes eran estos magos? y ¿de qué Oriente venían? y ¿qué estrella vieron?

Eran entre los persas y medos los magos los descendientes de uno de los pueblos más antiguos de que su nación se había constituido. Desdeñando mezclarse con otras familias, poco a poco se fueron aislando y formando ellos solos, superior y noble, una casta aparte, que conservaba entre sus atributos hereditarios el servicio del culto y oficio y dignidad sacerdotales. Se jactaban de ser más distinguidos y sabios que los de otras familias y castas, si bien no todos eran ni sacerdotes, ni sabios, pero todos se consideraban como más nobles que el vulgo, y de ellos se elegían los jefes supremos, los altos consejeros, los sacerdotes, los sabios, los intérpretes de sueños y dificultades, los ocultistas conocedores de los secretos de la naturaleza. La astronomía y la historia natural eran sus principales conocimientos. Hombres muy leídos y curiosos, emprendían para instruirse grandes viajes y dedicaban mucho tiempo a sus estudios. Con lo cual conservaban entre los suyos grande superioridad intelectual, mucha dignidad moral y siempre alguna nota o carácter religioso.

El extenso conocimiento que tenían de lo que el vulgo ignoraba, y algunas de sus prácticas singulares, sobre todo las misteriosas que debieron de frecuentar abusando algunos magos o falsos o de menos dignidad que su raza, hizo que el nombre de *magos* y *magia* viniese a significar lo que de ordinario hoy significa, un arte de engaños, de hechicerías y supersticiones maléficas, propio de gente ruin y charlatana, que en nada se parece a la dignidad original de los magos.

Nuestros magos, verdaderos magos, vinieron del Oriente, y si bien el Oriente es una región muy vaga, y son muchas las opiniones acerca del sitio de su origen, lo más seguro es que parece que vinieron de Persia, donde principalmente residían los magos.

No cabe dudar que estaban instruidos de las esperanzas mesiánicas, sea por sus conocimientos generales de la religión y moral adquiridos en sus viajes, sea sobre todo por la mucha comunicación que entre ellos y los judíos debió de haber en tiempo de la cautividad de Babilonia, durante la cual pudieron enterarse de los libros Santos y profecías del Pueblo de Dios.

Comúnmente se los tiene por reyes, pero no hay ningún fundamento para ello, ni en el Evangelio ni en la primera antigüedad. Todo lo más que puede decirse con los más acreditados escritores, es que por su nobilísima calidad y posición, y por el respeto con que eran considerados en su patria, eran poderosos y príncipes, tales en fin que, según frase de Tertuliano, el Oriente los respetaba poco menos que como a reyes.

Tampoco se sabe bien cuántos eran. La tradición, o más bien la creencia más general, es de que fueron tres. Pero la tradición siria y armenia pone doce, y los monumentos antiguos unos pintan tres, otros

IV. INFANCIA DE JESUCRISTO

cuatro, otros ocho, y aun alguna pintura de las catacumbas pone dos. Debemos pensar que por lo menos fueron tres, a los cuales la Iglesia designa ahora con los nombres de Melchor, Gaspar y Baltasar, más bien para señalarnos de alguna manera, como lo ha hecho con otros santos cuyo nombre ignoraba, que porque así fuesen de verdad sus nombres.

San Beda el Venerable escribió lo que en su tiempo refería la leyenda, diciendo:

«El primero se dice que fue Melchor, quien, anciano y cano, dotado de luenga barba y larga cabellera, ofreció a Jesús el oro como a Rey y Señor. El segundo, Gaspar, joven, imberbe, rubio, le honró como a Dios, con incienso. El tercero, moreno, con toda su barba, llamado Baltasar, ofreció mirra, profesando así que el Hijo del Hombre había de morir».

Pero nada de esto consta por el Evangelio.

Lo cierto es que, observando, sin duda, como de costumbre, los astros, vieron en el cielo una estrella, y conocieron que era la estrella del Rey de los judíos. Así le llamaban ellos: *su estrella*.

Debieron de conocerla no porque su luz o su forma tuviese ninguna particularidad tan notable que en ella se conociese ser estrella del Mesías, sino porque el mismo Señor, que se la enviaba, les dio a entender por revelación interior o de otra manera clara que aquélla era su estrella, y señal de que había nacido el Rey de los judíos, el gran Rey y Cristo esperado de los pueblos.

No os empeñéis en explicar esta estrella por reglas astronómicas, ni por conjunciones de astros y planetas como algunos han soñado, sobre todo después de los cálculos de Kleper para el año del nacimiento del Señor.

Según se deduce del Evangelio, esta estrella fue un meteoro luminoso distinto de todos los demás meteoros y estrellas ordinarias. Apareció en Oriente, y una vez que por él los magos conocieron haber nacido el Rey de los judíos, desapareció, según parece. Volvió a reaparecer cuando, como veremos, los magos salieron de Jerusalén, y de tal manera que, lo que con ninguna estrella sucede, pudo irles señalando con su movimiento el camino, y con su parada sobre la casa de Jesús, el sitio en que moraba el Rey buscado.

Una vez que vieron la estrella y conocieron haber nacido el Mesías, prepararon sus regalos magníficos y, montados en sus camellos y formados en caravana, se pusieron decididos a caminar a Judea, donde o por las noticias que tenían o por sus tradiciones y estudios, o por revelación, sabían que debía nacer el Rey que buscaban.

Si bien la liturgia celebra la fiesta de la Epifanía (que significa la *manifestación* de Jesucristo a los gentiles) a los trece días del nacimiento, no por eso se debe creer que los magos vinieron en tan breve espacio. Lejos de eso, no llegaron a Belén sino después de la presentación y probablemente un año después del nacimiento.

Si la estrella se les apareció el día del nacimiento, como parece lo más natural, distando la capital de Persia unos 2.000 kilómetros, y suponiendo que la caravana caminase a marchas regulares de 40 a 50 kilómetros, que suelen hacer los camellos en viajes largos, tardarían lo menos cuarenta días, y con los preparativos y con algunas detenciones que tuviesen en el camino, pasarían de seguro muchos más. Y si bien nada de cierto puede decirse, pero parece bien verosímil que emplearon en tal viaje un espacio bastante largo que lo menos duraría tres o cuatro meses, y más bien como un año.

Caminaron, pues, llenos de fe ardiente y de esperanza, y llegaron ansiosos a la Corte del Gran Rey. Grande debió ser su sorpresa al ver en la capital que nadie hablaba del Rey de aquella estrella, a quien ellos tan afanosos venían buscando desde el fin de la tierra...

A pesar de todo y como la cosa más natural del mundo, comenzaron sin recelo ni vacilación a preguntar a los que encontraron: «¿Dónde está el nacido Rey de los judíos?, porque hemos visto su estrella en Oriente y venimos a adorarle».

En Jerusalén había, sí, un rey, pero ese rey era Herodes, rey usurpador, rey aborrecido, rey sangriento y receloso que por doquiera veía sombras de usurpadores y fantasmas de conjurados para destronarle.

La pregunta de los magos era muy peligrosa y la respuesta también. Por eso nadie debió de responderles por el miedo.

Tembló toda la ciudad de Jerusalén, y más que nadie tembló Herodes cuando llegaron a sus oídos estos rumores, como dice el Evangelio. Pero, astuto como era, disimuló y combinó sus planes.

«Reunió a todos los príncipes de los sacerdotes y a los escribas del pueblo *(que eran los instruidos en interpretar la Sagrada Escritura)* y les iba preguntando dónde debía nacer el Cristo. Y le dijeron: en Belén de Judá; porque así está escrito por el Profeta, que dice: Y tú, Belén, tierra de Judá, no eres la más pequeña entre las principales villas de Judá, porque de ti saldrá el capitán que debe regir a mi pueblo Israel.»

IV. INFANCIA DE JESUCRISTO

Calló Herodes y los despidió. Y luego, sin testigos, llamó secretamente a los magos, se enteró de ellos con mucho cuidado acerca del tiempo en que se les apareció la estrella, y despidiéndoles para Belén, les dijo: «Id, averiguad bien lo de ese Niño, y cuando le halléis, enteradme de todo, para que yo también vaya y le adore».

No sospechaban los magos la hipocresía y fingimiento, la rabia y venganza que ocultaban y preparaban estas palabras. Oyeron al rey, y tranquilamente salieron.

«He aquí que al salir, aquella estrella que habían visto en Oriente, se puso a caminar ante ellos, hasta que, llegada, se paró sobre el sitio en que estaba el Niño.»

«Grande fue el gozo que tuvieron al ver la estrella. Y entrando en la casa (porque ya la Sagrada Familia había salido del establo, y sin duda se había acomodado en una casa) encontraron al Niño con María, su madre, y postrándose, le adoraron, y extendiendo sus tesoros, le ofrecieron como regalo oro, mirra e incienso.»

Tales eran los presentes que ofrecían en sus tierras, de gran valor y estima, y sin duda ninguna que traerían lo mejor de ellas, para presentarlo a un Rey a quien, y con razón, creían tan grande.

Sorprendidos debieron de quedar viendo aquel Rey sin palacio, sin corte, sin aparato... Pero iluminados por el cielo, creyeron y adoraron, y ofrecieron homenaje.

Tal vez acariciaban la idea de descansar algún tiempo en la dulce compañía de aquella santa familia, en la que su fe tantas grandezas había visto y adorado, y al lado de aquella dulce Señora y Madre Virgen que tan hermosas nuevas les habría contado, y con esta esperanza se durmieron, cuando he aquí que durante el sueño les dicen que no vuelvan a Herodes. Ya quizás ellos habrían empezado a dudar de la buena fe de aquel tirano. Pero, confirmados por esta revelación y mandato, se levantaron y volvieron a su tierra por otro camino sin pasar por Jerusalén.

¡Día dichoso!: en él empezaron los gentiles a ser pueblo de Dios. Los magos son nuestros padres, nuestros introductores, primogénitos de *las gentes* en la fe.

Aquel día era el que tuvo presente Isaías cuando dijo lleno de entusiasmo al ver que los gentiles entrábamos en el pueblo de Yahvé: «Levántate, ilumínate, Jerusalén, porque viene tu luz y la gloria de Yahvé ha nacido sobre ti. Las naciones vendrán a tu luz y los reyes hacia la claridad de tu aurora. Levanta tus ojos a tu alrededor y mira:

todos se juntan, todos vienen a ti. Tus hijos te vienen de lejos, y tus hijas vienen en brazos. Tú lo verás y estarás radiante y saltará de gozo y se admirará tu corazón. La riqueza del mar vendrá a ti, y la fortaleza de las naciones acudirá a ti. Un diluvio de dromedarios te inundará; los camellos de Madián y de Efa. Todos vendrán de Saba, trayendo oro e incienso, y publicando las alabanzas de Yahvé» (Is 60).

«Alégrate, estéril, que no tienes hijos, canta y triunfa, tú que no engendras. Porque tus hijos serán muy numerosos. Ensancha el espacio de tus tiendas, despliega las lonas de tu morada; no tengas miedo, haz muy largos los cordeles, y clava muy bien los clavos. Porque tú te extenderás a diestra y a siniestra, y tu descendencia tomará posesión de las naciones, y ocupará las ciudades desiertas. Porque tu esposo es tu Creador, Yahvé de los ejércitos es su nombre, y tu Redentor es el Santo de Israel; Dios de toda la tierra se llama» (Is 54).

Este día empezó a cumplirse esta profecía. Y en él hubiera podido San Pablo decirnos a todos como dijo después a los efesios: «En aquel tiempo estabais sin Cristo, fuera de la sociedad de Israel, extranjeros a la alianza, sin la esperanza de las promesas, y sin Dios en el mundo. Pero ahora, por Jesucristo, los que en otro tiempo estabais lejos, habéis sido aproximados cerca por la sangre de Cristo. Porque Él es nuestra paz, y el que hizo de dos pueblos uno derribando la tapia de separación y la enemistad por el sacrificio de su carne» (Ef 2, 12-14).

35. A EGIPTO (Mt 2, 13-15)

Salieron los magos, quizás la misma noche del día en que llegaron, y apenas idos ellos, «de nuevo el ángel se apareció durante el sueño a José y le dijo: "Levántate y toma al Niño y a su Madre y huye a Egipto, y quédate allí hasta que yo te diga, porque Herodes va a buscar al Niño para matarle". Se levantó José; tomó al Niño y a su Madre, y, de noche todavía, se retiró a Egipto».

Distaba la frontera egipcia sólo dos o tres días de camino. Aun para llegar al centro de la nación bastaba una semana de viaje. Podían hacerlo o bajando directamente por Hebrón y Bersabé al desierto, o saliendo al Oeste a la costa del mar, para pasar por Gaza y el desierto.

Tal vez al principio echaron los desterrados por senderos desviados del camino general, con el intento de no ser alcanzados por los que Herodes pudiera mandar en su persecución. Pero luego entrarían en el camino ordinario.

IV. INFANCIA DE JESUCRISTO

Más natural era que bajasen por Hebrón a Bersabé y al desierto de Farán, que tenía varios caminos; sin embargo, según algunas tradiciones, aunque todas ellas muy oscuras, pasaron por Gaza, que está en la costa del Mediterráneo, a 150 kilómetros de Belén. Allí es fácil que, libres ya del alcance de emisarios, descansasen un poco; luego proseguirían a lo largo de la costa, pasando, según hoy recuerdan más o menos vagamente, por Rafia, Faramah, Pelusa, Bubasti a Mataryieh o a Heliópolis. En el viejo Cairo tuvimos la suerte de visitar una antigua iglesia copta de San Sergio, cuya cripta dicen que fue el sitio en que vivió la Sagrada Familia.

De las peripecias de este viaje nada nos refieren los Evangelios verdaderos, sin duda porque nada sucedió maravilloso.

Los Evangelios apócrifos sí nos refieren maravillas sin cuento. Las flores y rosas se abrían a su paso, las palmeras les ofrecían abundante fruto inclinando sus ramas, las fuentes brotaban al punto de su sed, los animales se rendían a sus plantas, los ídolos caían deshechos, los demonios huían espantados, la superstición se deshacía a la presencia del Mesías, Rey de la creación.

Nada de esto es cierto. Caminaron padeciendo y sufriendo como cualquier pobre viajero de nosotros hubiera sufrido y padecido, y esto sí que es muchísimo más poético y sublime, y, sobre todo, muchísimo más amable en el que tanto nos amó, que se hizo igual a nosotros en todo, menos en el pecado.

Varios son los sitios de Egipto, casi todos en el Delta, que conservan recuerdos de la estancia o paso de la Sagrada Familia, y en varios de ellos pudo muy bien detenerse, pues no serían pocos los colonos judíos que moraban en Egipto, nación que en muchas ocasiones servía a los israelitas o de expansión de tráfico o de refugio en las persecuciones. Eran tantos los emigrantes judíos en Egipto, que en tiempo de Tolomeo Filometor habían edificado un templo parecido al de Jerusalén en Leontópolis, y al comienzo de la era cristiana constituían la tercera parte de los habitantes de Alejandría y una porción muy considerable de la población de Heliópolis.

De creer es que José se dirigiría a alguno de estos grupos y principalmente a los de Alejandría, y que con la reserva y prudencia que le imponía la circunstancia de haber salido perseguidos por el rey de los judíos, se valdría de sus relaciones de compatriota para con los demás israelitas. Algo le servirían para afrontar las primeras dificultades, hasta empezar a ganar en su oficio, los dones que le habían dado los magos.

36. MUERTE DE LOS SANTOS INOCENTES
(Mt 2, 16-18)

Entretanto Herodes estaba, sin duda, esperando la vuelta de los orientales, persuadido de que los tenía muy bien atrapados y engañados.

Pasaron un día, dos, tres, más... y no aparecían los magos.

Envió entonces, sin duda, quien averiguase lo que les había pasado, y cuando supo que ya habían partido hacía tiempo sin pasar por Jerusalén, como lo esperaba y se lo había pedido, él, que era cruel y déspota con los inferiores, «viendo que había sido engañado por los magos, se llenó de ira y envió a matar a todos los niños que había en Belén y en todas sus cercanías, desde los de dos años abajo, guiándose de los datos de tiempo que había averiguado de los magos».

Sencillamente, según la costumbre evangélica, lo cuenta San Mateo. Pero es muy fácil que Herodes, viendo que los magos habían ido sin verle a su vuelta, enviase a Belén quienes se informasen del sitio en que ellos habían entrado y en el que vivía aquel Rey misterioso, que tanto le intranquilizaba.

Belén era una aldea de dos mil habitantes poco más o menos, y muy cercana de Jerusalén, y eran fáciles estas averiguaciones. Pero, como para cuando fueron los emisarios de Herodes, ya el Niño y su familia habían desaparecido, y por haber salido de noche, nadie del pueblo le pudo dar cuenta en dónde se había refugiado, resolvió, para que no se le escapase el Rey Niño, matar a todos los niños de su edad que hubiese en Belén. Con lo cual al propio tiempo se vengaría de lo que él quizá creyó conjuración de los belemitas para no descubrir al Cristo Infante.

Fácilmente recordó lo que cuidadosamente había inquirido de los magos acerca del tiempo en que apareció la estrella, y si ésta había aparecido, como es muy probable le dijeran, hacía varios meses o un año, él supuso que echando algo más de lo que le dijeran y matando a los menores de dos años, de seguro caería entre ellos el Mesías. Y así lo dispuso.

Y sea que ordenó la muerte simultánea de todos los Inocentes, sea que dio instrucciones para que poco a poco y con cautela fuesen matando a cuantos de esta edad encontrasen sus satélites, lo cierto es que todos los hijos pequeñitos que mamaban en Belén a los pechos de sus madres, fueron pereciendo.

No hay que creer que fueron muchos, como algunos se figuran. En una aldea de dos mil habitantes calculan que habría de dos años veinte niños sobre poco más o menos. Una crueldad y tiranía como aquélla, aunque en sí muy grande y para nuestro siglo muy increíble, pero para aquellos tiempos y en Herodes no es nada increíble.

Tenía este sangriento tirano, sobre todo en aquella última época, muchos mayores crímenes en sus fastos. Siempre cruel, lo fue mucho más al fin de su vida, exasperado por varias conjuraciones y tentativas de rebelión y por sus propias enfermedades. Muchos perecieron víctimas de su crueldad a pesar de ser sacerdotes y grandes de su corte.

Apasionadísimo y vehemente, sembró la muerte entre su propia familia: su yerno, sus hijos Aristóbulo y Alejandro, sus sobrinos, sus cuñados y muchísimos amigos le pagaron tributo de sangre. La bellísima Mariamne, un tiempo su queridísima esposa, fue víctima de sus celos. Nada digamos de los enemigos y de los que le infundían recelos y sospechas.

Fue tan abundante la sangre que corrió en su reinado, que la de unos cuantos niños desaparecía como un vaso echado en el torrente que venía corriendo durante su opresión y tiranía.

La providencia de Dios puso fuera de este torrente la vida del Mesías, el cual, refugiado en Egipto, vivió allí, según dice el Evangelio, hasta la muerte de Herodes, que no debió de ser mucho tiempo.

Porque el impío tirano murió en la primavera del 750, comido de inmundos parásitos que le roían poco a poco, sin poderlo remediar, en medio de innumerables dolores que no podían calmar los dulces baños de Calirroe, y acompañado de la inevitable aversión, odio y repugnancia de cuantos le rodeaban. Poco antes de morir hizo quemar vivos a dos escribas rebeldes con cuarenta de sus discípulos, y con el fin de que no fuese, como temía, regocijo el día de su muerte, ordenó en su testamento que a los principales judíos que había encerrado en el hipódromo los degollasen a la hora de su fallecimiento.

Murió en Jericó, mientras la Sagrada Familia perseveraba en paz esperando su alivio del que les había mandado estar en Egipto hasta que otra cosa se les dijese. Muerto el perseguidor, el mismo ángel que en Belén «se apareció durante el sueño a José y le dijo: "Levántate y toma al Niño y a su Madre y vete a Israel: porque han muerto ya los que buscaban la muerte del Niño". Se levantó José, tomó al Niño y a su Madre, y vino a Israel».

Debió de ser esto a los pocos meses de estar la Sagrada Familia en Egipto. José, como claramente indica el Evangelio, pensó en volver a Belén, donde ya tenía conocidos y se había establecido antes de salir a Egipto. «Pero oyendo que reinaba Arquelao en Judea como sucesor de su padre Herodes, temió ir allá; y avisado durante el sueño, se retiró a la parte de Galilea; y viniendo a Nazaret, puso allí su casa para que se cumpliese lo que habían dicho los profetas: que sería llamado Nazareno».

Al morir Herodes quedó primero como etnarca y luego como rey de Judea, Arquelao (4 a. C.-6 d. C.), hijo de Herodes en sangre y en instintos de derramarla.

En cambio Herodes Antipas (4 a. C.-39 d. C.), que gobernaba Galilea, al menos no era sanguinario; más bien era benigno con sus súbditos; su afán era embellecer sus tierras para atraer extranjeros. Bajo su tetrarquía se podía vivir en paz. Por retirada que estuviese Galilea, y por despreciable que en Galilea fuese Nazaret, era preferible vivir allí en paz que en cualquier sitio de Judea en sobresalto. Además, Nazaret, por estar retirada de las grandes vías del comercio, era muy acomodada para la vida oculta que Jesucristo quería conservar hasta salir al mundo.

A Nazaret, pues, se retiró, y empezó la vida apacible y florida, por la cual Jesús fue llamado naturalmente *Nazareno,* que significa lo mismo que florido.

Casualidad a los ojos de los hombres, pero previsión a los ojos de Dios que iluminó a los profetas para que vaticinasen que el Mesías había de ser el Nazar, la flor de David y el pimpollo de Jesé (que era de la familia de David), nacido el cual, ya todo lo demás que naciese de la vara casi deshecha de David no valdría nada, como cuando el árbol ha dado mucho fruto, queda inutilizado para en adelante.

37. EL NIÑO DE NAZARET (Mt 2, 23; Lc 2, 40)

Crecía, pues, el pimpollo Nazareno y adquiría cada vez más vigor y fuerza. Jesús, nada diverso en el exterior de todos los demás niños sus contemporáneos, «iba, según el evangelista San Lucas, creciendo y robusteciéndose, llenándose de sabiduría, y la gracia de Dios estaba sobre Él».

Nada de extraordinario hizo en todo aquel período de su infancia hasta la edad de doce años. Ocultando su divinidad en una humanidad perfecta, sí, según sus tiempos y edades, pero nada milagrosa en la apariencia, iba creciendo del mismo modo que crecen todos, jugando y alternando probablemente con sus primos y amigos de Nazaret, pasando unos ratos al lado de su padre, mientras éste, dedicado a su faena, ganaba el pan de su esposa y de su Hijo; otros, al lado de su madre, que, dedicada también a sus quehaceres domésticos de ama de casa, preparaba la comida y arreglaba la casa y los pobres vestidos de su Hijo y de su esposo.

Iría a la fuente con su madre, jugaría con las astillas y virutas en el taller de su padre, recorrería los campos de Nazaret, acudiría a la sinagoga a sus tiempos y oraría en ella, pasaría en familia los ratos que el carpintero tomaba para su recreo y descanso al lado de María, y, en fin, sin disgustar a nadie, sin chocar con nadie en nada, llegaría a la edad de la adolescencia, tal vez sin que sus padres mismos adivinasen cuándo quería manifestar su gloria a Israel, ni qué es lo que después de toda esta humildad iría a hacer el que ya sabían que había venido a salvar y redimir al mundo.

No debió de ir a ninguna escuela, por la sencilla razón de que en Nazaret no había escuela. Según parece, sólo desde el año 64 se fundaron escuelas obligatorias en todos los pueblos de Palestina para los niños de seis a siete años en adelante. Hasta entonces los niños aprendían de labios de sus padres y principalmente de sus madres la Ley ante todo y luego la lectura y la escritura.

Apenas el Niño empezaba a hablar, le decía su madre algún versículo de la Ley, se lo hacía repetir hasta que lo supiese, y así sucesivamente iba enseñándosela toda, hasta que la aprendía, y más tarde, cuando ya el Niño sabía leer, ponía en sus manos el texto de lo que ya tenía en la memoria.

Así tal vez se dejó enseñar Jesús de María la misma santa Ley que él había inspirado y sabía perfectísimamente. También acudiría cuando los demás a oír las lecturas en la sinagoga.

38. HIJO DE LA LEY (Lc 2)

Y llegó a los doce años.

Entraba en una época distinta de la vida. A los trece años todo israelita empezaba a ser llamado *siervo o hijo de la ley,* y adquiría cierta mayoría de edad y una especie de emancipación parcial de sus padres. Desde entonces el Niño comenzaba a estar sujeto a todas las prescripciones de la Ley, a sus ayunos, a sus ceremonias, a sus fiestas. Para acostumbrarse a cumplir con estas obligaciones, los obligaban en sus casas a cumplirlas desde los doce.

Para recordárselo, así como los romanos vestían a sus adolescentes la pretexta, vestido de autoridad, así los judíos en tiempo de Jesucristo ponían a sus jovencitos las *filacterias*.

En una cajita de badana estaban encerrados en fino pergamino cuatro pasajes principales de la ley de Moisés. Esta cajita la sujetaban o a la frente con unas cintas que, corriendo por la cabeza, caían luego por sobre los hombros ante el pecho, o al brazo con sus correas, que adornaban al mismo tiempo que sujetaban. De esta manera, interpretando servilmente las escrituras, creían ser más fieles al precepto de Moisés que las mandaba tener siempre *ante los ojos y en su brazo* en recuerdo de los beneficios de Yahvé. Con estas filacterias, que usaban en tiempo de oración sobre todo, y en los días de fiesta y lujo, adornaban al niño, cuando llegaba a los doce años y comenzaba a estar más sujeto a la Ley, para recordársela.

Jesús, acomodándose al uso, pero con mucho mejor espíritu que los hipócritas a quienes después había de reprender, se ceñiría como todos de aquella Ley que desde el primer momento de su encarnación estaba en medio de su corazón santo.

Estaba sobre todo obligado el niño desde aquella edad a observar las fiestas de la Ley.

Tres eran las principales: la *fiesta de los Ácimos* o gran Pascua en memoria de la salida de Egipto, en la cual se comía el cordero y se ofrecían las primicias de la cebada; la *fiesta de las Semanas o de Pentecostés,* a los cincuenta días, en que se ofrecían las primicias del trigo, y la *fiesta de los Tabernáculos,* en la que se daban gracias de la recolección de los frutos. La primera y la tercera duraban ocho días, la segunda sólo uno.

En todas ellas, de no tener impedimento grave, debían todos los varones de Judea presentarse en el templo. Sólo estaban exceptuados los niños, las mujeres, los enfermos y los que no pudiesen hacer el viaje a pie. Por lo cual eran fiestas verdaderamente nacionales, que reunían en Jerusalén innumerable muchedumbre de hombres venidos de toda Palestina y aun de regiones extranjeras.

La mayor y más solemne de estas tres fiestas era, sin duda, la Pascua, que se celebraba el 15 del mes de Nisán y los siete días siguientes, o sea, durante la luna de marzo a abril. El día 14, después de puesto el sol, en grupos mayores de 10 y menores de 20, comían el cordero pascual y recordaban el Éxodo milagroso de la esclavitud de Egipto y como quien dice la fundación del pueblo judío de Dios.

La confluencia de peregrinos a la Pascua era tan grande, a juzgar por los datos de Josefo, que no pocas veces llegarían y aun pasarían de tres mllones los peregrinos que en la ciudad de Jerusalén por aquellos días se juntarían. Añadidos a los ciento treinta o ciento cuarenta mil que ya entonces tendría la ciudad, no cabe duda de que todas las calles y plazas y casas y tiendas de campaña, rebosarían con grandísima animación y aun confusión de la ciudad entera.

«Los padres de Jesús, dice San Lucas, acostumbraban ir cada año a Jerusalén en el día solemne de Pascua». Jesús, niño todavía y sin obligación de acudir al templo, no parece que acudió a él hasta que llegó a los doce años.

39. LA PRIMERA PASCUA DE JESÚS (Lc 2, 41-45)

Mas «cuando llegó a los doce años, subiendo sus padres a Jerusalén según acostumbraban en la fiesta», subió con ellos su hijo.

Cuatro o cinco días de camino lento con toda la caravana, que desde Galilea iría engrosando hasta Jerusalén, los pusieron en la Ciudad Santa.

Entró Jesús en el templo, presentándose a la primera Pascua, como hijo de aquella Ley, en virtud de la cual tendría en otra Pascua que inmolarse. Comió el cordero pascual, por vez primera, el 14 de Nisán: a la mañana siguiente asistió, como era rito, al solemne sacrificio matutino, que terminaba con la bendición al pueblo, y al sacrificio vespertino. También asistían todos al sacrificio matutino del segundo día, después del cual ofrecían las primicias del trigo. Terminado este rito, quedaban libres los peregrinos para volver a sus casas, aunque las fiestas duraban todavía ocho días. Acabados los días, cuando sus padres y todos sus amigos emprendieron la vuelta, Jesús, según sus secretos y altísimos designios, les dejó partir, y sin que ellos lo advirtiesen se quedó en Jerusalén.

Tres días estuvo allí separado de sus padres.

Qué hizo en ellos, adónde fue, en dónde los pasó, cosa es que desconocemos casi por completo. Lo que se puede creer es que la mayor parte del tiempo lo pasaría en el templo. El Evangelio nos dice que al tercer día de haberse quedado, «le encontraron en él, sentado en medio de los doctores, oyéndoles y preguntándoles de tal manera, que estaban todos los que le oían arrebatados de su prudencia y sus respuestas».

Pero aunque no lo dice el Evangelio, es muy creíble que no fuese aquel el primer día en que les había llamado la atención, sino que ya desde la primera vez que se presentó a ellos empezaría a causarles aquella estupefacción que llegó a su colmo en el tercero.

Siempre en las gentes orientales, sobre todo entre los judíos, suele tener el pueblo anhelo de oír a los maestros y doctores la explicación de la ley y de las tradiciones. A cada paso en las mezquitas, en los templos y en las sinagogas, los rabinos, los escribas, los maestros, algo o mucho, orgullosos de su ciencia, poníanse a ostentarla y a explicar lo que sabían. En torno de ellos se apiñaba ansiosa la muchedumbre a escuchar su ilustrada palabra.

En Jerusalén serían, sin duda, escogidos y renombrados los doctores. Mucho más en la Pascua, en que, además de los doctores habituales, vendrían muchos, quienes, por su novedad y cuidado, atraerían más pueblo y excitarían más curiosidad, sobre todo de los aldeanos y extraños a la ciudad, que tenían menos ocasión de oír las maravillas de la palabra santa en sus pueblos y aldeas.

Ocurría, además, que en tiempo de Jesucristo, por estar todo el mundo esperando de un día para otro la aparición del Mesías, del Cristo Salvador, y también por haberse avivado estas esperanzas con los sucesos del nacimiento de Cristo, que no serían del todo desconocidos, ni estarían del todo olvidados, eran muchísimas las disputas en que se enredaban los más sabios, y de seguro que en el templo en los días de Pascua se escucharían muchas discusiones y enseñanzas y no tan llenas de erudición tal vez, como de acrimonia y de amor propio.

Con todo esto sería grande el concurso que, en aquella octava de Pascua, se reuniría de oyentes y discípulos, alrededor de los que, muy al contrario del consejo evangélico, deseaban ser llamados rabinos o maestros y ocupar los primeros puestos en las cátedras para en ellas hacer ostentación de su ciencia. Tal vez entre ellos estaban los venerables ancianos Hillel y Schammai, y jóvenes todavía Gamaliel y Nicodemus y José de Arimatea.

Fue, pues, allá Jesús, y ocultando los rayos de su ciencia infinita, se sentó humildemente en el suelo entre los demás oyentes, en una de las salas en que estaban los rabinos explicando la Ley. Y como sucede en los catecismos y entonces solía hacerse, principalmente con los niños de su edad, le preguntarían y le dejarían preguntar para avivar más la atención.

Él, igual en esto a los demás niños de sus circunstancias, respondía preguntando, y preguntaba cuando se ofrecía la ocasión, sino que lo hacía con tal modo, sabiduría y prudencia, que, como dice el evangelista San Lucas, todos cuantos le escuchaban, así maestros como discípulos, estaban extasiados y fuera de sí como movidos de su asiento (que todo esto puede significar la palabra de San Lucas), viendo el tino y acierto con que respondía.

¿De qué trataron?, ¿qué le preguntaron?, ¿qué respondió?, ¿qué preguntó Él a su vez?... Lo ignoramos. Pero de seguro que trataría de las profecías, de la venida de Cristo, de la observancia de la Ley, de la vanidad de muchos usos farisaicos, de la perversión de los corazones y de todos aquellos puntos que después en su vida y disputas, años más tarde, trató con los mismos quizás que entonces, sin saber quién era, le escuchaban.

De esta manera Jesucristo, aun escondiendo en su humanidad los rayos de su divinidad, difundía, sin embargo, tanta luz, aun presentándose como discípulo, que oscurecía a todos los maestros, así como el sol, aun cuando encoge sus luminosos resplandores entre nubes, difunde, con todo, más claridad que ninguna de las lámparas que enciende la industria de los hombres, y que todas las demás estrellas juntas.

40. EL ENCUENTRO (Lc 2, 42-50)

Mientras el Hijo llenaba de claridad la escuela de sus maestros y sembraba en los corazones de su pueblo las semillas de su esperanza próxima, sus padres le estaban buscando llenos de dudas y angustias.

No por descuido ninguno suyo, como algunos atrevidamente dijeron, sino por las circunstancias y aun más por la providencia y disposición del mismo Jesucristo, aunque advirtieron al partir de Jerusalén la falta de su hijo, pero siguieron tranquilos «pensando que su hijo iría en la comitiva».

No parece que saliesen las mujeres y los varones separados, sino que cada cual iba con quien mejor podía. Mas en aquella baraúnda de muchedumbre inmensa que el último día de las fiestas preparaba su salida entre tres o más millones de gente peregrina que en uno o dos días iban saliendo de la ciudad por sus diversas puertas, no era fácil ni aun posible contarse y reconocerse todos.

Después, cuando las caravanas se iban separando cada una por su camino, cuando llegaban a la primera estación en que hacían alto para prepararse con más comodidad y espacio a proseguir el camino, era la ocasión de buscarse, de encontrarse en el sitio convenido, de aparejarse cada cual con sus parientes, amigos o compañeros.

Los que se dirigían al Norte de Palestina, y sobre todo los galileos, que formaban una caravana tal vez mayor que otras muchas, y muy característica por el modo especial de ser de los galileos, solían pararse en Beeroth, a 15 kilómetros de Jerusalén, de modo que al ir tuviesen tiempo para entrar descansados y a buena hora en la ciudad, y al volver pudiesen salir también a buena hora y acabar sin prisa la primera jornada.

Allí llegaron, pues, José y María bien descuidados, pensando, sin duda, que Jesús, con unos o con otros de los parientes o amigos, vendría en la caravana. Bien podían fiarse de Jesús. Tenía doce años, edad en aquel país bastante desarrollada; era virtuoso, sabía el modo de no perderse, aun dado caso de que no hubiese querido servirse sino de su ciencia natural, como parecía hacerlo; su conducta, siempre atinada y juiciosa, los libraba de todo cuidado.

Por desgracia, cuando acababan la primera jornada, vieron que no se les acercaba su amado Hijo.

Comenzaron a buscarle entre sus parientes y conocidos.

Todo en vano. No le encontraron, y tuvieron que persuadirse muy pronto de que no estaba allí.

Angustiados por la suerte que podría correr, sabiendo, sin duda, mucho del misterio de la redención y del destino al sacrificio con que su Hijo había venido al mundo, acostumbrados desde la primera infancia de Jesús a ver perseguidores por todas partes, ¿quién es capaz de imaginar las mil suposiciones que por la fantasía de aquellos amantes padres desfilaron, y los temores que angustiaron sus paternales corazones? Sólo ellos.

Probable es que sería muy tarde, lo cual les produciría mayor angustia, y sea aquella misma noche, sea más probablemente al otro día, muy de mañana, volvieron a Jerusalén, y tampoco aquel día pudieron encontrarle. Hasta que al tercero «le hallaron en el templo, sentado en medio de los doctores», no como doctor ni en sus escaños, sino

IV. INFANCIA DE JESUCRISTO

como los demás a quienes enseñaban los doctores, «oyéndoles y preguntándoles, de tal modo, que todos estaban extasiados por su prudencia y respuestas», mucho más admirables de lo que de un niño de doce años pudiera esperarse.

«Viéndole sus padres, se admiraron, porque, si bien sabían su sabiduría infinita, mas nunca hasta entonces le habían visto dar demostración ninguna de ella.

Se acercó su Madre y, dulcemente quejosa, le dijo: "Hijo mío, ¿cómo has hecho esto?; tu padre y yo te hemos estado buscando llenos de dolor". Y Jesús les dijo: "Y ¿por qué me buscabais?, ¿no sabíais que yo debo ocuparme de las cosas de mi Padre?"»

Ésta fue la primera palabra que sabemos habló Jesús, y la primera vez que declaró su misión en el mundo, su vocación y destino en la tierra, y su divinidad. Mi padre y tú me estabais buscando, cualquiera diría que os debería haber dado gusto; pero tengo otro Padre celestial a quien únicamente debo atender en mis acciones, pospuesto todo otro interés y obligación.

Sapientísima fue la respuesta, pero sus padres no la entendieron ni penetraron su sentido. Como nota el solidísimo Toledo, no hay inconveniente en afirmar que la Santísima Virgen, aunque tuvo mucha fe y muy constante, sin embargo, no desde el principio conoció todos los misterios, sino que así como creció en caridad y gracia, así creció en conocimiento de los misterios de Cristo su Hijo, según el curso de los sucesos. Ignorantes, pues, del porvenir que a su Hijo aguardaba, no conocieron bien lo que en estas palabras Jesús quiso decirles, ni si querría ya comenzar otra clase de vida, ni si se daría de lleno a la instrucción, a la predicación, al culto, ni, en fin, si llegaría ya el cumplimiento de aquella profecía de Simeón que la Virgen llevaba atravesada en su corazón como una espada.

Si sus padres no conocieron el sentido de aquellas palabras, mucho menos lo alcanzarían los rabinos y los demás que le habían oído, y seguramente no se podían dar cuenta de que aquel Padre, de quien hablaba, era distinto del que allí veían. Sin descifrar tales misterios, le vieron partir en compañía de José y de su Esposa, y quedarían diciendo mucho más que decían de San Juan Bautista los que estuvieron presentes cuando su nacimiento: «¿Quién podrá ser este niño?, porque con él está la mano de Yahvé».

Jesús se recogió de nuevo en su humildad y sencillez ordinaria, «bajó con sus padres a Nazaret, y estaba sujeto a ellos. Su Madre conservaba todos estos recuerdos en su corazón» y los meditaba y compaginaba entre sí con solícita atención.

41. EL CARPINTERO DE NAZARET (Mt 13, 55; Mc 6, 3)

Recordaba San Justino los arados y yugos que Jesús, cuando vivía en Nazaret, había construido para los aldeanos de su pueblo, y mucho mejor que San Justino lo recordaban los propios paisanos, parientes y amigos de Jesús cuando Éste salió a su vida pública y comenzó a asombrar al mundo con su doctrina y milagros.

Cuando, como luego veremos, vino la segunda vez a predicar en Nazaret, su patria, sus paisanos que le habían conocido carpintero, decían: «¿De dónde le viene a ése todo eso? ¿Qué sabiduría es esa que le ha venido, y qué milagros esos que hacen sus manos? ¿No es ése el carpintero y el hijo del carpintero? ¿Su madre no es María? ¿No son Santiago y José y Simón y Judas sus hermanos? ¿No están entre nosotros sus hermanas todas? Pues ¿de dónde le viene a ése todo esto?»

Y otra vez que estaba enseñando en el templo, decían muchos, que debían también de ser sus paisanos:

«¿De dónde le vienen a éste las letras si no ha estudiado?»

Jesús, en efecto, aprendió el oficio de su padre, que casi no puede dudarse que fue carpintero. La palabra que usa el Evangelio, si bien es la de *faber* en la Vulgata, *tekton* en griego, que significan propiamente *artesano,* sea de hierro, sea de otro metal, sea de madera, pero más propiamente se aplica a los carpinteros, y por la tradición se puede asegurar que en este caso significa carpintero.

Carpintero, sin duda, y carpintero de basto fue José y aprendiz primeramente, oficial y maestro después de carpintería fue Jesús Nazareno. No serían finos los trabajos que en una aldea tendría que hacer: carros, arados, yugos, puertas, si acaso, y toscas ventanas, mesas bastas, sencillos arcones y bancos.

Así fue pasando la vida del Redentor del mundo desde los doce hasta los treinta años. No sabemos de Él ningún milagro, ningún hecho prodigioso, ninguna muestra de sabiduría que llamase la atención.

Antes al contrario, sabemos que no hizo sino lo que solían hacer los jóvenes de su edad en Nazaret.

Vivía con sus primos, paseaba con sus amigos, trataba con sus vecinos, ayudaba en el taller a su padre, sin dar muestra ninguna de extraordinaria habilidad, que no la hubiesen dado otros, el sábado acudía a la sinagoga y oraba y escuchaba con los demás la explicación de la Ley, en las pascuas peregrinaba a Jerusalén, y en los días de descanso y de sábado se recreaba como se recreaban sus coetáneos en el paseo por el campo, en la contemplación de la naturaleza; alternaba con el sembrador y arrancaba con él a veces la cizaña, acompañaba a los pastores, ayudando quizás a algún amigo a buscar la oveja perdida, escuchaba a algún padre abandonado la historia de algún pródigo escapado, sesteaba bajo alguna higuera estéril, se alegraba en el tiempo de la mies y la vendimia, subía a la ciudad puesta sobre el monte, contemplaba las ruinas de las casas mal edificadas sobre arena, admiraba la elegancia de las anémonas y de los lirios del campo, el florecer del heno y de la grama, el volar libre y animoso de los pajarillos que en la plaza de Nazaret veía vender dos por una moneda, todo aquello, en fin, de que después había de deducir sus parábolas y explicaciones llenas de celestial y nunca oída sabiduría.

Conocía a todos, trataba a todos con sencilla amabilidad y cortesía, y querido de todos, servía a todos cuantos del trabajo de su padre querían valerse para sus casas.

Antes de salir a la vida pública debió de morir, sin duda ninguna, San José. El Evangelio no lo dice expresamente, pero harto nos lo significa con no sacar su nombre para nada en todo el tiempo siguiente a la escena del Templo de Jerusalén, sino para decir que le estuvo sujeto Jesús en Nazaret. María acompañó a su Hijo en su predicación; José no aparece por ningún lado. Cuando vinieron una vez a verle sus parientes en Cafarnaún, le trajeron los suyos el recado diciéndole: Ahí fuera están tu Madre y tus hermanos que te buscan. Pero no le dijeron nada de José. Y cuando murió Jesús, de seguro que no hubiera encomendado a San Juan el cuidado de su Madre, si hubiera vivido San José.

Sin duda, cuando Jesús llegó a su completa virilidad y pudo él solo ganar el sustento propio y de su Madre, con la muerte más dulce que imaginarse puede, mandó desde sus brazos y los de María al seno de Abrahán, con el último beso y la última mirada llena de promesas y esperanzas, al que hasta entonces había sido protector solícito, custodio fidelísimo, amado patriarca suyo y esposo de su querida Madre. Y quedó Jesús dueño del taller, hijo de la viuda, sujeto a ganar con su sudor y trabajo su propio sustento y el de su Madre.

Gran ejemplo y doctrina incomprensible dedicar Dios, Redentor y Maestro del género humano, al trabajo la mayor y más florida parte de su vida. Consagración admirable y convincente de la santidad común que puede tener cualquier cristiano que pase sus años en el trabajo constante y el cumplimiento sencillo de su deber y obligación. Sin hacer milagros, sin ostentar rarezas, sin salir de la vida ordinaria, sin aprender sabiduría, aun en la vida oculta y vulgar del artesano, del trabajador, podéis dar gloria a Dios en las alturas, imitar a Cristo vuestro modelo, crecer en santidad y gracia como Cristo.

42. PROGRESOS DE JESÚS (Lc 2, 52)

Porque, en medio de esta vida, Jesús progresaba, y constantemente, según nos refiere San Lucas, «crecía en sabiduría, en estatura y en gracia ante Dios y ante los hombres».

Dotado de un cuerpo, no aparente, como dijeron algunos herejes, sino real y verdadero, y de las mismas condiciones que el nuestro, crecía desde niño a joven y desde joven a varón en estatura y robustez corporal, adquiriendo todo aquel vigor y desarrollo que le eran necesarios en su vida de carpintero y habían de serle más necesarios aún en su vida apostólica, llena de trabajos y fatigas.

Crecía también en sabiduría y en gracia. Y por cierto, que no es fácil a los hombres comprender este misterio. ¿No estaba la humanidad sustancial y personalmente unida a la divinidad? ¿No estaba unida, por tanto, a la infinita sabiduría y gracia? ¿Cómo, pues, ni qué género de crecimiento puede en Jesucristo admitirse ni en sabiduría ni en gracia?

El evangelista cuenta lo que vio en Cristo y en sus acciones. Y como éstas cada día demostraban más sabiduría y santidad a medida que Jesús crecía, y realmente eran en sí de más gracia y de más sabiduría cada vez, por eso dice que Jesús iba creciendo, al mismo tiempo que en cuerpo, en gracia y en sabiduría.

Como además Él era hombre perfecto y dejó que su cuerpo fuese siguiendo, en lo que no había pecado, el mismo paso que el nuestro naturalmente aunque perfectamente, según cada tiempo, poco a poco fue desarrollándose su organismo sensitivo, sus sentidos, su fantasía, su cerebro. Y si bien por la ciencia divina que tenía y por la ciencia infusa conoció desde el principio todo cuanto después había de conocer, pero además fue experimentando poco a poco, y adquiriendo lentamente también ese nuevo conocimiento experimental de lo que cono-

IV. INFANCIA DE JESUCRISTO

cía ya con su ciencia divina y con su ciencia infusa. Y así dice San Pablo que «siendo Hijo de Dios, aprendió, sin embargo, obediencia *por lo que padeció»*, es decir, que no sólo supo después, como sabía antes, lo que es obedecer, sino que experimentó y padeció lo que es obediencia, y así tuvo esta ciencia experimental humana, que, como Dios, no hubiera podido tener, porque jamás Dios puede *experimentar* lo que es obedecer, como ni padecer, ni otras muchas cosas que Jesús en cuanto hombre pudo y se dignó aprender por experiencia y adquisición de los sentidos y fantasmas.

Bien dice San Ambrosio: «¿Cómo adelantaba la sabiduría de Dios? El orden mismo de las palabras del Evangelio te lo dice. Hay aprovechamiento de edad y hay aprovechamiento de sabiduría. Puso primero edad, para que veas que se refiere a la humanidad. La edad no es de la divinidad, sino del cuerpo. Pues bien, si crecía en edad de hombre, crecía en sabiduría de hombre, y la sabiduría progresa por los sentidos».

¡Misterios, de todos modos, de Dios humanado!

Lo cierto es que aquel modelo de los hombres en todas y cada una de sus edades fue perfecto.

Niño perfecto, adolescente perfecto, joven perfecto, varón perfecto, mostrando cada día más perfección y sabiduría, haciendo cada vez, según correspondía a la edad por que pasaba, obras más graciosas y más perfectas, de modo que se pudiese decir siempre: Todo lo hace bien.

Así, cuando llegó a los treinta o treinta y un años, antes de salir a su vida pública, se presentaba Jesús como hombre perfectísimo, sapientísimo, repleto de gracia y santidad y sabiduría.

Pero conteniendo los resplandores de su excelencia dentro de la nube de su humanidad, iba demostrando poco a poco lo que era, y aparecía antes de salir a su vida pública un joven Nazareno perfecto en sus circunstancias, virtuoso, prudente, digno, absolutamente irreprochable en su alma, vigoroso en su cuerpo, recio, esbelto, bien formado, sin defecto ni deformidad ninguna, sin enfermedad, varonilmente hermoso, agradable sin par, de manera que aun a los niños y a los tímidos atraía; tal en fin, que todos los que le veían pudieron decir, aun de su presencia exterior y aspecto corporal, lo que San Juan decía de su persona y de su vida: «Nosotros vimos su gloria, gloria propia del Unigénito del Padre, llena de gracia y de verdad».

Así era Jesucristo en su exterior, vivo reflejo de su interior, pura gracia, pura verdad; gracia y verdad que de tal modo llenaba su divina persona que rebosaba en lo exterior de su carne, brotaba por todos sus sentidos y ungía como bálsamo toda su divina presencia.

Algún que otro escritor sagrado y teólogo ha pretendido decir que Jesucristo no fue hermoso.

No hay opinión que no tenga algún patrono en este mundo. Nadie les ha podido creer. Porque no es verdad. Jesucristo ha sido el más hermoso de todos los hijos de los hombres. La cristiandad ha formado de él un retrato tan sencillo como ideal. En la mente de todos los cristianos y en el corazón de todos los fieles vive su figura aun sin haberle visto: y en ellos aparece como el hijo hermoso de la hermosa Virgen, y el más hermoso de los hijos de los hombres.

43. LOS HERMANOS DE JESÚS (Mt 13, 55-56; Mc 6, 3) (Mt 12, 46; Mc 3, 31; Lc 8, 19)

Tal vez muerto San José, la Virgen María se unió con su hermana María, viuda también, como ella, de Alfeo o Cleofás, que son el mismo nombre. Con lo cual Jesús hubo de vivir al lado de sus hermanos.

Hay que notar que *hermano* entre los hebreos se llamaba a todo pariente, y aun a todo amigo muy unido por vínculos de patria, de tribu, de alianza de cualquier clase. Diez veces se usa esta palabra en la Sagrada Escritura en su sentido estricto, más de mil en otro sentido de un parentesco cualquiera. Así se explica que Jesús, como dice el Evangelio, tuviese hermanos y hermanas, es decir, parientes.

Ha habido herejes y aun hoy algún protestante ha querido probar que eran hijos de la Virgen María; nada más falso ni más irreverente. Otros sostuvieron que eran hijos de José de un matrimonio anterior al de la Virgen: error y atrevimiento infundado.

Cuatro fueron los principales primos de Jesucristo a quienes el Evangelio llama hermanos: Santiago y José, Simón y Judas Tadeo. Todos ellos fueron hijos de María de Cleofás, llamada también hermana de María, aunque debía de ser sólo cuñada, o porque era hermana de San José o porque estaba casada con Cleofás, hermano del Santo Patriarca. Sus primas hermanas, si hemos de creer a algunos, fueron principalmente dos: Salomé, la que casada con el Zebedeo de Betsaida, tuvo por hijos a Santiago el Mayor y a Juan, y la otra María que estuvo con la Virgen al pie de la Cruz y la acompañaba muchas veces como sobrina que la amaba.

IV. INFANCIA DE JESUCRISTO

Ciertamente que ni a sus primos hermanos al principio, ni a sus parientes y amigos de Nazaret, ni a todos sus paisanos tuvo mucho que agradecer el Mesías, como luego veremos. Más tarde, convencidos y persuadidos por el Maestro, se hicieron sus discípulos y le siguieron, sus primas hermanas hasta el pie de la Cruz, sus primos hermanos en la predicación del Evangelio, tres de ellos como apóstoles y el cuarto, José, como discípulo.

Mas al principio parece que no creyeron en Él. Acostumbrados, sin duda, a conocerle trabajando, sudoroso y fatigado a su lado en pulir arados y zurcir cofres y banquetas, ¿cómo habían de imaginarse que aquel carpintero pudiese ser el Cristo, el Rey de Israel? Después, ambiciosos y humanos, le empujaban a que se lanzase resuelto por el camino de la gloria y se manifestase decidido en Judea, con toda su popularidad y su gloria. Todavía en la última Cena preguntaba Judas Tadeo al Señor, su primo: «¿Y por qué has de manifestarte a nosotros y no al mundo»?, como si temiese que se deshicieran todas sus esperanzas de reino terreno.

Pero en su lugar veremos su conducta y la de Jesús con ellos.

V

VIDA PÚBLICA

44. PRINCIPIO DEL EVANGELIO
(Mc 1, 1-5; Lc 3, 1-5; Mt 3, 1-3)

Al ir a contar los hechos que tenemos que referir de la vida pública de Nuestro Señor y Salvador Jesucristo, San Marcos, que no cuenta en su libro nada de lo que ya, sacándolo de otros evangelistas, hemos referido, comienza de esta manera tan solemne como familiar.

«El principio del Evangelio de Jesucristo Hijo de Dios fue como está escrito en la profecía de Isaías: He aquí que yo envío mi ángel ante tu presencia, para que te prepare el camino delante de ti. Su voz clamará en el desierto; preparad el camino del Señor, rectificad el sendero por donde ha de pasar. En efecto, Juan el bautizador, se presentó en el desierto, pregonando el bautismo de penitencia para la remisión de los pecados.»

Momento sublime en que de verdad daba principio *la Buena Nueva, el Evangelio,* la publicación de la salvación por Jesucristo, que es lo que Evangelio propiamente significa.

Después este nombre se ha aplicado a cada uno de los cuatro libros en que cada uno de los escritores de la vida de Cristo expusieron la historia y el modo con que se publicó la Buena Nueva de la redención. Se dio este mismo nombre a la doctrina en ellos contenida, y aun a todo el conjunto de los libros del Nuevo Testamento. Pero la Buena Nueva del Evangelio, propiamente hablando, va a comenzar ahora con la predicación pública de Nuestro Señor Jesucristo.

Su prólogo fue, por decirlo así, la predicación de San Juan, el último de los profetas, el que anunció que el Redentor venía detrás, pero muy cerca, el precursor que en vez de vaticinar, como los profetas antiguos, «vendrá»..., contemporáneo del Salvador, pudo, adelantándose a Él un poco en su camino, decir al pueblo judío: «¡Ya viene; preparaos, arreglad los caminos; que se presenta ya! Es el Rey esperado, el Cristo anunciado, el Mesías anhelado, ¡es Yahvé, que os ha de levantar de vuestra postración!; preparadle el recibimiento que se merece, preparad el camino a Yahvé; que los valles se levanten y los montes y collados se abajen; que lo tortuoso quede recto y lo escabroso llano. Porque todo el mundo va a ver la Salud de Yahvé».

Llegaba el día en que había de cumplirse aquel vaticinio que el padre de San Juan pronunció cuando al nacer su hijo se soltó su lengua:

«Y tú, niño, serás llamado profeta del Altísimo, porque irás delante de Él preparando sus caminos, para dar al pueblo el conocimiento de su salvación, con la remisión de sus pecados» (Lc 1, 76-77).

45. POSTRACIÓN DEL PUEBLO JUDÍO. GOBIERNO. SACERDOCIO. FARISEOS. SADUCEOS (Lc 3, 1-2)

Ya hacía falta que viniese. Profundo era el abatimiento del pueblo judío el año 779. «El año decimoquinto, dice San Lucas, del Imperio de Tiberio César (porque si bien había muerto Augusto hacía sólo doce años, pero por una ley del Senado se había asociado más de dos años antes a Augusto en la administración de las provincias) era procurador de Judea Poncio Pilato, tetrarca de Galilea Herodes, tetrarca de Iturea y de la región Traconítide el hermano de Herodes Filipo, y tetrarca de Abilina Lisanias. Eran príncipes de los sacerdotes Anás y Caifás».

Situación humillante, en verdad, tanto en lo político como en lo religioso.

En lo político puede decirse que el pueblo judío había perdido de hecho la independencia. Todavía conservaba, sin embargo, una sombra de nacionalidad y autonomía.

A las grandezas de los primeros macabeos sucedieron las mezquindades y rencillas de los últimos; medio siglo antes de Jesucristo, Hircano II y Aristóbulo II, ruines nietos de esta magnífica familia, enredados en mutuas querellas, tuvieron la imprudente debilidad de invocar el arbitraje de Esparta, y, lo que es peor, de Roma. Desgracia terrible, porque el que una vez se sujetaba al arbitraje de Roma quedaba sujeto a ella para siempre. Entonces, enviado de Roma, vino el general Pompeyo, quien falló a favor de Hircano, y le apoyó con sus armas contra su hermano, que se hacía fuerte en la fortaleza del templo, entró en la ciudad y puso a Hircano en el trono con nombre de etnarca de Judea, pero sujeto a la autoridad de los gobernadores romanos de Siria. Pompeyo en esta ocasión penetró atrevido en el *Sancta Sanctorum,* y tomó, como quien dice, posesión de lo más inviolable de Judea en nombre de Roma; pero, admirado del templo y del culto, no saqueó sus tesoros, y mandó que continuasen los sacrificios.

César, que luego venció a Pompeyo, dispuso de Palestina como si fuese suya; confirmó en el título de etnarca y en el pontificado a Hircano II, pero dio a Antipatro, extranjero idumeo, junto con el reino de Edom, el cargo de gobernador de Judea. Antipatro o Antipas, a su vez, dio a su hijo Herodes la administración de Galilea y a su hijo Fesael la de Jerusalén.

Antipas murió envenenado el año 43 (a. C.). Antígono, hijo de Aristóbulo, vino el año 40 sobre Jerusalén; la tomó por armas; mutiló a Hircano II y lo envió preso a los *partos;* hizo matar a Fesael; mas no pudo coger a Herodes, que acudió a Roma, y con sus legiones, tras un rudo y destructor sitio, entró en Jerusalén a sangre y fuego. Antígono, último resto de los asmoneos o macabeos, cargado de cadenas, (fue conducido a Marco Antonio y decapitado.

Entonces, el año 37, comenzó el reinado de Herodes en Judea, reinado de terror por una parte, y de grandiosidad monumental por otra. Con Herodes subió al trono el helenismo, que influyó en todo menos en la vida religiosa. Su gran obra fue la reparación magnífica del Templo. Además, embelleció a Jerusalén con palacios, teatros, anfiteatros, hipódromos, y fundó varias ciudades. Pero su origen idumeo, su poligamia con diez mujeres, su paganismo, su crueldad y sus ofensas al sentimiento religioso de los judíos le hicieron detestable a sus súbditos. Este Herodes el Grande fue quien quiso matar a Jesús en su cuna y mandó degollar a los Inocentes.

Poco después de nacido Jesucristo, muerto Herodes, el Emperador Augusto dividió su imperio en cuatro reinados o tetrarquías, designando por tetrarca de Galilea a Herodes Antipas, hijo del Grande; por tretarca de Iturea y Traconítide a su hermano Felipo, y por fin, de Abilina a un Lisanias, cuya historia es bastante desconocida. En cuanto a Judea, ya sabemos que cuando Jesús volvió a Nazaret, reinaba, también como tetrarca, Arquelao, hijo de Herodes, pero sus crueldades hicieron que los judíos y samaritanos se querellasen ante Roma. Augusto entonces le depuso y desterró a las Galias, y en su lugar colocó un procurador que gobernase a Judea en nombre del pueblo romano. El primero de estos procuradores fue Coponio (6-9 d. C.); el quinto desde el año 26 al 36 fue Poncio Pilato, hombre de esos que abundan, contradictorio al parecer consigo mismo; audaz, arrogante, duro e inflexible muchas veces, y al propio tiempo débil en no pocas ocasiones y condescendiente. Ya lo tendremos que ver.

El verdadero estado político, según esto, era una sujeción completa en la realidad a Roma, ora en Judea, donde, si bien quedaba a los judíos una sombra de derecho de independencia, en realidad todo lo hacía el procurador romano; ora en Galilea, donde Herodes sólo atendía a pasarlo bien y a no disgustar a sus verdaderos amos de Roma para conservar el mando.

No era más glorioso el estado religioso, que siempre había sido la principal grandeza de aquel pueblo, teocrático como ninguno.

Anás y Caifás figuraban como sumos sacerdotes. Ya esto mismo indica una perturbación en la jerarquía. No debía haber más que un sumo sacerdote, y entonces realmente no había más que uno solo, que era Caifás; mas el Evangelio nombra dos, porque, en efecto, en la idea del pueblo judío había dos sumos sacerdotes.

Era que los gobernadores romanos, no contentos con imponer el yugo al pueblo, traspasaban los umbrales del templo y ponían y quitaban a su placer aun los príncipes del sacerdocio. Anás, hombre habilidoso como pocos, y afortunado en Jerusalén, había obtenido el sumo sacerdocio desde el año 6 al 16 de Jesucristo. Pero, depuesto de nombre por Valerio Grato, antecesor de Poncio Pilato, no lo fue de hecho ni en el concepto del pueblo, y puede decirse que siguió siendo el Sumo Sacerdote de Israel durante el pontificado de sus cinco hijos, influyendo sobre todo en su yerno Caifás, que ocupó este puesto desde el año 18 al 36, pero que no hacía sino lo que le inspiraba su suegro, el viejo y marrullero maquinador. Caifás mandaba, y gobernaba su suegro, que, según parece, era también el presidente del Sanedrín o Senado de los sacerdotes.

Como quiera que sea, perversos lo mismo Anás que Caifás e interesados, más que el bien religioso, nunca más importante que entonces, procuraban su propio provecho y engrandecimiento, como veremos. Malos sacerdotes tenía el pueblo de Israel cuando iba a venir a ellos el Sumo y Eterno Sacerdote, el Cristo, que los había de arrojar del templo a latigazos.

En cuanto a los demás directores de Israel, puede considerárselos divididos entonces en dos grandes bandos, que en la historia de Cristo han de salir y figurar muchas veces: los fariseos y los saduceos.

V. VIDA PÚBLICA. POSTRACIÓN DEL PUEBLO JUDÍO

Los fariseos tenían este nombre porque se lo habían dado; en hebreo *perouchim* significa lo mismo que *separados,* porque en su trato procuraban vivir separados de toda persona que a ellos les pareciese poco observante de la Ley. En un principio se habían llamado *haberim* o asociados, y luego más tarde *hasidim* o piadosos, y en fin, se quedaron con el nombre de fariseos.

Cuando, vueltos los judíos de la cautividad de Babilonia, al reedificar Jerusalén, se veían precisados a tropezar con los gentiles o judíos apóstatas que habían quedado en Judea, Esdras y Nehemías exhortaban instantemente a los judíos a que no se mezclasen con ellos. Este espíritu, que era el de la Ley, exagerado en algunos casos más de lo que convenía, fuese acentuando mucho en algunos, y de una o de otra manera, que es oscuro y lo dejamos a los eruditos, brotó de él, siglo y medio antes de Jesucristo, una especie de clase, sociedad o partido que se preciaba de interpretar con toda exactitud la Ley.

Admitían y recogían con todo cuidado las tradiciones orales, y como por desgracia ni eran infalibles, ni rectos de corazón, sino muy presuntuosos, fueron prefiriendo muchísimas veces a la verdadera Ley las tradiciones que ellos habían descubierto o pensaban descubrir. Con lo cual fueron formando un Código y una religión suya, recargadísima de preceptillos, reglitas, fórmulas y minucias, entre las cuales desaparecía la santidad de la Ley y la verdadera religión y virtud.

El conjunto de las tradiciones que respetaban los fariseos está reunido en el Talmud, fárrago interminable de pueriles observaciones, mezquinas añadiduras y comentarios vanos de la Ley, imposible de aprender, cuánto menos de observar, a ningún hombre.

Los fariseos en tiempo de Jesucristo serían unos seis mil o siete mil, muy unidos entre sí. No faltaban entre ellos algunos verdaderamente rectos y virtuosos. Pero los más eran entonces detestables. «Siete fariseos hay, dice el Talmud: el que acepta la Ley como una carga; el que obra por interés; el que se da con la cabeza en la pared por no ver a una mujer; el que obra por ostentación; el que pide que se le indique alguna buena obra que hacer; el que obra por temor; el que obra por amor».

Todo lo contrario de los fariseos eran los *saduceos.* Por esa ley del espíritu humano, de que, dondequiera que hay una exageración brote al poco tiempo la opuesta, los saduceos, a fuerza de burlarse de los fariseos y de sus fórmulas y tradiciones, avanzaban al extremo opuesto, y no ya las tradiciones, sino la misma Ley descuidaban y despreciaban, sin escrúpulo de mezclarse con los paganos y seguir sus costumbres. Se llamaron *saduceos* por ser de la familia de *Sadoc,* gran sacerdote del tiempo de David y Salomón, cuyos descendientes ejercieron las funciones sacerdotales hasta el tiempo de Jesucristo; mas luego, regalados, cultos, mundanos y escépticos, llegaron hasta negar la inmortalidad del alma y la verdad de la resurrección y de la otra vida. Patria, religión, ley, tradiciones, así fuesen, no las farisaicas, sino las más santas y verdaderas, les importaban bien poco, con tal que ellos prosperasen, hiciesen fortuna y obtuviesen el favor del poderoso, para lo cual se acomodaban fácilmente a cualquier gobierno que los dejase prosperar.

Así como los fariseos, por apreciar la tradición, olvidaban muchas veces la Ley o la desnaturalizaban, así los saduceos, por despreciar la tradición, despreciaban también muchas veces la Ley misma y sus doctrinas más santas.

Los saduceos eran de la clase más rica y elegante de Israel. Los fariseos pertenecían más bien a la clase media.

No eran los saduceos tan numerosos como los fariseos; pero eran más poderosos por su posición elevada, por los cargos que desempeñaban, por su adhesión a la dinastía de Herodes y a los romanos, y, en fin, por su opulencia.

En cuanto a los *escribas,* que también han de figurar mucho en nuestra historia, si bien en el Evangelio muchas veces suenan lo mismo que fariseos, o parecen unidos a ellos, no eran, sin embargo, de suyo, ni fariseos, ni saduceos: eran propiamente los que explicaban al pueblo el sentido de la Ley, traduciéndolo al lenguaje corriente y explicando su sentido.

Oficio había sido éste de los profetas; mas, cuando los profetas desaparecieron, cayó en manos de los *soferim* o escribas, que suplieron a aquéllos en la sinagoga. Sin ser sacerdotes ni estar en el templo dedicados al culto, eran los maestros que de oficio explicaban la Ley en todas las sinagogas.

Por desgracia, en vez de conservarse en el justo medio de la Ley entre los fariseos y saduceos, despreciados por los saduceos, que cuidaban bien poco de su exégesis de la Ley, se fueron casi todos inclinando a los fariseos, y explicaron más bien las minucias y ridiculeces de sus tradiciones que la verdadera Ley. Pedantes, leguleyos, casuistas, hipócritas, los veremos muchísimas veces intervenir en la historia contra Jesús al lado de los fariseos y como si ellos mismos fueran fariseos, como en general lo eran ya todos en tiempo de Jesucristo.

Los sacerdotes y príncipes de entonces, Anás y Caifás y sus parientes todos, eran del partido materialista y escéptico de los saduceos.

El resto del pueblo gemía como ovejas sin pastor, privado de quien le guiase por el recto y justo sendero de la Ley, oprimido por la avaricia y sensualidad de los saduceos y por la estrechez y multitud de formulismos con que los fariseos le obligaban a proceder en cualquiera de sus acciones: al salir de casa, al ponerse en la mesa, al ayunar y, sobre todo, al observar el sábado. Por lo demás, era religioso, observante, misericordioso; y entonces ardía en vivas ansias del Mesías, a quien todos de un momento a otro esperaban ver.

46. EL PRECURSOR
(Lc 1, 80; 3, 1-6; Mc 1, 1-6; Mt 3, 1-6)

Mientras Jesús Nazareno trabajaba y crecía en su taller, lejos de él, y sin conocerle, también su primo «crecía y se fortificaba en espíritu en el desierto hasta el día en que debía mostrarse al pueblo».

Probablemente sus padres, que cuando él nació eran ya ancianos, habrían muerto dejándole huérfano muy joven y tal vez niño. Quizás ni le pudieron explicar lo que con él en su nacimiento había pasado, ni revelarle lo que eran Jesús y María. No sabemos cuándo, pero muy joven debió Juan de retirarse al desierto de Judea, cercano al sitio de su nacimiento.

Por desierto o *midbar* se entendía entre los judíos toda región que, aunque no fuese del todo desierta ni estéril, no estuviese cultivada.

El Midbar de Judea, donde Juan moraba, está formado por las vertientes orientales de las montañas de Judá hasta la cuenca del Jordán y el mar Muerto. No es ciertamente un jardín, ni una huerta, ni siquiera está cultivada, pero no por eso carece de vegetación apta para el ganado menor.

Triste verdaderamente y monótono es su aspecto visto de lejos y pasado de cerca. Sin embargo, con las lluvias de primavera, el suelo se cubre de una vegetación rápida y viva; verde yerba, salpicada de multitud de flores silvestres, viste el campo; algunas fuentes que por varios sitios brillan, embellecen en particular varios trozos, que acaso son los que la Escritura llama *speciosa deserti,* «las hermosuras del desierto», cubiertos tal vez de algunos árboles, cedros y palmeras o por lo menos de arbustos y yerbales aptos para cobijar, no sólo víboras, escorpiones y serpientes, sino aves, palomas torcaces, cabras silvestres, gacelas y chacales. En las vertientes de las rocas, entre las malezas que de sus grietas brotan, anidan tranquilos muchos pájaros y en las quiebras de las peñas y huecos de algunos árboles forman sus panales mil enjambres de abejas. En verano salta la langosta en bandadas por todas partes entre la retostada yerba. Series de colinas surcadas por regatos secos, grutas salvajes y quebradas abruptas dan lugar a esconderse en ellas de todo comercio humano en la más absoluta soledad.

No sabemos cómo, pero allí creció Juan esperando su hora. Según había dicho el ángel, y conforme a la costumbre de los nazarenos, no probó vino ni sidra, ni se regaló con ninguna delicadeza. «Langostas y miel silvestre eran su alimento», y tal vez los mezquinos frutos salvajes que la tierra inculta de suyo producía, sazonado todo con el agua de sus fuentes. En verdad que en Palestina y en otras partes es usado el comer langostas del campo, aderezadas en tortas o en otras formas, que a nuestras costumbres parecen repugnantes.

Llegaba, pues, ya la hora en que el Carpintero de Nazaret tenía que salir al mundo a dar la buena nueva del Evangelio, y el momento de la profecía del ángel de que Juan «atraería muchos de los hijos de Israel a su Dios y Señor; que saldría ante él con el espíritu y poder de Elías..., para preparar así al Señor un pueblo perfecto».

Y en efecto, «vino la palabra de Dios sobre Juan en el desierto, y salió Juan Bautista por toda la región del Jordán predicando en el desierto de Judea el bautismo de penitencia para remisión de los pecados, y decía: "¡Haced penitencia!, que se acerca el reino de los cielos"»

La conmoción que indujo aquel santo fue inmensa.

«Traía un vestido de pelo de camello, y una faja de cuero rodeaba su cintura». Además, su aspecto penitente, su vida austera, su fervor, su elocuencia sobrenatural manifestaban, sin duda ninguna, que era un hombre extraordinario, un nuevo Elías, un profeta y más que profeta, y como dice San Juan, «un hombre enviado de Dios para dar testimonio de la Luz. No era él la Luz, pero venía a dar testimonio de la Luz».

Por añadidura, aquel año debía de ser año sabático, es decir, el séptimo año de las semanas de años que los judíos solían contar, para que en él se dejase descansar la tierra sin que se la cultivase, dando lo que de ella espontáneamente nacía a los pobres. En este año se perdonaban las deudas, y el pueblo, más descansado de sus tareas agrícolas, atendía, pues lo podía, con mejores disposiciones a los actos de religión y de piedad.

Así que cuando se extendió la noticia del profeta que en las orillas del Jordán había aparecido predicando perdón y penitencia y bautizando en un río de tan santos recuerdos, corrió a él toda la gente de los pueblos de Judea vecinos al desierto, y luego toda la gente de la capital, los jerosolimitanos, y, en fin, todos los moradores de las riberas del Jordán, y todos ellos, confesando sus pecados, recibían el bautismo de manos del Bautista en las aguas del río.

47. EL BAUTISMO DE JUAN (Lc 3, 3; Mc 1, 5; Mt 3, 5-6)

Siempre en la Ley estaban prescritas muchas purificaciones y lavatorios como ritos religiosos. Los fariseos, entre sus prescripciones, habían añadido otras muchas a las legales.

Sin embargo, el bautismo de Juan era una purificación distinta de las antiguas y nueva, de tal modo, que por él San Juan obtuvo el nombre de Bautista con que todas las gentes le llamaban, según consta no sólo por el Evangelio, sino también por Josefo.

Este bautismo o lavatorio era por inmersión del hombre, hecho por el mismo Juan en el río. Dábales este bautismo para que se preparasen a obtener el perdón de sus pecados. Con este fin les exigía dolor de ellos y verdadero arrepentimiento, confesión de sus pecados y que creyesen en el Mesías que había de venir después de él.

Según el mismo San Juan lo indicaba, la orden de bautizar la recibió de Dios Nuestro Señor, y entre las cosas que se le dijeron en el desierto cuando se le mandó salir al pueblo, una fue ésta: «El que me envió a bautizar con agua me dijo: Aquel sobre quien veas bajar al Espíritu y permanecer sobre Él, Aquel es el que bautiza en el Espíritu Santo».

No era ciertamente el bautismo de Juan sacramento, como el de Cristo, que recibimos nosotros, ni por él se confería gracia santificante, ni se quitaba el pecado original. Sino que sólo era un rito religioso, que por medio del recuerdo y dolor de los pecados, de la humildad y de la oración, sensibilizados y especialmente atendidos por Yahvé, disponían el alma a la penitencia y remisión de los pecados.

48. LA VOZ DEL QUE PREDICA EN EL DESIERTO
(Lc 3, 7-15; Mc 1, 6-8; Mt 3, 7-12; Hch 13, 25)

Este bautismo y esta penitencia iban precedidos de una fervorosa predicación del Bautista, que día tras día estaba sin cesar repitiendo al pueblo el mismo tema: «Preparad el camino a Yahvé, enderezadle su camino, todo valle se rellene, todo monte y collado se abaje, todo lo torcido se enderece y todo lo áspero se allane. Y todos van a ver al Salvador de Dios».

Y al oír esto, ansiosas, fascinadas, conmovidas, venían a él las turbas: «¿Pues qué tenemos que hacer?...»

En primera fila, haciendo alarde de buena voluntad, pero llenos de soberbia secreta, se presentaban los fariseos y saduceos, según parece no con las mejores disposiciones de ánimo; y tal vez mientras la plebe sencilla confesaba sincera y llanamente sus faltas, ellos ocultaban las suyas, como si fuesen santos, pues por tales se tenían y querían ser tenidos. Mas, lleno de santo celo, el Bautista, que penetraba sus almas, lanzaba sobre sus frentes pecadoras el rayo de su ira santa y la vergüenza de los pecados que ellos no habían confesado, y les decía:

«¡Hijos de víboras!, ¿quién os ha enseñado a huir de la venganza que va a descargar en vosotros? Dad, pues, fruto verdadero de penitencia. No salgáis diciendo: "Nosotros somos hijos de Abrahán", porque yo os digo que Yahvé puede sacar hijos de Abrahán de esas piedras. Ya está puesta el hacha a la raíz de los árboles, y todo árbol que no dé fruto bueno será arrancado y echado al fuego.»

Se volvían los fariseos y saduceos tal vez tan impenitentes como antes, mientras la plebe, conmovida y temblando de lo que les diría a ellos, pues a los fariseos tan duramente los había tratado, humilde preguntaba a su vez: «¿Pues qué tenemos que hacer?» Y respondiendo, Juan les decía: «El que tiene dos túnicas dé una al que no tiene ninguna, y el que tiene comida haga lo mismo». Porque en verdad éste era uno de los grandes pecados de entonces: que algunos tenían demasiado y no daban nada al que no tenía.

Y venían en grupo los publicanos. Los publicanos que también figuran muchísimo en la historia de la bondad de Jesucristo, eran los empleados que recaudaban los tributos públicos. Hombres de alta posición los principales, pertenecían en Roma al orden ecuestre. En cambio, sus subalternos de posición humilde, aunque recibían el mismo título y denominación de publicanos, pero ni tenían su dignidad y eran por lo común gente tramposa, fraudulenta y que abusaba de su cargo para satisfacer su sórdida codicia, eran el tipo del pecador y del injusto.

Conmovidos por las predicaciones de Juan, pues no eran tan duros de corazón como los soberbios fariseos, preguntaban con humildad al Bautista: «Maestro, ¿qué haremos nosotros?» Y les respondió San Juan: «No recaudéis sino lo que se os ha señalado».

Y por cierto que estos pobrecitos creyeron y obedecieron a San Juan, al paso que los soberbios fariseos le despreciaron, como se lo dijo más tarde Jesucristo a ellos mismos: «Los publicanos y las meretrices van a entrar antes que vosotros al reino de Dios, porque también Juan vino a vosotros enseñándoos el camino de la virtud y no le creísteis, al paso que los publicanos y las meretrices le creyeron. Y después, ni aun viendo el ejemplo de éstos os habéis arrepentido para creer».

En fin, tras los publicanos «venían los soldados diciendo: "Y nosotros ¿qué haremos?" "No hagáis daño a nadie, les dijo, ni calumniéis a ninguno, y contentaos con vuestro sueldo"», sin que prevaliéndoos de vuestra fuerza y posición maltratéis a nadie por sacar algo.

Todo esto tenía al pueblo en expectación ansiosa, y andaban todos sospechando si aquel hombre sería por fin el Cristo. Pero a todos respondía y decía Juan en voz alta:

«Yo os bautizo en agua para arrepentimiento de vuestros pecados, pero viene ya el que es más fuerte que yo a quien yo no merezco ni soltar la correa de su sandalia echándome por los suelos. Yo os he bautizado en agua; Aquél os bautizará en el Espíritu Santo y en fuego». es decir, con un bautismo que os dará la gracia abundante del Espíritu Santo y el fuego de su ardiente caridad.

Y como los más que le oían eran labradores, tomando comparación de la trilla, les decía: Os advierto que «trae el bieldo en su mano, y viene a limpiar su era, viene a juntar su trigo en el granero, y a quemar la paja en fuego inextinguible».

«Y como éstas evangelizaba otras muchas cosas al pueblo exhortándoles.»

49. BAUTISMO DE JESÚS
(Lc 3, 21-22; Mt 1, 9-11; 3, 13-17)

No era de Galilea de donde menos venían a bautizarse con San Juan. Hubo, como después veremos, algunos galileos que se hicieron sus discípulos, como San Andrés, San Juan, tal vez sus dos hermanos y otros. Y sin duda que en Nazaret resonó muchas veces la fama de aquel profeta extraordinario, el primero que, después de Malaquías, hacía ya más de cuatro siglos y medio, se presentaba. Y ora con uno, ora con otro motivo bajarían muchos galileos de Nazaret a ver a aquel portento y oír aquella palabra de fuego y ser bautizados por aquel enviado de Dios.

Entretanto, aquel por quien Juan hacía todo esto, desconocido de todo el mundo, seguía trabajando en su taller en silencio, aguardando también él su hora.

Pero un día, como a los seis meses de la predicación de Juan, en el mes de enero, despidiéndose, según podemos creer, de su Madre, dejando sus herramientas, se reunió probablemente a alguna caravana que iba a ver al Profeta, y, confundido en ella como uno de tantos, bajó también Jesucristo al Jordán a manifestarse, por fin, como Mesías, a comenzar su carrera evangélica, dando ya Buena Nueva Él por sí mismo, una vez que su Profeta le había preparado el camino.

Como nadie le tenía más que por un carpintero de tantos, nadie se extrañaba de verle en compañía de los demás. Se presentó, pues, en un grupo al bautismo. Y tal vez el Bautista, sin conocerle, le exigió como a los demás la confesión de sus pecados... Inútil indagar mucho de lo que allí pasó. Los evangelistas nos dicen pocas cosas; no escriben para saciar nuestra curiosidad, sino para fundar nuestra fe y santidad.

San Juan decía después un día hablando de este hecho con sus discípulos:

«Yo no le conocía, pero el que me mandó bautizar en agua me dijo: "Aquel sobre quien veas bajar el Espíritu y permanecer sobre Él, Aquél es el que bautiza en el Espíritu Santo". Y yo le vi y di testimonio de que Éste es el Hijo de Dios.»

Todavía, sin embargo, antes de bautizarse, no había bajado la paloma y Juan parece que por revelación interior o de otra manera le conoció. Por lo cual, cuando se le presentó para que le metiese en el agua como a los otros, Juan, al ver al Justísimo que no podía confesar, como los demás, pecados, porque no tenía ninguno, «le impedía bajar y le decía: "Yo soy el que tengo necesidad de ser por ti bautizado, ¿y tú vienes a mí?..." Pero le respondió Jesús y le dijo: "Déjalo todavía, porque de esta manera nos conviene cumplir con toda la santidad"».

Entonces le dejó bajar. Y fue bautizado Jesús por Juan en el Jordán. Y una vez bautizado, subió Jesús del agua, y al punto, estando

orando, se abrieron para Él los cielos y vio al Espíritu Santo en figura corporal como una paloma que bajaba y permanecía sobre Él. Y en seguida oyó una voz del cielo que decía: «Éste es el Hijo mío, el amado, en el que me agrado», es decir, por quien me reconcilio con el mundo y los pecadores, a quienes, si no por mi Hijo, aborrecería.
«Tenía Jesús entonces unos treinta años».

50. LA CUARESMA DE JESÚS
(Mt 4, 1-2; Mc 1, 12-13; Lc 4, 1-2)

«Bautizado Jesús, volvió lleno del Espíritu Santo del Jordán, y al punto fue llevado por el Espíritu al desierto para que fuese allí tentado por el diablo. Y estaba en el desierto cuarenta días y cuarenta noches, y era tentado por Satanás y pastaba con las bestias, y no comió nada en aquellos días, y habiendo ayunado cuarenta días y cuarenta noches, al fin tuvo hambre.»

Estamos en uno de los pasos más misteriosos y profundos de la vida de Nuestro Salvador. Muchos y muy profundos y estupendamente misteriosos tenemos que recorrer; pero, ciertamente, Jesucristo tentado por el diablo es uno de los más hondos abismos de humildad a que pudo descender Nuestro Señor.

Aunque todo cuanto hizo Jesucristo lo hizo a impulso del Santo Espíritu, pero en este paso, en particular, parece que el mismo Evangelio nos lo quiso indicar expresamente para que viésemos que el haberse dejado tentar fue consejo y disposición de la Providencia, no como quiera, sino muy particular.

Fue, pues, Jesucristo llevado al desierto por el Espíritu. Desierto era donde había sido bautizado, pero con la predicación de Juan había dejado de serlo por entonces, y Jesucristo se retiró a un sitio más interior y solo.

Según las tradiciones más indicadas, y no vemos razón poderosa para abandonarlas, el sitio a donde Jesucristo se retiró fue el monte que hoy y desde muy antiguo se llama, por recuerdo, de la Cuarentena. No lejos de donde fue bautizado, a una hora de Jericó, a 492 metros sobre el nivel del mar Muerto y del Jordán, aislada, abrupta, llena de grutas salvajes, escarpada y desprovista de vegetación, se levanta esta montaña venerable en la que se cree que Jesús hizo penitencia, grandioso y severo balcón, desde cuya cima se pueden contemplar por un lado la cálida llanura de Jericó, el curso sinuoso del Jordán, su desembocadura en el mar Muerto y gran extensión del lago maldito, y por el otro, un revuelto conjunto de montes y quebradas agrestes y desiertas.

Aún hoy no es accesible la cumbre sino a los arriesgados, y sin duda ninguna que en tiempo de Jesucristo sería muy difícil la subida.

Subió, pues, allá Jesucristo y empezó su Cuaresma, sin más compañía que las bestias del desierto. El león y el oso, el jabalí y la hiena, la onza, el lobo y el zorro, y sobre todo, manadas de chacales eran en aquellas soledades los únicos compañeros que en la falda del monte se albergaban. Según su costumbre, al oscurecer lanzarían los chacales su lúgubre concierto de ladridos, que suele durar bastante rato, y éste y los rugidos de los demás animales que salían, reñían, entraban o descansaban en sus grutas, sería lo único que perturbaría el silencio de aquella montaña.

Desde el monte vería el Salvador las turbas que a lo largo del Jordán seguían acudiendo a ser bautizadas por su Precursor, que perseveraba más celoso aún, preparándole con su predicación el camino, y se conmovería su Corazón divino contemplando la necesidad que el orbe entero tenía de su doctrina y de su gracia.

Por él, por redimirlo, y por dejarle ejemplo de mortificación y penitencia, ayunó cuarenta días y noches, sin tomar en ellos absolutamente nada.

No sintió, sin embargo, en todo este tiempo el hambre, y sostúvose milagrosamente, sin duda, en la vida, muy superior a aquellos santos que duraron en éxtasis largo tiempo, sin sentir hambre, ni sed, ni fatiga en medio de sus raptos...

Pero después de pasados los cuarenta días, sintió el efecto del ayuno, y tuvo hambre y de seguro sed y debilidad y fatiga intensa y extraordinaria. El que vino a darnos ejemplo de vida nos enseñó la penitencia, a buscar la soledad y el retiro de Dios, a privarnos a tiempo de las delicias aun lícitas de la vida, a sufrir hambre y sed cuando sea voluntad de Dios.

Durante todos aquellos días oró el Salvador continuamente, y oró, sin duda, por nosotros, y suplicó por toda la humanidad prevaricadora para que el Padre tuviese de ella compasión y se salvasen los hombres más pecadores, mediante el apostolado y la redención a que Jesucristo en aquel retiro se estaba preparando.

51. LA TENTACIÓN (Lc 4, 3-13; Mc 1, 13; Mt 4, 3-11)

Pero más que los ayunos, y el hambre, y la oración de Jesucristo parece que nos indican el amor que nos tuvo, la humillación a que por nosotros quiso sujetarse, de dejarse tentar por la más abyecta criatura, que es el demonio, por su más abominable esclavo, el diablo.

Tal fue Satanás.

Muchos son los nombres que recibe en la Sagrada Escritura. Además de su nombre de Satanás o adversario y mal enemigo, es llamado demonio (nombre que los griegos daban a divinidades o seres intermedios entre los dioses y los hombres, fuesen malos o buenos), diablo, calumniador, belzebú (dios de las moscas, de la mansión o del sacrificio), dragón o serpiente antigua, tentador, tinieblas, malicia espiritual, belial.

Ángel un tiempo del cielo y dotado de singulares prerrogativas naturales de gracia abundantísima, según nos enseña la Sagrada Teología, pecó en el tiempo de la prueba y en el camino de la gloria, como dice San Judas, no supo conservar su principado, y fue derrocado al infierno con todos los compañeros de su prevaricación y rebeldía. Parece lo más probable que la culpa que cometió consistió en creer que él mismo, sin auxilio ninguno del Omnipotente, y sin necesidad de gloria y dicha sempiterna, se bastaba a sí mismo para su felicidad natural, sin necesidad de sujetarse a los mandamientos que también a él como a nosotros le puso Dios como prueba para admitirle o no en la gloria.

Sea de esto lo que quiera, lo que no puede negarse es que se rebeló a obedecer y servir a Dios; que pecó, que fue condenado, que vive con innumerables compañeros de su rebeldía en el infierno, que conserva sus eminentes talentos y facultades naturales; que, permitiéndolo Dios, tienta a los hombres y los incita al mal y ejerce en el mundo no pocas veces su acción y aplica sus facultades y sus artes para molestar al género humano; que él fue quien hizo prevaricar a Adán y quien hace prevaricar a los muchísimos hombres con sus artificios, y valiéndose de los atractivos del mundo, de las concupiscencias de nuestra carne, defectos de nuestro espíritu y debilidad de nuestra caída natural.

Sin duda que estaría curiosísimo y deseando saber cuándo vendría el que habría de redimir al mundo y ser el Mesías de Israel. No por ser demonio y sabio conoce todas las cosas, ni todo lo que pasa en la tierra. Sujeto en el infierno, sabe todo lo que la Providencia sapientísima de Dios le quiere permitir conocer y nada más.

Tal vez, disponiéndolo así Dios, sabía las cosas del Mesías sólo a medias y muy en vago, tal vez ignoraba si el Cristo había de ser Dios o no había de serlo; según nos enseñan muchos de nuestros Santos Padres, no sabía que Jesús de Nazaret fuese ni el Mesías, ni Dios, y si bien cuanto le permitió ver Dios, había visto en aquel joven muchas señales extraordinarias, bastantes para creer que era un ser superior a los demás hombres, pero todavía faltábale por conocer mucho que Dios no le descubría, ni le permitía ver en el Nazareno.

Pues bien; Jesús, nuestro modelo, que sabe cómo los hombres estamos sin cesar expuestos a las tentaciones del demonio, quiso, para darnos ánimo, esfuerzo y ejemplo, dejarse tentar también Él por este vil y maligno enemigo de la humanidad.

Deseando, pues, averiguar si, en efecto, Jesús de Nazaret era hombre o más que hombre, como sospechaba, y resuelto, si era hombre, por escogido que fuese, a hacerle caer en pecado, si podía, como lo consiguió con Adán, a pesar de ser tan privilegiado, se acercó a Jesús en el desierto, y todos aquellos días más o menos le estuvo tentando de varias maneras, según nos indican los evangelistas.

Pero especialmente nos cuentan tres tentaciones, que sin duda debieron de ser las principales de todas las que en aquel desierto experimentó.

Aunque es un misterio todo lo que a las tentaciones de Cristo se refiere, debemos advertir que Jesucristo no pudo ser tentado del todo como nosotros.

Sus tentaciones no pudieron ser interiores. En nosotros la tentación muchas veces nace toda ella de dentro, de nuestras concupiscencias, que, sin poderlo nosotros remediar ni prevenir, se lanzan a los bienes ilícitos, sin esperar el dictamen de la razón. Y si bien el varón justo reprime luego este lanzamiento de nuestras pasiones y las recoge y retira, pero no es sino después de los primeros movimientos. Otras veces, cuando la tentación viene de fuera, también sin poderlo remediar, a no ser que seamos muy virtuosos, de seguida se levanta ciego el ímpetu de la concupiscencia, empujándonos al deleite prohibido, y además del objeto y de la fantasía nos tienta el mal apetito, rebelde después del pecado original.

No así en el Adán primero, cuyas concupiscencias estaban sujetas a la razón, y sólo cuando ésta lo permitía se movían. Y mucho menos en Jesucristo, nuestro segundo Adán, en quien por no haber fómite del pecado, por estar las pasiones del todo sujetas a la razón y a la santi-

V. VIDA PÚBLICA. LA TENTACIÓN 123

dad del Verbo, no pudo haber tentación que procediese del interior de sus pasiones rebeladas, sino sólo tentación que procediese de la proposición del demonio o de la presentación de los objetos con sus atractivos.

También hay que advertir otra cosa, y es que Jesucristo era impecable. Mas no por eso se debe creer que Jesucristo no luchó y venció en las tentaciones. Aquí ciertamente está el misterio profundísimo, pero cierto. Jesús luchó entonces, como luchó después en la *agonía* o lucha del huerto, y en otras ocasiones. No la divinidad, pero sí la Santa Humanidad se vio en el desierto acometida por la tentación del demonio, como en seguida veremos; y si bien protegiendo a la Humanidad estaba la Divinidad, el Verbo, que de ninguna manera podía dejar que la Humanidad fuese vencida, pero sí que fuese combatida, que luchase, que ella misma venciese, la dejó sin duda luchar y vencer; a fin de que el demonio que en el Adán viejo nos había vencido a todos los hombres, en el Adán nuevo, en Jesucristo, hombre verdadero y perfecto, fuese vencido a su vez por todos nosotros, en Jesucristo, que es la cabeza de todos los que con Él estamos unidos por la gracia y redención.

Pues bien, después de pasados los cuarenta días, después de haberle tentado de otras muchas maneras, cuando Jesucristo empezó a sentir la fatiga, la debilidad, el hambre de toda aquella cuaresma, «se le acercó el tentador y le dijo: "Si eres Hijo de Dios, di que estas piedras se conviertan en panes". Le respondió Jesús y dijo: "Está escrito: No sólo de pan vive el hombre, sino de toda palabra que sale de la boca de Dios"».

Quería el demonio, por un lado, averiguar si realmente Jesús era el Hijo de Dios, y por otro hacerle desistir por sí y a su gusto de aquel ayuno, fuese o no fuese aquélla la voluntad de Dios. Quería, además, para pasar a otros pecados más grandes, inducirle por lo menos a la gula, y tentarle y ver cómo estaba en este punto, cosa que le pareció fácil después de aquel ayuno.

Mas el Salvador le respondió sabiamente de manera que no averiguase si realmente era Hijo de Dios, ni le apartase de la mortificación a su capricho, ni le hiciese caer en la gula, ni en la jactancia y vana ostentación de su dignidad ante el demonio, que si conseguía aquella tal vez pequeña victoria, le iba un poco más tarde a presentar otras nuevas luchas con ella escalonadas.

Por eso, haciéndose el desentendido acerca de aquello «si tú eres Hijo de Dios», pasó a lo segundo y le confundió diciéndole: Tú al decir que para salir de mi hambre convierta estas piedras en pan, no sabes lo que dices. Mira, la Sagrada Escritura te confunde, porque dice muy bien que el hombre para susentarse no necesita de pan; puede alimentarse de otras mil cosas que la palabra de Dios le puede proporcionar, si quiere, como proporcionó a los israelitas el maná, para que viesen que no sólo de pan sino de todas las disposiciones que brotan de los divinos labios, puede el hombre alimentarse. Además, antes que el pan para el cuerpo, debe buscarse la palabra de Dios, la voluntad de Dios para el alma, pues ella es el primer alimento del hombre.

Se calló el demonio a esto, pero «entonces tomó a Jesús y le llevó a Jerusalén, la Ciudad Santa, y le puso sobre el pináculo del templo y le dijo: "Si eres Hijo de Dios, échate de aquí abajo. Porque está escrito que ha ordenado a sus ángeles acerca de ti, que te conserven y que te lleven en las manos, para que o tropieces con tu pie en la piedra". Y le dijo Jesús: "También está escrito: No tentarás a tu Señor Dios"».

Otra vez intentó aquí averiguar si era el Hijo de Dios, y al propio tiempo quiso inducirle a la ambición y al abuso de la gracia divina. Arrojándose de aquella altura y cayendo por los aires en manos de los ángeles, se hubiera mostrado verdadero Mesías al mundo, y todo el pueblo le hubiera aclamado.

Es admirable que Jesús se hubiera dejado arrebatar del demonio, quien, según el Evangelio, le tomó, y le tomó levantándole, y le colocó en el templo. Es tal este atrevimiento del demonio, que algunos Santos Padres y teólogos no se pudieron persuadir de que Jesús se dejase tratar y llevar realmente por el demonio, sino sólo con el pensamiento y la sugestión. Pero los evangelistas parecen indicarnos bastante que, así como después se dejó azotar y abofetear por los malvados, así ahora se dejó realmente llevar por el demonio.

Le puso éste en uno de los pináculos del templo; no dice el Evangelio en cuál de ellos, tal vez en el ángulo que miraba al torrente Cedrón, desde donde sobre el valle se levantaba el pináculo a plomo, de manera que, aunque naturalmente, causaba vértigo la mirada, o tal vez mejor mirando al atrio, para así caer entre la multitud y llamar la atención.

La tentación estaba muy bien puesta. Confirmada con palabras de la Escritura, aunque algo desfiguradas, como notan los expositores. Porque las palabras citadas por el diablo, no dicen simplemente «Dios ha mandado a sus ángeles que te cuiden», sino que dice «que te cuiden en tu camino», indicándonos que no debemos salir del camino que la

V. VIDA PÚBLICA. LA TENTACIÓN

providencia nos señale, ni prometernos un auxilio en cualquier sendero que imprudentemente elijamos.

La victoria fue sencillamente obtenida con otra respuesta sapientísima, sacada, como la primera, de las divinas letras y sumamente acomodada a la tentación. Dios, sí, promete guardarnos y nos guarda por sus ángeles, cuando nosotros vamos por el camino que es razonable y natural, pero no cuando, sin llamarnos Él, nos lanzamos por peligros y prejuicios, con presunción de su providencia extraordinaria. A Dios no le hemos de exigir milagros. Él los hará cuando quiera y le parezca conveniente. No debemos tentarle.

Vencido por segunda vez el demonio, no por eso dejó de pasar al tercer ataque que traía preparado, sino que, desesperado, armó el último y más fuerte de sus engaños.

Dice así el Evangelio:

«Otra vez le llevó el diablo para un monte muy alto, y le mostró desde allí todos los reinos del orbe de la tierra y la gloria de ellos en un punto de tiempo. Y le dijo: "Todas estas cosas, todo este poder y la gloria de todo esto te daré, si postrado me adoras; porque todo ello se me ha entregado, y lo doy a quien quiero. Pues bien, si me adoras, todo será tuyo".»

Magnífica tentación. Le llevó el diablo a un monte alto. Allí, por arte de sus prodigios y apariencias diabólicas, reunió en un espléndido panorama y en una visión maravillosa toda la pompa y magnificencia que se podía uno figurar en todos los reinos, palacios, dominios y cortes de la tierra. Todo esto le mostró para que hiciese más ilusión, causase más envidia y engañase mejor, si se podía, en un *estigma* de tiempo, como decían los griegos, en un punto, en un momento solo, como ráfaga tentadora que desea uno volver a mirar, y parece tanto más maravillosa cuanto más fugazmente se la ha visto. Y luego propone la tentación.

Aparece ya perturbado el diablo, quita ya su disfraz y su hipocresía. La serenidad del joven Nazareno le ha desconcertado; su sencillísima y natural manera de vencer, sin aspavientos, sin aparatos, sin nada de lo que de un aspirante a Mesías, de un Rey, de un Hijo de Dios podía el diablo temer, y al mismo tiempo con una impavidez y seguridad que tampoco se podía esperar de un hombre, de lo cual él tenía larga experiencia, le precipitaron y empujaron a proponer la última atroz tentación en la que se descubrió a sí mismo del todo, tan soberbio y fatuo, tan preciado de sí mismo y deseoso de ser adorado, después de ser condenado, como cuando estaba en el cielo a la puerta de la gloria.

Si Jesús hubiera cedido algo en las primeras tentaciones, la gradación y el golpe estaba muy bien preparado. De la primera tentación, que no parecía incluir gran malicia, le hubiera conducido por la segunda, que ya era más abiertamente maliciosa, a esta tercera, que era la apostasía manifiesta. Como no le salió lo que meditaba, aunque el golpe no estaba preparado, sin embargo, cegado de su soberbia, lo quiso dar, y prometió a Jesús lo que no podía cumplirle, con una sarta desvergonzada de mentiras, de engaños y fantasmagorías que a un hombre defectible hubieran engañado fácilmente y tentado horriblemente, pero no a Jesús, que sabía muy bien lo que eran todas aquellas visiones y apariencias de luces fatuas y decoraciones fantásticas.

Irritado el Señor de la monstruosa perversidad y repugnante soberbia de aquella criatura, le arrojó de sí para no permitirle ya más su atrevimiento por entonces, y le dijo indignado y con sumo desprecio:

«"Vete de ahí, Satanás. Porque está escrito: A tu Señor Dios adorarás y a Él solo servirás". Entonces, acabadas todas las tentaciones, el diablo se retiró de él hasta otro tiempo, y al punto los ángeles se acercaron y le sirvieron.»

No sabemos hasta cuándo se retiró Satanás, pues no lo dicen los Evangelios, pero esta frase de San Lucas nos indica que después en su vida no le faltaron otras tentaciones del demonio, sobre todo en Getsemaní y en el Calvario, y que esta retirada fue sólo un tiempo de descanso para el que vino a luchar con el príncipe de los ángeles malos, y vencerlo, así como Adán también tuvo que luchar con el mismo adversario, aunque fue por él vencido.

Cuando el primer padre de los hombres fue derrotado, los ángeles bajaron del cielo y le cerraron las puertas del Paraíso; cuando nuestro segundo Adán y verdadero Padre Jesucristo quedó triunfante del enemigo infernal, príncipe de los ángeles malos, los ángeles buenos, que vieron su victoria, bajaron del cielo, y se acercaron a Él, y saludándole como a rey, le rodearon y le sirvieron.

En esta ocasión Nuestro Señor nos presenta todo un tratado acerca de las tentaciones. Quiso Él ser tentado para que, experimentando en sí mismo las tentaciones, se moviese mejor a darnos en ella su auxilio y prestarnos su compasión; para que estuviésemos con cautela viendo que nadie, por santo que sea, se libra, en esta vida, de tentaciones; para que no nos avergonzásemos de sufrir tentaciones, pues Él mismo las sufrió y luchó con ellas; para que recibiésemos ejemplo de cómo las habíamos de vencer y confianza en que nos había de ayudar en el combate.

Fue tentado en las tres principales concupiscencias del hombre, según las señaló San Juan: en los placeres, en la soberbia y en la codicia.

En fin, en el modo con que el demonio le tentó y en la manera con que Jesús le venció, se nos enseña el modo en que nosotros hemos de ser tentados y la forma en que hemos de vencer las tentaciones.

Luchemos como Nuestro Redentor y venzamos como Él para que, huido el demonio, vengan a recogernos los ángeles y con ellos en las sillas del cielo, que Satanás y los suyos rebeldes perdieron por su culpa, participemos del banquete de la gloria.

52. TESTIMONIO DEL BAUTISTA (Jn 1, 19-28)

Mientras Jesucristo estaba en el monte cercano de enfrente, sin saberlo nadie, haciendo penitencia y venciendo al demonio, Juan seguía su misión y predicaba y bautizaba y exhortaba a todos a prepararse a la venida del Mesías, que se iba a presentar al mundo a redimirlo, y anunciaba la salud de parte de Yahvé a aquel pueblo enfermo, oprimido y degradado.

Como entonces bullía por todas partes la esperanza del próximo advenimiento del Mesías, todo el mundo volvía ansioso los ojos hacia donde se presentase un hombre cualquiera de algunas cualidades extraordinarias.

El Bautista estaba, sin duda, dando muchísimo que hablar por toda Judea. Es verdad que no hacía ningún milagro, providencia de Dios, que reservaba entonces este don a Jesucristo para que se diferenciase bien el Cristo de su Ángel y Precursor. Pero por otra maravilla no menos estupenda, logró con su santidad y sin milagros que se le tuviese por un hombre extraordinariamente extraordinario, y tal que ¿quién sabe si sería el Mesías?...

Estaban los fariseos y saduceos y príncipes de Israel alejados del Bautista e irritados con él, no sólo por su soberbia, sino también por las durísimas increpaciones que desde el principio les había San Juan públicamente dirigido. Teníales inquietos la popularidad, la fama y el éxito que el Bautista lograba en el pueblo. Por otra parte, veíanse en el deber de averiguar si aquel hombre era realmente el Mesías, como empezaba a decir el pueblo, o al menos quién era y con qué autoridad procedía. Se reunió, pues, el Sanedrín, o senado de los judíos, y después de haber tratado este punto, nombraron una comisión de sacerdotes y levitas que fuesen a enterarse de su parte con toda formalidad de lo que era aquel hombre del desierto. Y en efecto, llegaron los comisionados y le preguntaron:

«"Tú ¿quién eres? ¿Eres el Mesías, como andan diciendo?"

Y confesó San Juan, y no negó; confesó y dijo: "Yo no soy el Cristo". "Pues ¿qué?, ¿eres Elías?" "No soy". "¿Eres el Profeta?" "No". "Pues ¿quién eres?, para que llevemos la respuesta a los que nos han enviado. ¿Qué dices de ti mismo?" "Yo soy voz que clama en el desierto y dice: preparad el camino del Señor, como dijo el profeta Isaías".»

Le preguntaron si era el Profeta, porque Moisés les había prometido que vendría un profeta especialmente enviado y escogido de Dios, que los judíos, unos creían que era el Mesías, y otros que sería otro distinto del Mesías, pero uno de los principales, o el principal de su corte regia.

Mas el Bautista con secas y cortadas respuestas, les fue paso a paso respondiendo y confundiendo, sin decirles ni más ni menos que lo que le preguntaban.

Entonces los enviados de los fariseos, para llevar alguna respuesta más satisfactoria y completo informe de lo que se les había encargado, pasaron a otro punto y le dijeron:

«"¿Cómo, pues, bautizas, si tú no eres ni el Cristo, ni Elías, ni el Profeta?" Y respondió Juan, diciendo: "Yo bautizo en agua, pero en medio de vosotros está ya uno a quien vosotros no conocéis. Ése es el que había de venir en pos de mí, el cual fue engendrado antes que yo: a quien yo no soy digno de soltar la correa de su sandalia".»

Es decir: yo bautizo en agua porque soy enviado del que ha de venir en pos de mí, pero que ya existía antes que yo. Éste me ha enviado a bautizar con agua, pero ya Él ha de venir a bautizar en Espíritu Santo; o mejor, ya ha venido, y ha estado en medio de vosotros, aunque vosotros no le habéis conocido. Y es tan superior a mí, para que veáis que no soy yo el Cristo, que no soy digno ni de servirle como los esclavos, que a sus amos, cuando entran en la sinagoga o en su casa, les sueltan las correas de las sandalias.

V. VIDA PÚBLICA. EL CORDERO DE DIOS

53. EL CORDERO DE DIOS (Jn 1, 29-34)

Todo esto sucedía en Betania, la que estaba más allá del Jordán, según parece, unos quince kilómetros sobre el mar Muerto y veinte al Este del monte de la Cuarentena, donde solía bautizar Juan, no en la otra Betania que está próxima a Jerusalén, donde Jesús había de resucitar a Lázaro, Y sucedía cuando Jesús, vencedor ya de las tentaciones del diablo y terminada su penitencia, bajaba por la precipitada y abrupta pendiente del monte de la Cuarentena. Bajaba con intención de volver a Galilea, y entre varios caminos escogió uno de los mejores, el que tal vez había traído, que tocaba al Jordán por aquella Betania *(casa de la barca)* en que Juan estaba bautizando.

Y partida ya la comisión de Jerusalén, estaba el Bautista con sus discípulos, tal vez haciendo comentarios sobre lo que el día anterior le habían preguntado los judíos, y explicando más y más lo que era el objeto de sus predicaciones, y cómo él no era Cristo; cómo Éste era mucho más santo y digno que él; cómo había de redimir al mundo; cómo ya había estado en medio de ellos, pero que ellos no le habían conocido..., cuando he aquí que de repente aparece Jesús a lo lejos y se viene acercando a ellos de la parte del monte de la Cuarentena.

Entonces Juan, apenas le vio, señalándole con el dedo, dijo:

«He ahí el Cordero de Dios, he ahí el que quita el pecado del mundo. Ése, Ése es aquel de quien os estaba diciendo: En pos de mí viene un varón que ha sido engendrado antes de mí, porque existía antes que yo. Y yo no le conocía, pero precisamente para que fuese manifestado a Israel, por eso he venido yo bautizando con agua.»

Le llama Cordero de Dios, porque tenía Juan verdadero conocimiento de la misión de Jesús, y sabía, por revelación divina, que Aquél, más que a vestirse de gloria mundana y obtener victorias de armas y derramar sangre de conquistas, como creía el pueblo material de los judíos, venía a triunfar del pecado, a destruirlo, siendo víctima sacrificada por el pecado, verdadero cordero pascual, puesto que los corderos que en la pascua de Yahvé se sacrificaban, no eran sino una figura de otro Cordero de inestimable e infinito valor, en cuya sangre nos habíamos de lavar nuestra vestidura todos los que esperamos entrar en el cielo con la veste de la gracia limpia de tantos pecados como hemos cometido, y que sólo con esta sangre pueden lavarse. Éste y no los otros era el Cordero que quita los pecados, que se los carga sobre sí, que los lleva en sus candidísimas vedijas al sacrificio, que los destruye consigo y con su muerte, para que nosotros, por Él liberados, aparezcamos inocentes y nos salvemos.

Y para confirmar lo que decía, dio San Juan su testimonio, diciendo: «Yo vi al Espíritu bajar como paloma del cielo, y se posó sobre Él. Y yo no le conocía; mas el que me envió a bautizar en agua, me dijo: Aquel sobre quien veas descender el Espíritu y posarse en Él, Ése es el que bautiza en el Espíritu Santo: yo vi y di testimonio de que Ése es el Hijo de Dios».

Hermosísimo testimonio, en el cual el Bautista nos dice que Jesús es el Cristo, que es la víctima de nuestras culpas y destinada al sacrificio, que es el autor de un bautismo superior al suyo, y verdadera regeneración y santificación del hombre mediante el Espíritu Santo, y en fin, Hijo de Dios. No se dieron cuenta todavía los discípulos y oyentes de Juan de la profunda doctrina que les explicaba, pero el Precursor ponía claramente desde el principio y antes de la predicación de Jesús los fundamentos de todo el Evangelio y designaba netamente las cualidades del Mesías que se presentaba ya al mundo.

54. LOS PRIMEROS DISCÍPULOS (Jn 1, 35-51)

Debió de pasar Jesús del lago sin detenerse a hablar con Juan, con quien habló poquísimo, y tal vez sólo cuando fue a ser bautizado, al menos que sepamos nosotros. Quizá lo ordenaba así la providencia de Dios, para que no se pudiese decir que estaban confabulados y convenidos para engañar al pueblo y obtener el gobierno y la autoridad.

Acaso Jesús había pasado aquella noche, como después algunas otras, retirado en el campo, en una de las grutas que por allá abundan, y donde el Bautista y sus discípulos y otros que venían a hacer penitencia pasaban dedicados a ella días y noches.

Y al día siguiente, a cosa de las diez, que en la manera de contar de los judíos es a las cuatro, estaba el Bautista con dos de sus discípulos en el campo de Betania. Uno de estos dos era Andrés, y otro, aunque el evangelista no se nombra a sí mismo, era el mismo Juan Zebedeo, que nos refiere lo que vio y lo que con él mismo pasó aquella tarde de su vocación, para él de indeleble memoria y dulcísimo recuerdo.

Estaban los tres juntos, y es muy fácil que estuviesen comentando el suceso del día anterior, y hablando del Cordero de Dios que habían visto, y de su presencia, de sus atractivos, de lo que sucedió en el bautismo, de su patria y padres y otras cosas, puesto que es indudable que la palabra del día anterior de San Juan debió conmover profundamente al auditorio y sobre todo a sus discípulos.

Y estando así los tres juntos, de nuevo pasó Jesús ante su vista, y dijo Juan: «¡Ahí va el Cordero de Dios!»

Esta vez los dos discípulos que le oyeron, tomando, sin duda, consejo y aprobación de Juan, su Maestro, se levantaron y siguieron a Jesús. Se volvió Jesús, y viendo que le seguían, les dijo:

«¿Qué buscáis?» Y ellos le respondieron: «*Rabbi* (que significa Maestro), ¿dónde vives?» Y les dijo: «Venid y veréis».

Fueron, vieron dónde vivía y se quedaron con Él aquel día. El sitio donde vivía en aquel desierto, no podía menos de ser una hendidura, una grieta de alguna peña, o tal vez alguna choza de ramas, sin más cama ni alfombra que la hierba y el manto que tendería Jesús para reclinarse en el suelo.

Lo que allí hablaron, lo que ellos preguntaron y escucharon, la afabilidad con que trató Jesucristo a los que habían de ser discípulos distinguidos suyos, y el uno el discípulo amado de aquel nuevo y extraordinario Maestro, no nos lo dice San Juan, pero es cierto que quedaron prendados de Jesús y convencidos ya, por su trato y experiencia, de que Él era el Mesías.

Tanto, que uno de ellos, San Andrés, no pudo contenerse, y al día siguiente fue a su hermano, que era Simón, y le dijo:

«Hemos hallado al Mesías». Y le llevó a Jesús. Fijó en él Jesús su mirada y le dijo:

«Tú eres Simón, hijo de Joná; tú te llamarás *Cefas* (que quiere decir Pedro)».

No sólo adivinó el nombre, si es que no se lo dijo Andrés al prrsentárselo, sino que le profetizó lo que sería, lo que le había de hacer en su Iglesia, y cómo se llamaría Cefas, Piedra o Pedro, porque sería la piedra fundamental de su Iglesia.

Ya tenía tres jóvenes afiliados a su escuela: Juan, Andrés y Pedro. Y aun creen algunos que lo que hizo Andrés *primero* (como lo nota San Juan) con su hermano Simón, lo hizo también Juan con su hermano Santiago.

«Al otro día determinó Jesús salir para Galilea», y siguiendo por el Jordán arriba, encontró ya en la entrada de su provincia a Felipe, natural de Betsaida, villa situada a las orillas occidentales de lago de Tiberíades, patria de Andrés y Pedro.

«Le dijo Jesús: Sígueme.»

Y le explicó por qué y para qué y quién Él era y sus designios, si ya como amigo y paisano no le explicaron todo esto, según lo habían oído de Juan, los otros discípulos que con Jesús venían, y le invitaron a que se les juntase y con ellos siguiese a Jesús.

Es notable el proselitismo y celo que en estos discípulos se excitaba desde el primer momento, y el entusiasmo y simpatía ardiente que por su Maestro desde los primeros días experimentaban. Aquel que había de atraerse a sí tantos corazones de toda la tierra, empezaba a apoderarse de ellos.

Felipe, en cuanto conoció y se afilió a Jesús, se acordó en seguida de su amigo Natanael, y apenas lo encontró, le dijo:

«A aquel de quien escribió Moisés en la Ley y los Profetas, le hemos hallado; es Jesús, el Hijo de José, Nazareno.»

Felipe hablaba de Jesús, según lo que de Él se sabía de público.

Debía de ser Natanael hombre distinguido y docto, y no sabiendo que hubiese ninguna profecía de Nazaret, dijo a su amigo: "¿Nazareno? ¿Puede salir de Nazaret cosa buena?" Y le dijo Felipe: "Ven y verás". Y cuando Natanael venía, le vio Jesús y dijo: "Aquí viene un verdadero israelita en el cual no hay falsía". "¿De dónde me conoces?", le dijo Natanael. "Antes que te llamase Felipe –le dijo Jesús– te he visto cuando estabas bajo la higuera"».

Debió de haber en estas palabras de Jesús alguna alusión a algún hecho secreto de Natanael. Quizá este sitio de la higuera era oculto y cerrado, y allí, recogido Natanael, estuvo orando o haciendo alguna cosa buena, suponiendo que nadie podía verle. Ello es que Natanael cayó en la cuenta de la alusión, porque al oír estas palabras del Señor, dijo estupefacto:

«"*Rabbi* (Maestro), ¡tú eres el Hijo de Dios, tú eres el Rey de Israel!"... Respondió Jesús y dijo: "Porque te he dicho: Te he visto bajo la higuera ¿crees?, ya verás cosas mayores". Y añadió (dirigiéndose a todos): "En verdad, en verdad os digo, que veréis el cielo abierto y los ángeles de Dios subiendo y bajando sobre el Hijo del hombre".»

Aquí por primera vez en el Evangelio Jesús se llama a sí mismo *Hijo del hombre*. De este modo solía Él llamarse de ordinario: ocasión tendremos más adelante de explicar el porqué de este misterioso nombre, y la razón de que Jesús, siendo Cristo y viniendo a probar que Él era Cristo y exigiendo que por Cristo y por Mesías se le tuviese, nunca, sin embargo, se diese Él a sí mismo este nombre de Cristo, sino más bien otros nombres, y muy singularmente el de Hijo del hombre.

Tampoco parece que Natanael, al llamar aquí *Hijo de Dios* a Jesucristo, entendiese este nombre como después lo entendió y lo entendieron todos los discípulos, sino en el sentido de que como Mesías era un varón muy estimado de Dios, y por tanto, hijo de Dios por gracia especial y eminente, sí, y superior a la de los ángeles y demás hombres como se creía del Mesías, pero no Hijo de Dios por naturaleza. No tenía aún Natanael bastante revelación ni ciencia para saber que Jesucristo era verdadero Hijo de Dios por naturaleza, como después la tuvo.

En fin, conviene advertir que este Natanael es, según parece, el mismo que en el evangelio de San Juan es llamado Natanael, pero que en los Evangelios sinópticos es conocido con el otro nombre de Bartolomé, Bar-Tolmai, hijo de Tolmai. Y advertimos a los lectores, de una vez para siempre, que en el lenguaje teológico se llaman sinópticos los Evangelios de San Mateo, San Marcos y San Lucas, por razones que también en otro sitio quizá explicaremos.

Con estos discípulos entró el Salvador, bien distinto de como había salido, en su provincia de Galilea.

Muchos fueron los que le vieron, los que tal vez se sintieron llamados, los que acaso debieron seguirle.

Sólo cinco, o seis si acaso, los que sabemos que le siguieron. Pero ya el Carpintero de Nazaret empieza a ser el Maestro de Israel.

55. LAS BODAS DE CANÁ (Jn 2, 1-11)

Salió Jesús de Judea después de haber llamado a Felipe, y volvía a Nazaret, no ya como había salido, simple carpintero de Nazaret, como uno de tantos de su pueblo, sino seguido de sus discípulos, cinco o seis por lo menos, y rodeado de luciente aureola de dignidad por los sucesos del Jordán y testimonio del Bautista y aun anunciado como Mesías, pues no es creíble que los discípulos, con el celo y entusiasmo que desde el principio tenían, así como habían hablado entre sí, no hablasen con otros de un caso tan esperado en todo el pueblo.

Cuando llegó a su tierra, al tercer día de haber caminado, no estaba su madre en Nazaret, sino en Caná de Galilea, adonde había sido invitada para unas bodas que allí se celebraron, de parientes o amigos de la familia de Jesús. Fue también invitado Jesús y con Él sus discípulos, de donde se ve que ya la gente estaba enterada de la nueva posición de maestro de Israel que tomaba el carpintero.

No era Jesús huraño ni mucho menos, ni se negaba a cumplir con las cortesías sociales, ni a participar de los santos y honestos regocijos de familia. Quería además santificar con su presencia el matrimonio, la alegría doméstica, los puros goces de la amistad, y el buen humor de las fiestas de la vida, y por eso fue entonces a las bodas el que también después asistió a no pocos banquetes de gente que le invitaba. Entonces, como siempre, nos dio ejemplo de aquello que decía San Pablo, su discípulo: *Omnibus omnia factus sum,* «me hago todo a todos». San Pablo lo hacía *ut Christo lucrifaciam,* por ganar a otros para Cristo; Jesús lo hacía por ganarlos para su Padre y para sí mismo.

Siguió, pues, adelante desde Nazaret hasta Caná por el risueño camino de una legua que conduce a la pobre, pero simpática aldea, patria de uno de los discípulos, Natanael, y, regularmente, pasando junto a la única fuente que hay en la aldea, llegó a casa de los novios y asistió a todas las ceremonias.

Ya en el banquete, fuese porque la familia de las bodas no era de las acomodadas, fuese por la improvisada venida de tantos huéspedes más, Jesús y sus discípulos, fuese por otra causa cualquiera, el caso es que empezó a escasear el vino.

Bochornosa iba a ser la situación de los esposos, porque los orientales sobre todo, se precian en sus banquetes de mucho lujo y gasto de licores, vinos, perfumes, esencias y festejos. Y si se hubiera notado esta falta hubiera sido muy grande la vergüenza.

Suelen en estos casos las mujeres darse muy pronto cuenta de todo, y más si, como María en aquella casa, son de confianza y atienden a que se cumpla con todos de parte de los esposos. Y sea por algún aviso que recibió, sea por la perplejidad y embarazo que advirtió en los sirvientes, sea, en fin, por su natural perspicacia y suma delicadeza, o porque, comiendo entre las mujeres aparte, le fue fácil enterarse, de lo que pasaba, apenas empezó a faltar el vino lo notó en seguida, y más solícita ella que todos, se acercó con disimulo a su Hijo y le dijo estas sencillas palabras:

«"No tienen vino". Le dijo Jesús: "¿Qué tengo yo que ver contigo, mujer? Aún no ha venido mi hora".»

También puede entenderse en este sentido: «Qué a ti y a mí (en este caso), mujer». Pero regularmente Jesús le hablaría en el otro.

V. VIDA PÚBLICA. LAS BODAS DE CANÁ

De suyo estas frases eran harto ásperas. La expresión hebrea de que usaría el Señor *ma-li-valak*, literalmente es la de quien se cree molestado por otro y quiere desligarse de él. No me molestes, déjame en paz, no te metas en mis cosas.

La Virgen, según se ve en el contexto, le pedía un milagro. Ahora bien, Jesús, así como en lo común de la vida estaba sujeto a María, pero en cuanto tocaba a su misión de Mesías, ya les dijo en el Templo que Él no había de atender sino a la voluntad de su Eterno Padre. Y como los milagros Jesús no quería hacerlos sino en cuanto Mesías, y para los fines de Mesías, y no por lazos de carne y sangre, por eso le dijo esto a su Madre, como quien dice: ¿qué eres tú para pedirme ahora milagros? Los milagros no los he de hacer yo cuando tú quieras, porque en cuanto Mesías no tengo yo que obedecerte, sino cuando quiera mi Padre celestial.

Y añadió en confirmación de esto: «Aún no ha venido mi hora». Es decir, aún no ha comenzado esa época de mi vida en que tendré que hacer muchos milagros. Todavía no es hora de hacerlos. Déjame en paz.

Ya sabía la Virgen que Jesús no haría milagros en su vida privada, y aún no le había visto hacer ninguno. También sabía que Jesús en su vida pública los haría y muy grandes. No puede dudarse que de esto estaría por el mismo Jesucristo bien enterada. Pero veía que esta época de la vida pública empezaba ya. Y aunque Jesús no había hecho aún ningún milagro, se animó a pedirle que comenzase, desde luego, a hacerlos con esta ocasión.

Pero si la respuesta de Jesús en sus palabras fue dura, debió de salir con el gesto y tono filial, propio de quien niega con las palabras y accede con las obras, como suelen muchas veces los hijos, los padres y los amigos negar de palabra las cosas, pero de tal modo, que se ve que realmente las conceden. Así debió de ser, porque su Madre no dudó un momento, y llamando al punto a los sirvientes, o acercándose a ellos, les dijo: «Haced todo lo que Él os diga».

En efecto, muy pronto los llamó Jesús y les dijo: «Llenad esas vasijas de agua».

Había allí seis vasijas de piedra puestas para las purificaciones estiladas en los convites de los judíos, que, como los lavatorios eran muchos, de pies, de manos, de vajilla, debían caber mucho. Aquéllas cabían cada una dos o tres metretas. Y como cada metreta tiene cerca de 40 litros, cabían más de cien en cada vasija, y en las seis unos 600 litros. Estaban entonces harto vacías, pues habían precedido muchas purificaciones, y Jesús mandó llenarlas.

Más fácil era hallar agua que vino, y trayéndola de la única fuente de la aldea «las llenaron, dice el Evangelio, hasta arriba. "Sacad ahora –les dijo– y llevad eso al maestresala"».

Este nombre tenía el que dirigía todo el servicio del convite. Así lo hicieron. Lo llevaron al maestresala. Probó éste el agua hecha vino, que no sabía de dónde lo habían sacado, aunque los ministros que lo habían sacado lo sabían muy bien. Y gustó tanto y pareció tan exquisito el vino al maestresala, que se dirigió al esposo, y delante de todos le dijo con mucha gracia: «"Todo hombre pone vino bueno al principio, y cuando ya se han hartado saca el peor, y tú has guardado el buen vino hasta ahora". Este es el principio que dio Jesús a los milagros de Caná de Galilea, y manifestó así su gloria y creyeron en Él sus discípulos».

Así concluyó San Juan la narración de este hecho en que estuvo presente, y que nos describe con tantas señales como testigo de vista.

No acabaremos nosotros sin recordar que, según se desprende claramente de la narración, no había de haber hecho Jesús este milagro si la Virgen no se lo hubiera pedido. Ella fue la que llevó a Jesús al banquete, ella la que advirtió desde el principio la falta, ella la que rogó al Hijo y la que le comprendió como Madre al punto, ella, en fin, la que al amanecer de la vida pública de Jesús, cuando aún no había llegado su hora, se la hizo acelerar, y mandó salir el sol de los milagros en favor de sus amigos.

Ella nos convide a las bodas de su Hijo, y no permita que nos falte jamás el dulcísimo vino de la gracia.

56. EN CAFARNAÚN (Jn 2, 12-13)

Ya estaba corrido el velo. Si después de los testimonios de Juan, y del imperio con que se hizo seguir de sus discípulos, y se mostró conocedor de corazones y dueño de voluntades, quedaba alguna duda, el milagro de Caná, tan patente y fácil de comprobarse, demostraba plenamente que el Hijo del Carpintero era algo más y traía al mundo una misión mucho más elevada que arreglar puertas y ventanas y remendar carros y yugos.

Por eso dice muy bien San Juan, que en este primer milagro «manifestó Jesús su gloria y creyeron en Él sus discípulos». Los cuales ya antes, sin duda, habían creído, pero entonces habían acabado de creer del todo, sin vacilación en la misión y autoridad sobrenatural de Jesucristo.

Ya no volvió Jesús entonces a Nazaret, sino que, rodeado de discípulos convencidos y resueltos, se dirigió a la que había de ser centro de su apostolado en Galilea, a Cafarnaún, situada a la orilla Noroeste del mar de Genesaret. Diremos de ella más tarde, cuando describamos este lago, que no tiene tantas olas como vio milagros del Mesías. Por ahora Jesús no se detuvo allí mucho tiempo. Bajó desde Caná a Cafarnaún y le acompañaron no sólo sus discípulos, sino también su madre y sus hermanos, es decir, varios de sus primos y parientes, según explicamos esta palabra de hermanos en otro sitio.

Salía ya a manifestarse como enviado de Dios al mundo, a presentarse como el Mesías, como el Cristo, como el Profeta, como el Hijo de David, como el Hijo de Dios, en una palabra, como aquel gran personaje que todos entonces estaban ansiosamente esperando, y al que Juan había ya preparado el camino, y de quien el Bautista había ya terminantemente dicho que estaba entre ellos, pero que no le habían conocido. Ahora salía a que le reconociesen todos.

Y como Nazaret estaba muy retirada, salió de su segunda patria, y eligió con todo intento los sitios más frecuentados. Éstos eran Cafarnaún en Galilea y Jerusalén en Judea y en toda Palestina. Por eso los primeros pasos después del milagro de Caná fueron estos dos centros futuros de su apostolado, y al principio una corta estancia en los dos para dar, como quien dice, el pregón y la voz de alerta de que ya estaba allí, y llamar la atención de todo el pueblo de Israel del Sur y del Norte.

Para eso es la luz, como el mismo Mesías dijo después a sus apóstoles. No se la esconde bajo el celemín, sino que se la pone sobre el candelabro.

En Cafarnaún, probablemente, aunque no nos lo dice el Evangelio, iría a vivir en casa de Pedro, que estaba casado y tenía allí su mujer y parientes, o quizá el mismo Jesús tenía en esta ciudad algunos primos. Tampoco nos cuenta el Evangelio si esta vez predicó e hizo algún milagro. Pero también se puede creer que predicó y realizó algunas maravillas, pues, después, cuando vino de Jerusalén a Nazaret, le decían sus paisanos:

«Vamos, las cosas que hemos oído que has hecho en Cafarnaún hazlas aquí en tu patria.»

De todos modos, pronto salió de Cafarnaún. Y se dirigió a Jerusalén.

Era esto hacia el mes de abril o marzo, y se acercaba la Pascua, la fiesta más solemne en Jerusalén, a la cual debían acudir todos los varones israelitas que no estuviesen legítimamente impedidos. Jesús asistió a ella la primera vez a los doce años, cuando se quedó en el templo, y de seguro que, según la obediencia y piedad con que se procedía en la Sagrada Familia, subió todos los años siguientes desde entonces. Pero fuera de aquel fulgor pasajero de sabiduría con que deslumbró a los doce años a los doctores, no había hecho de sí ninguna otra manifestación. Mas ya la iba a dar, y muy clara y resuelta. Se provechó de la ocasión de la Pascua, y unido a los muchísimos que de todas partes se dirigían a la capital, subió allá rodeado de sus discípulos.

VI

PRIMER AÑO DEL APOSTOLADO DE JESUCRISTO
(27-28)

57. LA PASCUA EN JERUSALÉN (Jn 2, 13)

Cuando llegó Jesús a la capital del pueblo de Dios, a la Jerusalén Santa, venerable y adorada de todos los israelitas, no era ya un desconocido. Precedíale ya y le acompañaba la fama. Muchos le conocían, además del testimonio que de Él en tantas ocasiones había dado el Bautista, los discípulos que venían con Él y sabían el milagro de Caná y los que hizo en los cortos días que pasó en Cafarnaún, los contarían sin rebozo y con entusiasmo por todas partes.

El pueblo que, ansioso, hacía mucho, de ver al Mesías, le estaba buscando por todas partes, comenzó a fijar sus ojos en Jesús, que se presentaba como *Rabbi* rodeado de los suyos, escuchaba el testimonio de sus discípulos y la narración maravillosa, de los milagros que habían visto, y movido poderosamente con todo esto, fue poco a poco agrupándose en torno del Nazareno, que se presentaba francamente como legado de Dios, como maestro de Israel, como Mesías, y enseñaba sin disimulo y lleno de autoridad una doctrina distinta de la que otros maestros enseñaban y con una fuerza y confianza superior a la de todos ellos.

Y parece que desde los primeros días debió de hacer algunos milagros, así se puede conjeturar por algunos rasgos del Evangelio.

La ocasión de mostrarse era magnífica. Habría entonces en Jerusalén millares de hombres entre los naturales y los peregrinos que se aglomeraban para la Pascua. Los más eran venidos de fuera, de los pueblos y aldeas, y muchísimos, sin duda, de Galilea, donde era más conocido Jesús. Las fiestas eran de las más solemnes de la religión. Los espíritus durante aquellos días casi no se preocupaban de otra cosa que de asuntos religiosos: del culto, del sacrificio, de las esperanzas mesiánicas, de lo que decía el Bautista, de que ya había venido el Cristo. Así, pues, Jesucristo llamó poderosamente a sí la atención de todos desde el momento en que se dijo con fundamento que se daba a sí mismo como el Mesías, y mucho más desde que oyeron sus milagros.

58. ARROJA A LOS PROFANADORES DEL TEMPLO
(Jn 2, 14-25)

Y después de haber ya hablado varias veces ante el pueblo, un día se dirigió al templo.

Era éste en aquellas fiestas el centro de las idas y venidas y de todas las atenciones de los israelitas congregados para adorar a Dios. Entonces era magnífico. Cuando, recién venido del cautiverio, lo erigía Zorobabel, pobre y modesto, lloraban los ancianos que habían conocido el de Salomón, recordando la diferencia que de aquél a éste había. Pero estos mismos ancianos hubieran tal vez llorado de alegría si hubiesen visto la magnificencia con que en este tiempo, restaurado y enriquecido de pórticos por Herodes, se presentaba a la vista. Josefo, después de darnos una preciosa descripción de la ciudad y del templo, al hablar de éste, dice entre otras cosas: «Nada se descubría en su aspecto exterior que no excitase la admiración del espíritu y de los ojos. Porque estaba por todas partes cubierto de gruesas láminas de oro, tal que a la salida del sol lanzaba un esplendor como de fuego, y obligaba con sus rayos solares a retirar la vista de los que tenían que mirarlo. Y a los que venían de fuera peregrinos, desde lejos se les presentaba como una montaña de nieve, porque donde no estaba cubierto de oro lo estaba de blanquísimo mármol. El tejado estaba erizado de pinchos de oro agudísimos, para que no se posasen en él las aves y lo manchasen».

Su forma era completamente distinta de nuestros templos. Podremos tener una idea aproximada por las restauraciones ideales que ofrecemos.

Salomón, con los materiales recogidos por su padre David, lo construyó por primera vez. Para ello, sobre la roca del Moria en Jerusalén, terraplenó una gran explanada, sobre la que había de asentarse el templo. Y sobre ella construyó una verdadera maravilla de arte, y sobre todo, de riqueza.

VI. PRIMER AÑO. ARROJA A LOS PROFANADORES DEL TEMPLO

Este templo fue destruido por los babilonios. Pero lo reedificó, después de la cautividad, Zorobabel, si bien mucho más pobremente; y, lo que era más triste, sin poder poner ya en el templo el Arca de la Alianza, que aunque Jeremías la había salvado y ocultado, no se pudo encontrar después.

Este templo, que tenía promesa de Dios por Ageo de que en él estaría el Mesías, fue conservado, con más o menos vicisitudes, hasta que Herodes el Grande se propuso embellecerlo a toda costa. En este año en que estamos ya, lo que era propiamente el Santuario estaba restaurado por levitas y sacerdotes expresamente instruidos para ello. También estaban restaurados ya los atrios; pero aún se trabajaba en el decorado exterior y en las dependencias.

La explanada del Santuario, sólidamente afianzada en la roca, era muy amplia, y, elevada sobre la colina, tenía una situación y una vista admirables.

Constaba todo de un conjunto de atrios y edificios, en medio de los cuales estaba el más importante, el templo, propiamente hablando, que contenía el Santo y el Santísimo o *Sancta Sanctorum*. Ante él estaban el atrio de los sacerdotes con el altar, el atrio de los israelitas y el atrio de las mujeres; y todo este conjunto estaba rodeado del atrio de los gentiles.

El atrio de los gentiles o atrio exterior (A) era un inmenso recinto, rodeado de galerías, que comunicaba con la ciudad por ocho puertas: tres al Occidente, de las cuales dos (10 y 11) daban a puentes que pasaban sobre el vallecito del Tiropeón (12); tres al Sur hacia la ciudad antigua; una al Norte de poca importancia, y otra, la magnífica Puerta Dorada (5), que mira al monte Olivete. Los pórticos que rodeaban este atrio eran magníficos: al Sur el *Pórtico Real* (7), de 185 metros, con cuatro líneas de 41 columnas cada uno; de él decía Josefo que era «la obra más notable de cuantas ha visto el sol». El *Pórtico de Salomón* (4) al Este, no tan espléndido, era más largo y muy hermoso. Al Norte y al Oeste formaban cuadrilátero otros dos pórticos (16 y 17) más sencillos.

En este atrio podían entrar aun los gentiles, y en él hizo Jesús muchas de sus predicaciones y milagros.

Dentro de este atrio y ocupando la mitad de él se elevaba una explanada (14) por catorce gradas sobre las cuales (15) había una balaustrada de piedra de 1,35 metros de alta, con trece entradas, cada una de las cuales tenía una inscripción que decía: «Ningún extranjero penetre dentro de esta valla que rodea el templo ni en el interior de este

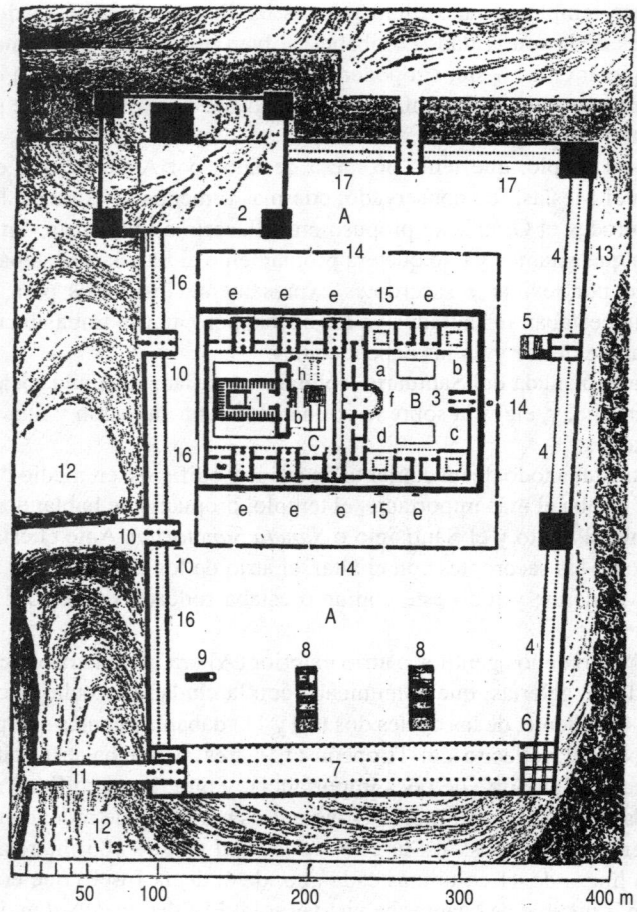

Plano del Templo según M. Vogüé

recinto; el que lo hiciere morirá». No podían, pues, los gentiles pasar adelante. Esta terraza, elevada unos 8 metros sobre el nivel del atrio exterior, estaba cerrada por una serie rectangular de edificaciones. Por la parte de Oriente daba entrada una puerta de bronce que (3), por serlo, se llamaba la *Puerta Bella* o *Especiosa,* y tenía 13,50 metros de altura y unos 7 de anchura; por ella se entraba al primer atrio (B), llamado *atrio de las Mujeres,* cuadrado, de 60,75 metros de largo y de ancho, rodeado de galerías y dependencias (a b c d) del templo. A este atrio podían entrar todos los israelitas, y se llamaba de las mujeres porque éstas no podían pasar adelante.

Al lado opuesto de la puerta Especiosa, frente a ella, estaba otra (f) llamada *Puerta de Nicanor,* más rica todavía que la Especiosa, alta de 22 metros y ancha de 18, a la cual se subía por quince gradas semicirculares. A esta puerta salían los sacerdotes a recibir a los primogénitos;

El Templo de Herodes, según una reconstrucción del siglo XIX

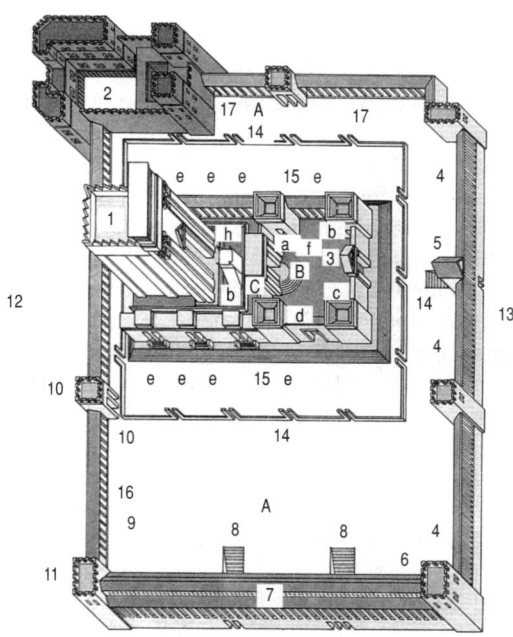

y, sin duda, era de propósito tan ancha para que todos pudiesen presenciar los actos interiores.

Porque ya el atrio siguiente (C) desde la puerta de Nicanor pertenecía a los sacerdotes; los hombres, sin embargo, podían entrar en la primera zona junto a la puerta, de unos 6 metros; pero no más; todo el resto elevado todavía 1,35 metros sobre el de los israelitas, estaba reservado a los sacerdotes y levitas, al altar y a lo necesario para los sacrificios. Estaba rodeado por el Norte, Este y Sur de cámaras y dependencias para el servicio del templo, y en medio (C) tenía el altar de los holocaustos, macizo construido en piedra, de 14 metros de ancho y de largo, y 4,50 de alto. Subíase a él por una rampa de 14 metros, y tenía en el centro una enorme parrilla sobre la que se quemaban los holocaustos.

Al fondo de este atrio último venía, por fin, el Santuario propiamente dicho (1).

Este Santuario era la principal de las construcciones del templo. Constaba de un edificio muy alto, de 45 metros de largo, que contenía: un vestíbulo, detrás del vestíbulo una sala que se llamaba *Santo,* y tras ella otra que se llamaba *Santísimo,* o en el modo hebreo de hablar, Santo de los Santos, *Sancta Sanctorum.*

Una gran puerta de 31,50 metros de alto por 11,25 de ancho daba entrada al *vestíbulo,* que tenía a uno y otro lado torres elevadas y grandiosas (hh). Esta vasta apertura estaba decorada con la famosa viña de oro, imagen de Israel. En este vestíbulo había dos mesas, una de mármol para recibir los panes que habían de meterse en el Santo, y otra de oro para recibir los que se sacaban.

Tras el vestíbulo venía el *Santo.* Su entrada era de 24,75 metros de alto y de 7,72 de ancho. Y tenía una puerta de cuatro hojas, que de día estaban abiertas, por lo cual había delante un precioso velo bordado de hilos de distintos colores. Este Santo medía 9 metros de ancho por 18 de largo y 27 de alto, y tenía al Sur el insigne candelabro de siete brazos; al Norte, la mesa de los panes de proposición, que se renovaban de ocho en ocho días; en medio, el altar del incienso, que, compuesto de trece clases de perfumes, se ofrecía dos veces, cada día, a la hora del sacrificio matutino y del vespertino, por el sacerdote a quien tocaba el turno.

Detrás del Santo, venía, por fin, el *Santísimo,* lo más augusto y santo del templo. En su entrada, separándolo del Santo, había un velo doble suspendido de alto a bajo, separado entre sí 45 centímetros. Esta sala era perfectamente cúbica, de 9 metros de ancho, de largo y de alto, oscura del todo, y completamente vacía. Únicamente había una losa que se realzaba sobre el suelo 6 centímetros, señalando el sitio en que antiguamente había estado el Arca de la Alianza.

Como se ve, los recintos, tanto del Santo como del Santísimo, eran muy reducidos. Porque no habían de servir como los nuestros para asambleas y reuniones del pueblo. Éste se congregaba fuera, en

VI. PRIMER AÑO. ARROJA A LOS PROFANADORES DEL TEMPLO

los atrios, ante el Santuario. En el Santuario sólo entraba el sacerdote señalado para poner incienso. En el Santísimo sólo entraba el Sumo Sacerdote y éste únicamente una vez al año, en el día solemne de la expiación, para allí hacer una breve oración por el pueblo.

Tal era el único templo de los israelitas en tiempos de Jesucristo; amplísimo, santísimo y magnífico. ¡De cuántas maravillas fue testigo! ¡Y qué preciosa doctrina se predicó en aquellos atrios!

Muchísimos eran los sacrificios que siempre, pero sobre todo estos días, ofrecían en el templo a Yahvé los peregrinos. Miles de reses se sacrificaban y ofrecían al Señor durante la Pascua en el altar del holocausto, el cual, por tanto, tenía que ser bien amplio. A la faena de sacrificar las reses y abrasarlas estaba dedicado, con perfectísimo orden, un gran número de levitas, que tenían muchísimo que hacer en aquellos días.

Siendo tantos los sacrificios en la Pascua, era también menester muchísimas víctimas, y esto daba ocasión a un tráfico, especie de feria de ganado, en que se vendían reses de todas clases, bueyes, terneros, cabritos, ovejas, palomas, para los ricos y para los pobres.

Al propio tiempo era preciso entonces dar para el templo y depositar en uno de los trece cepillos llamados *trompetas* por la forma que presentaban, destinados a recogerla, la ofrenda anual del *medio siclo* (moneda equivalente a 1,80 pesetas), que debía pagar todo israelita. Pero como no se permitía ofrecer monedas profanas, sino judías, viniendo los más de regiones en las que corría ordinariamente la moneda griega y romana, érales preciso cambiar el dinero, y para ello, al lado de los que vendían el ganado, se instalaban los cambistas, dispuestos a cambiar, sea siclos por moneda corriente, sea moneda romana y griega por siclos. Lo cual hacían con el lucro de cinco por ciento, cuando menos.

Al principio, los mercaderes y cambistas debieron de colocarse en las afueras del templo. Pero en tiempo de Jesucristo, consintiéndolo, según parece, los sacerdotes, a cambio de algún lucro que ellos mismos reportarían, y acaso porque no pocos de los negociantes lo hacían en su nombre y eran sus amigos y parientes, todo este comercio se instaló en el templo; el cual con esto, veinte días antes de empezar la Pascua, convertíase en revuelta y alborotada feria, y rebosaba en profanaciones mercantiles, y tal vez en otra especie más indigna de contratos y abominaciones, según dicen algunos autores.

Fue, pues, Jesús al templo, cuando comenzaba la Pascua, y vio aquel inmenso abuso y profanación inveterada, que convertía la casa de oración de su Padre en casa de feria y de moneda: «vendedores de bueyes, de ovejas y palomas, y cambistas sentados» en sus mesas.

Ya lo venía viendo desde los doce años, y no lo vio una vez sin que el celo de la gloria de su Padre le encendiese el corazón. Pero aún no había llegado su hora, y callaba y sufría hasta que llegase.

Llegaba entonces. Ya no era el sencillo carpintero de Nazaret; ya era el legado de Dios. Era el profetizado por Malaquías cuando dijo: «¿Quién resistirá el día de su venida? ¿Quién quedará de pie cuando él aparezca? Porque será como el fuego del fundidor y como la lejía de los lavaderos. Se sentará a fundir y purificar la plata, purificará a los levitas y los depurará como se depura al oro y a la plata, y tendrá Yahvé hombres que le presenten ofrendas santas» (3, 2-3).

Allí estaba. Lleno de santa indignación, con reposada y calculada ira, tomó algunos ramales de bestias, hizo con ellos un azote, y blandiendo amenazador e imponente, «arrojó a todos del templo, y luego las ovejas y los bueyes, y echó a rodar las monedas de los cambistas, y volcó sus mesas. Y dijo a los que vendían palomas: Quitad eso de aquí, y no os atreváis a hacer la casa de mi Padre casa de tráfico».

Nadie se resistió, nadie se atrevió a decirle nada. En su presencia y enterezza se debía de reflejar algo superior, sublime, inusitado, propio no sólo de quien tiene razón, sino de quien tiene suma autoridad. No era la primera vez que les hablaba en nombre de aquel a quien llamaba su Padre, y ya en sus predicaciones anteriores se había dado a conocer como hijo de Yahvé, cuya casa era el templo. ¿Quién se había de atrever a oponerse a aquel que a sí se decía hijo de Yahvé? En un momento quedaron atrios y pórticos limpios por completo de negociantes. Los vendedores de palomas, a quienes, tal vez por más pobres, el Señor había tratado más suavemente, recogieron sus jaulas y se fueron, y quedó dueño del templo el que lo era de verdad. Los discípulos, que conocían su mansedumbre habitual y nunca le habían visto de aquel modo, espantados, se acordaban de unas palabras del profeta David acerca del Mesías, cuando dijo de Él: El celo de su casa me devoró.

Pronto se corrió el rumor de aquel hecho prodigioso; la gente que vio dispersarse los rebaños y retirarse confundidos a los mercaderes y murmurando a los cambistas, se arremolinaría a ver quién era y cómo estaba el que los había expulsado y, siendo un solo varón, se había atrevido a hacer frente a todos ellos, eso que como traficantes fácilmente serían gente atrevida, descortés y arrogante, mucho más arrogante porque contaban con el favor de los sacerdotes.

Y entre los que vinieron estaban los que San Juan en el Evangelio constantemente ha de llamar *judíos,* los que desde entonces han de ponerse siempre de frente a Jesús, los jefes del templo, los príncipes y sacerdotes, representantes de fariseos y saduceos, que, naturalmente, debieron llevar a mal el que un advenedizo de pocos días, desconocido aún, o poco conocido, y de ellos quizá ya sordamente espiado y recelado, sin haberles pedido permiso a ellos ni consultado para nada, se arrogase aquella autoridad en el templo, que era exclusivo dominio de ellos, y con aquel acto tachase su descuido, quizás su connivencia y tal vez interesada complicidad en aquellos abusos.

No se atrevieron a censurar la acción, que era dignísima y propia de cualquier verdadero israelita, pero sí se atrevieron a protestar contra la intrusión de su autoridad.

«Y le dijeron: ¿Qué señal nos muestras para obrar así?», es decir: ¿con qué milagro o señal pruebas que tienes autoridad para hacer eso que has hecho, y para salir por la honra de Yahvé, a quien llamas tu Padre?

Se conoce que Jesucristo había hecho ya varias declaraciones de su persona, como hemos dicho, y aun algunos prodigios para probarlas. Si sólo hubieran visto en Él un simple galileo recién venido, ni los negociantes ni los sacerdotes le hubieran consentido tal acción. Pero ya se había dado a conocer algo antes y adquirido fama y autoridad para aquella acción.

«Y les respondió Jesús: –Destruid este templo y yo lo volveré a edificar en tres días.»

Y al decir «este templo» debió de acompañar su voz con algún gesto que indicara que se refería a su cuerpo, y que éste era el templo que había de ser crucificado y al tercer día había de resucitar. Mas ellos por entonces no entendieron lo que después se vio; y creyendo, según el sentido obvio de las palabras, que se refería al templo material, le dijeron:

«Cuarenta y seis años hace que se está edificando este templo ¿y tú lo vas a reedificar en tres días? ... »

Mas no se atrevieron a urgirle más.

Tampoco los discípulos entendieron entonces que Jesús decía aquello de su cuerpo: «Mas cuando resucitó de entre los muertos, se acordaron sus discípulos de lo que entonces había dicho, y creyeron en la Escritura y en las palabras que dijo Jesús».

Habían comenzado las obras de restauración de Herodes en el templo de Zorobabel cuarenta y seis años hacía, el año 18 de su reinado, y fueron después continuándose hasta el año 66, poco antes de su ruina.

Aquí se nos descubre un dato bien preciso para fijar algo las fechas de la vida de Jesucristo. Por Josefo sabemos que Herodes comenzó sus obras de reparación del templo el año 734 de Roma, o sea, el 20 antes de Jesucristo, que coincidió con la venida de Augusto a Siria. Si, pues, añadimos los cuarenta y seis años que dicen los judíos, tendremos que este año era el 780 de Roma, o sea, el 27 de nuestra Era.

59. CONVERSIONES EN JERUSALÉN (Jn 2, 23-24)

Creció con esto extraordinariamente la autoridad y popularidad del Galileo en todo Jerusalén. Jesús siguió todos aquellos días predicando y haciendo milagros en confirmación de su doctrina. Con lo cual consiguió atraerse no pocos que se le ofrecían como discípulos: «Muchos, dice San Juan, creyeron en su nombre, viendo las señales que obraba», es decir, los milagros que hacía, que no nos dice el Evangelista cuáles fuesen.

Sin embargo, no debieron de ser muy sinceras estas conversiones, sino vacilantes, de impresión, de poco arraigo, porque Jesús se mantuvo muy reservado con los jerosolimitanos; algo veía en ellos de doloso, de poco franco, el que conocía el interior de todos los corazones, y así dice San Juan hermosamente:

«Muchos creyeron en Él, pero Jesús no creyó ni confió en ellos, porque Él conocía a todos, y no tenía necesidad de que nadie le diese testimonio sobre el hombre, pues Él sabía todo lo que hay en el hombre»; no tenía necesidad de que nadie le dijese lo que era cada cual en su interior, porque Él conocía perfectamente el interior de todos los hombres, y si creían sinceramente o a medias, y si venían con recta o torcida intención.

60. NICODEMUS (Jn 3, 1-21)

Si el pueblo era poco de fiar, mucho menos lo era la aristocracia de Jerusalén. Soberbia siempre y muy pagada de sí misma, o entregada a la fruición de los bienes materiales, fariseos unos y saduceos

VI. PRIMER AÑO. NICODEMUS 149

otros, no iban a dejarse confundir con un despreciable Galileo que acababa de venir.

Debió de ser para ellos un desencanto el ver aparecer un Mesías tan distinto de lo que ellos esperaban. Ellos, entendiendo materialmente las profecías, se lo habían figurado espléndido monarca y reconquistador, fastuoso príncipe y general incontrastable, que sometiese al imperio judío todos los pueblos y trajese a Israel días de triunfo y prosperidad terrena.

Y he aquí que, confiado, seguro de sí mismo, sin arrogancia, pero con perfecto dominio, se presentaba como Mesías y lo probaba con señales admirables, un galileo hijo de unos carpinteros de Nazaret, que, contra lo que tal vez habían esperado, ni se acercaba a ellos ni contaba con ellos para nada, antes tal vez les manifestaba el mismo desvío y aversión que les había manifestado San Juan Bautista, como que venía por éste recomendado, elogiado y anunciado.

No era posible sino que desde el principio ya se le pusiesen de frente y mirasen con recelo toda aquella popularidad y ascendiente que iba tomando entre el pueblo.

Así que, afectando por entonces indiferencia, nadie se le acercaba a consultar sobre ninguna de las enseñanzas tan sublimes y nuevas que iba esparciendo sobre su mesianidad, su bautismo, su redención, su filiación divina.

Pero que había entre ellos discusiones, dudas, temores, expectativa grandísima, no se puede dudar por lo que pasó con uno de los principales.

Era éste Nicodemus, hombre, aunque fariseo, recto, deseoso de saber la verdad, rico y acomodado, y no menos docto y autorizado en Israel, como que era uno de los príncipes del Sanedrín y de sus principales. Había observado a Jesús atentamente; vio que en Él había algo extraordinario; comprendió que el caso era digno de examinarse, y queriendo instruirse en ello y salir de incertidumbre, se determinó a tener una entrevista con el Galileo. Mas por temor a sus compañeros no se atrevió a tenerla sino a ocultas, y vino a Jesús de noche, y luego que entró le dijo: «Maestro, sabemos que has venido de Dios como Doctor, porque nadie puede hacer esas señales que tú haces, si no está Dios con él».

Bien indica en estas palabras Nicodemus que los fariseos se habían fijado en la doctrina de Jesús y en sus milagros y en su carácter sobrenatural. Y por eso dice: Sabemos. Y bien indica también al saludarle respetuoso con el título de Maestro, la gran autoridad que Jesús ante ellos se había ganado.

Hecho el saludo, sea que Nicodemus le preguntase algo de su doctrina, sea que Jesús se lo adivinase y se adelantase a responderle, le empezó a hablar el Maestro de esta manera: «En verdad, en verdad te digo que quien no renazca de nuevo, no puede ver el reino de Dios», no puede entrar en él.

Sorprendido por tal información, Nicodemus, sin entenderla del todo, sin querer tampoco darse por ignorante de su sentido, aunque no debía de ser viejo, le dijo graciosamente: «¿Y cómo puede nacer uno que es viejo? ¿Acaso va a entrar de nuevo en el seno de su madre y renacer segunda vez?»

Le dio a entender Jesús amablemente que no se trataba de nacimiento material, y dijo: «En verdad te digo que el que no renazca de agua y Espíritu Santo no puede entrar en el reino de Dios. Lo nacido de carne, es carne, y lo nacido de espíritu, espíritu. Así, pues, no te admires de que te haya dicho: Conviene que nazcáis de nuevo. El Espíritu sopla donde quiere, y oyes su voz, pero no sabes de dónde viene ni adónde va, Así pasa en el que nace del Espíritu».

Que era decir: No se trata, como piensas, de un nacimiento carnal, de esos que se ven materialmente. Se trata del renacimiento espiritual, según parece, por medio del Bautismo, que se da con agua y gracia del Espíritu Santo, y sin el cual no es posible entrar en la Iglesia o reino que he de fundar yo como Mesías. Lo nacido de carne es carne, y yo quiero renacimiento de espíritu, el cual es misterioso, porque proviene de ese Espíritu cuyas vías, origen y término no conoces, pero sabes por sus manifestaciones que existe.

Confundido por la sublimidad de la doctrina y delicadeza del asunto, dijo Nicodemus: «¿Y cómo pueden hacerse esas cosas?»

Mas mostrando extrañeza Jesús de que no las entendiese, le dijo halagüeño: «¿Tú eres el maestro de Israel y no sabes estas cosas? ¿No entiendes esto que digo de la acción del Espíritu Santo, tú que tantas cosas has leído acerca de ella en las Escrituras y que sabes lo que sucede con la inspiración de los profetas?»

Y apelando ya a su propia autoridad de Maestro enviado por Dios, y exigiéndole fe en sus palabras, añadió hablando en plural, para mayor majestad, y notando de paso su incredulidad:

«Pues en verdad, en verdad te digo, que decimos lo que conocemos, y damos testimonio de lo que hemos visto. Pero... ¡no recibís nuestro testimonio!...» Como quien dice: Yo digo lo que he visto en el cielo, de donde he venido, y mi testimonio no se puede recusar. Pero vosotros los fariseos lo recusáis y no me creéis, y ya empezáis a rechazar mi doctrina.

Y eso, prosiguió, que no os he dicho aún más que cosas fáciles pertenecientes a la generación espiritual de los hombres, terrenas, y no os he hablado de otras cosas de que tengo que hablaros, mucho más divinas, recónditas y sublimes, como de la generación eterna y celestial del Verbo: «Si os digo cosas terrenas y no me creéis, ¿cómo me creeréis si os digo cosas celestiales?» Y sin embargo, me debéis creer. Porque «ninguno ha subido al cielo, sino el que ha bajado del cielo, el Hijo del hombre que está en el cielo». El cual ha venido a la tierra para la salvación del mundo. Porque «como Moisés levantó la serpiente en el desierto, así es preciso que sea levantado en alto el Hijo del hombre, para que todos los que crean en Él no perezcan, sino tengan la vida eterna. Porque tanto ha amado Dios al mundo, que le ha dado a su Hijo Unigénito, para que todos los que crean en Él no perezcan, sino tengan la vida eterna. Porque no ha enviado Dios al mundo a su Hijo para condenar al mundo, sino para que por Él se salve el mundo. El que crea en, Él no será condenado, pero el que no crea ya está juzgado, porque no cree en el nombre del Unigénito Hijo de Dios. Y el juicio es éste: que la luz ha venido al mundo, y los hombres han amado más las tinieblas que la luz; y es que eran malas sus obras. Porque quien obra mal aborrece la luz, y no acude a la luz para que no sean examinadas sus obras. Pero el que obra la verdad acude a la luz, para que sean manifestadas sus obras, como hechas según Dios».

Grandes verdades le dijo Jesús. Si Nicodemus buscaba la luz, el Mesías se la daba bien abundante y a raudales. Todos los futuros misterios de la Redención, su divinidad eterna, su encarnación, su pasión y muerte, su redención, la providencia del Padre, la prodigiosa conversión del mundo, la fundación de la Iglesia sobre la fe..., todo se lo indicó ya desde entonces, para que lo supiese como sabio, y como doctor lo predicase él a su vez a aquellos fariseos a quienes pertenecía, y de quienes había venido.

Él vino de noche, pero Jesús encendió ante sus ojos la luz vivísima de la fe. Y conminándole con su autoridad celeste, le advirtió de la obligación en que estaba, so pena de su condenación, de creerle, y de buscar la luz verdadera, y recibir su doctrina, como de quien por ser

Mesías, por ser Hijo de Dios, por venir a enseñar y salvar al mundo, no podía ser desoído sin grave desacato y apostasía.

Se despidió Nicodemus y, tal vez, pasada ya la noche a sus ojos corporales, amanecía cuando salió de la casa de Jerusalén. ¿Había también amanecido a los ojos de su alma la fe de Cristo? No lo sabemos. Se puede creer que sí, que Nicodemus creyó todo cuanto le dijo Jesús, o que empezó a creer y se confirmó más adelante. Y si bien no se manifestó por discípulo del Galileo, más que por menos creerle, fue por miedo a sus compañeros, que desde el principio y cada vez más declararon la guerra al Mesías.

Pero si no se declaró en vida de Jesús decidido partidario suyo, al menos tampoco participó de la saña de sus compañeros de Fariseísmo y de Sanedrín; lejos de eso, se les opuso en ocasiones, como veremos, y, muerto Jesús, tuvo la audacia de pedir su cuerpo para dar honrosa sepultura al que sus compañeros habían condenado a muerte.

61. EVANGELIZA LOS CAMPOS DE JUDEA (Jn 3, 22-36)

Pasó la Pascua. Jesucristo, luz de Israel, había lanzado torrentes de resplandores para los que tuviesen vista, en Jerusalén, en medio de su pueblo, en el centro de la civilización judía, en la capital de Israel, ante los doctos y sabios reunidos en la época de mayor aglomeración de pueblos y doctores. El fruto fue muy pequeño. Los que comenzaron a creer en Él tenían su fe tan débil, que «Jesucristo no se confiaba a ellos, porque sabía lo que hay en el corazón del hombre».

Con toda verdad se podía decir entonces que «vino a los suyos y los suyos no le conocieron». ¡Y habrá que decir tantas veces lo mismo en esta historia!

Por eso tal vez, y por ver que la gente del campo estaba mejor dispuesta, como suele acontecer, y por deseo de ir anunciando el Evangelio por todas partes, salió de Jerusalén, y con sus discípulos fuese por tierra de Judea, es decir, por los pueblos, aldeas y campos de la provincia de Judea, alrededor de Jerusalén.

No dice el Evangelio si ya en Jerusalén bautizaba Jesucristo. Es posible, y aun muy probable parece, que ya allí hubiese empezado a bautizar, pues a Nicodemus le habló de la necesidad de su bautismo y de la regeneración y renacimiento por medio de él. Por lo menos, cuando salió de Jerusalén al campo y a las aldeas, bautizaba, o mejor dicho,

VI. PRIMER AÑO. EVANGELIZA 153

como lo nota San Juan, no bautizaba Él, sino bautizaban en su nombre los discípulos. En lo cual daba a entender que tenía autoridad para comunicar a sus discípulos lo que Juan sólo para sí había recibido, y que lo mismo valdrían sus sacramentos administrados por sus ministros.

Aquel de quien había dicho el Bautista que bautizaría en agua y en Espíritu Santo, empezaba ya a regenerar su pueblo futuro y a formar su Iglesia. Opinan algunos, y es muy verosímil, que Jesucristo bautizó a sus apóstoles, y que luego les dejó a ellos el encargo de bautizar a los demás.

Mas ocurrió que «también San Juan estaba bautizando en Enón, cerca de Salim, porque allí había muchas aguas, y venían allá y se bautizaban». Y aunque no están conformes los autores acerca del sitio que corresponde a este Enón, de tantas fuentes, adonde, por estar muy mermado el Jordán y fácil para los bautismos, se había retirado Juan Bautista, pero parece que debía de ser sitio no lejano de donde estaba Jesús con sus discípulos.

Un judío, pues, de los que con los discípulos de Jesús se habían bautizado, tropezó con los discípulos de Juan, que empezaron a cuestionarle sobre purificación y sobre la eficacia de cada uno de los bautismos, del de su Maestro Juan y del de Jesús. Y llevaban muy a mal los discípulos del Bautista que un bautizado por su Maestro, como era Jesús, se pusiese a su vez con sus discípulos a bautizar a otros, y enardecidos por la disputa con el judío y demasiado celosos, vinieron a Juan y le dijeron: «Maestro, aquel que estaba contigo al otro lado del Jordán, a quien diste testimonio, mira, ahora bautiza y todos se van a Él».

Respondió Juan y les dijo: «Nadie puede recibir nada si no se le da del cielo. Vosotros mismos estáis dándome testimonio de que yo dije: No soy yo el Cristo, sino que he venido enviado delante de Él».

Era lo mismo que decirles: Vosotros venís pretendiendo que yo le impida bautizar. Eso no puede ser, porque el cielo no me ha dado a mí tal poder, y si el cielo no me ha dado tal poder, no lo tengo. Vosotros mismos me acabáis de recordar cómo yo di a Jesús mi testimonio, y os dije que no era yo el Mesías y, por tanto, que no tengo poder para lo que ahora pretendéis, sino que soy sólo su Precursor, y sólo puedo bautizar con agua; por tanto, Él es el que tiene mucho más poder que yo, y puede bautizar, como os dije, en agua y en Espíritu Santo, con mucha mayor autoridad que yo.

Y añadió hermosamente: «El esposo es el que tiene la esposa. Pero el amigo del esposo, que está a su lado y oye su voz, se alegra con la voz del esposo: esta mi alegría se ha cumplido. Es preciso que Él crezca y yo mengüe».

Era muy común en las relaciones que tenían los jóvenes israelitas antes de casarse tener un amigo el esposo que le sirviese de intermediario, al cual tocaba hacer la presentación del esposo y ser como padrino que estuviese a su lado en la boda. Pues bien, el Verbo bajó del cielo, según el amable pensamiento del Bautista (que también lo era del mismo Jesucristo, como veremos) a desposarse con la nación judía; y dice San Juan: «Él es el esposo, suya es, pues, la Esposa, y Él solo manda en ella. Yo no soy sino su amigo, su padrino, su paraninfo; a mí no me toca sino acompañarle, prepararle el camino, presentarle y gozarme cuando veo la boda y oigo su voz. La veo, le oigo; mi misión simpática, mi gozo, mi alegría está con esto cumplida. Ya a mí me toca retirarme y a Él quedarse y mandar; a mí bajarme y a Él realzarse».

Y transportado, sin duda, al recordar cuánto debía realzarse el que tan alto era por su naturaleza divina y por su misión altísima, añadió: «El que viene de lo alto *(como Jesús)* está sobre todos. El que es de la tierra *(como yo)*, de la tierra es, y habla como de la tierra. El que ha venido del cielo *(como Jesucristo)* atestigua lo que ha visto y oído; y ¡nadie recibe su testimonio!... El que recibe su testimonio afirma que Dios es verdadero. Porque aquel a quien Dios ha enviado refiere las palabras de Dios. Porque no le da Dios el espíritu con limitación: ama el Padre al Hijo y le ha dado todo a sus manos. El que crea en el Hijo tiene vida eterna, el que descrea al Hijo no verá la vida, sino que la ira de Dios estará sobre él».

Tal fue la despedida, por decirlo así, de su vida pública de aquel fidelísimo Precursor de Cristo. Poco más o menos su pensamiento era éste: –Ya estoy de más. Viene mi ocaso, y el Sol de Justicia se levanta hasta su perpetuo meridiano. No a mí, que no sé sino lo poco que puede saber un hombre, y no he visto nada en el cielo, sino al Verbo Hijo del Padre que vio todo en el cielo; no a mí, que he recibido mis dones con medida de la que no puedo traspasar, sino a Jesús, que ha recibido sin límites los dones del cielo y del Espíritu Santo; no a mí, Precursor de Cristo, sino a Él, Cristo y Mesías verdadero, es a quien vosotros mis discípulos y todos debéis ir y sujetaros. ¡Ay, qué pocos van! ¡Ay de los que no vayan! ¡Ay de los que no le crean!

A los pocos días el que así hablaba era encarcelado; llegaba su ocaso. Lo cual sucedió de esta manera.

62. PRISIÓN DE JUAN BAUTISTA
(Lc 3, 19-20; Mc 6, 17-18; Mt 14, 3-4)

Tuvo Herodes el Grande, el verdugo de los Inocentes, muchas mujeres y varios hijos, y conviene que, para mayor luz de la historia, los digamos aquí en un momento.

De su primera mujer, Doris, tuvo a Antipatro, mandado matar por su padre.

De la segunda, Mariamne, tuvo a Aristóbulo y Aristarco, muertos también por su padre, pero el primero dejó un hijo, que fue Herodes Agripa, y una hija, que fue Herodías.

De la tercera, también llamada Mariamne, tuvo a Filipo, llamado Herodes Filipo más comúnmente, el cual se casó con su sobrina Herodías, y tuvo de ella una hija, Salomé.

De la cuarta, Maltacia, tuvo a Arquelao, nombrado etnarca de Judea, y a Antipas o Herodes Antipas, tetrarca de Galilea, que casó con Aretas, hija del rey de los árabes.

En fin, de la quinta, Cleopatra, tuvo a Filipo, tetrarca de Iturea.

Pues bien, el tetrarca de Galilea, Herodes Antipas, al ir a Roma, se hospedó en casa de su hermanastro Herodes Filipo, el cual vivía allí en el regalo, pero sin dignidad ninguna, con su esposa Herodías, mujer ambiciosa, que no se resignaba a vivir en aquella oscuridad. Se prendó de ella su cuñado Herodes Antipas y la invitó a vivir con él y seguirle a Tiberíades, abandonando a su legítimo marido, Herodes Filipo, dándole palabra de arrojar él también y repudiar a su legítima esposa Aretas. Halagó la idea a la mala y ambiciosa hembra, y con su hija Salomé huyó de Roma y siguió al traidor e infiel cuñado a Galilea. Antes de llegar ella, ya Aretas había huido a casa de su padre, quien, para vengar la injuria de su hija, declaró la guerra a Antipas. La intervención de Vitelio, llegado de Siria, puso la paz. Pero con horrible escándalo de todo el pueblo, quedó el adúltero viviendo con la pérfida mujer.

No lo pudo tolerar Juan Bautista, y avistándose, no nos dice el Evangelio dónde, con Herodes, le dijo terminantemente: «No te es lícito tener esa mujer. No te es lícito tener la mujer de tu hermano».

Grave era el compromiso para Herodes, dada la autoridad que tenía el Bautista en Israel. Veía que con sola su autoridad, si él quisiese, podía provocar una rebelión del pueblo, irritado por tan grave transgresión de la ley. Trató, pues, de cohibir aquellas censuras, y le pareció el mejor medio encarcelar al profeta, a pesar de que lo estimaba.

El Evangelio dice que Juan *fue entregado,* y es muy de creer que los que le entregaron fueron los fariseos y saduceos, que estaban muy ofendidos y enemistados tanto contra Juan como contra Jesús. Y de seguro que, si no es entregado por traición, no hubiera sido cogido fácilmente de entre el pueblo un hombre tan popular y venerado.

Herodes, pues, añadió a las muchas maldades que había hecho, ésta: encarceló al Bautista, y atado, según dice San Mateo, le llevó a la cárcel de Maqueronte, en los bajos del magnífico y fortísimo castillo que, al Este del mar Muerto y cerca de sus orillas, se levantaba aislado en una elevada y casi inaccesible roca.

Allí esperó tranquilo el martirio que le preparaba Herodes, la víbora que allá había conducido, la cual, desde los lujosos salones superiores en que vivía vida carnal con su amante, acechaba a su víctima, y no había de retirar su veneno hasta que viese muerto a su santo acusador.

Juan (ya lo había dicho él mismo) decrecía, desaparecía. Sus discípulos podían irse con Cristo. Así lo quería y para eso solo había trabajado el Bautista: para llevar a todos al Mesías.

63. SE RETIRA JESÚS DE JUDEA A GALILEA
(Jn 4, 1-3; Mc 1, 14; Mt 4, 2)

Cuando Jesús supo, por una parte, que Juan había sido entregado y, por otra, que los fariseos habían llegado a oír que Él atraía y bautizaba más discípulos que Juan, abandonó Judea y se volvió de nuevo a Galilea.

Aunque Jesús lo sabía todo sin que se le informase, y antes de que viniesen los sucesos a enseñarle, pero de ordinario no quería servirse de su ciencia divina, sino gobernábase por la humana, por lo que naturalmente se podía saber y conocer.

Así, pues, cuando San Juan fue preso por Herodes, conoció Jesús que los fariseos no eran extraños a aquella maldad, sino todo lo contrario, como que quizá fueron ellos los que le entregaron a Herodes. Conoció además que si a Juan le odiaban y perseguían, mucho más le habían de odiar y perseguir a Él, sobre todo teniendo noticia de que Él atraía y bautizaba más discípulos.

A menos, pues, que quisiese poner en juego medios extraordinarios y milagrosos, y eso no lo quería de ordinario, corría mucho peligro de caer preso y aun de ser muerto si no salía de aquella tierra, de la región de los judíos, y aun del reinado de Herodes. Determinó, pues, salir, y escogió Galilea por apartada de Judea, y de Galilea eligió una región que estaba fuera del poder de Herodes.

De los tres caminos que conducían de Judea a Galilea, el uno por la costa del mar, el otro por la ribera izquierda del Jordán, por Perea, y el otro por Samaría, era éste el más corto y agradable, pero no siempre era elegido por los judíos, por la irreconciliable enemistad que les profesaban, como dijimos, los samaritanos.

Era muchas veces, sobre todo en tiempos de fiestas, una aventura pasar por Samaría un judío, y el que pasaba se exponía a lances muy desagradables y a molestias muy fastidiosas, pues no podía esperar hospitalidad de aquel pueblo que le detestaba.

Mas Jesús, dice San Juan, «tenía que pasar por Samaría». Da a entender que, si no le hubiese sido necesario, tal vez no hubiera tomado este camino, que ya dijimos era el más obvio, pero también el menos grato, al menos cuando iban muchos. Esta vez fue por necesidad. Debía de estar predicando y bautizando por los confines de Samaría, acaso cerca de San Juan, cuando le llegó la noticia de que el Bautista había sido preso, y tal vez de que los fariseos buscaban ocasión de hacer lo mismo con Él. Nada más fácil para evadir sus intentos que pasar por otra jurisdicción y entrarse en Samaría. Por allí podría seguir más breve y fácilmente a Galilea, adonde iba a dirigirse. Y así lo hizo.

Además, había otra razón más santa. Tenía que pasar por Samaría, porque ya su providencia había escogido una oveja perdida de aquel pueblo, que, a pesar de sus heterodoxias, no dejaba de ser algo suyo, y quería echar los cimientos de las futuras conversiones que habían de hacer sus discípulos.

Fue, pues, a Galilea por Samaría.

64. LA SAMARITANA (Jn 4, 4-42)

«Y llegó a una ciudad que se llamaba Sicar, junto a una heredad que dio Jacob a José su hijo. Estaba allí la fuente de Jacob».

Era ésta un pozo que Jacob, para evitar altercados con otros pastores, aunque allí había muchas fuentes en muchos sitios, se había edificado para sí, profundo, de agua rica, y muy apreciado, además, por la venerabilidad del que lo había construido.

Todavía hoy se conserva, y los ortodoxos griegos han construido encima un convento e iglesia, en cuya cripta está el pozo de unos 24 metros de profundidad, pudiéndose alcanzar el agua a los 18 metros en los buenos tiempos, porque en el estío ahora a veces se seca, tal vez por alguna hendidura que se haya formado en sus paredes. Todo el fondo está lleno de piedras que los peregrinos solían arrojar para ver si había agua.

Allá se dirigía el Señor. Era hacia fines de abril o principios de mayo, cuando los segadores se aprestan para el trabajo. El sol lucía espléndido y tostaba los campos. Las mieses blanqueaban por toda la fértil campiña. A cosa del mediodía, llegó Jesús al pozo y se quedó en él a descansar, mientras sus discípulos iban a la ciudad a comprar algo de comer.

«Estaba, pues, sentado sencillamente junto a la fuente. Eran poco más o menos las doce, cuando llegó una mujer samaritana a sacar agua. "Le dijo Jesús: Dame de beber". Le respondió la samaritana: "¿Cómo tú, siendo judío, me pides de beber a mí, que soy samaritana?" Le respondió Jesús diciendo: "Si tú conocieses el don de Dios y quién es el que te dice dame de beber, tú tal vez le pedirías a él, y él te daría agua viva".»

Aludía, sin duda, Jesús al don de la gracia que Él quería darle, y por eso rápidamente mudó la conversación a este terreno.

«Le dijo la mujer: "Señor, si no tienes balde, y el pozo es muy hondo, ¿de qué tienes tú agua y agua viva? ¿Acaso tú eres más que nuestro padre Jacob, que nos dio el pozo y del pozo bebió él y sus ganados?"»

Es de notar cómo ya le trata con respeto y le llama Señor la misma que al principio tan despreciativamente le trataba. Por lo demás, la pobre mujer entendía materialmente lo que Jesucristo le dijo. Pero Jesús comenzaba a levantar su pensamiento hacia más elevadas ideas que las materiales de este mundo, y le respondió y dijo: «Todo el que beba agua de ésta tendrá de nuevo sed. Pero el que beba del agua que yo le daré, no tendrá sed jamás, sino que el agua que yo le dé se convertirá en él en fuente de agua que brota para vida eterna».

VI. PRIMER AÑO. LA SAMARITANA

Entendió la samaritana las palabras de Cristo del agua de esta vida, y debió de parecerle preciosa aquella agua que, bebida una vez, no sólo quitaba la sed para siempre, sino que se convertía en el seno del que la bebía en un manantial que brotaba capaz de dar, no la vida pasajera y de poco tiempo, sino satisfacción inextinguible y vida perpetua. Con viveza mujeril se apresuró, pues, y dijo:

«"Señor, dame de esa agua para que no tenga más sed, ni haga más viajes acá a sacar agua". Le respondió Jesús: "Vete, llama a tu marido y vuelve acá". Le respondió la mujer y le dijo: "Yo no tengo marido". Y le dijo Jesús: "Bien dices no tengo marido. Porque has tenido cinco maridos, pero el que ahora tienes no es marido tuyo. En eso dices verdad".»

Pasmada debió de quedar la samaritana al ver que aquel desconocido conocía toda su historia y sabía sus secretos, y le dijo sorprendida: «Señor, veo que tú eres Profeta».

Y luego, en parte porque, aunque pecadora, tenía fe y curiosidad de lo que por aquel tiempo andaba en boca de todos acerca de la próxima venida y aparición del Mesías, en parte también por deseo de cambiar una conversación que por fuerza le debía ser humillante, dio un corte y dijo: «Nuestros padres adoraron en este monte, y vosotros decís que está en Jerusalén el sitio en que se debe adorar».

Le convenía a Jesucristo seguir por este camino la conversación y dijo: «Créeme, mujer, se acerca la hora en que ni en este monte ni en Jerusalén adoréis al Padre. Vosotros adoráis lo que no conocéis, nosotros adoramos lo que conocemos, porque la salvación ha de venir de los judíos. Pero se acerca, y casi es ya, la hora en que los verdaderos adoradores adoren al Padre en espíritu y en verdad. Porque tales son los adoradores que busca el Padre. Dios es espíritu, y los que le adoran deben adorarle en espíritu y verdad».

En esta respuesta Jesús casi prescinde de la pregunta de la samaritana acerca de cuál de los sitios de culto era más legítimo, el templo de Jerusalén o el templo de Garizim, y le da noticia más completa que la que ella pedía de todas las cosas.

Le dice, en primer lugar, que acerca de la comparación entre los judíos y los samaritanos, los judíos tienen más razón, ya que, por una parte, saben lo que adoran y lo que esperan, puesto que tienen toda la Escritura y ella incorrupta, al paso que los samaritanos no saben lo que adoran y esperan, pues, no teniendo más que el Pentateuco, no conocen muchas profecías venidas después, sino que, apartados de la tradición, han admitido muchas ideas falsas y espurias.

Además, la salvación, el Salvador, ha de venir de los judíos, de David, de la tribu de Judá, no de los samaritanos. Pero insiste poco en esta idea, y no dice directamente, aunque lo indica bien claro, que es Jerusalén y no el monte Garizim donde se ha de adorar.

Y es que quiere llamar la atención a otro punto mucho más importante que en breve haría inútil esta cuestión. Por lo cual insiste en que sobre todo se debe adorar al Padre, no con aquel espíritu farisaico con que entonces se le adoraba por muchos en Israel, consistente en meras fórmulas exteriores y ritos hipócritas sin espíritu interior, sino con espíritu y verdad; y no ya sólo en un monte, sea Garizim, sea Jerusalén, sino en todo el mundo donde haya espíritu y verdad.

Claro que no por exigir que se adore en espíritu y verdad excluye el culto exterior, antes al contrario, Él mismo lo había de imponer en su Iglesia, dignísimo y magnífico y riquísimo en santas ceremonias que ayudasen al espíritu.

«Le dijo la mujer: "Ya sé que va a venir el Mesías, el que llaman Cristo. Cuando él venga nos enseñará todo".»

Tal vez la mujer encontró algo sublime lo que Jesucristo le dijera, y, conocedora sin duda de lo que se decía del Bautista y de si había o no venido el Mesías, saliose de su perplejidad diciendo: En fin, ya dicen que viene pronto el Mesías, ése nos dirá todo.

Entonces le dijo Jesús solemnemente: «Yo soy, el mismo que habla contigo».

Precisamente entonces llegaban sus discípulos de la ciudad y quedaron maravillados al ver que su Maestro estaba hablando con una mujer. Era entre los rabinos o maestros de Israel considerado como indigno el ponerse ellos a hablar a una mujer en público, ni enseñarles la explicación de la ley. Ni aun con su propia esposa querían conversar en público. Más vale, decían, quemar la ley que perder tiempo en explicarla a una mujer. Un rabino no debe jamás conversar públicamente con una mujer. Pero Jesús, a quien lo mismo era estimable el alma de una mujer que la de un hombre, y que vino a enseñar su doctrina a todas las gentes, prescindía de tan insensatos prejuicios rabínicos. Mas esto no quita que sus discípulos se extrañasen de lo que veían.

«Sin embargo, ninguno dijo: ¿qué estás buscando?, ni ¿por qué hablas con ella?»

VI. PRIMER AÑO. LA SAMARITANA   161

En cuanto a la samaritana, apenas oyó que Jesús le dijo que Él era el Mesías, estupefacta, y creyéndolo sin duda alguna, «dejó su cántaro y se fue a la villa y dijo a los hombres: "Corred, ved un hombre que me ha acertado todo lo que he hecho. ¿No será éste el Cristo?" Salieron de la villa y vinieron a Él. Entretanto, los discípulos le urgían diciéndole: "Maestro, come". Pero él les dijo: "Yo tengo para comer una comida que vosotros no sabéis". Dijéronse los discípulos unos a otros: Si le habrá traído alguna comida...". Les dijo Jesús: "Mi comida es hacer la voluntad del que me ha enviado y llevar a cabo su plan"».

Y pasando al suceso que estaba pendiente de la samaritana, y aludiendo a algún proverbio o cantar que debía de decirse al tiempo de la siembra, les dijo: «¿No soléis decir vosotros: *De aquí a cuatro meses viene la siega?* Pues escuchad lo que os digo: levantad vuestros ojos y mirad los campos, porque ya están blancos para la siega, ya el segador cobra jornal y recoge fruto para la vida eterna. Para que se alegren a una el sembrador y el segador, porque en esto sí que es verdadero el refrán, en que *uno es el que siembra y otro es el que siega.* Yo os he enviado a segar lo que vosotros no habéis trabajado. Otros han trabajado y vosotros habéis entrado en sus trabajos...»

Tal vez había algún refrán o canto en que se decía y trataba este punto, de cómo el que siembra no sabe si recogerá lo que siembra, pues aún debe pasar tiempo antes de la siega. Y uno suele ser el que siembra y otro muchas veces el que siega y recoge el fruto de lo que él no ha trabajado, Y dice Jesús:

Eso que decís *de aquí a cuatro meses viene la siega,* aquí no tiene lugar, porque hoy hemos sembrado y hoy vamos a recoger; ved si no, a los samaritanos que vienen ya convertidos. Así se alegran el sembrador y el segador.

En lo que es verdadera la canción o refrán es en lo otro: *uno es el que siembra y otro es el que siega,* que es lo que yo hago con vosotros, porque hasta ahora vosotros bautizáis y recogéis a aquellos a quienes han convertido otros que vosotros, es decir, yo con mi predicación, el Bautista con la suya y los Profetas con sus exhortaciones.

Venían ya los samaritanos en tropel a conocer al que les había anunciado la mujer. Y ya «muchos samaritanos de aquella villa creían en Jesús por el testimonio que les había dado la mujer, de que le había acertado cuanto había hecho. Pero cuando llegaron a Él le rogaron se quedase con ellos. Y se quedó dos días, y creyeron muchos más por su conversación. Y luego decían a la mujer: «Ya no creemos por tus palabras, sino que nosotros mismos hemos oído y conocido que éste es verdaderamente el Salvador del mundo».

¡Salvador del mundo! Los samaritanos fueron los primeros en darle este amplísimo título de Salvador, no ya de sólo Israel, como se figuraban los judíos, sino del mundo entero. Allí se oyó por primera vez, que sepamos, esta dulcísima palabra que nos es tan común y familiar a los cristianos y que resume toda la revelación de la misión de Cristo, que venía a dar la salud y redención no sólo a un pueblo escogido, sino a todas las naciones, según las profecías.

«He aquí el Cordero de Dios que quita los pecados del mundo», dijo el Bautista.

«Éste es verdaderamente el Salvador del mundo», dijeron los samaritanos.

65. ENTRADA EN GALILEA (Jn 4, 43-45)

Pasaron dos días en Samaría, y, sin duda, no los perdieron, pues fue grande el fruto que segaron de aquella mies, que no en cuatro meses, sino en un día maduró tan hermosamente, dando gozo a Jesús que la sembró y a los discípulos que la segaron; y Jesús siguió su camino a Galilea, adonde, como dice San Lucas, le impelía la fuerza del Espíritu Santo.

Galilea, más aún que Judea, así como fue su retiro en la infancia, iba a ser el centro de su apostolado y de su evangelización. Galileo fue llamado Jesucristo, y galileos sus discípulos y los primeros cristianos.

Era Galilea la región septentrional de Palestina, al Norte de Samaría. Comprendía cuatro tribus de Israel, y se dividía en alta y baja, montañosa la primera y extendida en valles la segunda. Situada al pie del Líbano, se fertiliza de sus riegos, que descienden por las laderas o se filtran en muchas y abundantes fuentes de agua pura.

Fértil es el suelo, sobre todos los suelos de Palestina, dulce el clima, hermosa la naturaleza, fecunda la tierra. «Más fácil es, dice el Talmud, levantar un ejército de olivos en Galilea que criar un niño en Judea». Ni sólo el olivo, sino el limón, el granado, el naranjo, la higuera, el almendro, el sicomoro, el terebinto, la palma, mil árboles de frutas, de esencias y flores la adornaban por doquier. El trigo, el arroz, la caña dulce, no tanto el viñedo, la tapizaban por todas partes. Bosques, campos, praderas, jardines, lagos, villas, le prestaban amenidad y hermosura.

El lago de Tiberíades y el Jordán la limitaban por el Oriente y le prestaban pesca abundante y facilidad para el comercio. Toda estaba llena de villas, y surcada en todas direcciones de caminos, poblada de muchos habitantes y llena de movimiento y animación. Las bendiciones de Jacob y Moisés parecían florecer en aquella tierra.

Sus habitantes contrastaban con los judíos. Nada de aquella rigidez y prejuicio, arrogancia y exclusivismo del judío. Nada de aquella doblez, traición y falsía: como su tierra, eran abiertos, francos, dulces, caritativos: buen corazón, ánimo valiente, espíritu arrojado. Agricultores los más o pescadores del lago, siempre vivían con el buen humor, laboriosidad, rudeza, sobriedad y vida entera con que suelen vivir tales gentes.

Pero así como Galilea al mismo tiempo que fértil es volcánica, así el galileo al mismo tiempo que dulce era vehemente y apasionado, y, cuando llegaba la ocasión, bullente, y aun sedicioso y rebelde. No tenía tantas exterioridades en religión como el judío, pero en verdad, era más religioso y observante que él.

Un discípulo tuvo Jesús de Judea, y los demás de Galilea. Comparadlos. El judío era Judas Iscariote, hijo de Keriot. ¡Mala ralea! ¡El peor de los hombres que han existido!

Allá dirigía, pues, Jesús sus pasos. Y dice San Juan que salió de Judea, entre otras cosas, por aquello que Él mismo dijo (después lo veremos) en Nazaret: que el profeta no es honrado en su patria. En Judea había nacido Jesús, pero los judíos le recibieron muy mal.

En cambio, cuando entró en Galilea, le recibieron los galileos llenos de gozo, «porque habían visto lo que había hecho en Jerusalén en la fiesta; pues que también ellos habían ido a la fiesta de la pascua». Acababan casi de venir de allá, donde habían visto a su amigo, paisano y conocido, predicar, llamar la atención, purificar el templo y hacer portentos y milagros. Estarían, naturalmente, orgullosos por una parte, y por otra, curiosos de verle hacer en su patria algunas maravillas.

66. CURACIÓN DEL HIJO DEL RÉGULO
(Jn 4, 45-54)

Se dirigió primero a Caná de Galilea, y aunque su término no había de ser éste, sino Cafarnaún, se detuvo, sin embargo, en Caná, donde tenía amigos, por lo menos los de las famosas bodas, que de seguro le impedirían pasar adelante sin detenerse uno o más días con ellos. Y estando allí, se le presentó en persona un régulo de Cafarnaún, que tenía un hijo enfermo. Oficial de Herodes o reyezuelo de Cafarnaún, protegido por los romanos, era, éste un personaje distinguido de la tierra. Y «habiendo oído que Jesús había venido de Judea a Galilea, vino a verle y le rogaba que bajase a Cafarnaún y sanase a su hijo, porque estaba agonizando».

Debió de notar en la gente Jesús, al ver esto, demasiada curiosidad de ver algún milagro, y que tal vez se lo pedían con algazara y poca reverencia, como suele suceder en estos casos, porque les dijo: «Vosotros, si no veis prodigios, no creéis».

El magnate, sin hacer caso de la represión, y acordándose sólo de que su hijo agonizaba, dábale prisa y le decía: «"Señor, baja antes de que muera mi hijo". Le dijo Jesús: –"Vete, tu hijo vive". Creyó el magnate aquellas palabras que le dijo Jesús y echó a andar, y cuando iba adelantado, le salieron al encuentro sus criados y le dieron la noticia de que su niño vivía. Informóse de la hora en que empezó a aliviarse y le dijeron: ayer, a las siete, cesó la fiebre. Y conoció el padre que era la misma hora en que Jesús le dijo: vive tu hijo. Y creyó él y toda su casa. Este milagro, al volver de Judea, fue el segundo que hizo en Galilea.»

Milagro notable, pues lo hizo estando ausente y a distancia de cuarenta kilómetros que hay de Caná a Cafarnaún. Milagro también muy oportuno, pues con él daba principio a la predicación del Evangelio en Galilea, que por cierto tendrá por centro precisamente a Cafarnaún, de donde era la familia del régulo, que quizás allí mandaba.

67. EL PROFETA EN SU PATRIA
(Lc 4, 14-31; Mt 4, 12-16; Mc 1, 14-15)

De Caná bajó Jesucristo a Cafarnaún, pero antes de establecerse allí, como había de hacerlo pronto, recorrió, guiado por la virtud del Espíritu Santo, las aldeas de aquella región muy poblada de habitantes sencillos y religiosos y abundante como pocas en sinagogas. En todas ellas fue predicando su nueva doctrina. Cuando le oían, todos se hacían lenguas de Él; de manera que en breve su fama se extendió por todo el país.

VI. PRIMER AÑO. EL PROFETA EN SU PATRIA

Por fuerza de sus correrías, más de una vez le saldría al camino y al deseo su segunda patria, la aldea sonriente de su juventud, Nazaret, en la que había crecido y donde tenía aún muchos paisanos, amigos y parientes, que deseaban verle y oírle, y hasta le llamarían allá con insistencia.

«Fue, pues, a Nazaret, donde se había educado, y como en otras partes acostumbraba, el sábado entró en la sinagoga.»

Era para los judíos la sinagoga algo así como la iglesia o la parroquia para nosotros. No era templo, pues los judíos no tenían más templo que el de Jerusalén. Pero, como su mismo nombre significa, era el sitio de *reunión* para rezar y para escuchar la explicación de las Sagradas Escrituras, así como nosotros escuchamos las pláticas y los sermones. De ordinario era un gran salón, más o menos vasto y lujoso. Donde nosotros tenemos el altar mayor y el presbiterio, ellos tenían un sitio distinguido también, adornado a modo de retablo y elevado por algunas gradas. Allí, en una arqueta o armario guardábanse con veneración los libros de la Sagrada Escritura, ante la cual, en señal de respeto, ardía, como ante nuestros tabernáculos, constantemente una lámpara. A los lados de este presbiterio solían sentarse las personas más distinguidas, los ancianos, los doctores, los escribas y los ministros para las lecturas y explicaciones.

Muy miserable había de ser el pueblo que no tuviese una sinagoga. Donde hubiese diez personas bastante acomodadas para edificarla, había una. Las poblaciones más importantes tenían muchas más. En Jerusalén, además del templo, había más de cuatrocientas.

Las reuniones solían celebrarse todos los sábados sin falta, y con frecuencia los lunes y jueves. En ellas se rezaban, ante todo, las oraciones rituales; bendiciones al Criador, al Dios de Israel; el *Shemá* o *Audi* del Deuteronomio, y todas o algunas de las dieciocho eulogias o bendiciones. Luego se leía una *parasja,* es decir, un *párrafo* de la Ley de los libros de Moisés, y luego otro de los Profetas, que por ser el último de la reunión se llama *haftara o* despedida. Las *parasjas* eran tales, que al año se recorría toda la Ley. Alguno de los doctores traducía y explicaba en alguna plática familiar estas lecturas a los asistentes. Mas para dirigir la palabra no era necesario ser sacerdote, ni siquiera rabino, sino que cualquier persona instruida que se atreviese a hablar podía o ser invitada a ello o aun sin ser invitada, hablar después de pedir al presidente el permiso de hablar.

Era, pues, un sábado, y, por tanto, día de fiesta, y Jesús llegó a Nazaret y entró, según costumbre, en la sinagoga. Se sentó con todos en los bancos. Pero terminadas las oraciones, sea invitado, sea por sí mismo, levantose de su asiento y subió al tablado a hacer la lectura y explicarla.

Extraordinaria debió de ser la conmoción y la curiosidad cuando los nazarenos vieron a su paisano e igual, de quien tantas cosas les habían dicho, pero a quien habían conocido carpintero, sin otro estudio que el del martillo y de la sierra, levantarse para dirigirles la palabra desde aquel sitio venerable, propio de los instruidos y de los doctores... ¿Cómo se las iba a arreglar?

El *hazán,* o ministro, que, como nuestros sacristanes, servía en la sinagoga, le entregó el libro que entonces tocaba explicar, que era precisamente el de las profecías de Isaías. Eran entonces los libros, no como los nuestros, serie de hojas plegadas, sino rollos de hojas de papiro o de pergamino o de cuero adobado, las cuales se unían una a continuación de la otra en una larga banda, que se arrollaba por un extremo a un cilindro de marfil o de madera, y por el otro, a otro. Para ir leyendo, se desenrollaba un cilindro y se arrollaba el otro, recogiendo en éste lo que aquél había dejado, con lo cual se podía ir recorriendo toda la obra.

Desenvolvió, pues, el joven Nazareno con majestuosa serenidad ante sus convecinos, que sin chistar le estaban mirando, el rollo de Isaías, y halló un pasaje en que estaba escrita esta profecía:

«El espíritu de Yahvé está sobre mí, porque me ha ungido: me ha enviado a dar la buena nueva a los pobres, a sanar a los desgarrados de corazón, a predicar a los cautivos que serán libertados y a los ciegos que recobrarán la vista, a enviar libres a los oprimidos, a predicar el año propicio del Señor y el día de la recompensa.»

Enrrolló entonces el libro, se lo devolvió al *hazán* y se sentó. Y dice San Lucas que todos los ojos estaban fijos en Él, llenos de extrema curiosidad y expectativa. Entonces, con sublime sencillez y en medio de un silencio absoluto, comenzó a hablar y dijo: «Hoy, en vuestra misma presencia, se está cumpliendo esta Escritura».

Y siguió explicándoles cómo Él mismo era el Mesías; cómo su predicación era la buena nueva; que *ungido de Dios,* Cristo y Mesías del Señor, lleno del Espíritu de Yahvé, venía a traerles la buena nueva del Evangelio, a darles la libertad mesiánica, a esparcir la luz de la doctrina, a vendar y sanar las heridas y fracturas de sus almas y corazones,

VI. PRIMER AÑO. EL PROFETA EN SU PATRIA

a abrir el año del gran jubileo, en el cual, Yahvé daría a cada cual su merecido. Y tales cosas dijo y con tanta gracia y sabiduría, que toda la asamblea quedaba encantada.

«Todos, dice San Lucas, le daban su aprobación y se admiraban de las palabras que, llenas de gracia, salían de sus labios. Y decíanse: ¿No es éste el hijo de José?»

No era, sin embargo, posible que faltasen murmuradores y envidiosos, y mucho más en un pueblo y aldea reducida. Pronto entre las admiraciones y aplausos generales surgió el susurro de los celos y serpeó la murmuración del desprecio. Y no abiertamente, sino en voz baja, debieron de empezar a decir algunos que, en efecto, cómo podía ser el Cristo el que no era más, como todos lo sabían, que el hijo de un carpintero, y que qué pruebas aducía para demostrar una misión tan grande, y que si eran verdaderos los milagros que en otras partes había hecho, que los hiciese en Nazaret, pues, si hacía favores y mercedes a los extraños, mucho más debía. hacerlos a los suyos, y en su casa, según el refrán: *Médico, cúrate a ti mismo.*

Y Jesús, que adivinaba lo que entre sí se hablaban, les dijo: «Ya sé que vais a recordar aquel proverbio: Médico, cúrate a ti mismo, y a decirme: todo eso que hemos oído que has hecho en Cafarnaún, hazlo aquí en tu patria. Pues bien, oíd lo que os digo: Ningún profeta es acepto en su tierra. En verdad os digo: Muchas viudas hubo en tiempo de Elías en Israel, cuando el cielo estuvo cerrado por tres años y seis meses, y hubo gran hambre en todo el país, y a ninguna de todas ellas fue enviado Elías, sino a una viuda de Sarepta, extranjera, del país de Sidón. Y muchos leprosos hubo en Israel en tiempo de Eliseo profeta, y ninguno de ellos fue limpiado, sino Naamán, que era de Siria.»

Al oír esto, no ya sólo los que murmuraban, sino todos en la sinagoga se llenaron de ira. Se formó un motín horrendo. Se levantaron turbulentos, agarraron a Jesús, le condujeron a empujones fuera del pueblo: le llevaron hasta la cumbre del collado en que está Nazaret edificado. Le iban a arrojar desde allí, cuando Jesús, puesto ya al borde del precipicio, dio media vuelta, y sin más esfuerzo que el de su divina voluntad omnipotente, ni más imperio que el de su majestuosa mirada, hizo que todos le abriesen paso, y pasó sin apresurarse por en medio de todos ellos.

«Y abandonando Nazaret, bajó a Cafarnaún y eligió vivir en ella.»

68. CAFARNAÚN (Lc 4, 31; Mt 4, 13-16)

Triste y airado estaba un día el bondadoso Maestro.

«¡Ay de ti, Corazaín! –decía–, ¡ay, Betsaida, de ti! Si en Tiro y en Sidón, que son gentiles, se hubiesen hecho los milagros que en vosotras se han hecho, se hubieran sentado cubiertas de cilicio y de ceniza y hubieran hecho penitencia. Pero yo os aseguro que en el día del juicio se tratará a Tiro y Sidón con más benignidad que a vosotras. Y tú, Cafarnaún, ¿siempre piensas que vas a estar elevada hasta el cielo? ¡Hasta el abismo sí que vas a ser abatida! Porque si en Sodoma y en Gomorra se hubiesen hecho los prodigios que en ti se han hecho, quizás estarían aún en pie. Pero te aseguro que en el juicio se les tratará mejor que a ti.»

¿Qué era, pues, Cafarnaún, sobre la cual Jesús va a echar años más tarde esta maldición? Hoy de ella restan oscuros y pobres vestigios, que apenas el curioso investigador puede descubrir rastro del sitio que ocupaba. La maldición de Jesucristo la arrasó por completo con el tiempo.

Pero, como el mismo Jesús lo indica en esta maldición, Cafarnaún fue testigo de sus más insignes maravillas y preclaros hechos, escuchó sus más hermosas predicaciones, recibió sus más dulces favores. Por Cafarnaún vio Isaías amanecer el día del Evangelio, como lo escribió en aquella dulcísima profecía que se lee la noche de Navidad.

«En el primer tiempo, decía, se cubrió de oprobio la tierra de Zabulón y la tierra de Neftalí. En el último se llenará de gloria este país que cae hacia la Galilea de los gentiles, camino del mar. El pueblo que andaba en tinieblas verá un gran resplandor, a los que habitaban el país de las sombras de muerte resplandecerá la luz.»

En efecto, Cafarnaún, situada al borde del mar en Galilea, en los confines de Zabulón y Neftalí, se hallaba en aquellos días en tinieblas de vicios y corrupción. Puesta en el cruce de los caminos que salían a Damasco y a Tiro, a los puertos de Tolemaida y de Cesarea, a Jerusalén y a Egipto, y por el lago a todas las ciudades situadas en sus orillas, reunía en su plaza todo el mercado y comercio de estas regiones. El tráfico activísimo y la industria desarrollada acumulaban en ella grandes riquezas, reunían gran número de extranjeros y naturales, de toda religión y raza, y, naturalmente, fomentaban toda clase de vicios y un orgullo desmesurado.

VI. PRIMER AÑO. CAFARNAÚN

Las delicias del país fomentaban, sin duda, la molicie que las riquezas introducían. En efecto, colocada, según hoy se cree, en una colina sobre el mar, presentaba a un lado y otro preciosas vistas de la costa, que se desarrollaba adornada de elegantes villas, suntuosas ciudades y festivas fincas de recreo. A sus pies se extendía el manso, a veces, y a veces, y cuando menos se esperaba, también tempestuoso mar de Galilea, lago de Genesaret, o lago de Tiberíades, que todos estos tres nombres recibía, de cinco leguas de largo y dos y media de ancho, lleno de pesca, surcado de lanchas, rodeado de vegetación, que se acercaba por las pendientes hasta lamer las olas. Cafarnaún, Tiberíades, Magdala, y, en fin, Tariquea a la salida del Jordán, adornaban la costa occidental. La costa oriental parecía ceñida por un camino despoblado que sobre el mar y al pie de los montes se arrastraba. Entra en él el Jordán por el Norte y sale por el Sur.

Como sitio de tanto comercio y tránsito, Cafarnaún tenía aduana, y una guarnición de soldados romanos mandada por el piadoso Centurión, que toda la iglesia conoce, quien, aunque gentil, amaba tanto a los judíos, que les edificó en Cafarnaún una sinagoga, tal vez la única que en una ciudad tan rica y populosa como irreligiosa había en aquel tiempo.

¡Qué tristeza causa hoy al que allí busca los recuerdos de Jesucristo ver la inmensa soledad de todas aquellas riberas!... Fuera de la población de Tiberíades, precisamente la que Jesús apenas visitó, parece que allí no vive nadie. Algunos beduinos plantan aquí o allí sus tiendas y surcan de día los campos, y dejan oír de noche sus canturrias y letanías; algunos padres franciscanos o paúles guardan los sitios venerandos y exploran los terrenos, y ni ellos mismos saben decirnos otra cosa que «aquí debió de estar Cafarnaún, y allí debió de estar Magdala, y aquello parece que fue Corozaín, y ésta debió de ser Betsaida... como no fuese aquella otra...» –¡Cuántas cosas, en los días que allí estuvimos viviendo asomados al lago, preguntábamos meditando a aquellas aguas quietas entonces y tendidas como un espejo de mercurio! Mas él, mudo y sin moverse, parecía guardarse, lleno de tristeza, todos los recuerdos que del Divino Maestro atesoraba.

Allí, pues, expulsado por los suyos de Nazaret, bajó el Señor para irradiar desde aquella altura, como desde un faro, la luz que había de alumbrar a todo el mundo. No era un desconocido, como sabemos. Había en ella dado la salud al hijo precisamente del régulo. Había, además, como le decían los nazarenos, hecho allí, antes de ir a Nazaret, otros prodigios. Tenía, en fin, amigos y aun discípulos, podía servirse como de la suya de la casa de Simón el pescador, que aunque natural, como su hermano Andrés, de Betsaida, tenía aquí, en sociedad con él, su casa, ya fuese propia, ya de su hermano Andrés, ya de su esposa, que vivía en ella con su madre.

69. LOS PESCADORES DE HOMBRES
(Lc 3, 1-11; Mc 1, 16-20; Mt 4, 18-22)

¿Recordáis cómo desde Judea trajo el Señor consigo varios discípulos? Entre ellos venían los primeros, Simón y Andrés, Juan y Santiago. Con ellos se había presentado en Caná, en Jerusalén y en Samaría. Todavía, sin embargo, no fue definitiva y para siempre aquella vocación, y cuando Jesús lo tuvo por conveniente, les dejó volver a sus negocios, y entregarse de nuevo a sus faenas. Mas ya se acercaba la hora de volverlos a llamar a su lado, y no por corto tiempo, sino para siempre.

Un día salió el Maestro de Cafarnaún, y en el campo, a la orilla del mar, se puso a enseñar el Evangelio al pueblo. Se arremolinó, como salía a su presencia, la muchedumbre, ávida de escuchar su dulcísima y maravillosa palabra, y de tal manera le oprimían, que le impedían hablar y le iban estrechando contra la orilla. Entonces Jesús dirigió la vista al lago y vio en él dos lanchas quietas. Sus pescadores habían desembarcado y estaban lavando sus redes. Dueños de la una eran Simón y Andrés, y de la otra los dos hijos del Zebedeo, Santiago y Juan.

Se subió el Maestro en la de Simón y le rogó que la retirase un poco de la tierra. Sentose en seguida en uno de sus bancos, y desde la lancha siguió, ya más cómodamente, enseñando a las turbas, que le escuchaban desde la orilla.

Terminó su plática, y entonces, familiarmente, invitó a Simón a salir a pescar, y le dijo: «"Rema adentro, y echad vuestras redes a pescar". Y le respondió Simón: "Maestro, toda la noche hemos estado trabajando, y no hemos cogido nada. Pero porque lo dices, en tu palabra echaré la red". Y haciéndolo así, recogieron una gran abundancia de peces, como que se les rompía la red. Entonces hicieron señas a los compañeros que estaban en la otra nave, para que viniesen a ayudarles. Y vinieron y llenaron las dos lanchas, tanto, que casi se hundían.

Al ver esto, Simón Pedro cayó de rodillas a los pies de Jesús, diciendo: "Apártate de mí, Señor, porque soy un pecador". Porque a él y a todos los que con él estaban los tenía sobrecogidos el estupor por aquella pesca en que habían cogido tantos peces. Y lo mismo sucedía a Santiago y Juan, los hijos del Zebedeo, que eran compañeros de Simón. Pero Jesús dijo a Simón: "No te asustes: desde hoy tendrás que ser pescador de hombres". Llegaron a tierra, y dijo Jesús a Pedro y Andrés: "Venid conmigo, porque os voy a hacer pescadores de hombres". Ellos dejaron al punto las redes y le siguieron. Y se adelantó Jesús algunos pasos y vio a los dos hermanos, Santiago, el hijo del Zebedeo, y su hermano Juan, que también estaban en la nave con su padre Zebedeo arreglando las redes, y los llamó. Y ellos, dejando sus redes y a su padre Zebedeo con los marineros en la nave, le siguieron».

¡Quién había de decirlo entonces, ni siquiera sospecharlo!... Aquellos cuatro hombres y otros ocho como ellos extendieron sus redes, frágiles a la vista humana, y donde en la noche de la filosofía con las redes de la razón humana nada hubieran pescado, en el día del Evangelio pescaron el universo mundo en las dulces redes del amor y fe en Jesucristo.

70. UN ENDEMONIADO EN LA SINAGOGA
(Lc 4, 32-37; Mc 1, 21-28)

Y salieron de Cafarnaún. Y pronto, el sábado, entró en la sinagoga, y se puso a enseñar. Y estaban todos asombrados de su doctrina, porque les enseñaba como quien tiene potestad, y no como los escribas.

Los escribas, en efecto, les enseñaban traduciendo o interpretando las Escrituras y explicando las palabras de Dios, sobre las que no tenían ninguna autoridad ni dominio; al paso que Jesús exponía la ley y los preceptos como quien era dueño de las Escrituras y de todo lo que decía, y tenía autoridad para mandar y definir lo que quisiese. Además los escribas entonces enredábanse en minuciosas disquisiciones y cuestioncillas de sus tradiciones, dudas y controversias, sin acertar a dar su fallo; al paso que el Divino Maestro prescindía de todas sus falsas tradiciones, no hacía caso de sus inútiles cuestiones, explicaba la verdadera ley que venía a traer al mundo y decidía las dudas con autoridad y certeza. Así, pues, su predicación era de todo en todo soberanamente superior a la que estaban acostumbrados a oír a sus rabinos.

«Estaba entre los oyentes de la sinagoga un hombre poseído del demonio inmundo, el cual empezó a gritar, diciendo: "¡Calla! ¿Qué tienes que ver con nosotros, Jesús Nazareno? ¿Has venido a perdernos? Ya sé quien eres: eres el Santo de Dios". Y Jesús le increpó y le intimó estas palabras: "¡Calla y sal de ese hombre!" Entonces el espíritu inmundo sacudió al hombre, le arrojó al medio de la sinagoga y gritando fuertemente salió de él, pero no le hizo ningún daño. El pavor se apoderó de todos, que, sobrecogidos, se preguntaban unos a otros: "¿Qué es esto? ¿Qué nueva doctrina es ésta? ¡Ese hombre impera con potestad y fuerza aun a los espíritus inmundos, y ellos le obedecen y salen!..." Al momento se divulgó la fama por todos los pueblos del país de Galilea.»

No era para menos el hecho. Permitiéndolo así Dios Nuestro Señor por sus fines, y tal vez para que el Mesías demostrase mejor su poder, había en aquella época muchísimos poseídos del demonio. El demonio ocupaba el cuerpo del endemoniado, usaba de sus miembros a su capricho, por su fuerza, contra la voluntad del poseso, al cual prestaba no pocas veces fuerzas físicas y facultades superiores a las que el hombre puede tener. Apoderado de un hombre vivo, dueño en él de todo menos de su alma, y, por tanto, de su voluntad, a la cual no puede el diablo, ni aun en estos casos, violentar, le movía, le hacía hablar, comer, moverse, retorcerse, como él quería. A veces permitía al endemoniado tener acciones propias, y obrar según quisiese en muchos tiempos, a veces casi no le dejaba acción ninguna, fuera de la voluntad, que, como he dicho, siempre quedaba libre, sin que el demonio pudiese hacer que el endemoniado quisiese lo que no quería. Difícil es al hombre, pues Nuestro Señor no nos lo ha enseñado, explicar qué género de satisfacción encontraban los demonios en poseer así los cuerpos; pero es lo cierto que lo querían, y se resistían a salir cuanto podían.

Aquel hecho maravilló extraordinariamente a los que lo vieron, y con razón. Estaban acostumbrados a ver los largos exorcismos y oraciones que costaba librar a un endemoniado. Y esto muchas veces, por desgracia, sin éxito ninguno. ¿Cómo no les había de espantar el ver a Jesús mandar al demonio y con sólo su palabra, sin más, arrojarlo de un poseso? ¿Qué rayo de esperanza era aquél para tantos endemoniados como recorrían la tierra, llenándola de horrores y espantos?

71. LA CASA DE SIMÓN
(Lc 4, 38-41; Mc 1, 29-34; Mt 8, 14-17)

Se apresuró Jesús a salir de la sinagoga, donde todos quedaban enterándose de aquel prodigio, y acompañado de Santiago y Juan, entró en casa de Simón y Andrés. Tristes encontraron a sus habitantes, porque la suegra de Simón se había acostado enferma. Tenía fiebre, y (según lo nota San Lucas, que, entre los evangelistas, era médico) fiebre de las que entonces llamaban *grandes fiebres*.

«Apenas entró el Señor, le rogaron por ella. Se acercó Jesús y puesto a su lado mandó a la fiebre, tomó a la enferma su mano, la levantó, y al punto la dejó la fiebre». Y tanto la dejó, que «levantándose ella al punto se puso a servirles».

Mas no les dejaron descansar mucho tiempo. Llegó la tarde, púsose el sol, y con esto casi el descanso del sábado, según la ley. Entonces todos cuantos habían oído las curaciones de aquel día y tenían enfermos en sus casas, se fueron a ellas y, cogiendo a todos los endemoniados que tenían y a todos los enfermos de todas clases, los trajeron al Señor. Al crepúsculo vespertino estaba, dice San Marcos, a la puerta de la casa de Simón toda la ciudad. Salió afable el Maestro y fue poniendo las manos en cada uno de los enfermos, y con su palabra echando los demonios de los posesos.

«Salían los demonios de muchos gritando y diciendo: Tú eres el Hijo de Dios. Mas Jesús los increpaba y no los dejaba hablar, porque sabían que era el Cristo.»

No quería, sin duda, Jesús que se pensase que Él se buscaba en los demonios la prueba de su misión, y por eso mandaba públicamente callar al demonio cuando salía de los cuerpos.

Entonces, como dice San Mateo, se cumplía la palabra del Profeta Isaías, que dijo: «Él mismo cargó con nuestras dolencias y tomó sobre sí nuestras enfermedades». Y aunque Isaías se refiere principalmente a las dolencias del pecado y del alma, bien pudo San Mateo decir esto, ya que la enfermedad es consecuencia del pecado, y la curación de los cuerpos símbolo de la curación de las almas.

72. ORANDO Y TRABAJANDO
(Lc 4, 42-44; Mc 1, 35-39; Mt 4, 23-24)

No le hubieran dejado si Él no se hubiese apartado. De seguro que al día siguiente le hubieran traído otros tantos y más enfermos, si hubiese seguido en casa de Simón, cuyo camino ya habían aprendido. Mas Jesús madrugó muy de mañana, salió de la ciudad, buscó un sitio apartado, y allí se puso a orar.

Pronto las turbas asediaron la casa de Simón preguntando por Él. Y fueron tantos los que venían y preguntaban, que Simón salió a buscarle con sus compañeros. Le hallaron por fin y le dijeron:

«"Todos te están buscando". Le descubrieron también las turbas, y corrieron a Él, y observando que se quería ir a otra parte, le detuvieron y rogaron que no se fuese. Pero Jesús les dijo: "También tengo que evangelizar a otras ciudades el Reino de Dios. Vamos a los pueblos y ciudades vecinas para predicar allí. Porque para esto he sido enviado y he venido". Y, en efecto, fue recorriendo toda Galilea predicando en sus sinagogas, que eran muchas, enseñando en ellas el Reino de Dios, curando todas las enfermedades y dolencias del pueblo. Su fama se extendió hasta por toda Siria y le presentaron todos cuantos estaban enfermos, atacados de diversas dolencias y tormentos, poseídos de demonios y lunáticos. Y los curó.»

73. EL LEPROSO (Lc 5, 12-16; Mc 1, 40-45; Mt 8, 2-4)

De esta manera, repartiendo por todas partes sus bondades y (como decía en un sermón San Pedro que le fue acompañando) haciendo bien a todos y sanándolos a todos, fue recorriendo los ciento cuatro pueblos de aquella provincia densísima de habitantes. Muchos fueron los prodigios que vieron sus ciudades, grandes los favores que repartió en Betsaida, patria de Simón, y en Corozaín, tan rebelde a pesar de sus bondades, y en Magdala, y en Caná, y en Naím, y, si se dignó entrar allí otra vez, en Nazaret, y quizás en la mundana Tiberíades, donde se entregaban al placer, al lujo y al vicio Herodes y sus cortesanos.

En uno de sus viajes por los pueblos, no se sabe en cuál de ellos, de repente, he aquí que se le acercó un hombre que llamó la atención. Estaba lleno de lepra. El infeliz, quizá por ocultar su repugnante aspecto, al dirigirse a él parose antes de tocarle, y, derribado en tierra ocultaba en el polvo su rostro, le adoraba de rodillas y le gritaba:

«Señor, si quieres, puedes limpiarme.»

Enfermedad horrible la que llevaba consigo. La lepra, comenzando por simples manchas coloradas en la piel, germina pronto en nodosidades y tubérculos que van poco a poco creciendo sobre el rostro,

VI. PRIMER AÑO. EL LEPROSO

sobre el pie y las piernas, sobre las manos y los brazos. Los tubérculos repletos de bacilos leprosos, unas veces ennegrecen y arrugan la piel, otras se convierten en repugnantes ampollas, otras en úlceras y llagas que destrozan todo el rostro. Las extremidades se van deformando y disminuyendo, los órganos se corroen sin cesar. El pobre enfermo se ve consumir lenta y suciamente, sin más esperanza que la muerte, porque no hay cura a tan grave mal.

Sea o no muy contagiosa esta enfermedad, pues creo que disputan mucho acerca de esto los sabios, se la tiene por tal y se toman contra el leproso los más exquisitos cuidados y precauciones. Según la ley de Moisés, el israelita que tuviese una de estas manchas sospechosas debía pronto presentarse al sacerdote, para que lo examinase. Si el sacerdote le encontraba efectivamente leproso, le declaraba impuro y le imponía el aislamiento de la sociedad. Desde entonces el leproso se retiraba a vivir solo. Para que se le reconociese, aun de lejos, llevaba desgarrados sus vestidos, descubierta la cabeza y oculta la barba con su manto; al que se le acercaba le gritaba: *Tame, tame:* impuro, estoy impuro.

Si el leproso se curaba, lo cual no acontecía casi nunca, o nunca, sino en las falsas lepras, sólo temporalmente y de modo que sólo por algún tiempo no fuese contagioso el mal, el sacerdote daba el testimonio, se le purificaba, se le imponían ciertas medidas higiénicas, se le exigía un sacrificio, según sus posibles, y se le admitía en la vida común.

Vino, pues, el pobre leproso, y desde lejos, con humilde confianza y resignación, le dijo: «Señor, si quieres, puedes limpiarme».

Y cayó en tierra ocultando vergonzoso en el polvo su faz.

«"Quiero, sé limpio" –le dijo el Señor–, y, compadecido, extendió sobre él su mano y le tocó. Y al decir aquello, desapareció la lepra y el hombre quedó limpio. Entonces le despidió y le dio esta orden: "A ver cómo no lo dices a nadie. Sino que te vas y te presentas al príncipe de los sacerdotes, y le ofreces por tu limpieza el don que mandó Moisés, para que te sirva de testimonio".»

Quería sin duda Jesús, por una parte, que antes de recibir el certificado y autorización que la ley prescribía, no entrase en el trato común, sino que primero recibiese certificación legal de que estaba ya curado. No quería, por otra, que, dando cuenta este leproso de que Jesús curaba con su virtud hasta la enfermedad más horrible y rebelde, le saliesen al encuentro todos los leprosos, impidiendo tal vez su fin principal, que era la predicación. Mas el leproso no pudo contenerse, y «salido de allí, comenzó a pregonar y contar lo sucedido. Con lo cual se extendió más y más su fama, y acudía una inmensa muchedumbre a oírle y pedir remedio para sus enfermedades, de modo que ya no le fue posible entrar, si no es ocultamente, en los pueblos.

«Frecuentemente se retiraba a la soledad y oraba. Mas de todas partes acudían a Él.»

74. CURA AL PARALÍTICO Y PERDONA LOS PECADOS
(Lc 5, 17-26; Mc 2, 1-12; Mt 9, 1-8)

Se extendió tanto su fama, que ya no pudieron disimular los fariseos sus recelos, ni fingir como hasta entonces indiferencia, y mandaron desde Judea, desde Jerusalén, comisionados del Sanedrín que examinasen aquel movimiento y revolución que los traía recelosos hacía tanto tiempo, a pesar de lo mucho que querían disimular.

«Volvió a Cafarnaún, su ciudad, después de varios días. Apenas se supo que estaba en casa de Pedro, acudieron en tropel tantos que no cabían ni a la puerta. Viendo tanta gente el Maestro en la misma casa, se sentó y se puso a predicar el Evangelio. Este día había novedad en el auditorio: allí, atentos y espiando todas sus palabras y conducta, estaban también sentados entre los oyentes del pueblo los fariseos y doctores de la Ley, que habían venido de todas las aldeas o castillos de Galilea y de Judea y de Jerusalén, enviados sin duda los de Jerusalén por el Sanedrín, y convocados los otros por los que de Jerusalén habían venido. La virtud del Señor estaba sanando a todos. Cuando he aquí que vienen unos hombres trayendo en su camilla un paralítico conducido por cuatro. Se empeñaban en meterle y ponerle ante el Maestro. Mas no hallando sitio por donde meterle a causa del gentío, se subieron sobre el tejado (cosa no difícil, donde las escaleras están por fuera), y una vez allí, quitaron algunas tejas, y por aquel hueco bajaron la camilla en que estaba el paralítico y le pusieron en medio ante Jesús. Viendo Jesús la fe de aquellos hombres, dijo al paralítico: "¡Confía, hijo mío, se te perdonan tus pecados!"».

¡Extraña palabra! Había aquel hombre venido por la salud, y el Maestro, en vez de dársela, le perdona sus pecados. Además, no se sabe que hasta entonces el Maestro hubiese dicho tal cosa a nadie. Y

VI. PRIMER AÑO. CURA AL PARALÍTICO Y PERDONA LOS PECADOS 177

precisamente vino a decirla en la ocasión en que más adversarios tenía delante, y adversarios que de nada como de aquello se iban a escandalizar. Buen comienzo tenían aquellos pobres fariseos, y bien hallaban materia de que ofenderse del nuevo Maestro, que los había humillado en Jerusalén.

En efecto, al escuchar aquella palabra, dicen los Evangelistas que «los escribas y fariseos comenzaron a pensar en sus corazones y a decir para sí mismos: "¿Qué está éste diciendo ahí?... Este hombre blasfema. ¿Quién puede perdonar los pecados sino Dios solo?" Jesús, que conoció en seguida su espíritu y lo que estaban pensando entre sí, les dijo esta respuesta: "¿Qué malas ideas estáis revolviendo en vuestros corazones? ¿Qué os parece más fácil: decir al paralítico: se te perdonan tus pecados; o decirle: levántate, toma tu camilla y anda? Pues para que veáis que el Hijo del hombre tiene en la tierra potestad de perdonar los pecados (y al decir esto se volvió al paralítico), yo te digo, carga con tu camilla y vete a tu casa". Y al punto, delante de todos, se levantó el paralítico, cargó con su camilla en que había estado postrado y, mirándole todos, se fue a su casa alabando a Dios. Las turbas que le vieron se quedaron espantadas, y llenas de estupor alababan a Dios, que tal poder dio a los hombres. (Así pensaban entonces: que Jesucristo era sólo hombre). Se disolvió la reunión y salían todos diciendo: "¡Hoy hemos visto maravillas!"»

¡Y tan grandes que habían visto! Nunca hasta entonces se había presentado un hombre que se atreviese a perdonar los pecados, y probase tan grande autoridad con tan patente milagro. Los pobres escribas y fariseos quedaron desconcertados. Y después de todo tenían razón cuando decían: ¿Quién puede perdonar los pecados sino Dios solo? Pero es que el que tenían delante era Dios. Ya se lo probaría más tarde.

Y de seguro que Juan, el discípulo amado, el evangelista atento a todo lo que veía, que acostumbraba fijarse en pormenores mucho más insignificantes a veces, no olvidaría en esta ocasión aquella palabra que él y Simón habían oído a su Maestro Juan el Bautista en la primera tarde que pasó delante de ellos Jesucristo en el desierto: «He ahí el Cordero de Dios, he ahí el que quita los pecados del mundo».

¿Acaso vino a otra cosa Cristo Nuestro Señor que a redimirnos de nuestras culpas?

75. VOCACIÓN DE MATEO. NO VENGO A BUSCAR A LOS JUSTOS, SINO A LOS PECADORES
(Lc 5, 27-32; Mc 2, 13-18; Mt 9, 9-13)

Esto es lo que había de responder en breve a aquellos mismos hipócritas que se escandalizaban de las palabras de Jesús, y esquivaban el trato con los que ellos llamaban pecadores, y tal vez lo eran, pero tal vez no lo eran tanto como muchos fariseos.

Había en Palestina en tiempo de Jesucristo una clase de hombres que a los ojos de un verdadero judío eran sinónimos de pecadores: los *publicanos*. *Publicum* era el nombre con que los romanos designaban el impuesto del Estado, fuese directo o indirecto o de cualquier clase. Y publicanos eran los hombres encargados de cobrarlo, a quienes el Estado, en pública subasta, adjudicaba este cargo. No eran de baja condición, sino que formaban una clase intermedia, la de los caballeros, inferiores, sin duda, a los patricios, pero muy superiores a la plebe. Formaban, por lo regular, estos publicanos, compañías de varios, cada una de las cuales tenía su representante y gerente principal en Roma, y en provincias, los necesarios subgerentes, cada uno de los cuales tenía a su vez a sus órdenes muchos empleados inferiores, como contadores, cobradores, corredores y agentes de todas clases. Naturalmente, toda esta turba era de rango inferior a la de los directores, y descendía por todos los grados de la escala social hasta contar entre ellos muchos esclavos y gente perversa y ruin.

Todos ellos, aunque no lo eran, recibían el nombre de *publicanos*. Y como, aun los verdaderos publicanos, pero sobre todo sus subalternos, eran, en su mayor parte, una ralea de hombres codiciosos, usureros y ladrones de todos géneros, la infamia de los más manchaba el nombre de todos, inferiores y superiores.

A estas razones generales que hacían odioso el nombre de publicanos de toda especie, se añadía entre los judíos otra, y es que los publicanos eran la representación más sensible y odiosa de la dominación romana, con todas sus injusticias, tiranías y violencias. Así que decir publicano y señalar el tipo más odioso y aborrecible a los judíos era lo mismo.

En Cafarnaún había muchos de éstos de todas clases, por haber allí aduana a causa del poderoso tráfico de la plaza. Uno de ellos, que entonces se llamaba Leví de Alfeo, pero fue más conocido con el nombre de Mateo (don de Dios), tenía a la salida de Cafarnaún su garita,

VI. PRIMER AÑO. VOCACIÓN DE MATEO 179

en la que cobraba el portazgo o los tributos que le correspondían. Y un día, poco después de este suceso del paralítico y del perdón de los pecados, «salió Jesús y se dirigió al mar. Toda la gente le siguió. Al pasar vio el Maestro a Leví de Alfeo sentado en su garita, y le dijo: Sígueme. Y Leví Mateo se levantó al punto y le siguió».

Aventura grande de parte del Maestro meter así a un publicano entre sus discípulos, y resolución hermosa en un publicano, dejarlo todo por seguir a un Maestro pobre.

Pero Jesús no había venido a proceder en su evangelización conforme a los planes humanos. Y aunque sabía que se habían de escandalizar de su conducta los fariseos y escribas, determinó quitarles un susto y un escándalo con otro mayor, que de una vez les señalase la línea santísima de conducta que Él pensaba seguir.

Porque Mateo, como para despedirse, sin duda, de sus amigos, y para congraciarlos tal vez, si podía, con el Maestro y atraerlos a Él, «preparó a Jesús en su propia casa un gran banquete. Y cuando ya Jesús estaba reclinado a la mesa (entonces para comer se reclinaban en unas camillas que estaban en lugar de las sillas alrededor y a la altura de las mesas), he aquí que empiezan a entrar y van sentándose muchos pecadores y publicanos junto a Jesús y sus discípulos: pues eran muchos los que ya le seguían». Y viendo los fariseos y escribas que estaba comiendo con los publicanos y pecadores, murmuraban y decían a sus discípulos: "¿Cómo vuestro Maestro come y bebe con los publicanos y pecadores?" Les oyó Jesús y les dio esta respuesta: "No son los sanos los que necesitan del médico, sino los enfermos. Id a estudiar lo que significan aquellas palabras: más estimo la misericordia que el sacrificio. (Que era una sentencia del profeta Oseas). Yo no he venido a llamar a los justos, sino a los pecadores a la penitencia".»

Fina respuesta, llena de dulce ironía y de profunda teología y de suavísima esperanza para todos. Porque todos somos pecadores, y a todos ha venido a buscar Nuestro Señor Jesucristo, y sólo aquéllos quedarán sin parte de su misericordia que, soberbios, piensen que no son pecadores. Los demás, los que, aunque culpables, somos lo bastante humildes para reconocerlo, seremos buscados por el Buen Pastor y recibidos por el dulce Maestro con aquel amor y bondad con que fueron recibidos todos aquellos publicanos y pecadores amigos de Mateo, que estuvieron mano a mano en la mesa con Él.

Mal iban quedando los fariseos, que tan odiosamente seguían espiando los actos del Maestro de Israel. Cada paso que daban les iba resultando una nueva confusión. Mas no se rendían. Pronto se les ofreció nueva manera de censurar al Maestro.

76. EL ESPOSO (Lc 5, 33-39; Mc 2, 18-22)

Les daba ocasión aquel mismo banquete que estaban viendo, que de creer es que no sería escaso ni desanimado. Tal vez el día en que se daba era alguno de aquellos en que los fariseos y los discípulos de Juan Bautista ayunaban por alguna de sus tradiciones. Era costumbre de los fariseos y de los celosos ayunar dos veces por semana: el jueves, día en que subió Moisés al Sinaí, y el lunes, día en que bajó. Y deseosos de robustecer su propia autoridad, aquellos fariseos, que en otros tiempos habían despreciado y perseguido a Juan Bautista, a quien ellos, más aún que Herodes, habían encerrado en la cárcel, esta vez se juntaron con los discípulos de Juan para desprestigiar, si pudiesen, a Jesús, con el prestigio del Bautista, tan venerado siempre, y tal vez más entonces, por lo mismo que no estaba a la vista.

Juntándose, pues, «los discípulos de Juan y los de los fariseos que ayunaban, se acercaron a Jesús y le dijeron: "¿Y por qué los discípulos de Juan ayunan con frecuencia y hacen oraciones, y lo mismo los discípulos de los fariseos, y en cambio los tuyos comen y beben?" Y Jesús les dijo: "¿Queréis hacer ayunar a los amigos del Esposo mientras está el Esposo con ellos? Ya vendrán días en que se les arrebatará el Esposo, y entonces en esos días ya tendrán que ayunar". Y les añadió esta semejanza: "Nadie saca un remiendo de un vestido nuevo para un vestido viejo; porque si no, rompe el nuevo y el remiendo del nuevo no cae bien al viejo. Nadie cose un remiendo de paño recio a un vestido gastado, porque si no, tira el remiendo nuevo del viejo y el rasgón se hace mayor. Nadie mete vino nuevo en pellejos viejos; porque si no, el vino nuevo rompe los pellejos, él se derrama y los pellejos se pierden: el vino nuevo se mete en pellejos nuevos, y así se conservan los dos. Nadie acostumbrado a beber vino añejo se hace de pronto al nuevo, sino que dice: mejor es el viejo"».

Les quería decir que no se empeñasen en que sus discípulos de la nueva doctrina y la ley que él traía, se redujesen a las normas antiguas que ellos, discípulos de Juan Bautista y de los fariseos, les querían imponer. Mis discípulos son vestido nuevo, paño fuerte, vino reciente. Vosotros sois vestido viejo, ropa gastada, odres usados. Id por vuestro

VI. PRIMER AÑO. EL ESPOSO

camino y dejad a mis discípulos ir por el suyo o por el que yo les enseñe. Ahora os disgustan esos usos; también disgusta el vino nuevo al que está acostumbrado al viejo. Pero ya vendrá tiempo en que este vino del Evangelio, atesorado en los vasos de la religión nueva que yo fundaré, sea incomparablemente más suave y dulce que vuestras leyes y ceremonias.

Y por de pronto, dejad a mis discípulos que no hagan penitencia mientras están conmigo. Ya la harán después, cuando, por la predicación del Evangelio, los envíe como ovejas entre lobos, para que éstos les echen sus garras y los arrastren por concilios y cárceles, y los azoten en las sinagogas, y los hagan odiosos a todo el mundo, y los entreguen a la muerte, que es la perspectiva que yo mismo les profetizaré, cuando llegue la hora de separarme de ellos. Ahora que tienen consigo al Esposo, y mientras duran las bodas, dejadles gozar un poco y tener paz hasta que les quiten el Esposo, que será cuando a mí me quiten la vida.

Y con esto los dejó. Los fariseos volverían escandalizados a Jerusalén y delatarían allí al Sanedrín lo que habían visto. Poco después de ellos iba muy pronto a presentarse el mismo Jesús a escandalizar más aún a aquellos hipócritas soberbios, para quienes el Mesías iba a ser causa de ruina, como lo profetizó Simeón.

Había ya transcurrido el año desde la primera pascua que estuvo Jesús en Jerusalén, y se acercaba la segunda, en la que de nuevo iba a ir al templo, donde, conocido ya por los fariseos, Él mismo en persona iba a afrontarlos en su propia sede, a convertirlos, si quisiesen; a humillarlos y confundirlos, si se obstinaban y le resistían.

VII

SEGUNDO AÑO DEL APOSTOLADO DE JESUCRISTO
(28-29)

77. SEGUNDA SUBIDA A JERUSALÉN
(Jn 5, 1)

De seguro que aquellos fariseos comisionados para examinar lo que Jesús hacía en Galilea, vueltos a Jerusalén y presentados al Sanedrín, referirían lo que habían visto, y no lo harían con fidelidad, sino con los colores y la parcialidad que la pasión propia y el deseo de satisfacer los prejuicios de los príncipes y sacerdotes les inspiraban.

Y sabiendo el espíritu de religión y observancia con que el Nazareno procedía en todo, prepararían, entre todos, sus planes para la próxima pascua, en la que, sin duda, vendría el Profeta al templo como había venido el año pasado.

En efecto, al poco tiempo llegó esta pascua, y Jesús, sea solo, sea con otros de aquella tierra, fue a Jerusalén. Visitó, sin duda, ante todo, el templo, y no sabemos los primeros sentimientos que su venida pudo producir en la ciudad. Pero de seguro que fue desde el principio bien conocido de muchos y al poco tiempo de todos.

78. UN PARALÍTICO DE TREINTA Y OCHO AÑOS
(Jn 5, 2-18)

Un día, yendo al templo, se acercó a una de sus puertas que caía al ángulo Nordeste del templo, y que era llamada Probática, es decir, de los rebaños o de las ovejas, donde parece que se reunían en algún tiempo las reses destinadas al sacrificio. Era bastante capaz, sin duda, pues tenía cinco pórticos.

Junto a esta puerta estaba una piscina llamada Bethesda o casa de misericordia. Allí se dirigió Jesús. Y el evangelista nos refiere el caso de esta manera:

«Yacía en los pórticos gran multitud de enfermos, ciegos, cojos, tullidos, esperando el movimiento del agua. Porque de tiempo en tiempo bajaba un ángel del Señor a la piscina y agitaba el agua. Entonces, el que se sumergía el primero después de la agitación del agua quedaba sano de cualquiera enfermedad que tuviese. Había, pues, un hombre allí que llevaba treinta y ocho años en su enfermedad. Viéndole Jesús tendido, y sabiendo que llevaba ya mucho tiempo, le dijo: "¿Quieres ponerte bueno?" Y le dijo el enfermo: "Señor, no tengo un hombre que cuando se agite el agua me eche en la piscina; y así para cuando yo voy ya ha bajado otro antes que yo". Dícele Jesús: "Levántate, toma tu camilla y camina". Y al momento quedó sano el hombre, y tomó su camina y se marchó.»

No sabemos cuándo comenzaron estos prodigios de esta piscina. La más probable creencia es que Dios, para preparar con señales prodigiosas la aparición del Mesías, así como hizo otros prodigios, por ejemplo, el de la estrella de los magos, así hizo éste durante algún tiempo. Tampoco dice el evangelista que el ángel viniese visiblemente; al contrario, parece que lo que se veía era sólo el movimiento que él causaba, y se creía que era un ángel por la tradición o natural atribución que suele hacerse a ellos de los prodigios muchas veces. Ni, en fin, se dice claramente la enfermedad que tuvo este pobrecito, aunque todas las señales son más que de otra cosa de tullido. Hacía treinta y ocho años que estaba así; era, pues, arraigada su enfermedad; pero ni dice el evangelista, ni es verosímil que todos estos treinta y ocho años viniese a la piscina. Y el no tener hombre era porque otros los tenían ocupados, o porque los milagros sucedían principalmente en sábado, y entonces no querían trabajar ni aun en este poco de caridad.

Iba, pues, nuestro pobre enfermo, alegre y regocijado al templo, arremolinando en pos de sí inmensa muchedumbre y llamando la atención de todo el mundo.

Y le vieron entre otros los judíos, es decir, los príncipes y fariseos y doctores, y ¡qué escándalo para aquellos supersticiosos observadores del sábado a su manera, ver que allí mismo, a sus ojos, en el recinto del templo, se quebrantaba de esta manera el sábado! ¡De seguro (se dirían) que anda aquí el Nazareno! Se abrieron, pues, paso entre las turbas, y llegando al enfermo, que venía cargado con su camilla, le dijeron:

«"Hoy es sábado, no puedes llevar tu camilla". "Pues el que me ha dado la salud (respondió él) es el que me ha dicho: Toma tu camilla y marcha". "Y ¿quién es ese hombre (le preguntaron) que te ha dicho: Toma tu camilla y anda?"».

El paralítico entonces debió de tender una mirada para señalárselo; pero «como Jesús se había retirado de la turba que se arremolinó en aquel sitio, el que se había curado no supo decir quién era».

El paralítico se dirigió al templo, donde quería dar gracias a Dios, y «allí, en el templo, le halló Jesús y le dijo: "Mira, te has curado: ya no peques, no sea que te venga otra cosa peor"».

Se conoce que aquel paralítico había recibido su enfermedad por pecados suyos. ¡Y cuántas veces nuestras enfermedades son efecto natural o castigo de Dios por el pecado!

Con este motivo, el paralítico, que conocía de vista a Jesús, le conoció de nombre, y se fue al punto derecho a los judíos y les dijo que quien le había dado la salud era Jesús. Ya se lo sospechaban ellos por las noticias que habían traído los comisionados de lo que en Galilea habían visto. «Y por esto empezaron a perseguir los judíos a Jesús: porque hacía estas cosas en sábado».

Es decir, perseguirle le perseguían por muchas causas, y, sobre todo, por envidias y celos torpes; pero para dar aspecto de justicia y de piedad a sus planes, tomaron pretexto de las curaciones sabatinas que Jesucristo hacía muchas veces, no precisamente para molestar a los judíos, sino porque ocurría tener más ocasiones de hablar y obrar con el pueblo en los días festivos y de reposo.

79. JESÚS SE DICE HIJO DE DIOS
(Jn 5, 19-20)

Fueron, pues, a pedirle cuenta de aquella flagrante y pública violación del sábado, y como jefes y doctores del pueblo santo, le pidieron, y tal vez con autoridad y como oficialmente, cuenta de su conducta.

Bien pudiera Jesús haberles dicho que Él no faltaba a la ley de Dios, ni violaba el sábado, tal como lo había puesto Moisés, porque la ley del sábado no impedía nada razonable, necesario y caritativo. Y que lo que ellos llamaban observar el sábado no era sino un cúmulo de tradiciones suyas, argucias, supersticiones, meticulosidades ridículas que a ningún judío podían obligar nunca. Pero esta vez no quiso decirles nada de esto, sino que, tomando ocasión de aquí, se puso a enseñarles la doctrina más alta de todo su Evangelio y a explicarles ya claramente cómo Él era Mesías, y no sólo Mesías, sino Hijo de Dios y Dios mismo, enviado para que todos ellos le creyesen so pena de condenación.

Afrontando resueltamente su oposición, como quien no tenía nada por qué temerlos, ya que era dueño de la vida, y sólo cuando Él quisiese se había de dejar matar, tuvo con ellos un discurso y una disputa en la que definitivamente les dijo, sin rodeos, lo que Él era, lo que venía a hacer, lo que ellos tenían que aceptar, en una palabra, todo cuanto después había de explicarles, todo lo que en adelante sería objeto de sus discusiones, todo lo que les había de dar ocasión de procesarle y llevarle a la muerte.

El sitio no podía ser más augusto, pues estaban en el templo.

El auditorio no podía ser más autorizado, pues estaba ante los príncipes y doctores de Israel.

La ocasión era bien pública, pues estaría, sin duda, toda la muchedumbre que solía congregarse en estas fiestas, que era muchísima.

El tono que revistió esta vez la palabra de Jesús no era el sencillo con que había hasta entonces en general hablado a las turbas de Galilea, a los labradores y campesinos del Norte. Tampoco se hallaba entre ellos, sino ante lo más ilustrado de Israel, ante los más sabios teólogos y rabinos, que le pedían cuenta de quién era y del modo como obraba.

Estos infelices, soberbios y orgullosos como eran, no se habían fijado en los milagros que Cristo hacía, que, sin duda, algo debían valer y algún respeto les debían infundir, sino que veían en Jesucristo al mismo que habían visto la primera vez, uno que sin ser doctor, ni haber cursado letras, se les ponía de pronto de frente, y sin pedirles autorización ni formar con ellos compañía, ni siquiera rogarles apoyo, Él por sí y ante sí, *tanquam potestatem habens,* como quien tenía potestad, y potestad superior a todos ellos, los desautorizaba, los arrinconaba, los anulaba ante el pueblo, sobr todo desde que despreciaba sus ridículas minucias y reglitas supersticiosas.

Creyendo, pues, que ya no se podía tolerar más tiempo al atrevido Nazareno, después de haber oído al paralítico y preparado su demanda, se fueron a Jesús y le pidieron cuentas de por qué faltaba de aquel modo escandaloso a las leyes del sábado. Y Jesús, dejando otras respuestas, les respondió: «Mi Padre trabaja hasta ahora; pues yo también trabajo.»

Esta respuesta les desconcertó. Ellos venían creyendo cogerle como infractor de la ley, como pecador, como escandaloso, y ya por esto pensaban apedrearle, y Jesús les dice resuelto una verdad estupenda en que ellos no habían pensado: −¿Vosotros me preguntáis por qué quebranto el sábado? Pues sabed que mi Padre, Yahvé, no ha cesado de su trabajo, ni aun los días festivos, pues está conservando y gobernando el mundo todos los días. La obra de la creación cesó el séptimo día, pero su trabajo sigue siempre, y hasta ahora, hasta hoy que es sábado. Y como Él trabaja, trabajo también yo. Y si no es mi Padre reo de culpa por lo que hace, tampoco lo soy yo.

Al oír esto los judíos, se decidieron más aún a quitarle la vida, porque «no sólo quebrantaba el sábado, sino que decía que Dios era su Padre, y se hacía igual a Dios. Jesús entonces les respondió: "En verdad, en verdad os digo: no puede el Hijo hacer por sí ninguna cosa, sino lo que vea hacer a su Padre: porque todo lo que Él hace, eso lo hace igualmente el Hijo: porque el Padre ama al Hijo y le manifiesta todo cuanto hace, y le manifestará todavía otras obras mayores para que os asombréis"».

Profundísima doctrina en la que el teólogo tiene bien que ahondar. Según ella, el Hijo, y por tanto Jesucristo, hace todo lo que hace el Padre, y obra con Él idénticamente. Forma, por tanto, una naturaleza con el Padre, y aun cuando es distinta persona, es tan uno y tan igual como el Padre, que es una misma esencia con Él, y tiene idéntica operación con Él. Es verdad que en razón de origen, no de dignidad, ni de causa, el Hijo no hace nada sin ver al Padre hacer, pero lo que el Padre hace, por el amor esencial que tiene al Hijo, se lo demuestra, y de tan maravillosa manera, que, lo que no sucede en las cosas creadas, el Hijo ve lo que hace el Padre, y hace eso mismo que ve hacer al Padre. Y así aquella curación del sábado y todo lo que en los sábados había hecho, lo vio sin duda hacer al Padre, y Él lo había hecho porque el Padre se lo había manifestado. Y le manifestaría en adelante más obras y más maravillosas para que obrase mayores milagros.

¿Cuándo y cómo demuestra el Padre al Hijo lo que hace?

Cuando al engendrarle en su eternidad sin sucesión le da su naturaleza y sus atributos y su ciencia. No pretendáis entender esta generación altísima del Hijo, del Verbo, por el Padre, porque yace en lo más hondo e impenetrable del tesoro de riquezas de la divinidad, inaccesibles a los ojos humanos. El Padre, al engendrar al Hijo, le manifiesta su ciencia no como nosotros a nuestros discípulos, sino de un modo mucho más alto, comunicándole su inteligencia misma, su mismísimo ser inteligente y lleno de su ciencia infinita y divina.

Y aunque todo se lo manifiesta desde la eternidad, y el Hijo lo ha visto todo desde el principio, dice, sin embargo, que el Padre le manifestará más cosas en adelante, no porque ya no le hubiese manifestado todas, sino porque habla a nuestro modo humano, designando el efecto y la obra externa, y como si entonces le manifestase lo que hace, cuando en efecto se produce la acción externa.

¡Misterios admirables y profundísimos! ¿Acaso hay otros más admirables ni profundos?...

80. EL SEÑOR DE LA VIDA (Jn 5, 20-47)

Y para explicarles ya en general las obras que en adelante había de hacer para llenarlos de asombro, y para que viesen cómo era dueño de hacer como su Padre no sólo una sencilla curación, como la del paralítico, lo cual no era más que moderar la vida, sino aun la misma resurrección, que era devolver la vida y disponer de ella como absoluto dueño de ella; más aún, para que supiesen que Él como Dios e Hijo de Dios era Señor absoluto de la vida, y no sólo de la vida de los cuerpos, sino también de las almas, siguió hablándoles de esta manera:

«El Padre le mostrará a su Hijo obras aún mayores, tales que quedaréis asombrados. Porque así como el Padre resucita los muertos y da la vida, así también el Hijo da la vida a los que quiere. Porque el Padre no juzga a nadie, sino que todo el juicio se lo ha dejado al Hijo, para que todos honren al Hijo, como honran al Padre; el que no honra al Hijo no honra al Padre que le ha enviado.»

Es decir: mi Padre es Señor de la vida, y yo también lo soy con Él. Tanto más, que el Padre, para honra del Hijo, al enviarle a este mundo y hacerle hombre, le ha dado el poder judicial, no porque Él también no juzgue con el Hijo, sino porque a su persona ha encomendado el ejercicio de este juicio, de convocarlo, de pronunciar la sentencia y de ejecutarla. Por donde Jesucristo es juez de los hombres, y como tal da y quita la vida temporal, y también da y quita la vida eterna, y en el último día en que resucitarán todos para ir al juicio, el Hijo dará la vida a todos los muertos, y señalará a cada cual la gloria eterna o la condenación o muerte eterna, según le hayan o no honrado y obedecido. Para que así todos los hombres aprendan y vosotros también aprendáis «a honrar al Hijo, como honran al Padre».

«En verdad, en verdad os digo que quien oye mi palabra y cree al que me ha enviado, tiene vida eterna; no viene a condenación, sino que ha pasado de la muerte a la vida.

»En verdad, en verdad os digo que llega la hora, dentro de muy poco, en la que los muertos van a oír la voz del Hijo de Dios, y los que la oigan vivirán. Porque así como el Padre tiene en sí mismo la vida (es decir, es Señor de la vida), así ha concedido al Hijo tener en sí mismo la vida (es decir, ser Señor de ella). Y le ha dado el poder de ejercer el juicio, porque es el Hijo del hombre.»

Cuando dijo Jesús que Él era el Hijo del hombre entendieron todos, sin duda, lo que quería decir, a saber: que era precisamente un personaje divino que Daniel había visto en una visión bajar en las nubes del cielo como el *Hijo del hombre,* y llegar al trono del Padre, donde le ofrecieron, y le concedió el Padre poder y honor y reino, y que todos los pueblos y tribus y lenguas le sirviesen. Jesús, al decir que el Padre le había entregado el poder de ejercer el juicio porque Él era el Hijo del hombre, quiso decir a los judíos, y así se lo entendieron, que el Padre le daba este poder a Él precisamente por ser el Hijo humanado de Dios, y tener, por tanto, derecho como Hijo de Dios a juzgar al género humano, y un título especial relativo a los hombres, por ser el Hijo hombre también, y el principal y redentor de los hombres. Ninguna palabra, pues, más propia para expresar los fundamentos de haber sido Él hecho Juez de los hombres que la de Hijo del hombre.

Asombrados debieron de quedar los judíos al ver las sublimes prerrogativas que aquel Carpintero de Nazaret se atribuía en el Templo de la capital de Jerusalén, delante de tantos príncipes y doctores. Mas advirtiendo Jesús su extrañeza y admiración, les dijo:

«No os admiréis de esto, porque llega la hora en que todos los que están en los sepulcros oirán la voz del Hijo de Dios: e irán los que hubieren obrado bien a la resurrección de la vida, y los que hubieren obrado mal, a la resurrección de la condenación. Yo no puedo hacer por mí mismo nada. Juzgo según oigo, y mi juicio es justo, porque no busco mi voluntad, sino la voluntad del que me ha enviado.»

Naturalmente, los judíos, que tantas y tan grandes cosas le oían afirmar de sí mismo, le debieron de significar que trajese alguna prueba de lo que decía, que adujese algún testimonio de la verdad de sus palabras; pues tan graves y extraordinarias afirmaciones ¿cómo se podían admitir sin suficientes testimonios?... Porque claro estaba que su testimonio en favor de sí mismo podía ser sospechoso y parcial.

Por eso Jesús les dijo:

«Si yo diera testimonio de mí mismo, mi testimonio no sería fidedigno. Pero hay otro que da su testimonio en mi favor, y sé que el testimonio que da en mi favor es verdadero. Ya vosotros enviasteis una comisión a Juan, y Juan dio testimonio en favor de la verdad. Pero yo no busco testimonio de hombres: y si os digo esto, es por salvaros. Juan era la antorcha que ardía y brillaba, y vosotros os regocijasteis una hora a sus resplandores. Pero es mayor que el de Juan el testimonio que yo tengo. Porque las obras que el Padre me ha concedido obrar, esas mismas obras que yo hago dan testimonio de quién soy y de que el Padre me ha enviado. Y el mismo Padre que me ha enviado ha dado testimonio de quién soy.»

Al oír esto alguno debió de decir que no habían oído la voz ni visto la figura del Padre, y que ¿dónde estaba esa palabra y testimonio del Padre a que Él apelaba? Y Jesús dijo:

«No habéis oído nunca su voz, ni visto su figura: no tenéis su palabra permanente entre vosotros, porque al que os ha enviado Él no le creéis (es decir, porque aunque yo soy su Palabra, que estoy vivo entre vosotros, no me tenéis por tal Palabra). Pero escudriñad las Escrituras, ya que en ellas pensáis que tenéis la vida eterna; y ellas os dan testimonio de quién soy. Y ¡no queréis venir a mí para tener vida! ¡Yo no recibo gloria de los hombres!»

¡Magnífico discurso este de Jesucristo! ¿Vosotros me pedís padrinos que abonen por mí? Yo os los daré. Os podría dar el del Bautista, y ya vosotros lo debéis recordar, porque ya sé que fuisteis a preguntarle por mí y él os dijo bien clara la verdad. Pero no os quiero traer este testimonio, y si os lo recuerdo, es por facilitaros la salvación. Pero yo no os voy a dar testimonio de hombres. Os voy a traer el testimonio de Dios, mi Padre, y lo conoceréis en los milagros que hago y que me ha concedido hacer. Y si me decís que no tenéis su palabra, ni le habéis oído, ni visto, aunque realmente tenéis entre vosotros su palabra, que soy yo, pero como no me creéis a mí, os diré que reviséis las Escrituras, en las cuales sí creéis, y en ellas encontraréis bien de testimonios en las profecías, por las cuales podréis saber quién soy yo.

Pero como los viese que, a pesar de sus irrefutables raciocinios, a pesar de no encontrar réplica, perseveraban en su rabia e incredulidad, terminó su discusión con una enérgica y vehemente peroración, diciéndoles: «Pero ya os conozco, que no tenéis en vosotros amor de Dios. Vengo yo en nombre de mi Padre y no me recibís. Vendrá otro cualquiera en su nombre, y a éste le recibiréis. ¿Cómo podéis creerme vosotros, si estáis buscando la gloria unos de los otros, y no buscáis la gloria que viene sólo de Dios?»

Y quizás al decir esto, así como replicaron en otra ocasión, según veremos, replicaron en ésta a Jesucristo, que ellos creían a Moisés, queriendo con esto sobreponerse a la autoridad de Cristo; pero Jesús les dijo: «No creáis que yo tendré que acusaros ante el Padre. El mismo Moisés en quien vosotros esperáis es el que os va a acusar. Porque si creyeseis a Moisés, me hubierais también creído a mí. Porque de mí escribió él. Pero si no creéis a sus escritos, ¿cómo me vais a creer a mí?»

¡Oh, qué admirable retrato de los incrédulos de nuestros días! Siempre son los mismos, hijos de la misma raza, hermanos legítimos de los judíos, rebeldes y contumaces.

No creen a los milagros, no creen a las razones, no creen a Jesucristo, Verbo divino, que viene en nombre de Dios, y lo prueba...

¡Y creen a cualquier otro que venga en su nombre, sin pruebas, sin razones, sin fundamento ninguno! Y la razón de no creer no es otra sino porque los ciega su ambición de honra humana, su anhelo de alabanza y gloria terrena y su carencia total de amor de Dios. La vanidad, el vicio, el pecado, el apego de las cosas de este mundo, el despego de Dios, ésa es la causa de la incredulidad, lo mismo ahora que en tiempo de Jesucristo. No lo olvidéis; dice así el Señor:

«No queréis creer, porque no tenéis amor de Dios. No me recibís a mí, que vengo en nombre de mi Padre y haciendo milagros, y creéis a cualquiera que viene en su nombre particular y sin prueba ninguna. ¿Cómo podéis creer si sois unos ambiciosos de gloria mundana y no gustáis de la gloria que viene de sólo Dios? ¿Cómo podéis creer si no tenéis amor ninguno de Dios?»

¡Exacto! ¡Palabras de Jesucristo! Esto mismo os dirá Jesucristo a los incrédulos el día del juicio...

81. LOS DISCÍPULOS, COGIENDO ESPIGAS POR LOS CAMPOS (Lc 6, 1-5; Mc 2, 23-28; Mt 2, 1-8)

Volvieron de Jerusalén los galileos y renovó Jesús sus ministerios en aquella tierra predilecta. Y era un sábado, un sábado que San Lucas llama *segundo primo,* y que no sabemos bien qué fecha era, pero que, sin duda, era uno de los siete sábados de Pascua a Pentecostés.

Jesús había salido por los campos de Galilea y se metió con los suyos a pasear por entre los sembrados.

Las mieses ondeaban doradas y ya casi maduras al sol, y los discípulos tenían hambre. Señal de que no era muy cómoda y regalada su vida. Era ley del Deuteronomio ésta: «Si entras en la viña de tu prójimo, puedes comer las uvas que quieras, pero no puedes sacar nada fuera de la viña. Si entras en la mies de un amigo tuyo, puedes cortar espigas y desgranarlas entre las palmas, pero no puedes segar con hoz».

Los discípulos, pues, comenzaron a cortar espigas y, deshaciéndolas entre sus palmas, las comían. ¡Mal pecado!, porque era sábado y estaban por allí algunos fariseos espiándolos. Los cuales, horriblemente escandalizados de tanta maldad, les dijeron:

«¿Cómo hacéis lo que no puede hacerse en sábado?»

En efecto, la ley de Dios no contenía estos rigores tan absurdos, pero los fariseos habían multiplicado enorme y ridículamente las prohibiciones. Así, en la regocijante casuística, que ellos solían discutir, bajaban a ejemplos y minucias como éstas: un viajero a quien la noche del viernes sorprendiese en el camino, no podía pasar adelante. No era lícito escribir seguidas dos letras del alfabeto, ni dar friegas a un reumático, ni matar un insecto importuno, ni llevar una carga por pequeña que fuese, ni echar a los animales más grano que el necesario, para que el resto no germinase y se pudiese pensar que se había sembrado. Al que se le torcía un pie o una mano no se le dejaba meterlo en agua fría; al que se le rompía un hueso no se le permitía arreglarlo; fuera del peligro de muerte, no era lícito llamar al médico ni poner remedios. Y otras ridiculeces por el estilo, que aun hoy día algunos observan. Viniendo de Alejandría algunos judío con nosotros, no sólo no comieron sino lo que el día anterior habían guisado, mas ni aun fumaron por no encender fuego.

Ya hemos visto, y veremos todavía más: que uno de los defectos que frecuentemente echan en cara los fariseos al Señor es la violación del sábado. Y es que Jesús, no sólo Él menospreciaba tales ridiculeces, sino que desde luego a sus discípulos los había acostumbrado a prescindir de ellas y contentarse con guardar la Ley, que a nada de esto obligaba.

Los fariseos, pues, reprendieron a los discípulos y, no contentos con esto, se llegaron a Jesús y le dijeron: «Advierte que tus discípulos están haciendo lo que no puede hacerse en sábado».

Entonces Jesús tomó la defensa de sus discípulos y se puso a explicar a los reprensores cómo la Ley no mandaba nada de aquello que ellos decían, sino que, por el contrario, autorizaba la conducta de sus discípulos.

«¿No habéis leído, les dijo, lo que hizo David cuando se vio en necesidad y tuvo hambre él y los que estaban con él? ¿Cómo entró en la casa de Dios, siendo Abiatar príncipe de los sacerdotes, y cómo tomó los panes de la proposición y los comió y los dio a los que le acompañaban, y eso que *(de suyo)* no estaba permitido comer estos panes ni a él ni a sus compañeros, sino sólo a los sacerdotes? ¿Y no habéis leído también en la Ley que en el templo los sacerdotes violan el sábado los sábados, y a pesar de eso no incurren en pecado? Pues mirad, aquí hay uno que vale más que el templo. Se ha hecho el sábado para el hombre, no el hombre para el sábado. Pero si supieseis aquello de: *Más quiero misericordia que sacrificio,* no hubierais condenado a estos inocentes. Y además, el Hijo del hombre es Señor también del sábado». Que era decir: yo soy el Señor del sábado y puedo dispensar en él si es necesario.

82. EL DE LA MANO SECA
(Lc 6, 6-11; Mc 3, 1-9; Mt 12, 9-14)

Y vino otro sábado. Y entró en una sinagoga para enseñar. Y estaban ya los escribas y fariseos acechando a ver si curaba en sábado para hallar materia de acusación. Y para más tentarle, le preguntaron: ¿Es lícito curar en sábado?

«Sabía bien Él sus pensamientos, y dirigiéndose al hombre de la mano seca, le dijo: "Levántate y sal al medio". Y, levantándose, salió. Dijo entonces Jesús a aquéllos: "Os voy a hacer una pregunta: ¿Es lícito en sábado hacer bien o mal, salvar la vida o perderla?" Callaban ellos. Entonces Jesús les dijo: "¿Qué hombre hay de vosotros que tenga una oveja, y si ésta se le cae en una hoya un sábado, no la agarre y la levante? Pues ¿cuánto más vale un hombre que una oveja? Luego se puede hacer bien en los sábados". Y echándoles a todos una mirada de ira, y apenado por la ceguera de sus corazones, dijo a aquel hombre: "Extiende tu mano". Él la extendió, y la mano recobró la salud como la otra. Mas ellos se llenaron de rabia y hablaban entre sí qué harían a Jesús, y saliendo de allí conjuráronse al punto con los herodianos contra Él para buscar modo de perderle.»

83. RETIRADA A GENESARET
(Mc 3, 7-12; Mt 4, 25; 12, 15-21)

«Mas Jesús, que lo supo, se retiró con sus discípulos a la costa, y mucha gente de Galilea y de Judea y de Jerusalén y de Idumea y de Decápolis y del otro lado del Jordán le fue siguiendo. Y oyendo lo que hacía, vinieron a Él muchos de los alrededores de Tiro y de Sidón».

Debió de ser aquella retirada una marcha triunfal. El mesianismo estaba desplegado por todas partes. El pueblo ardía de entusiasmo. Las turbas se arremolinaban alrededor de Jesucristo. Dondequiera que se presentase el Nazareno se precipitaban los sanos a oír al joven Maestro, los enfermos a tocar al misericordioso Taumaturgo, los demonios a sujetarse y postrarse ante el Señor omnipotente. Le oprimían, le empujaban hasta el mar. Dicen así los evangelistas:

«Advirtió a los discípulos que se le pusiese una lancha para que la turba no le oprimiese. Porque, como sanaba a muchos, se le echaban encima todos, deseando tocarle cuantos tenían enfermedades. Le presentaron todos los enfermos cogidos de varias dolencias y tormentos, y los que tenían demonios y lunáticos y paralíticos. Él los curó a todos, pero les mandó que no le descubriesen. Y los espíritus inmundos, cuando le veían, se le postraban y gritaban diciendo: Tú eres el Hijo de Dios. Mas Él los increpaba con vehemencia que no le descubriesen. Para que se cumpliese así lo que estaba dicho por el profeta Isaías: *He aquí mi siervo a quien he elegido, mi amado en quien se agrada mi alma. Pondré en Él mi espíritu, y Él anunciará el juicio a las gentes. No reñirá, ni clamará, ni oirá nadie gritos suyos por las plazas. No quebrará la caña cascada, ni apagará el pabilo que humea hasta que saque victoriosa la justicia. Las naciones pondrán en Él sus esperanzas.*»

84. ELECCIÓN DE LOS APÓSTOLES
(Lc 6, 12-16; Mc 3, 13-19; Mt 10, 2-4)

Mortal era la vida que Jesús había elegido, y sus planes eran salir de esta vida muy pronto y antes de dos años y sin haber puesto el pie fuera de Palestina, ni haber predicado en tierras gentiles.

VII. SEGUNDO AÑO. ELECCIÓN DE LOS APÓSTOLES

Pero, en cambio, iba a fundar una religión que durase por cuantos siglos durase el mundo, y se extendiese por todas las tierras y llegase a ser católica y universal. Para esto, ya que Él iba pronto a desaparecer del mundo, estaba formando discípulos que con su autoridad y doctrina prosiguiesen después y propagasen la obra que Él estaba fundando.

Muchos iban ya siendo los que, oyendo su celestial doctrina y viéndola confirmada con tantos y tan patentes milagros, se le juntaban con más o menos sincera voluntad y firme decisión. Como suele suceder, algunos irían y volverían, inconstantes y variables; otros le seguirían a ratos y cuando les daba el humor; otros, más decididos y aficionados, le seguirían constantemente todo el tiempo que pudiesen. Muchos habían venido llamados por el mismo Maestro, otros de su propia voluntad, alguno tal vez sin quererlo el mismo Maestro y con torcidos fines.

De todos modos, la idea de Jesús era escoger para su gran empresa algunos discípulos, no muchos, estables y permanentes, no fluctuantes, que desde el principio de su vida pública observasen y fuesen compañeros y testigos de sus obras y doctrina. «Vosotros seréis mis testigos en Judea, en Samaría y hasta lo último de la tierra». Por lo cual, cuando, muerto Judas Iscariote, quisieron sustituirle por otro, San Pedro sólo propuso como candidatos a los que habían sido testigos de todo cuanto Jesús desde el principio había hecho.

Para ello Jesús los hizo amigos e íntimos suyos, perpetuos comensales y compañeros, dueños de todos sus secretos. «No os llamo siervos, les decía una vez, porque el siervo no sabe lo que hace su señor. Os he llamado amigos, porque todo cuanto he oído a mi Padre os lo he revelado».

A éstos Jesús quería hacerlos apóstoles, es decir, enviados plenipotenciarios y embajadores suyos, que así como Él había venido enviado de su Padre, así ellos fuesen enviados por Él al mundo. «Como a mí me envió el Padre, así os envío a vosotros». El primer Apóstol y Pontífice de nuestra fe fue Jesucristo, como le llama San Pablo. Apóstol del Padre que sólo había de predicar, como Él mismo lo dijo, a las ovejas de Israel, sin salir a los gentiles. Pero este Apóstol y Gran Pontífice nuestro había de enviar a los gentiles otros pontífices y apóstoles en su nombre y con su autoridad.

Viendo, pues, ya congregados a su alrededor muchos que se le ofrecían por discípulos, y no queriendo Él admitir a todos como apóstoles, determinó elegir doce, los que Él, según sus insondables juicios, prefirió entre todos. Y un día de aquéllos salió a orar a un monte, tal vez al llamado Kurun Hattin (Cuernos de Hattin), por dos puntas que salen hacia el medio del monte, que, a dos leguas del lago de Tiberíades y cerca de Cafarnaún, se levanta casi aislado, y hoy es llamado Monte de las Bienaventuranzas, porque creen muchos que en él las predicó Jesucristo, si bien, como veremos, más parece que las dijo en otro sitio.

Pero al subir había convocado a todos sus discípulos. Pasó en oración toda la noche, como quien iba a hacer una obra grande, que grande y de las mayores y más trascendentales de la redención iba a ser la elección de los apóstoles.

Trató, sin duda, con su Padre entonces y recibió de su mano la elección y encomienda de aquéllos, por quienes al rogar el último día dijo a su Padre: «Padre, de los que tú me diste no he perdido ninguno, excepto al hijo de perdición».

Y venido el día, llamó a sus discípulos a su lado, y en el retiro de lo más alto de aquella montaña «eligió de todos ellos doce, a los cuales llamó apóstoles, para que estuviesen con Él y para enviarles a predicar, y les dio poder de curar enfermedades y expulsar demonios».

Otras facultades y otras prerrogativas había de darles con el tiempo; por ahora les concedió éstas, verdaderamente grandes e inauditas, y que sólo quien fuese Dios podía conceder. No excluyó a los demás discípulos, y muchos de ellos le siguieron fieles adondequiera que iba, pero para apóstoles sólo quiso doce, a los cuales podía decir, como dijo después: «No sois vosotros los que me habéis elegido a mí, sino yo soy el que os he elegido a vosotros y os he puesto para que vayáis y traigáis fruto y tal fruto que permanezca».

«Los doce apóstoles se llamaban así: el primero Simón, al cual llamó Pedro, y Andrés, su hermano; Santiago del Zebedeo y Juan, su hermano, a los cuales puso el nombre de Boanergues, es decir, Hijos del trueno; Felipe y Bartolomé; Mateo el publicano y Tomás; Santiago de Alfeo y Simón Cananeo, que se llama el Celoso; Judas Tadeo, hermano de Santiago, y Judas Iscariote, que fue traidor.»

He aquí la lista de los varones escogidos para la mayor prerrogativa y dignidad que se ha dado en la Iglesia, y para fundamento de toda ella. Notaremos algunas cosas dignas de advertencia.

Cuatro veces en el Nuevo Testamento se pone la lista de todos los apóstoles: una vez en San Mateo (10, 2-4), otra vez en San Marcos

VII. SEGUNDO AÑO. ELECCIÓN DE LOS APÓSTOLES

(3-16-19), otra en San Lucas (6, 14-16), y, en fin, otra en los Hechos de los Apóstoles (1, 13), escritos también por el mismo evangelista San Lucas.

En todas ellas varían el sitio de orden para todos los apóstoles, excepto para dos: para San Pedro, que siempre está el primero, y para Judas Iscariote, que siempre está el último, menos en los Hechos, en los cuales, como ya había muerto, no se le nombra.

San Pedro, además, es llamado por San Mateo expresamente «el primero».

Suelen también notar los intérpretes en las tres listas la coincidencia de que si se divide el apostolado en tres grupos, al frente de cada uno de ellos están siempre tres apóstoles, que son: San Pedro en el primero, San Felipe en el segundo y Santiago el Menor en el tercero, y que nunca pasa en las listas ningún apóstol de un grupo al otro.

En fin, en las listas de San Lucas y San Marcos son nombrados, como lo hemos puesto antes nosotros, por binas y de dos en dos, en lo cual parece quieren guardar los evangelistas el recuerdo de que el Maestro los enviaba por parejas a la predicación, mientras él vivía, y acaso la distribución de las mismas binas.

Y para que mejor entendamos el orden con que cada apóstol aparece, ponemos aquí las listas comparadas de todos ellos.

(San Mateo)	(San Marcos)	(San Lucas)	(Hechos)
Pedro.	*Pedro.*	*Pedro.*	*Pedro.*
Andrés.	Santiago.	Andrés.	Santiago.
Santiago.	Juan.	Santiago.	Juan.
Juan.	Andrés.	Juan.	Andrés.
Felipe.	*Felipe.*	*Felipe.*	*Felipe.*
Bartolomé.	Bartolomé.	Bartolomé.	Tomás.
Tomás.	Mateo.	Mateo.	Bartolomé.
Mateo.	Tomás.	Tomás.	Mateo.
Santiago Alfeo.	*Santiago Alfeo.*	*Santiago Alfeo.*	*Santiago Alfeo.*
Judas Tadeo.	Judas Tadeo.	Simón.	Simón.
Simón.	Simón.	Judas Tadeo.	Judas Tadeo.
Judas Iscariote.	Judas Iscariote.	Judas Iscariote	*(Había muerto.)*

De varios de ellos hemos visto antes la vocación. De varios no la conocemos. Quizás hubo más de cuatro que antes de esta elección definitiva fueron llamados, pero, poco constantes, no siguieron su vocación y no merecieron el altísimo honor del apostolado. Pocos hay en esta lista, y todos ellos, si exceptuamos acaso a Bartolomé, son hombres del pueblo, sin letras, sin prestigio ninguno humano. De ellos tal vez el más letrado era San Mateo, el cobrador de tributos, y acaso por eso fue el primero que se puso a escribir la historia del Maestro. Pero de él y de todos podía decirse aquello que San Pablo escribía a los corintios: «¿Dónde está el sabio? ¿Dónde el escriba? ¿Dónde el disputador de este mundo? ¿No ha tratado Dios como a necia a la sabiduría de este mundo?... Ved vuestra vocación, que no hay muchos sabios según la carne, no muchos potentes, no muchos nobles. Sino que ha elegido Dios lo necio del mundo para confundir a lo sabio; ha elegido lo débil del mundo para confundir a lo fuerte; ha elegido lo que es nada para confundir a lo que es, para que ningún hombre se jacte en su presencia... sino que, como está escrito, el que se quiere gloriar se gloríe en el Señor».

85. LOS APÓSTOLES

Todos menos uno eran galileos. Únicamente Judas Iscariote era de Judea. Y éste hizo traición al Maestro.

Los galileos eran, por su naturaleza, hombres a propósito para la empresa del apostolado. Vivo, impresionable, vehemente y animoso, el galileo, a la dulzura y sinceridad de su corazón, unía una religiosidad más real que aparente, y formaba con el judío el contraste y antítesis de la espontaneidad con el cálculo, de la vehemencia con la frialdad, de la suavidad con la dureza, de la religión con la hipocresía. Sin salir del mismo apostolado tendremos ocasiones de observar el triste contraste entre Judas, el judío de Keriot, y sus compañeros, los leales galileos.

El primero de todos es Simón Pedro. Es, sin disputa, el tipo más acabado de apóstol. Sincero y recto de corazón, era incapaz de hacer, por ninguna causa, ninguna traición. Del apostolado él es un extremo y Judas otro. No se podían haber buscado tipos más opuestos. Si en la Cena, así como lo supo Juan, hubiera sabido Simón quién era el traidor, hubiera perdido tal vez el Iscariote algo más que Malco... Jesús le mudó el nombre de Simón en el de Piedra, que nosotros decimos Pedro, porque le elegía para cimiento de su Iglesia. Era valiente hasta el sacrificio, y su valentía, unida a su lealtad y a la confianza que tenía

VII. SEGUNDO AÑO. LOS APÓSTOLES

en sí mismo, y decisión de no cometer jamás ninguna deslealtad, le llevaban hasta la arrogancia y presunción. Entusiasta y consagrado del todo a su Maestro, le era, al mismo tiempo, dócil y humilde. Es verdad que le negó más que ninguno, ¿quién no cedió aquella noche?, pero le negó por temerario. En cambio también lloró como ninguno.

Andrés era su hermano, y, madera de la misma veta, se le parecía, sin duda, en las dotes naturales. Si no es el primero en la dignidad del apostolado, fue el primero que descubrió a Jesús y lo descubrió a su hermano Pedro. Más oscura que la de su hermano es su historia, pero igual a la de aquél fue su muerte, pues murió como su Maestro y como su hermano, crucificado y lleno de fe y ardentísima caridad, Santiago y Juan, hermanos en la sangre, lo fueron también en el carácter vivo y ardiente, sacudido y perspicaz. Jesús les mudó el nombre y les llamó Hijos del trueno, por su carácter impetuoso como el rayo, y tal vez excesivamente violento. Ambos fueron escogidos con San Pedro para acompañar al Señor en las circunstancias más delicadas de la vida: cuando resucitó a la hija de Jairo, cuando se transfiguró en el Tabor, cuando oró en el Huerto. No debía de ser muy pobre su casa, pues su padre, Zebedeo, era un pescador acomodado, según parece. Juan, virgen y purísimo, fue el discípulo amado del Señor, y distinguido con un cariño, si no el más profundo, sí el más tierno; tal vez porque era el más niño de todos los apóstoles. En cambio, el Discípulo Amado también amó a su maestro y le siguió hasta morir, y tuvo la suerte de estar reclinado en el pecho de Jesús durante la última cena y de recibir en el testamento el encargo de mirar por la Madre del Redentor, madre ya de todo el cristianismo. Su cariño al Señor le hizo observar fijamente sus acciones divinas y, sobre todo, recoger cuidadosamente sus palabras celestiales, que nadie en tanto número como él nos ha dejado en el Evangelio. Santiago es nuestra gloria de España, nuestro apóstol, nuestro capitán, nuestro admirable Patrono. De los dos hermanos, el primero en dar su vida por Cristo fue Santiago; el último en morir, cuando ya también había sufrido martirio por su Maestro, fue su hermano, conservado por la Providencia para que, muertos todos sus compañeros, diese en su último Evangelio noticia de lo más admirable de las doctrinas de Jesús, Verbo humanado y fuente de toda vida. No creáis que era sólo dulce, cariñoso, amable; fue también vigoroso, enérgico, ardiente, rayo, hijo del trueno.

Felipe, paisano de estos cuatro, natural como ellos de Betsaida, llamado al apostolado cuando ya había tenido dos hijas, que fueron las primeras vírgenes que se consagraron al Señor, poseía un alma sencilla, honrada, sin dolo ni malicia. El Señor se complacía en pedirle consejo en las situaciones apuradas, como cuando se trataba de dar de comer a la inmensa muchedumbre.

Bartolomé era, según todas las trazas, y ya lo dijimos antes, aquel Natanael de Caná, cuya vocación nos describe San Juan, aquel de quien dijo Jesús: He ahí un verdadero israelita en el cual no hay dolo. San Juan nunca nombra para nada a Bartolomé y nombra a Natanael; en cambio, no hay en los demás evangelistas rastro alguno del nombre de Natanael y sí de Bartolomé. Lo cual ha hecho que ya la mayor parte de los intérpretes crean que Natanael era el nombre de aquel verdadero israelita, y Bartolomé (hijo de Tolmé) el apellido.

Mateo se llama a sí mismo *el publicano*, y se coloca detrás de Santo Tomás en su lista: los demás evangelistas tuvieron la atención de no llamarle publicano, y le pusieron en sus listas antes que Santo Tomás. Fue el primer evangelista, tal vez por ser el más letrado de todos los apóstoles, como publicano.

Tomás, cuyo nombre pone en griego el evangelista San Juan, diciendo que le llamaban Dídimo, significa Gemelo, porque debía de serlo de una hermana que se llamaba Lidya. Serio, nada crédulo, positivo, no se dejaba arrastrar fácilmente por ninguno. En cambio, una vez convencido, decidíase con valor y se lanzaba al peligro. «Vamos también nosotros ¡y muramos con Él!», dijo cuando, queriendo volver Jesús a Betania a resucitar a Lázaro, notó que sus compañeros vacilaban y se oponían.

Santiago el Menor fue así llamado por su edad o por su estatura. Primo de Jesús, debía de ser notable por su prudericia, moderación, consejo y piedad. Treinta y siete años fue obispo de Jerusalén y allí cautivó a los nuevos convertios fue el lazo de unión entre los neófitos venidos del paganismo o judaísmo, y el espíritu de conciliación en la primera asamblea o concilio cristiano que se celebró en Jerusalén para definir las controversias que acerca de la circuncisión habían surgido entre los judeo-paganos y judeo-cristianos. Orando sin cesar de noche y de día arrodillado en el templo, apartaba los últimos años de su vida la ira de Dios de su pueblo.

Su hermano Judas, llamado también Tadeo y Lebeo, «hombre de corazón», debía de serlo a juzgar por su nerviosa carta que está en el Nuevo Testamento. Un capítulo tiene, y no muy largo, pero basta él solo para pintar todo un hombre de corazón y carácter.

VII. SEGUNDO AÑO. LOS APÓSTOLES

Simón el Cananeo o el Celoso no era, como se pudiera creer por su nombre, natural de Caná, ni aquí Cananeo significa otra cosa que celoso. Y es que Simón debía de pertenecer a un famoso partido cuyo programa era la rebelión contra el yugo extranjero y sus impiedades. Llamábanse los de este partido Kenaim o Cananeos, esto es, Celosos, por su celo ardiente en mantener las tradiciones patrias y la pureza de la religión, y en los últimos días de Jerusalén, exacerbados y fanáticos, sembraron el luto y el espanto en todas partes. No debían de ser en este tiempo tan extremados, pero sí lo bastante para que se distinguiesen por su celo ardiente y altivo espíritu. Uno de éstos eligió el manso y humilde Maestro para su escuela, y sin duda que su nombre no debía de implicar ningún desdoro, pues lo declaran los evangelistas.

El último de todos es el borrón del apostolado, Judas Iscariote, es decir, el «hijo de Keriot», según unos, por el pueblo de su nacimiento; «el hombre de ceñidor de cuero», según otros, es el hombre más perverso que haya existido. Era la quintaesencia de todo lo malo que hay en la raza judía. No sabemos si entró sinceramente en el apostolado, ni mucho menos entendemos cómo Jesús, conocedor perfecto e infalible de todo lo futuro, le admitió en su Colegio. Es que Dios obra aparentemente como si desconociese el porvenir, y respeta tanto nuestra libertad, que a pesar de conocer nuestros pecados futuros, obra como si nunca los hubiésemos de cometer. Así también dio a entender que no elegía precisamente a los mejores, pues entre los elegidos estaba el peor. Y nos demostraba que el que es malo, lo es porque quiere, puesto que bien de gracias recibió el Iscariote para ser bueno, si hubiese querido. Pero no lo quiso, y fue malo, y el peor de los malos. Frío, no se dejó calentar por el extraordinario amor que le mostró hasta el fin el Maestro. Interesado, no comprendió el rasgo de delicadeza de la Magdalena, que bañó a Jesús los pies de ungüento. Calculador, ajustó el precio de la cabeza de su Señor. Mezquino, se contentó con lo que le dieron, con treinta dineros. Doloso, encubrió su traición con suma destreza hasta el momento mismo de la entrega. Hipócrita, pasó por apóstol hasta el último día y hasta el último momento, usando de la más fina atención de amor, de un beso, para la más negra de las infamias, la traición. Cobarde, no se atrevió a proceder cara a cara, sino por escondites. Maldito, él mismo se dio la muerte ahorcándose de la manera más repugnante y asquerosa. Nunca en ninguna ejecución de la humana justicia hubo ni más infame criminal ni más infame verdugo.

Tal fue el Colegio de los Apóstoles que el Maestro divino escogió para derrocar la sabiduría y deshacer la fortaleza del mundo.

86. EL SERMÓN DEL MONTE
(Lc 6, 17-20; Mt 4, 25; 5, 1-2)

Una vez elegidos los apóstoles, parece que Jesús, para darles ejemplo práctico de apostolado, se propuso inaugurar esta nueva serie de su vida con un acto evangélico de gran importancia. Y pocos la tuvieron tan grande como el sermón que en el mismo monte predicó aquel mismo día. Porque, hecha la elección y hablados, sin duda ninguna, todos los discípulos por el Maestro, que se congratulaba con todos y los animaba a todos, bajó con los apóstoles y con toda su compañía a la región campestre, probablemente a un montecillo suave que es monte y campo a un tiempo, y que, muy cercano de Cafarnaún, presenta una frondosa terraza asomada al lago. Ciertamente, pocos sitios más a propósito que aquella colina para un sermón tan amable. Algunos hasta señalan el sitio en que debió de estar sentado el Maestro; y, en efecto, sentados en él, un poco alto, en la falda de la colina, veíamos un precioso *sitio campestre* a nuestros pies que cuadraba muy bien con lo que dice el Evangelio.

«Y bajando con ellos –dice San Lucas– se paró en un sitio campestre, y con Él la turba de los discípulos y una copiosa muchedumbre de plebe venida de Galilea y Decápolis y de toda Judea y de Jerusalén y de la otra parte del Jordán y de la costa de Tiro y Sidón. Los cuales habían venido para oírle y recibir la salud de sus enfermedades».

Se ve que la fama de Jesús había crecido extraordinariamente, y que la Providencia reunía para el admirable sermón que aquel día iba a pronunciarse gente de todas partes. El sitio, en efecto, por su excelente posición, por sus amenas vistas, por su cercanía al lago y a Cafarnaún, convidaba a reunirse a toda la gente de los alrededores, como en efecto lo hizo.

Como proemio y exordio de su sermón, debió de curar el Señor a los enfermos. «Los que estaban atormentados por espíritus inmundos se curaban. Y toda la multitud se afanaba por tocarle, porque de Él salía virtud que sanaba a todos».

Entonces se sentó, se le acercaron sus discípulos, y abriendo sus labios comenzó a enseñarles, diciendo:

VII. SEGUNDO AÑO. EL SERMÓN DEL MONTE   203

1) **Bienaventuranzas** (Mt. 5, 3-12; L. 6, 20-23).

«Bienaventurados los pobres de espíritu, porque de ellos es el reino de los cielos. Bienaventurados los mansos, porque ellos poseerán la tierra. Bienaventurados los que lloran, porque ellos serán consolados. Bienaventurados los que tienen hambre y sed de la justicia, porque ellos serán hartos. Bienaventurados los misericordiosos, porque ellos alcanzarán misericordia. Bienaventurados los limpios de corazón, porque ellos verán a Dios. Bienaventurados los pacíficos, porque serán llamados hijos de Dios. Bienaventurados los que padecen persecución por causa de la justicia, porque de ellos es el reino de los cielos. Bienaventurados seréis cuando os odien los hombres, y os maldigan y os persigan y digan mintiendo todo mal contra vosotros, y os echen y arrojen vuestro nombre como malo por el Hijo del hombre. Alegraos en ese día y regocijaos, porque os aseguro que será muy grande vuestra recompensa en el cielo. Porque así persiguieron los padres de ésos a los profetas que antes que vosotros vinieron.»

Doctrina celestial, admirable, incógnita. ¿Quién que no fuese Dios hubiera encontrado un modo tan nuevo y tan profundo de dar solución al arduo problema de la felicidad humana, que tanto ha dado que pensar a los filósofos y que penar a los pueblos? Y si lo hubiera hallado, ¿quién se hubiera atrevido a proponerlo? Y dado que lo hubiera propuesto, ¿quién se lo hubiera creído y, sobre todo, quién lo hubiera practicado?

Y ¡he aquí que millones y millones de varones y mujeres han creído esa serie inverosímil de preceptos celestiales, y han ajustado a ella su conducta y sus aspiraciones, y han logrado la bienaventuranza por los más escondidos caminos!

Gracias a este inmortal discurso de nuestro Maestro, somos felices los que lo somos en el mundo, y descubrimos barata la mina de la dicha que, según las máximas mundanas, es tan cara.

2) **Malaventuranzas** (Lc 6, 24-26).

Tras el código de la bienaventuranza viene el de la malaventura, porque, como quien teme no se le haya bien entendido, añadió Jesús:

«En cambio, ¡ay de vosotros los ricos!, porque ya tenéis vuestra consolación. ¡Ay de los que estáis hartos!, porque tendréis hambre. ¡Ay de los que ahora reís!, porque gemiréis y lloraréis, ¡Ay de vosotros cuando os bendigan los hombres!, porque eso mismo hacían sus padres con los falsos profetas».

3) **Ministerio de los apóstoles** (Mt 5, 13-16).

Entonces, volviéndose a los apóstoles y discípulos, y advirtiéndoles que no fuesen falsos profetas, sino veraces discípulos suyos, les explicó cuál era su dignidad y la importancia de su ministerio, diciéndoles graciosamente:

«Vosotros sois la sal de la tierra. Si la sal pierde su fuerza, ¿con qué será salada? Ya no valdrá más que para ser arrojada a la calle y pisada por los hombres. Vosotros sois la luz del mundo. No puede ocultarse una ciudad colocada sobre un monte. Ni encienden una antorcha para ponerla bajo el celemín, sino sobre el candelero, para que alumbre a cuantos estén en casa. Pues así brille vuestra luz ante los hombres, para que vean vuestras buenas obras y glorifiquen a vuestro Padre que está en los cielos.»

Terminada esta pequeña digresión a sus amados discípulos, volvió otra vez a tomar el discurso general para todos los oyentes, y a explicarles la perfección de la nueva ley que Él quería que rigiese en su escuela. Y como tal vez algunos habían pensado que Él quería abrogar y deshacer la ley antigua, díjoles cómo, todo al contrario, lo que quería era perfeccionarla y cumplirla y llenar lo que en ella faltaba.

4) **Se ha de cumplir toda la ley** (Mt 5, 17-20).

«No penséis que he venido a deshacer la ley o los profetas (lo que dijeron los profetas). No he venido a deshacerlos, sino a cumplirlos. Porque en verdad os digo que el cielo y la tierra pasarán antes que se destruya una jota o un ápice de la ley sin que se cumpla. (La jota era la letrita más pequeña del abecedario hebreo). El que se salte, pues, uno de estos mínimos mandamientos y enseñe esto a los demás, será tenido por mínimo en el reino de los cielos, y el que observe y enseñe lo mismo a los demás ése será tenido por grande en el reino de los cielos. Porque os aseguro que si vuestra justicia no abunda más que la de los escribas y fariseos, no vais a entrar en el reino de los cielos.»

Y pasando a enumerar en particular las perfecciones que quería añadir a la ley de su parte, comenzó con tono de plena autoridad a mandar y legislar en su propio nombre.

5) **Sobre la ira** (Mt 5, 21-26).

«Habéis oído que se dijo a los antiguos: *No matarás, y el que mate sea reo de juicio* (es decir, sea llevado al tribunal para que le impongan allí su castigo). Pero yo os digo que todo el que se aíra contra su hermano, es reo de juicio; y el que diga a su hermano: raca, será reo de concilio; y el que le diga: fatuo, será reo del fuego del infierno. Si, pues, estás ofreciendo ante el altar tu ofrenda, y te acuerdas entonces de que tu hermano tiene algo contra ti, deja tu ofrenda allí en el altar y vete primero a reconciliarte con tu hermano, y entonces vuelve y ofrece tu ofrenda. Arréglate pronto con tu adversario mientras estás con él en el camino, no sea que el adversario te entregue al juez, y el juez al ministro, y seas arrojado a la cárcel. Porque de allí te aseguro que no saldrás hasta pagar el último cuadrante (o céntimo).»

Raca era un insulto, como imbécil entre nosotros. Y nos advierte Jesús que no sólo matando o haciendo un grave daño se peca, sino también teniendo ira e insultando gravemente al prójimo; lo cual acaso era muy frecuente entre los judíos.

6) **Sobre el adulterio** (Mt 5, 27-32).

«Habéis oído que se dijo a los antiguos: *No cometerás adulterio.* Mas yo os digo que todo el que mire a una mujer para desearla, ya ha cometido adulterio con ella en su corazón. Si, pues, tu ojo derecho te escandaliza (es decir, te hace caer en el pecado) arráncalo y échalo de ti; porque más te conviene que se destroce uno de tus miembros, que no que todo tu cuerpo sea arrojado al infierno. Y si tu mano derecha te escandaliza, córtala y échala de ti; porque más te conviene que se destroce uno de tus miembros, que no que todo tu cuerpo se vaya al infierno. También se dijo: *Todo el que deja a su mujer, que le dé libelo de repudio.* Pero yo os digo que todo el que deje a su mujer, excepto el caso de fornicación, la obliga a ser adúltera. Y el que toma la mujer abandonada por otro es adúltero.»

7) **Sobre juramentos** (Mt 5, 33-37).

«También habéis oído que se dijo a los antiguos: *No perjurarás, sino que cumplirás al Señor tus juramentos.* Pero yo os digo que de ningún modo juréis, ni por el cielo, porque es el trono de Dios, ni por la tierra, porque es el escabel de sus pies, ni por Jerusalén, porque es la ciudad del Gran Rey, ni jures por tu cabeza, porque ni a un cabello puedes hacer blanco ni negro. Vuestro modo de hablar ha de ser: Sí, sí; no, no. Y lo que pase de eso es malo.»

8) **Sobre las rencillas** (Mt 5, 38-42; Lc 6, 29-30).

«Habéis oído que se dijo: *Ojo por ojo y diente por diente.* Pero yo os digo que no os opongáis al malévolo, sino que si alguno te hiere en la mejilla derecha, ofrécele la izquierda, y al que quiera pleitear contigo en los tribunales y quitarte la túnica, dale el manto, y al que te ajuste para mil pasos, síguele otros dos más. Da al que te pide, y no apartes tu rostro del que te pide prestado, y al que te quita lo tuyo no se lo reclames.»

9) **Sobre el amor de los enemigos** (Mt 5, 43-48; Lc 6, 27).

«Habéis oído que se dijo: *Amarás a tu prójimo y odiarás a tu enemigo*. Pero yo os digo: amad a vuestros enemigos, haced bien a los que os odian, bendecid a los que os maldicen y orad por los que os persiguen y calumnian: para que seáis hijos de vuestro Padre que está en los cielos, el cual lo mismo hace salir el sol sobre los buenos que sobre los malos, y llueve sobre los justos que sobre los injustos. Porque si (sólo) amáis a los que os aman, ¿qué premio vais a tener? ¿No hacen eso aun los publicanos? Y si sólo a vuestros hermanos saludáis, ¿qué hacéis de más? ¿No hacen eso aun los gentiles? Y si sólo a los que os hacen bien hacéis bien, ¿qué gracia merecéis? Porque aun los pecadores prestan a los pecadores para que les hagan a ellos lo mismo. Así, pues, amad a vuestros enemigos, haced beneficios y prestad sin esperar nada por ello, y será grande vuestra recompensa, y seréis hijos del Altísimo, porque Él es benigno con los ingratos y malos. Sed, pues, perfectos, como vuestro Padre celestial es perfecto. Sed misericordiosos, como es misericordioso vuestro Padre celestial.»

10) **Sobre la vanidad y la oración.** (Mt 6, 1-18).

«Cuidad de no hacer vuestra justicia (es decir, vuestras obras buenas) a vista de los hombres para que os vean; porque en ese caso no recibiréis recompensa de vuestro Padre celestial que está en los cielos.

Así, pues, cuando hagas limosna no vayas tocando la trompeta ante ti, como acostumbran los hipócritas en las sinagogas y aldeas, para que les honren los hombres. En verdad os digo que ya han recibido su premio. Cuando tú hagas limosna, que no sepa tu mano izquierda lo que hace tu derecha, para que tu limosna quede en secreto, y tu Padre, que ve en lo secreto, te recompensará.

Y cuando hagáis oración no seáis como los hipócritas, que gustan pararse a orar en las sinagogas y en los ángulos de las plazas para ser vistos de los demás. En verdad os digo que ya han recibido su recompensa. Cuando tú quieras rezar, entra en tu aposento y, cerrada la puerta, ora a tu Padre en el retiro, y tu Padre, que ve en el retiro, te pre-

VII. SEGUNDO AÑO. EL SERMÓN DEL MONTE   207

miará. Cuando oréis no habléis mucho como los gentiles, que piensan que con hablar mucho serán oídos. No os parezcáis a ellos, que ya antes de que se lo pidáis sabe vuestro Padre lo que necesitáis. Oraréis de esta manera:
> Padre nuestro que estás en el cielo, santificado sea tu nombre; venga a nosotros tu reino; hágase tu voluntad en la tierra como en el cielo. Danos hoy nuestro pan de cada día, perdona nuestras ofensas, como también nosotros perdonamos a los que nos ofenden, no nos dejes caer en la tentación, y líbranos de mal. Amén.

Porque si perdonáis a los hombres sus faltas, os perdonará también a vosotros vuestro Padre celestial vuestros delitos. Pero si no perdonáis vosotros a los hombres, tampoco vuestro Padre os perdonará vuestros pecados.

Asimismo cuando ayunéis, no os pongáis tristes como los hipócritas, que desfiguran sus rostros para hacer ver a los demás que ayunan. En verdad os digo que han recibido su recompensa. Al contrario, tú cuando ayunes perfuma tu cabeza y lava tu rostro, para que no conozcan que ayunas los hombres, sino tu Padre que está en lo escondido, y tu Padre, que ve en lo escondido, te premiará.»

11) **Confianza en la providencia de Dios** (Mt 6, 18-34).

«No os afanéis por atesorar riquezas en la tierra, donde todo lo carcome la roña y la polilla, y los ladrones lo desentierran y roban. Sino atesorad tesoros en el cielo, donde ni la roña ni la polilla los consume ni los ladrones los desentierran y roban. Porque donde esté tu tesoro allí estará tu corazón. La luz de tu cuerpo es tu ojo. Si tu ojo fuere sencillo (es decir, sano) todo tu cuerpo será luminoso; pero si tu ojo fuere malo, todo tu cuerpo será tenebroso. Si, pues, la luz que hay en ti es tinieblas, las mismas tinieblas ¿cuán grandes serán?»

Quería decir que la luz de nuestro cuerpo, por la que ve todo nuestro cuerpo, es la vista. Si ésta está bien, todo el cuerpo ve bien; si está mal, todo el cuerpo ve mal y todo se convierte en tinieblas. Pues así debemos tener sana y recta la intención del corazón, que es el ojo y la luz de nuestra alma, y si ella es recta, elevada y puesta en el cielo, allí estará nuestro espíritu y corazón entero.

Y para despegar mejor nuestro corazón de las cosas terrenas y hacernos fiar del todo en la Providencia, prosiguió: «Nadie puede servir a dos señores; porque o aborrecerá a uno y amará al otro, o atenderá al uno y menospreciará al otro. No podéis servir a Dios y a la riqueza. Por eso os digo: no andéis inquietos por vuestra vida, qué comeréis, ni por vuestro cuerpo, qué vestiréis. ¿No es más el alma que la comida, y el cuerpo que el vestido? Mirad las aves del cielo, que ni siembran, ni siegan, ni recogen en graneros, y sin embargo, vuestro Padre celestial las alimenta. ¿No valéis vosotros más que ellas? Y ¿quién de vosotros por más que se empeñe puede añadir un codo a su estatura? Y ¿por qué habéis de estar inquietos acerca de vuestro vestido? Considerad los lirios del, campo cómo crecen: no trabajan, no hilan. Pero yo os aseguro que ni Salomón en todo el esplendor de su gloria se vistió como uno de ellos. Pues si el heno del campo que hoy es y mañana va al horno lo viste Dios así, ¿cuánto más hará con vosotros, hombres de poca fe? Por tanto, no andéis afanosos diciendo: ¿Qué vamos a comer?, o ¿qué vamos a beber?, o ¿con qué nos vamos a cubrir? Por esas cosas se inquietan los gentiles. Ya sabe vuestro Padre que necesitáis de todo eso. Buscad, pues, primero el reino de Dios y su justicia, y todo eso se os dará por añadidura. No estéis, pues, cuidadosos por el mañana; que harto cuidado tendrá para sí el día de mañana. A cada día le basta su trabajo.»

12) **Juicios acerca del prójimo** (Mt 7, 1-5; Lc 6, 37.41.42).

«No juzguéis y no seréis juzgados; no condenéis y no seréis condenados. Perdonad y seréis perdonados. Porque con el juicio con que juzguéis se os juzgará, y con la medida con que midáis se os medirá. ¿Cómo ves la paja en el ojo de tu hermano y no ves la viga en el tuyo? Y ¿cómo te atreves a decir a tu hermano: Hermano, deja, te voy a sacar la paja de tu ojo, cuando tienes una viga en el tuyo? Hipócrita, saca primero la viga de tu ojo y luego mirarás cómo sacar la paja del ojo de tu hermano.»

13) **Sobre la generosidad** (Lc 6, 38).

«Dad, y se os dará; se os dará en vuestro seno una medida buena, repleta, sacudida y que rebose. Porque se os medirá con la medida con que midáis».

14) **Sobre el consejero** (Lc 6, 39-40; Mt 7, 6).

«Y les ponía una semejanza: ¿Acaso puede un ciego guiar a otro ciego? ¿No caerán los dos al hoyo? No es ningún discípulo más que el maestro. Bastante perfecto será el que salga como su maestro. No deis las cosas santas a los perros, ni arrojéis margaritas a los puercos, no sea que las pisen con sus patas y luego vueltos contra vosotros, os despedacen.»

15) **Eficacia de la oración** (Mt 7, 7-11).

«Pedid y se os dará: buscad y hallaréis: llamad y se os abrirá. Porque todo el que pide recibe, y el que busca halla, y al que llama se le abrirá. O ¿hay nadie de vosotros, que si su hijo le pide pan, le dé una piedra, y si le pide un pez, le dé una serpiente? Si, pues, vosotros siendo malos, sabéis dar a vuestros hijos los bienes que se os han dado, ¿cuántos más bienes dará a los que se los piden, vuestro Padre que está en los cielos?»

16) **La regla de oro del amor del prójimo.** (Mt 7, 12; Lc 6, 31).

«Lo que queráis que los demás os hagan a vosotros, eso mismo haced vosotros a los demás. Ésta es la ley y los profetas.»

17) **El camino estrecho** (Mt 7, 13-4).

«Entrad por la puerta estrecha; porque ancha es la puerta y espacioso el camino que lleva a la perdición, y muchos son los que entran por ella. ¡Qué estrecha es la puerta y qué angosta la senda que lleva a la vida!, y ¡cuán pocos son los que la encuentran!»

18) **¡Cuidado con los falsos maestros!** (Mt 7, 15-26; Lc 6, 43-45).

«Guardaos de los falsos profetas, que os vienen con vestidos de ovejas, y por dentro son lobos rapaces. Por sus frutos los conoceréis. No es buen árbol el que da malos frutos, ni malo el que da buen fruto. Cada árbol se conoce por el fruto. ¿Acaso cogen uvas de los espinos ni higos de los abrojos? Pues así todo árbol bueno da buenos frutos. Todo árbol que no dé buenos frutos será cortado y arrojado al fuego. Los conoceréis, pues, por el fruto. El hombre bueno saca el bien del buen tesoro de su corazón, y el hombre malo saca el mal del mal tesoro de su corazón. Porque la boca habla de la abundancia del corazón.»

19) **Fe y obras** (Mt 7, 21-23; Lc 6, 46).

«Y ¿para qué me llamáis: ¡Señor! ¡Señor!, si no hacéis lo que os digo? No todos los que me dicen: ¡Señor! ¡Señor!, entrarán en el reino de los cielos. Sino el que hace la voluntad de mi Padre que está en los cielos, ése entrará en el reino de los cielos. Muchos vendrán diciendo en aquel día: "¡Señor! ¡Señor! ¿No sabes cómo profetizamos en tu nombre, ¿y cómo echamos los demonios en tu nombre?, y ¿cómo hicimos muchos prodigios en tu nombre?" Pero yo les responderé: Nunca os he conocido. Apartaos de mí los que obráis la iniquidad.»

20) **Cómo debe oírse al Maestro.** (Mt 7, 24-27; Lc 6, 47-49).

«Voy a explicaros a quién se parece el que viene a mí y oye mis palabras y las cumple. Se parece a un hombre prudente que edifica una casa, cava hondo y pone el cimiento sobre piedra. Baja después la lluvia, y desatándose una inundación, vienen los torrentes y soplan los vientos, y se lanzan todos sobre aquella casa, pero no cae porque estaba cimentada sobre piedra. En cambio, el que oye estas palabras mías y no las cumple, se parece a un necio, que edifica su casa sobre arena sin cimientos, y baja la lluvia y vienen los torrentes y soplan los vientos y se lanzan sobre aquella casa, y al momento cae, y quédase reducida a una gran ruina.»

21) **Conclusión** (Mt 7, 28-29).

Y aquí terminó el Maestro. «Y cuando acabó Jesús estas palabras, se admiraban las turbas de su doctrina. Porque les estaba enseñando como quien tiene potestad, y no como los escribas y fariseos».

Verdaderamente que nadie podía hablar como Él. *Dictum est antiquis...* «Sabéis que se dijo a los antiguos...» *Ego autem dico vobis...* «Pero yo os digo...» Y ¿quién es ése, que se compara y se iguala al que dictó la ley antigua, al que habló en el Sinaí, al que gobernó el pueblo de Dios? ¿Quién es?

Non omnis qui dicit mihi: Domine! Domine!... «No todo el que me dice: ¡Señor! ¡Señor!, entrará en el reino de los cielos...»

Y ¿quién es ése, que así se jacta de que el tratarle a Él como Señor puede bastar para entrar en el reino de los cielos?

«En aquel día vendrán a mí y me dirán: Señor, ¿te acuerdas de que en tu nombre echamos a los demonios e hicimos muchos prodigios? Y yo les diré: Apartaos de mí...» Y ¿quién es ése, que así apela al día de la otra vida; que así habla de la suma autoridad que tendrá entonces?

Sin duda, algo más que un escriba y un fariseo, mísero intérprete de casuísticas de la ley. Habla como Señor, manda como soberano, mueve como Dios.

Por eso su doctrina es también superior a la doctrina de todos los demás maestros.

VII. SEGUNDO AÑO. EL SERMÓN DEL MONTE

En el sermón del Monte está el programa de la doctrina y perfección evangélica. Y la suma de las claves de las cuestiones humanas. Verdades como las que en este sermón están expresadas tan claras, tan precisas, tan sublimes, tan perfectas, tan humanas y al propio tiempo tan ideales no las ha dicho ningún maestro. Aquí está el código de la virtud cristiana. El libro de la sempiterna meditación. El enigma de la vida humana.

El pueblo decía que ningún escriba ni fariseo hablaba de aquel modo. Ya lo creo que no. Mucho mejor pudiera haber dicho entonces aquello que después se escribió en el sublime exordio de la carta a los Hebreos: «El Dios que en muchas ocasiones y de muchos modos habló a nuestros Padres en los profetas, últimamente, en estos días, nos ha hablado en su Hijo, al cual ha hecho heredero de todas las cosas, por quien hizo el mundo, esplendor de su gloria, imagen de su sustancia, que sostiene todas las cosas con la palabra de su poder».

Y, como dice Kempis, muy al contrario de lo que decían los judíos en el monte Sinaí a Moisés: «Háblanos tú y oiremos, no nos hable el Señor porque quizás moriremos», diremos a Jesús: «No me hable Moisés, ni ninguno de los profetas; sino más bien háblame tú, Señor Dios, inspirador y alumbrador de los profetas, pues tú solo sin ellos me puedes enseñar perfectamente; pero ellos sin ti nada sirven».

Y nosotros, por cierto, no tenemos la dicha de escuchar al mismo Jesucristo; sólo tenemos las palabras muertas en el Evangelio. ¿Qué hubiera sido oír aquella palabra viva y dulce y animada del Maestro en la montaña? El aire libre de la altura, el cielo sereno, el campo silencioso, la naturaleza sonriente, las vistas despejadas y amenas, el pueblo vario y entusiasta venido de todos los alrededores, los discípulos en gran número y los apóstoles recién elegidos rodeando al Maestro, y el dulce Jesús en medio sentado humildemente en una leve elevación de césped abriendo sus labios para consolar a los pobres, a los humildes, a los que lloran y padecen... ¿Qué reunión ha tenido jamás la humanidad más agradable ni divina?

El pueblo oiría con estupendo silencio aquellas palabras que caían como rocío benéfico y manso sobre las yerbas sedientas de refrigerio y vida.

¡Oh, los que estáis desorientados en las tinieblas de la vida y camináis fatigados por los hundidos valles de dolores!, subid a esta montaña iluminada por nueva luz y refrigerada por auras puras y celestiales. ¡Escuchad al Maestro! Él os enseñará el arte de ser felices y bienaventurados, perfectos y santos. Él es nuestro gran Apóstol, enviado del Padre para enseñarnos. Aún resuena en los cielos aquella hermosa voz: «Éste es mi hijo muy amado en quien me agrado. Oídle».

Aún hablaba. No en el monte de Kurum Hattin, ni en la colina de Genesaret, sino en el Monte Santo de la Iglesia católica.

¡Dichosos los que oyen su voz!

87. EL CENTURIÓN Y SU ESCLAVO
(Lc 7, 1-10; Mt 8, 1. 5-3)

Bajó nuestro Maestro del monte donde había publicado la nueva doctrina celestial que tanto consuelo ha derramado sobre todo entre los pobres, que en verdad recibieron entonces las mejores nuevas y los más consoladores Evangelios que desearse puedan. Y seguido de inmensa turba de gente, nunca de escucharle cansada, a Cafarnaún.

Precisamente estaba muriéndose un esclavo. Poca cosa en aquel tiempo, en que un esclavo, más que como hombre, era mirado como un objeto sin valor, y como decía un ilustre escritor romano, como «una máquina dotada de voz». Pero éste, por excepción, tenía un amo caritativo y bueno, que le quería y apreciaba de veras.

Era un centurión, es decir, un capitán o jefe de cien soldados romanos, que estaba al frente de la guarnición de Cafarnaún. Estaba esta ciudad sujeta a Herodes, que mandaba en toda Galilea. Pero era demasiado astuto el Imperio Romano, y era Cafarnaún. bastante importante para que los romanos la dejasen con entera independencia. Y en efecto, bajo el pretexto de tutela tenía, allí una guarnición de sus soldados, sea a las órdenes de Herodes, sea de otra cualquiera manera, y su jefe era un centurión, que por cierto debía de ser hombre digno y muy honrado y, aunque pagano, muy afecto a la religión judía, y tal vez prosélito de ella y próximo a ser admitido en el pueblo de Dios.

Era reciente y del año anterior el caso de la curación del hijo del régulo, a quien el centurión, sin duda, conocería y aun trataría. Y afligido al ver que su criado, víctima de un ataque de parálisis, se le moría, oyendo que Jesús estaba por allí, se acordó de pedirle la curación de su esclavo. Mas aunque estimado de todos los judíos de Cafarnaún, no se atrevió a presentarse en persona a pedir esta gracia al Señor, y suplicó a sus amigos, los ancianos de los judíos, que fuesen a interceder con Jesús en favor suyo.

VII. SEGUNDO AÑO. EL CENTURIÓN Y SU ESCLAVO 213

Vinieron, en efecto, muy gustosos los ancianos, y presentándose a Jesús, le expusieron los deseos del centurión, de que fuese a su casa y curase a su siervo. Según parece, el centurión, que se acordaría cómo desde lejos había sanado Jesús al hijo del régulo, no había dicho que le pidiesen el que fuese a su casa, sino sólo el que diese la salud a su esclavo; pero los ancianos, sin caer en la cuenta de esta delicadeza, le pidieron que fuese a su casa, y para confirmar su embajada le añadieron con empeño: «"Es muy digno de que le hagas este favor. Porque quiere mucho a nuestra gente, y aun nos ha hecho una sinagoga..." Y respondió Jesús: "Voy yo mismo allá y le curaré"».

Y, en efecto, iba con ellos. Y cuando estaba bastante cerca de la casa, se enteró el centurión de que Jesús venía, y confundido de semejante bondad, persuadido de que ninguna falta hacía que el Señor se molestase, le envió en seguida unos amigos para rogarle que no se molestase en venir a su casa, pues no era esto necesario para dar la salud al criado. Y él mismo después bajó y se presentó al Señor, y con profunda humildad y fe sincera le dijo:

«"Señor, no te molestes. Porque yo no soy digno de que entres en mi casa. Por esta misma razón no me he juzgado digno de presentarme yo mismo a ti. Basta que lo digas de palabra y mi esclavo se pondrá bueno. Porque yo también, eso que estoy sujeto al mando de otros, como tengo soldados a mis órdenes, digo a éste: ¡ven!, y viene, y a otro: ¡vete!, y va; y a mí esclavo: ¡hazme esto!, y me lo hace". Oyendo esto Jesús, se admiró, y volviéndose a la turba que le seguía, dijo: "De veras os digo que ni en Israel he encontrado una fe tan grande. Yo os aseguro que van a venir muchos de Oriente y de Occidente, y van a sentarse con Abrahán, Isaac y Jacob en el reino de los cielos. En cambio, los hijos del reino (quería decir los judíos que pertenecían al pueblo de Dios, y estaban llamados a ser la Iglesia y entrar en el cielo) serán arrojados a las tinieblas exteriores. Allí tendrán llanto y crujir de dientes." Y volviéndose de nuevo al centurión, le dijo: "Vete, y hágase como has creído." Y en aquella misma hora sanó el esclavo. Y volviéndose a casa los que habían salido, encontraron sano al siervo que estaba enfermo.»

Ejemplo precioso y tipo admirable de bondad, de humildad y de delicadeza este centurión. Jesucristo, que no se dignó ir a casa del régulo, cuando su hijo estaba enfermo, se brindó, apenas se lo rogaron, a visitar al esclavo moribundo; de esta manera honraba al pobre, realzaba la esclavitud y recompensaba la misericordia. Mas el centurión tenía tan alta y digna idea de lo que Jesús era, que quedó asombrado al ver que se dignaba ir a su casa. Sus palabras admirables las ha santificado la Iglesia presentándolas a sus hijos para antes de la comunión. Los Santos todos y la Iglesia entera no han encontrado otras más hermosas para decirlas al pie mismo del Sagrario, cuando Jesús se acerca a nuestros corazones. Y sin duda que el Señor Sacramentado las oye con singular complacencia recordando la sincera y profunda fe del generoso centurión romano.

88. EL HIJO DE LA VIUDA DE NAÍM
   (Lc 7, 11-17)

Y salió a predicar como solía por los pueblos de tierra adentro, y siguiendo un camino al Oeste, entre el Tabor y el Hermón, llegó a un pueblo pequeño llamado Naím.

¡Qué apacible es este pueblo de Naím! Bien merece su nombre de Naím, es decir, la «bella», la «agradable», la «abundante en pastos»; que todo esto puede significar. Situada en las risueñas últimas vertientes del pequeño Hermón, asómase graciosa a la fértil y vasta llanura de Esdrelón, y extiende su vista por un lado hasta el Tabor, y por otro hasta descubrir las nevadas crestas del Líbano del gran Hermón.

Mas cuando el Salvador fue a visitarla no estaba nada graciosa y risueña. A una viuda muy conocida del pueblo se le había muerto su hijo, su hijo único, la esperanza y el báculo de su vejez. Cuando Jesús asomaba por el camino que conduce a la villa, venía precisamente el entierro, acompañado de mucha gente, que rodeaba a la pobre madre. Como suele hacerse en Palestina, vendría el difunto embalsamado, sujetas las manos y pies con bandas, cubierto el cuerpo con un lienzo, descubierta la cara, cerrados piadosamente los ojos, y puesto en su litera sin tapa ninguna. Algunas plañideras acompañadas de algunas flautas iban diciendo las lamentaciones que en estos casos se usaban, como entre nosotros en algunos entierros las marchas fúnebres.

Se encontraron los dos grupos: el de las exequias, que salía de la ciudad, y el de Jesús, que con sus discípulos iba a entrar en ella. Se conmovió el Corazón del Hijo de María; y tal vez se acordó cómo también su Madre un día iba a quedar sola sin su Esposo José, que ya había fallecido, y sin su Hijo, que iba a morir en la cruz. Y lleno de misericordia, se dirigió a la pobrecita, que venía llorando, y le dijo cariñoso:

«No llores». Y abriéndose paso, se acercó, tomó el féretro, detuviéronse los que lo llevaban, y dijo Jesús:

«"Joven, yo te lo mando, levántate." Se incorporó el que estaba muerto y empezó a hablar. Y Jesús se lo entregó a su madre. Todos se llenaron de espanto, y comenzaron a engrandecer a Dios, diciendo: "¡Un gran Profeta se ha levantado entre nosotros! Dios ha visitado a su pueblo".»

La noticia era tan estupenda y el milagro tan claro, según parece tan nuevo, pues acaso fue la primera resurrección que hizo Jesucristo, que la noticia se divulgó por toda Judea y por toda la región de los alrededores.

89. EMBAJADA DE JUAN BAUTISTA AL SEÑOR
(Lc 7, 18-23; Mt 11, 2-6)

Entretanto, estaba el Bautista preso en la cárcel de Maqueronte, como dijimos.

Aunque Herodes le había puesto en la cárcel, no por eso dejaba este hombre de estimar al Profeta y aun le consultaba en muchas cosas. Ni le tenía tan cautivo que no le permitiese comunicar con sus discípulos, los cuales entraban y salían fácilmente en la cárcel a ver a su maestro. Con esto perseveraba aún la escuela del Bautista, y fuerza es decir, que no participaban todos sus discípulos de la humildad de su maestro, y que en más de cuatro ocasiones manifestaron celos y envidias de Jesucristo, de lo cual ya hemos visto alguna muestra cuando los discípulos de Juan le pidieron cuenta de por qué no hacía ayunar a sus discípulos, como ellos, los de Juan, ayunaban.

No cabe duda de que los discípulos del Bautista llevarían a su maestro recado y noticias frecuentes de cuanto ocurría con Jesús. Todo el mundo hablaba de Él; Juan, sin duda, mostraría sumo interés en conocer estos sucesos; los discípulos procura-rían darle gusto. Y así lo dice expresamente el Evangelio. Y más de cuatro veces tendría ocasión el Bautista de observar en los suyos el excesivo celo y amor que le tenían, mezclado con envidia y desconfianza del Cristo, y con injustos prejuicios contra la doctrina del Mesías.

Juzgó, pues, el Precursor conveniente deshacer todos estos recelos, decidir de una vez la cuestión y con un esfuerzo lograr firme persuasión en toda su escuela de que Jesús era en verdad el verdadero Mesías.

Y se le ocurrió para esto la siguiente solución:
Llamó a dos de sus discípulos y los mandó a Jesús para decirle: «¿Eres tú el que ha de venir?, ¿o esperamos a otro?» *El que ha de venir,* en el lenguaje del pueblo judío, era, sin duda ninguna, el Mesías, el prometido, el esperado, el profetizado. Preguntarle, pues, si Él era el que había de venir, era preguntarle si Él era el Mesías.

Y en efecto, vinieron a Jesús aquellos varones, y le dijeron: «Juan Bautista nos ha enviado a ti preguntando: ¿Eres tú el que ha de venir?, ¿o esperamos a otro?»

Jesús, conociendo bien que la duda no venía de parte de Juan, sino de ellos, y que en su corazón abrigaban tal vez recelos de la respuesta, sin decirles una palabra se volvió a la multitud, y «en aquella misma hora fue curando a muchos de enfermedades, llagas y malos espíritus, y dio la vista a muchos ciegos. Y vuelto a ellos les dijo: "Id y contad a Juan lo que habéis oído y visto: que los ciegos ven, los cojos andan, los leprosos se limpian, los sordos oyen, los muertos resucitan, los pobres son evangelizados. Y ¡dichoso el que no se escandaliza de mí!"»

Que era como decirles: Decid a Juan esto que habéis visto, lo cual, como él sabe, estaba profetizado en Isaías, quien, hablando del Mesías, dijo que en su tiempo «los ojos de los ciegos serían iluminados, y los oídos de los sordos abiertos; que el cojo saltaría como un ciervo, y la lengua del mudo se soltaría, y que los pobres serían evangelizados». Eso, ya lo habéis visto, se ha cumplido hoy en mí. De ahí podrá deducir si yo soy o no el Mesías. Y, mejor dicho, de ello podréis deducir vosotros, que es lo que él quiere, si yo soy o no lo que digo. Y no os escandalicéis, porque ¡dichoso el que no se escandaliza de mí!

90. JESÚS ALABA A JUAN BAUTISTA
(Lc 7, 24-35, Mt 11, 7-19)

Y se fueron los enviados de Juan. No quiso Jesús en presencia de ellos alabar a su Precursor, para que no creyesen que por la adulación buscaba su propia alabanza, o que quería granjearse la estima de los discípulos del Bautista. Mas apenas éstos se fueron, comenzó a predicar un elocuente panegírico del insigne cautivo, lleno de aquella animada y viva elocuencia que el Señor usaba en muchas ocasiones. Les recordaba aquellos días en que, estando Juan en el desierto predicando, confluían a él de todas partes, y les decía:

VII. SEGUNDO AÑO. JESÚS ALABA A JUAN BAUTISTA 217

«¿Qué salisteis a ver en el desierto? ¿Una caña sacudida por el viento? *(Para eso no hubierais ido allá.)* Pues ¿qué salisteis a ver? ¿Un hombre vestido de ropas delicadas? Esos que andan con vestidos preciosos y en delicias habitan en los palacios de los reyes. Pues ¿qué salisteis a ver? ¿Un profeta? Ya lo creo, y más que profeta. Porque ése es aquel de quien está escrito: ¡Mira!, yo enviaré delante de ti mi ángel, el cual te irá preparando por delante el camino. Yo os aseguro que entre los nacidos de mujer no se ha levantado uno superior a Juan Bautista. Con todo, el que es menor en el reino de Dios, es mayor que él. Y sin embargo, desde los días de Juan Bautista hasta ahora, este Reino de los cielos padece violencia y lo atacan con dureza. Porque todos los profetas y la ley hasta Juan anunciaron lo futuro; y éste, si queréis, es Elías el que ha de venir. El que tenga oídos que oiga.»

¿En qué sentido dice Jesús que Juan es el mayor de los nacidos de mujer?

En dignidad: porque la suya fue mayor que la de todos los profetas, que eran tenidos por los más dignos del Antiguo Testamento. Porque los demás profetas tuvieron la misión de anunciar al Cristo futuro, y ésta fue su dignidad; al paso que el Bautista tuvo una misión mucho más noble: la de anunciarle presente, la de prepararle el camino, la de ser el Precursor, y la de terminar y perfeccionar las profecías. Por eso es más digno que cuantos profetas vaticinaron a Cristo.

Y sin embargo, añade Jesús, el que sea más pequeño en el Reino de Dios, es decir, en su Iglesia que Él está fundando, es más elevado que Juan en dignidad. ¡Soberana alteza, sin duda, la del cristiano! Por ser miembro de Jesucristo, por pertenecer a su Esposa la Iglesia, por ser vasallo de su reino, cualquier católico es más digno que los antiguos patriarcas, más que los profetas del Antiguo Testamento, más que el mismo Precursor de Cristo. En dignidad; porque en santidad ¿quién es capaz de definir lo que es cada uno? Se deja al juicio de Dios.

Entonces, con amargo sentimiento al ver la oposición que se hace a este Reino de Dios, cuyos vasallos eran tan dignos, que el menor era mayor que el Bautista, se quejó tristemente diciendo: A pesar de ser así este reino, desde los días de Juan ¡se le hace oposición! Allí estaban los fariseos y los escribas, que alimentaban un odio reconcentrado contra la escuela del Nazareno y espiaban sus acciones. Antes de Juan todo el pueblo estaba esperando y ansiando la venida del Mesías. Desde entonces la esperanza se había trocado en repugnancia, el deseo en odio, el ansia en dureza y violencia. Es que el Reino que traía Cristo era muy distinto de como ellos se lo habían figurado.

Mas ya está presente el Mesías. Los otros profetas y la Ley vaticinaron lo futuro. Juan os ha profetizado y declarado lo presente. Y ya que estáis diciendo que va a venir Elías antes de Cristo (era esta persuasión de muchos: que el profeta Elías había de venir, y no antes del último juicio y venida de Dios, sino antes del advenimiento, al mundo del Mesías), pues éste es Elías, Juan.

El que tenga oídos para oír que oiga. Vosotros, fariseos y escribas que me escucháis y todos cuantos os oponéis a mi predicación y doctrina y cuantos despreciasteis las enseñanzas y predicaciones de Juan y no habéis descansado hasta meterle en prisión, ¿entendéis lo que he dicho?

Todos lo entendían. «Todo el pueblo, dice el Evangelio, y los publicanos sobre todo (es decir, los bautizados por Juan), al oír esto, glorificaron a Dios. En cambio, los fariseos y doctores de la ley (es decir, los no bautizados por él) despreciaron el consejo de Dios por su amor propio».

Hubo un rato de silencio. Todos se hablaban entre sí. El Señor esperaba que hiciesen un poco de efecto sus palabras y que se penetrasen de su sentencia. Y cuando ya los diversos sentimientos de todos sus oyentes se habían desarrollado y aun expresado en murmuraciones y gestos diversos, sonriendo tristemente, volvió el Señor a tomar la palabra, y aludiendo y señalando principalmente a los fariseos y doctores, dijo irónicamente:

«¿A quién voy a comparar a esa raza de hombres? ¿A quién se parecen? Se parecen a esos niños que (en sus juegos) se sientan en la plaza y se hablan los unos a los otros y dicen: *Con flautas os hemos cantado y no habéis bailado; Lamentos os hemos cantado y no habéis llorado.* Porque viene Juan Bautista, que ni come pan ni bebe vino, y decís: Tiene demonios. Viene el Hijo del hombre, que come y bebe (como todos), y decís: "Vaya un glotón, bebedor de vino, amigo de publicanos y pecadores". Pero la sabiduría ha sido glorificada por todos sus hijos.»

Solían entonces como ahora los niños jugar en la calle y decir en sus juegos sus letrillas y refranes, cantándolos con tonadas infantiles. Y había un juego, en el que en uno de los pasos los de un grupo motejaban la indolencia impertinente de los del otro, que no se prestaban a nada, sino que si se les cantaba con alegría no hacían caso, y si se les cantaba con tristeza, tampoco. Y eso hacen los fariseos: Juan los invita a penitencia y les canta lamentaciones, y le desprecian; Jesús los invita con suavidad y dulzura, y le censuran. Ya se ve que no son hijos de la Sabiduría, sino insensatos y fatuos, que sólo atienden a su amor propio y a sí mismos. Porque los que son hijos de la Sabiduría todos la glorifican oyendo a Jesús.

91. LA PECADORA EN CASA DEL FARISEO
(Lc 7, 36-50)

Salió de Naím Jesús y se volvió a su ordinaria morada de Cafarnaún. En el camino se encontró con la deliciosa Magdala, y allí parece que se detuvo algún día.

Ruinas hoy y conjunto despreciable de chozas más bien que casas, Magdala era en tiempo de Jesucristo la ciudad de las delicias. Sentada al pie del monte, asomada al borde del lago, sonriendo al sol de Oriente, reclinada entre jardines y refrescada por innumerables arroyos, merecía de algunos el calificativo de paraíso terrestre. ¡Desgraciada suerte la de las ciudades deliciosas!; pronto pulula en ellas el vicio más repugnante y las convierte en morada de libertinos y meretrices, disfrazados bajo el lujo y la alegría. Magdala era famosa por la gente pecadora que en ella vivía. Hoy ya no es sino un precioso rincón que pudiera ser un jardín delicioso, donde en vano buscamos a Magdala.

Entre las mujeres pervertidas que allí moraban, había una famosa y conocida por sus excesos, a la cual el evangelista, por delicadeza sin duda, no llama con su propio nombre, pero que, según parece, era María Magdalena, la que hospedó al Señor en Betania, la hermana de Marta y de Lázaro, la que siguió al Señor a la Cruz y perseveró en el Calvario al lado de la Virgen de las vírgenes.

Mucho han disputado los intérpretes y mucho han estudiado para averiguar si son tres o dos o una mujer esta pecadora, y María Magdalena y María la hermana de Marta. La cuestión está y probablemente estará siempre muy oscura. Pero nos parece más probable y conforme con el sentir general y con la ciencia, que fue una sola la que se convirtió en casa de Simón, la que hospedó al Señor en su casa de Betania, y la que siguió a Cristo al Calvario y le buscó en el Sepulcro. Así también nos lo indica la Iglesia en la liturgia de su fiesta (*).

(*) Entre los exegetas actuales es más común la opinión de que se trata de mujeres distintas. (N. del E.).

Pocas noticias ciertas tenemos fuera del Evangelio acerca de María Magdalena. ¿Por qué la llamaron Magdalena? ¿Fue porque nació en Magdala?, o fue porque allí vivió y tal vez tuvo, como otros de opulentas familias, alguna quinta de recreo, además de su casa de Betania?

El Talmud refiere que María Magdalena se casó con un judío llamado Pappus Ben Juda, escriba celoso y rígido, con el cual no se avenía de ningún modo. Tocada de la libertad de las costumbres paganas que en Magdala dominaban, y, viciada por el ambiente impuro que en toda la sensual ciudad se respiraba, se fue poco a poco enredando en infieles amores, hasta que, aficionada a un oficial de Herodes llamado Pantero, que residía en Magdala, se divorció de Pappus y se unió al oficial, con el cual vivió públicamente unida. No se debe, sin embargo, fiar nada del Talmud en estas noticias. Enemigo mortal de Jesús, arroja la baba de la fábula, de la calumnia y del ridículo, siempre que encuentra ocasión, contra todo lo cristiano.

Mas sea de esta historia lo que quiera, lo cierto es que era una mujer que llamaba la atención de todo el pueblo, y en todo él era conocida con el nombre de pecadora. Así la llama San Lucas, y es bien sabido que cuando a una mujer se le da este nombre de pecadora, se entiende que ha perdido la honestidad y arrastra el pudor por los suelos.

Tal vez María Magdalena no se rebajó hasta los últimos grados de la abyección social. Pero ciertamente debió de cometer muchos y muy famosos excesos, puesto que el Señor decía de ella que había tenido muchos pecados, y el fariseo, como veremos, suponía que era muy indigna.

San Lucas y San Juan dicen que de ella echó el Señor siete demonios. No siempre la posesión del hombre por el demonio es prueba de pecado. Puede muy bien uno ser poseso sin haber cometido culpa. Pero lo más frecuente es que posesión sea efecto de graves culpas. Y así debió de ser María Magdalena. No dicen los evangelistas cuándo echó demonios del cuerpo de esta infeliz. Pero debió de ser antes de este convite, y, cierto, a lo menos por este tiempo.

Estando, pues, en Magdala, convidó a Jesús a comer Simón, un fariseo. Cosa extraña si tenemos presente el «celo y antipatía con que Jesús era mirado por esta clase. Pero algún favor le debía de haber hecho Jesús, y alguna cosa le debía de haber perdonado, por lo cual se creyó obligado a mostrarse agradecido, siquiera no fuese más que de cumplido. Tal vez se proponía examinar de cerca y espiar los actos y dichos del Señor; acaso pretendía congraciarse con un hombre que, fuese lo que fuese, se estaba haciendo muy popular y le halagaba tenerle por huésped.

Pero como sólo trataba de cumplir y debía de tener muy poca educación, recibió a su huésped con extremada y acaso estudiada frialdad.

Nada más ordinario en Oriente que la hospitalidad afectuosa. Al convidado, apenas se presenta en la casa, se le quita el calzado, como entre nosotros la capa, el sombrero, el bastón; se le da un beso y con él la paz, que es el saludo. Se le lavan los pies del polvo del camino. Se le unge o rocía la cabeza y aun la barba con pomadas o esencias, se le lava las manos y se le lleva a la mesa.

Nada de esto se hizo con Jesús. Recibido fría y groseramente, disimuló con su finura acostumbrada, la descortesía farisaica y fuese a la mesa.

Es, en la sencillez oriental, muy frecuente permitir el libre acceso a la sala del banquete a los extraños y curiosos. Y no cabe duda de que, mientras el Señor comía, desfilarían por su mesa muchos ansiosos de verle, de conocerle, de oírle y de saludarle.

En esto, aparece en medio de la sala una mujer con un pomo de alabastro en sus manos, la cual, avanzando resuelta al sitio en que estaba Jesús, se echó a sus plantas, y rompiendo a llorar a lágrima viva, le regó sus pies con su llanto, desató luego su hermosa cabellera y con ella comenzó a enjugar las plantas que con su llanto había regado; tomó, en fin, su pomo de alabastro, lleno de ungüento, y con él ungió los pies Jesucristo. Todo esto podía hacerse muy cómodamente, ya que entonces los judíos comían a la manera romana, no sentados, sino recostados hacia la mesa sobre el codo, en unos lechos con los pies hacia fuera.

Todos estaban sobrecogidos, todos callaban espantados del atrevimiento de aquella mujer. ¿Quién de los convidados no la conocía? Era María Magdalena, la pecadora, la endemoniada. Había oído que Jesús estaba en casa del fariseo, y, despreciando todo respeto humano, fue allá a obtener el perdón de sus faltas.

Quien más asombrado, callado y escandalizado estaba era Simón el fariseo, el cual, sin decir nada, «estaba pensando entre sí: Si éste fuese profeta, ya sabría qué clase de mujer es esa que le está tocando, y que es una mujer pecadora...»

Jesús, que penetra los corazones, conoció lo que pensaba el fariseo, y, aunque él no le decía nada, tomó la palabra y le dijo con mucha finura: «"Simón, tengo algo que decirte". Y dijo él: "Maestro, dilo". "Tenía un prestamista dos deudores. Uno le debía quinientos denarios y otro cincuenta. Como no tenían con qué pagar, perdonó a los dos la deuda. ¿Quién de los dos te parece que le amará más?" Respondió Simón y dijo: "Me figuro que aquel a quien perdonó más". Y dijo Jesús: "Piensas bien". Y, volviéndose a la mujer, dijo a Simón: "¿Ves esta mujer? He entrado en tu casa, no me has dado agua a los pies; pues ésta ha regado mis pies con lágamas y los ha enjugado con sus cabellos. No me has dado el ósculo; y ésta, desde que ha entrado, no ha cesado de besar mis pies. No has ungido mi cabeza con óleo; y ésta ha ungido mis pies con sus perfumes. Por lo cual te digo: se le perdonan sus muchos pecados, porque ha amado mucho, porque aquel a quien se le perdone menos, ama menos". Y dijo a la mujer: "Se te perdonan tus pecados". Y comenzaron a decir entre sí los que estaban con Él a la mesa: "¿Quién es éste que hasta los pecados perdona?" Y Jesús dijo a la mujer: "Tu fe te ha salvado, vete en paz".»

Dulcísima historia. En ella, como en pocas, aparece lo que es el corazón del hombre cuando se deja llevar del pecado y cuando se deja conducir por la gracia, y cuando se deja empapar del orgullo y secreta soberbia.

En ella también, como en todas, aparece lo que es el Corazón misericordioso de Cristo para con los pecadores,

Piensan algunos que Jesucriso debió de hacer en los días anteriores alguna gracia tanto al fariseo como a María Magdalena. De ésta debió de echar los siete demonios antes de aquella tarde, y quizás al echarlos advirtió a Magdalena, como lo había advertido en su vida a otros, que no pecase ya más, no sea que le aconteciese otra cosa peor. *Jam noli amplius peccare, ne tibi deterius aliquid contingat.* Y aun dicen que aquella deuda a que alude el Salvador de cincuenta denarios y de quinientos era ésta precisamente, el que al fariseo le había hecho algún favor y a la Magdalena otro mayor, que fue el echar de ella siete demonios.

Bien puede ser, y así lo creo, que lo primero que hizo el Salvador con María fue librarla de la posesión del demonio. Y sin duda que ya esta infeliz conocía de antes algo al Salvador, y si el Señor le dijo aquellas palabras de que ya no pecase más, estaría aquellos días atormentada, presa de su vergüenza y remordimiento por un lado, y de su amor y arrepentimiento por otro.

Y viendo la benignidad con que el Señor la brindaba con el perdón de sus pecados, y la misericordia con que, a pesar de ellos, la había librado de la posesión de los demonios, se encendió más y más desde entonces en amor del que tan compasivo con ella se mostraba, y de quien estaba persuadida de que si no la había ya perdonado sus culpas se las perdonaría en cuanto le suplicase el perdón. Y encendida más y más en su amor, buscaba ocasión propicia para echarse a sus pies y concluir su obra de reparación y penitencia.

También el fariseo tenía faltas, y a ellas alude el Señor delicadamente en su parábola de los dos deudores. Pero tenía menos faltas, sin duda, y, al recibir el favor del Señor, no creyó que por este lado se le hacía una merced tan grande. Se le perdonaban cincuenta denarios, cantidad en sí grande, pero que el presumido fariseo pensaría que era muy poca cosa, en comparación de lo que otros hombres pecaban.

Por eso dice el Señor: de esos dos deudores, el que cree que se le ha perdonado poco, ama poco y trata con poco cariño: así me has tratado tú. Ni me has hecho siquiera lo que se acostumbra hacer con todos los huéspedes y convidados.

Pero el que cree que se le ha perdonado mucho, ama mucho y trata con mucho cariño: y así me trata esta mujer. Ella cree que se le perdona mucho y tiene confianza, por lo que me conoce, de que se le perdonan todas sus culpas, por más que sean tantas que vosotros aun de su presencia en esta sala estáis disgustados y de mi paciencia escandalizados. Lo que tú has dejado de hacer, ésta lo ha hecho mucho mejor. Porque, como el deudor a quien se le perdona mucho, ama mucho. Pues bien, mujer, sí, tranquilízate. Como creías y confiabas, se te perdonan los pecados. Tu fe te ha salvado. ¡Vete en paz!

Si en lugar de ser Jesucristo el que tenía que perdonar, lo hubiera sido el fariseo, ¿qué hubiera sucedido a esta pobre mujer?, y ¿qué nos sucedería a nosotros, pobres pecadores, si, como esperamos de nuestro Redentor el perdón de nuestras culpas, lo hubiéramos de esperar de algún hombre? ¿Quién no sabe cuán difíciles de perdonar son los enemigos?

Mas aquella feliz mujer tuvo la suerte de ir a los pies de Cristo, siempre benigno con todos, pero benignísimo con los pecadores. Y la que si se hubiera acercado a los pies del fariseo, probablemente hubiera sido rechazada a golpes hasta la distancia de cuatro codos, que marcaban sus reglas para las malas mujeres que se acercasen, a los pies de Jesús fue atendida con divina dulzura.

Es verdad que venía con sincera y nada fingida penitencia y con resolución y firmeza sobrenaturales. ¡Cuántos improperios e insultos recibió tal vez al entrar y al pasar hasta la sala! ¡Cuántos respetos humanos tuvo que vencer! Vino desteñido el rostro que otras veces tal vez tan impúdicamente repintaba, modestos los ojos que otras veces tan provocativamente flechaba, humilde el paso que otras veces tan descaradamente contoneaba. Y llegada a los pies de Jesús, vertió sobre ellos aquellas lágrimas otras veces tan engañosas, y ahora tan sinceras y dolorosas; desató sobre ellos aquella cabellera otras veces tan ensortijada, y ahora tan despeinada y despreciada; y el tesoro de perfumes con que otras veces bañaba su cuerpo voluptuoso para en sus efluvios envolver y trastornar a sus amantes, ahora lo derramó a los pies de su Salvador. Todo cuanto antes había dado al pecado y al amor carnal y mundano, todo lo daba ahora a Dios, y lo sacrificaba al amor divino.

Aprended, pecadores, confiad, amad, sacrificadlo todo a Jesús, y entonces podréis obtener de Él, junto con el perdón, aquella dulcísima paz que obtuvo la Magdalena.

¡Vade in pace! ¡Id en paz!

92. CORRERÍAS APOSTÓLICAS DE JESÚS
(Lc 8, 1-3)

No en banquetes ni festines, que, por muchos que fuesen, siempre eran excepciones de la vida corriente, sino en continuas y fervorosas correrías y predicaciones apostólicas empleaba Jesús su vida. Y nos advierte San Lucas, después de habernos contado la conversión de la Pecadora, que «Jesús luego iba recorriendo uno a uno los pueblos y aldeas pregonando y evangelizando el Reino de Dios, (es decir, el reino profetizado de Dios, que Él como Mesías iba a fundar y estaba ya fundando), y con Él iban los doce; y también algunas mujeres que habían sido curadas de malignos espíritus y de enfermedades: María, que es llamada Magdalena, de la cual habían salido siete demonios, y Juana, mujer de Cusa, procurador de Herodes, y Susana y otras muchas, que de sus bienes le servía».

No se presentaba, pues, ya solo, ni como antes rodeado de discípulos variables, hoy con unos, mañana con otros; sino que, si bien variaban algunos de los muchos que le seguían, pero constantemente, como sus elegidos, como su escuela, le rodeaban doce, los *doce*, los apóstoles escogidos en el monte del Sermón.

Además, no acompañándole, sino siguiéndole, iban algunas devotas mujeres, que por Jesús habían sido libradas de demonios o de enfermedades. No las nombra San Lucas, mas, sin duda, la principal y la que dirigía a todas era su Santa Madre, que siempre que pudo le acompañó hasta la cruz. Con ella iban muy frecuentemente y estuvieron en el Calvario María Cleofás, su cuñada; Salomé, su sobrina; Juana, de quien sólo sabemos que era mujer de un intendente de Herodes, que por lo visto debía de ser hombre bueno, y conocido cuando escribía San Lucas su Evangelio, y Susana o «Azucena», de la que sólo nos queda el dulce nombre, sin otras noticias. María, de la que había echado siete demonios (es decir, muchos, que esto quiere significar el número siete), amó mucho a su Redentor, y una vez justificada, no se separó mientras pudo de su compañía, y aun trajo a la amistad de su Maestro a sus hermanos Lázaro y Marta, y como después veremos, le ofreció su casa de Betania para descanso y retiro.

Era costumbre bastante común entre los maestros judíos que algunas señoras se encargasen de proporcionarles y prepararles habitación y sustento, para que ellos más desahogadamente vacasen a la enseñanza. Como cosa extraordinaria cuenta de sí San Pablo el que, para no ser gravoso a nadie, en algunos sitios, en que no tenía plena confianza en la gente, él mismo se procuró algunas veces el sustento con el trabajo de sus manos. Pero no era así de ordinario. Y Jesús tenía una madre, y una madre cariñosa, la cual, primera y preferente discípula de sus enseñanzas, una vez que no estaba sujeta como hasta entonces a la casita de Nazaret donde había vivido, para dar ejemplo, para ejercitar la virtud, para cooperar con su Hijo, para consolarle con su presencia y, en fin, para servirle con su pobreza, seguía a Jesús siempre que podía. Las demás mujeres, más bien que a Jesús inmediatamente, acompañaban a su Madre, y por medio de ella y con ella y bajo su dirección, preparaban cuanto el Maestro y sus discípulos necesitaban, haciendo los gastos las que podían por cuenta de sus haberes.

93. MANERAS DEL DIVINO APÓSTOL JESUCRISTO

Su morada más ordinaria y como el centro de sus excursiones, después que dejó Nazaret, fue Cafarnaún, como ya dijimos. Allí Pedro o alguno de sus discípulos debía de tener una casa en la que de ordinario moraba. Cuando salía solo por los campos y pueblos, no le sería difícil hallar hospitalidad, siendo Él tan bueno y tan notable, y la hospitalidad, en aquella región, tan venerada.

Cuando envió a sus apóstoles primero y luego a sus discípulos a predicar, como luego veremos, les dio algunas instrucciones, que serían sin duda las que él mismo practicaba y las que con su propio ejemplo les había enseñado.

«Id, les decía, y predicad, diciendo: Se ha acercado el Reino de los cielos. Curad enfermos, resucitad muertos, limpiad leprosos, expeled demonios. Gratis lo habéis recibido, dadlo gratis. No cojáis nada para el camino; no llevéis oro, ni plata, ni cobre en vuestras fajas. Ni alforjas para el camino, ni pan, ni dos túnicas, ni calzado, ni bastón, o a lo más el que tengáis en la mano. Porque bien puede pedir el trabajador su alimento. Cuando lleguéis a cualquier ciudad o aldea, preguntad por la persona digna que en ella haya, y en la casa en que entréis permaneced hasta que salgáis de allí. Y al entrar en la casa, saludaréis diciendo: Paz a esta casa. Y si aquella casa fuere digna, vuestra paz vendrá sobre ella; y si no es digna, vuestra paz volverá a vosotros. Y si alguno no os recibe ni oye vuestras palabras, saliendo fuera de la casa o ciudad, sacudid el polvo de vuestros pies en testimonio contra ellos.»

Parecidas instrucciones dio también a los setenta y dos discípulos.

Vestido como la generalidad de los galileos, sin el fausto elegante y vanidades muelles que solía reprender en los fariseos y cortesanos, cubriría su cabeza o con el *cofié,* especie de cofia o de turbante blanco, cuyas extremidades colgaban flotantes sobre el cuello o espaldas, indispensable en el clima de Palestina para la vida al aire libre, o con una orilla de su propio manto echado sobre la cabeza. En Palestina nadie lleva su cabeza descubierta, ni aun en el mismo templo. Solamente los leprosos, para ser distinguidos de los demás, iban, por obligación de la ley, descubiertos.

Vestía una túnica de punto sin costura, que probablemente se la habría hecho su Madre, y un manto sencillo, que cuando iba de camino se lo ataba a la cintura con una cuerda. Debía además de tener otras prendas interiores, pues los soldados se las repartieron entre sí en el Calvario, y sólo después de partido y repartido lo restante, echaron suertes sobre la túnica, que era, por lo visto, de más precio.

Generalmente le pintan vestido de *imation* o manto griego. Es muy posible que lo usase, pues entonces este uso se había extendido bastante, y Palestina estaba muy helenizada; sobre todo en Galilea.

El color del vestido bien pudo ser blanco, como es uso frecuente en los países orientales, para defenderse del sol, pero más bien sería de color, como es más frecuente, y parece indicárnoslo San Mateo, cuando dice que en la transfiguración sus vestidos se volvieron blancos como la nieve. De seguro que no serían de púrpura; esto era muy lujoso y propio de reyes o militares. El pardo, el azul, el rayado de varios colores era lo más usado. El tejido sería de lana o lino.

A los pies calzaba sandalias. En la mano puede que llevase algún bastón, aunque puede ser que ni eso tuviese. A los discípulos se lo permitía tener, pero les decía que no pusiesen empeño en buscarlo. Lo que nunca llevó fue saco de provisiones, ni túnica de repuesto, ni otro par de sandalias. Suponía que así como al jornalero se le da su jornal, así al apóstol se le debe dar lo que le haga falta para la vida.

Su aspecto no es fácil averiguar con certeza cómo era. Algunos Santos Padres, pocos, San Justino, San Clemente de Alejandría, Tertuliano, San Basilio y San Cirilo de Alejandría, dijeron que Jesús, deseoso de humillarse en esto como en todo lo demás, no quiso revestirse de formas corporales hermosas en su figura humana. Otros Santos Padres, los más, sostuvieron lo contrario: que el Señor, así como fue elocuente y dulcísimo en sus palabras, así también en su forma exterior amable, y si no el más hermoso de los hombres, pero sí por lo menos dotado de aquella perfección que a la naturaleza humana corresponde cuando no está perturbada y degenerada. Y esta perfección realzaríase, sin duda, por la belleza de expresión que la amabilidad y gracia interior comunicaba a su faz, retrato vivo de su excelentísimo corazón. El evangelista San Lucas dice que, adolescente, Jesús crecía en estatura, en sabiduría y en gracia ante Dios y los hombres. Lícito es suponer que esta gracia sería no sólo interior del espíritu, sino también exterior de la persona y del trato, y que cuando se puso a predicar habría crecido hasta su completo desenvolvimiento.

Si fuese verdadera la historia de la carta que dicen escribió Jesús a Abgaro, la primera imagen del Salvador hubiera sido la que en la Iglesia antigua de Edesa se veneraba. Porque cuenta Eusebio de Cesarea que Tadeo, uno de los setenta y dos discípulos, fue enviado por Jesucristo a predicar en Edesa la fe, y dice que en los archivos de esta ciudad encontró una carta que Abgaro, con esta ocasión, escribió a Jesús al volver Tadeo, rogándole que viniese a curarle de una enfermedad que padecía. Junto con la carta halló, dice, la respuesta que el mismo Jesús le envió escrita, diciéndole que no podía ir a Edesa, sino que tenía que permanecer en Judea, para ser allí crucificado. Tadeo después fue y sanó en Edesa a Abgaro. Y Moisés de Krone, al contar los mismos hechos que Eusebio, añade que el enviado de Jesús, juntamente con su carta, le trajo un retrato de su divina persona.

Ni en el principio la Iglesia, ni los autores serios admiten tal historia ni la verdad de ninguna de estas dos cartas, que se ha averiguado que fueron fingidas más tarde. Sin embargo, que en la Iglesia de Edesa hubo una imagen antiquísima del Salvador, es bastante cierto, a nuestro juicio, vistas las razones que hay para creerlo. Aunque no pasa de leyenda la historia de que semejante imagen fue impresa por el mismo Señor en un lienzo con que se enjugó la frente.

Por hoy, la imagen más antigua de Nuestro Señor, que nosotros sepamos, es una de marfil, que está en el Museo del Vaticano. El Señor presenta su faz ovalada, rodeada de hermosa y abundante cabellera que, partida por el medio de la cabeza, cae ondulosa sobre los hombros en dos abundantes crenchas. Un manto con el *clavus,* es decir, con una franja de color que baja desde el hombro, cubre su túnica. Saca el Señor su mano cubierta de manga ajustada que parece de punto, y con los dos dedos extendidos bendice. Ésta es la imagen tradicional que los cristianos han adoptado, la que se ve en una pintura también antiquísima del cementerio de Calixto, hecha en el siglo II, y en otras del cementerio de San Ponciano y del de San Gaudioso y de otros muchos.

Es verdad que en no pocos frescos antiguos se le representa imberbe y joven, para expresar la juventud eterna de su divinidad, pero no es creíble que Nuestro Señor prescindiese de la costumbre general entre los judíos de llevar barba. La Ley mandaba así: «No cortarás en redondo tu barba, ni rasurarás los lados de ella», y si bien no está claro qué se deba entender por estos lados, pero es lo cierto que todos los judíos usaban barba abundante, que se la cuidaban con mucho esmero, que se tenía por afrenta cortársela a uno en todo o en parte, que sólo en señal de duelo o en caso de enfermedad, como lepra, se permitía quitársela y, en fin, que, según toda la tradición, tanto el Maestro como los discípulos, todos llevaban barba. Sólo San Juan, por su juventud, es presentado sin ella.

Era, pues, Nuestro Señor y Maestro Jesucristo, cuando predicaba por los campos de Galilea, un varón bien formado de más de treinta años, esbelto, robusto, fornido y bien hecho con el trabajo en el taller del carpintero, su padre. Su presencia unía al vigor de la virilidad la dulzura de la mansedumbre. Su carácter valía lo mismo para amenazar

VII. SEGUNDO AÑO. MANERAS DE JESUCRISTO

al fariseo y perverso que se obstinaba, que para bendecir al humilde y pecador que le pedía favor o no rehusaba su gracia. Prefería atraer, pero sabía aterrorizar. Ofrecía de ordinario su cariño, pero también a veces echaba mano del látigo.

Todo el rostro mostraba una alegría modesta, más que tristeza, sin ningún afecto desordenado.

Cuando se ofrecía ocasión, sonreía y mostraba su simpatía y cariño, como cuando se le presentó un joven que le dijo que siempre había guardado los mandamientos, y cuando dijo a la pecadora su dulcísimo *Vete en paz,* y cuando tentaba a San Felipe sobre el modo de dar de comer a la muchedumbre del desierto, y en mil suavísimas historias que aún tendremos que recorrer.

También sabían llorar sus ojos, como cuando lloró sobre Jerusalén, y tal vez cuando respondió al saludo de Judas y cuando miró a Pedro.

Y también lanzar rayos de indignación, como cuando maldecía a los fariseos y a las ciudades de Betsaida y Corozaín.

Como le describió Isaías y nos dice San Mateo, no gritaba, ni levantaba la voz, sino raras veces; a nadie, si no es al soberbio y obstinado, repelía, mientras diese alguna esperanza de conversión, pues era incapaz de quebrar la caña hendida, ni de extinguir la tea que aún humeaba.

Mas en medio de esta mansedumbre, no era triste, ni débil, ni jamás abatido. Sin arrugas en su frente ni en su cara, ni muy abiertos ni muy cerrados sus labios, modestamente inclinados aunque firmes los ojos, por la serenidad humana de fuera mostraba la divina serenidad de dentro.

Su amable figura vestida de blanco o de colores aparecía entre el verdor de las tierras galileas como flor del campo o amable lirio de los valles, que atrae las miradas de todos.

No vayáis a creer que por acompañarle las mujeres amigas de su Santa Madre se lo encontraba todo allanado y no le faltaba nada. Con frecuencia tendría que carecer de lo más preciso.

En general, a juzgar por las alusiones de su predicación, comerían legumbres, pan, huevos y pescado. El pescado abundaba en Galilea, sea fresco, cuando se hallaban en la costa; sea en salazón o seco, cuando no había pesca, o estaban tierra adentro. Más de cuatro veces sus discípulos, ora con Él, ora solos, se dedicaban a pescar, con objeto, sin duda, de proporcionarse el sustento.

Para darnos ejemplo de prudente previsión y ahorro en medio de la pobreza, Él mismo, de limosnas o de lo que sus discípulos de un modo o de otro recogían, conservaba lo que ahorraba para sus necesidades y para los pobres. Procurador e intendente de estas poquedades nombró a Judas, que era, por lo tanto, el encargado del depósito y de las compras.

Por lo demás, parece que su vida era común, en lo exterior, a la habitual de la gente entre que vivía, sin extraordinarias penitencias, ni asperezas, ni ayunos, como los que Juan había practicado. Abundante o escaso, participaba de lo que le daban en cada sitio, sin llamar a nadie la atención. Así que los que todo lo zaherían, para rebajarle, traían a la memoria la penitencia y ayunos del Bautista, y, comparándole con Él, llamaban a Jesús comedor y bebedor de vino.

Ya sabemos que no desdeñaba los convites que algunos le hacían de vez en cuando. De ellos se valía siempre para hacer algún bien para la gloria de Dios o para la paz de los hombres de buena voluntad; que éstos eran sus fines.

Su trabajo era continuo. Su descanso poco, y él turbado por las muchedumbres, que le buscaban afanosas en medio de su reposo, y le acosaban en la soledad y en la ciudad, en el camino y en la casa. Pasaba no pocas noches en oración retirado de todos, aun de sus discípulos. Cuando estaba en Jerusalén, tenía costumbre de retirarse muy a menudo al huerto de Getsemaní a orar por nosotros y por todo el mundo.

No tenía sitio fijo y seguro donde descansar. Algunas veces hubo de dormir en la barca sobre una almohada, mientras remaban y dirigían la nave sus apóstoles. Pero estaba tan ajeno de contar con refugio cierto, que a un escriba que quería seguirle y que, sin duda, no tenía abnegación bastante para observar la vida dura que el Maestro hacía, pudo decirle: «Las zorras tienen cuevas, y las aves del cielo nidos, pero el Hijo del hombre no tiene donde reclinar su cabeza».

Su palabra era elocuentísima, popular, sumamente acomodada a los oyentes. En Galilea era sencilla y rural, campestre y risueña. En Jerusalén era intensa, profunda, enérgica y pasmosa. Sus réplicas y sus conclusiones eran invencibles. Raudales de sabiduría divina expuesta en palabras populares y acertadísimas, atraían a las muchedumbres y las retenían fascinadas a su lado sin permitirles separarse de Él. Y al fin, cuando después de alguna disputa con los maestros de Israel, se retiraba Él y se disolvía el auditorio, todos, estupefactos, iban diciendo unos a otros: «Nunca ha hablado nadie como este hombre». Y además de predicar y enseñar cosas sublimes, las enseñaba como quien tiene potestad y autoridad propia, y no como quien habla con potestad y autoridad prestada; mandaba como quien podía mandar, y no como quien declara el mandamiento de otro; definía como quien está cierto de no errar, y no como quien expone una opinión propia con temor de equivocarse; en una palabra, como Dios que era, como sabiduría infinita, como verdad única, no como hombre falible y corto de entendimiento.

94. HOSTILIDAD DE LOS FARISEOS
(Mc 3, 20-30; Mt 12, 22-33; Lc 11, 17-23)

Los que ya desde el principio se manifestaron hostiles a Jesús, debían de estar por este tiempo extraordinariamente alarmados e inquietos. El Maestro, el Nazareno, adquiría una popularidad inmensa, increíble, irresistible tal vez y destructora por completo del fariseísmo. El sermón del Monte marcaba orientaciones por completo contrarias a las enseñanzas farisaicas. La misión por los pueblos de Galilea con una escuela de doce apóstoles fijos y decididos y ninguno de ellos de su campo era una campaña formidable y temible para todos los maestros y escribas de Jerusalén.

La popularidad que, como río en tiempo de deshielo, iba creciendo estupendamente, amenazaba llevarse consigo a todo Israel y dejarlos a ellos sin auditorio, sin gente, sin autoridad, desairados en medio del pueblo cuyas alabanzas tantísimo ambicionaban.

Era preciso poner coto a tal invasión de un carpintero sin letras, que para nada contaba con ellos, ni les pedía su autorización, y de repente, en dos días, se ponía sobre toda la autoridad de los maestros de Israel...

Enviaron, pues, desde Jerusalén algunos escribas que se enterasen de lo que sucedía, desengañasen, si podían, al pueblo, y desvirtuasen la preponderancia que Jesús iba adquiriendo.

No era fácil el negocio. Jesús volvía del campo lleno de gloria. Había hecho bien por dondequiera que había pasado. Había predicado doctrina nunca oída, y la había confirmado con maravillosos prodigios de todas clases: demoníacos librados, ciegos curados, mudos restituidos al habla, leprosos limpiados, tullidos reanimados, y hasta muertos, a vista de todo el mundo, con sola su palabra resucitados. ¿Era posible resistir a un Profeta tan grande?

Como el fuego en un cañaveral seco, corría por todos los pueblos aquella expresión de los de Naím, al ver levantarse vivo del ataúd a su amigo: «Un Profeta extraordinario ha aparecido entre nosotros, y Yahvé ha visitado a su pueblo». ¿Qué podrían hacer en contra de semejante popularidad, ni qué podrían decir enfrente de tales milagros los escribas y fariseos, impotentes para hacer ningún prodigio?

Apenas entró Jesús en Cafarnaún, se dirigió, como solía, a su morada ordinaria en aquella ciudad, que debía de ser la casa de San Pedro o de alguno de sus discípulos. El pueblo, en cuanto supo que llegaba el Profeta, salió a su encuentro y se arremolinó en torno de la casa y hasta penetró empujando en ella, de tal suerte que ni para comer le daban tiempo.

Y estaban por entonces en Cafarnaún, no sabemos con qué ocasión, ni si de paso o establemente, algunos parientes de Jesús, que por un lado no creían en los milagros de su primo, y por otro, viendo las tramas de los fariseos contra Él, temían verse envueltos ellos en el mismo odio, y arrastrados en sus mismas persecuciones; y acaso también movidos del cariño y parentesco, temían que Jesús hubiese, por fin, de pagar su conducta sucumbiendo a las autoridades de Israel.

Éstos, pues, cuando vieron el alboroto y entusiasmo que la presencia de su primo suscitaba en el pueblo, viendo cada vez a Él y a sí mismos más comprometidos, sobre todo desde que habían venido los enviados de Jerusalén, quisieron, si podían, salvarle y salvarse. Resolvieron echar mano de Él para llevarle consigo, y lanzándose a la casa, iban diciendo: «Se ha vuelto loco. Dejadle, es un exaltado, está fanático, ha perdido el juicio». Tal vez lo creían así, tal vez, si no lo creían, juzgaban que éste era el mejor modo de justificarse ellos, y de sustraerle a Él de todo peligro, y retirarle a casa para aconsejarle allí cordura y prudencia y obligarle a otra clase de vida menos comprometida y peligrosa.

Bien pronto habían de quedar confundidos. Porque precisamente «entonces trajeron a la casa un endemoniado ciego y mudo. Y Jesús le sanó de modo que veía y hablaba. Y quedaron todos atónitos y decían: ¿No será éste el Hijo de David?»

Y al hablar de este milagro que acababan de presenciar, recordaban los muchísimos que en la última expedición había verificado, y los prodigios que habían oído, insistiendo sobre todo, como prueba de

VII. SEGUNDO AÑO. HOSTILIDAD DE LOS FARISEOS

la divinidad de su misión, en los demonios que arrojaba de los posesos.

Mas estaban allí ya los espías enviados de Jerusalén, los escribas enemigos de Jesucristo, los cuales, sin poderse contener al oír tales alabanzas y juzgando obligación de su autoridad deshacer lo que ellos creían engaño y superstición, decían a la gente: «Eso es que tiene pacto con Belcebú, y si echa los demonios, es por Belcebú, príncipe de los demonios».

Era Belcebú, o Baal-zebub, Dios-mosca o Dios-de-las moscas, un Dios de los filisteos, que los judíos, transformando su nombre en el de Beel-zebul, Dios de la casa, tenían por príncipe de la casa infernal y de todos los demonios, y le daban este nombre para no pronunciar así el de Satán, que ellos, como maldito, procuraban no pronunciar nunca.

Tremenda y abominable la calumnia que temerariamente lanzaban los escribas contra Jesús. El Maestro la recogió, y como penetraba los corazones de todos y oía las murmuraciones, aun las que venían de lejos, si es que éstas no las dijeron cerca de Él mismo, los llamó a sí, y delante de todos, afrontándolos, les dijo por medio de parábolas:

«¿Cómo puede Satanás echar a Satanás? Porque todo reino dividido contra sí no puede durar. Y toda ciudad o casa dividida contra sí no puede subsistir. Y si Satanás echa fuera a Satanás, y se levanta contra sí mismo, está dividido contra sí, y por tantos ¿cómo podrá permanecer su reino? De ningún modo, sino que vendrá su fin. Además, si yo lanzo los demonios por virtud de Belcebú, vuestros hijos ¿por quién los lanzan? Por eso ellos serán vuestros jueces. Ahora bien, si yo lanzo los demonios por el espíritu de Dios, no podéis negar que ha llegado a vosotros el reino de Dios. Porque, si no, ¿cómo puede uno entrar en la casa de un poderoso y saquear sus tesoros si antes no ha sujetado al poderoso?, Sólo entonces podrá saquear su casa.»

Y una vez que les hubo probado que si arrojaba los demonios era en nombre de Dios, les advirtió la necesidad de ponerse de su parte o de la del demonio, y, avisándoles que no había término medio posible, les dijo: «El que no está conmigo, está contra mí, y el que no recoge conmigo, derrama».

Y como la calumnia que levantaban era tan horrible, les avisó de su gravedad y de la condenación que con ella se acarreaban, con estas tremendas amenazas: «"De verdad os digo que cualquier pecado y cualquier blasfemia se perdonará a los hombres; sólo no se perdonará la blasfemia contra el Espíritu Santo. A cualquiera que hable contra el Hijo del hombre, se le perdonará; pero a quien hable contra el Espíritu Santo, no se le perdonará ni en esta vida ni en la otra, sino que será reo de eterna condenación". Porque ellos habían dicho: tiene el espíritu inmundo. "Si decís que el árbol es bueno, decid que es bueno su fruto; o si decís que el árbol es malo, decid también que es malo su fruto; pues por el fruto se conoce al árbol. ¡Raza de víboras! ¿Cómo es posible que vosotros digáis cosa buena si sois malos? Porque de lo que abunda en el corazón hablan los labios. El bueno, del buen tesoro de su corazón, saca cosas buenas; y el malo, del mal tesoro de su corazón, saca cosas malas. Y os digo que en el día del juicio han de dar cuenta los hombres de toda palabra ociosa que pronuncien. Porque por tus palabras serás justificado y por tus palabras condenado".»

95. LA BLASFEMIA CONTRA EL ESPÍRITU SANTO
(Mc 3, 29-30; Mt 12, 31-32)

Es notable lo que Jesucristo dijo a los escribas: que la blasfemia contra el Espíritu Santo no se perdona ni en esta vida ni en la otra. Y no deja de ofrecer este punto seria dificultad a los doctores. Porque la Iglesia cree, y lo afirma como doctrina católica que no se puede negar, que tiene ella potestad para perdonar todos los pecados, por graves y numerosos que sean, con tal que haya las disposiciones debidas dispuestas por el autor de los sacramentos, Jesucristo Redentor. Ahora bien, Jesús mismo dice en las palabras que arriba hemos leído, que la blasfemia contra el Espíritu Santo, es decir, el afirmar que los milagros y obras sobrenaturales, que se atribuyen al Espíritu Santo, y con las cuales se aprueba la divinidad de Cristo, son obras del demonio, de Belcebú, es un pecado tal, que, a diferencia de otros, no se perdona ni en este mundo ni en el otro.

Ninguna solución mejor ni más instructiva que la que da Santo Tomás de Aquino: «El pecado contra el Espíritu Santo se dice irremisible, no precisamente porque no se perdone de ningún modo, sino porque él, de suyo, exige que no sea perdonado. Y esto bajo dos aspectos: Primero, por lo que el pecado tiene de pena: porque quien peca por ignorancia o debilidad, merece menos pena; mas el que peca por malicia determinada, no tiene ninguna excusa para que se le disminuya su pena. Y así el que blasfemaba contra el Hijo del hombre, cuando todavía no se le había revelado la divinidad, podía tener alguna excusa, por la bajeza de la carne de que le veía revestido, y así merecía menor pena. Pero el que blasfemaba contra la misma divinidad, atribuyendo al diablo las obras del Espíritu Santo, no tenía excusa ninguna para que se le disminuyese su pena.

»Segundo, por lo que el pecado tiene de culpa: porque así como una enfermedad se dice incurable por su naturaleza, cuando es tal que por ella se destruye aquello mismo con que podría curarse la enfermedad, por ejemplo, cuando la enfermedad destruye las fuerzas de la naturaleza, o causa repugnancia al alimento y a las medicinas, aunque Dios puede curar tal enfermedad; así también se dice que el pecado contra el Espíritu Santo es irremisible, porque lo es según su naturaleza, ya que excluye los medios con que se obtiene la remisión de los pecados. Pero no por eso queda cerrada a la omnipotencia y misericordia de Dios la facultad de perdonar y sanar, y en virtud de esta omnipotencia y misericordia, los tales recobran la salud espiritual, como por milagro.»

Es decir, que, de suyo, el pecado de blasfemia contra el Espíritu Santo no recibe el perdón, no porque la Iglesia no tenga facultad para perdonarlo, sino porque el pecador no se dispondrá para ser digno del perdón.

Y esto por dos causas: porque es suma su malicia, sin excusa de ignorancia ni de debilidad; y, después y sobre todo, porque ésta es la naturaleza de este pecado: que así como el que se ciega, naturalmente no puede recibir la visión, y el que se quita el corazón, naturalmente no puede empujar la sangre, porque se arranca la raíz de la visión y la raíz de la circulación de la sangre; así el que blasfema contra el Espíritu Santo se cierra el camino de salvarse, porque ¿cómo se probará a nadie que Jesucristo es Dios, si las pruebas, que son los milagros y las obras del Espíritu Santo, las atribuye al demonio?

Y, por tanto, no puede más, de suyo, prepararse a obtener la remisión, que el ciego para ver y el destituido de corazón para empujar la sangre.

Pero así como Dios puede devolver con un milagro el corazón al que se lo arrancó y los ojos al que se cegó, así puede al que blasfemó contra el Espíritu Santo, darle gracia para arrepentirse. Pero esto en la providencia actual sería una especie de milagro y gracia extraordinaria en el orden sobrenatural, así como sería un milagro en el orden natural el devolver el corazón y los ojos.

Tiemblen, pues, los que blasfeman contra el Espíritu Santo de este modo.

Aunque no es el mismo pecado, es muy parecido el de aquellos que atribuyen los milagros del Espíritu Santo, con los que Jesús confirmaba su divinidad, no al demonio, porque tampoco creen en el demonio, sino a la fábula, a la ficción o al engaño de Jesucristo, o a la credulidad de los hombres, en fin, a la mala fe de explotadores de conciencia. ¡Infelices! Ellos se cierran el camino de su restauración y la fuente de su justificación huyendo de lo que debiera ser origen de su renacimiento y manantial de su reparación.

Y ésta es, sin duda, la causa por la que raras veces se convierten algunos de los impíos y racionalistas de nuestros tiempos, porque sus pecados fácilmente degeneran en pecados contra el Espíritu Santo o en otros parecidos a ellos.

Y para más recomendar la severidad del juicio de Dios contra estas blasfemias, y, por tanto, para que mirasen y considerasen bien lo que acerca de su persona y de sus actos y milagros pronunciaban, les aseguró que en el día del Juicio se nos pediría cuenta hasta de las palabras ociosas que digamos.

Palabra ociosa es toda palabra que no tiene ninguna razón de necesidad ni de utilidad, para quien la dice o para quien la oye.

Pero debe advertirse que en la utilidad entra todo aquello que se refiere al trato conveniente de la sociedad y aun a la justa y honesta recreación y diversión del ánimo, y, por tanto, no debe considerarse inútil la buena conversación para alegrar y recrear el espíritu. Mas no por eso deja de ser verdad que tendremos que dar cuenta de muchas, muchísimas palabras que decimos de más, sin razón ninguna, con excesiva palabrería, con pérdida lamentable del tiempo, que Dios nos ha dado, no para recrearnos precisamente y con exceso, sino para cumplir bien nuestras obligaciones y lograr la perfección. Ni más ni menos que del derroche de nuestra hacienda nos pedirá cuenta del derroche de nuestras palabras y de todas nuestras fuerzas y facultades. Y cuanto hayamos faltado, tanto se nos impondrá de pena.

96. QUIÉNES SON LA MADRE Y HERMANOS DE JESÚS
(Lc 8, 19-21; Mc 3, 31-35; Mt 12, 46-50)

«Aún estaba Jesucristo hablando, cuando su Madre y sus hermanos (es decir, sus primos, según ya lo dejamos expuesto) vinieron con idea de hablarle. Mas no podían acercarse a Él por el gentío. Y desde fuera le enviaron un recado llamándole.»

Debieron de oír el peligro en que se encontraba, lo que habían dicho aquellos otros parientes, lo que se podía temer de todos los escribas enviados de Jerusalén; y ansiosos por su suerte, deseaban verle, hablarle, enterarse de lo que había sucedido, ofreciéndole su apoyo o su compañía. Tanto más cuanto que hacía ya tiempo que Jesús faltaba de Cafarnaún y no le veían.

«Estaba, pues, Jesús en medio de una turba que se había sentado para escucharle, y le dijo uno de los oyentes: "Ahí fuera están tu madre y tus hermanos; quieren hablarte". Mas Jesús le respondió: "¿Quién es mi madre?, y ¿quiénes son mis hermanos?" Y mirando a su alrededor y extendiendo sus manos a sus discípulos, que sentados le rodeaban, dijo: "Éstos son mi madre, éstos son mis hermanos. Porque cualquiera que haga la voluntad de mi Padre que está en los cielos, ése es hermano mío, hermana mía y madre mía".»

¡Dulcísima benignidad de Nuestro Dios y Señor Jesucristo! No despreciaba Él a su madre, ni a sus primos y parientes. Porque también ellos, los que allí estaban, y sobre todo su Madre Santísima, hacía, por cierto sobreexcelentísimamente, la voluntad del Padre Celestial, y por eso ella más que nadie de cuantos allí estaban era madre y hermana y todo de Jesús. Pero el que en el orden natural siempre respeta a María como a su Santísima Madre, y el que por ser hijo le dio carismas de santidad inapreciables, nos dio esta vez a entender que en el orden sobrenatural, como Mesías, está desligado de vínculos carnales, y no reconocía más lazos que el hacer la voluntad de su Padre. Y que aquéllos serían por él tenidos como padres y como hermanos, que hiciesen lo que su Padre quería, y tanto más cuanto más esto hiciesen.

¡Oh dignidad extraordinaria! ¡Oh favor magnífico de nuestro Señor! Podemos ser su madre y sus hermanos, y queridos por Él como una madre de sus hijos y un hermano de su hermano con sólo cumplir la voluntad de Dios. ¡Denos Él para ello su gracia! Porque ésta es la verdadera santidad y perfección: hacer la voluntad divina.

97. LAS PARÁBOLAS (Lc 8, 10; Mt 13, 10-18)

Desde este día va a comenzar el Salvador un sistema y modo de enseñanza distinto del que hasta aquí ha tenido. Ya no es la predicación directa de la doctrina, como en el sermón del Monte, por ejemplo. Todo lo que explica lo expone por medio de parábolas, a través de las cuales se advierte en la predicación del Señor un tinte especial, lleno por una parte de popularidad y sencillez, de amenidad y distracción, y por otra, de cierta reserva y melancolía, con sombras de recelo y desengaño.

¿Qué es una parábola? Es una comparación, una semejanza, una imagen sensible tomada del mundo natural y visible, para explicar alguna doctrina sobrenatural o espiritual, o hacerla más clara a los hombres sencillos.

Los pueblos orientales, llenos de imaginación luminosa y viva, gustaban, sobre todo, de este género de explicar, porque se presta a dar vida y expresión sensible y graciosa a la doctrina moral, de suyo muerta y escondida. Unas veces la parábola era un breve rasgo; por ejemplo, éste del libro de los Proverbios: «Un diente cariado y un pie pisado, eso es la confianza que inspira un amigo infiel en el día de la desgracia». Otras era una historia más extensa, como en el Evangelio las más de las veces; por ejemplo, la parábola del hijo pródigo, la del samaritano, la de las vírgenes prudentes y las fatuas.

Sirve a la memoria, ata la imaginación, excita la curiosidad del entendimiento, hace asequible, sensibilizándola, la verdad moral y extrasensible, y, en fin, se presta a una expresión galana y colorida de verdades áridas y oscuras.

En el Antiguo Testamento se hace mucho uso de las parábolas, tanto de las largas como de las cortas. En el Nuevo Testamento, Nuestro Señor, como vamos a ver, envolvió en este género de decir su doctrina. Los apóstoles, que después escribieron, puede decirse que no añadieron ninguna otra parábola; tal vez, por respeto a las del Señor, se contentaron con las que les había enseñado su Maestro.

El Maestro, en cambio, predicó muchas, pues si se enumeran todas, entre cortas y largas, fácilmente pasan de ciento las que en los Evangelios se encuentran; y si sólo quieren contarse las más formadas, dejando a un lado algunas que más que parábolas son proverbios, o alegorías o indicaciones de parábolas, se pueden sacar hasta veintiocho o veintinueve parábolas perfectas.

Además, no puede dudarse que así como Jesucristo hizo muchas cosas que no nos cuentan los Evangelios, así también dijo muchas parábolas que no están en los Evangelios.

Bien pueden todas ellas reducirse a tres grupos.

VII. SEGUNDO AÑO. LAS PARÁBOLAS

En las del primero se expone el Reino de los cielos, es decir, lo que debe ser, iba a ser y es ya la Iglesia que está fundando. En otras explica las condiciones y virtudes que deben tener los que quieran formar parte de este Reino los cielos, es decir, lo que debemos hacer los fieles.

El tercer grupo de parábolas comprende aquellas que refieren al fin de la vida de Nuestro Señor, la suerte que espera a Israel por no haber querido reconocer al Mesías y al modo que Él ha de guardar con su Iglesia.

El asunto en la mayor parte lo toma el Salvador o de la vida del campo y del mar, o de la vida doméstica, de la vida social, de los sucesos y espectáculos más ordinarios, populares y asequibles.

Todas las parábolas están en los Evangelios de San Mateo, San Marcos y San Lucas, llamados los sinópticos. San Juan apenas se puede decir que tiene ninguna parábola. Y se nota que San Mateo, como escribía principalmente para los judíos, escoge de las parábolas de Jesucristo aquellas principalmente que sirven para demostrar cómo el cristianismo debe sustituir al judaísmo, y cómo los judíos, por no recibir al Mesías, debían ser reprobados. En cambio, San Lucas, como se dirigía más a los gentiles, prescinde de este carácter de San Mateo, y escoge otras parábolas en que Jesucristo muestra su misericordia para con los pecadores.

Ahora bien, antes de exponer las varias parábolas que en este tiempo propuso el Señor, es conveniente entender por qué el Maestro hablaba en parábolas al pueblo. Porque no escogió sin razón este modo de hablar el que todo lo hacía con providencia y medida. San Marcos y San Mateo dicen expresamente que «todo lo decía al pueblo en parábolas, y que sin parábolas no les hablaba». Y que esto lo hacía con especial intento se ve por lo que los mismos evangelistas añaden: que después el Maestro explicaba el sentido de las parábolas a sus discípulos, pero aparte, cuando las turbas se habían ido y quedaba solo el Maestro con su escuela. Por donde se ve cierto intento de no explicar todo al pueblo, sino a sus escogidos.

Y llamó tanto la atención en Jesucristo este nuevo método de enseñar, que ellos mismos un día, acabando de oír una parábola que no entendían bien, y pidiéndole que les dijese lo que en ella se significaba, le preguntaron: «¿Por qué nos hablas en parábolas?»

La respuesta que dio el Maestro a esta pregunta fue:

«A vosotros se os ha concedido la gracia de conocer misterios del Reino de Dios. Mas a los que están ahí fuera no se les ha dado esta gracia; todo se les presenta en parábolas. Porque al que tiene se le dará para que abunde, y al que no tiene, aun lo que posee se le quitará. Les hablo en parábolas, de suerte que viendo vean y no vean, y oyendo oigan y no entiendan, para que no se conviertan ni se les perdonen los pecados. Y en ellos se cumple la profecía de Isaías, que dice: "Oiréis con vuestros oídos y no entenderéis, y mirando veréis y no veréis. Porque se ha endurecido el corazón de este pueblo y oyen mal sus oídos, y han cerrado sus ojos, para que no vean nunca sus ojos, ni oigan sus oídos, ni comprendan con su corazón, ni se conviertan y yo los remedie". En cambio, ¡dichosos vuestros ojos que ven y vuestros oídos que oyen! Pero en verdad os digo que muchos profetas y justos desearon ver lo que vosotros estáis viendo y no lo vieron, y oír lo que vosotros estáis oyendo y no lo oyeron.»

Al mismo tiempo, sin embargo, dice San Mateo que hablaba en parábolas para que se cumpliese lo que dijo el Profeta: «Abriré mi boca para hablar con parábolas; publicaré cosas escondidas desde la creación del mundo».

A primera vista parece que hay contradicción en estas respuestas del Señor. Por una parte, parece que el hablar en parábolas es para mejor instruir al pueblo y demostrar los secretos de la sabiduría escondida, y por otra, parece que es para ocultar al pueblo verdades que sólo a sus discípulos quiere explicar, y que de hecho explica en el retiro de la confianza.

En efecto, el Señor quería enseñar a los pueblos doctrina escogida y celestial, y quería enseñársela de un modo acomodado a sus entendimientos sencillos. Ahora bien, para esto la mejor forma y la más familiar manera era la parábola, tan usada por todos los sabios más famosos y, principalmente, por el sabio Salomón.

Pero al propio tiempo, de tal modo quería el Salvador enseñar al pueblo su doctrina, que también el pueblo pusiese algo de su parte y diese muestra de su agradecimiento y buena voluntad para recibir la buena nueva de la paz y de la salvación. Infiel, soberbio, endurecido el pueblo de Israel, estaba portándose con el Mesías muy mal; sobre todo los príncipes, los notables, los sacerdotes y los escribas. A pesar de los milagros que hacía y de la doctrina celestial que predicaba, y de las muestras palpables que daba de ser el Mesías, no eran ni Él ni su doctrina recibidos como debían serlo, sino que, al contrario, los unos mostraban recelos, los otros abierta hostilidad, los que más un entusiasmo, más que espiritual, egoísta, por los beneficios materiales de las curaciones más que por el inmenso beneficio de la salvación que el Señor ofrecía a los que le creyesen. Era digno, pues, aquel pueblo de que se le concediesen gracias extraordinarias, como lo hubiera hecho Jesucristo, si se hubiesen portado con Él como debían. Era indigno de que se le declarasen de primera los misterios del Reino de Dios con toda luz. Mas como, por otra parte, no quería el Salvador quitarles la luz suficiente, sobre todo al pueblo, para que, si tenían buena voluntad de encontrarle, le buscasen y le hallasen, por eso usó de parábolas.

Por medio de ellas les daba la luz suficiente para que, si tenían deseo sincero de la verdad y de la justicia, buscasen más y reflexionasen y averiguasen todo.

Por medio de ellas, al mismo tiempo, velaba lo suficiente su doctrina, para que quien no tuviese recto corazón y sincero deseo del bien, quedase a oscuras y no recibiese el don de Dios.

Y así se cumplía la profecía de Isaías, y sucedía con Jesucristo lo mismo que sucedió con el Profeta, cuando fue enviado por Yahvé a dar luz al pueblo, pero de tal modo, que viendo no viese, y oyendo no oyese.

No porque Yahvé les pusiese tinieblas en los ojos o estorbo en los oídos; al contrario, les ponía luz y voz por medio de la predicación de Isaías; sino porque ellos no querían atender a esta luz y a esta voz, ni buscar con ella la verdad y la bondad. También Jesucristo proponía sus parábolas, y en ellas verdad y luz bastante para que quien quería ver más, preguntase, inquiriese, reflexionase y se acercase al Maestro, como lo hicieron los que de veras le siguieron, y el que descuidaba y menospreciaba la oferta del Mesías, se quedase sin ver toda su doctrina. Viendo lo bastante para ser reprendido y condenado porque no procuró averiguar y ver más, y no viendo lo bastante para salvarse, porque no quiso; oyendo lo bastante para conocer el reino mismo de Dios, porque lo despreció y no estimó al Mesías, y se desdeñó de ser su discípulo.

A sus apóstoles quiso hacerles, con generosidad no debida, la gracia de explicarles del todo el contenido y significación de las parábolas. Ni fueron solos los apóstoles los que obtuvieron tal gracia, sino otros muchos discípulos de Cristo que la pidieron y buscaron de veras.

De paso el Maestro con las parábolas hacía más fácil y llana la verdad de su doctrina a los gentiles que le escuchaban, fijaba para en adelante muchísimos puntos de moral y de fe para la predicación del Evangelio, dejaba profecías de lo que había de ser la Iglesia, revelaba su magnífica inteligencia, su encantadora elocuencia, su llaneza y afabilidad, y enseñaba también a los predicadores a ser en sus enseñanzas al mismo tiempo que profundos y espirituales, llanos, sencillos, populares, amenos y prácticos.

98. LA PRIMERA PARÁBOLA. EL SEMBRADOR
(Lc 8, 4-15; Mc 4, 1-20; Mt 13, 1-23)

La primera parábola que el Salvador propuso cuando, como dijimos, emprendió este método de predicación, parece fue la del sembrador.

El mismo día en que sus parientes y su Madre con ellos vinieron a verle, salió de la casa, es decir, de aquella casa donde solía estar en Cafarnaún, que casi de seguro era la de Pedro, y se dirigió a la orilla del mar. Se sentó en la ribera y, sin permitirse descanso, otra vez de nuevo comenzó a enseñar. Ávida de escucharle y de verle, acudió a su vez una muchedumbre muy numerosa, y corrieron, en cuanto supieron que allí estaba, muchos que salieron de sus pueblos, de modo que pronto se agruparon a su alrededor turbas tan numerosas que se vio obligado, como otras veces le había sucedido, a subir a la lancha. Se sentó en ella y todo el pueblo se agolpó a la orilla.

Precioso espectáculo. Debía de ser la tarde. En los suaves, acantilados de la costa, que formaban un anfiteatro enfrente del mar, se acomodaron de pie o sentados miles y miles de galileos, fijos los ojos en aquel Maestro que allá abajo, en una lancha suavemente mecida por el casi imperceptible movimiento del lago, levantaba hacia ellos aquella suavísima mirada, bañada a un mismo tiempo en amor, en misericordia y en compasión, tanto más acendrada cuanto que Él conocía lo que cada uno entonces pensaba y lo que cada uno en adelante había de pensar y hacer. Y recordando lo que ya para entonces había predicado y enseñado, y dándose cuenta del diverso modo en que su palabra había sido recibida por aquellos que allí estaban y por los demás que le habían escuchado en todas partes, determinó advertirles paternalmente el cuidado con que debían recibir su predicación y el empeño con que debían guardarla y cumplirla.

Esperaba la gente que les quisiese hablar, y extendiendo Él graciosamente su mano, les dijo:

«*Audite!* ¡Oíd!...»

VII. SEGUNDO AÑO. EL SEMBRADOR

Un silencio admirable, más suave por estar a la orilla del mar, apenas arrullado por el imperceptible rumor del lago, extendió sus alas por todo el auditorio y dijo el Maestro:

«Mirad. Un día salió un sembrador a sembrar semilla. Y al sembrar, una parte cayó hacia el camino y fue pisada, y vinieron las aves del cielo y se la comieron. Otra parte cayó en terreno pedregoso que no tenía mucha tierra, y nació al momento, por ser poco honda la tierra; mas, al salir el sol, se quemó, y como no tenía raíz ni humedad, se secó. Otra parte cayó entre espinas, y crecieron las espinas y ahogaron la semilla y no dio fruto. Y otra cayó en buena tierra, y nació y dio fruto, elevándose y creciendo, parte hasta el ciento por uno, parte hasta el sesenta y parte hasta el treinta. «Y al decir esto clamaba: el que tenga oídos para oír que oiga».

Como quien dice: Fíjese cada cual en lo que le toca, y entienda las alusiones que sean para él.

Y con esto calló, dejando a su auditorio pensativo.

«Luego, cuando estuvieron solos con Él, acercándose los doce que con Él andaban, le dijeron: "¿Y por qué les hablas en parábolas?" Y le preguntaron qué significaba aquella parábola. Y respondiendo Jesús les dijo: "A vosotros se os ha concedido el conocer los misterios de Dios; mas a los que están ahí fuera no se les ha concedido eso; todo se les da en parábolas. Porque al que tiene se le dará y abundará, y al que no tiene, aun lo que tiene se le quitará. Les hablo en parábolas, de suerte que viendo vean y no vean, y oyendo oigan y no entiendan, para que no se conviertan ni se les perdonen los pecados. Y en ellos se cumple la profecía de Isaías, que dice: *Oiréis con vuestros oídos y no entenderéis, y mirando veréis y no veréis. Porque se ha endurecido el corazón de este pueblo y oyen mal sus oídos y han cerrado sus ojos, para que no vean sus ojos nunca, ni oigan sus oídos, ni comprendan con su corazón, ni se conviertan y yo los remedie.* En cambio, ¡dichosos vuestros ojos que ven y vuestros oídos que oyen! Porque en verdad os digo que muchos profetas y justos desearon ver lo que estáis vosotros viendo y no lo vieron, y oír lo que vosotros estáis oyendo y no lo oyeron".»

Todo lo cual ya queda explicado en el párrafo anterior.

«Y les dijo: "¿Conque no entendéis esta parábola? pues ¿cómo vais a entender todas las demás? Oíd, pues, la parábola del sembrador». Los que están junto al camino en que se siembra son los que oyen la palabra del Reino (quiere decir del Reino de Dios, de la Iglesia, del cielo, del Evangelio), y en cuanto la han oído viene al punto el malo,

Satanás, y quita la palabra sembrada en sus corazones para que no se salven creyendo. Los que reciben la semilla en terreno pedregoso son aquellos que cuando oyen la palabra la reciben al punto con gusto; pero no echan raíz en sí, sino que son pasajeros, creen por algún tiempo, pero en el día de la tribulación, en cuanto sale una persecución por la predicación, se escandalizan al punto y la abandonan. Lo que cae en espinas es lo de aquellos que oyen la palabra de Dios; pero el afán y ansiedades por el mundo, la falacia de las riquezas y los apetitos de las otras cosas, penetrándolos, ahogan la predicación y la dejan sin fruto. Los que reciben la semilla en buena tierra son los que, oyendo con bueno y sincero corazón la palabra, la retienen y con paciencia dan fruto unos de ciento, otros de sesenta, otros de treinta.»

He aquí una preciosa meditación para todos los cristianos propuesta por el mismo Hijo de Dios. ¡Cuántos se verán retratados en esta parábola! Y ¡ojalá se vean entre los que dan algún fruto, siquiera el de treinta o aun el de diez!...

Y una vez puesto a hablar con sus discípulos con tanta claridad, quísoles dar a entender que si a ellos les explicaba aquellas verdades no era para ellos solos, sino para que a su vez se las explicasen a su tiempo a otros.

99. LA LÁMPARA ENCENDIDA
(Lc 8, 16-18; Mc 4, 21-24)

Y les decía explicándose por medio de una parábola:

«Nadie enciende la luz para ponerla bajo el celemín o bajo la cama, sino para colocarla sobre el candelero, a fin de que los que entran vean claro. Porque nada hay oculto que no haya de manifestarse, nada escondido que no haya de conocerse y salir al público.»

Como quien dice: yo enciendo ante vosotros y en vosotros k luz, para que luego alumbréis a los demás. Porque no quiero que nada de esa doctrina quede ni oculto ni reservado. Sino que una vez que estéis iluminados, os he de poner sobre el candelero, para que alumbréis a otros.

Así que les decía: el que tenga oídos para oír que oiga. Y fijaos cómo atendéis. Porque según la medida que pongáis, se os medirá y se os dará. Porque al que tiene se le dará, y al que no tiene, aun lo que piensa que tiene se le quitará».

Quería decir: Atended y fijaos en si ponéis o no mucha atención. Porque según la medida de atención que pongáis, según ésa se os dará la inteligencia de la doctrina celestial, Si tenéis atención con la gracia divina, se os dará más conocimiento. Y si no la tenéis, aun la gracia que se os ha dado y que pensáis tener asegurada, se os quitará.

100. CÓMO CRECE LA SEMILLA
(Mc 4, 26-29)

No era la del sembrador, que hemos visto, la única parábola que expuso aquella tarde a la ribera del mar. En ella, y acaso en otras tardes y sitio, en sus expediciones fue predicando otras varias semejanzas que explicaban el modo de ser del Reino de Dios; con bastante claridad para que quien fuese atento diese con el camino de la verdad y luego con su empeño, ayudado de la gracia, que no le faltaría, o preguntando al Maestro o a sus discípulos, la encontrase del todo; y también con bastante reserva para que quien fuese indolente se quedase, aunque por culpa suya, por su descuido e indiferencia, a oscuras.

Reino de Dios era, sin duda, la Iglesia que Jesús estaba ya fundando, y de este Reino y de su doctrina y de su gente y de su gobierno trataban casi todas las parábolas, refiriéndose ora a su manera de ser futura, ora a su modo de formarse presente, ya a su preludio en la preparación e historia del pueblo de Dios, ya a su consumación en la gloria y vida celeste.

Así lo iremos viendo en las diversas parábolas que Jesucristo irá, según los casos, proponiendo.

Entonces aún estaba la muchedumbre del pueblo escalonada por la ribera del mar, y el Maestro prosiguió su plática en parábolas. Y, siguiendo la misma comparación con la siembra, les dijo: «En el Reino de Dios pasa lo mismo que cuando un hombre esparce la simiente por la tierra, y duerme y se levanta de día y de noche, y la semilla va brotando y creciendo sin que él lo advierta. Porque la tierra de suyo produce primero yerba, luego espiga, luego grano lleno en la espiga. Y cuando ha madurado ya el grano, mete al punto la hoz, porque es tiempo de la siega».

No debemos desesperanzarnos si no brota el fruto en cuanto la palabra divina se siembra. Y mucho menos si no se nota la conversión de las gentes en cuanto Jesucristo predica el Evangelio. Él siembra la palabra divina y la doctrina celeste. Y parece que no da fruto, y que la reciben muchos, mas apenas se deciden pocos a seguir a Cristo. Pero dormid, y pasead, y trabajad, y descansad de noche y levantaos de día y, aunque vosotros no lo advirtáis, la semilla de la palabra que echa Jesucristo en su tierra, germina y espiga y grana; y cuando Jesús salga de la tierra y venga el Espíritu Santo, será la siega abundante, fructuosa, rica. Y entonces, como dijo el Maestro cuando convirtió a la samaritana, enviará el Señor a sus discípulos a segar lo que no ellos sino el Mesías sembró.

101. PARÁBOLA DEL GRANO DE MOSTAZA
(Mt 13, 31-32; Mc 4, 30-32; Lc 13, 18-19)

Y ¡cómo crece la semilla! Decía Jesús:

«¿A qué cosa diremos que se parece el Reino de los cielos? ¿Con qué parábola lo explicaremos? Es semejante al grano de mostaza que toma un hombre y lo siembra en su huerto. Cuando lo siembra en tierra, es la más pequeña de todas las simientes que hay en ella; mas cuando crece, es mayor que todas las yerbas y da ramos bastante grandes, para que vengan las aves del cielo y habiten en su ramaje.»

Era proverbial en el pueblo la pequeñez de la mostaza y de la ruda, y, en efecto, pocas semillas hay más pequeñas.

Y siendo tan pequeña, crece, sin embargo, de tal modo en los países cálidos, que sobrepuja a todas las yerbas y verduras, y pasa ya a la categoría de árbol, creciendo, como advierte Maldonado, más de la estatura de un hombre, formando, cuando hay mucha, un jaro o selva, y atrayendo así en gran número las aves del cielo, que gustan mucho de comer su simiente.

También la Iglesia y el Reino del Evangelio, hoy pequeño como la mostaza, crecerá, dice Jesucristo, como ella y formará selva inmensa en que aniden todas las aves del cielo.

102. PARÁBOLA DE LA LEVADURA
(Mt 13, 33; Lc 13, 20-21)

Y aunque parece que el Reino de Dios no tiene fuerza, la tiene y mucha.

«¿A qué lo compararé? Lo compararé a la levadura que toma una mujer y la mete en tres medidas de harina, haciendo fermentar toda la masa.»

Tres medidas de trigo, o tres tasas, como decía Jesucristo, eran la tarea que los judíos acostumbraban hacer de una vez. Cada medida o sata tenía capacidad, según expresión de los rabinos, como de 144 huevos, viniendo a ser, por tanto, un celemín y medio. Pues bien, la fuerza de la levadura es tal, que un poco de ella recalienta toda esta masa, la hace fermentar, muda la sustancia de la harina en otra ligada, porosa, consistente, digerible, la convierte en pan.

He aquí lo que está haciendo el Señor al predicar. Mete en la masa del pueblo la divina levadura de su palabra. Ahora parece que esta levadura no hace nada. Pero esperad. Porque ella encierra fuerza admirable que hará fermentar a todos los pueblos, y los mudará en otros, y de ellos formará pan agradable de vida para la humanidad.

103. PARÁBOLA DE LA CIZAÑA
(Mc 4, 33-34; Mt 13, 24-30, 34-43)

Ni tampoco débese nadie afligir porque el enemigo se meta en la obra de Dios y la combata y enrede. Porque les decía:

«Al Reino de los cielos le pasa lo que al hombre que sembró buena semilla en su campo. Que cuando dormían los trabajadores, vino su enemigo y entre el trigo sobresembró cizaña y se fue».

Es la cizaña de que aquí habla Jesucristo, una planta gramínea muy parecida al trigo y muy extendida en todo el Oriente, y especialmente en Palestina. Su grano es venenoso y causa vómitos, convulsiones, temblores y una especie de embriaguez, que le han valido el nombre semítico de *dsidsania,* que indica algo de embriaguez, y el latino de *ebriaca,* que significa lo mismo, y el científico de *lolium temulentum* que le dio Linneo expresando las mismas cualidades. Al principio, cuando está en yerba, es muy difícil diferenciarla del trigo; luego es más fácil separarla de él.

Era en Oriente modo muy usado de venganza entre la gente del campo ir de noche a la heredad del enemigo y sembrarle en sus sembrados alguna planta distinta que destruyese o ahogase la buena sembradura recientemente hecha.

«Cuando creció, pues, la hierba y salieron las espigas, apareció también la cizaña. Se acercaron entonces los criados del padre de familia y le dijeron: "Señor, ¿no sembraste buena semilla en tu campo?; pues ¿de dónde viene la cizaña?" Y les dijo el señor: "Eso lo ha hecho algún enemigo mío". Y le dijeron los criados: "¿Quieres que vayamos y arranquemos la cizaña? Y les respondió: "No, porque a lo mejor al recoger la cizaña arrancáis con ella el trigo. Dejad que crezcan los dos hasta el tiempo de la mies, y entonces diré a los segadores: Recoged primero la cizaña y haced con ella gavillas para el fuego; y el trigo recogedlo, en mis graneros". Le preguntaron los discípulos cuando estuvieron solos en casa el sentido de esta parábola. Explícanos la parábola de la cizaña. Y les dijo el Señor: "El que siembra la buena semilla es el Hijo del hombre. El campo es el mundo. La buena semilla son los hijos del reino. La cizaña son los malos hijos. El enemigo que la siembra es el diablo. La siega es el fin del mundo. Los segadores son los ángeles. Así, pues, del mismo modo que se recoge la cizaña y se quema en el fuego, así se hará en el día del fin del mundo. El Hijo del hombre enviará sus ángeles y éstos recogerán de su reino todos los escandalosos, y todos los que obran iniquidades, y los meterán en el horno del fuego. Allí tendrán que llorar y crujir de dientes. En cambio, los justos brillarán como soles en el reino de su Padre"».

Siempre ha de haber cizaña en la Iglesia de Dios hasta el fin del mundo. El Señor en su providencia ha permitido en el mundo al enemigo, al demonio, un poder suficiente para que, sin cesar, en el mismo sembrado de la Iglesia en que siembra Jesucristo, siembre junto al trigo la cizaña, que lo ahoga y oprime. Si Dios no destruye, desde luego, la cizaña, es por amor al trigo; si no envía sobre los malos otros castigos que estos que pueden servir de prueba a los buenos, es porque no sean castigados con ellos los buenos. Al contrario, lo mismo sobre los malos que sobre los buenos llueve y envía el sol y el rocío, como dijo el mismo Señor, y con tanto más cuidado cuanto que ahora la cizaña puede, si quiere, con la gracia de Dios, convertirse en trigo. Pero día vendrá, y será el fin del mundo, en que la cizaña será destruida, agavillada y arrojada al fuego eterno, mientras el trigo será recogido en los graneros celestiales.

Que tenga, pues, la cizaña agradecimiento al trigo, pues por él no es castigada, y temor al Señor, pues si no se muda antes de la siega, será abrasada.

Y que tenga paciencia el trigo si no puede nunca verse libre de escándalos y de la sociedad injusta y opresora de la cizaña; que ya le vendrá el día de la libertad y del premio.

Jesús concluyó con su estribillo acostumbrado siempre que decía alguna cosa muy importante aunque algo velada:

«Quien tenga oídos para oír, que oiga». Es decir, ¡atención!, y que no os olvidéis de lo que acabo de decir, ni lo recibáis con negligencia y descuido, porque puede ser que algún día os haga falta.

104. EL TESORO ESCONDIDO. LA PERLA PRECIOSA. LA RED (Mt 13, 44-52)

Puede ser que os haga falta y que tengáis que llorar el no haber atendido, porque ¡ay de la cizaña!, porque será agavillada y echada a la hoguera inextinguible. Y ¡afortunado el trigo, porque será llevado al cielo a gozar de la presencia de Dios y brillar por eternidad de eternidades! Pérdida inmensa si no os fijáis en mi doctrina, y, enseñados por ella, no dais en el tesoro de la verdadera luz, del Reino de Dios. Porque les añadió esta parábola:

«El Reino de los cielos es semejante a un tesoro escondido en un campo. El que lo encuentra lo oculta, y lleno de alegría por su hallazgo, va, vende cuanto tiene, y compra el campo. Asimismo el Reino de los cielos es semejante a lo del mercader que busca perlas finas. Cuando halla una perla preciosa, va, vende cuanto tiene y la compra.»

La perla preciosa que se forma en el seno de algunas conchas era muy estimada en la antigüedad. Plinio decía que era la más preciosa de las cosas preciosas. En una pide las lujosas fiestas que Marco Antonio dio a Cleopatra, se quitó ésta de su oreja una perla que disolvió en vinagre y la bebió, y dicen que valía cientos de miles de pesetas. Horacio habla de uno que arrancó una insigne perla de la oreja de Metela, por el gusto de sorberse, disuelto en vinagre, un capital de un millón de sestercios: millones de pesetas. Y la mujer de Calígula llevaba sólo en perlas en su adorno unos cuarenta millones de sestercios, cientos de millones de pesetas. Las pescaban lejos, en el mar Rojo, en el golfo Pérsico, en el Índico mar, y con dificultad y trabajo. Y según lo que decía Jesucristo, algunas de ellas, sobre todo de las que los romanos, por ser grandes, llamaban *uniones,* eran tan preciosas, que por una sola un mercader discreto podía arriesgar todo su capital, seguro de que después, al traerla al Occidente y venderla, recobraría todo lo dado con gran premio.

Estimable como esta perla era el Reino de los cielos; la entrada en la Iglesia, la entrada en el Reino de los cielos, eran tan preciosas, que por ellas se debían perder todos los bienes terrenos.

Y volviendo a la suerte final de la cizaña maldita, para confirmar más esta verdad y templar el demasiado escándalo que algunos podrían tener al ver que en la Iglesia entraban no sólo buenos, sino también malos, les dijo:

«El Reino de los cielos es como una red que se echa al mar y recoge toda clase de peces, y cuando está llena la sacan, y luego, sentados los pescadores a la orilla, eligen los buenos para sus cestos y arrojan fuera los malos. Lo mismo sucederá en el fin del mundo. Saldrán los ángeles y separarán los malos de entre los justos, y los meterán en el horno del fuego. Y allí tendrán que llorar y gemir.»

Ved cómo el Señor saca siempre que hay ocasión la idea del castigo eterno.

Y vuelto entonces a sus discípulos, les dijo: «"¿Habéis entendido esto?" Y le dijeron: "Sí, Señor". Y les dijo: "Ya veis, todo escriba o doctor bien instruido acerca del Reino de los cielos debe parecerse a un padre de familia que saca de sus cofres cosas buenas y antiguas».

Como ellos iban a ser estos escribas y doctores instruidos acerca de la Iglesia y destinados a llevar al mundo el Evangelio, les advierte del modo que debían tener en predicar, y cómo unas veces debían decir las doctrinas morales antiguas y las verdades ya de antes conocidas, y otras las verdades nuevas que él estaba revelando.

105. LA DESPEDIDA (Lc 8, 22; Mc 4, 35-36; Mt 8, 18-23)

Estas parábolas habían sido el objeto de la predicación del Mesías durante varias tardes, a la ribera del lago de Tiberíades, entre el silencio de la playa y el vaivén dulce del mar.

Y otras veces de allí volvía a su casa o a la casa de Pedro en Cafarnaún, donde explicaba a sus discípulos lo que en las parábolas no habían del todo comprendido.

Mas esta vez no quiso volver a casa.

Era el ocaso de la tarde. Jesús estaba en la lancha, desde la cual aquel día y quizá todos los anteriores había predicado. Y concluida su explicación, paseó una mirada por la muchedumbre inmensa que enfrente escalonada en la ribera le había escuchado, y ahora esperaba que saliese de la lancha y se dirigiese a Cafarnaún para acompañarle hasta su casa y verle de cerca y tal vez lograr alguna palabra suya personalmente dirigida, con aquel cariño que a todos, aun a los traviesos chicuelos, que a los demás tanto molestaban, manifestaba siempre.

Mas esta vez se engañaron. Jesús no salía de la lancha. Habló a los discípulos que estaban con Él en la barca y les dijo: «Vamos a la ribera de enfrente».

Ellos al punto, así como estaba Jesús, empuñaron los remos, y serpenteando entre otras naves que estaban a su alrededor, surcaron el manso entonces y pacífico lago de Tiberíades, alejándose de aquella multitud inmensa que los veía partir y los estuvo mirando, hasta que, perdiéndolos de vista, se fueron a sus casas.

106. LA TEMPESTAD (Lc 8, 23-25; Mc 4, 37-40; Mt 8, 24-27)

Es el de Tiberíades mar inconstante y temeroso, que en medio de la más serena tranquilidad estalla a veces en repentinas y horrendas revueltas que ponen en sumo peligro a los marineros. Desde las cumbres frías del Hermón se desata sobre el lago el huracán, y remueve sus olas en espantosos torbellinos que ponen en peligro cuanto hace poco se deslizaba con placidez y molicie sobre su cristal tranquilo.

Remaban, pues, con toda prosperidad, y Jesús en la popa, apoyada la cabeza en un cabezal o almohada que le pusieron los discípulos, durmiose profundamente.

En esto, de repente se despierta el huracán, échase sobre el lago la galerna, alborótase revuelto el mar, las olas cubren la lancha, todos tiemblan en sumo peligro.

«Mas Jesús seguía en la popa durmiendo sobre su cabezal. Y se acercaron a Él sus discípulos y le despertaron y dijeron: "Pero Maestro, ¿a ti no te importa que nos hundamos? ¡Señor!, ¡sálvanos, que perecemos!"»

Despertó Jesús tranquilamente del sueño en medio de sus alborotados discípulos y les dijo: «¡Hombres de poca fe!, ¿por qué teméis?»

«Entonces poniéndose de pie increpó al viento y a la tempestad y le dijo al mar: "¡Calla!, ¡refrénate!" Y cesó el viento y se extendió una gran serenidad. Y les dijo Jesús: "¿Dónde está vuestra fe? ¿Todavía no la tenéis?...". Y todos los que allí estaban quedaron admirados y llenos de profundo respeto, diciéndose unos a otros: ¿Quién pensáis que es éste que manda a los vientos y al mar y obedecen?... Y navegando llegaron a la región de los gerasenos, que está en la costa opuesta a Galilea.»

Habían navegado la distancia de dieciséis a veinte kilómetros que dista Gerasa de Galilea. Tal vez no habían ido ellos solos en una lancha; sino que aquellas barcas que, según dice San Marcos, estaban en la ribera de Galilea llenas de gente que había escuchado la palabra del Maestro, deseosas de acompañarle por el mar y seguirle a donde fuese, debieron de ir escoltándole por el lago, atraídas también por la tranquilidad que al principio en él reinaba. Después, cuando se levantó la tempestad, zozobraban como la de los discípulos y trabajaban por salvarse de la inminente ruina.

Grande fue su espanto cuando en medio de sus maniobras oyeron la voz omnipotente del Maestro de las parábolas, no ya explicando con suavidad doctrinas celestiales, sino mandando con fuerte clamor al viento, y sujetando con firme voz al mar... ¿Cuándo ni a quién jamás, si no estaba loco, se le ocurrió decir a los vientos: ¡calla!, y a las tempestades: ¡refrenaos!? Por primera vez resonaba una voz semejante entre las rachas del viento, y el espumajeo de las olas, y el chapuzar de las aguas encrespadas. Esa voz, por fuerza, o es voz de Dios o es voz de un loco.

Pero cuando entre el bramido del trueno y el estallido del rayo se vio que penetraba aquel clamor de imperio por todo el mar, que el trueno callaba, y el rayo cesaba, y el viento se retiraba, y las olas se aplacaban, y el aire se serenaba, y volvía aquella misma tranquilidad que había tenido el mar pocas horas antes, entonces no sólo los discípulos, sino, como indica San Marcos, *los hombres,* es decir, los que venían en las otras naves, quedaron aterrados y estupefactos diciendo al verse libres del abismo en que casi se miraban:

—¿Quién es éste? ¡Manda a los huracanes! ¡Manda a las tempestades y le obedecen!...

107. LOS ENDEMONIADOS DE GERASA
(Lc 8, 26-29; Mc 5, 1-20; Mt 28, 34)

Llegados a la ribera opuesta, desembarcaron y emprendieron el camino en dirección de una ciudad que unos dicen Gadara, otros Gerasa, otros Gergesa, pues los manuscritos antiguos tienen este nombre escrito de muchas maneras. Parece más bien que era Gerasa, hoy Kersa, situada en un promontorio pequeño, que junto al torrente de Semok avanza frente a Magdala. Y aunque en el Evangelio y en la historia de Jesús todo es de mucha importancia, es de poca relativamente esta cuestión, y la dejaremos para los sabios y para los turistas que tengan la dicha y gusto de buscar todas las huellas del Salvador.

Lo cierto es que el Señor se dirigió a una ciudad no pequeña y desembarcó en un sitio ordinario. Cuando desembarcó, tomó un camino verdaderamente solitario, por donde no se veía ni un alma. Mas pronto de unos sepulcros, que allí había muchos, le salieron al paso dos endemoniados, muy furiosos, que eran ya conocidos en toda la comarca, como que por eso nadie transitaba por aquel camino.

El uno de ellos, sobre todo, «estaba dominado por el espíritu inmundo desde hacía mucho tiempo. No se dejaba vestir, no estaba nunca en casa, sino que tenía su morada en los sepulcros, y ni con hierros podía nadie sujetarle. Muchas veces, atado con grillos y cadenas, rompió las cadenas y desmenuzó los grillos, y nadie podía dominarle. Día y noche pasaba en los sepulcros o en los montes gritando y maltratándose con piedras. Éste, en cuanto vio a Jesús de lejos, corrió y le adoró, y clamando con grandes gritos, dijo: ¿Qué tienes que meterte comnigo, Jesús, Hijo de Dios Altísimo? ¿Vienes acá antes de tiempo a atormentarnos? Jesús empezaba a mandar al espíritu inmundo y a decirle: "Espíritu inmundo, sal de este hombre". "¡Te conjuro por Dios, decía el endemoniado, que no me atormentes!" "¿Qué nombre tienes?", le preguntó Jesús. "Legión es mi nombre, porque somos muchos". Y es que habían entrado muchos demonios en aquél. Y le rogaban mucho que no los echase de la región y que no los mandase ir al abismo. Y había no lejos de ellos, junto al monte, una gran piara de puercos paciendo, y le rogaban los espíritus diciendo: "Si nos echas de aquí, mándanos a esa piara de puercos para que entremos en ellos". Y Jesús se lo concedió al punto, y les dijo: "Id". Y saliendo los espíritus inmundos del hombre, entraron en los puercos. Y toda la piara, que eran unos dos mil, con gran ímpetu se lanzó por los precipicios al mar, y se ahogaron en él. Cuando esto vieron los pastores que los guardaban, huyeron, y pasando por la ciudad, por los pueblos y por los campos fueron contando todo lo que había sucedido a los endemoniados. Y salieron a ver lo sucedido, y llegaron a Jesús, y hallaron sentado a sus pies al hombre de quien habían salido los demonios, vestido y en su sano juicio. Y los que le habían visto les contaron lo que al endemoniado había sucedido, cómo se había librado de la legión y lo de los puercos. Con esto salió toda la ciudad al encuentro de Jesús, y al verle, comenzó a rogarle todo el pueblo de los gerasenos que saliera de su tierra, porque tenían mucho miedo. Y Él se embarcó y se volvió. Mas, al ir a embarcarse, suplicábale el hombre de quien había echado los demonios que le dejase estar con Él. Mas Jesús no le admitió, sino le despachó diciéndole: "Vete a tu casa a los tuyos y anúnciales y cuéntales lo que te ha hecho el Señor y cómo se ha compadecido de ti". Y en efecto fue y comenzó a predicar por la ciudad y por toda la Decápolis lo que le había hecho el Señor. Y todos quedaron admirados.»

Fácil es que este endemoniado fuese gentil y que por esa causa Cristo no quisiese recibirle por discípulo.

Es curioso este episodio de la vida del Mesías, y digno de atención por ser ésta la primera vez que Jesucristo sale a predicar a los gentiles, porque gentiles eran casi todos los que habitaban esta región, a pesar de que, como luego veremos, Nuestro Señor no fue enviado sino al pueblo de Israel y sólo por medio de él tenía determinado enviar la luz al mundo.

Breve, brevísima, fue otra cosa que librar a un endemoniado de la legión de demonios que le poseían. Al menos no nos cuentan más los evangelistas. Es verdad que el pueblo se portó con verdadera necedad. Y siendo así que al ver su poder sobre los demonios debiera haber retenido con empeño al Señor en su tierra y haberle brindado con dulce y larga hospitalidad en cualquiera de sus ciudades, al contrario, aunque cortésmente, o mejor dicho, temerosamente, le rogaron en seguida que se fuese, porque tenían miedo... Tal vez el recelo de que se repitiese el desastre de los puercos, el temor de ser castigados por sus pecados con otras catástrofes como aquélla, en una palabra, el miedo de recibir algún perjuicio material, y de que aunque se viesen librados de males espirituales, fuese esto a costa de males materiales, les hizo procurar que saliese cuanto antes de sus tierras el bienhechor del mundo.

No quiso, sin embargo, el Señor irse de aquel país ingrato, sin dejarles un testigo de sus bondades y de su poder, y un predicador de sus doctrinas en el endemoniado, al cual no se dignó recibir como discípulo, sino que le mandó quedarse allí como su predicador.

108. LA HEMORROÍSA
(Lc 8, 40-48; Mc 5, 21-34; Mt 9, 14-22)

Navegaban de vuelta de Gerasa, y tal vez volvían como habían ido, escoltados de otras lanchas que al ir a Gerasa los habían seguido. Del lado de acá no dejarían de estar inquietos por la suerte de los marineros, los que, a poco de partir las lanchas, habían visto desencadenarse la tempestad, de que milagrosamente Jesús los había sacado. Y como los de tierra no sabían el milagro, más de cuatro amigos y acaso parientes de los que habían ido en las lanchas, estarían ansiosos de saber si se habían salvado. Sea por esto, sea por la natural curiosidad y el gran deseo de la multitud de volver a ver al Profeta, apenas en alta mar se vieron las velas de las lanchas que estaban de vuelta, fuese aglomerando en la costa una gran turba de gente que le estaba esperando. Todos le recibieron con gran alegría y expectación, y escucharon, sin duda, admirados el relato de la maravillosa soberanía que el Señor mostraba lo mismo sobre el mar que sobre la tierra.

Desembarcó el Maestro, e infatigable como siempre, se detuvo a hablar con el pueblo a la orilla del lago, y estaba rodeado de muchísima gente, cuando los discípulos de Juan, con la misma importunidad que otras veces, se le acercaron y pusieron las mismas dificultades que le habían puesto ya en otra ocasión ellos mismos, o algunos otros de su misma escuela.

«¿Cómo es que los fariseos y nosotros ayunamos con frecuencia y tus discípulos no?»

A la misma pregunta dio también Jesús la misma respuesta con mucha gracia:

«¿Está bien que los amigos del Esposo anden tristes cuando está con ellos el Esposo? Ya vendrán días en los que se les arrebatará el Esposo, y entonces ayunarán. Nadie pone un remiendo de paño crudo en un vestido viejo; porque éste quitaría al vestido su entereza y el rasgón se haría peor. No se echa vino nuevo en pellejos viejos, porque se rompen los pellejos, se derrama el vino, y se pierden los pellejos. El vino nuevo se mete en pellejos nuevos y así se conservan los dos.»

Estando así hablando se acercó abriendo paso con empeño un caballero distinguido. Era Jairo, uno de aquellos príncipes de la sinagoga, varones autorizados entre los judíos, los cuales presidían y dirigían en las reuniones las conferencias, lecturas, oraciones y cuanto en las sinagogas se hacía. No sabemos que en Cafarnaún hubiese más sinagoga que la que el centurión allí había edificado, y es seguro que Jairo sería amigo del centurión y acaso uno de los que vinieron a interceder por él en otra ocasión.

Ahora no venía a pedir por otros, sino por sí. Se abrió paso fácilmente por el respeto que inspiraba su persona. Venía, además, afligido y lleno de pena, porque su única hija, todavía niña de doce años, se le estaba muriendo. Apenas llegó a Jesús, «mirándole, cayó de rodillas a sus pies, y le adoraba suplicándole que fuese a su casa. Y le rogaba instantemente diciendo: "Señor, mi hija se muere. Mi hija está en la agonía; pero ven, pon tus manos sobre ella para que se salve y viva"».

No rehusó Jesús la adoración que se le hacía, porque era digno de ella. Y conmovido por la angustia del padre, levantándose al punto, echó a andar con él, siguiéndole acompañado de sus discípulos. Seguíale toda la muchedumbre, y le iban empujando.

Iba allí una mujer enferma. ¡Pobrecita! Hacía doce años que tenía flujo de sangre. San Lucas, que era médico, dice que la infeliz se había gastado en médicos toda su fortuna, y que no pudo curarse con ninguno. San Marcos, que no era médico, dice además, que había padecido mucho de parte de los médicos, y que a pesar de gastar en ellos todo lo suyo, no sólo no había mejorado, sino que estaba peor.

«Ésta, habiendo oído hablar de Jesús, metiose entre la turba y fue acercándose por detrás diciendo entre sí: Si yo llego a tocar su vestido, me curo.»

Era costumbre de los judíos llevar en su manto cuatro borlas o colgantes pendientes de cada una de las cuatro esquinas. De un haz de hilos de lana o lino blancos o de color de jacinto, se formaba un cordón y en él algunos nudos o borlas, que cosían al manto en sus esquinas. A estos colgantes llamaban los hebreos *gedilim* o *zizith,* si bien el primer nombre más parece significar el cordón, y el segundo, que suena a flor en su etimología, la borla hecha en el cordón mismo. Y en los principios del pueblo decía Moisés a los israelitas: «Poned *gedilim* en las cuatro puntas del vestido de que os cubrís». Les servía este adorno como símbolo y recuerdo de los mandamientos de Dios. Hoy mismo los judíos conservan esta tradición, y debajo de sus vestidos, como nosotros el escapulario, llevan ellos sus *zizith* o sus *gedilim,* hechos con todo cuidado, según reglas minuciosas que ellos se han inventado, acerca del número de hilos y nudos y su color y su materia. Y cuando van a la sinagoga, se cubren de seda o franela fina, de cuyas cuatro puntas penden otros tantos flecos o borlas que ellos suelen besar reverencia. Así los llevaría Jesús; y estos flecos parece que quería alcanzar la afligida mujer.

No se atrevía, por vergüenza, a manifestar su enfermedad delante de todos, y caminando entre la turba, miraba ansiosa los flecos del manto del Mesías, que le pendían por la espalda, y fija en ellos la vista, pugnaba por avanzar hasta tocarlos, esperando hallar la salud a su contacto; y en efecto, Llegó, por fin, al Señor, «se le acercó por detrás y tocó los flecos de su manto. Al punto cesó el flujo de sangre, y ella sintió en su cuerpo que estaba curada ya de su enfermedad».

«En aquel mismo instante se volvió Jesús a la turba, y conociendo la virtud que de Él había salido, dijo: "¿Quién es el que ha tocado mis vestidos?" Todos decían que ellos no habían sido. Y Pedro y los que con Él estaban le dijeron: "Maestro, te están comprimiendo y ahogando las turbas y preguntas ¿quién me ha tocado?" Y dijo Jesús: "Alguno me ha tocado; porque yo he conocido que de mí ha salido virtud".»

Es decir: alguno me ha tocado, no como me tocan los demás, sino de un modo especial, con intento y con fe y esperanza; porque de mí ha salido la virtud de hacer bien, yo he curado a una persona. Ya Él lo sabía todo, más hacía como que ignoraba lo demás.

«Y vuelto, andaba mirando y buscando a la que esto había hecho. Y viendo la mujer que estaba descubierta, sabiendo lo que en ella había pasado, salió llena de miedo y temblando se echó a sus pies, y descubrió delante de todos la causa por que le había tocado, y cómo al punto se había curado. Y Jesús le dijo: "Tranquilízate, hija, tu fe te ha curado. Vete en paz y queda libre de tu enfermedad". Y desde entonces quedó curada aquella mujer.»

De ella refiere Eusebio en su *Historia Eclesiástica,* lo siguiente: «Dicen que fue natural de esta ciudad Paneas, y que aún se ve allí su casa y que se conservan monumentos ilustres en memoria del beneficio que le hizo Nuestro Salvador. Dicen que junto a la puerta de su casa, sobre una columna de piedra, hay una efigie de bronce de una mujer, que, puesta de rodillas y extendidas las manos, parece estar suplicando. Y frente a ella, también de bronce, está la efigie de un Señor, que, de pie y vestido de un manto digno, extiende su mano a la mujer. Y dicen que al pie, junto a la base de la columna, brota una planta desconocida, que, creciendo hasta tocar las borlas del manto de bronce, es remedio eficaz de toda clase de enfermedades. Y decían que esta estatua era el retrato de Jesucristo. Ha durado esta efigie hasta nuestro tiempo, y yo mismo, una vez que visité la ciudad, la vi». Sea de esto lo que sea, pues Eusebio sólo dice que vio la estatua, y lo otro lo da como cosas que se decían, la estatua fue mandada derribar por Juliano Apóstata, quien creo que en su lugar puso la suya propia.

En el Evangelio apócrifo de Nicodemus se dice, además, que esta mujer se llamaba Verónica; que ella fe la que enjugó el rostro de Jesús en el camino del Calvario, y aun se añade que ante Pilato dio testimonio de cómo a ella le había curado el Salvador su enfermedad. Pero son tradiciones más bellas que verdaderas.

109. LA HIJA DE JAIRO
(Lc 8, 49-56; Mc 5, 35-43; Mt 9, 23-26)

Impaciente debía de estar el archisinagogo con estas demoras, y deseando que Jesús acelerase su marcha, cuando he aquí que, estando todos rodeando al Maestro, como era su costumbre, y escuchando su relato, se «acercó uno al príncipe de la sinagoga y le dijo: "Ya ha muerto tu hija; no molestes ya al Maestro". Oyó Jesús estas palabras y dijo al padre de la niña: "No tengas miedo. Tú cree y sanará"».

Entonces el Salvador mandó detenerse a todos, aun a sus mismos discípulos. Tomó solamente a Pedro, Juan y Jacobo, y echó decididamente a andar a casa del príncipe. Llegaron a ella y encontraron a toda la familia revuelta. La gente andaba alborotada, lloraban, gemían, se lamentaban. Los gaiteros tocaban sus fúnebres elegías, las plañideras se golpeaban desgreñadas. Todo israelita, por pobre que fuese, llevaba a las exequias de su mujer por lo menos dos gaitas y una plañidera; en la casa de Jairo habría de seguro más.

«Viendo Jesús aquel espectáculo, les dijo: "¿Por qué os turbáis y lloráis así? Retiraos; porque la niña duerme, no está muerta"». Muerta estaba, en efecto, pero no muerta como los que no vuelven a la vida, sino muerta como los que van a volver a ella, despertando como de un sueño. Por eso el Señor, deseoso de disimular el milagro, decía que dormía. También de Lázaro cuando murió dijo: Nuestro amigo Lázaro duerme.

«Pero se reían todos de Él, sabiendo que la niña estaba bien muerta. Entonces Jesús tomó al padre y a la madre y a los que traía consigo, y entró en la habitación en que yacía la niña. Y tomándole su mano, le dijo: *Talitha, cumi,* lo cual significa: Tú, niña, levántate. Y volvió a respirar y al punto se levantó y empezó a andar, pues era de doce años.

Jesús mandó darle de comer. Sus padres quedaron profundamente estupefactos. Jesús les mandó con mucho ahínco que no dijesen a nadie lo que había pasado. Pero la noticia se extendió por toda aquella tierra.»

Solía el Señor muchas veces en sus curaciones encargar que se le guardase secreto. ¿Cómo encargaba una cosa que parecía imposible? ¿Cómo, por ejemplo, Jairo, su esposa y su hija iban a ocultar un prodigio tan grande como la resurrección de su hija difunta? Era cosa que lo habían de ver todos. Mas lo que el Señor deseaba, sin duda, era que no diesen demasiada publicidad al hecho con esas demostraciones que estallan apenas se ha visto un milagro, y producen un gran alboroto. Deseaba Jesús, por una parte, que no se aglomerasen demasiados a pedirle gracias; por otra, que no se conmoviese el pueblo más de lo que entonces al Señor le convenía; en fin, que no tomasen de ahí pretexto sus enemigos para perderle antes del tiempo que Él tenía designado. Así pensamos que se puede explicar la conducta de Jesucristo en esta y en otras ocasiones parecidas.

Por lo demás, es evidente que nunca se conseguía este secreto, sino por muy poco tiempo, que es lo que, como digo, pretendía. La noticia de tan prodigiosos portentos se divulgaba pronto por toda la región. Y de ordinario la conclusión evangélica de todas estas narraciones suele ser ésta, poco más o menos. Jesús les dice: «Cuidado con que lo digáis». Y el evangelista añade: «Y ellos lo fueron diciendo por todas partes», o «la noticia se extendió por toda la tierra».

110. LOS DOS CIEGOS DE CAFARNAÚN
(Mt 9, 27-31)

Salió Jesús de la casa de Jairo y de seguro que se le echarían encima de nuevo los innumerables que, por dondequiera, le seguían, y que entonces estarían más curiosos esperando el suceso de lo que allá dentro había pasado. Si los padres de la niña y los demás de la familia fueron tan discretos que no divulgaron el caso al instante, sería más tranquila la salida, y quizás más de cuatro se quedarían alrededor de la casa de Jairo husmeando e inquiriendo el misterio que, dentro, sin testigos, se debía de haber verificado.

Jesús, sin detenerse, se dirigía a su casa, es decir, a la casa de Pedro, dentro de la misma ciudad de Cafarnaún. Mas al pasar se le

echaron detrás dos ciegos, los cuales le seguían gritando y diciendo:
–Ten compasión de nosotros, Hijo de David.
No se detuvo Jesús; siguió hasta su casa. Tampoco se detuvieron los ciegos: siguiéronle hasta el fin y penetraron en pos de Él, pidiéndole la gracia de la vista. Ya dentro les dijo: –¿Creéis que yo puedo haceros esto?

«Le respondieron: "Sí, Señor". Entonces les tocó los ojos y les dijo: "Hágase lo que creéis". Y se abrieron sus ojos. Entonces les amenazó Jesús diciendo: "Mirad, que nadie lo sepa". Y ellos se fueron y lo divulgaron por toda aquella tierra.»

No lo dirían en seguida al salir, no saldrían proclamando el milagro, que es lo que Jesús tal vez quería, para que no se acumulase todo el mundo y todos los enfermos en la casa, sino que pudiesen descansar sus discípulos y se disolviese la gente. Pero luego, claro está, se lo contaron a todos sus conocidos y a todo el mundo. ¿Tan fácil es disimular su curación dos ciegos conocidos en toda la vecindad?

Ésta es la primera vez que en los Evangelios sale el nombre de *Hijo de David* aplicado a Jesucristo. Nombre era éste que en la conciencia de todo judío significaba lo mismo que Mesías; no un hijo o descendiente cualquiera de David, como había muchos, sino *el hijo* y descendiente prometido especialmente al pueblo judío, para su salvación, el Mesías, que, según oráculos de todo el pueblo conocidos, debía nacer de la familia de David.

Y no se puede creer que los ciegos eran los primeros que usaban este nombre. Sino que tanto lo habían ya oído aplicar al Maestro, que hasta ellos lo sabían, y en esto estribaba su confianza: en que Jesús era el Hijo de David, el Mesías de Dios, el Cristo, el Ungido maravilloso que les podía dar la vista y la salud a ellos y a todo el pueblo.

111. ENDEMONIADO Y MUDO (Mt 9, 32-34)

«Apenas salieron aquéllos, le trajeron un mudo que estaba endemoniado. Y, echado el demonio, habló el mudo y se admiraron las turbas, diciendo: "No se ha visto en Israel cosa como ésta". Pero los fariseos decían: "Es que echa los demonios en virtud del príncipe de los demonios".»

Terrible ceguera la de estos infelices fariseos. Todo el pueblo sencillo aclamaba en Jesús al Mesías, todos confesaban que aquello era nunca visto ni oído en Israel, todos, recogían su doctrina como santa y miraban su persona como enviada de Dios, y los pobres fariseos, ciegos, se obstinaban cada vez más contra Jesucristo. Les parecía mal que perdonase pecados, que comiese con pecadores y publicanos, que no ayunase ni hiciese ayunar a sus discípulos, y con una calumnia más atroz que grosera, ya que no podían negar los prodigios admirables que estaban viendo, los atribuían a comercio que tuviese con el demonio.

Ya otra vez habían dicho la misma blasfemia. Ya entonces Jesucristo les había llamado la atención sobre lo espantoso de este pecado de blasfemia que cometían contra el Espíritu Santo. Insistían de nuevo, sin embargo, en su culpa.

Terrible ejemplo de los que viendo no ven y oyendo no entienden, porque no quieren ver ni entender, ni creer. Mucha es la triste descendencia que aquella familia de fariseos incrédulos ha dejado en el mundo. Muchos son los que a imitación suya se obstinan en no creer lo que ven que están obligados a creer.

112. NUEVA EXPEDICIÓN DE JESUCRISTO
(Mc 6, 1-6; Mt 13, 53-58)

De nuevo Jesús iba a salir en expedición por los pueblos de Galilea, como lo había hecho el año anterior. Entonces lo hizo sin los apóstoles, porque, si bien éstos le acompañaban muchas veces, pero no con el carácter de apóstoles y de doce escogidos, que después adquirieron. Ahora va a su expedición evangélica escoltado de los doce, para enseñarles cómo han de evangelizar a los pueblos, adonde poco después los piensa enviar, como veremos.

Y como la primera vez, también ésta fija desde luego su mirada en su pueblo, en sus amigos y vecinos, en sus primos y parientes, en la bella Nazaret, en su florida aldea, que, ¡ay!, para Él tenía muy pocas flores y ningún fruto.

«Salió de Cafarnaún y fue a su patria. Y le seguían sus discípulos y cuando llegó el sábado comenzó a enseñar en su sinagoga. Y muchos se admiraban de su doctrina y decían: ¿De dónde le viene a éste todo esto? ¿Y qué sabiduría es esa que le han dado, y qué portentos esos que se obran por sus manos? ¿No es éste el artesano, el hijo del artesano? ¿No es María su madre? ¿Y sus hermanos (primos) no son Santiago, José, Simón y Judas? ¿Y sus hermanas (primas) no están entre nosotros todas ellas? ¿Pues de dónde le viene a éste todo esto? Y estaban escandalizados de Él.»

Despreciaban a su paisano. Parecíales arrogancia, soberbia y ambición todo aquello. Llevaban mal el que un joven que había sido hasta ayer, como quien dice, su compañero, su amigo, que nada había demostrado de extraordinario, sino que había alternado con ellos como un simple carpintero, como sus primos y primas que allí estaban, o como Santiago y José y Simón y Judas, que aunque estaban acompañando a su primo, nada enseñaban ni de nada hacían demostración, se pusiese de aquella manera a querer enseñarles como doctor. Lo mismo sabe éste que cualquiera de nosotros o de sus primos.

Jesús también les recordó el mismo refrán que la vez primera, y les dijo: —No hay profeta sin honor sino en su patria y en su familia y parentela.

«Y no podía allí hacer ningún portento por la incredulidad de la gente. Excepto unos pocos enfermos que curó con la imposición de sus manos. Y se admiraba Jesús de su incredulidad.»

¿Cómo no pudo hacer allí ningún prodigio Jesús por la incredulidad de sus paisanos?

Acaso se deba esto entender según la providencia divina con que Jesucristo se acomodaba a la fe de sus enfermos. El centurión creyó que desde lejos con sola su voluntad podía dar la salud, y el Maestro dio al siervo del centurión la salud desde lejos. El archisinagogo creyó que era menester que fuese a casa y le pusiese las manos a su hija, y Jesús la resucitó yendo a casa de la difunta y tomándola de la mano. La hemorroisa creyó que podría sanar tocando la veste de Jesús, y sólo quedó sana cuando tocó la borla del manto del Maestro. Los nazarenos despreciaron a Cristo y creyeron que Él no era, a su parecer, más que cualquier aldeano de Nazaret, no podía tener ninguna prerrogativa ni de doctor ni mucho menos de taumaturgo, y dijeron: ¿Qué va a hacer ése? ¿Qué poder va a tener ése, si es uno de tantos de nosotros? Y Jesús no hizo con ellos ningún portento, sino alguno de esos que no les debieron llamar la atención. Sanó a unos cuantos enfermos, poniéndoles sus manos.

También es creíble que como le despreciaban, como no creían en Él, no iban los enfermos a pedirle la salud, ni los que tenían enfermos y necesitados en sus casas se dignaron suplicar ningún favor a su vecino de ayer, porque no creían en Él. Con lo cual Jesús no pudo hacer ningún milagro, por carecer de ocasiones para ello, a causa de la desconfianza y desprecio de los suyos.

113. POR LOS PUEBLOS DE GALILEA
(Mc 6, 6; Mt 9, 35-38)

Salió de Nazaret, y, acompañado de los apóstoles, «iba recorriendo todas las ciudades y pueblos de los alrededores, enseñando en sus sinagogas, predicando el Evangelio del Reino del Mesías y curando toda dolencia y enfermedad».

Caminaba por todos aquellos campos, de la ciudad a la aldea, de la aldea a la ciudad, de un pueblo a otro, la caravana apostólica con su Maestro. Seguirían de seguro con ellos aquellas mujeres que, desde el principio, después de la conversión de la Magdalena, seguían los pasos de Cristo: María Magdalena, Juana de Cusa, Susana y sus amigas, y entre ellas de seguro su Madre. Y por todas partes a donde llegaban predicaban la buena nueva, el Evangelio, la dulce noticia tanto tiempo deseada del Reino, que se acercaba, que llegaba, que estaba presente y comenzando.

¡Ay, cuánta necesidad había de la buena nueva y de la renovación del pueblo! ¡Ay, lo que hallaron! ¡Ay, lo que vieron! En cuatro palabras no más nos dice el Evangelio cómo estaban los infelices: «Extenuados, abandonados, como ovejas que no tienen pastor».

«Al verlas, Jesús se conmovió. Y dijo a sus discípulos: "La mies es mucha. Rogad al Señor de la mies que envíe a su mies operarios".»

Pero ¿quién era este dueño de la mies sino el mismo Salvador del mundo y Redentor nuestro? Mas entonces llamaba dueño de la mies a su Padre, a Aquel de quien Él mismo dijo que era dueño de la viña y el amo del sembrado. «Mi Padre es el labrador». Él era el Hijo amado del amo de la viña y del campo, a quien el Padre enviaba al mundo para llamar la atención de los malos sacerdotes y fariseos que tan mal trataban la viña y el campo, y que había de ser muerto violentamente por estos malos pastores, malos labradores, malos viñadores, que por no respetar al Padre habían de dar muerte alevosa al Hijo.

114. MISIÓN DE LOS APÓSTOLES A PREDICAR
(Lc 9, 1-5; Mc 6, 7-11; Mt 10, 1.5-14)

Pedía oraciones, aunque bien podía Él sin oraciones nuestras procurar operarios a su mies y viña. Pero ésta es la providencia de Dios:

que quiere que los dones divinos, en parte al menos, no se den sin nuestras oraciones.

Mas no por eso dejaba Él de enviar sin más oraciones ni plegarias sus operarios a todas partes. Y ya que los había enseñado con su ejemplo y la práctica, quiso desde entonces enviar a sus apóstoles a predicar y ensayarse ellos solos en la evangelización que más tarde tendrían que hacer de todo el mundo.

Y un día, después de haber recorrido ya muchos pueblos de Galilea, «convocó a los doce, les dio virtud y potestad sobre los espíritus inmundos para echarlos, y para curar todas las enfermedades y todas las dolencias, y comenzó a mandarlos de dos en dos a predicar el Reino de Dios y sanar enfermos».

Pedro debió de ir con su hermano Andrés. Juntos debieron de ir también los dos hermanos Zebedeos, prestos como el rayo, hijos del trueno; Felipe con Bartolomé, que eran amigos; Tomás con Mateo; los dos primos de Jesús, Santiago y Judas, y, en fin, Simón el Celoso debió cargar con la triste compañía de Judas, el tibio, el traidor.

Formadas las binas, el Maestro les dio sus instrucciones, diciéndoles: «No vayáis camino de los gentiles, y no entréis en las ciudades de los samaritanos, sino más bien id a las ovejas que de la casa de Israel han perecido. Y en vuestro paso predicaréis así: *Se acerca el Reino de los cielos*. Curad a los enfermos, resucitad a los muertos, limpiad a los leprosos, echad a los demonios. Habéis recibido gratis, dadlo gratis. No llevéis nada para el camino, ni oro, ni plata, ni cobre en vuestras fajas, ni alforja para el camino, ni pan, ni dos túnicas, ni zapatos, ni garrote, sino una vara solamente. Porque el operario ya merece la comida. En cualquier ciudad o pueblo en que entréis, preguntad quién hay en ella digno, y en la casa en que entréis permaneced hasta que salgáis. Al entrar en la casa, saludad diciendo: Paz a esta casa. Y si de verdad es digna aquella casa, bajará sobre ella vuestra paz. Pero si no es digna, vuestra paz se volverá a vosotros. Y si alguno no os recibe ni oye vuestras palabras, salid fuera de aquella casa o ciudad, sacudid el polvo de vuestros pies como testimonio contra ellos.»

Varias cosas hay que notar en estas instrucciones.

Les prohibió que fueran a predicar a los gentiles, y aun a los samaritanos. Porque si bien después se había de predicar el Evangelio a todo el mundo, pero la providencia de Dios tenía dispuesto que primero se predicase y fundase el Evangelio y el reino nuevo en Israel, según las profecías y los oráculos, que vaticinaban que el pueblo de Israel sería

VII. SEGUNDO AÑO. MISIÓN DE LOS APÓSTOLES 265

el que llevase la luz y el dominio del Mesías por todo el mundo, como en efecto se hizo. Porque los gentiles, de los judíos recibieron las enseñanzas divinas. El mismo Cristo dijo de sí que Él inmediatamente sólo venía y sólo había sido enviado al pueblo de Israel, y no a los gentiles, sino mediante estos judíos. Y cuando envió después de su resurrección a sus apóstoles al mundo, les encargó que ante todo evangelizasen a Israel, luego a Samaría y luego a todo el mundo. Y este mismo orden observó San Pablo, como se lo dijo a los judíos: «A vosotros teníamos que predicar primero que a nadie» la palabra de Dios; pero, pues la rechazáis, nos vamos a los gentiles. Porque el Evangelio es la virtud de Dios para salvación de todo creyente, primero del judío, luego del griego», es decir, del gentil.

Tampoco estaban los apóstoles bastante preparados para ir a predicar a los gentiles.

En fin, si a los gentiles hubieran ido, no hubieran dejado de tener pretexto los judíos para rechazar al Mesías y a sus apóstoles.

El tema de su predicación es siempre el mismo. El de Juan Bautista, el de Jesús. Se acerca el Reino de Dios, el reino mesiánico tan prometido y esperado. Todos entendían lo que Reino de Dios significaba.

Les dio potestad sobre los demonios y sobre las enfermedades.

Les dijo que así como recibían gratis aquellos poderes y virtudes, así los repartiesen gratis. Porque no quería que con aquel poder de hacer milagros y curaciones especulasen ni por ello recibiesen dones y regalos. Aunque ya por otra parte los autorizaba para recibir su sustento, pues digno es el operario de su merced y de su alimento.

En cuanto a lo que consigo habían de llevar, les enseñó cómo habían de fiar del todo en su providencia. No les permitió llevar, no sólo mucho dinero, pero ni poco, ni cobre siquiera, ni alforja para el camino, ¿para qué?, si ni siquiera debían llevar pan, ni vestido para mudarse, ni zapatos, sino sólo las sandalias, aquel calzado apto para caminar, que consistía en una suela de cuero que sujetaban con correas al pie. Sólo un bastón les dejaba llevar. El que servía para apoyarse en el camino. El otro, el de defensa, el de castigo que muchos orientales llevan a la cintura como garrote además del de apoyo, como arma contra quien les quiera atropellar, se lo prohíbe.

Les mandó aposentarse, no precisamente en casa de los ricos y opulentos, sino en casa de alguna persona digna. Y que no anduviesen hospedándose en muchas casas, sino viviesen en la misma todo el tiempo que estuviesen en un pueblo.

El saludo que les enseñó no era nuevo, sino el ordinario de los países orientales, y que todavía hoy usan: *Paz a esta casa.*

Si en alguna parte no eran bien recibidos, les aconsejaba que saliesen en seguida, y que en testimonio de protesta, sacudiesen el polvo de sus pies. Era costumbre rabínica que todos cuantos viniesen de tierras gentiles a Judea, y los que subiesen al monte del templo, sacudiesen el polvo de los pies, con lo cual sensiblemente recordaban y profesaban que era impura y profana la tierra de los gentiles, en comparación con el pueblo de Dios, así como la tierra en general en comparación del templo.

Los manda de dos en dos, para mayor consuelo, fortaleza, seguridad y consejo. Aún no podían andar solos. Novicios en el apostolado y compañía de Jesús, ni valor, ni pericia, ni prudencia podían tener para empezar bien el arduo y difícil ministerio de la primera misión.

No se debe creer, sin embargo, que los consejos que Jesucristo dio a sus apóstoles en esta ocasión, se los diese para siempre, ni mucho menos que en ellos quisiese el Maestro y Señor de todos los apóstoles de su Iglesia formular el código de lo que sus ministros hubiesen de observar en todo tiempo. Imprudencia y violencia hubiera sido querer acomodar aquellos preceptos a todas las circunstancias de la vida de los apóstoles de la Iglesia. La expedición que entonces iban a emprender los apóstoles era de las más sencillas y breves. Sólo duró unos pocos días. Para ella estaban muy oportunamente dictados aquellos preceptos. En las demás debería guardarse el espíritu de modestia, generosidad, desprecio de los bienes del mundo y todas las otras virtudes que en estos preceptos se encierran.

Mas en cuanto a la letra, muy imprudente debería ser el apóstol o ministro de Jesucristo que, porque una vez se impuso este método a los apóstoles, pensase que siempre se había de evangelizar así en la Iglesia.

Sería imposible tal modo de misiones en muchísimos, en los más de los casos. Y aunque han observado su espíritu, no lo han seguido a la letra la mayor parte de los buenos ministros de Cristo. Éste es el parecer de los doctores y de los santos. Sobre todo, cuando se va a evangelizar a los idólatras, no es posible guardar las reglas que aquí dio Jesucristo a sus apóstoles que iban a evangelizar a los judíos.

115. FRUTOS DE LA PRIMERA MISIÓN DE LOS APÓSTOLES
(Lc 9, 6; Mc 6, 12-13)

Salieron, pues, y recorrieron los pueblos de Galilea y tal vez aun fuera de Galilea, anunciando la buena nueva de la venida del Mesías y predicando que hiciesen penitencia, para recibirla bien y prepararse a recibir las gracias del Reino de los cielos. Cada uno era un Juan Bautista, aunque, claro está, muy inferior a él. Cada uno era un ángel del Mesías y un anunciador de las maravillas que había visto.

¡Qué cosas contarían de los milagros que ellos con sus mismos ojos habían contemplado!

Y como los mismos obraban prodigios y confirmaban sus buenas noticias del Reino y del Mesías con milagros, echando a muchos demonios de los posesos, ungiendo a muchos enfermos y sanándolos de sus enfermedades con la imposición de sus manos y unción del óleo, no cabe duda de que hicieron mucho fruto, y volvieron al Señor alegres, triunfantes y animosos.

Como era natural, al volver, le dieron cuenta de todo cuanto habían hecho y enseñado.

Cuando volvieron todos, el Señor, viéndolos, por una parte, cansados y necesitados de reposo; mirando, por otra, que eran tantos los que iban y venían, que ni siquiera les dejaban tiempo para comer, les dijo: «"Venid vosotros solos aparte a un sitio desierto, y descansad un poco". Subieron a una lancha, y trasponiendo el mar de Tiberíades, fuéronse a descansar a un desierto que es de Betsaida».

Navegaban los apóstoles con su Maestro y atravesaban el lago de Tiberíades en dirección, según dice San Lucas, de un desierto perteneciente a Betsaida, con el objeto de descansar allí de las fatigas recientes y del ahogo con que los urgían tantos como venían a pedir socorro de sus enfermedades.

Pero había, además de ésta, otra razón de retirarse el Señor. Y es que por aquellos días debían de andar por allá algunos espías de Herodes, y tal vez entonces le buscaban. Porque este príncipe estaba deseando verse con Él, según nos refiere el mismo San Lucas.

Y es que había dado muerte a San Juan Bautista, y en sus remordimientos estaba temiendo que aquel Profeta nuevo, cuya noticia llegaba entonces a sus oídos, fuese el mismo Juan que había resucitado y estaba haciendo prodigios.

Las cosas sucedieron de esta manera.

116. MUERTE DE SAN JUAN BAUTISTA
(Mc 6, 17-20; Mt 14, 2-12)

Ya vimos cómo hacía ya más de un año Herodes había apresado al Bautista, que con santa libertad le reprendía por vivir adúlteramente con Herodías, mujer de su hermano Herodes Filipo. *Non licet tibi habere eam,* le decía, «no te es lícito vivir con ésa».

En la cárcel de Maqueronte, situada sobre la banda oriental del mar Muerto, en los bajos del magnífico castillo, en cuyo fondo se consumían los presos de cuidado, mientras en los altos se entregaban a magníficos festines Herodes con la adúltera y sus amigos, esperaba su muerte con resignación y fortaleza el Ángel del Nuevo Testamento.

Sin embargo, ésta se iba retardando, no porque Herodes no se la hubiese dado con gusto, pues la deseaba, sino porque temía que el pueblo, que en Juan veía un gran profeta, levantase a su muerte alguna rebelión y, aliado con el rey de los árabes, padre de la legítima esposa repudiada, atacase al tirano y le depusiese de su trono. Y aun por sí mismo sentía bastante respeto a Juan, por su virtud y santidad; pues, según el Evangelio, le tenía por varón justo y santo, y le guardaba y se aconsejaba gustoso con él y hacía muchas cosas por su respeto.

En cambio Herodías, con todo el rencor de una mala hembra, estaba buscando sin cesar su muerte y espiando el momento oportuno de lograrla. Pero no podía vencer la resistencia de Herodes.

Mas llegó la hora de la venganza. Vino el cumpleaños de Herodes. En los salones de Maqueronte se preparó una espléndida cena, a la que el tirano invitó a los príncipes, tribunos y notables de Galilea. En ella, sin duda, comieron y bebieron y rieron en abundancia con toda aquella libertad voluptuosa y carnal, propia de siglo y de un hombre como Herodes.

Al fin de la cena comenzaron aquellas danzas impúdicas que tan usadas eran en Roma y en los países orientales al término de los banquetes; y fuese cosa improvisada, fuese más bien preparación y artificio infame de la mala mujer, que conocía las flaquezas de su amigo, y, además de infiel esposa era madre perversa, entre las danzantes y bailarinas metió a Salomé, la hija que había tenido de su primero y verdadero marido. Villana injuria la que inferían la malvada esposa a su marido y la hija desvergonzada a su padre, dando este espectáculo al adúltero.

Mas tan despreocupada estaba la niña, que, saliendo al medio de las mesas, danzó maravillosamente. Tan maravillosamente, que así Herodes como los demás, que estaban recostados en la mesa, la aplaudieron con todo entusiasmo. Y el tirano, mareado sin duda por los humores del licor y el vino, y más aún por el espectáculo sensual que la desenvuelta muchacha ofrecía a su vista, en un arranque de sensualidad y descaro le dijo: «Pídeme lo que quieras. Porque te daré lo que pidas». Y lanzando un juramento se ratificó, diciendo: «Te juro darte cualquier cosa que pidas. Aunque me pidas la mitad de mi reino».

Ducha debía de ser o preparada debía de estar la chica, pues en vez de contestar, salió al punto, y diciendo a su madre lo que el rey le había dicho le preguntó: «¿Y qué le voy a pedir?» «La cabeza de Juan Bautista», respondió sin vacilar su madre.

¡Hacía tanto tiempo que la deseaba y que la estaba pidiendo! Entró apresurada la muchacha, arrebató una fuente, se llegó al rey, y dijo: «Pido que me des al punto aquí en esta fuente la cabeza de Juan Bautista».

No esperaba el rey semejante petición. Y aunque estaba tan fuera de razón, no dejó de ver la atrocidad que se le pedía y el compromiso en que se había metido. Y se contristó. Puede ser, y esto parece indicar el Evangelio, que los convidados, enemigos también de Juan, apoyasen la petición criminal de la joven. Y por ellos y el juramento que había hecho, no se atrevió Herodes a dar disgusto a la bailarina. Llamó a uno de sus guardias y le ordenó que en aquella fuente le trajese la cabeza del Bautista.

No sabemos lo que allí abajo pasó. El acto debió de ser rapidísimo. A poco de haber bajado, volvió a subir el verdugo trayendo en la fuente, caliente aún y manando sangre, la santa cabeza. Diósela el rey a la muchacha y la muchacha salió a dársela a su madre.

Indica San Jerónimo que la mala mujer, imitando lo que hizo Fulvia con la lengua de Cicerón, pinchó con una aguja la de aquel Profeta que contra ella tanto a su impuro amante había predicado.

De Salomé refiere Nicéforo que, atravesando un río helado en tiempo de invierno, abriéndose el piso a su paso, se hundió y quedó en el agua sumergida hasta la cabeza, hasta que yerta y helada murió, cortado el cuello por los témpanos.

Herodías incitó a Herodes a que viniese a Roma a obtener el título de rey, pues, aunque se lo daban vulgarmente y se lo da el Evangelio, en rigor no tenía más título que de tetrarca. Agripa, lejos de darle lo que pedía, le hizo las acusaciones, y no pudiendo él dar satisfacción de ellas, fue desterrado, y, acompañado de su amante, murió en el olvido.

La cabeza del Precursor no sabemos a dónde la echaría su enemiga. El cuerpo lo recogieron sus discípulos y lo sepultaron cuan honrosamente pudieron. En seguida vinieron a Jesús y le contaron todo cuanto había pasado.

117. HERODES BUSCA A JESÚS
(Lc 9, 7-9; Mc 6, 14-17; Mt 14, 1)

Consumado el crimen, brota el remordimiento. Grande había sido el crimen de Herodes y grande, naturalmente, había sido el remordimiento, sobre todo después de disipada la embriaguez de la horrible cena de aquella tarde.

Estos remordimientos se acrecentaron con los rumores que de Jesús llegaban a palacio.

Eran tantos los milagros que Jesús hacía, tantos los que sus discípulos acababan de hacer en su misión, que a pesar de lo poco que Herodes se preocupaba de ideas religiosas, llegó a oídos del tetrarca todo cuanto de Jesús se decía. Ante su mente estaba, sin duda, el espectro del Bautista descabezado. En su recuerdo quedaba aún la huella de tanto consejo como de aquel varón rectísimo había recibido. Y como suele suceder que después que uno muere crece el buen concepto que de él se tenía, crecería a los ojos de Herodes el mérito de Juan. Y cuando oyó las maravillas que de Jesús referían sus criados, les dijo un día sin poderse contener:

«Ése debe de ser Juan Bautista, que ha resucitado de entre los muertos. Así hace tantos milagros.»

Asentían algunos y decían que sí, que debía de ser Juan resucitado de entre los muertos. Decían otros que no, que debía de ser Elías. Y otros, que algún profeta antiguo resucitado. Todos daban muestras de la ignorancia y ligereza que suele haber en las gentes de mundo al juzgar estas cosas. Y oyéndoles Herodes, dudaba y decía: «"Cierto, yo degollé a Juan Bautista. Pero, ¿quién puede ser éste de quien oigo tales cosas?" Y estaba buscando el modo de verle.»

Y acaso aquel día, a la vuelta de sus discípulos, le estarían esperando.

Mas Jesús no estaba para dejarse llevar entonces a Herodes. Su providencia era otra muy distinta. No quería morir todavía ni de aquella manera ser encarcelado. Todo se haría como ya estaba previsto. Por tanto, para evitar que le llevasen a Herodes, aunque podía evitarlo por medios sobrenaturales, pero se valió, como de ordinario lo hizo en toda su vida, de los medios que la prudencia humana indicaba. Y como lo había hecho ya otras veces, determinó retirarse un poco de tiempo, el que creyó necesario.

No dice expresamente el Evangelio si los fariseos andaban en estos enredos y maldades. Pero harto lo dio a entender el mismo Jesucristo después, cuando un día, refiriéndose a San Juan, de modo que todos lo entendieron, dijo estas palabras: «Elías ya vino, pero éstos (los escribas y fariseos) no le reconocieron; al contrario, hicieron de él todo lo que quisieron. También el Hijo del hombre ha de padecer por causa de ellos». De modo que sabía Jesús que los fariseos buscaban obstinados su muerte, así como habían buscado la de su Precursor. Y regularmente no pocos de aquellos convidados, que estaban recostados a la mesa del tetrarca, y que, cuando vaciló ante la horrenda petición de la danzante, le incitaron a la muerte del Bautista, serían escribas y fariseos.

Así pues, «cuando Jesús oyó esto, tomó a sus apóstoles, y se fue de allí a un sitio desierto y apartado, del otro lado de Galilea».

118. LA PRIMERA MULTIPLICACIÓN DE LOS PANES
(Jn 6, 2-13; Lc 9, 11-17; Mc 6, 33-34; Mt 14, 13-22)

Iba a un desierto de Betsaida. Y suelen los eruditos disputar mucho acerca de esta ciudad de Betsaida, y de su posición. Porque, como luego veremos, de esta Betsaida volvieron los discípulos otra vez a Betsaida. Y no aciertan a distinguir bien claro si las Betsaidas eran dos, y dónde estaban, o si era una sola, y en este caso el Señor hubiera ido primero a un sitio próximo a Betsaida, y de este sitio sus discípulos se hubieran encaminado a la misma Betsaida. Pero me parece más acertada la opinión de los que creen que había dos Betsaidas. La una al Norte del lago de Tiberíades, y un poco adentro, al lado de la desembocadura del Jordán, en Genesaret, y al Oriente del río. Se llamaba Betsaida Julias y debía de estar donde hoy está Tell. La otra, muy cerca de Cafarnaún, donde hoy está Tell Hum o más abajo, en la costa occidental del lago, y muy al Oeste del río. Así parece explicarse más cómodamente la narración del Evangelio.

Navegando, pues, Jesús con sus apóstoles desde Cafarnaún, dando una vuelta de algunos kilómetros, llegó a la desembocadura del Jordán en el mar de Tiberíades, y desembarcó. La muchedumbre que los vio partir y adivinó adónde iban, bordeó a pie el lago, y por la costa llegó al desierto antes que los apóstoles. Venían muchos y de muchas ciudades, movidos por tantas maravillas como realizaba Jesús en los enfermos. Acaso, como se acercaba la Pascua, íbanse ya reuniendo caravanas para emprender el viaje a Jerusalén desde aquellos sitios, y de paso querrían ver al Profeta de quien todos tantas cosas decían.

Salió Jesús y desembarcó en la orilla Nordeste del lago cerca de Betsaida Julias, y sin atender a la demás gente, subió a un monte y allí estaba sentado con solos sus discípulos, descansando un rato con ellos. Mas luego «levantó los ojos, y viendo toda aquella numerosísima turba que había venido a Él, se compadeció de ellos, porque estaban como ovejas que no tenían pastor, y los recibió y comenzó a enseñarles muchas cosas, hablándoles del Reino de Dios y sanando a los que tenían necesidad de salud».

«Venida la tarde, y avanzando las horas, se le acercaron los discípulos y le dijeron: "Estamos en un desierto y pasan las horas. Despide a las turbas para que vayan a las aldeas y villas que están cerca y compren allí algo que comer". Respondió Jesús y dijo: "No es necesario que vayan; dadles vosotros de comer".»

El que hacía poco les había dado facultades de hacer tantos milagros, parecía brindarles ahora la ocasión y el poder de hacer uno extraordinario. Pero ellos no lo entendieron así, sino que pensaban que se trataba de pagarles o comprarles con los dineros que tenían el pan con que alimentarse.

Entonces, «dirigiéndose a Felipe, le dijo: "¿De dónde podremos comprar pan bastante para éstos?" Esto lo decía para tentarle, porque ya tenía Él resuelto lo que había de hacen».

Debió de investigar Felipe qué dinero tenían sus compañeros o el depositario de ellos, Judas, que debía de ser bien poco, y asustado, dijo:

«¿Quieres que vayamos y compremos doscientos denarios de pan y les demos de comer? Pues aun doscientos denarios de pan no bastan para que cada uno tome un bocado.»

Doscientos denarios era para ellos una cantidad imposible, y suponiendo que fuesen diez mil los presentes, pues sólo los varones, sin contar mujeres ni niños, eran cinco mil, repartidos, hubiera dado para cada uno dos o tres céntimos de pan.

«Entonces les dijo Jesús: "¿Cuántos panes tenéis? Id y vedlo". Cuando lo averiguaron, le dijo uno de los discípulos, Andrés, el hermano de Simón Pedro: "Aquí hay un muchacho que tiene cinco panes de cebada y dos peces; pero esto ¿qué es para tanta gente, si no vamos nosotros y compramos comida para esta muchedumbre?" Les dijo: "Traedme eso acá". Y añadió mandando: "Haced que se vayan sentado por grupos sobre la verde yerba". Había mucha yerba en aquel sitio. Y según les mandó, hicieron a todos sentarse en grupos de cien o de cincuenta.»

Debía de ser, sin duda, el mes de marzo o abril. Y el sitio, ameno y campestre, como los que allí hay en aquella banda de suaves y espaciosos declives.

«Entonces tomó Jesús los cinco panes y los dos peces, miró al cielo, dio gracias, los bendijo, partió los panes y los distribuyó a sus discípulos, y los discípulos a las turbas. Repartió igualmente los dos peces a todos cuanto querían. Y todos comieron y se hartaron. El número de los que comieron fue de cinco mil varones, sin contar mujeres y niños. Y cuando todos estaban hartos, dijo a sus discípulos: "Recoged los pedazos que han sobrado para que no se pierdan". Recogieron, pues, las sobras de los cinco panes de cebada y de los peces, y llenaron doce canastos.»

Era muy frecuente en los judíos, aun cuando no llevaban ninguna cosa, traer consigo algún cesto, o vacío o cargado con heno para dormir. De estos cestos serían aquellos doce que los discípulos, fuesen suyos o fuesen prestados, llenaron de pedazos de pan y de pescado.

¡Milagro estupendo! Unos pocos panes empiezan a multiplicarse en las manos de Jesús, y, pasando de ellas a las de sus discípulos, siguen multiplicándose tan notablemente, que se hartan cinco mil varones, y las mujeres y párvulos que con ellos iban, que fácilmente serían otros cinco mil y más. Y cuando todos están hartos, todavía se recogen ¡doce canastos llenos de pedazos de pan!

¡Hermosa manifestación del poder de Dios y de su bondad!

El poder multiplica prodigiosamente los panes y los peces.

La bondad devuelve, por cinco panes y dos peces, doce banastas de peces y de panes.

119. QUIEREN PROCLAMAR A JESÚS REY Y ÉL HUYE
(Jn 6, 14-15; Mc 6, 45-46; Mt 14, 22-23)

Profundísimo fue el estupor que causó en los galileos aquella maravillosa multiplicación de panes.

«Verdaderamente, decían, éste es el Profeta, el Profeta que tiene que venir al mundo.»

Y como es natural, cuando se levantaron y comenzaron a tratar entre sí y comunicarse todos sus sentimientos, crecía la admiración y empezaban a decir que lo que se debía hacer era proclamarle Rey, pues era el Rey prometido y esperado para restaurar al pueblo de Dios.

«Mas Jesús, cuando conoció que iban a venir y le iban a coger y hacerle Rey, mandó al punto a sus discípulos subir a la lancha, e ir delante de Él a la otra parte del mar, a Betsaida, mientras Él despedía las turbas. Y despedidas éstas, Él huyó solo otra vez al monte a orar.»

Era natural todo este entusiasmo. Y en la decisión de aclamarle Rey, es muy probable que tomasen parte también los mismos apóstoles y discípulos, que, por un lado, habían presenciado, además de éste, todos los milagros de Jesús, por otro sabían ciertamente que, en efecto, era Él el Mesías, y, en fin, tenían sus esperanzas y ambiciones de ser de los primeros en el reino que Jesús obtuviese, como que más de cuatro veces solían tratar y reñir acerca de quién de ellos ocuparía los primeros puestos en este reino, que aun ellos entendían, no espiritualmente, como iba a ser, sino humanamente, como cualquier otro reino temporal, distinto únicamente en ser mucho más magnífico y extendido que ninguno. Y no pudieron menos de escuchar y tratar de ello con el pueblo entusiasmado mientras iban recogiendo las sobras.

Jesús, por el contrario, siempre se oponía a toda sombra de semejante principado, porque, como Él mismo dijo después a Pilato, su reino no era de este mundo, es decir, no era reino temporal y humano, como juzgaban los judíos carnales, sino una Iglesia espiritual y sobrenatural, distinta y superior a todo principado terreno. Y por eso procuraba ahogar en germen toda manifestación que quisiese hacerse en este sentido. Tanto más que no quería dar pretexto ninguno para que mañana le acusasen con fundamento ni siquiera aparente de ninguna sedición. Porque, si, aun andando con tanto cuidado como andaba, todavía los fariseos le echaron en cara el que rebelaba a todo el pueblo, ¿qué hubiera sido si hubiera permitido estallar esta aclamación, y otras que como ésta fácilmente hubieran estallado, sobre todo en Galilea, cuyos paisanos eran tan vehementes y animosos, y en aquel tiempo, cuando todos estaban esperando la libertad de Israel, es decir, como ellos lo entendían, la independencia del yugo extranjero de los gentiles, y la reconquista de toda la tierra bajo el cetro de un gran Hijo de David? Puede decirse que el pueblo era un montón de pólvora, que sólo esperaba una chispa del Mesías para prender y estallar al punto.

Por eso Jesús, rápido en su determinación, en cuanto asomó el peligro, a sus discípulos, que estaban acordes y empezaban a conspirar con la turba, los obligó inmediatamente a subir en su presencia a la lancha y partir al punto a Betsaida. A las turbas despidió también con imperio, pues otras veces, en vez de despedirlas, se contentaba con dejarlas. Él, en fin, cuando se quedó solo, se internó de nuevo en el monte en que antes había estado descansando con sus discípulos.

120. JESÚS CAMINA SOBRE LAS OLAS
(Jn 6, 16-21; Mc 6, 47-52; Mt 14, 23-33)

Debía de ser muy tarde, porque tarde era ya cuando empezó la comida. Los discípulos navegaban con rumbo a Betsaida, es decir, a la Betsaida que estaba junto a Cafarnaún, en la ribera occidental del lago. Las tinieblas de la noche se cerraban por todas partes.

Mientras tanto, solo allá en el monte oraba Jesús.

En esto comienza a soplar recio el viento y a moverse el mar. La lancha, sacudida por las olas, se encontraba de frente al huracán. No los olvidaba Jesús. Desde la costa adonde había ya bajado, veíalos con su divina mirada. Al cabo de más de media noche, cuando ya eran como las tres de la mañana, sólo habían recorrido veinticinco estadios, cosa de legua y media. Entonces el Señor se adelantó de la costa, puso el pie en el mar, y, caminando majestuosamente sobre las olas, los alcanzó, y, acercándose silencioso hasta la lancha, siguió deslizándose sobre la superficie como si quisiese pasar de largo. No dejaron las tinieblas ni el afán del trabajo que le descubriesen hasta que le tuvieron encima. Pero cuando le vieron avanzar muy cerca de la lancha y echárseles encima aquel bulto ambulante, dieron un grito de terror, y exclamaron todos:

«"¡Un fantasma! Al punto les dijo Jesús: "No tengáis miedo, tened valor, soy yo".»

Respiraron al oír la dulce voz del Rey de los mares, y fueron a recibirle en la lancha. Entonces Simón Pedro, en una de sus resoluciones rápidas y decididas que muchas veces tomaba su ánimo arrojado y algo demasiado súbito, dijo:

«"Señor, si eres tú, mándame ir a ti sobre las aguas". Y le respondió Jesús: "Ven". Saltó Pedro de la lancha y empezó a andar sobre las olas para llegar a Jesús.»

Mas Jesús quiso tentarle un poco y humillarle su valentía. Vino una fuerte racha de viento, alzose espumosa una ola más alta, vaciló el valiente, sintió que empezaba a hundirse y, lleno de pavor, dio un grito diciendo:

«"¡Sálvame, Señor!" Al punto le tendió Jesús la mano, le tomó y le dijo: "Hombre de poca fe, ¿por qué has dudado?" Y en cuanto subieron a la lancha cesó el viento. Entonces los que estaban en la lancha le rodearon y adoraron diciendo: "Verdaderamente tú eres Hijo de Dios".»

No es fácil saber si, al decir estas preciosas palabras, en esta ocasión los apóstoles querían asegurar que Jesucristo era en verdad Hijo verdadero de Dios, o si por este nombre entendían no precisamente la filiación natural y divina, sino una filiación adoptiva, en virtud de la cual llamaban hijo de Dios a Jesús como a otros muchos varones santos, y aun a todo judío justo y fiel. Argumentos para creer que era en verdad Hijo natural y propio de Dios, los tenían ya sin duda en abundancia. Pero, tardos de entendimiento, quizás todavía no lo habían comprendido, como después lo comprendieron.

«Apenas entró Jesús en la nave, llegó ésta a la tierra a que iban. Y quedaban cada uno cada vez más admirados. Porque (esta reflexión hace San Marcos, que suele notar muchas veces la torpeza de los apóstoles en entender al Señor) no habían entendido lo de los panes; pues su corazón estaba obcecado.»

Parece increíble, pero así nos lo asegura el discípulo de San Pedro: a pesar de ser tan grande el milagro de los panes todavía no le habían dado la fuerza que le debían dar y se extrañaban de este otro milagro de haber venido así sobre las aguas, cuando debieran ya tenerle por omnipotente del todo y en todo.

121. NUEVA FAENA (Mc 6, 53-56; Mt 14, 34-36)

Él, que había dicho de sí mismo, según las palabras de Isaías, «mi Padre me ha enviado a evangelizar a los pobres», no se daba reposo en su tarea.

«Apenas llegaron a un sitio de Genesaret, atracaron. Y apenas desembarcaron, los conocieron los habitantes de aquel lugar, y recorriendo toda aquella región, comenzaron a llevar de un lado a otro en camillas a todos los enfermos a donde oían que estaba Jesús. Adondequiera que Él entraba, aldea, pueblos o ciudades, ponían los enfermos en las plazas y le rogaban que les dejase tocar siquiera la borla de su vestido. Y todos cuantos le tocaban sanaban».

Aleccionados por el caso de la hemorroisa, recordando el gran favor que aquélla había recibido, y también movidos por la significación simbólica y religiosa que los *gidilim* o flecos del manto tenían entre los judíos, según dijimos, todos pretendían tocarle como aquella mujer, para obtener la salud como ella.

Y el bondadoso Salvador del mundo, aunque su fin era dar salud a las almas, dábala al mismo tiempo a los cuerpos, y sanaba a todos de sus enfermedades.

122. LA GRAN PROMESA DE LA EUCARISTÍA
(Jn 6, 22-59)

Ya los discípulos, y Jesús con ellos, estaban en la orilla de acá del lago. Amanecía, y la turba, que el día anterior se había quedado por las villas cercanas al desierto de la multiplicación de los panes, fue de nuevo a buscar al Taumaturgo, pensando tal vez lograr ese día lo que no había logrado el anterior: proclamar Rey al que les había dado de comer. Vieron que en el sitio no había más que una nave, y sabían que Jesús no había embarcado con sus discípulos, sino que éstos habían ido solos, y creyeron que Jesús estaría aún por allá. Poco a poco fueron reuniendo muchas embarcaciones, en las cuales, además de los que habían venido a pie, llegaban otros muchos que podían proporcionarse esta comodidad de venir embarcados.

Todos concurrieron al sitio en que Jesús había repartido los panes. Todos le esperaban y buscaban al Rey que querían aclamar. Mas pronto cayeron en la cuenta de que no estaba ya allí Jesús. Entonces se embarcaron y se dirigieron a Cafarnaún, donde suponían que habría ido.

Allí le encontraron, en efecto. Y presentándose a Él, le dijeron: «Maestro, ¿cuándo has venido?» Porque, en efecto, daba mucho que pensar cómo había podido venir y por dónde habría pasado.

Jesús no los recibió muy afablemente que digamos. Al contrario, con cierta sequedad, sin dignarse responder a su curiosa pregunta, sabiendo bien el interior egoísta y positivo de los que se le presentaban, los trató con digna severidad. No eran los que venían a Él con aquel aire familiar las muchedumbres fieles, sino más bien algún grupo de los más notables, que acaso soñaban valerse de la influencia del Señor, y le brindaban su apoyo con la esperanza de obtener después brillantes y provechosos puestos en el reino que le ofrecían. No eran sinceros discípulos del Mesías sobrenatural, que buscasen el Reino de Dios, sino ambiciosos revolvedores que esperaban sacar provecho del omnipotente multiplicador de panes.

Por eso Jesús les respondió no a la pregunta, sino al sentimiento que leía en sus corazones, y les dijo: «En verdad, en verdad os digo, si me buscáis, no es por haber visto milagros, sino porque habéis comido de los panes y os habéis hartado». Es decir: sí, sí, vosotros no me buscáis porque los milagros os hayan hecho creer que soy Legado divino y que es verdadera mi doctrina, sino porque esperáis provechos temporales.

«Trabajad no por el alimento que perece, sino por el que dura para vida eterna. El cual os dará el Hijo del hombre. Porque a éste ha autorizado y como sellado el Padre». Y el sello son esos milagros que vosotros habéis visto con que el Padre autoriza su doctrina.

Sorprendidos con esta respuesta, que denotaba que el Maestro no tenía en ellos ninguna confianza, le dijeron todavía en tono sumiso: –«¿Qué hemos de hacer para ejecutar las obras de Dios?

Respondió Jesús y dijo: «La obra de Dios es que creáis en aquel que Él envió», que era como decir: creed en mí, y creed que soy enviado del Padre.

Esto era precisamente lo que ellos no querían, y lo que Jesús les había echado en cara esta vez desde el principio y otras veces en otras ocasiones; se conoce que entre los que se presentaban al Maestro había muchos que en otras ocasiones tampoco le habían querido creer. Y ahora, volviendo a su ordinaria y esta vez oculta rebeldía, que el Señor como diestro maestro había tentado y descubierto con sus palabras, saltaron irritados, y como si lo pasado no tuviese ya fuerza ninguna, y desdeñándose de dar importancia a los milagros que habían visto, le dijeron despechados:

«Y bien, ¿qué señal haces tú para que veamos y creamos en ti? ¿Qué es lo que tú obras? Nuestros padres comieron el maná del desierto, como está escrito: les dio a comer pan del cielo». Como quien dice: aquello sí que era prodigio, aquello sí que era señal; no la que tú has hecho. ¿Qué tiene que ver dar el pan que tú has dado, en comparación de aquel maná?

La disputa cambiaba de aspecto, los fariseos se descomponían, la hipocresía se rasgaba, la insolencia aumentaba, la oposición estallaba de nuevo.

Les dijo Jesús entonces: «En verdad, en verdad os digo, no fue Moisés el que os dio el pan del cielo; el que os da el verdadero pan del cielo es mi Padre, porque el que ha bajado del cielo y da la vida al mundo ése es el pan verdadero de Dios».

Al oír estas palabras, los galileos, que estaban entre los demás oyentes, más sencillos que los escribas y fariseos y más espontáneos, así como la samaritana en otra ocasión, así ahora le dijeron al Señor:

«Señor, danos siempre de ese pan.»

Acaso entendían que este pan tan poderoso era de la misma o parecida clase que el que les había dado en el desierto, y por eso decían que les diese siempre de aquella clase de pan.

Mas Jesús, para desengañarlos, les dijo:

«Ese pan de vida soy yo: el que viene a mí no tendrá tendrá hambre, y el que cree en mí no tendrá sed jamás. Mas ya os he dicho que me habéis visto, sí, pero no me creéis. Todo lo que el Padre me da vendrá a mí, y al que venga a mí no le echaré fuera, porque he bajado del cielo no para hacer mi voluntad, sino la voluntad del que me ha enviado, y la voluntad del Padre que me ha enviado es que todo lo que me ha dado no pierda nada de ello, sino que lo resucite en el último día. Ésta es la voluntad de mi Padre que me ha enviado: que todo el que ve al Hijo y cree en Él tenga vida eterna, y yo le resucitaré en el último día.»

Muchas y terribles y profundas y misteriosas verdades les dijo en estas palabras. No basta el esfuerzo del hombre para ir a Cristo y creer en Cristo, si no le lleva el Padre. Mas no por eso es disculpable el hombre que no va a Cristo, porque culpa suya es el no ser llevado por el Padre. Como dice muy bien Santo Tomás, Dios a todos alarga la mano, cuanto es de su parte, para atraerlos; y desde el momento en que Dios está dispuesto a dar a todos su gracia y atraerlos a sí, no se le puede culpar a Dios de que alguno no reciba esta gracia, sino al hombre, que no la recibe.

Y en verdad que en todo este discurso parece Cristo estar invitándoles a todos a que vengan, a que le pidan la gracia de venir, a que le pidan la mano, a que le pidan el pan verdadero, no el que alimenta al cuerpo, sino el que da vida al alma. Pero no van porque no toman la gracia del Padre y el impulso de Dios, mas no lo toman porque no quieren. Por donde, como dice muy bien Maldonado, «el que éste sea traído y aquél no, es que éste quiso seguir a Dios, que le atraía, y aquél no quiso».

Otra cosa les dijo claramente: que Él venía del cielo y que su Padre era Dios. Y no pudo menos de escandalizar esta doctrina a aquellos incrédulos.

«Así, pues, murmuraban los judíos de Él porque había dicho: Yo soy el pan verdadero que he bajado del cielo. Y decían: "¿No es éste Jesús, el hijo de María y de José, a cuyo padre y madre nosotros hemos conocido? ¿Cómo ahora dice que ha bajado del cielo? Respondió, pues, Jesús y les dijo: "No queráis murmurar unos con otros. Nadie puede venir a mí a no ser que el Padre que me envió le traiga, y yo le resucitaré en el último día. Está escrito en los Profetas: *y todos serán enseñados de Dios:* todo el que oye al Padre y aprende, viene a mí"». Es decir: como quiera que se cumple la profecía de que Dios ha de enseñar a todos, todo el que oye, cosa que pueden todos, y además de oír, aprende lo que oye, es a saber, lo sigue, vendrá a mí y me seguirá y creerá.

Acaso a muchos oyentes se les ocurriría pensar cuándo les habría hablado el Padre; por eso Jesús prosiguió:

«No que al Padre haya visto nadie, fuera del que ha venido de Dios; ése sí ha visto al Padre». Se refería a sí mismo.

Y como muchos estaban murmurando de lo que iba diciendo, una vez que ya había explicado tan grave y dignamente lo preciso que era creer en Él, y había insinuado claramente que Él era el verdadero pan del cielo, comienza definitivamente a exponer la promesa de la Eucaristía de esta manera:

«En verdad, en verdad os digo: el que cree en mí tiene vida eterna. Yo soy el pan de la vida. Vuestros padres en el desierto comieron el maná y murieron: éste (decía refiriéndose a sí) es el pan que ha bajado del cielo, para que quien come de él no se muera. Yo soy el pan vivo que bajé del cielo. Si alguno come de este pan, vivirá para siempre, y el pan que yo os daré es la carne mía, por la vida del mundo.»

No pudo decírselo más claramente. Así que todos lo entendieron, y se armó una confusión muy grande.

«Comenzaron, pues, a disputar los judíos unos con otros, diciendo: ¿Cómo puede éste darnos a comer su carne?»

No se rectificó Jesús ni les dijo que le entendían mal, sino que:

«Les respondió: En verdad, en verdad os digo, si no coméis la carne del Hijo del hombre y bebéis su sangre, no tendréis vida en vosotros. El que come mi carne y bebe mi sangre tiene vida eterna y yo le resucitaré en el último día. Porque mi carne es verdaderamente comida y mi sangre es verdaderamente bebida; el que come mi carne y bebe mi sangre permanece en mí y yo en él. Así como el Padre que vive me ha enviado, y yo vivo por el Padre, así el que me come, también vivirá por mí.»

Quería decir que así como el Padre le comunica a Él la vida, de modo que vive por el Padre, así el que comulga recibirá de Cristo comunicación de vida tal que pueda decir que vive con la vida de Jesucristo. Gran privilegio y admirables prerrogativas y promesas las que ofrece Jesucristo en este discurso. Concluyó tan preciosa profecía con estas palabras:

«Éste es el pan que ha bajado del cielo. No como cuando vuestros padres comieron el maná en el desierto y murieron; el que come este pan vivirá para siempre.»

123. ESCÁNDALO Y DESERCIÓN (Jn 6, 60-72)

«Esto dijo Jesús en la Sinagoga de Cafarnaún». La doctrina era tan nueva, la promesa tan inverosímil, la oferta tan extraña, que se escandalizaron muchísimos, aun de los discípulos de Jesús. ¡Banquete singular, pan nunca visto! ¡La carne y sangre de Jesús como comida y bebida!

«Muchos, pues, de sus discípulos se dijeron: "Dura es esta doctrina... ¿quién puede oírle?" Conociendo, pues, Jesús que murmuraban de esto sus discípulos, les dijo: "¿De esto os escandalizáis?... Pues, ¿qué será cuando veáis subir al Hijo del hombre a donde estaba primero".» Como quien dice: Entonces entenderéis, por una parte, que tengo poder para disponer estas cosas; y, por otra, al ver mi carne glorificada, no os parecerá tan verosímil y chocante este misterio. Y añadió:

«El espíritu es el que vivifica, no la carne, que no vale nada». Es decir, no penséis que la carne da vida al alma, sin el espíritu; mas como mi carne está unida con mi espíritu y mi divinidad, por eso os aprovechará y dará la vida.

«Mis palabras que he hablado son vida y espíritu. Pero hay alguno de vosotros que no cree. Porque Jesús sabía desde el principio quiénes eran los que no creían, y quién le iba a entregar. Y decía: "Por eso os dije que nadie puede venir a mí, si no se lo concede mi Padre". Desde esto, muchos de sus discípulos se volvieron atrás y ya no andaban con Él.»

Y debieron de ser muchos los que se marcharon, y parece que fueron desfilando en aquel mismo punto, de modo que fuese notable la deserción, porque Jesús se volvió *a los doce,* a los apóstoles, entre los cuales también notó alguna vacilación, y les dijo: «"También vosotros queréis iros?" Respondió Simón Pedro: "Señor, ¿a quién iremos? Tú tienes palabras de vida eterna y nosotros hemos creído y conocido que tú eres el Cristo hijo de Dios". Les respondió Jesús: "¿No sois doce los que yo he elegido?; y sin embargo, uno de vosotros es diablo". Y lo decía por Judas Iscariote; porque éste le había de entregar, a pesar de ser uno de los doce.»

Y es que, de los doce, el que iba a ser traidor empezaba a ser infiel y desleal, y en aquella ocasión quería introducir entre los apóstoles la misma deserción y apostasía que se había introducido entre los otros discípulos. Le salió al paso el Maestro, y cortó la malicia infiel el más noble de todos los apóstoles, San Pedro, con una de aquellas acostumbradas vehemencias que de su decidido corazón brotaban a menudo.

Ésta fue la primera vez que Jesucristo trató del soberano beneficio de la Eucaristía. La prueba más delicada de su amor a los hombres fue acogida por ellos con burla, incredulidad y apostasía.

Bueno es verdaderamente Jesús. Bueno por hacer tan estupendos beneficios. ¡Mucho más bueno por hacerlos a hombres que tan desconfiados y soberbios le desdeñan!...

Nosotros, más avisados e iluminados por la fe, digamos con San Pedro: «Señor, a ti venimos porque tus palabras son palabras de vida eterna».

Visus, tactus, gustus in te fallitur,
Sed auditu solo tuto creditur:
Credo quidquid dixit Dei Filius,
Nil hoc veritatis Verbo verius.

«La vista, el tacto, el gusto en ti se engañan, mas al oído solo se le cree seguro: creo lo que el Hijo de Dios dijo; nada más verdadero que este Verbo de verdad» (Santo Tomás de Aquino).

VIII

TERCER AÑO DEL APOSTOLADO DE JESUCRISTO
(29-30)

124. MANDATOS DE DIOS Y TRADICIONES DE HOMBRES
(Jn 7, 1; Mc 7, 1-23; Mc 15, 1-20)

Se acercaba la fiesta de la Pascua, y era lo más verosímil que Jesús quisiese para ella subir a Jerusalén y presentarse al templo. Pero como veía que los judíos le estaban preparando la muerte, y espiaban la ocasión de dársela, sobre todo después de la última discusión que tuvo con ellos, no quiso presentarse en Judea, y se entretenía en recorrer Galilea, donde tenía más amigos fieles y estaba más seguro. Porque, aunque tenía que morir, pero no entonces, y aunque podía esquivar la muerte de mil modos, pero de ordinario no se valía sino de los medios humanos de la prudencia humana.

Mas ya que no fue a Jerusalén, vinieron a Él los fariseos y algunos escribas enviados desde Jerusalén para espiar sus actos.

Pronto encontraron algo que censurar en sus discípulos.

«Vieron, dice el Evangelio, que algunos de sus discípulos comían el pan con manos profanas (es decir, sin lavar), y lo censuraron. Porque los fariseos y todos los judíos, si no lavan las manos hasta el codo, no comen, fieles a la tradición de los antiguos. Y cuando vienen del foro, jamás comen sin antes lavarse. Y tienen por tradición otros muchos lavatorios de copas y cacharros y calderos y lechos», que eran los asientos o reclinatorios en que se echaban para comer.

«Le preguntaron, pues, los fariseos y escribas: "¿Por qué tus discípulos rompen la tradición de nuestros antiguos y no se lavan las manos cuando comen pan?" Y Él respondió: "Y ¿por qué quebrantáis vosotros el precepto de Dios, por vuestra tradición? Porque Dios dijo:

Honra a tu padre y a tu madre. Y también: El que maldiga a su padre y a su madre, muera. Pero vosotros decís: Si alguno dice a su padre o a su madre: Tendrás provecho en mi corbán (es decir, en el don que yo ofrezco a Dios). Y ya no le dejáis hacer más por su padre y por su madre. Y así por vuestra tradición habéis inutilizado el mandato de Dios".»

Preciosa respuesta. Aquellos hipócritas fariseos guardaban escrupulosamente las tradiciones que los fundadores de su secta les iban acumulando. En especial eran sumamente supersticiosos acerca del lavatorio de las manos. Por si acaso habían inadvertidamente tocado algo profano o inmundo, se creían obligados a lavar las manos y los utensilios siempre antes de comer. Todo un tratado del Talmud, el *Yadaim,* versaba acerca del lavatorio de manos. El rabino Akiba era alabado porque prefirió morir de sed antes que prescindir del lavatorio. Por poca que fuese el agua y grande la sed, había que guardar alguna para lavarse. Ya hemos visto cómo en las bodas de Caná se habían gastado nada menos que seis tinajas para este lavatorio. Y acerca de él había en el Talmud ¡hasta 600 prescripciones!... Más temían dejar de lavarse las manos que cometer un homicidio, y los saduceos, ridiculizándolos, les decían: El primer día vais a lavar el sol.

Bien los sorprendió el Maestro por el lado flaco, y bien les echó en cara su abominable y ridícula hipocresía con la que al paso que guardaban con tanto escrúpulo las tradiciones humanas, a que no estaban obligados, conculcaban los preceptos divinos que debían observar. Y les presentó un caso en que con hipócrita habilidad vulneraban el precepto de Dios. Porque estando por el precepto divino los hijos obligados a socorrer a los padres, los fariseos decían que este precepto estaba suficientemente cumplido, si los hijos daban parte a sus padres en el mérito del *corbán o* dinero que consagraban al culto y servicio del templo. Reduciendo así la caridad y sacratísima obligación de socorrer los hijos a los padres, a una práctica puramente ritual.

«Hipócritas, añadía indignado el Maestro, bien profetizaba de vosotros Isaías, cuando decía: "Este pueblo me honra de boca, pero su corazón está muy lejos de mí. Me adoran con un culto vano y enseñan doctrinas y mandatos de hombres". Porque olvidando los mandamientos de Dios, observáis las tradiciones de los hombres; muchos lavatorios de cacharros y de vasos y cosas parecidas, eso es lo que hacéis. Y convocando a la muchedumbre a su alrededor, les dijo: "Oídme todos y entended: Nada de lo que entra de fuera del hombre por su boca le puede manchar; lo que sí le puede manchar es lo que sale por la boca. Si alguno tiene oídos para oír que oiga".»

Dicho esto se fue y «cuando entró en casa, se le acercaron sus discípulos y le dijeron: "¿Sabes que los fariseos oyendo estas palabras se han escandalizado?" Y él les respondió: "Toda planta que no plantó mi Padre celestial será desarraigada. Dejadlos. Son ciegos y guías de ciegos. Y cuando un ciego guía a otro ciego, ambos caen al hoyo". Entonces Pedro le dijo: "Explícanos esa parábola". Y les dijo Jesús:

"¿Pero aún estáis sin entenderlo? ¿No entendéis que todo lo que entra de fuera en el hombre no le puede manchar, porque no entra en su corazón, sino que pasa al vientre y va a la cloaca, purgando todas las viandas? Mas lo que sale por la boca procede del corazón, y eso es lo que mancha al hombre. Porque del corazón y de dentro proceden los malos pensamientos, los homicidios, adulterios, fornicaciones, hurtos, avaricias, maldades, dolos, impurezas, envidias, blasfemias, soberbia e insensatez. Todos estos males proceden de dentro, y manchan al hombre, pero comer sin lavarse las manos no mancha al hombre".»

Clarísima explicación. No se ha de entender, sin embargo, que con estas palabras Cristo quiere abolir los ritos externos y los preceptos que da la Iglesia, por ejemplo, acerca de los ayunos y vigilias. Porque es cierto que el comer o no comer carne, por ejemplo, en día de abstinencia no mancha al hombre de suyo. Pero el desobedecer y tener soberbia para no cumplir las penitencias que la Iglesia impone, eso sale del corazón y mancha al hombre que desobedece.

125. LAS MIGAJAS Y LA PERRILLA
(Mc 7, 24-30; Mt 16, 21-28)

En todo este tiempo se nota en Jesús continua mudanza en los sitios donde vive. Detiénese poco en todas partes, y sobre todo evita la publicidad y los pueblos muy concurridos. Ya hemos visto cómo no quiso ir a Jerusalén, a pesar de ser entonces la Pascua, por no querer morir todavía. Ahora le hemos contemplado disputando con los fariseos y confundiéndolos. Los ha tratado públicamente de hipócritas, y los ha descubierto delante de todo el pueblo, llenándolos, como se lo dijeron sus discípulos, de indignación y escándalo farisaico. Por eso, sin duda, se apresuró a salir de Galilea, y esquivar las asechanzas y odios de los judíos y tomando el camino por Safed, el pueblo más alto de

Galilea, por donde desde el lago se va al Norte, pasó las fronteras de Galilea y asomándose al mar, entró en los confines de Tiro y Sidón, recorriendo aquellos países, los más bellos acaso de todos los que se ven en Palestina.

«Quería, dice el Evangelio, que nadie lo supiese. Pero no pudo ocultarse. Porque una mujer gentil cananea, de origen sirofenicia, que tenía una hija poseída del espíritu inmundo, supo de Él, vino de aquellas tierras y se puso a clamar, diciéndole: "Ten compasión de mí, Señor, Hijo de David, mi hija es mal atormentada del demonio". Jesús no le respondió ni una palabra.»

La pobrecita, aunque vio el desdén de Jesucristo, fue, sin embargo, siguiéndole humilde detrás de sus discípulos y clamando unas veces a Jesús y otras a éstos para lograr ser oída antes de que se le fuese la ocasión de su única esperanza. Tanto, que compadecidos y cansados, los discípulos se acercaron al Señor y le dijeron:

«"Despáchala, porque viene gritando tras de nosotros". Mas Jesús respondió: "Yo no he sido enviado sino a las ovejas de la casa de Israel que han perecido".»

Esto manifestó Jesús en toda su vida: que su misión era convertir y llamar al pueblo de Israel, según las promesas de que a ellos se les daría el Mesías, para que por medio de ellos, y no inmediatamente, se comunicasen a los demás pueblos gentiles los beneficios de la redención, como efectivamente hizo. Ésta fue la razón del desdén y desprecio que, manifestó a aquella pobrecita gentil, a pesar de que tanto le rogaba.

Mas ella no por eso se retiró. Llegaban a un pueblo, y «Jesús entró en una casa. En pos de Él entró la mujer, y derribándose a sus pies, seguía rogándole que arrojase de su hija el demonio, y le decía: "Señor, ¡socorredme!" Le replicó Jesús: "Deja que antes se harten los hijos; porque no es bien quitar el pan a los hijos y echárselo a los perros"».

Los hijos eran los israelitas, los perros eran los gentiles; el pan era el favor y la gracia de Dios. Lo que acababa de decir Jesús parecía un desprecio muy grande para la pobre señora, y era capaz de haber hecho cejar a cualquiera que no tuviese la fe de aquella mujer. Mas no a ella, que, agarrándose a las mismas palabras humillantes del maestro, le dijo:

«"Precisamente, Señor, los cachorrillos comen bajo la mesa las migajas que caen de la mesa de sus señores". "Oh mujer –exclamó entonces el Señor, sin poderse contener más en su aparente desdén con que contra la inchnación de su corazón bondadoso la estaba probando–, grande es tu fe. Que se haga lo que quieres tú. Por esas palabras, vete, porque el demonio ha salido ya de tu hija". En efecto, llegando a su casa, halló a su hija tendida en su lecho, y que el demonio había salido. Y desde entonces quedó sana su hija.»

Dulce episodio y retrato amable del Señor, que prueba a sus amados y arrojándolos con una mano desdeñoso y despreciativo, los atrae con la otra, misericordioso, infundiendo fe y confianza interiores en los que exteriormente desecha, para que así sea mayor la fe y más cumplido el premio. ¡Cómo a través de aquel desdén se figura uno ver en nuestro Señor lo mucho que se violenta y lo contrario que es su corazón a lo que parecen indicar sus labios!

126. EL SORDOMUDO (Mc 7, P-37)

Debió de suceder este milagro en una casa de Tiro o de sus cercanías. Y como Jesús no quería detenerse a evangelizar las regiones gentiles, pasó muy pronto de allí, y por Sidón se dirigió a Galilea. Para ir allá pasó por entre los confines de la Decápolis.

Era la Decápolis una confederación de diez ciudades, como lo dice su nombre, paganas en su mayor parte, dependientes de la autoridad romana y enlazadas entre sí para mutua defensa, sobre todo contra los beduinos. Aunque fueron diez al principio, luego fueron más, hasta diecisiete. Casi todas las ciudades estaban situadas al Oriente del Jordán, y más que un territorio continuo, formaban una mera confederación de ciudades separadas. Aunque, como hemos dicho, paganas en la mayor parte de su población, el Maestro las visitó mucho, y en ellas obró no pocos milagros, según nos refiere San Mateo.

En este viaje hizo uno que nos cuenta así San Marcos: «Salió Jesús de los confines de Tiro, y por Sidón vino al mar de Galilea entre los términos de la Decápolis. Y le trajeron un sordomudo, y le rogaban que le impusiese sus manos. Y tomándole aparte de la turba, le metió sus dedos en los oídos, y con su saliva tocó su lengua, y mirando al cielo exhaló un gemido, y le dijo: *Effeta,* que significa: Ábrete. Al punto se abrieron sus oídos y se soltó el impedimento de su lengua, y hablaba bien. Les mandó que no lo dijesen a nadie. Pero cuanto más Él les mandaba, tanto más ellos lo publicaban, y tanto más se maravillaban diciendo: Todo lo ha hecho bien: ha hecho oír a los sordos y hablar a los mudos».

Algunos dicen que este sordo no debió de serlo de nacimiento, porque desde que Jesús le dio el oído empezó a hablar rectamente, lo cual supone que ya antes había hablado. Pero éste es bien pobre fundamento, porque quien le dio la facultad de poder pronunciar, bien pudo darle la facultad completa de hablar.

Si en otras ocasiones, mucho más en este viaje se nota el empeño de Jesús de pasar desconocido por aquellas tierras; por eso a la cananea no atendió hasta que estuvo dentro de casa, y a este sordomudo no le curó sino después de haberle separado de las turbas, y luego le veremos seguir igual conducta. Pero no podía impedirse que los que habían recibido tales gracias las manifestaran.

También es notable en esta narración que Jesús, a pesar de tratar con gente que más que otro lenguaje debía usar el griego, Él se valía del arameo, porque aramea es la palabra *effeta;* y como igualmente en otras ocasiones Jesús se valió de palabras arameas, suelen deducir que fue aramea la lengua que Jesús usó en su vida y predicación

127. SEGUNDA MULTIPLICACIÓN DE LOS PANES
(Mc 8, 1-10; Mt 15, 29-39)

«Y pasando Jesús adelante, vino a la ribera del mar de Galilea, y subiendo a un monte, estaba allí sentado. Y se le acercaron numerosas turbas, trayendo consigo mudos, ciegos, cojos, tullidos y otros muchos. Y los pusieron a los pies de Jesús. Y Él los curó, de tal modo, que las turbas estaban asombradas viendo hablar a los mudos, andar a los cojos, ver a los ciegos, y glorificaban al Dios de Israel», aunque muchos de ellos, como paganos, adoraban a otros dioses.

No es fácil determinar en qué sitio estaban. Varios nos señalaron en nuestra expedición a Palestina, pero no seguros. Lo que conforme al texto parece debe afirmarse es que también esta multiplicación debió de hacerse, no en algunos sitios que señalan en la orilla occidental del lago, que está más poblada, y ofrecía menos desiertos, sino en la ribera oriental, más lejana y deshabitada.

Mucha gente se reunió alrededor del Taumaturgo en aquella ocasión. Y como estaban en la ribera del lago adonde era fácil venir por lanchas, en el espacio de tres días que Jesús se detuvo, se aglomeró en

VIII. TERCER AÑO. SEGUNDA MULTIPLICACIÓN DE LOS PANES 289

aquel sitio un gentío de más de cuatro mil hombres, sin contar las mujeres y niños.

No miraban y atendían ellos tanto al Señor como el Señor a ellos. Porque «advirtiendo que no tenían ya qué comer llamó a sus apóstoles y les dijo: "Me da compasión es gente; porque ya veis que hace tres días que están conmigo y no tienen qué comer. Y si los despido sin comer a sus casas, desfallecerán en el camino. Porque algunos vienen de lejos"».

Los discípulos se debían de acordar, sin duda, de la otra prodigiosa multiplicación de los panes; pero no acababan de tener aquella plena confianza de que Jesucristo podría y querría renovar aquella maravilla. Y pensando únicamene en los medios naturales de proveer a los deseos del Maestro le dijeron:

«"¿Y de dónde vamos a sacar en el desierto panes suficientes para saciar a tanta gente?" Les dijo Jesús: "¿Cuántos panes tenéis?" Y dijeron ellos: "Siete, y unos pocos pececillos". Entonces mandó a la gente que se sentase sobre el suelo. Y tomando los siete panes, dando gracias, los partió y los dio a sus discípulos, para que los repartiesen, y los discípulos los repartieron a las turbas. Bendijo también los peces los mandó servirlos. Y comieron todos y se saciaron. Y de los pedazos que recogieron sobraron siete espuertas. Los que habían comido eran unos cuatro mil hombres, sin contar niños ni mujeres.»

Grande también debió de ser entonces el espanto como la vez primera que vieron tal prodigio. Y acaso empezaba a alborotarse la muchedumbre y a aclamar al poderoso multiplicador de pan. Mas Jesús despidió pronto a las turbas, y Él mismo con sus discípulos se embarcó en una lancha, y arribó a los confines de Magedan o Dalmanuta.

Nada más sabemos de esta expedición que Jesús, por un país extranjero y casi del todo pagano, emprendió, más con ánimo de descansar y ocultarse a sus enemigos, que con el de evangelizar a los pueblos. Dejemos a los curiosos el averiguar el camino más probable que siguió Cristo. No nos lo quiso decir el Evangelio. Ni aun sabemos a punto fijo dónde cae ese pueblo que San Marcos llama Dalmanuta, y San Mateo, Magedan, y algunos identifican con Magdala.

Parece cierto que estaba a la orilla del mar. Y si había sosegado en aquel paseo primaveral que se dio por las pintorescas regiones del Norte, otra vez en Galilea esperaban las acostumbradas fatigas y discusiones, y se venían encima sus continuos espías y censores.

128. EL MILAGRO DEL CIELO
(Mc 8, 11-13; Mt 16, 1-4)

En efecto, apenas desembarcaron, ya se encontraron a los fariseos y saduceos que les salieron al encuentro, y comenzaron a disputar con Él y a tentarle.

Esta vez traían preparado un ardid o petición singular. Muchísimos milagros había hecho el Maestro. Los evangelistas nos describen por menor cerca de cuarenta. Pero varias veces nos refieren cómo los hacía a granel, sanando a cuantos venían. Y San Juan expresamente nos dice que hizo otros muchos que no están escritos. Pero los fariseos no se daban por vencidos. Y buscaban excusas insensatas de su incredulidad. Habían visto, cierto, muchos prodigios hechos en la tierra y en el mar y en el aire. Pero no habían visto ningún prodigio hecho en el cielo. Ya en otra ocasión se lo habían echado en cara, cuando le dijeron: ¿acaso haces tú milagros? Nuestros padres, sí, comieron pan llovido del cielo. Aquello era verdadero milagro, no los que tú haces dándonos pan de la tierra.

Y de un modo parecido le dijeron esta vez que les hiciese un milagro del cielo como el que hizo Moisés o Josué o Elías...

Se sonrió, sin duda, tristemente el Maestro, al ver aquella infantil insolencia, con la que se figuraban confundirle, y les respondió aludiendo a la señal que pedían del cielo:

«Vosotros, al anochecer, decís: Va a hacer buen tiempo, porque el cielo está arrebolado. Y al amanecer: Hoy habrá tempestad, porque el cielo luce triste. Sabéis distinguir el aspecto del cielo, y no podéis conocer las señales de los tiempos». Es decir, no conocéis que viene ya el Mesías, a pesar de tantas señales como tenéis por todas partes que os lo están diciendo: las profecías, la expectación general, los milagros, mi doctrina...

«Y exhalando un gemido, dijo: "¿Para qué pedirá un prodigio esta generación mala y adúltera? Yo os digo, verdad, que a esta genración no se le dará otro prodigio sino el prodigio del profeta Jonás". Y dejándoles, subió de nuevo en la lancha y pasó al otro lado del mar.»

El milagro de Jonás era, sin duda, el de su muerte y resurrección, por el parecido que iba a tener con lo que a Jonás le había sucedido.

129. EL FERMENTO DE LOS FARISEOS Y SADUCEOS (Mc 8, 14-21; Mt 16, 5-12)

Y pasó una escena muy curiosa a bordo, en la que se ve bien el carácter de los discípulos, su sencillez y torpeza de entendimiento, y la bondad de Nuestro Señor.

Porque sucedió que, o por la prisa o por distracción o por no sé qué, los discípulos se olvidaron de tomar panes para el viaje. Y apenas empezaron a surcar el lago, el Señor, refiriéndose a lo que acababa de pasar con los fariseos, se puso a recomendarles que se guardasen de sus doctrinas y malas falacias, y les decía:

«¡Cuidado con la levadura de los fariseos y saduceos, y de Herodes!»

Ellos que oyeron levadura, se acordaron en seguida de los panes y de que no tenían los necesarios, y se decían:

«¡Si no hemos comprado pan!... Entonces Jesús, tomando ocasión de allí para cosas más altas, les dijo: "¿Qué es lo que estáis discurriendo entre vosotros, de que no tenéis pan? ¡Hombres de poca fe! ¿Todavía no tenéis juicio ni entendimiento? ¿Todavía tenéis cegado el corazón? ¿Tenéis ojos y no veis, tenéis oído y no oís ni recordáis? Cuando repartí cinco panes a cinco mil hombres, ¿cuántos cestos llenos de pedazos redogisteis?". Le dicen: "Doce". "Y cuando repartí siete panes entre cuatro mil hombres, ¿cuántas espuertas de pedazos recogisteis?" Le dicen: "Siete". Pues, ¿cómo –les decía– no caéis aún en la cuenta cuando os he dicho: cuidado con la levadura de los fariseos y saduceos, que no me refería al pan?»

Entonces, añade el evangelista San Marcos, entendieron que lo que les había mandado era no que se guardasen de la levadura de pan, sino de la doctrina de los fariseos y saduceos.

130. EL CIEGO DE BETSAIDA (Mc 8, 22-26)

En estas conversaciones y pláticas de familia llegaron a Betsaida, probablemente a la Betsaida patria de Pedro. Hemos visto en todo este tiempo a Jesús Nazareno constantemente desviado de los centros de gran concurso, y cambiando de sitio sin cesar. Antes había subido hasta Tiro y Sidón por la costa; esta vez iba también a emprender otra excursión a la misma altura de Tiro, sólo que por el interior de la tierra y al

Oriente del Jordán. Betsaida le ofrecía una buena entrada. Era ciudad conocida donde tenía la casa de Pedro, donde había predicado no pocas veces y hecho singulares prodigios. Allí podrían dejar la barca de Pedro bien guardada, y después internarse sin cuidado.

Y apenas llegado, le trajeron un ciego, y le rogaban que le tocase. Jesús seguía evitando el llamar la atención por este tiempo, y así tomó al ciego de la mano y le sacó fuera del pueblo. Una vez allí, puso saliva en sus ojos, colocó sobre él sus manos y le preguntó si veía algo.

Púsose el ciego a mirar, y fuese porque aún no le había dado vista completa, fuese por desconocimiento de las cosas que nunca había visto, si era ciego de nacimiento, respondió: «Veo los hombres, porque los veo andar como árboles».

Entonces le puso otra vez las manos en los ojos y quedó restablecido y comenzó a ver de modo que distinguía claro todas las cosas. Y le envió a su casa diciendo: «Vete a tu casa, y si pasas por el pueblo no lo digas a nadie».

131. LA PIEDRA DE LA IGLESIA
(Lc 9, 18-20; Mc 8, 27-29; Mt 16, 13-19)

Esquivando la persecución que se había organizado contra Él en Jerusalén, subía Jesús más y más arriba de Palestina y entró en los dominios de Filipo libre de sus enemigos. Acercose al límite de las posesiones de Israel, a la ciudad de Cesarea, hoy Banías, antiguamente Baalgad, Lais o Dan, que el tetrarca Filipo había restaurado con empeño y dedicado a Tiberio César, por lo que se le llamaba entonces Cesarea de Filipo, si bien el tiempo, que no reconoce señoríos, destruyó el nombre de César y de Filipo, haciendo que la ciudad quedase con el nombre de Paneas, hoy Banias, a causa de un templo dedicado al dios Pan, que le dio su nombre.

La ciudad era casi enteramente pagana, y grecorromana en sus edificios e instituciones. Y situada al pie del gran Hermón, en medio de un llano, en un país tanto más bello y pintoresco cuanto más cercano a las fuentes del Jordán, albergaba mucha gente entregada a las delicias de la vida y al rebullicio de las riquezas.

Jesús se acercó a Cesarea, pero no debió de entrar en la odiosa ciudad. Más bien se paseó por los pueblecitos de los alrededores, entreteniéndose con sus discípulos, y enseñándoles, sin duda, altas y elevadí-

VIII. TERCER AÑO. LA PIEDRA DE LA IGLESIA

simas doctrinas. Pocos hechos nos cuentan de este viaje los evangelistas, y ellos más bien pasados en familia que públicos. Pero en estos tiempos y sitios sucedió uno acaso de los más trascendentales e importantes para la humanidad entera. Porque allí se instituyó el fundamento inquebrantable de la Iglesia en Simón, hecho Piedra inconmovible por Jesucristo Nuestro Señor.

Caminaba un día Jesucristo apartado de las turbas, sólo con sus discípulos, y detúvose a orar en el camino. Y después de haber orado, se dirigió a sus apóstoles, y sin más les hizo esta comprometida pregunta.

«"¿Quién dicen los hombres que es el Hijo del hombre? ¿Quién dicen que soy yo?" Dijeron ellos: "Unos dicen que eres Juan Bautista, otros que Elías, otros que Jeremías; y otros que un Profeta de los primeros que ha resucitado".»

Ya vimos cómo en casa de Herodes se decían de Él todas estas cosas y parecidas.

«Entonces les dijo Jesús: "¿Y vosotros quién decís que soy?" Respondió Simón Pedro y dijo: "Tú eres el Cristo, el Hijo de Dios vivo". Le respondió Jesús y dijo: "Bienaventurado eres, Simón, hijo de Jonás, porque no es la carne ni la sangre quien te ha revelado eso, sino mi Padre, que está en el cielo. Y yo a mi vez te digo que tú eres Piedra (en castellano decimos Pedro), y sobre esa piedra edificaré mi Iglesia, y las puertas del infierno no prevalecerán contra ella. Y te daré a ti las llaves del Reino de los cielos. Y todo lo que atares en la tierra, será atado en el cielo, y todo lo que desatares en la tierra, será desatado en el cielo".»

Sublime momento de la historia de Jesucristo y de la Iglesia y de la humanidad entera, en el cual el Hijo de Dios vivo pone los cimientos inquebrantables de la Iglesia suya, de la reunión de los discípulos, de la sociedad de sus fieles, que en este día Jesús por primera vez llamó Iglesia, y que en adelante se llamará siempre así.

Ya desde el principio se podía notar la preferencia que el Maestro daba entre todos los discípulos a Simón. El pescador de Betsaida no desmerecía, en cuanto un hombre puede no desmerecer estas prerrogativas, que Jesús se fijase en él, ya que iba a escoger sus discípulos entre la clase humilde del pueblo. Simón no podía ser muy instruido; acaso habría asistido a las escuelas de Cafarnaún o de Betsaida, que ya en su tiempo estaban establecidas. No sólo sabría el arameo occidental, lengua vulgar de su país, sino también chapurrearía el griego pervertido que allí se usaba muy comúnmente con los extranjeros, y que le sería necesario para sus tratos de pescador. En sus epístolas no faltan dotes de estilo y de elegancia, y en su trato en vida del Maestro y después demostraba cualidades singulares de delicadeza y cultura.

Sobre todo llevaba un alma noble, enérgica, activa y práctica, avezada a la lucha del mar, y revestida en grado superior de las mismas cualidades de arrojo, energía, movimiento y vida que el mar enemigo, a quien en cuatro tablas tantas veces había desafiado y vencido.

Su energía no quitaba nada a su sensibilidad y cariño. Fue el discípulo más amante de Jesús, y el más decidido por su maestro. Le hemos ya conocido y le veremos más aún en adelante.

Desde la primera vez que le vio el Maestro cuando se lo presentó su hermano Andrés, fijando, como advierte el Evangelio, en él su mirada, le dijo: «Tú eres Simón, hijo de Jonás; pero tú serás llamado Piedra». Después, de tal manera apareció Pedro en primera fila delante de todos los discípulos, que cuando fueron elegidos los apóstoles, todos le pusieron siempre en primer lugar entre todos, porque sabían sin duda que era el primero de todos. Siempre, en efecto, contaba con él el Maestro antes que con ningún otro para los actos más íntimos y secretos de su vida.

En esta preciosa escena de la vida de Cristo aparece admirablemente diseñada, como al descuido, toda la propiedad de sus personajes. Primero pregunta el Maestro a todos acerca de lo que sobre su persona se dice por el mundo. Le responden todos sin distinción ninguna.

Luego pregunta más, pregunta la cuestión más trascendental de la humanidad y la confesión más importante de la fe cristiana. ¿Quién decís vosotros que soy yo? Y aunque pudieran haber respondido los demás apóstoles, sólo responde uno, el discípulo predilecto, el vehemente y resuelto Simón, quien adelantándose a los demás, que eran o más tímidos o menos entusiastas, y acaso alguno, Judas, incrédulo, lleno de sincero amor e iluminado por fe radiante, dice lo que todos podían haber dicho: Tú eres el Cristo, el Hijo de Dios vivo. Y lo dice del modo más marcado y enérgico, llenando su frase de artículos para que sea más honda su expresión: Tú eres *el* Cristo, *el* Hijo de el Dios *el* vivo.

Preciosa confesión, fundamento de nuestra fe y de nuestra felicidad.

Es lo que el Maestro delicadamente buscaba para realizar la idea, que desde el principio tenía, de nombrar a Pedro príncipe de la sociedad que Él quería fundar, para perpetuar el Evangelio y su redención. Entonces comenzaba, como ya estamos viendo, a arreciar la persecución de los fariseos que, conjurados con los saduceos y los herodianos, tramaban su perdición. En efecto, esta persecución había de terminar con la muerte de Jesús Nazareno. Pero Jesús Nazareno había de ser inmortal, y aun muerto, había de vivir en una sociedad o Iglesia que había venido a fundar, hasta la consumación de los siglos. Hora era de comenzar el edificio. Muchas piedras habían sido ya reunidas: los apóstoles, los discípulos, los que aquí y allá creían en las doctrinas de Jesús, Preciso era señalar los planos y tratar de los cimientos. Y eso hizo Jesús este día, lejos de Jerusalén, donde se le perseguía; fuera de Israel, donde se le preparaba la muerte, en la región casi enteramente idólatra y gentil, que venía Él a salvar por medio de sus fieles judíos.

Todo lo que pensaba fundar lo delineó y comprendió maravillosamente en estas tres frases con que respondió a Pedro.

Primero: «Tú eres Piedra, y sobre esta piedra edificaré mi Iglesia».

Pedro y no Piedra decimos en castellano, y de un modo parecido en griego y en latín. Pero Jesús, hablando arameo, dijo propiamente: «Tú eres *Cefa*», roca, piedra, y sobre ese Cefa, roca, piedra, edificaré mi Iglesia. Si bien los griegos y latinos, por parecerles mal poner a un varón un nombre femenino, en vez de Petra, llamaron a Simón *Petro*. Los franceses, sin embargo, conservan bien el parecido, pues llaman a Pedro *Pierre,* que también significa Piedra, como Cefas. Y es de notar que nunca se sabe ciertamente que este nombre de Cefas, antes de Simón, haya servido para designar personas.

Iglesia significa reunión, sociedad, y lo mismo que sinagoga, se aplica así a los socios, como al edificio en que ellos se reúnen, por el cual los socios son también considerados como un edificio moral. No quiso llamar Jesús sinagoga a la sociedad que Él iba a fundar, acaso para distinguirla de las sociedades judías, de las que se iba a apartar la suya. La llamó, y aquí por la primera vez, Iglesia, para darle un carácter más general y universal, distinto y opuesto a la sinagoga que iba a ser destruida. En adelante, y después de la muerte de Cristo, sus fieles se llamarían Iglesia de Cristo, Iglesia de Dios.

Y esta Iglesia, este edificio moral de los fieles de Cristo, será fundada sobre Simón hecho piedra, nombrado Pedro por Cristo, que lo podía hacer, comunicándole su virtud.

Segundo: «Y las puertas del infierno no prevalecerán contra ella».

Puertas en el lenguaje antiguo y oriental eran los poderes, los príncipes, los gobiernos. Aun hoy llamamos al poder, al gobierno, al imperio de Turquía «la sublime Puerta». Y acaso viene esta denominación porque las puertas de las ciudades eran el puesto oficial de los magistrados y príncipes.

Puertas del infierno son, por consiguiente, los poderes del infierno; y como infierno puede significar en este sitio o muerte o infierno propiamente, según eso, se debe entender que no prevalecerán contra la Iglesia los poderes de la muerte, o los príncipes del infierno, que son los demonios. Y de una y de otra manera, que la Iglesia será indestructible.

Tercero: «Y a ti te daré las llaves del Reino de los cielos. Y todo lo que ates en la tierra será atado en el cielo. Y todo lo que desates en la tierra será desatado en el cielo».

Llaves, según todo el mundo entiende y antiguamente se entendía más, son el poder general de regir y administrarlo todo en ausencia del dueño y en su nombre. Pedro, por tanto, es el mayordomo, el administrador, el vicario de Cristo en su Iglesia.

Atar y desatar significa el poder de imponer ataduras morales, leyes y preceptos y penas y castigos, o de quitarlos y absolverlos en todas las cosas.

¡Magnífica promesa! Cuando ella empiece a cumplirse, quedará la sinagoga desierta. En medio del mar, combatida de todos los mares, azotada por todos los huracanes, perseguida por todos los elementos, se alzará inmoble e inquebrantable Cefas, Pedro. Y sobre esa roca se alzará a los cielos espléndida, eterna, indestructible, cada día más majestuosa, más grande, más poderosa y más sublime, una sociedad, una Iglesia de Cristo.

Se hundirán en el mar todas las rocas, naufragarán todos los bajeles, se corroerán todas las costas, se hundirán todos los imperios, se anonadarán todos los reinos, y la Iglesia de Cristo perseverará. Se conjurarán contra ella todos los poderes infernales. Mas no prevalecerán.

132. EL MESÍAS PROFETIZA SU PASIÓN
(Lc 9, 21-27; Mc 8, 30-39; Mt 16, 20-28, 10, 38-39)

Obtenida esta declaración terminante de Pedro, es a primera vista extraño lo que después pasó. Porque Jesús les prohibió que dijesen que

VIII. TERCER AÑO. EL MESÍAS PROFETIZA SU PASIÓN

Él era Cristo. ¿A qué venía esta prohibición? Es que aún no estaba el terreno preparado: dada la expectación que había del Mesías, y los prejuicios de que Él sería un libertador político y religioso, esta idea hubiera suscitado entusiasmos y arrebatos que hubieran trastornado la predicación del Evangelio y los planes de Jesucristo. Además muchos corazones aún no estaban preparados para acoger bien esta idea. Era preciso irla desarrollando gradualmente y con prudencia, con la discreción y reserva con que Él procedía, revelándose poco a poco y muchas veces indirectamente. Por eso, si bien de sí mismo Él mismo lo decía, pero no quería que sus discípulos, imprudentes como eran, se metiesen a predicarle por Mesías, con afirmaciones que podían perturbar los planes de Jesucristo en su evangelio y revelación. Era demasiado imprudente y vivo el celo y entusiasmo de sus galileos.

Por eso, no con sencillez, sino con encarecimiento y energía les conminó y mandó que a nadie dijesen que Él era el Mesías.

Pero, puesta ya esta confesión y terminante declaración de Pedro, solemnísimamente confirmada por el mismo Jesús, de que Él era el Mesías, restaba ir explicando lo que había de ser el Mesías. Y para que no se figurasen los discípulos que por serlo iban a fundar un reino temporal y brillante, como el que se imaginaban muchos judíos, sino que fuesen ya adquiriendo poco a poco la idea exacta del Cristo, les hizo entonces una revelación, que de seguro no esperaban los apóstoles. Y aun indica San Lucas, que esto que iba a decirles era la razón por que les había prohibido el Señor decir que Él era el Mesías.

«Comenzó, pues, a decirles desde aquel día cómo Él tenía que ir a Jerusalén y padecer allí mucho, y ser condenado por los ancianos y sumos sacerdotes y escribas, y ser muerto, y resucitar al tercer día. Y lo decía claramente.»

Es notable esta última advertencia que es del evangelista San Marcos, quien advierte varias veces cómo los discípulos no acababan de entender muchas cosas que Jesús les decía con claridad y franqueza.

En efecto, esto no lo entendieron, al menos en parte. Lo de las tribulaciones sí lo entendieron, aunque no lo debieron de creer. Lo de la resurrección era más difícil de entender, sobre todo estando como estaban perturbados por lo que habían oído de la pasión, y por lo extraordinario e increíble de la profecía.

De todos modos, semejantes revelaciones a raíz, como quien dice, de la magnífica confesión de que Él era el Mesías, cogió a los apóstoles como un rayo. Todos callaban.

Pedro, sobre todo, debió de quedar completamente desorientado y abatido. Después de haber afirmado tan claramente su confesión acerca de Jesucristo, veía ahora que con estas ideas caían por tierra todas sus ilusiones y esperanzas del reino de Israel. Él había afirmado que Jesús era el Cristo, y ahora Jesús decía de sí mismo que tenía que padecer mucho, y que iba a ser condenado por las autoridades todas de Israel, y que tenía que morir... ¿Cómo compaginar tales cosas? Debió de parecerle muy mal a Pedro que el Maestro dijese cosas tan inverosímiles, y que se mostrase tan sumiso a ser de esta manera atropellado. Y recordando las alabanzas que el Maestro públicamente le acababa de tributar hacía pocos días, animado con la autoridad que creía tener con Él, le tomó aparte suavemente, se adelantó un poco y empezó a reñirle, diciendo:

«"Lejos de ti todo eso que dices, Señor. Eso no te sucederá". Volvió el Señor su rostro y, mirando a sus discípulos reprendió a Pedro, diciéndole: "Retírate de mí, Satanás; me escandalizas, porque no sabes las cosas de Dios, sino las que son de los hombres"...»

¡Qué diferencia y contraste entre esta represión y las alabanzas que le tributó poco antes cuando le hizo cabeza y fundamento de la Iglesia! Entonces le dio el nombre de Pedro, ahora le da el de Satanás. Entonces le llamó dichoso, ahora le llama escandaloso. Entonces le aseguró que hablaba inspirado, no de la carne y sangre, sino del Padre celestial, ahora le advierte que habla como quien no entiende las cosas de Dios, sino que juzga como un hombre inspirado en carne y sangre, movido por Satanás.

Y no porque Simón cometiese entonces una gran falta, sino que se dejaba llevar con debilidad, con amor humano, y acaso con ambición, de deseos que venían inspirados por Satanás, contrarios a los designios de Cristo. Y quería Jesús advertirle y corregirle para siempre para que no se metiese a contradecirle, ni a hacer observaciones humanas y carnales, en una materia que precisamente era de las más esenciales en la misión y vida del Cristo, y no sólo del Cristo, sino del toda su Iglesia.

Porque con este motivo, después de haber dicho esto a sus discípulos, quiso darles una de las principales lecciones de la doctrina del Evangelio acerca de las humillaciones y pasiones que ella y su Fundador habían de sufrir. Y ya no se contentó con hablar a sus discípulos y a Pedro; para esta lección llamó a toda la gente que allí estaba, y una vez que la tuvo reunida junto a sus discípulos, dijo a todos esta singular doctrina:

VIII. TERCER AÑO. EL MESÍAS PROFETIZA SU PASIÓN

«Si alguno quiere venir detrás de mí, niéguese a sí mismo, tome cada día su cruz y sígame. El que no toma su cruz y no me sigue no es digno de mí. Porque quien quiere salvar su vida la perderá; y quien pierde su vida por mí y el Evangelio la salvará. Porque, ¿qué le aprovecha al hombre ganar todo el mundo si daña a su alma? O ¿qué precio no dará el hombre por su alma?»

Divina, misteriosa e inesperada lección para Pedro, para los discípulos y para todos los que después de ellos se figurasen que siguiendo al Mesías habían de obtener triunfos, prosperidades y bienes temporales. Él, ya les había dicho, siendo Mesías, tenía que ir a Jerusalén a morir y ser crucificado y padecer mucho. Sus discípulos, los discípulos del Mesías que quisiesen seguirle en adelante, no debían esperar otra suerte que la de su Rey y Mesías; no bienes temporales y honores de brillantes y gloriosos reinos de este mundo, sino la cruz cotidiana de los trabajos que les tocase en la Iglesia, para sufrirla y seguir con ella a cuestas, como los condenados a ser crucificados, en pos de Cristo, que los precedería en esta pasión de todos.

Y «al que esto no haga no se le tenga por digno de mí».

Callaría Pedro confundido, callarían los discípulos asombrados, ni faltaría alguno que dudase de Jesús y se escandalizase de la cruz y pasiones que el Mesías a sí mismo se profetizaba... Lo cierto es que Jesús, conociendo a los que entonces y en los tiempos futuros se podían escandalizar y horrorizar de su cruz, añadió gravemente:

«Si alguno se avergüenza de mí y de mis palabras en esta generación adúltera y pecadora, se avergonzará de él el Hijo del hombre cuando venga lleno de su majestad y de la gloria del Padre con sus ángeles y dé a cada uno según sus obras». Es decir, en el día del último juicio.

Mas por si alguno, por lo que decía, dudaba si en verdad sería el Mesías el que de este modo se profetizaba a sí mismo muertes y humillaciones, añadió:

«En verdad os digo que hay algunos de los que están aquí que no gustarán la muerte hasta que vean el Reino de Dios que viene con poder, y al Hijo del hombre que viene en su Reino». Es decir, hasta que vean la Iglesia de Cristo llena de fortaleza, y en ella como en su reino al Hijo del hombre, Y acaso también quiso en esto aludir a su segunda venida a castigar al pueblo rebelde de Israel con la destrucción de Jerusalén.

La plática, en verdad, era desusada, pero enérgica y solemne: ¡ay de quien no tuviera fe en Jesús! Porque se necesitaba gran espíritu para creer en Él en esta ocasión, gran fortaleza y humildad para resignarse a seguir a aquel Rey nuevo y extraño, que no los atraía como otros reyes humanos con promesas de honras y prosperidades, sino que los brindaba con una cruz y con la abnegación de sí mismo; gran resolución para seguir como discípulo al que aseguraba con tanta fuerza que iba a morir reprobado por todas las autoridades sagradas y civiles de Israel, y, en fin, gran confianza para persuadirse de que podían en uno mismo unirse los caracteres de Mesías, de Cristo, de Rey, con los de crucificado, despreciado, reprobado.

Y acaso muchos quedarían escandalizados de Cristo, y por ellos dijo aquella terrible amenaza: «¡Ay del que se avergüence de mí y de mis palabras; yo me avergonzaré de él ante mi Padre!»

¿Qué diría Pedro? ¿Qué dirían los demás apóstoles? ¿Qué diría Judas?

Y ¿qué dirían los judíos que le oyeron? ¡Cuántos se avergonzarían y renunciarían a ser discípulos de semejante Mesías!

133. LA TRANSFIGURACIÓN
(Lc 9, 28-36; Mc 9, 11-7; Mt 17, 1-3)

Acaso el mismo Señor entendió que era preciso reanimar, al menos en sus principales discípulos, los ánimos abatidos, y así dispuso hacerlo.

Pasaron después de esta plática seis días, según San Mateo y San Marcos, que no contaron los medios días, y casi ocho, según San Lucas, que contó también los días incompletos.

Estaban, según tradición muy recibida, aunque también harto discutida, al pie del Tabor. Graciosa montaña, símbolo de la felicidad sobrenatural, del éxtasis beatífico, del transporte del amor de Dios, elévase al Sudoeste del lago de Tiberíades y a dos leguas de Nazaret, aislada, solitaria, alta como 600 metros y revestida de verdura que aparece mucho más agradable a la vista cristiana que entre ella busca los reflejos de la hermosura de Dios. Terebentinos y lentiscos, verdineras y encinas y grises olivos, adelfas y arrayanes, y entre la yerba, lirios y margaritas y amapolas y campanillas y romero y mejorana, perfuman y coloran la más bienaventurada de las montañas de la tierra. La imaginación cristiana, con una antítesis sublime, la coloca frente por frente de la montaña de la Cuarentena.

VIII. TERCER AÑO. LA TRANSFIGURACIÓN

No se sabe bien por dónde ni cómo, pero, recorriendo la distancia de veinte leguas, bajó Cristo Nuestro Señor allá desde Cesarea, y, llegado a su pie al caer de una tarde de agosto, halló buena la montaña para su oración nocturna, y, como lo había hecho, según creo, otras varias veces y lo hizo después en Getsemaní, tomó, dejando a los otros, a tres de sus discípulos, a Pedro, Juan y Santiago, se despidió de los otros para entregarse a la oración, y subió con ellos a la excelsa cumbre.

No es difícil la subida. En apacible noche de luna la subimos a pie nosotros en poco tiempo, que se nos hizo más corto por el dulce recuerdo de Jesús transfigurado, que rielaba más dulcemente en nuestro corazón que la luna por de fuera.

Los demás quedaron al pie del monte.

Llegados a la cima, pusiéronse a orar. Y Jesús, ciertamente, oraba. Pero los tres discípulos, cargados de sueño, se durmieron.

Oraba Jesús, y «mientras oraba se transfiguró delante de ellos y resplandeció su rostro como el sol, y sus vestidos se tornaron esplendorosos y extraordinariamente blancos como la nieve, cuales ningún batanero de la tierra puede, blanquearlos. En esto, aparecieron dos varones, Moisés y Elías, y conversaban con Jesús y hablaban de su salida de este mundo, que había de cumplir en Jerusalén.

»Despiertos ya los discípulos, vieron la majestad de Jesús y a los dos varones que con Él estaban».

¡Arrebatadora escena! ¿Qué diría ahora Pedro? He aquí que no ya en su figura ordinaria, sino en su transfiguración y lleno de gloria, de majestad, de poder y de bienaventuranza, su Maestro trataba con aquellos dos santísimos varones de lo mismo que a él le había escandalizado: ¡de su muerte y de la salida que había de tener de esta vida mortal en Jerusalén!, ¡Cómo le enseñaba el Maestro! ¡Cómo le confundía delicadamente! ¡Cómo le persuadía de que podía muy bien unir en su persona la majestad de Mesías y de Cristo, con la humillación de su muerte y postración postrera!

¡Oh, y quién supiera el diálogo sublime que con Jesús acerca de este misterio tendrían el gran Legislador y el noble Profeta! ¡Y los conceptos que en presencia de Jesús, visto antes proféticamente entre neblinas, y contemplado ya realmente entre resplandores, tendrían y dirían inspirados Elías y Moisés!

Los discípulos estaban anegados en aquel mar de estática dulzura. Jesús estaba transfigurado, y ellos, sin duda, transportados. Jesús y sus compañeros hablaban; los discípulos escuchaban y contemplaban.

Entonces no mostró Pedro el escándalo que había mostrado en Jerusalén, ni pensaba más que en la felicidad presente, en la que, sin duda, como decía San Pablo, con ocasión de un rapto que tuvo, gozaba de lo que ni ojo vio, ni oído oyó, ni entró en corazón humano.

Mas, ¡ay!, en este mundo todo pasa. Pasaba también aquella felicidad. Los dos varones daban muestras de despedirse y de apartarse de Jesús. Entonces Pedro dijo a Jesús:

«Maestro, lo mejor será que quedemos aquí. Si te parece, hagamos tres pabellones: uno para ti, otro para Moisés y otro para Elías.»

Dice San Marcos: «No sabía lo que se decía, porque estaban atónitos de terror». ¿Qué necesidad tenía Jesús, ni Moisés, ni Elías de pabellones? ¡Cuánto más lo hubieran necesitado ellos, de quienes estaba olvidado!

«Aún hablaba Pedro cuando una nube lúcida los cubrió. Y al entrar ellos en la nube, temieron los discípulos. Entonces salió de la nube una voz que dijo: "Éste es mi Hijo muy querido, en el cual me he complacido mucho. Oídle a Él". Y mientras la voz sonaba, quedó Jesús solo. Alzaron la vista al punto, y miraron a su alrededor, mas no vieron a nadie ya, sino sólo a Jesús a su lado.»

Todo había desaparecido, todo había vuelto a su estado ordinario.

Los discípulos, al oír la voz, se llenaron de temor y cayeron postrados en tierra. Entonces se acercó Jesús y, tocándoles, les dijo: «Levantaos y no temáis».

Pero ¡qué cosas tan admirables las que en el término de aquella noche vieron!

Jesús, el Verbo humanado, que por nosotros se dignó cubrirse de la forma de esclavo, y que bajo esta forma reprimía la fuerza natural de su gloria, que, a no ser por esto, se hubiera manifestado en su persona toda su vida, en esta noche quiso dar a su cuerpo la gloria y esplendor que naturalmente se le debía, una vez que estaba unido a la divinidad. Escogió para ello tres testigos, que, cuando éstos afirmaran lo que habían visto, nadie pusiese en duda su veracidad, y escogió precisamente los que habían de ser testigos de sus agonías en el Huerto, para que, recordando esta glorificación, no desfalleciesen al ver aquella postración.

De esta manera la vida y la gloria futura del Mesías estaba ya en pocos actos revelada.

El primer acto fue la revelación del Padre a Pedro: «Tú eres el Cristo, hijo de Dios vivo». Jesús era el Mesías.

El segundo fue la que a los ojos del mundo era antítesis de esta revelación: El Mesías tiene que padecer y morir y resucitar.

El tercero fue la transfiguración: preciosa síntesis de esta antítesis, de la gloria Mesiánica, con las humillaciones del Cristo, es decir, Jesús en un mismo punto lleno de gloria y majestad, y hablando de su pasión y muerte.

Postrados en tierra, con las frentes pegadas en el suelo, estaban los tres apóstoles aterrados. Se acercó Jesús; les tocó en el hombro; les dijo que no tuviesen miedo; les mandó levantarse; y quedaron en pie los cuatro solos. Moisés y Elías habían desaparecido. Aquellos inusitados resplandores del cielo se habían disipado. Nunca les pareció tan pobre la aurora como aquella mañana del 6 de agosto.

134. BAJADA DEL TABOR (Mc 9, 8-12; Mt 17, 9-13)

Bajaban por el monte a reunirse con los que abajo quedaran, y acaso descendían silenciosos, recordando lo que en tan breve espacio habían visto, cuando Jesús, interrumpiendo el silencio, les dijo:

«"No digáis a nadie esta visión, hasta que el Hijo del hombre resucite de los muertos". Y ellos callaron en aquellos días y a nadie dijeron nada de esto que habían visto, cavilando entre sí qué sería aquello de cuando resucite de entre los muertos.»

Era cosa muy inusitada esta de resucitar de entre los muertos, y no se convencían, sin duda, de que tuviese el sentido obvio que hoy tiene esta frase. ¿Qué querría decir Jesús con esto?...

Luego, muchos años después, dijeron lo que habían visto, pues lo refieren los tres evangelistas: San Mateo, San Marcos y San Lucas; alude, sin duda, a esta visión San Juan en muchos sitios de sus escritos; y sobre todo San Pedro la recuerda en su carta, segunda: «Os hemos enseñado la virtud de Nuestro Señor Jesucristo y su presencia, no ya siguiendo ingeniosas fábulas, sino porque nos hicieron testigos oculares de su grandeza. Porque una vez que recibió de Dios Padre honor y gloria, por una voz que de la magnífica gloria bajó a Él diciendo: *Éste es mi Hijo querido, en el cual tengo mi agrado, oídle,* nosotros oímos esta voz traída del cielo, estando con Él en el monte santo».

Dicha verdaderamente singular, y testimonio grandioso.

Y sin embargo, el mismo San Pedro, para que estimemos en lo que valen las Sagradas Escrituras, añade a renglón seguido: «Y así tenemos más confirmado lo que dice la Escritura, a la cual hacéis muy bien en atender como a una lámpara que luce en el paso tenebroso hasta que brille el día y nazca el lucero en vuestros corazones».

¡Oh, nazca, nazca el día de la transfiguración para nosotros, pero para no desaparecer jamás! Llegue la revelación de la gloria en que veamos a Jesús más resplandeciente que ,el sol y más blanco que la nieve, y a su lado a Moisés y Elías y todos los Profetas y los Santos, y nosotros en medio de ellos resplandecientes de claridad, y hablando del amor de Jesús, y diciendo lo de San Pedro: «¡Qué bien estamos aquí!»

Pero esto para no despertar jamás de la bienaventuranza eterna.

Roto ya el silencio, los apóstoles, que iban compaginando lo que habían visto y, naturalmente, proponiendo a Jesús muchas dificultades, le preguntaron acerca de Elías y le dijeron:

«"¿Cómo dicen los fariseos y escribas que Elías tiene que venir primero?" Respondió Jesús y les dijo: "Elías, cierto, vendrá, y cuando venga, restablecerá todas las cosas; y vendrá también, como está escrito del Hijo del hombre, para padecer mucho y ser despreciado. Aunque también os digo que Elías ya ha venido; pero no le han conocido, sino que le han hecho cuanto han querido, como está de él escrito. Así también ha de padecer de ellos el Hijo del hombre". Entonces entendieron los discípulos que les estaba hablando de Juan Bautista.»

Como Cristo había dicho que tendría que morir, y, según la profecía de Malaquías, se sabía que antes de Cristo había de venir Elías, con ocasión de haber visto a este profeta al lado del Señor en el monte, le preguntaron el modo de conciliar estas cosas, pues veían que Elías había venido, pero después de Cristo, y que de nuevo había desaparecidos sin hacer nada.

Responde Jesús que sí, que Elías vendrá antes que el Mesías, pero en la segunda venida de éste, cuando restablecerá todas las cosas, antes del juicio universal. Así lo había dicho Malaquías: «Yo os enviaré al profeta Elías antes del día grande y horrible del Señor».

Y luego, como Elías era figura de Juan, añade el Señor: Aunque bien puede decirse que ha venido ya Elías, es decir, Juan Bautista por él representado, y en él han hecho lo que han querido, como está escrito que hicieron con Elías.

135. EL ENDEMONIADO MUDO AL PIE DEL TABOR
(Lc 9, 37-44; Mc 9, 13-28; Mt 17, 14-20)

Entretanto, al pie del monte de la gloria sucedía una escena bien distinta, llena de horror y de tristeza.

¿Os ha ocurrido alguna vez subir de mañana a algún monte cuando la niebla domina aún en el valle? Es un espectáculo asombroso. El que está en la cumbre, si mira arriba, contempla en un cielo sereno un sol espléndido y sin velo, que luce, calienta y alegra el corazón.

Mas ¡ay de los que están al pie del monte en el valle! Sobre sus cabezas se tiende pegajosa, triste, oscura niebla. No reciben ni la punta de un rayo de sol, no conciben la serenidad que reina en el cielo un poco más arriba de esa nube. Ni siquiera conocen el camino para subir a la cumbre.

También en aquel día arriba había reinado la serenidad, la gloria, la alegría y bienaventuranza, mientras abajo dominaba el terror, la turbación, la angustia.

¿Qué encontraron el Maestro y los tres apóstoles cuando del monte bajaron?

Rodeados de inmensa turba, estaban sus pobres discípulos apurados en extremo disputando con los escribas, que habiéndolos cogido separados del poderoso Maestro, los acosaban en grande. Se presentó entonces Jesús. Todo el pueblo, al verle, quedó estupefacto, llenose de pavor, y corrió a saludarle. ¿Vio acaso en su faz divina algún vestigio de los fulgores de la transfiguración?... Aunque Jesús, sin eso, infundía respeto y reverencia a cuantos le miraban. Y entonces había razón para extremar estos afectos.

Advirtiendo Jesús que allí se trataba y debatía acerca de alguna dificultad, preguntó: «¿De qué estáis altercando?»

«Entonces de entre la turba salió un hombre hacia él y postrado en tierra de rodillas, le dijo: "Te suplico, Señor, que tengas compasión de un hijo mío, porque es el único que tengo, porque está lunático, porque está poseso de un demonio mudo y padece mucho mal. Donde le coge el mal espíritu, le hace gritar, le tira contra el suelo, le agita con espuma, le hace rechinar los dientes, le deja seco y difícilmente se aparta de él, desgarrándole. Le he traído a tus discípulos, para que arrojen al espíritu; mas no han podido curarle."»

Y esto es lo que pasaba: que como los discípulos, a pesar de sus esfuerzos, no habían podido librar al endemoniado, los escribas y fariseos los acosaban y burlaban, zahiriendo, es natural, y despreciando al mismo tiempo a su Maestro y sus doctrinas.

Entonces Jesús paseó su mirada indignado por los que, mientras el padre hablaba, callaban y acaso se sonreían ocultamente de su triunfo, y, mirándolos, les dijo:

«"¡Oh generación incrédula y perversa!, ¿hasta cuándo tendré que estar con vosotros? ¿Hasta cuándo os he de sufrir?... Tráeme acá a tu hijo". Lo trajeron al punto. Mas en cuanto se acercó y le vio, le revolvió todo el mal espíritu y le tiró contra el suelo y le retorcía. Y él se revolcaba echando espuma.»

Estaba Jesús con suma serenidad ante aquel espectáculo y daba tiempo para que se enterasen todos del caso y se viese mejor el milagro y su poder.

«Preguntó al padre: "¿Cuánto hace que pasa esto?" "Desde la infancia –respondió el padre–. Y muchas veces le ha echado al fuego y al agua para perderle. Así que, si puedes algo, ayúdanos, compadecido de nosotros".»

Parece que este padre dudaba algo del poder de Jesús, pues decía: si puedes algo. ¡Como sus discípulos no habían podido nada!...

«Le dijo Jesús: "Si puedes creer, todo es posible al que cree". Al punto, dando una voz el padre del niño, arrasado en lágrimas, decía: "Creo, Señor, ayuda tú mi incredulidad". Y echando Jesús una mirada a la turba que se agolpaba conminó al inmundo espíritu y le reprendió, diciéndole: Espíritu sordo y mudo, yo te lo mando, sal de este hombre y no entres más en él. Y dando gritos y desgarrándole atrozmente, salió de él el demonio, dejándole como muerto; tanto, que muchos decían: Ha muerto. Mas Jesús tomole su mano y lo levantó. Se puso el niño en pie, y quedó sano desde entonces, y el Señor se lo devolvió a su padre.»

Debió de ser un espectáculo tremendo. «Todos, dice San Lucas, estaban estupefactos de la grandeza de Dios». Los escribas quedaron confundidos, la plebe reanimada, la gloria de Cristo restablecida. Los discípulos, alegres, por una parte, de haber salido de sus apuros, cavilaban, por otra, cómo ellos, que en otras ocasiones habían arrojado a otros demonios, en aquélla no pudieron arrojarlo.

«Y cuando volvieron a su casa se le acercaron y le preguntaron en secreto: "¿Por qué no hemos podido nosotros arrojar a este demonio?" Y respondió el Señor: "Por vuestra incredulidad".»

Acaso por lo que en aquel tiempo les había dicho de su pasión, se había su fe entibiado; acaso por verse apurados de los escribas y fariseos, tenían más respeto humano y vacilación; acaso, en fin, el demonio hacía más ostento de poder y ellos estaban algo acobardados. Y para recomendarles más la fe sincera, añadió:

«Yo os lo aseguro, si tenéis fe sincera, aunque no sea más que como un grano de mostaza, diréis a este monte (y señalaría al Tabor): pasa de aquí allá, y nada os será imposible. Además este género de demonios no se arroja sino con oración y ayuno.»

136. DE NUEVO VATICINA SU PASIÓN
(Lc 9, 44-45; Mc 9, 29-34 Mt 17, 21-22)

«Y salieron de aquel sitio y atravesaban Galilea y procuraba que nadie le viese.»

Dejaba en pos de sí, como nota San Lucas, a todo el mundo admirado de lo que hacía. Mas Él, sin olvidar su idea, aprovechaba la ocasión de nuevo para inculcar a sus discípulos lo que en todo este período estaba inculcándoles. Y para que a un mismo tiempo viesen su poder, y recibiesen su profecía, y se preparasen para cuando llegase el tiempo de la persecución y de la prueba, vaticinó de nuevo su pasión y dijo a sus discípulos:

«"Vosotros grabad en vuestros corazones esto que digo: El Hijo del hombre será entregado en manos de los hombres, y le matarán, y al tercer día resucitará". Pero ellos no acababan de entender estas palabras, cuyo sentido les estaba velado para que no lo comprendieran. Y temían preguntarle acerca de esto, pero se entristecieron profundamente.»

Sea por la dificultad natural de compaginar la dignidad y el triunfo del Mesías con su muerte y su derrota, sea por no querer persuadirse de lo que les daba pena, sea por disposición divina, que dejaba que no entendiesen todo esto hasta que sucediese, ello es que los discípulos no acababan de darse cuenta de lo que aquello podría significar, y de cómo había de suceder. Pero veían que el Maestro insistía en ello tanto y tantas veces y tan decididamente, que les daba tristeza. Temían preguntar lo que temían averiguar. Y contentándose con lo que ya les había significado bastante, sin querer saber más, callaban, pero su corazón estaba oprimido, presintiendo tristísimos acontecimientos.

Y así, con este triste silencio, siguieron caminando y llegaron a Cafarnaún.

137. ÚLTIMA VISITA A CAFARNAÚN. JESÚS PAGA TRIBUTO
   (Mt 17, 23-26)

Después de haber recorrido vagando y casi de incógnito por tantos sitios como hemos visto, fuera y dentro de Galilea, cuando ya la memoria de Jesús y su prestigio debían de estar debilitados en Cafarnaún, volvió el Maestro a esta *su ciudad,* para pisar por última vez aquel suelo, testigo de tantas maravillas y teatro de tan admirable predicación y doctrina como allí Jesús había predicado.

Era costumbre y como ley entre los judíos que cada israelita mayor de veinte años pagase para el sostenimiento del culto un censo anual de medio siclo, o de dos dracmas o un didracma, que todo es lo mismo. Y aunque no se puede afirmar nada de esto de cierto, se cobraban los *didracmas* al fin del año judío en el mes de Adar, equivalente a nuestro febrero, poco antes del mes Nisán, en que se celebraba la Pascua y que era el primer mes del año israelítico.

A los morosos se les recordaba su deuda de cuando en cuando, y principalmente se los buscaba al aproximarse las grandes fiestas.

Estaban exentos de este tributo los sacerdotes, y es muy probable que también los levitas y los maestros o rabinos.

No sabemos si Jesús lo había pagado otras veces; acaso, con la fama que tenía de maestro, y su gran popularidad, no se lo exigieron en otras ocasiones. Este año, como había estado tanto tiempo ausente, ni siquiera había tenido ocasión de pagarlo. Mas en cuanto vino a Cafarnaún le echaron el ojo los cobradores de los didracmas. Y sea que lo hubiese pagado otras veces, sea que, como le vieron esta vez con menos aparato, dudasen si estaba o no exento, sea que los cobradores fuesen nuevos y no estuviesen enterados de lo que otros años había hecho, se acercaron con delicadeza, no a Jesús, que no se atrevieron, sino al que veían que era el más autorizado de los apóstoles, llamándole tal vez aparte. Lo cuenta San Mateo, que, como había sido él también cobrador, aunque del Estado, se fijó en este hecho que los demás evangelistas omitieron.

«Y al entrar a Cafarnaún se acercaron a Pedro los cobradores del didracma, y le dijeron: "¿Y vuestro maestro no paga el didracma?" Respondió él: "Sí. por cierto". Pero cuando entró en casa, antes que él hablase, le dijo Jesús: "¿Qué te parece, Simón?; los reyes de la tierra, ¿de quiénes reciben tributo o censo?, ¿de sus hijos?, ¿de los extraños?" Y dijo Pedro: "De los extraños". "Luego los hijos están exentos, dijo Jesús".»

Parece que quiso corregirle de lo que con tanta precipitación había concedido; que su Maestro pagaba tributo; y darle a entender que Él no estaba sujeto a pagar aquel censo. Pero luego añadió:
«Mas, para que no los escandalicemos, vete al mar, echa el anzuelo, y toma el primer pez que cojas: ábrele la boca, y encontrarás en ella un estater; lo tomas y pagas por mí y por ti.»

Un estater valía dos didracmas, y servía para pagar por dos. Y es notable que el Señor quisiese pagar por sí y por su vicario, dando así a entender que eran una misma cosa los dos, en cierta manera, y que, si pagaban, era por no escandalizar y por evitar cuestiones, pero que no estaban obligados a pagar nada. Y a fin de conciliar esta cesión de derechos con su dignidad y majestad, aunque no le hubiera sido muy difícil hallar la pequeña cantidad de tres pesetas, que era lo que próximamente valía un siclo, un estater o dos didracmas, quiso dar a entender que pagaba porque quería, pues Él era el dueño de toda la creación, de todos los estateres y siclos y didracmas, pues los tenía a su disposición, aunque no fuese más que en la boca de sus peces.

138. ENVIDIA DE LOS APÓSTOLES
(Lc 9, 46; Mc 9, 32-33; Mt 18, 1)

Por el camino, los apóstoles, un poco separados, si duda, de Cristo, entablaron entre sí una bien poco edificante disputa, que todavía en adelante habían de suscitar mil veces.

Reñían acerca de quién era de todos ellos el principal y el mayor.

Habían visto la preferencia dada por Jesús, pública y solemnemente, a Simón. Y de esto no debía de caberles duda. Tal vez, sin embargo, suponían que aun a Pedro se podrían adelantar, y ya veremos cómo en una ocasión la madre de los Zebedeos pide para sus dos hijos el primero y segundo sitios en el reino de Cristo. Pero, en fin, si es que se resignaban a esta preeminencia de Simón, pero ninguno se resignaba a quedarse de los últimos. Y como hacía poco habían observado que Jesús, para ir al Tabor, a lo que ellos no sabían, había escogido a Santiago, y a Juan juntamente con Pedro, acaso les entraron celos y envidias, propios de los corazones humanos. Y a espaldas de Cristo, sin recordar que éste lo oía todo, por secreto que se hablase, pusiéronse ruinmente a disputar acerca de quién de ellos valía más.

Entrados en casa, tomó de aquí motivos el Salvador para darles muchas y muy hermosas lecciones.

139. UNA CONVERSACIÓN DEL MAESTRO. EL NIÑO. LA HUMILDAD. LOS QUE OBRAN EN NOMBRE DE CRISTO. EL ESCÁNDALO
(Lc 9, 47-50; Mc 9, 34-49; Mt 18, 1-14)

Debía de estar en una casa de mucha confianza, donde, por lo que después se verá, había, por lo menos, algún niño, y seguramente que estaban reunidos los discípulos y los de la casa con el Maestro en íntima confianza y seguridad de familia.

Conque viéndolos reunidos, Jesús, que conocía el interior de sus corazones, les preguntaba:

«¿Qué veníais tratando en el camino?»

Callaban ellos llenos de rubor, y no se atrevían a decírselo.

«Entonces Jesús se sentó y reunió a los doce, y les dijo:

"Si alguno quiere ser el primero, que sea el último de todos y que sirva a todos". Y llamó a un niño (sin duda, algún niño de la casa, que algunos dicen que fue San Ignacio Mártir y otros que San Marcial) y le tomó y le puso en medio de todos junto a sí. Y tomándole en sus brazos, les dijo: –"En verdad os digo que si no os convertís y os hacéis como niños, no entraréis en el Reino de los cielos"». Como diciendo: ni mayores ni menores, ni primeros ni últimos, mientras no os hagáis humildes, mansos, inocentes, resignados como niños, ni siquiera entraréis en el Reino de los cielos. Y prosiguió diciendo: «Quien se humillare como este niño, ése será el mayor en el Reino de los cielos. Y el que reciba a un niño como éste en mi nombre, es como si me recibiese a mí, y el que me recibe a mí, no solamente me recibe a mí, sino que recibe al que me envió».

Hermosa gradación. Después de procurar que sus discípulos sean como niños por la humildad y mansedumbre, para que, a pesar de ello, no sean despreciados, añade: y mirad que el que reciba a los tales niños, sea al que lo es por la edad como éste, sea a los que lo son por la virtud como vosotros, si los recibe en mi nombre, es decir, por mi respeto y gracia, merecerá de mí como si me recibiese a mí mismo, de la misma manera que quien me recibe a mí merece del Padre lo mismo que si le recibiese a Él mismo, en cuyo nombre yo he venido.

VIII. TERCER AÑO. UNA CONVERSACIÓN DEL MAESTRO

Y tomando pie de aquí comenzó con sus discípulos una conversación en la que tocó varios puntos, acaso sin perfecta conexión entre sí, sino como sucede en las conversaciones familiares, según se presentan las ideas y según las interrupciones llevan a una u otra parte las palabras. Los evangelistas nos han conservado los principales conceptos, algunos de los cuales ya en otras ocasiones, más o menos solemnemente, Jesucristo los había pronunciado, o los había de pronunciar después.

Volviendo, pues, al tema principal, decía:

«El que recibe a un niño como éste en mi nombre, es como si me recibiese a mí. Porque el que es el menor entre vosotros (por su humildad) ése es el mayor. Interrumpiéndole entonces Juan, le dijo: "Pues, Maestro, en tu nombre hemos visto a uno que no anda con nosotros, que andaba echando los demonios, y se lo hemos prohibido, porque no es de nuestra compañía". Y les dijo Jesús: "No se lo prohibáis. Porque no hay nadie que haga milagros en mi nombre y pueda pronto hablar mal de mí. El que no está contra vosotros está por vosotros"». No cabe duda de que aquel que en nombre de Cristo procuraba echar a los demonios, alguna fe tenía en Cristo, si no era discípulo en lo exterior y reconocido, pero interiormente debía de serlo, y confiar en la virtud de Cristo. Y aunque en otra ocasión el Maestro había de decir otra sentencia que parece contraria a ésta, «el que no está conmigo está contra mí», pero en realidad las dos son una misma. Porque éste de quien habla San Juan, aunque no estaba públicamente afiliado al colegio de Cristo, sea por lo que sea, pero en realidad estaba por Cristo, y aun lo daba a entender así en su conducta. Y acaso Dios le favorecería con milagros, pues, aunque de la interrupción de San Juan no se deduce si en realidad echaba o no echaba los demonios, sino que procuraba echarlos, mas el Señor da a entender que realmente los echaba, cuando dijo aludiendo a éste: Nadie hace milagros en mi nombre y se pone de pronto a hablar contra mí.

Y confirmando entonces lo grande que es hacer cualquier caridad en nombre y por gracia de Cristo, sobre todo a sus enviados, añadió:

«Si alguno os da un vaso de agua en mi nombre y porque sois de Cristo, yo os lo digo, no perderá su recompensa.»

Tenía el amable Maestro al niño en sus brazos y, en medio de la conversación, tornó a él su cariñosa mirada. Y penetrando por aquellas pupilas purísimas en lo interior de aquel espíritu infantil, inocente, puro, cándido y exento de toda malicia, ¡ay!, sus ojos previsores de lo futuro vieron los peligros a que aquella criatura iba a exponerse, por culpa principalmente de los adultos, que sin guardar el debido respeto a la infancia la empujan por el mal inconsideradamente con escándalos. Y lleno de indignación contra los que así destruyesen la inocencia de sus amados, prosiguió su conversación, diciendo:

«Al que escandalice a uno de estos pequeños que creen en mí, le sería mejor que le atasen al cuello la rueda de molino que mueve el asno y le hundiesen en lo profundo del mar. ¡Ay del mundo por sus escándalos! Porque sin duda que no se podrán evitar los escándalos. Pero ¡ay de aquel por quien venga el escándalo! Si te escandaliza tu mano, córtatela; mejor te será entrar en la vida manco que irte con las dos manos a la gehenna (al infierno), al fuego inextinguible. Y si te escandaliza tu pie, córtatelo; porque mejor te será entrar cojo en la vida que irte con los dos pies a la gehenna del fuego inextinguible. Y si tu ojo te escandaliza, arráncatelo; mejor te será entrar tuerto en el reino de Dios que ser enviado con los dos ojos a la gehenna de fuego, donde el gusano (del remordimiento) de los que allí están no muere, ni se extingue el fuego. Porque todos serán salados con fuego, como toda víctima es rociada con sal.»

Gehenna era el nombre con que en el Nuevo Testamento designaban los apóstoles y escritores santos el infierno. *Ge Hinnom,* el «Valle de Hinnom», de donde hemos formado Gehenna, era un valle o depresión al Sudoeste de Jerusalén... En él, según nos refiere el libro de los Reyes, los judíos idólatras ofrecieron los sacrificios a Moloch, quemando en su honor niños vivos. Cuando el piadoso rey Josías quiso poner término a estas abominaciones, para hacer el sitio odioso y abominable para siempre, mandó hacinar en él cadáveres de animales y todo género de inmundicias, y darles fuego. Por todo lo cual se le llamó en adelante Gehenna de fuego, y llegó a ser imagen del destino de todo lo abominable y condenado a fuego perpetuo; y sobre todo en el Nuevo Testamento prestó su nombre al infierno, en que serán hacinados todos los inmundos y malhechores para ser atormentados.

Para entender la última sentencia del Salvador, que es para nosotros harto oscura, hay que recordar que todas las víctimas, antes de ser ofrecidas, eran rociadas de sal, símbolo de incorrupción y de sazón. Y dice el Salvador que así como las víctimas que se ofrecen a Dios, así todos los que están ante sus ojos tienen que ser salados de una o de otra manera y purificados con uno u otro fuego. Y ¡ay de aquellos que aquí no se hayan salado con la sal de la virtud y purificado con el fuego de mortificación de las concupiscencias!, porque serán salados y castigados con el fuego inextinguible. Este parece ser el sentido de Nuestro Señor en estas palabras. Y es de notar que todas ellas serían claras en la conversación a sus discípulos, pues por el tono, por la mayor explicación que daría a sus palabras, por el diálogo que tal vez sostendría con sus discípulos y por otras circunstancias, se haría claro lo que a nosotros, contado sucintamente y sin la conexión que en la conversación tendría, nos resulta oscuro.

Y prosiguió el Maestro de este modo:

«Buena es la sal; pero si la sal se desvirtúa, ¿con qué la sazonaréis? Conservad la sal entre vosotros y guardad paz entre vosotros». Que era advertirles que si hubiesen tenido la sal de la virtud, hubieran conservado entre sí la paz, sin aquellas reyertas ambiciosas que habían tenido acerca de preferencias humanas.

Seguía la conversación y decía Jesús volviendo a su pequeñuelo, que seguía con él jugando cariñoso:

«Mirad que no despreciéis a ninguno de estos pequeños; porque os digo que sus ángeles en el cielo están siempre viendo la cara de mi Padre que en el cielo está. Y el Hijo del hombre ha venido a salvar lo que había perdido. ¿Qué os parece? Si uno tiene cien ovejas y una de ellas se extravía, ¿no deja las noventa y nueve en los montes y sale en busca de la que se le extravió? Y si la encuentra, yo os aseguro que se goza más con ella que con las noventa y nueve que no se le perdieron. Esta misma es la voluntad de vuestro Padre que está en los cielos: que no perezca ni uno de estos pequeños.»

¡Oh bondad de Nuestro Señor! ¡Oh bondad del Padre! ¡Oh bondad del Hijo! ¡Oh excelencia de las almas, aunque sea las de pequeñuelos despreciables a los ojos humanos! El hombre más pequeño y despreciable por su humildad, tiene un ángel que le guarda, un ángel que está en la presencia de Dios, y puede a Dios omnipotente quejarse del mal que a aquel a quien guarda hacen los que le escandalizan, y aun obtener castigos y venganzas celestiales para el escandaloso. El hombre más humilde merece las atenciones del Padre celestial, y del Hijo divino, el cual, viendo que nuestras almas perecían, bajó a nuestra miserable tierra y nos buscó, y cuando nos halla, siente más gozo por cada uno de los que encuentra que por noventa y nueve que están seguros. Ya lo repetirá otras veces el Salvador, y ya endremos ocasión de entender esta preciosa doctrina tan halagüeña para nosotros, pobres ovejas descarriadas y pecadores extraviados. Gran consuelo saber, si somos humildes, que «la voluntad de nuestro Padre que está en los cielos es que no perezca ni uno solo de sus pequeñuelos».

Tal fue la conversación que Jesús tuvo en aquella casa con sus discipulos en el seno de la confianza. El tema principal fue la humildad, de que tan ajenos se habían mostrado los apóstoles en el camino de sus disputas. Alrededor de este tema el Maestro toca otras varias materias, según ellas van saliendo. Y es dulce ver al gran Mesías abrazando a un tierno niño y deduciendo de aquel pimpollo de santo el suave perfume de la humildad y la más sublime esencia de la virtud. Sea o no sea verdad esta tradición, yo me complazco en creer que fue Ignacio el niño que entonces tuvo la dicha de estar reclinado en el brazo de Jesús, mientras, sin entenderlo él todavía, enseñaba el Maestro tan dulces doctrinas. No es extraño que aquel niño, varón ya y maduro cristiano, desease entrarse por la boca de los leones para volver a gozar de aquel abrazo de su infancia que tan dulce recuerdo debió de dejar en su corazón.

140. NO QUIERE IR A JERUSALÉN CON SUS PARIENTES
  (Jn 7, 2-9)

Se acercaba por entonces una de las más pintorescas fiestas de Jerusalén: la Escenopegia. Al otoño, cuando ya las tareas del campo pueden darse por terminadas, cuando ya las mieses están en los graneros y el mosto en el lagar, los israelitas se encaminaban a Jerusalén. Y recordando el tiempo en que al caminar a la tierra prometida vivían en el campo bajo tiendas enramadas y campestres, aprovechando el ya inútil ramaje de los árboles despojados de su fruto, recreándose en la apacible temperatura que el otoño regala a la tierra y, en fin, dando a la fiesta el carácter agrícola que le convenía, en vez de meterse en las casas o de armar tiendas de lona, los israelitas todos formaban en las calles tiendas de ramaje, y moraban en ellas durante toda una semana o más días.

Era la fiesta de las mieses: era la acción de gracias por haberles regalado Dios aquella tierra abundante en leche y miel.

Las fiestas eran tan solemnes casi como las de Pascua, y más alegres y festivas. El 10 del mes de Thischri, cinco días antes de las solemnidades, se celebraba la Expiación, día de ayuno, día de sacrificios, y de uno sobre todo bien singular y significativo. El gran sacerdote agarraba dos machos cabríos: el uno era sacrificado; tomando

VIII. TERCER AÑO. NO QUIERE IR A JERUSALÉN

luego al otro, el sacerdote, puestas las manos sobre su propia cabeza, con solenmes fórmulas confesaba los pecados del pueblo de Israel, y luego, pasando las manos de su cabeza a la del cabrón, ponía en este todas sus iniquidades. Agarrado entonces el sucio animal por un ministro, era llevado al desierto hasta un precipicio que distaba 18 kilómetros, por el cual el cabrón era precipitado. Por señales, que se transmitían por banderas de trecho en trecho puestas en el camino, llegaba pronto la noticia a Jerusalén. Entonces se arriaba la bandera roja que se había puesto a la puerta del templo y se izaba la blanca, señal a todo el pueblo de que Dios perdonaba sus pecados, y de que éstos, una vez perdonados, no habían de volver, como no volvería el cabrón que ritualmente se los había llevado consigo y despedazado con su propio cuerpo al caer precipitado.

A los cinco días de la Expiación comenzaba la Escenopegia, como si dijéramos la *plantatiendas,* mientras en el templo se multiplicaban los holocaustos. Por la mañana se vertía en el altar agua de Siloé en memoria de la que Moisés hizo brotar de la peña. Por la tarde se iluminaba en grande el atrio del templo en recuerdo de la luminosa nube que Yahvé encendió en el desierto.

Acercándose, pues, la fiesta, íbanse ya formando las caravanas y los grupos. A los hermanos de Jesús, es decir, a sus primos y parientes, les debió de parecer pintada aquella ocasión para ir en compañía de Jesús, y acabar de saber en Jerusalén, ciudad autorizada y la más a propósito para resolverlo en definitiva, qué era lo que de aquel Maestro y de aquella doctrina nueva debía creerse. Así, pues, al ir formando su grupo o caravana, pensaron en su primo, y visitándole en Cafarnaún, le dijeron:

«Pasa de aquí a Judea, para que tus discípulos conozcan las obras que tú haces. Porque nadie hace una cosa a ocultas, cuando quiere ser considerado en público: si es verdad que haces todo eso, manifiéstate al mundo.»

«Es, lo nota el evangelista San Juan, que sus hermanos no creían en Él.»

Acaso medio creían, pero no del todo, ni mucho menos, como se ve por lo que hemos dicho. Y ya en otras ocasiones habían dado muestras de su incredulidad, cuando le quisieron hacer pasar por loco. Y si bien después habían visto y oído muchos prodigios, todavía su orgullo y su desdén hacia su pariente, que veían levantarse a una grandeza inconcebible y nunca por ellos soñada, les hacía desconfiar de Él.

Sus razones no dejan de ser humanamente prudentes. Si no haces milagros aquí, no esperes, ni aspires a que se te tenga por el Mesías. Tus discípulos, que tienes en Judea y Jerusalén, no creerán en milagros que haces donde ellos no los ven. Las autoridades religiosas de nuestro pueblo no te confirmarán la misión que te atribuyes. Y con razón, porque haces tus obras lejos de ellos.

No había de guiarse Jesús por consideraciones humanas, ni estaba bien que aceptase la compañía de sus parientes, y se presentase con ellos en Jerusalén. En toda la vida de Jesús se nota constante y decidido empeño de aislarse de toda fuerza humana, de toda influencia distinta de la suya; de modo que mientras Él vivió, se hizo todo lo que quería se hiciese, apartó de sí todo apoyo humano, porque ni tenía Él necesidad, ni quería se creyese que su triunfo y sus victorias se debían a fuerzas humanas. Y por eso dijo a sus parientes que no pensaba ir con ellos: «No ha venido aún mi ocasión: la vuestra está siempre a punto. El mundo no puede aborreceros: pero a mí me aborrece porque yo doy testimonio acerca de él, de que sus obras son malas. Subid vosotros a esta fiesta; yo no subo a esta fiesta porque no se ha cumplido aún mi ocasión».

Así dijo Jesús y se quedó en Galilea. Mas después también, como veremos, subió a la fiesta de la Escenopegia. Y es claro que desde luego vacila el ánimo pensando qué género de ficción o engaño o cambio de parecer hubo en Jesucristo, para que dijese una cosa e hiciese otra de lo que había dicho. Pero si se miden las palabras de Jesucristo, se advertirá que bien pudo decir lo que dijo, aunque su intención fuese subir luego, más tarde, después de comenzada la fiesta, como subió en efecto. Su sentido era: yo no tengo intención de asistir a esa fiesta desde el principio. Así que, subid vosotros sin mí, y no me aguardéis. No es ésta la ocasión buena para mí, que no quiero ir a la fiesta ni entrar con el aparato con que vosotros pensáis entrar, y mucho más si lográis que yo vaya con vosotros.

En efecto, esto es lo que Jesús quería. Entrar disimuladamente algunos días después de comenzada la fiesta, cuando, despistadas las turbas y los fariseos, al ver que no se presentaba en los primeros días, creyendo que ya no vendría, no le esperaban.

Formaron, pues, sus primos su caravana y marcharon en ella sin Jesús, que fue combinando las cosas disimuladamente, como veremos, para llegar también Él a Judea antes de que se acabase la Escenopegia, ya que no desde el principio.

141. MARCHA DE JESÚS A JUDEA
(Jn 7, 10: Lc 9, 31; Mc 10, 1; Mt 19, 1)

Solemne es este momento de la vida de Cristo, en que decidió partir a Judea desde Galilea. Iba esta vez para no volver ya. Restábanle seis meses no más de vida. Los días de su asunción, como llama San Lucas a los del fin de su vida y de su resurrección y ascensión a los cielos, se acercaban. Y se lo había ya claramente predicho poco antes Jesucristo: «Es necesario que yo vaya a Jerusalén y que allí sufra mucho y sea reprobado por los ancianos y sumos sacerdotes y escribas y sea muerto y resucite al tercer día».

Pues bien, esa hora llegaba. El viaje a Jerusalén comenzaba a realizar la profecía. Jesús salía de Galilea para siempre. Desde aquel otoño hasta la primavera siguiente, el centro de su vida sería Jerusalén y su misión alrededor de la Ciudad Santa.

Por eso, al decir San Lucas que resolvió ir a Jerusalén, usa de este hebraísmo enérgico: «Cuando se iban a cumplir los días de su partida, afirmó su decisión de ir a Jerusalén. Y, en cuanto subieron sus primos, subió también Él a la fiesta, no manifiestamente, sino como de oculto».

De oculto, dice, no precisamente porque fuese del todo en secreto, sino porque no fue con aquella solemnidad con que entraban los demás que llegaban en las caravanas, sino sencillamente, no como cuando caminaba por Galilea rodeado de inmensa muchedumbre, sino acompañado únicamente de algunos discípulos, y acaso más disimulado aún cuando entró en Jerusalén que cuando iba por el camino.

Emprendió, pues, el viaje a la ciudad de su muerte, y dio el primer paso para la pasión que le esperaba. Y lo dio animoso, esforzando su santísimo corazón, y afirmando su frente serena contra la tempestad en que se metía.

142. LA REPULSA DE LOS SAMARITANOS
(Lc 9, 52-56)

El camino lo dirigió a Jerusalén por Samaría. Mal viaje para caminar un judío a Jerusalén.

No había espectáculo más ingrato a un samaritano que ver a los israelitas caminar en dirección a Jerusalén en el tiempo de las fiestas.

Ellos, que tenían su templo de Garizim, se enfurecían de pensar que los judíos se arrogasen el privilegio exclusivo de adoración para su templo de Jerusalén.

Pasando la llanura de Esdrelón y acercándose a Samaría, envió Jesús delante algunos de los suyos que le preparasen hospitalidad y sitio de descanso como otras veces solía. Éstos entraron en un pueblo, que algunos dicen que sería En-Gannim, el primero que, como quien dice, a las puertas de la provincia de Samaría, asoma a la llanura de Galilea. Preciosa villa, que aún hoy es digna del nombre que lleva de *Fuente de los jardines,* aunque cierto, bien pocas flores dio a su Señor. Porque sus habitantes, observando que llevaba trazas de ir a Jerusalén, se negaron a darle hospitalidad.

Lo llevaron muy a mal todos los discípulos. Mas sobre todo Santiago y Juan, los Hijos del trueno, se irritaron sobremanera, y, recordando los milagros de Elías y los que a ellos mismos el Señor en otras ocasiones les había comunicado, no cayendo en la cuenta de que todos ellos habían sido para hacer bien, presentáronse airados al Maestro y le dijeron resueltos:

«Señor, ¿quieres que mandemos bajar fuego del cielo que los abrase?»

Se volvió el mansísimo Jesús, y les increpó diciendo:

«No sabéis de qué espíritu sois. El Hijo del hombre no ha venido a perder almas, sino a salvarlas.»

Callaron todos, y disimulando, prosiguieron adelante con las molestias que les causaría atravesar aquellos pueblos, siempre peligrosos en tiempo de fiestas, si ya no se desviaron hacia el Jordán para tomar por Bethsan aquella ruta.

143. TRES VOCACIONES (Lc 9, 57-62; Mt 8, 19-22)

«Y siguiendo su camino, se le acercó un escriba que le dijo: "Maestro, yo iré contigo adondequiera que vayas". Le respondió Jesús: "Las zorras tienen cuevas, las aves del cielo, nidos; pero el Hijo del hombre no tiene dónde reclinar su cabeza".»

Así le dio a entender que no traía buena disposición, ya que su deseo de vida cómoda no era compatible con la pobreza del Maestro. No sabemos si el escriba siguió a Jesús, o, advertido de esta manera, renunció a seguirle.

Llevaba consigo uno de sus discípulos, al cual debió de morírsele por aquellos días su padre. Como era natural, pensaría en ir a sus funerales para volverse en seguida. Mas Jesús le dijo: «"Sígueme". "Permíteme antes –le dijo el discípulo–, que dé sepultura a mi padre". "Deja a los muertos –le dijo Jesús–, que sepulten a los muertos; tú sígueme y ve ahora a anunciar el Reino de Dios".»

Porque ya preparaba la misión que en seguida iba a enviar por Judea.

Santo, sin duda, era el deseo de aquel hijo, y piadosa su proposición de dar sepultura a su padre. Pero hay otras ocupaciones más santas y preferibles, sobre todo cuando hay quienes puedan ocuparse de las otras y suplir la presencia de los hijos. Podían muy bien esta vez los muertos, es decir, los que no estaban con Cristo, emplearse en enterrar a los muertos, mientras el hijo vivo, por la virtud que Cristo le comunicaba, podía dar mucha más gloria a Dios saliendo, como debió de salir, en la misión que a poco envió el Señor.

Otro, en fin, le dijo: «Yo te seguiré, pero déjame primero ir a despedirme de los de mi casa».

Tal vez venía siguiendo al Señor desde Galilea, y, viendo que aquella salida iba a ser para largo tiempo, sobre todo desde que el Señor empezó a organizar la misión de los discípulos, juzgó conveniente despedirse, antes de ir adelante, de los suyos que atrás quedaban, y por eso pidió al Señor esta licencia.

No se la dio el Maestro, antes le dijo gravemente: «Los que una vez que han puesto mano al arado vuelven la vista atrás no son aptos para el Reino de Dios».

Suponemos que así éste como el anterior, se aquietarían con las palabras del Maestro, y se dispondrían a salir en la misión que éste estaba organizando.

144. LA MISIÓN DE LOS SETENTA Y DOS DISCÍPULOS. MALDICIÓN A COROZAÍN, A BETSAIDA Y A CAFARNAÚN
(Lc 10, 1-16; Mt 10, 15-16; 40-42; 11, 20-24)

Estaba, en efecto, según hemos indicado, preparando del Maestro una misión de sus discípulos.

La ocasión era muy importante. Venía de Galilea y entraba en otras regiones que no le conocían, como le conocía ya aquélla. Iba a tener poco tiempo para recorrer tantos pueblos como quería recorrer. Deseaba, además, adiestrar a sus discípulos en la predicación y comunicarles en vida no sólo su doctrina, sino también sus prácticas.

Y así como en la otra misión envió a sus apóstoles, honrándoles de aquella manera, así ahora deseaba enviar a los demás discípulos, para que también éstos pensasen que debían evangelizar al mundo, y después de su muerte quedasen como ministros suyos bajo la dirección de los apóstoles en un grado inferior de jerarquía, pero con la misma misión de predicar el Evangelio.

«Designó, pues, el Señor otros setenta y dos, y los envió de dos en dos delante de Él a todos los pueblos y aldeas adonde Él pensaba llegar.»

Muchos eran estos pueblos, y muchos más habían de ser después. Y al ver Jesús que para todos ellos no contaba más que con aquellas treinta y seis binas, viendo que eran tan pocas para lo que Él quería, les repitió lo que en otras ocasiones había dicho:

«La mies es mucha; los operarios sois pocos. Rogad, pues, al señor de la mies que envíe operarios a su mies. Vosotros id. Yo os envío como corderos en medio de lobos. Sed, pues, prudentes como serpientes y sencillos como palomas. No llevéis saquillo, ni alforja, ni calzado, y no os detengáis a saludar en el camino. En la casa que entréis decid lo primero: ¡Paz a esta casa! Y si hay algún hijo de la paz, sobre él descansará la que le deis; y si no le hay, volverá la paz a vosotros. Permaneced en una misma casa, y comed y bebed lo que tengan; porque bien merece el obrero su paga. No andéis pasando de una casa a otra. En los pueblos en que entréis y seáis recibidos, comed de lo que os den, curad a los enfermos que allí haya, y decid: Se os acerca el Reino de Dios. Si entráis en algún pueblo y no quieren recibiros, salid a la plaza y decid: Aun el polvo que se nos ha pegado de vuestro pueblo os lo sacudimos, pero sabed esto: que el Reino de Dios se acerca. Y yo os aseguro que en el día del juicio, será más tolerable el castigo de Sodoma y de Gomorra que el de esos pueblos.»

Al llegar aquí, se acordó de lo que con Él habían hecho en Galilea muchos pueblos, y de lo mal que le habían recibido y tratado, a pesar de sus bondades, y trasladándose allá con su pensamiento, y para animar también a sus discípulos, si en algún sitio eran mal recibidos, con acento terrible de indignación, «comenzó a reprobar a las ciudades que, a pesar de haber hecho Él tantos prodigios, no hicieron penitencia.

»¡Ay de ti, Corozaín; ay de ti, Betsaida!, porque si en Tiro y en Sidón se hubiesen hecho los prodigios que en vosotras se han hecho, ya hace tiempo que se hubieran sentado a hacer penitencia en ceniza y cilicio. En cambio, yo os aseguro que en el día del juicio se tendrá más suavidad con Tiro y con Sidón que con vosotras.

»Y tú, Cafarnaún, ¿acaso piensas levantarte hasta los cielos? Hasta el infierno sí que vas a ser hundida. Porque si en Sodoma se hubiesen hecho los prodigios que en ti, de seguro que todavía estaría en pie. En cambio, yo os aseguro que en el día del juicio se tendrá menos rigor con Sodoma que contigo».

¡Terrible maldición! Hoy ¿quién es capaz de definir a punto fijo dónde está Corozaín, dónde Betsaida, dónde la excelsa Cafarnaún?... Tan confuso y desbaratado está todo aquello, que no es posible discernirlo.

Volviendo entonces su discurso a sus discípulos y alentándolos, les dijo: «El que os reciba a vosotros me recibe a mí, y el que me recibe a mí, recibe al que me envió. El que recibe a un profeta por ser profeta, recibirá premio de profeta, y el que recibe a un justo por ser justo, recibirá premio de justo. Y el que dé a uno de estos pequeños aunque no sea más que un vaso de agua fresca por ser mi discípulo, yo os aseguro que no perderá su premio. El que os oye a vosotros me oye a mí, y el que os desprecia me desprecia a mí. Y el que me desprecia a mí desprecia al que me ha enviado.»

145. REGRESO DE LOS SETENTA Y DOS MISIONEROS
   (Lc 10, 17-24; Mt 11, 25-30)

Y fueron de dos en dos y con la bendición de su Maestro hicieron mucho fruto en breve tiempo.

«Y volvieron los setenta y dos llenos de gozo, diciendo: ¡Señor!, hasta los demonios se nos han sujetado a nosotros por tu nombre.»

Se llenó Jesús de paternal alegría al ver la de sus discípulos, y les dijo: «Ya estaba yo viendo a Satanás caer como un rayo del cielo. Veis que os he dado el poder de conculcar serpientes y escorpiones y toda la fuerza del enemigo, y nada os hará daño. Pero no os alegréis de que los espíritus se os sometan. Alegraos de que vuestros nombres están escritos en los cielos.»

Entonces el buen Jesús, viéndose reunido con todos los suyos, alegre de ver la satisfacción de todos ellos, la fidelidad con que habían trabajado, el fruto que habían conseguido, y la gran misión a que todos ellos estaban destinados y que pronto, antes de un año, había de comenzar, se regocijó en el Espíritu Santo y dijo:

«Gracias te doy, oh Padre, Señor de cielo y tierra, porque habiendo escondido estas cosas a los sabios y prudentes, las has revelado a los humildes. Sí, Padre, así lo has querido. Todas las cosas me han sido entregadas a mí por mi Padre, y nadie conoce quién es el Hijo sino el Padre, ni quién es el Padre sino el Hijo y a quien el Hijo se lo quiera revelar. Y volviéndose a sus discípulos, dijo: "Dichosos los ojos que ven lo que vosotros estáis viendo. Porque yo os aseguro que muchos profetas y reyes desearon ver lo que vosotros estáis viendo, y no lo vieron, y oír lo que estáis oyendo y no lo oyeron".»

Y recordando que muchos esquivaban su doctrina y su Evangelio, como si fuese duro y difícil, lleno de infinita amabilidad y ternura para con los que estaban presentes y para con todos los que en todo tiempo íbamos a ser discípulos, pronunció estas deliciosísimas palabras que a todos nos deben animar:

«Venid a mí todos los que estáis cansados y agobiados, y yo os aliviaré. Tomad para vosotros mi yugo, y aprended de mí, que yo soy manso y humilde de corazón, y hallaréis descanso para vuestras almas. Porque mi yugo es suave y mi carga ligera.»

Dejémoslo aquí. ¿Qué más suavidad podrán añadir nuestras palabras y comentarios a las suavísimas y clarísimas que Cristo acaba de pronunciar? Quede este sabor de néctar en nuestra alma, y repita agradecido el corazón:

¡Oh, cuán suave es, Señor, tu espíritu!

146. UN DOCTOR DE LA LEY TENTANDO AL MAESTRO
(Lc 10, 25-29)

Y prosiguió Jesús su viaje lento y con toda intención retardado hacia Jerusalén, dejando pasar el tiempo de modo que no llegase a toda la fiesta de la Escenopegia, que no quería, como sabemos, celebrar este año.

Y debía de estar ya cerca de Jerusalén; tal vez, según podemos juzgar verosímilmente, en Jericó o en alguna población cercana, cuando un día en que se hallaba explicando al pueblo su doctrina, de en medio de los oyentes se levantó un legisperito o doctor de la Ley, y por tentarle a ver lo que sabía y cómo respondía a sus preguntas y dificultades, le dijo: «Maestro, ¿qué tengo que hacer para lograr la vida eterna?»

Diestramente el Señor, en vez de responder, preguntó a su vez al doctor: «"¿Qué está escrito en la Ley? A ver, lee". Repuso el doctor y dijo: "Amarás al Señor tu Dios con todo tu corazón, con toda tu alma, con todas tus fuerzas y con toda tu mente. Y a tu prójimo como a ti mismo". "Muy bien respondido –le dijo el Señor–; haz eso y tendrás la vida".»

Un poco desairado quedaba el doctor. Porque por la respuesta se veía que la pregunta no era tan singular ni escondida como para que todo un doctor de la ley se levantase a molestar al Señor por ello. Alguna cuestión más difícil, algún misterio más escondido, alguna dificultad más enredada debía esperarse de una persona tan instruida, y no aquello a que se podía responder con uno de los textos más conocidos de la Ley, que lo llevaban en sus filacterias y lo recitaban a cada paso. Se vio en ridículo el doctor si no preguntaba otra cosa; y para quedar bien, «queriendo, dice San Lucas, justificarse a sí mismo», es decir, dar a entender que no preguntaba sin motivo, añadió esta otra pregunta que, cierto, era un poco más sutil y difícil:

«Y ¿quién es mi prójimo?»

Sereno y bondadoso Jesucristo, no mostró disgusto por la malicia y poca lealtad del que le examinaba, sino viendo la ocasión de exponer su doctrina sobre uno de los puntos de Él más estimados, la cogió, y tomando la palabra, dijo una de sus más hermosas enseñanzas y una de sus más delicadas parábolas.

147. LA PARÁBOLA DEL SAMARITANO (Lc 10, 30-37)

Si, como dijimos, torcieron el viaje de Samaría al Jordán, estaría cerca de Jericó o en Jericó acaso.

Distaba Jerusalén de Jericó 26 kilómetros. Un camino solitario y desolado atraviesa una región despoblada y brusca, con grandes revueltas y temibles encrucijadas, subiendo personalmente mil metros hasta la ciudad, por entre colinas calcáreas, áridos valles y raídas gargantas, sin hallar más población que el célebre *Khan-el-Hatrur,* o «Posada de los ladrones», a mitad del camino en un sitio despejado, pero cercado de temibles apostaderos, aptos para bandidos. Por allí debía de estar pasando el Maestro hacia Jerusalén.

Y aprovechándose de las circunstancias que tenía a la vista, dijo:

«Un hombre bajaba de Jerusalén a Jericó y cayó en manos de ladrones, que le despojaron, le plagaron de heridas, le dejaron medio muerto y se fueron. Y sucedió que un sacerdote bajaba por el mismo camino, le vio, pero pasó de largo. Pasó igualmente un levita, y habiéndose aproximado y visto, se alejó. Mas un samaritano que pasaba de camino, vino a su lado, y viéndole se movió a misericordia. Y acercándose, le vendó sus heridas, infundió en ellas vino y aceite, le montó en su jumento, le llevó a un mesón y allí lo cuidó. Y al día siguiente sacó dos denarios y se los dio al mesonero, diciéndole: "Ten cuidado de éste, y todo lo que gastes yo te lo pagaré cuando vuelva".»

Entonces Jesucristo se volvió al legisperito, que escuchaba sin saber del todo adónde iba, y le dijo:

«¿Quién de estos tres te parece que es prójimo a aquel que cayó en manos de ladrones?» Es decir, ¿quién de estos tres te parece que guardó bien la ley del prójimo, y entendió bien quién era su prójimo?

«Y respondió el letrado: –El que tuvo misericordia de aquél».

No se atrevió el judío a decir el *samaritano,* sino que le dijo en general, «el que se compadeció».

«Pues bien –añadió Jesucristo–: ve y haz tú lo mismo.»

Divina enseñanza. ¿Quién es el prójimo? No es el prójimo solamente el pariente, o el paisano, o el amigo, o sólo aquellos a quienes algo debemos. No es sólo el judío para el judío, como creían muchos judíos, y sin duda también el legisperito. *Prójimo* es el *próximo,* el que está a tu lado, todo hombre, aunque sea enemigo; si le ves a tu paso, si le encuentras al lado tuyo, y ves que tiene necesidad, le debes socorrer, y siempre mirarle con amor.

Amarás a tu próximo como a ti mismo.

Así lo hizo el samaritano con el judío que se encontró a su paso. Tú que ves bien ese amor de un enemigo tuyo para con uno que tal vez es judío, ten también ese mismo amor con cualquiera que te sea próximo, aunque en lo demás sea muy lejano de ti, aunque sea enemigo, aunque sea samaritano.

El letrado había venido a explorar si el Maestro sabía bien; bien sabía y buena doctrina le daba. Sin duda, como la que él no esperaba.

148. MARTA Y MARÍA (Lc 10, 38-41)

Y andando, andando, casi estaban en Jerusalén. Llegaban a Betania. Allí estaba la casa de unos amigos queridísimos de Jesús: la de Lázaro, Marta y María. A ella se retiraba muchas veces durante su estancia en Jerusalén el Maestro, y allí se paró esta vez al caminar a Jerusalén con tanta cautela y sigilo, para preparar más oportunamente su llegada a la Ciudad Sagrada.

Muy cerca de ella y del monte Olivete se levantaba el pueblecillo y en él la casa campestre de Lázaro. Llamó Jesús y, como siempre, fue recibido por Marta, que debía de ser la mayor, con íntimo y familiar afecto. Se alegró en el alma María Magdalena, que sabemos era una de las que le seguían muchas veces, sirviéndole con otras cuando era necesario. Lázaro esta vez debía de estar ausente; al menos no aparece por ninguna parte en esta ocasión.

Y sucedió que las hermanas se aplicaron, cada una según sus aficiones, a diversas faenas. María, o más amante del Maestro, o más picada por oír la palabra que tantas veces, mucho más que su hermana, había escuchado y saboreado se aplicó desde luego a preguntar y escuchar el Evangelio del Maestro. Se desentendió en cuanto pudo de las faena domésticas, si es que atendió algo a ellas. Se sentó con mucho sosiego a los pies del Maestro, y allí sentada, se puso acaso junto con los discípulos, cuando los instruía el Maestro, a escuchar su preciosa doctrina sin cansarse ni distraerse.

Marta, por el contrario, afanosa por obsequiar al santo huésped como merecía, y por preparar un buen convite a sus discípulos, andaba de un lado a otro sumamente activa y atareada en mil ocupaciones.

Es verdad que ella era el ama de la casa, según parece. Pero, en fin, aunque así fuese, reclamaba con razón el auxilio de su hermana y llevaba mal el que en medio de sus afanes, María, dejándola sola, se estuviese tranquila y sosegada escuchando las pláticas del Maestro.

Y aunque se contuvo mucho, no pudo contenerse del todo; una vez que pasó junto a Señor, y vio cómo su hermana seguía sin hacer nada, absorta en la divina doctrina, se paró y dijo:

«"Señor, ¿no te fijas en que mi hermana me deja sola para preparar las cosas? Dile que me ayude". Respondió el Señor y le dijo: "Marta, Marta, muy afanosa estás, y te preocupas de muchísimas cosas. Pues bien, sólo una es necesaria. María ha escogido la parte mejor, que nadie se la quitará".»

No haces mal en prepararlo todo. Pero créeme que te afanas demasiado y por demasiadas cosas. Es excesivo el cuidado que pones en tantas que son inútiles o poco importantes. Algo mejor es lo que hace tu hermana. Ella ha escogido una ocupación mucho más importante. No hay nada necesario fuera de una sola cosa, que es, sin duda, el salvarse y dar gloria a Dios y, por tanto, el aprender esta ciencia y esta doctrina. María hace bien en no afanarse tanto en preparar tantas cosas innecesarias como tú preparas, y aprovecha mejor el tiempo en aprender la doctrina del Evangelio. Todo esto que tú estás haciendo son cosas transitorias, que pasarán y se te quitarán. Lo que María está haciendo, eso no pasará ni se le quitará.

Bueno es y obligatorio hacer lo necesario por la vida, y menester es cumplir con las exigencias de la naturaleza. Pero fuera de lo necesario, todo lo demás superfluo y terreno no sirve para nada. Hay otras cosas mucho más importantes, o mejor dicho, hay una cosa únicamente importante, a la cual se debe dar todo el tiempo que se pueda, y es el negocio de santificación del alma, el negocio de conocer y amar a Dios.

Buena lección para los mundanos, que piensan que una persona no hace nada, mientras no promueve o fomenta los intereses mundanos, que se nos van a quitar. Y desprecian a los que emplean el tiempo en santificarse y santificar a los demás, es decir, en el único negocio que nos importa y que trasciende a toda la eternidad.

Además, ¿quién, cuando Jesús le habla al corazón, es capaz de distraerse y prestar atención a cosas terrenas? «Bienaventurados, dice Kempis, los oídos que no escuchan la voz de fuera, sino la verdad que enseña dentro. Bianaventurados los que se alegran de entregarse a Dios y se desenredan de todo impedimento del mundo». ¡Oh, dichoso aquel a quien hable Cristo!

149. ENTRADA EN JERUSALÉN (Jn 7, 11-36)

Jerusalén rebosaba de júbilo. Las calles estaban llenas de tiendas y enramadas, en las cuales, alegres, festejaban sus tradiciones miles y

VIII. TERCER AÑO. ENTRADA EN JERUSALÉN

miles de judíos reunidos en Jerusalén. Hoy, para celebrar esta fiesta, ponen las enramadas en los balcones de sus casas, y engalanan sus habitaciones y patios interiores con todas las flores, frutos y tapices que tienen, y se alegran con toda la algazara que pueden. Así vimos algunas casas de judíos españoles en Jerusalén, donde precisamente, cuando nosotros pasábamos por allí, se celebraba esta fiesta.

Incesantemente iban y venían del templo los devotos. Como la fama de Jesús se había extendido por todas partes, figurándose que no dejaría un varón tan religioso de venir a esta fiesta, como había venido a otras, buscaban y preguntaban por el Maestro en todas partes.

Le esperaban, sobre todo, con sagaz empeño los judíos, es decir, los fariseos y sacerdotes y sus partidarios y agentes, que tenían muchas ganas de prenderle y matarle. Y acaso esperaban hallar ocasión para ello en los primeros días de la fiesta.

Quedaron tristemente burlados. Porque Jesús no se presentó, ni el primero, ni el segundo, ni el tercer día de las fiestas. Desorientados y sin poder más disimular su engaño, preguntaban:

—¿Dónde anda ése?

También la turba le buscaba, y andaba inquiriendo y contando lo que de Él se sabía y se decía; y, como suele suceder en estos casos, unos aprobaban la conducta de Cristo, otros la vituperaban, según la manera de cada cual. Dice San Juan: «Había muchas murmuraciones acerca de Él entre la turba. Unos decían: "Es bueno". Otros: "No es bueno, sino que seduce al pueblo".»

Pero todo esto no lo decían abiertamente, sino en reserva y con sigilo y cautela. «Nadie hablaba de Él claramente por miedo a los judíos».

Promediaban ya las fiestas, cuando de repente y sin advertirlo nadie subió Jesús a Jerusalén, penetró en el templo, se sentó en una de sus aulas, como lo hacían otros doctores en estos días de reunión, y se puso a enseñar al pueblo.

Pronto se extendió la noticia. Acudió la turba; acudieron también los fariseos. Y comenzó desde entonces un gran movimiento que nos describe San Juan en sus rasgos más esenciales. Datos sueltos, rápidos apuntes de lo muchísimo que en aquellos días debió de decirse y hacerse es lo que San Juan nos ofrece. No es fácil al intérprete del Evangelio seguir muchas veces la ilación de los hechos y, sobre todo, de los dichos que en aquellos días se cruzaron entre Jesús, los judíos y la plebe. Los apuntes que nos presenta San Juan dejan muchos puntos intermedios incompletos. Vese, sin embargo, claramente la efervescencia que la presencia de Jesús suscitaba en la Ciudad Sagrada; la ira y rabia de los que San Juan llama siempre judíos, y que no son otros que los fariseos y sus partidarios; las incertidumbres de la plebe; y en medio de todo, la augusta serenidad de Jesús, dominando aquellas tempestades humanas harto más difícil de dominar que las del lago de Tiberíades.

Estaba, pues, Jesús sentado en el templo con gran confianza y explicaba su doctrina a quien quería escucharle.

Por detrás del plebeyo auditorio, pasmados de su atrevimiento, rabiosos por retirarle si pudiesen, maquinando asechanzas y traiciones, le contemplaban los ministros de los fariseos y sanedritas.

Y estando todos mirándole y esperando a su alrededor su doctrina, comienza a explicarla según su costumbre. No nos dice el evangelista el asunto sobre que esta vez trataba. Pero hablaba, sin duda, como solía, como quien tenía autoridad plena y soberana, llenando a todos de admiración. Y lo que sucedió tantas otras veces, sucedió también entonces: que algunos, acaso por sincera admiración, o más bien en esta ocasión por envidia y malicia, y por deseo de desautorizarle, empezaron a decir:

«"¡Cómo va a saber éste la Escritura si no ha estudiado!" Respondió Jesús: "Mi doctrina no es mía, sino de aquel que me ha enviado. Si alguno quiere hacer su voluntad, conocerá si mi doctrina es de Dios o si yo hablo por mí mismo. El que habla por sí mismo busca su propia gloria; pero el que busca la gloria del que le ha enviado, ése es veraz y no hay en él injusticia".»

Quería decir: Vosotros decís que cómo yo sé la Escritura, si no la he estudiado. Pues bien, lo que otras muchas veces os he dicho os repito ahora: yo traigo doctrina del cielo, porque soy enviado del cielo. Y si vosotros quisieseis cumplir con la voluntad del que me envía y ser buenos, entonces conoceríais esto que digo; y si no lo conocéis, es por vuestros pecados, por vuestra culpa. Buena diferencia va de mi explicación a la vuestra: vosotros enseñáis para glorificaros y adquirir gloria; yo, ya lo habéis visto muchas veces, no busco mi gloria, sino que desinteresadamente busco la gloria de mi Padre.

Aunque el evangelista San Juan nada dice, al llegar aquí le debieron de echar en cara que había dado la salud a uno en sábado, sea que le recordasen la curación del paralítico hecha hacía año y medio, en la primera Pascua, sea que entonces mismo hubiese hecho alguna otra curación en sábado. Por eso Cristo les dijo:

«¿No os dio Moisés la ley y ninguno de vosotros la observa? Pues ¿por qué a mí me queréis matar con pretexto de que no guardó el sábado?»

Les debió de picar el que así claramente les echase en cara lo que ellos maquinaban en secreto de que querían matarle, y le dijeron:

«Tú tienes el demonio (que era frase familiar, como la que usamos ahora cuando uno disparata); ¿quién te quiere matar?»

Sin hacer caso Jesús de esta interrupción, prosiguió su respuesta, diciendo:

«He hecho una obra y todos os perturbáis. Ahora bien, Moisés os ordenó la circuncisión (aunque más bien que de Moisés es de los Padres) y *(cuando el niño nació en sábado)* circuncidáis en sábado a los hombres. Si, pues, por no violar la ley de Moisés circuncidáis en sábado *(a pesar de que hay que trabajar en la circuncisión en varias cosas para curar al herido y circuncidado),* ¿os indignáis contra mí porque he dado la salud completa a un hombre en sásado? No juzguéis según las apariencias, sino según toda justicia».

Hablaba Jesús con toda libertad y confianza, y como sabían muchos y casi todos que los sanedritas y fariseos estaban buscando ocasión de matarle, decían algunos de Jerusalén, que eran los que más enterados estaban de la rabia farisaica contra Jesús:

«¿No es éste el que buscan para darle la muerte? Pues mirad cómo habla en público y no le dicen nada. ¿Si habrán averiguado los príncipes que éste es el Cristo?»

Y otros que estaban a su lado decían:

«Pero éste ya sabemos de dónde es. Al paso que el Cristo, cuando venga, nadie sabe de dónde será.»

No era esto verdad; al contrario, ya vimos cómo era tradición de la Escritura que el Mesías había de venir de Belén; pero los que aquí hablan tenían este error bastante esparcido por el pueblo, de que el Mesías había de venir inesperadamente y no se sabía de dónde.

Jesús, que oyó o adivinó estas palabras, levantó la voz en el templo y empezó a clamar:

«¡Ya me conocéis y ya sabéis de dónde soy! Sin embargo, no vengo por mí mismo, sino que me ha enviado el que es veraz, a quien vosotros no conocéis. Yo sí le conozco porque soy de él y él me ha enviado.»

Quería decir: Es cierto que conocéis mi origen humano, y mi origen en la tierra, pero como Cristo, como Mesías, no penséis que vengo por mi sola autoridad, sino que tengo otro origen más misterioso y elevado, porque vengo del que no puede engañar, porque es veraz, de uno a quien vosotros no conocéis y yo sí, como que de él soy, y de él traigo mi origen y él me ha enviado. Aludía evidentemente a su Padre, a quien los judíos sí conocían, pero no con el conocimiento intuitivo de Cristo, que le había visto y le estaba viendo, como que de Él recibía el ser eternamente.

Durante todo este tiempo, los ministros de los sanedritas y enviados de los fariseos estaban rondándole para ver si le podían prender, pero nadie le echó mano, porque, dice San Juan, aún no había llegado su hora, es decir, la hora que marcaba Jesús y el Padre para permitir que le prendiesen y le diesen muerte.

El efecto de las palabras y predicación de Cristo en este día fue muy hondo. Muchos de la turba creyeron en Él y aunque con alguna cautela por los miedos de los sanedritas, pero firmemente convencidos de la verdad, decían:

«¿El Cristo, cuando venga, hará más prodigios que éste?»

Palabras que, oídas por los sanedritas y fariseos, los debieron de enojar sobremanera, pues al punto, renovando las órdenes que habían dado, enviaron ministros que prendiesen a Jesús, con autoridad, sin duda, del Tribunal o Sanedrín de Jerusalén.

Se compadeció, sin duda, Jesús de aquella obstinación y ceguera, y al ver a los ministros que se le acercaban insidiosamente, dijo:

«Todavía he de estar un poco más con vosotros. Pero pronto iré al que me envió. Entonces me buscaréis y no me hallaréis. Porque adonde yo esté no podréis venir vosotros.»

Al oír esto los judíos, que estaban pensando cómo prenderle, se dijeron unos a otros:

«¿Adónde irá éste para que no le podamos encontrar? ¡Si irá a la dispersión de los helenos y enseñará a los helenos!... ¿Qué querrá decir eso de me buscaréis y no me hallaréis, y donde yo esté no podréis venir vosotros?»

Dividían los israelitas el mundo en dos grandes porciones: la del pueblo de Dios, que eran ellos, y la de los gentiles, a quienes denominaban en general *helenos,* por ser los helenos o griegos los más contiguos a ellos de los grandes pueblos gentiles. Y a los judíos que estaban dispersos entre los gentiles, sea en Grecia, sea en otras partes: Siria,

Cicilia, Capadocia, Macedonia, Italia, etc., los llamaban la «dispersión». Solían estos judíos así dispersos tener sus oratorios y sinagogas, en las que ellos a sí mismos y a los prosélitos, y también a los gentiles, explicaban la Sagrada Escritura y la moral judía.

Ahora, pues, los judíos, sobre todo los que seguían a Jesús los pasos para prenderle, estaban pensando al oírle si se iría allá a predicar.

Pero Jesús no trataba de esa idea. Lo que quería decirles era esto: Vosotros veníais acá enviados para prenderme. No es hora todavía. Todavía tengo que estar un poco más entre vosotros. Aunque pronto me iré. No me echaréis vosotros, sino que yo me iré y, por tanto, cuando yo os señale la hora. Y ¡desgraciados de vosotros!, porque me iré para desecharos y para que, cuando después busquéis al Mesías, no me encontréis; porque a donde yo voy no podréis venir vosotros.

Así terminó aquel día famoso. Jesús, desafiando a sus enemigos, se presentó en lo más público de Jerusalén. Los fariseos y sanedritas o príncipes del Senado, se consumieron de furor. Los ministros y espías por ellos enviados no se atrevieron a echarle mano. Los pueblos se confirmaron en su creencia de que Jesús era el Cristo, el Mesías, el Profeta, superior a todos sus enemigos.

«¿No es éste el que están buscando para la muerte? ¡Pues con bien de libertad está hablando y nadie le dice nada!...»

Pero ¿qué valían los sanedritas, los fariseos, los escribas y todos sus ministros contra la voluntad del que calmaba las tempestades con su palabra?

«¡Callad! ¡Enmudeced!», decía Jesús a aquéllas, y al punto se calmaban.

«¡Quietos! ¡Cuidado con prenderme! ¡No es ésta vuestra hora! ¡Todavía quiero estar más con vosotros», decía a los judíos. Y éstos, sin poderlo remediar, se contenían.

150. EL FIN DE LA ESCENOPEGIA (Jn 7, 37-57)

Desde aquel día pasaron otros dos, sin que sepamos lo que en ellos hizo o dijo Jesús.

Y llegó el octavo día, el último de la fiesta de las Tiendas, último día y solemnísimo entre todos, precedido de una semana de alegrísimos regocijos y romerías por las calles, atraía a la ciudad un gentío inmenso, mayor aún que los otros que habían pasado.

Vino Jesús, y asistió a las ceremonias sagradas con el pueblo. Entre los demás ritos, y para conmemorar el beneficio que Yahvé les había hecho en el desierto dándoles de beber agua de la roca, el sacerdote, lo mismo que en los otros días, por la mañana, acompañado de inmensa muchedumbre, bajaba a la fuente de Siloé, que está al pie de la Ciudad Santa casi a un kilómetro del Templo; llenaba en ella un vaso de oro, volvía a subir al templo, y mezclaba un poco de vino con el agua. Entonces los levitas entonaban solemnemente el *Hallel,* es decir, la alabanza, que eran los salmos 113 a 118, y el sacerdote derramaba el agua en un ángulo del altar.

Todo se había hecho. El pueblo estaba lleno de religiosa veneración. Despedíase ya de la Casa de Dios para ir a sus casas. Entonces Jesús, aprovechando la magnífica ocasión, presentose a la vista de todos, y aprovechándose de la ceremonia que acababan de ver, puesto de pie, empezó a clamar diciendo:

«¡Si alguno tiene sed, que venga a mí y beba! El que cree en mí, tendrá, como dice la Escritura, en su corazón un manantial de agua viva.»

«Al decir esto, añade San Juan, aludía al Espíritu Santo que los creyentes habían de recibir, porque todavía no se había dado el Espíritu, pues aún no había sido Jesucristo glorificado.»

Se había, sí, dado el Espíritu Santo de otras maneras, pero no con la efusión con que se diodespués de la ascensión de Jesucristo a los cielos. En cuanto la Escritura que, según decía Cristo, afirmaba que quien creyese en Cristo tendría en su corazón un manantial de agua viva de gracia y salud, son muchos los sitios en que esta abundancia está prometida. Acaso el Salvador aludía a aquello de Isaías: «Todos los que tenéis sed, venid a las aguas».

De todos modos, fue tal la majestad y soberanía con que el Salvador pronunció aquellos clamores, fue tal la elocuencia y divina autoridad con que explicó aquel tema, que, rompiendo ya por todas las consideraciones y temores que les infundían los príncipes y los satélites, sin poderse contener «decían unos: ¡Verdaderamente éste es el Profeta! Y otros exclamaban: ¡Éste es el Cristo!»

Mala rabia debían dar estas palabras a los partidarios y ministros del Sanedrín que por allá andaban, y si bien no se atrevían a arrostrar

VIII. TERCER AÑO. EL FIN DE LA ESCENOPEGIA

aquella manifestación victoriosa, pero empezaron a oponerse tímidamente a ella.

«Decían algunos: Pero el Cristo ¿debe venir de Galilea? ¿No dice la Escritura que de la familia de David y del pueblo de Belén, en que estuvo David, debe proceder el Cristo?»

Como Jesús casi toda la vida había estado en Nazaret, y aun después de haber salido a la vida pública se había detenido principalmente en Galilea, se le tenía generalmente por galileo, y pocos sabían que había nacido en Belén.

Por eso, precisamente, confirmando, sin querer, lo mismo que contradecían, negaban que Jesús pudiese ser el Mesías, toda vez que era, según creían todos, galileo, siendo así que el Mesías debía nacer en Belén de David.

Con esto se entabló una disputa ardiente en la turba.

Entre ellos estaban los ministros enviados por los sanedritas, los cuales acaso pensaron aprovecharse de esta ocasión para prender a Jesús, y lo intentaron, y lo estaban deseando, pero ninguno se atrevió a echarle mano. Se disolvió la reunión y cabizbajos volvieron los satélites a los pontífices, los cuales viéndolos venir sin el preso que les habían encargado «les dijeron: "¿Y por qué no le habéis traído?" Respondieron los ministros: "¡Nunca jamás hombre alguno ha hablado como hoy ese hombre!" "¡Qué! –dijeron los fariseos– ¿también vosotros habéis sido seducidos? ¿A que no ha creído en él ningún príncipe ni fariseo? Porque esa turba, que no conoce la Ley, son unos malditos"».

Estaban descompuestos los príncipes. Decirles a ellos que Jesús había hablado de tal modo que no era posible haberle echado mano en aquella ocasión, era darles la peor noticia, pues veían que las turbas de los creyentes crecían cada día. Y no pudiendo mantener la debida serenidad, a falta de razones, se desataron contra los ministros, como si se hubiesen dejado seducir y engañar por un hombre que, si podía engañar al pueblo de los malditos, que no conocían la Escritura, no podría de seguro engañar al que supiese la Ley como ellos. Y acaso no las tenían todas consigo de que ninguno de los príncipes se inclinase a Jesús, y por eso, para hacerle saltar si alguno hubiese, preguntaron maliciosamente: «¿A que no habéis visto a un príncipe ni fariseo que crea en Él?»

Por desgracia para ellos, algunos, aunque pocos, habían creído, y estaban allí presentes. Y uno de ellos, fariseo y también príncipe o senador del Sanedrín, Nicodemus, el que había venido a Jesús de noche, tomó la palabra y dijo:

«"¿Acaso nuestra ley condena a nadie sin conocer lo que ha hecho ni oír sus descargos?" "¡Qué! –respondieron– ¿también tú eres galileo? ¡Examina las Escrituras!, verás que de Galilea no sale profeta".»

A falta de razones, contestaban con enojos. Lo que Nicodemus les echaba en cara no tenía respuesta. La razón que daban los sanedritas era la misma que habían dado los ministros en medio de las turbas. Se conoce que era lo único que podían echarle en cara.

Pero, en fin, no se hizo nada aquel día, y la reunión se disolvió por entonces, yendo cada uno a su casa.

151. LA ADÚLTERA PERDONADA (Jn 8, 1-11)

Las fiestas de la Escenopegia habían concluido. Jesús se había en ellas de nuevo mostrado al pueblo (y esta vez ante los doctores de Jerusalén) convincente, victorioso, seguro de su misión divina. Los sanedritas, a pesar de todo su empeño, no se atrevieron a apresarle. Al contrario, en el mismo Sanedrín viéronse confundidos por las palabras de Nicodemus, y acaso también por la actitud de algunos otros, que impidió otra vez el que se procediese definitivamente contra Jesús como se quería.

Jesús, seguro más que por el favor de Nicodemus ni por otras razones humanas, porque sabía que no había llegado la hora y el poder de las tinieblas, a pesar de que se iba el pueblo, se quedó confiado en Jerusalén, desafiando con su presencia las asechanzas de sus enemigos, que no pensaban otra cosa que arruinarle.

Llegada la noche, se dirigió al monte Olivete. Cuando andaba por los campos de Galilea, buscaba los montes y sitios retirados para orar. Cuando estaba en Jerusalén, acostumbraba a ir con sus discípulos al monte Olivete, donde pasaba tal vez toda la noche. Piensan algunos que lo hacía por evitar sorpresas de sus enemigos. Acaso, también, porque allí solían poner sus tiendas de campaña durante las fiestas los galileos. Fácil es que fuese muchas veces a Getsemaní, que era el sitio de confianza, como de amigos suyos. Se retiró, pues, a su monte esta noche, mas, llegada la mañana, se presentó de nuevo en el templo. Todo el pueblo corrió a su lado al verle. Siendo aún el día siguiente a las fiestas, habría de seguro en la capital todavía mucha gente que no había vuelto, la cual, libre de otros quehaceres, se reunió alrededor del Maestro insigne que tanto llamaba la atención en todo Israel, y tan excelsa misión se atribuía y tan singular doctrina practicaba.

Viéndolos el Señor ansiosos y necesitados de ella, se sentó en el templo a enseñar en el atrio, según costumbre de los rabinos o maestros.

Cuando estaba explicando su doctrina, se oyó el murmullo de escribas y fariseos, que, abriéndose paso entre la multitud que estaba alrededor del Maestro, se llegaron a Él. Traían en medio avergonzada y temerosa, a una pobre mujer, que, crueles y despiadados, colocaron en medio de aquella muchedumbre curiosa, y mostrándosela al Maestro, le dijeron en tono y actitud amenazadores:

«"Maestro, esta mujer acaba de ser sorprendida en flagrante adulterio. Moisés en la Ley nos manda apedrear a semejantes mujeres. Tú ¿qué dices?" Decían esto tentándole para poderle acusar.»

En efecto, era tanta la misericordia de Jesús para con los pecadores, que se podía asegurar que no querría condenar ni aun a esta mujer sorprendida en tan repugnante y abominable delito. ¡Infeliz! Probablemente la algazara y excesos de aquellas fiestas, que, aunque sagradas, daban ocasión y cebo a la lascivia humana, la habían empujado al pecado de manera que fue cogida infraganti, y por su desgracia cayó en manos de quienes, en vez de haberla tratado con misericordia, vieron en su caso un medio para tender algunos enredos a su mortal enemigo, aunque para ello tuviese que padecer la honra de aquella miserable.

¿Qué haría el Maestro? ¿Renunciaría a su habitual bondad para con los pecadores? ¿Se atrevería en un caso tan grave y odioso a usar de misericordia? Moisés mandaba apedrear a la culpable, y el que se daba por Mesías ¿se atrevería a contradecir a Moisés? Vamos a ver lo que hace ahora, debieron decirse llenos de júbilo los escribas y fariseos. Moisés dice que apedrearla. ¡A ver!, ¿qué dices tú?

Además, acaso tenían presente otro peligro que le podría venir. Porque si, conforme a la ley de Moisés, mandaba apedrearla, incurriría en la justicia de los romanos, que se habían reservado las penas de muerte.

¿Qué hizo Jesús? No respondió una sola palabra. Sentado como estaba, se inclinó un poco y en actitud de hombre pensador, se puso a trazar en tierra con su dedo letras que no sabemos lo que significaban.

Impacientes, los acusadores instaban preguntando una y otra vez.

Entonces se levantó gravemente el Maestro y dijo: «"El que de vosotros esté sin pecado arroje sobre ella la primera piedra". E inclinándose de nuevo, seguía escribiendo en tierra.»

Un repentino trueno no hubiera causado más pavor y silencio en el auditorio. Todos hubieran querido desaparecer de repente. La conciencia de sus pecados, por los cuales acaso no se diferenciaban de aquella infeliz, sino en que ella había sido descubierta y ellos estaban aún ocultos, el temor de que aquel Maestro, que tan bien conocía lo interior de los corazones, tuviese conocimiento de sus delitos, los hizo enmudecer y temblar de miedo. Y como pudieron fueron, escabulléndose «uno tras otro, comenzando por los más viejos», según dice San Juan.

Y debía de ser curiosísima aquella escena. Seguía Jesús escribiendo sin mirar a nadie. Seguían los escribas y fariseos desfilando uno tras otro sin decir palabra. Seguía la mujer temiendo y esperando el desenlace de su acusación. Y seguía, en fin, la turba esperando en qué había de parar todo aquello, y qué solución por fin se había de dar al enredado caso.

«Quedó, pues, Jesús solo y la mujer en medio de pie». Habíanse ido todos los acusadores, y, fuera de la muchedumbre que antes estaba, no quedaron allí sino Jesús y la adúltera, y, como hermosamente dice San Agustín, la miseria y la misericordia.

«"Mujer, ¿dónde están los que te acusan? ¿Ninguno te ha condenado?" Y dijo la mujer: "Ninguno, Señor". Y dijo Jesús: "Ni yo te condenaré tampoco. Vete y ya no vuelvas a pecar".»

Preciosa y delicadísima bondad e indulgencia. Su suavísima sabiduría halló un modo egregio de librarse a sí mismo de las redes que le tendían, presuntuosos y malévolos, sus enemigos, y, a la pecadora, de sus tenaces acusadores, que acaso, si Jesús no los hubiera hecho esconderse avergonzados, la hubieran llevado de allí a otros tribunales que desautorizasen el fallo del Nazareno. Primero libró a la infeliz de sus zorros, y luego la despidió benignamente perdonada.

Acaso la pobre mujer no sentía aún aquel dolor que sentía la Magdalena, cuando se arrojó a los pies de Jesús. Acaso lo único que le preocupaba era su vergüenza y el miedo de ser apedreada. Es cierto que Jesús no añadió aquí, como otras veces, aquel sublime «se te perdonan tus pecados. Vete en paz». Sólo dijo: «No te quiero condenar». Acaso veía el Maestro que aún no había pensado la pecadora lo suficiente acerca de su enmienda, y por eso añadió: «Vete y no quieras ya pecar».

Jesucristo, que no quiso ejercer exteriormente el papel de juez ni acusador, no iba tampoco esta vez a ejercerlo, y, como en otra ocasión, pudiera haber contestado en ésta: –¿Quién me ha nombrado a mí juez de estos casos?

Dos cosas hay que advertir acerca de este pasaje.

Es la primera, que en muchas antiguas copias y traducciones del Evangelio de San Juan falta esta narración. La razón es, dice San Agustín, que algunos de poca fe o, mejor dicho, enemigos de la verdadera, temiendo que con este relato se diese a sus mujeres la inmunidad de pecar, omitieron en sus copias lo que el Señor hizo con indulgencia a la adúltera. Por la misma causa dice Nicón que se quitó de la traducción armenia. Mal hecho, porque la verdad sagrada jamás debe ocultarse. Ni la indulgencia del Maestro puede dar ocasión de inmunidad, pues expresamente concluye con aquella advertencia suya tan repetida: «No quieras más pecar».

Es la segunda, la curiosidad que todos suelen tener acerca de lo que el Maestro escribió. Sobre lo cual sólo podemos decir las conjeturas de algunos intérpretes. Acaso, dicen unos, escribió aquella sentencia de Jeremías. «Los que se separan de ti serán escritos en tierra», donde se borren sus nombres. Otros, y así lo ponen en algunas copias del Evangelio, creen que escribió los pecados de cada uno de los acusadores. Algunos creen que no hizo otra cosa que trazar líneas y signos sin sentido. Lo más verosímil parece que escribió algo, pero algo que no se podía entender, porque no parece creíble que, si lo hubiera entendido San Juan, no nos lo hubiera dicho. Y ¿acaso podría entenderse si lo que escribía lo trazaba en el pavimento del templo, que, embaldosado como estaba, no podía recibir huellas de lo que el dedo allí marcaba?

152. JESÚS, LUZ DEL MUNDO (Jn 8, 12-30)

Pasaba todo esto en el Gazofilacio del templo, en el atrio llamado de las mujeres, al que no podían entrar los gentiles; pero donde los israelitas, hombres y mujeres, solían congregarse para sus fiestas religiosas. En él estaban los trece cepillos destinados a recoger las limosnas para el culto y sacrificios. Allí, según parece, desde la primera noche de la solemnidad de las Tiendas, solían colocarse uno o dos enormes candelabros con cuatro mecheros, en cada uno de los cuales cabían ciento treinta logos de aceite, que vendrían a ser más o menos treinta y tantos litros. A la luz de estos candelabros solía, según dicen algunos judíos, celebrar fiestas y danzas el pueblo mientras tocaban sus instrumentos los levitas sentados en las gradas de la puerta de Nicanor, que bajaban del atrio de Israel al de las mujeres. Esta luz y todas las iluminaciones que aquellos días lucían en la Santa Ciudad, eran símbolo y anhelo de la gran luz que esperaban del Mesías iluminador, que, según profecía de Isaías, había de aparecer en el pueblo de Dios. La ocasión era admirable. El atrio estaría repleto de israelitas.

Allí, en medio de ellos, estaba ya la luz, aquella luz que esperaban. Ya lo había predicho Isaías y se estaba verificando: «El pueblo que andaba en tinieblas vio una gran luz; a los que habitaban en la región de muerte se les apareció una luz. Aquellos candelabros estaban de sobra. Y con la misma oportunidad que cuando las aspersiones del agua de Siloé había exclamado: «El que tiene sed venga a mí», exclamó ahora y dijo al pueblo:

«Yo soy la luz del mundo; el que me sigue no camina en tinieblas, sino tendrá luz de la vida.»

Y al decir Jesús estas palabras, que en otro cualquiera hubiera sido arrogancia, se renovó otra vez una contienda y controversia parecida a la del día anterior, que fue poco a poco calentándose en sumo grado. De ella, como dijimos de la del día anterior, nos da San Juan los pasos principales, omitiendo muchos incidentes intermedios e ideas complementarias. Por lo cual es preciso muchas veces adivinar el tránsito de unas ideas a otras, y la encadenación de una verdad con las anteriores.

Oyendo, pues, los fariseos que Jesús se llamaba abiertamente luz del mundo, le dijeron: «Tú das testimonio de ti mismo; tu testimonio no es verdadero». Es interesado.

«Respondió Jesús y dijo: "Aunque yo doy testimonio de mí mismo, mi testimonio es verdadero, porque sé de dónde he venido y adónde voy"». Es decir, tengo conciencia de mi origen divino, que vengo de Dios, y de mi término divino, porque a mi Padre voy. Y añadió: «Vosotros juzgáis según la carne *(según lo que a los sentidos parece)*. Yo no juzgo a nadie. Y si juzgo, mi juicio es verdadero; porque no estoy solo, sino que estamos yo y mi Padre, que me envió. Y en vuestra ley está escrito que el testimonio de dos hombres es válido».

Es decir: yo de ordinario no juzgo a nadie, pero si alguna vez doy o diere testimonio de alguno, sabed que mi testimonio es válido. Porque si bien son necesarios dos testigos para que se admita el testimo-

VIII. TERCER AÑO. JESÚS, LUZ DEL MUNDO

nio, ya estamos dos: yo y mi Padre, que testifica y dice lo mismo que yo, como lo podéis entender por los milagros que por mi medio hace en confirmación de mis palabras.

Al decir esto, como buscando al Padre de Jesucristo y burlándose de sus palabras, le dijeron: «¿Dónde está tu Padre?»

A esta burlona pregunta de los fariseos, que se daban por desentendidos del Padre a que Jesús aludía, respondió gravemente el Mesías: «Ni me conocéis a mí, ni conocéis a mi Padre. Si me conocierais a mí, también conoceríais a mi Padre.»

Bien claramente les daba a entender de qué Padre Él hablaba. Y echábales en cara el que, a pesar de sus milagros, no conociesen todavía quién Él era, y quién era su Padre. Y dice San Juan que, a pesar de ser tan terminantes las declaraciones, y de decirlas en el Gazofilacio del templo, sitio bien público, y enseñando, delante de mucho pueblo, con todo, «ninguno le prendió, porque todavía no había llegado la hora».

Sin embargo, la controversia se iba calentando y los fariseos se iban enardeciendo. Jesús, volviéndose sobre las últimas palabras que había dicho, y advirtiéndoles la gran culpa y responsabilidad que, por no haberle querido reconocer, tenían, les amenazó con el más terrible castigo que podría imponerles, diciendo:

«Yo me voy. Y me buscaréis y moriréis en vuestro pecado. A donde yo voy no podéis venir vosotros. Porque yo voy a mi Padre y vosotros no podéis venir conmigo.»

Recibieron con mofa semejantes palabras, según parece, los fariseos, y dijeron despreciativamente:

«"¡Si se irá a matar a sí mismo!... Porque dice que a donde yo voy no me podréis seguir". Respondió Jesús: "Vosotros sois de abajo, yo soy de arriba. Vosotros sois de este mundo, yo no soy de este mundo. Ya os digo que moriréis en vuestro pecado: porque si no creéis que yo soy *(lo que digo)* moriréis en vuestro pecado". Interrumpiéronle los fariseos y dijéronle: "Pues y ¿quién eres tú?" Les dijo Jesús: "Soy lo que desde el principio os estoy diciendo. Muchas cosas tengo que hablar y juzgar de vosotros; pero el que me envió es veraz y yo hablo al mundo lo que oí de él".»

No conocieron, dice esta vez el evangelista, que llamaba su Padre a Dios.

«Les dijo, pues, Jesús: "Cuando levantéis en alto al Hijo del hombre, entonces conoceréis que soy yo, y que nada hago de mí mismo, sino que como me enseñó el Padre, así hablo. Y el que me envió está conmigo y no me dejó solo. Porque yo hago siempre lo que a él le agrada".»

En efecto, crucificado Jesús, muchos judíos creyeron en Él y se convirtieron.

Muy claro les habla aquí de su Padre y de su misión divina recibida de Él.

153. LOS HIJOS DE ABRAHÁN (Jn 8, 31)

Era tal el acento de convicción con que dijo estas cosas el Maestro divino, tal la fuerza de sus explicaciones, tal, en fin, la claridad de sus pruebas, que, según asegura el evangelista San Juan, «cuando dijo esto, muchos creyeron en Él».

Y no debían de ser galileos estos a quienes se refiere el evangelista, sino judíos, según se expresa; aunque tampoco debía de ser firme su fe, porque Jesucristo, en tono de desconfianza, los exhortaba a perseverar.

«Decía, pues, Jesús a los judíos que en él habían creído: "Sí vosotros permanecéis en mi palabra, seréis en verdad mis discípulos. Y conoceréis la verdad y la verdad os dará libertad".»

¡Gran don les prometía!: la libertad, la libertad del alma de la servidumbre del pecado. La gracia que hace a los hombres, en vez de esclavos de la culpa, hijos de Dios. Pero aquellos judíos, más arraigados en soberbia que en fe de Cristo, y otros que con ellos estaban y no habían ni empezado a creer en Cristo, se sintieron heridos cuando Cristo les prometió la libertad si perseveraban en creerle, y le respondieron:

«"Somos hijos de Abrahán; no hemos sido esclavos jamás de nadie. ¿A qué nos vienes diciendo: seréis libres?" Les respondió Jesús: "En verdad, en verdad os digo, que todo el que obra pecado es esclavo del pecado. Mas el esclavo no permanece jamás en la familia, al paso que el hijo permanece en ella siempre. Si, pues, el Hijo os libra, seréis realmente libres".»

Quería decirles: No es verdad que seáis libres; porque, si tenéis pecado, sois esclavos del pecado; que es la peor esclavitud. Y aunque por descender físicamente de Abrahán os creáis hijos de mi Padre celestial, y de su familia, no sois, ni entraréis en ella por vosotros. Yo, sí, soy hijo, y estoy siempre en mi familia. Y soy el que os puedo introducir en ella. Pero es preciso que admitáis mi doctrina; y con ésta os haréis libres.

Y refutando su jactancia, prosiguió:

«Ya sé que sois hijos de Abrahán; pero intentáis quitarme la vida: porque mi palabra no cabe en nosotros. Yo hablo lo que tengo visto junto a mi Padre; así también vosotros hacéis lo que habéis oído junto a vuestro padre.»

No les decía Jesús quién era su padre, ni ellos se atrevieron a darse por entendidos de que aludiese al demonio. Pero, arrogantes, respondieron:

«¡Nuestro padre es Abrahán!...»

A semejante arrogancia contestó Jesús con entereza:

«Si sois hijos de Abrahán, haced las obras de Abrahán. Y no que estáis buscando quitarme la vida, a un hombre que os estoy diciendo la verdad que he oído de mi Padre. Eso no lo hizo Abrahán. Vosotros hacéis las obras de vuestro padre.»

No lograban que Jesús dijese de qué padre trataba. Y queriendo sacar esto, le dijeron: «Nosotros no hemos nacido de adulterio. Sólo tenemos un padre, Dios.»

Refutó también Jesús esta idea y dijo: «Si Dios fuera vuestro Padre, me amaríais a mí; porque yo de Dios he salido, y de Dios vengo; pues no he venido de mí mismo, sino que Él me envió. ¿Por qué no reconocéis mi lenguaje? ¡Pues no podéis escuchar mi palabra! Vuestro padre es el diablo, y anheláis ejecutar las obras de él. Él ha sido homicida desde el principio, y no se sostuvo en la verdad, porque no hay verdad en él; cuando dice mentira, entonces dice lo suyo; porque es mentiroso y padre de la mentira. Pero si yo digo la verdad, no me creéis. ¿Quién de vosotros me puede probar pecado? Y si yo digo la verdad, ¿por qué vosotros no me creéis? El que es de Dios oye las palabras de Dios, y por eso no oís, porque no sois de Dios.»

Las palabras no podían ser más terminantes, las sentencias no podían ser más severas. Sin duda ninguna que aquellos soberbios judíos bramarían de furor al oírse tratar de aquel modo. Por eso, con ira reconcentrada, pasando de las razones al insulto, le dijeron:

«"¿No decimos bien nosotros que eres samaritano y tienes demonio?" "Yo no tengo demonio, respondió Jesús, sino que honro a mi

Padre y vosotros me deshonráis a mí. Pero yo no busco mi gloria. Ya hay quien la busque y la vindique. En verdad, en verdad os digo: el que guarde mi palabra no verá jamás la muerte". Le dijeron los judíos: "Ahora sí que vemos que tienes demonio. Conque murió Abrahán y los Profetas ¿y tú dices: el que guarda mi palabra no verá la muerte jamás? ¿Acaso eres tú más que nuestro padre Abrahán que murió? Y murieron también los Profetas. ¿Por quién te tienes a ti mismo?"»

Cuanto más se desbordaba la ira y el furor de los judíos, tanto más entero y sereno seguía Jesucristo, y, afirmándose más y más en aquello que ellos tenían por disparate evidente, dijo:

«Si yo me glorifico a mí mismo, mi gloria nada es. Es mi Padre quien me glorifica, ése que vosotros decís que es vuestro Dios. Y ¡no le habéis conocido!, pero yo le conozco, y si dijera que no le conozco, seré mentiroso como vosotros. Pero le conozco y guardo su palabra.»

Y para curarles un espanto con otro mayor, ya que ellos tanto apelaban a su padre Abrahán, para mostrarles cuán diferente era Abrahán de ellos, dijo:

«Abrahán, vuestro padre, se llenó de entusiasmo para ver mi día; y lo vio y se regocijó». Es decir: lleno de entusiasmo, deseó y esperó ver mi existencia, que se le reveló por profecía. Y lo ha visto (sin duda desde el limbo, o por favor de Dios, o por noticias que le dieron los que morían) y se ha llenado de alegría.

Entonces el escándalo llegó a su colmo.

«No tienes aún cincuenta años y ¿has visto a Abrahán?»

Al llegar aquí Jesucristo, solemnemente, con plena posesión de la verdad y conciencia segura de su ser, pronunció una de las sentencias más santas y terminantes de su divinidad eterna:

«En verdad, en verdad os digo: antes que Abrahán fuese hecho existo yo.»

Lo mismo fue decir Jesús estas palabras que lanzarse todos a agarrar piedras para arrojarlas sobre Él. Según ellos, había blasfemado. Se había hecho hijo de Dios, Dios eterno, mayor que Abrahán y anterior a él. Era preciso apedrearle y acabar con Él de una vez.

«Pero Jesús se ocultó, y salió del templo.»

Fuese milagro, que es lo más probable, fuese ocultación natural en algún sitio del templo, Jesús se ocultó, y así evadió la furia de sus enemigos, que se quedaron con las piedras en las manos.

¡Aún no había llegado su hora y el poder de las tinieblas!

154. EL CIEGO DE JERUSALÉN (Jn 9, 1-34)

Con las piedras en las manos quedaron los agresores sacrílegos en el templo, mientras Jesús, oculto, como dijimos, a sus ojos, tranquilamente y pasando sin preocuparse de sus enemigos, encontró en su camino un ciego de nacimiento.

Debía de ser el ciego de aquella calle, y acaso estaba sentado a la puerta de su casa o en algún sitio acostumbrado mendigando, pues era conocido de aquella vecindad. Como Jesús se fijó en él, en él también se fijaron sus discípulos, y llenos de esa curiosidad que siempre tenemos los mortales de averiguar los juicios de Dios, y el porqué de las desgracias de los hombres, le preguntaron:

–Maestro, ¿quién ha pecado para que éste naciera ciego? ¿Él o sus padres?

Algunos creen que entre los judíos había quienes creían en la metempsicosis, o sea en la trasmigración o al menos preexistencia de las almas antes de nacer, y que éstas podían pecar antes de venir al mundo, y así merecer algunas desgracias de origen. Sin embargo, más parece que la pregunta de los discípulos es sencillamente esa pregunta que nos hacemos todos cuando vemos un desgraciado de nacimiento: ¿Qué culpa tuvo éste para nacer así?

Respondió Jesús: «Ni pecó éste ni sus padres. Sino que este caso está ordenado para que se manifiesten en él las obras de Dios. Es preciso que yo ejecute las obras del que me ha enviado mientras es de día; viene ya la noche en que nadie puede obra. Mientras estoy en el mundo soy luz del mundo».

El Maestro se disponía a hacer un milagro. Durante todas las fiestas y el tiempo que había estado en Jerusalén, había explicado grandes verdades y altísima doctrina, pero no había hecho ningún milagro. Se había contentado con aludir a los que en otras ocasiones había hecho. Pero ahora, para confirmar de nuevo su doctrina divina, iba a realizar otro portento, patente y clarísimo: discutidísimo, pero invicto. Es realmente precioso el relato que de él nos dejó San Juan, que fue testigo presencial del caso admirable.

Dijo, pues, Jesús: –Se acerca la noche de mi muerte, en que nada haré, pero aún es de día, y yo mientras dura el día, puedo y debo hacer lo que quiere mi Padre, y para lo que me envió mi Padre. Yo acabo de decir en el templo que soy luz del mundo. Voy a probar que lo soy.

Y para demostrar que era luz espiritual de la tierra, tomó a aquel infeliz que carecía de luz corporal.

Se acercó, pues, al ciego y dijo: «Yo soy luz del mundo».

«Y habiendo dicho esto, escupió en tierra e hizo barro con la saliva y con este barro le untó sus ojos y le dijo: "Vete y lávate en la piscina de Siloé" (que quiere decir *enviado*). Fue, pues, se lavó y volvió viendo. Los vecinos y los que antes le habían visto que era mendigo, decían: "¿No es éste aquel que estaba sentado y mendigaba?" Unos decían: "Él es". Otros decían: "De ningún modo, sino que se le parece". Y él decía: "Soy yo". Y le decían: "¿Cómo se te han abierto los ojos?" Respondió: "Aquel hombre que se llama Jesús hizo lodo, y ungió mis ojos y me dijo: vete a la piscina de Siloé y lávate. Y he ido y me he lavado y veo". Le dijeron: "¿Dónde está aquél?" Dice él: "No sé".»

Entre toda la turba que se había arremolinado estaban, sin duda, muchos de los espías de Jesús enviados de los fariseos, y aun algunos fariseos, los cuales creyeron que era aquél un caso digno de ser inmediatamente delatado a sus amos y al Sanedrín.

Es de notar que el día en que Jesús curó al ciego era sábado, y entre las minucias que los supersticiosos observadores del sábado habían señalado en su casuística como prohibida en tal día, era una precisamente la de poner saliva sobre los párpados de un enfermo. Cualquiera hubiera dicho que Jesús se había propuesto contravenir a semejante superstición.

«Conducen, pues, a aquel que había sido ciego a los fariseos.»

No se reunía el Sanedrían los sábados; pero acaso había alguna excepción para los casos extraordinarios, como era éste; acaso esta vez no se reunió formalmente el sanedrín, sino los fariseos en él sin formalidad ni junta.

Llegado el ciego a presencia de la reunión, otra vez le preguntaron los fariseos cómo había recobrado la vista, y él les dijo: «Me puso lodo en los ojos, y me lavé y veo».

Confusos quedaron de seguro los fariseos a tan sencilla y convincente relación, y, empezando a juzgar el caso, empezaron también a disentir en sus pareceres.

«Decían, pues, algunos de los fariseos: "Este hombre no es de Dios, pues no guarda el sábado". Decían otros: "¿Cómo puede un hombre pecador hacer tales prodigios?" Y había disensión entre ellos.»

Estos segundos debían de ser Nicodemus y otros como él.

Realmente era imposible pensar que un pecador pudiese hacer estos milagros. Porque si bien absolutamente no es imposible que un pecador haga milagros, pero los milagros que hacía Jesús eran para probar su misión y divinidad. Las opiniones se dividían. Entonces, sin saber por dónde tirar, se dirigieron al ciego de nuevo y le dijeron:

«Tú, ¿qué dices de Él?, porque te ha abierto los ojos.»

Buscaban, sin duda, una confesión del ciego que les sirviese a ellos para declarar contra Jesús. Pero el ciego, resuelto, respondió:

«"Que es profeta". No creyeron, pues, los judíos que aquel hombre hubiese sido ciego y que hubiese recobrado la vista, sino que llamaron a los padres del que había recobrado la vista, y les preguntaron estas palabras: "¿Es éste vuestro hijo, el que decís vosotros que nació ciego? Pues, ¿cómo es que ahora ve?"»

Lo que no pudieron obtener del ciego, una declaración o alguna confesión que desautorizase el milagro de la curación, lo quieren sacar ahora a los padres del ciego. Y echando fuera, según parece, al ciego, comienzan a preguntar aparte de él a sus padres con autoridad y astucia a un tiempo, como seguros de que allí había algún engaño. Dícenles sin mentarles para nada el milagro de Jesucristo:

«¿Es hijo vuestro ese que decís que ha nacido ciego? Pues, ¿cómo ve ahora?»

Estaban los padres llenos de recelo y miedo, porque como ya «los judíos habían convenido en expulsar de la sinagoga a quien confesase que Jesús era Cristo», temían que a ellos los castigasen excomulgándoles, si decían que Cristo había dado la vista a su hijo. Por eso respondieron con astucia a la astucia de los fariseos:

«Nosotros sabemos que éste es hijo nuestro y que nació ciego. Pero cómo es que ve ahora no sabemos, ni quién abrió sus ojos no sabemos; preguntádselo a él, edad tiene, él hablará de sí».

Viéndose así de nuevo cerrados, «llamaron otra vez al que había sido ciego y le dijeron con afectada calma y solemnidad: "Da gloria a Dios. Nosotros sabemos que ese hombre es pecador"».

¡Infelices! no podían negar el hecho maravilloso en que todos estaban contestes, y quieren destruir todo su efecto natural de autorizar a Jesús, y dicen al ciego: Da gloria a Dios, que te ha hecho tantos beneficios. Porque no creas que eso te lo ha hecho ese hombre, que tenemos muchos motivos para asegurar que es pecador.

Difícil sería convencer al ciego de ello; era, por lo que se ve, muy listo, y les respondió: «Si es pecador, yo no lo sé; lo único que sé es que, estando antes ciego, ahora veo».

No salían los pobres fariseos de sus enredos, sino que cada vez quedaban más cogidos; y deseando desenredarse enredando al ciego, renovando su fingida calma, que ocultaba un volcán, le dijeron con sosiego: «¡Vamos a ver! ¿Qué te hizo? ¿Cómo te abrió los ojos?»

Cansado el ciego, y viendo que lo único que querían era enredarle y deshacer la fuerza del hecho, les respondió:

«Ya os lo he dicho y lo habéis oído... ¿Qué? ¿Queréis oírlo otra vez? ¿Acaso queréis haceros vosotros también sus discípulos?»

¡Terrible era el sarcasmo! Al oírlo, estallaron de ira todos; le maldijeron diciendo:

«"¡Tú serás su discípulo! ¡Nosotros somos discípulos de Moisés! Sabemos que a Moisés habló Dios; pero ese hombre no sabemos de dónde es". Respondió el ciego y dijo: "Eso es lo admirable, que vosotros no sepáis de dónde es y que haya abierto mis ojos. Ya sabemos que Dios no oye a los pecadores. Sino que, cuando uno reverencia a Dios y hace su voluntad, le escucha. Jamás hemos oído que un hombre haya abierto los ojos a un ciego de nacimiento. Si éste no fuera de Dios, no podría hacer nada".»

Aunque las palabras del ciego comprenden muchas cosas inexactas de suyo, si se las examina con rigor, ya se entiende su sentido. Quería decir que Dios no escucha a los pecadores cuando éstos quieren hacer algún milagro para probar su bondad o misión divina, como ha escuchado a Jesús, que ha hecho un milagro para probar que es Cristo. Añadía que jamás se ha sabido que ningún hombre con sus fuerzas humanas haya abierto los ojos a un ciego de nacimiento del modo como a él se los han abierto. Y concluía: evidentemente ese hombre es lo que Él dice, Cristo, de Dios, porque si no fuese de Dios, no haría nada de esto.

La rabia de los fariseos llegó a su paroxismo, y sin dignarse refutar ni atender a su invicto razonamiento, le dijeron:

«"¿En pecado has nacido todo entero y vienes a enseñarnos?"... Y le arrojaron fuera.»

155. LA LUZ DEL MUNDO Y LOS CIEGOS (Jn 9, 35-41)

Salió el pobre hombre expulsado inicuamente de la sinagoga por los obstinados fariseos, y fue tan ruidoso el caso, que todos estaban hablando de él. También llegó a oídos de Jesús la noticia, y sin duda que se conmovió su Corazón suavísimo al saber que por su causa aquel pobrecito padecía. Por eso, deseoso de consolarle y animarle, y de completar su gracia, dándole, así como le había dado la luz exterior, la interior de la fe perfecta en su Divinidad, se le hizo encontradizo, le llamó y le dijo: «¿Crees tú en el Hijo de Dios?»

El mendigo, que no le había visto nunca, pero que entonces, sea por la voz, sea por referencia, o de otro modo, sospechó y acaso supo cierto que quien le preguntaba era quien le había dado la vista, confiando en que lo que Él le dijese merecía crédito y confianza, dijo:

«"Señor, y ¿quién es ése, para que crea en él?" Le dijo Jesús: "Le has visto. El que está hablando contigo, ése es". "Creo, Señor, dijo él, y cayó de rodillas adorándole".»

Magnífica y sencillísima confesión de la Divinidad. Al punto Jesucristo, viendo a la muchedumbre agolpada, y entre ella algunos fariseos, alzó la voz y dijo:

«Yo he venido a este mundo para hacer juicio, para que los que no veían vean y los que veían queden ciegos». Es decir: para que los humildes, que estaban sin doctrina, reciban la luz de la fe y de la verdad, y los soberbios que se precian de doctos e ilustrados cieguen de incredulidad. Lo mismo que había dicho Simeón en su cántico profético, «para ruina y resurrección de muchos».

Conocieron los fariseos que allí estaba la alusión a ellos y a su obstinación, y le dijeron:

«"¿Acaso nosotros también estamos ciegos?" Les dijo Jesús: "Si fuerais ciegos, no tendríais pecado. Pero vosotros decís: nosotros vemos. Y vuestro pecado permanece".»

Si hubieran sido ciegos hubieran conocido que eran ciegos, y hubieran buscado humildemente la luz, o no se les hubiera podido echar en cara su ignorancia inculpable. Mas no eran ciegos, sino que eran ilustrados, pero tan desgraciadamente ilustrados, que no querían ver otra doctrina que la suya; y por eso, diciendo: nosotros ya vemos, no tinemos necesidad de luz ni de más vista, se quedaban endurecidos y obstinados en su pecado.

¡Oh!, ¡qué verdad es que no hay peor ciego que el que no quiere ver, ni peor sordo que el que no quiere oír! ¿Señor! Luz del mundo, ¡creemos!, ¡ayuda a nuestra incredulidad!

156. EL BUEN PASTOR (Jn 10, 1,-21)

Era la tarde; los trabajadores se retiraban del trabajo, y acaso algunos pastores traían el ganado de los prados y pasaban por las calles. El Mesías, que muchas veces había visto a su pueblo abandonado y deshecho, como rebaño sin pastor, lo vio así de nuevo otra vez. Lejos de ser pastores, los fariseos eran ladrones y tiranos que maltrataban a sus ovejas, como acababan de maltratar a aquel pobre ciego, oveja fiel de Dios, a quien Él había dado la vista y la fe.

Entonces aquel de quien Yahvé había dicho a Ezequiel: «Yo suscitaré para mis ovejas un pastor que las apaciente, a mi siervo David; él las apacentará y les servirá de pastor», conforme a su misión, dijo continuando su discurso:

«Sí, sí, yo os digo: el que no entra por la puerta al redil de ovejas, sino que sube por otra parte, ése es ladrón y salteador; en cambio el que entra por la puerta es pastor de las ovejas. A éste le abre el portero, y las ovejas entienden su voz, y él llama a las suyas, por su nombre, y las saca. Y cuando ha sacado sus propias ovejas, va ante ellas y ellas le siguen porque conocen su voz. Pero al extraño no le siguen, sino que huyen de él, porque no conocen la voz de los extraños.»

Era, y es acaso aún, uso de Palestina tener en cada pueblo un aprisco común para varios dueños y pastores. Cércanlo de una valla o tapia, y pónenle una puerta. Allí meten todos los rebaños, y dejándolos, se van los pastores menos uno, que, por turno, va haciendo la guardia en la puerta, por horas de la noche o por *vigilias,* que eran espacios nocturnos de tres horas.

En amaneciendo, viene cada pastor, le abre el portero, entra, da sus silbidos o sus voces, llamando a sus ovejas acaso por su nombre, pues las tienen bien conocidas. Las ovejas conocen cada una a su pastor y se agrupan a su alrededor, y cuando ven que su pastor sale, le siguen seguras al campo, yendo el pastor delante, como hemos visto que lo hacen aún hoy día.

Por eso dice el Señor: los pastores entran por la puerta. Si alguno salta la valla o escala la tapia, es señal de que no es pastor, sino ladrón que burla la vigilancia del portero, y escala, porque sabe que el portero no le abrirá.

No entendieron, según dice San Juan, lo que quería decirles. Por eso les dijo de nuevo:

VIII. TERCER AÑO. EL BUEN PASTOR

«Yo soy la puerta para las ovejas. Todos los que han venido son ladrones y salteadores, y las ovejas no los han atendido.»

No se refería a los que en todo tiempo habían regido a Israel, que entre ellos hubo buenos y muy buenos pastores, como Moisés y David y los Profetas. Se refería a los de su tiempo, los cuales no querían entrar por la única puerta que había ya, que era Cristo. Antes de su encarnación no podía ser Él puerta, ni tener ovejas, ni formar redil, ni exigir la fe en su persona, que ahora exigía. Pero ya era preciso para poder regir a Israel creer en el Maestro, en el Mesías, entrar por Cristo como puerta. Lo cual no querían los fariseos. Por eso decía Jesús: Todos esos que han venido antes de mí, y no querían aceptar mi doctrina y magisterio, han entrado por las bardas, saltando por las tapias, y son ladrones. No es extraño que el pueblo no los oiga, que las ovejas no reconozcan su voz. Y prosiguió diciendo:

«Yo soy la puerta. El que entre por mí ése se salvará, y entrará y saldrá y hallará pasto. El ladrón no viene sino a robar y matar y destrozar. Yo vengo para que tengan vida y la tengan en abundancia. Yo soy el buen Pastor. El buen Pastor da su vida por sus ovejas. Pero el mercenario y que no es pastor, ni dueño de las ovejas, ve venir al lobo y deja las ovejas y huye, y el lobo arrebata y dispersa las ovejas. Y huye el mercenario, porque es mercenario, y no se interesa por las ovejas. Yo soy el buen Pastor, y conozco a mis ovejas y mis ovejas me conocen a mí. Lo mismo que me conoce a mí mi Padre y que yo le conozco a Él. Y pongo mi vida por mis ovejas. También tengo otras ovejas que no son de este redil. Y también a ésas tengo yo que recogerlas; y oirán mi voz, y se formará un redil y un pastor.»

Dulcísima y consoladora palabra del Señor. Él es ya el único Pastor, y el Pastor bueno y excelente. Y más hermosamente lo dice en griego el evangelista San Juan, pues lo dice de esta manera: «Yo soy el Pastor, el bueno. El Pastor, el bueno, da su vida por sus ovejas». Él es, en efecto, el Pastor, el único Pastor, porque ya van a desaparecer todas las diferencias de rediles. Y es el bueno, el eximio, el excelente, el gran Pastor, tan excelente y tan bueno, que da la vida por salvar sus ovejas.

Para tal Pastor, para Pastor tan excelente y bueno, es pequeño el redil de Israel. Hay fuera de él muchas ovejas que Él llamará y hará venir a su redil. Toda la gentilidad, que, puesta entonces fuera del redil del pueblo de Dios, cuando Jesucristo por medio de sus Pastores los apóstoles le dé su silbido y la llame con su voz, vendrá corriendo de todas las regiones del orbe a su redil, y se juntará con los judíos que hayan entrado por la verdadera puerta, que es Cristo, y con ellos formará un redil bajo un solo Pastor supremo, que es Cristo. Mas para eso ¡cuánto hay que hacer todavía! Para redimir a esas ovejas del lobo será preciso que el buen Pastor dé su vida por sus ovejas. Y sí la dará.

«Yo doy mi vida por mis ovejas», decía. Y continuaba:

«Por eso me ama el Padre, porque doy mi vida, *(aunque)* para tomarla otra vez. Nadie me la quita. Sino que yo la doy por mí mismo, pues tengo potestad para darla y potestad para tomarla de nuevo. Este mandato he recibido de mi Padre.»

¡Gran amor! ¡Gran poder! ¡Estupenda bondad y estupenda confianza la del Maestro!

Yo amo tanto a mis ovejas, que por salvarlas, por redimir tanto a las que han perecido en Israel, como a las que viven lejos y fuera en la gentilidad, daré mi vida. No huiré, como los mercenarios, sino que iré a arrebatarlas del lobo, aunque para ello sea preciso que dé la vida, pues así lo dispone mi Padre.

Pero para que nadie piense que es débil mi poder, pues sucumbo a la muerte, ni que soy como uno de tantos hombres mortales y pastores humanos, si es verdad que doy la vida, será porque yo quiero darla, pues tengo poder para darla o no darla, y si yo no quiero, nadie me la puede quitar. Y en prueba de que tengo este poder de impedir mi muerte, luego que muera volveré yo mismo a tomar mi vida, cosa a ningún mortal jamás permitida: que él mismo a sí mismo se resucite.

¿Qué hicieron los judíos al escuchar este divinísimo discurso? ¿No cayeron a los pies del amabilísimo Maestro que tan incomprensible amor nos mostraba? ¿No oyeron su suavísimo silbido y su voz fascinadora? ¿No siguieron al punto al que los quería salvar y conducir a su redil y a los campos de la abundancia de vida?

Como siempre y conforme a la profecía de Simeón, dividiéronse en dos bandos los oyentes. A una parte los de la ruina y a otra los de la resurrección. Dice San Juan: «Otra vez se suscitó la disensión entre los judíos con estas palabras. Y decían muchos de ellos: "Tiene demonio y desvaría. ¿Por qué le atendéis?" Otros decían: "Las palabras no son de quien tiene demonio. ¿Acaso el demonio puede abrir ojos de ciegos?"»

Las ovejas y cabritos que el Señor aseguró en otra ocasión que habría el día del juicio, se portaban ya como quienes eran. Las ovejas humildes oían la voz del buen Pastor. Los cabritos, inquietos e indómitos, se rebelaban y retorcían.

157. LA ORACIÓN DOMINICAL (Lc 11, 1-4; Mc 6, 9-13)

Hay una oración breve en palabras y riquísima en gracias, sencilla en expresiones y profundísima en conceptos, la más perfectamente humana que se conoce en el mundo. Oración que han pronunciado millones de labios, en todas las lenguas de la tierra, y que han exhalado millones de corazones en todos los rincones del orbe, y que se han transmitido sin mudar una palabra centenares de generaciones por todos los siglos.

Es la que vulgarmente llamamos el Padrenuestro, y, más científicamente, Oración Dominical.

¿Quién hizo esta preciosa oración? El Señor. Por eso se llama *Dominical,* que en latín es lo mismo que Señorial o del Señor.

No es fácil, porque no nos dan los evangelistas datos suficientes para ello, seguir todos los pasos del Salvador en su vida. Después de las fiestas de las Tiendas (aunque sobre esto hay muchísimas opiniones, que dejaremos a los disputadores), el Señor debió de quedarse por los alrededores de Jerusalén. Acaso se hospedaba muchas veces en Betania en casa de Lázaro, yendo y viniendo diariamente de Jerusalén, que dista menos de tres kilómetros, y, según su costumbre, iba muy de ordinario a orar en el Huerto de los Olivos, según vimos que lo hacía desde que vino a Jerusalén.

Y un día de éstos, dice San Lucas, estaba orando en un sitio, que, por lo que se puede suponer, y por la tradición, era el monte Olivete. Y cuando cesó de orar, se le presentaron sus discípulos. Es muy fácil que mientras el Maestro oraba, los discípulos se cansasen, por una parte, y envidiasen, por otra, la oración del Maestro. Y deseando imitarle y saber hacer lo mismo que Él hacía, para pasar las noches como Él las pasaba, uno de ellos, que no sabemos quién fuese, y que algunos conjeturan que debió de ser uno de los setenta, pues de ser uno de los doce, acaso el evangelista nos hubiera dado su nombre, le dijo:

«"Señor, enséñanos a orar, como enseñó Juan a sus discípulos". Y les dijo: "Cuando oréis decid:

Padre nuestro que estás en el cielo, santificado sea tu nombre, venga a nosotros tu reino, hágase tu voluntad en la tierra como en el cielo. Danos hoy nuestro pan de cada día, perdona nuestras ofensas como también nosotros perdonamos a los que no ofenden; no nos dejes caer en la tentación, y líbranos de mal. Amén.»

Tan sencillamente nos enseñó el Maestro a orar. Dichoso el que sienta lo que en esta oración se encierra. Porque ella comprende en su brevedad todo lo que podemos pedir, y todas las peticiones en ella encerradas, como dice muy bien nuestro catecismo de Astete, están fundadas en toda caridad, es decir, en el más puro y perfecto amor de Dios.

En efecto, amor respira la primera palabra, ni puede darse otra más propia que ella para infundir confianza y respeto en el que ora y provocar amor en aquel a quien invocamos.

Padre nuestro que estás en el cielo.–No sólo dirigimos la oración al Padre, sino a todas las tres Personas, pues todas ellas, siendo una misma y sola Divinidad creadora nuestra y protectora de todas nuestras cosas, son Padre, y todas las tres Personas nos dieron el ser y nos conservan la existencia y nos conceden todas las cosas y prometen el cielo como herencia. Padre es también Dios no sólo por naturaleza, sino por gracia, puesto que nos adoptó en Jesucristo con un privilegio estupendo de elevación y de amor.

Al decir *nuestro* nos indica Jesús que Dios es Padre de todos, y que, depuesto todo egoísmo, debemos orar los unos por los otros, como por hermanos estrechamente unidos en Cristo. Y al añadir *que estás en el cielo,* nos indica que si bien el Señor está en todas partes y en todas es nuestro Padre, pero hay un sitio donde está Él especialmente, donde se le ve, donde se le tiene de otra manera de como aquí se le ve y se le tiene. Ése es el cielo, ésa es la gloria, ésa es nuestra patria, a ella se elevan nuestras oraciones para obtener su fin. Levantad allá vuestros corazones.

Santificado sea tu nombre.–Que Dios sea conocido, honrado, glorificado, santificado por todo el mundo..., ésa debe ser la primera aspiración del hombre. Y como, por providencia de Dios, depende en parte de nosotros el que Dios sea glorificado por los hombres, y reciba de ellos el honor y respeto que le es debido, por eso la primera petición es que nuestro Padre se digne disponer todas nuestras cosas de modo que su ser y nombre sea santificado en el universo mundo. De donde nos vendrá a los hombres todo bien, por más que los naturalistas y librepensadores no lo crean. Por eso estamos tan llenos de calamidades, porque Dios no es conocido y respetado como debiera.

Venga a nosotros tu reino.–No se trata de que Dios reine en la creación por su dominio absoluto. Así reina cuando Él quiere, y siempre. Se trata de otro reinado que, por su providencia, ha dejado dependiente de nuestra voluntad. Venga a nosotros tu reino significa que venga a nosotros el reino de la gloria eterna después de la muerte. Y, puesto que para ello antes debe vivir el hombre en gracia, que venga a nuestros corazones el reino de Dios en el alma por la gracia santificante. Y, como la gracia se nos da por medio de la Iglesia, que reine en la Iglesia y se extienda por todas partes; pues ella es el reino de Jesucristo.

El Reino de Dios es la Iglesia, en la cual reina aquí Dios por gracia, preparándola para que después, trasladada al cielo poco a poco, sea allí su reino, en el cual reine ya por gloria con todo su esplendor y magnificencia.

Hágase tu voluntad en la tierra como en el cielo.–La voluntad absoluta de Dios, lo que Él absolutamente y eficazmente quiere, se hace, sea que nosotros roguemos, sea que no roguemos. Mas hay otra voluntad de Dios, cuando sin sujetarnos físicamente, ni forzarnos, nos manda, aconseja o prohíbe alguna cosa, dejándonos, sin embargo, la libertad física de hacer o no lo que Él manda o quiere. Y como este mismo querer nuestro depende de la gracia además de nuestra voluntad, por eso pedimos a nuestro Padre gracia de cumplir sus mandatos, y hacer en todo lo que Él desee que hagamos. Y aun respecto a aquellas cosas que su providencia eficaz y absolutamente dispone y hace, pedimos que nos dé gracia para conformarnos con su voluntad, y resignarnos con todo aquello que, sea haciéndolo Él, sea permitiendo que lo hagan otros contra sus mandatos, nos hace sufrir y padecer.

He aquí la primera parte del Padrenuestro, la más divina, la más perfecta, la más importante: en ella pedimos la realización de nuestro fin y dicha para la que hemos nacido. La gracia de servir a Dios, es decir, de hacer su voluntad en la tierra, y de lograr el premio eterno en la gloria, mediante nuestro perfeccionamiento, que está en hacer en todo la voluntad de Dios, esa voluntad que las cosas irracionales realizan a la fuerza, en virtud de su necesidad intrínseca, y que las personas racionales tenemos el triste privilegio de poder impedir o dejar, en virtud de la libertad que se nos ha concedido para prueba de nuestra vida, a fin de que, según realicemos o no la voluntad de Dios en nosotros, logremos o no el Reino eterno de la gloria.

Petición de *fe* es la primera, por la que pedimos que Dios sea conocido en todo el mundo.

Petición de *esperanza* es la segunda, por la que suplicamos que el Padre nos dé la herencia que esperamos del Reino, y para ella nos disponga por la gracia, que es la que nos hace herederos de la gloria.

Petición de *caridad* es la tercera, por la que pedimos que el Padre nos conceda la gracia de amarle, como un amor, más que de palabras y suspiros delicados, de obra, mediante el cumplimiento de la voluntad de Dios, que es la mayor unión y el mejor amor que puede haber de Dios en la tierra y en el cielo.

Nada más desinteresado temporalmente que la primera parte del Padrenuestro. No se pide en ella ningún provecho temporal ni bien terreno. Todo es celestial, espiritual, divino.

Pero, ¡ay!, el hombre consta de cuerpo además del alma, y mientras le dura esta corta vida de la tierra, tiene necesidad de muchas cosas, que dependen de la providencia de Dios, y está rodeado de muchos males y peligros.

Por eso viene la segunda parte de esta completa oración.

Danos hoy nuestro pan de cada día.–He aquí lo primero y más urgente que el hombre necesita: el pan de ahora, el pan de cada día, el pan, el sustento, el vestido, la habitación para las necesidades actuales. Bien está que el hombre trabaje y espere de su trabajo. Y sin su trabajo no espere, pues sería tentar a Dios. Pero sin el favor de Dios, nada vale nuestro trabajo. Un accidente, el fuego, el agua, el aire..., puede en un momento inutilizar todo nuestro trabajo. Pero todos estos elementos, aun en medio de sus leyes naturales, no se mueven sino al imperio y providencia de Dios.

Bien está que tengamos providencia y preparación para el día de mañana. Pero no debemos ser ni demasiado avaros, ni demasiado preocupados, ni mucho menos demasiado regalados. El pan suficiente para la actualidad, he ahí lo que debemos pedir. Breve, pero admirable compendio de vida. «No me des, decía el Sabio en los Proverbios, ni pobreza, ni riqueza. Dame el pan que me es necesario, no sea que en la abundancia reniegue de ti, y diga: ¿Quién es Yahvé?...; o en la pobreza robe o blasfeme del nombre de Dios». Padre nuestro que estás en el cielo, aquí danos el sustento necesario; lo demás guárdanoslo para la otra vida.

Piensan algunos, y con fundamento, que en esta petición se pide también el pan de la Eucaristía y la gracia de poder comulgar y recibirlo frecuentemente. ¡Digna petición de la Iglesia! Y por eso, dicen,

VIII. TERCER AÑO. LA ORACIÓN DOMINICAL

se pone en aquella palabra *nuestro,* es decir, el pan propio nuestro, de la Iglesia, de los cristianos.

Perdona nuestras ofensas como también nosotros perdonamos a los que nos ofenden.–No esperemos que por sola esta petición se perdonen los pecados mortales. Para ello es condición y medio preciso la confesión. Se pide, sin embargo, con razón y con esperanza, la remisión de todos los pecados. Y primero, que se nos dé la gracia de hacer penitencia y confesión de los mortales, y que mediante ella Dios nos los perdone. Segundo, que se nos perdonen los pecados veniales. Y, en fin, que se nos remita la pena temporal debida, así por los pecados mortales como por los veniales.

Y era en la antigua Iglesia exhortación frecuente de los Padres a los fieles antes de comulgar, aconsejarlos que rezasen el *Dimitte nobis,* esto es, el *Perdónanos,* para ir a la Comunión con más pureza: perdónanos los pecados veniales. Y según refiere San Agustín, para obtener mejor este perdón, solían los cristianos al decir estas palabras, darse un golpe de pecho, para indicar el dolor que a esta petición debe unirse.

Es de notar que a esta petición acompaña una condición que no acompaña a las otras, porque añade: Así como nosotros perdonamos a los que nos ofenden, a los que nos han ofendido. Condición terrible que nos indica la obligación que tenemos de ser bondadosos, indulgentes, misericordiosos. Nosotros pronunciamos aquí nuestra sentencia; puesto que si perdonamos, pedimos que se nos perdone, y nos absolvemos; pero si no perdonamos, pedimos que no se nos perdone, y nos condenamos. Con la medida con que midamos se nos medirá.

No nos dejes caer en la tentación.–Aquí pedimos a Dios nuestro Padre, que no permita que nos vengan tentaciones, pues son un mal y un peligro, o que, si nos vienen permitiéndolo Él por sus altos juicios, no nos deje caer en ellas en ningún pecado. Mala es la tentación, por el peligro que nos trae de inducirnos a pecado; pero, si no caemos en éste, lejos de ser la tentación un mal, es un bien, pues nos da victoria y mérito.

Y líbranos de mal.–Y porque además del hambre y del pecado y de la tentación, hay otros males de muchas clases, pedimos a nuestro Padre, al concluir la oración, que nos libre de todos ellos.

Amén.–Es el sello, es la confirmación de la oración entera. Así sea.

San Mateo pone esta oración entre las enseñanzas que dijo el Señor en el sermón del Monte. Y bien puede ser que allí también la hubiese enseñado el Maestro. Pero como San Mateo suele aglomerar en un sitio muchas sentencias que tienen entre sí conexión, aunque el Señor las haya dicho en distintos sitios y lugares, por eso no se tiene por cierto que ya entonces la dijere. Antes muchos creen que la dijo sólo en esta ocasión.

Sea de todo esto lo que sea, esta oración es la más propia de todos los cristianos para todas las ocasiones de la vida, y para todas las necesidades del hombre. Andáis buscando nuevas y exquisitas plegarias compuestas por hombres. Bien está. Pero siempre esté en vuestros labios, más frecuentemente que ninguna, esta que el Hijo de Dios compuso para que le pidiésemos lo que quisiésemos. ¿Acaso os parece que el Señor escuchará ninguna oración con más agrado que ésta, que para orar los hombres a Dios está compuesta por el mismo Hijo de Dios? ¿O tal vez pensáis que hay ninguna necesidad vuestra que no esté incluida en esta oración? Dice San Agustín: «Si recorres todas las palabras de las oraciones santas, según pienso, no hallarás nada que no esté contenido en esta oración dominical; por donde será, sí, libre decir lo mismo al orar aunque con otras palabras, pero no será libre el decir otras cosas». Podrás pedir con otras palabras, pero otras cosas que las que en el Padrenuestro se piden, no podrás.

En las faldas del monte Olivete, el claustro llamado del paternoster que precede a la iglesia de unas religiosas Carmelitas, recuerda el sitio tradicional en que Jesucristo en y enseñó esta oración a sus discípulos. Es de estilo ojival, y frente a cada uno de los treinta y dos arcos que se abren al jardín, presenta en el muro treinta y dos lápidas, en las que con azulejos está escrito el Padrenuestro en treinta y dos idiomas. Posteriormente, además del español, se ha colocado por los peregrinos españoles el Padrenuestro en vascuence y catalán.

158. VALOR DE LA ORACIÓN
(Lc 11, 5-13; Mt 7, 7-11)

No se contentó con enseñarnos este modo de orar. Aprovechando la ocasión, nos exhortó Jesús a orar y pedir con confianza, encareciéndonos la oración con palabras dulcísimas y tales que no dudo afirmar que son uno de los mayores consuelos y de las más firmes esperanzas de que hemos de lograr nuestra salvación eterna, si queremos. Les decía:

«Tendrá uno de vosotros un amigo, irá a él a medianoche, y le dirá: "Amigo, proporcióname tres panes, porque acaba de llegar un amigo mío de viaje a mi casa y no tengo qué ponerle a la mesa". A lo mejor le responde el otro de dentro: "Déjame en paz; ya está cerrada la puerta; mis niños, como yo, están dormidos; no me puedo levantar y darte eso". Mas si el otro persiste llamando, yo os aseguro que si no se levanta y le da por amigo, pero al menos por su importunidad se levantará y le dará todos los panes que necesite. Pues así os digo a vosotros: Pedid y se os dará; buscad y hallaréis; llamad y se os abrirá. Porque todo el que pide recibe, y el que busca halla, y al que llama se le abre. Si a un padre de vosotros pide pan un hijo, ¿acaso le da una piedra?, y si le pide un pez, ¿acaso le da una serpiente?, y si le pide un huevo, ¿acaso le da un escorpión? Si, pues, vosotros, siendo malos, sabéis dar a vuestros hijos buenas cosas, ¿cuánto más vuestro Padre celestial dará el Espíritu Santo a los que se lo piden?»

¡Oh qué hermosas palabras! En ellas el Salvador nos promete concedernos todo cuanto en su nombre pidamos. Ahora bien; en su nombre pedimos, sin duda ninguna, nuestra salvación y santificación. Por donde podemos estar seguros de que infaliblemente, si oramos, obtendremos la salvación y evitaremos el pecado y nos santificaremos de veras.

Por lo cual aseguran los maestros que el que pide con perseverancia a Dios por medio de la oración su salvación eterna, se salvará; y que ésta es señal verdadera de predestinación.

Los bienes temporales no es seguro que nos los dé cuando le pedimos. Porque el Salvador lo que quiso obtenernos por sus méritos y en lo que se ocupó de nosotros, no fue nuestro bienestar temporal y prosperidad terrena, sino nuestro bien y provecho espiritual y, sobre todo, la salvación de nuestras almas y no impiden otros bienes espirituales mayores, y tanto cuanto nos sean necesarios: el pan nuestro de cada día.

Pero el bien espiritual, la salvación del alma, la buena muerte, la perseverancia final, ésa de seguro, infaliblemente, si oráis, si la pedís constantemente en nombre de Jesucristo, se os dará. Y si no, ya podéis afirmar que no tienen valor ninguno las palabras del Señor. Lo cual sería una blasfemia. No.

«Pedid y se os dará. Buscad y hallaréis. Llamad y se os abrirá.»

Así lo dice, de tres maneras, para que veamos que quiere insistir en ello. Y lo repite de otras tres:

«Porque todo el que pide, recibe; y el que busca, halla, y al que llama, se le abre.»

Pedid, pues, el Reino de Dios. Buscad la justicia y santidad. Llamad a la puerta del cielo. Orad constantemente.

159. EL ENDEMONIADO MUDO
(Lc 11, 14-26; Mt 12, 22, 38; 43-45)

Por este tiempo hizo Jesús un milagro con un endemoniado, el cual dio ocasión para que se renovaran entre Jesús y los fariseos las mismas disputas que en Galilea acerca del origen de su poder de arrojar demonios de los posesos.

«Estaba, dice San Lucas, echando un demonio. Éste era mudo. *(Es decir, hacía mudo al que lo tenía.)* Y cuando Jesús echó al demonio, habló el mudo y se admiraron las turbas. Pero algunos de los que allí estaban dijeron: "Ése echa los demonios por virtud de Belcebú, príncipe de los demonios". Otros, tentándole, le pedían una señal *(un milagro)* en el cielo. Él, cuando vio sus pensamientos, les dijo: "Todo reino dividido contra sí será exterminado y toda casa dividida contra sí caerá. Pues también si Satanás está dividido contra sí, ¿cómo subsistirá su reino? Porque estáis diciendo que yo echo los demonios por virtud de Belcebú. Pues si yo echo los demonios en virtud de Belcebú, vuestros hijos ¿en virtud de quién los echan? Así ellos serán vuestros jueces. Ahora bien, si yo echo los demonios por el dedo *(es decir, por la virtud y potencia)* de Dios, luego ha llegado a vosotros el Reino de Dios *(el reino del Mesías)*. Cuando el fuerte armado guarda su atrio, todo lo que tiene está en paz. Pero si sobreviene otro más fuerte que él y le vence, le quita todas sus armas en que confiaba y reparte todos sus despojos. El que no está conmigo está contra mí, y el que no recoge conmigo desparrama. Cuando el espíritu inmundo sale de un hombre anda, por lugares áridos buscando descanso, y no hallándolo, dice: Voy a volver a mi casa de donde he salido. Y cuando llega, la encuentra barrida y ordenada... Entonces ya va y toma otros siete espíritus peores que él, y entran y ponen allí su morada. Y lo último de este hombre resulta peor que lo primero".»

De este modo describía el Maestro la suerte de los que recaen en el pecado.

160. ALABANZA DE LA MADRE DE DIOS
(Lc 11, 27-28)

Acababa Jesús de dar habla al mudo y de librarle del demonio, y de refutar las blasfemias de los fariseos, que decían que echaba los demonios en nombre de Belcebú, cuando una mujer de la turba, entusiasmada de los prodigios y arrebatada de la invicta elocuencia del Profeta, dio una voz y dijo llena de ternura:

«¡Dichoso el vientre que te llevó y los pechos que te alimentaron!»

¡Alabanza propia de mujer, y dulce sobre todo, si, como muchas veces acontecía, estaba allí la Santa Madre de Dios!

Mas el Señor replicó: «¡Más bien, dichosos los que oyen la palabra de Dios y la guardan!»

No quitó nada de la alabanza de su Madre, sino que perfeccionó la idea de la mujer. Ésta juzgaba un poco naturalmente, y alababa a la madre que había tenido un tal hijo, tan poderoso, tan sabio, tan elocuente. Jesús corregía su idea, y enderezándola a las circunstancias presentes, decía: Sí, dichosa la madre que me concibió y me dio su leche. Pero dichosa más aún porque en eso, como en todo, escuchó la palabra de Dios, la creyó, la guardó y la obedeció. Dichosos los que en esto la imitan, los que no son como estos incrédulos fariseos, que nada creen ni reciben mi palabra ni la guardan.

161. EL MILAGRO DE JONÁS
(Lc 11, 19-36; Mt 12, 20-42)

Y refiriéndose de nuevo a ellos, y recogiendo las palabras que hacía poco habían dicho, que deseaban ver un milagro del cielo, una señal en el espacio, donde, necios, pensaban que Jesús tendría más dificultad, sin dirigirse ya a ellos, o porque acaso estaban un poco separados, confundidos por las últimas réplicas del Maestro, o porque éste los trataba así con desdén, dijo a las turbas que se apiñaban:

«Mala raza y adúltera es esta raza. Pide una señal y no se le dará otra señal que la señal de Jonás el profeta. Porque así como estuvo Jonás en el vientre de la ballena tres días y tres noches, así estará el Hijo del hombre tres días y tres noches en el seno de la tierra. Y como Jonás fue señal para los ninivitas, así el Hijo del hombre lo será para esta raza».

He aquí la señal que les prometió como la principal y más invicta de su misión y divinidad: su muerte y su resurrección al tercer día. No había de estar en el sepulcro el Señor tres días y tres noches completas, sino parte de tres días y dos noches, pero es de notar que entre los hebreos, más bien que decir como nosotros *tres días y tres noches,* se decía muchas veces, *tres nochedías,* siendo así la unidad cada espacio de veinticuatro horas. Y como el Señor estuvo en el sepulcro parte de *tres nochedías,* por eso pudo decir que había de estar tres días y tres noches, es decir, tres nochedías, tres *nyzemeros,* como dirían los griegos.

Sin embargo, añadía el Señor, en una cosa se diferenciará mi señal de la de Jonás: en que éstos no se darán por vencidos.

«La reina del Austro *(la reina Sabá)* se levantará en el juicio contra los hombres de esta raza y los condenará, porque vino desde los extremos de la tierra a echar la sabiduría de Salomón, y ved aquí otra cosa mejor que Salomón *(y se señalaba a sí mismo).* Los hombres de Nínive se levantarán en el juicio contra esta raza y la condenarán, porque hicieron penitencia a la predicación de Jonás, y ved aquí otra cosa mejor que Jonás.»

Y metiéndose ya a señalar las causas por que no creían los fariseos, y la culpa que tenían en no creerle, añadía: «Nadie después de haber encendido una lámpara la pone en lo escondido, ni bajo el celemín, sino sobre el candelero, para que los que entran vean la luz. La lámpara de tu cuerpo es tu ojo. Mientras tu ojo esté limpio, todo tu cuerpo *(es decir, tu persona)* estará iluminado; pero cuando esté malo, tu cuerpo también *(tu persona)* estará oscuro. Procura, pues, que la luz que hay en ti no sea tinieblas. Si, pues, tu cuerpo todo entero está iluminado, sin tener parte oscura, entonces todo estará iluminado como cuando la lámpara alumbra con su fulgor.»

La misma doctrina, poco más- o menos, había dicho en el sermón del Monte. Sólo que aquí la aplica a los fariseos incrédulos. En efecto, para ellos y para todos había el Padre encendido la lámpara de la doctrina de Jesús. Jesús «era, como dijo San Juan, la luz verdadera que ilumina a todo hombre que viene a este mundo». Sino que, como también dijo el mismo San Juan, «la luz ya estaba en el mundo, pero el mundo no la conoció». Y ¿por qué? Porque, como dice ahora el Maestro, a pesar de estar encendida la lámpara y puesta sobre el candelero, los fariseos tenían mala la vista, y cegaban el entendimiento voluntariamente, y como toda la visión y claridad de la persona, el que la persona vea, depende del ojo y de ninguna otra parte de ella, por eso no veían aquellos fariseos. Si ellos hubieran conservado sano el entendimiento, entonces hubieran sido todos ellos esclarecidos, y todo lo que en su persona hubiera estaría iluminado de luz celestial. Mas como sucedía al revés, por eso les cogía la sentencia de Jesús, que decía en el sermón del Monte: «Si la luz que hay en ti es tinieblas, ¿cuán oscuras serán las mismas tinieblas?» ¿Cuán oscuro estará todo lo demás?

162. CONVITE DEL FARISEO. INVECTIVAS DE JESÚS
(Lc 11, 37-53)

Así hablaba, cuando, fuese con buena fe, fuese con mala intención, sea por vanidad de tener un maestro insigne y famoso en su mesa, sea por espiar más de cerca sus actos, sea, en fin, por otras causas, se le acercó un fariseo y le rogó que comiese con él. Aceptó el Señor la invitación. Y sin duda que estarían a la puerta, según las prescripciones farisaicas, quienes ofreciesen agua para lavarse las manos antes de sentarse a la mesa.

Ya allá en Galilea había sostenido una porfía con los fariseos que motejaban a los discípulos porque no se lavaban las manos antes de comer, porque ellos siempre que venían del foro se lavaban hasta el codo las manos, por si acaso habían tocado algo inmundo, aunque fuese sin advertirlo.

El que entonces reprendió semejantes supersticiones, ahora obró conforme a su doctrina; y, entrando en el comedor del fariseo, resueltamente se encaminó a su puesto sin pararse a supersticiosos lavatorios.

Había el anfitrión convidado a comer con Jesús a otros escribas y fariseos.

Se recostaron, almorzaron, y no dejó de notarse la frialdad y desazón que el fariseo guardaba en su pecho para con el Maestro. Y es que le estaba royendo el pensamiento aquella desatención del insigne convidado a ceremonias que el judío tenía por tan venerandas o más que las de Moisés. Por cortesía o respeto humano, no se atrevía a decir en alto lo que pensaba, pero «en su interior estaba extrañado de lo que había visto, de que no se hubiese lavado las manos antes de la comida».

El que lo sabía todo, por interior que fuese al corazón humano, dirigiéndose, por fin, a él le dijo: «Ahora vosotros los fariseos limpiáis lo de fuera de la taza y del plato; y, en cambio, lo de dentro de vosotros está repleto de rapiña y de maldad. Necios, el que hizo lo de fuera ¿no hizo también lo de dentro?».

Terrible era, ciertamente, la salida y el exordio del Maestro. Gran motivo debía de tener para empezar de aquella manera, y muy irritado le debía de poner la falsía y redomada malicia de los fariseos que allí estaban, entre los cuales no debía de tener poca culpa el que le había convidado, ya que a todos dirige terribles invectivas.

«Sin embargo, prosiguió diciendo, dad lo que tenéis en limosnas, y así quedan limpias vuestras cosas.»

Gran virtud la de la limosna, la cual aplaca la ira de Dios y le mueve a darnos gracia abundante, con la que nos convirtamos y obtengamos el perdón de nuestros mayores pecados.

Dicho esto, cerró de lleno contra los fariseos, y, afrontando a todos los que estaban allí en la mesa reunidos, les dijo con vehemente calma:

«Mas ¡ay de vosotros, fariseos!, que pagáis los diezmos de la hierbabuena y de la ruda y de todas las hierbas, pero prescindís del juicio y del amor de Dios. Esto debíais hacer y aquello no omitir. ¡Ay de vosotros, fariseos!, que buscáis las primeras sillas en las sinagogas y los saludos en las plazas. ¡Ay de vosotros!, que sois como sepulcros que no aparecen, y los hombres que se pasean por encima no lo advierten.»

Todos debían de estar sobrecogidos. Todos callaban y aguantaban; porque, sin duda, debía de hablar entonces, como en otras ocasiones, como quien tiene autoridad. Pero estaban allí, además de los fariseos, algunos escribas o legistas, aquellos maestros que, según ya lo notamos al principio de esta historia, sin ser sacerdotes, estaban encargados de traducir la Escritura al lenguaje corriente y explicar en las sinagogas, personas de ordinario bien unidas con los fariseos.

Uno de éstos consideró que aquellas palabras tanto y más que contra los fariseos iban contra ellos, y sin poderse contener dijo al Maestro: «"Maestro, con eso que dices nos ultrajas también a nosotros". Y le respondió Jesús: –También de vosotros legistas ¡ay! que cargáis a los hombres cargas insoportables y vosotros no tocáis las cargas ni con uno de vuestros dedos. ¡Ay de vosotros!, que edificáis los sepulcros de los Profetas, siendo así que vuestros padres les quitaron la vida. Bien dais testimonio y bien de acuerdo estáis con las obras de vuestros padres; pues si ellos los mataron, vosotros les levantáis sepulcros. Por eso, sí, la sabiduría de Dios dijo: Enviaré a ellos Profetas y Apóstoles, y matarán y perseguirán de ellos para que se reclame a esta generación la sangre de todos los Profetas derramada desde la fundación del mundo, desde la sangre de Abel hasta la sangre de Zacarías, el que fue muerto entre el altar y el templo. Sí, os digo que será reclamada a esta generación. ¡Ay de vosotros, legistas!, que habéis quitado la llave de la ciencia; vosotros no habéis entrado, y a los que entraban los habéis impedido»...

Terribles eran ciertamente las invectivas, y confiado y valiente era el Profeta que las pronunciaba en medio de ellos, afrontando la presencia de los que le rodeaban. No bastaba, no, pagar diezmos con exagerado y nimio cuidado hasta de las hierbas más menudas, si desdeñaban el juicio de Dios y el amor divino. No bastaba estar cubiertos de santidad exterior, de ritos y fórmulas, y luego ser sepulcros, con cuyo contacto se manchaban muchos sin advertirlo. No bastaba edificar sepulcros a los Santos Padres y Profetas, y luego ser enemigos de ellos, por lo cual demostraban que eran cómplices de sus padres los asesinos. Ellos lo pasaban bien, imponiendo cargas al prójimo, sin ayudarle en nada. Y como eran los maestros de la Escritura y la explicaban a su manera, tenían cerrada la puerta del conocimiento de la ley de Dios y ni ellos entraban en la verdadera ciencia, ni abrían la puerta para ella con sus explicaciones.

Dijo Jesús, y se levantó y salía del convite. No le dejaron fácilmente los convidados.

Espantados, irritados, furiosos de verse así reprendidos, «comenzaron los escribas y fariseos a irritarse con Él y a pedirle razón de muchas cosas, poniéndole enredos y procurando cazar algo de sus labios para acusarle».

163. PLÁTICA A LOS DISCÍPULOS
(Lc 12, 1-12; Mt 10, 26-33)

Se conoce que las turbas que le venían siguiendo debían de estar apiñadas a la puerta de la casa del fariseo, esperando, sin duda, que saliese el Maestro. Porque, apenas salió, se encontró rodeado de ellas, tanto, que se empujaban unos a otros. Entonces el Señor, libre ya de los escribas y fariseos, pero caliente aún con las últimas invectivas, se volvió a los discípulos, que habían presenciado, sin duda, la escena, y estaban acaso admirados por una parte del valor de su Maestro, y temerosos por otra del peligro que con tan franco lenguaje se forjaba.

Para templar, pues, sus ánimos, algo perplejos y asustados, púsose de propósito a hablarles a ellos en medio de las turbas; díjoles muchas sentencias que ya en otras ocasiones había dicho, y otras nuevas que revelaban nuevos y nada halagüeños horizontes en el porvenir. Decíales:

«Guardaos de la levadura de los fariseos, que es hipocresía. Y nada está encubierto que no haya de revelarse, ni oculto que no haya de saberse. Al contrario, lo que en las tinieblas digáis se dirá en la luz, y lo que al oído habléis en los aposentos, se pregonará en las azoteas.»

Así les acababa de pasar a aquellos escribas y fariseos, que Jesús revelaba sus secretos y miserias delante de todo el mundo. Y añadía, viendo el temor que tenían sus discípulos:

«Y os digo a vosotros, amigos míos: No temáis a los que quitan la vida al cuerpo, y después de esto nada pueden hacer. Yo os mostraré a quién habéis de temer: temed a aquel que después de quitar la vida, tiene poder para lanzar al infierno; sí, os digo, temed a ése.»

Grave sentencia, en la cual el Salvador preconizaba el martirio y animaba a los suyos a dar la vida por serle fieles y cumplir el deber. Y por si acaso quedaban abatidos, cambiando un poco la idea, continúa animándolos de este modo:

«¿No se venden cinco pajarillos por un par de ases? *(unas pocas pesetas);* pues bien, ni uno de ellos está olvidado en la presencia de Dios. Y de vosotros hasta los cabellos de la cabeza están todos contados. No temáis, pues; valéis más que muchos pájaros. También os digo: A todo el que me confiese ante los hombres le confesará el Hijo del hombre del mismo modo ante los ángeles de Dios. Y el que me negare delante de los hombres será negado delante de los ángeles de Dios. Y a todo el que hable contra el Hijo del hombre se le perdonará. Mas al que blasfemare contra el Espíritu Santo no se le perdonará». Ya explicamos en otro lugar lo que significan estas palabras que aquí otra vez repite Jesús después de haberlas dicho en Galilea.

Podían pensar, y acaso pensaban los discípulos cómo se arreglarían ellos si eran traídos por Cristo a presencia de los maestros y autoridades, y para librarles de temores les dijo:

«Cuando os lleven a las sinagogas y a los magistrados y autoridades, no os apuréis de cómo o qué responderéis, ni qué diréis. Porque el

Espíritu Santo os enseñará en la misma hora lo que habéis de decir».
Así lo hizo con los apóstoles, y así lo sigue haciendo en su medida con los buenos cristianos en todo tiempo.

164. EL PLEITO DE LA HERENCIA
(Lc12, 13-21)

Estando en estas exhortaciones, vino un hombre, el cual, enredado en un pleito de herencia con su hermano, vio en el Salvador y en su autoridad un medio de lograr la solución no sabemos si justa o injusta, de sus cuestiones. Y, atreviéndose, interrumpió al Señor y le dijo:
«"Maestro, di a mi hermano que parta conmigo la herencia". Pero el Señor le respondió: –Hombre, ¿quién me ha constituido juez o partidor entre vosotros?»

Porque, si bien Jesucristo como Dios es dueño absoluto de todas las cosas y juez de todo el mundo, pero como Mesías no traía esa misión a la tierra ni se mezclaba en los negocios temporales de los hombres. Por eso cortó de este modo la propuesta. Y vuelto de nuevo a sus discípulos, les dijo:

«-Mirad y guardaos de toda avaricia; porque no está la vida de uno en el abundar de los bienes que posee. Y les propuso una parábola, diciendo: "La tierra de un hombre rico llevó cosecha abundante Y estaba pensando entre sí, diciendo: ¿Qué haré, que no tengo dónde recoger mis frutos? Y dijo: Voy a hacer esto: derribaré mis graneros, y los edificaré mayores, y recogeré allí todos los frutos que me han nacido, y mis bienes. Y diré a mi alma: ¡Alma, tienes muchos bienes repuestos para muchos años!, descansa, come, bebe, goza. Y le dijo a él Dios: Insensato, esta noche te piden a ti el alma... ¿De quién será lo que has recogido? Así pasará al que atesora para sí y no se enriquece para Dios".»

165. NO HAY QUE TENER DEMASIADA SOLICITUD POR LAS COSAS DE LA VIDA (Lc12, 22-31)

Y dijo a sus discípulos:
«Por eso os digo que no os acongojéis por la vida, sobre qué habéis de comer, ni por el cuerpo, sobre qué habéis de vestir. Más es la

vida que el sustento, y más el cuerpo que el vestido». Como quien dice, el que os dio la vida y el cuerpo, ya os dará el sustento y el vestido.

«Considerad los cuervos, que no siembran, ni siegan, no tienen despensa ni granero, y Dios los sustenta. ¿Cuánto más valéis vosotros que las aves? ¿Y quién de vosotros, por mucho que se esfuerce, puede añadir un codo a su estatura? Pues si no podéis lo menos, ¿por qué os apuráis por los demás?

»Considerad los lirios cómo crecen; no trabajan, ni hilan; pero yo os aseguro que ni Salomón en toda su gloria se ataviaba como uno de ellos. Pues si la hierba que hoy está en el campo y mañana se echa al hornillo, así la engalana Dios, ¿cuánto más a vosotros, hombres de poca fe?

»No andéis, pues, buscando qué vais a comer, o qué vais a beber, ni andéis azorados. Porque todas esas cosas las buscan las gentes del mundo; pero ya sabe vuestro Padre que tenéis necesidad de ellas. En cambio, buscad el Reino de Dios, y todas esas cosas se os darán por añadidura.»

No quería el Maestro en esta exhortación prohibir el debido cuidado de las cosas de la vida, ni la moderada previsión y prudencia; sino el excesivo apetito de las cosas terrenas, y ese afán con que algunos se azoran y ojean todos los vientos para acaparar bienes para toda la vida. Dichoso el que dando a las cosas terrenas el cuidado necesario, pone su principal y primera atención en atender a que Dios reine en su alma y en la tierra; ése logrará que Dios premie sus trabajos, aun con la fortuna temporal necesaria para la vida. Cuidad de las cosas de Dios, y Dios cuidará de vuestras cosas.

166. HAY QUE BUSCAR LAS COSAS DEL CIELO
(Lc 12, 32-34)

«No temáis, rebañito pequeño, porque vuestro Padre ha querido daros el reino. Vended lo que tenéis y dad limosna. Haceos bolsas que no envejezcan, y tesoro que no se agote en los cielos, adonde no llegan los ladrones, ni roe la polilla. Porque donde está vuestro tesoro, allí estará también vuestro corazón.»

167. ESTAMOS DE PASO
(Lc 12, 35-40; Mt 24, 43-44)

«Ceñid vuestra cintura y tened en las manos las lámparas encendidas. Y estad como los hombres que están aguardando a su señor para cuando vuelva de las bodas, para que en cuanto venga y llame, al punto le abran. Dichosos aquellos criados a quienes el amo halle, cuando llegue, despiertos. En verdad os digo que se ceñirá el vestido y los hará recostarse a la mesa, y pasando los irá sirviendo. Y sea que llegue en la segunda vigilia, sea que llegue en la tercera, si los halla así, dichosos serán aquellos criados. Y sabed esto: que si supiera el amo de casa a qué hora va a venir el ladrón, velaría y no dejaría que le abriesen su casa. Vosotros, pues, estad preparados, porque el Hijo del hombre vendrá a la hora que menos penséis.»

168. SOBRE LA DILIGENCIA APOSTÓLICA
(Lc 12, 41-48; Mt 24, 45-51)

No entendía Pedro si aquellas palabras iban con ellos solos o con todos los fieles que allí estaban escuchando, y se atrevió a preguntar al Señor:

«Señor, ¿esta parábola la dices para nosotros, o para todos?»

Delicadamente le da a entender que para ellos principalmente había dicho aquello:

«¿Quién piensas que es el fiel mayordomo y prudente, a quien pondrá el Señor sobre su servidumbre, para que les dé a su tiempo la ración de trigo?»

Como quien dice: ¿quién es ese criado a que aludo sino vosotros, a quienes hago mayordomos de mi casa, para que cuando yo me vaya y llegue vuestro tiempo, deis la ración de doctrina a los fieles?

«Dichoso aquel criado a quien su Señor al venir encuentre obrando así. Yo os aseguro que le pondrá al cargo de todo cuanto posee. Pero si el mal criado dice en su corazón: Mucho tarda mi amo en venir, y comienza a maltratar a los criados y criadas, y a comer y beber y embriagarse, vendrá el Señor de ese criado en el día en que menos espera y en la hora que menos piensa, y le partirá y le dará la suerte de los hipócritas. Allí será el llorar y el rechinar de dientes. Y aquel criado que conoció la voluntad de su amo, y no se afanó ni obró según su voluntad, será azotado con muchos azotes. Y el que no conoció la voluntad del amo, pero hizo cosas merecedoras de azotes, será azotado con pocos. A todo aquel a quien se dio mucho, se le exigirá mucho; y a quien encomendaron mucho, le pedirán más.»

169. EL FUEGO DE CRISTO Y EL BAUTISMO
(Lc 12, 49-53; Mt 10, 34-36)

Ya por lo que había dicho se veía que Jesús no venía al mundo lleno de regalos y dulzuras y descansos. A trabajar, a padecer, a sufrir, a privarse de las cosas mundanas, a eso había venido y a eso llamaba a sus apóstoles.

No he venido a traer refrigerio, ni descanso, no; sino fuego y separación.

«Fuego he venido a traer a la tierra. Y ¿qué quiero sino que se encienda? Pero *(antes)* tengo que ser bautizado con un bautismo. Y cómo sufro hasta que se cumpla! ¿Pensáis que he venido a traer paz a la tierra? Os aseguro que no, sino espada y separación. Porque desde ahora estarán divididos cinco en una casa: tres contra dos, y dos contra tres. Dividiranse padre contra hijo, e hijo contra padre; madre contra hija, e hija contra ma dre; suegra contra nuera, y nuera contra su suegra».

Así sucedió cuando los judíos empezaron a convertirse, y a separarse los convertidos hechos cristianos de los obstinados que los odiaban y perseguían.

170. INVITACIÓN A LA JUSTICIA QUE ÉL ENSEÑA
(Lc 12, 54-59)

Entonces se volvió por fin a las turbas, y anunciándoles la proximidad de los juicios y sentencias divinas, las exhortó a reconocer y abrazar la verdad y la justicia, diciendo:

«Cuando veis levantarse una nube por el ocaso, decís al punto: Va a llover. Y así es. Hipócritas: sabéis discernir el aspecto de la tierra y del cielo, ¿cómo no discernís este tiempo? ¿Cómo no discernís por vosotros mismos lo que es justo?»

Acaso les quería advertir que debían prescindir de los juicios manifiestamente falsos e injustos de los fariseos, y juzgar por sí mismos, por su propio juicio, por las señales que les deba el cielo en la predicación de Juan y en los milagros del Maestro, lo que era justo. Y que parecía contenerse por los temores y vanos respetos de los fariseos, contra lo que sus conciencias les dictaban. Y por eso continuó con estas bien significativas enseñanzas:

«Cuando vas con tu enemigo al magistrado, procura en el camino librarte de él; no sea que te arrastre al juez, y el juez te entregue al guardia, y el guardia te meta en la cárcel. Y de allí yo te aseguro que no saldrás hasta que pagues el último céntimo.»

¡Ay del que conoce en las nubes la tempestad del cielo, y no conoce en las señales divinas la tempestad de la ira de Dios, ni se reconcilia a tiempo con el que le ha de juzgar! Porque será encarcelado y atormentado hasta que pague todo cuanto ha hecho, sin que ni siquiera un céntimo se le perdone, sin que la más leve falta se le deje sin castigo.

171. AMENAZAS A LA NACIÓN
(Lc 13, 1-5)

Mientras estaba hablando, se presentaron llamando la atención unos que traían una noticia bien terrible. Acababa de dar muerte Pilato en el mismo templo a una porción de galileos.

Eran los galileos gente turbulenta y fácilmente sediciosa, que toleraba con mucha repugnancia el yugo de los romanos. Frecuentemente en las fiestas, o excitados con la afluencia de la multitud, o exacerbados por el más vivo y presente espectáculo de la tiranía, o entusiasmados por sus recuerdos religiosos y tradiciones que les prometían libertad y dominio del mundo, o encendida su fantasía por otras razones, lanzábanse a imprudentes manifestaciones, que no siempre toleraba el presidente romano, hombre aunque irresoluto a veces y caprichoso, pero severo, duro y poco amigo de judíos. Para reprimir a tiempo estas sediciones, que estallaban con frecuencia en el templo, habían ocupado la torre Antonia, la antigua fortaleza edificada por los asmoneos, que Herodes aderezó a la romana y, poniéndole el nombre de Antonia, regaló a los romanos. Colocada en uno de los ángulos noroeste del templo, custodiábala una guarnición, dispuesta siempre a lanzarse sobre el templo y sobre el pueblo.

Pues bien; uno de aquellos días los galileos debieron de intentar alguna revuelta, que Pilato reprimió al punto con implacable severidad. Estaban en el templo dedicados a los sacrificios, cuando de repente cayó sobre ellos la fuerza del presidente y mezcló la sangre de los galileos con la de las víctimas expiatorias que estaban inmolándose.

Seguía Jesús aún hablando al pueblo cuando «se le presentaron algunos anunciándole lo sucedido con las víctimas de ellos».

¿Qué pretendían los que le interrumpían para darle tú noticia? ¿Quiénes eran? ¿Acaso eran amigos que le avisaban como a galileo y popular entre los galileos, para que anduviese con prudencia y no fuese castigado por la severidad de Pilato? ¿Acaso eran enemigos, que, deseando hacerle callar y retirarse, le querían con esta noticia infundir miedo? ¿Acaso simplemente noveleros que daban la noticia del día por su importancia?

No se puede deducir del Evangelio. Más parece que los que trajeron la nueva, pintaron a aquellos galileos que habían muerto, como a hombres que tenían culpa y pagaban su merecido. Así puede conjeturarse por la respuesta del Salvador, porque, dejando con marcada indiferencia otras ideas, les dijo:

«Porque padecieron eso, ¿pensáis que estos galileos fueron más pecadores que todos los galileos? Os aseguro que no; y si no hacéis penitencia, todos moriréis lo mismo. Como aquellos dieciocho sobre quienes cayó la torre en Siloé y los mató, ¿pensáis que eran más deudores que todos los hombres que habitaban en Jerusalén? Os aseguro que no; y si no hacéis penitencia, todos moriréis lo mismo.»

Terrible amenaza era ésta. Porque parecía a los judíos que habían perecido por su culpa así aquellos galileos, como los otros que perecieron en la fuente de Siloé, en un caso sin duda entonces conocido, pero del que hoy no tenemos más noticias que estas palabras del Maestro. Y Jesús les da a entender que, así como aquéllos, tienen todos ellos que pecrecer, no ya unos más que otros, sino *omnes similiter,* todo el pueblo, toda la nación, toda la raza, si antes no hacían penitencia.

Porque no era que unos fuesen más culpables que otros; sino que toda la nación, todo el pueblo era culpable, y se estaba haciendo, por su obstinación en rechazar o no admitir al Mesías, reo de general castigo, de que su sangre se derramase al pie de los altares, o de que cayesen las casas en ruinas y los destruyesen.

Y para explicarles bien claro su pensamiento, les dijo una parábola.

172. PARÁBOLA DE LA HIGUERA INFRUCTUOSA
(Lc 13, 6-9)

«Tenía uno en su viña plantada una higuera. Y vino a buscar fruto de ella y no lo halló. Y dijo, al viñador: Hace ya tres años que vengo buscando fruto en esta higuera, y no lo hallo. Córtala, pues; ¿para qué ha de ocupar más la tierra?
»Respondió el viñador y dijo: Señor, déjala todavía est año, mientras la cavo alrededor y le echo estiércol. Y a ver si da fruto. Y si no, más adelante la cortas».

Pocas cosas hay en Palestina más conocidas y comunes que higueras y viñas. Ni son pocas las veces que a la higuera y a la viña es comparado el pueblo de Dios. Sino que, como dice Isaías, la viña fue tan mala que, cuando el Señor esperaba uvas de ella sólo pudo obtener agraces y labruscas. Y la higuera tan ingrata que hacía muchísimo tiempo que no producía fruto ninguno.

Ya San Juan predicaba a los judíos y les decía: «Dad frutos dignos de penitencia..., porque ya está puesta el hacha al pie del árbol. Todo árbol que no dé buen fruto, será arrancado y echado al fuego».

Y eso mismo, pero con más claridad y con más instancia, dice hoy el Maestro. Mas al mismo tiempo, ¡con cuánto amor y cuánto sentimiento!

El pueblo de Dios era la higuera. Tres años la venía cultivando inútilmente el Mesías. Y no tres, muchos, muchísimos años hacía que venía buscando en ella fruto el Padre Eterno. Mas, ¡ay!, cuán estéril le había sido siempre y cuán infiel. Hora era ya de cortarla y echarla al fuego. ¿Para qué conservarla? ¿Para qué dejarla inútilmente ocupar tierra que podría aprovechar a la gentilidad, que sería mucho más agradecida, si recibía ese cultivo que había recibido el pueblo de Dios? Era preciso cortarla.

Mas ¡cómo se retrata al punto el dulce hortelano y compasivo dueño de la higuera!: –Aguarda un poco más. Yo la cultivaré, yo la abonaré, yo la regaré y cuidaré. Y si tiene fruto, la dejas, y, si no, la cortas.

¡Oh, Señor! Si tú cuidas, si tú riegas, si tú cultivas, ¿será posible que ninguna higuera deje de dar fruto? Cultívanos, cuídanos, riéganos con tu sangre; que fructificaremos y mucho.

¡Ay!, no fructificó la higuera de Israel a pesar del esmero de Cristo en cultivarla con su predicación, sus milagros y sus gracias. Por eso, al fin fué desarraigada y deshecha y arrojada al fuego y consumida. Por eso pereció el pueblo, como perecieron los galileos y los judíos de Siloé. Jerusalén quedó arrasada. Los que pudieron escapar se refugiaron en el templo y en los subterráneos. Pero el incendio y la devastación los consumieron entre la sangre de las víctimas y bajo los escombros de las torres y de las casas.

173. CURACIÓN DE LA MUJER ENCORVADA
(Lc 13, 10-17)

Poco cuidado pone el evangelista San Lucas, que es quien nos cuenta todo esto que vamos refiriendo, en señalar los sitios por donde Jesucristo caminaba predicando y haciendo bien. Parece que estaba recorriendo las cercanías de Jerusalén, y que, como lo hizo en Galilea, iba de pueblo en pueblo y de sinagoga en sinagoga, predicando, sobre todo los sábados, la palabra divina de su Evangelio.

En uno de estos sábados entró en una de estas sinagogas, y se puso a enseñar. Oía el pueblo en gran número agolpado, presidía el archisinagogo la reunión, como de costumbre, y hablaba Jesús. Cuando he aquí que entre el concurso se presenta una mujer, que estaba poseída de un espíritu de enfermedad. Encorvada la infeliz desde hacía dieciocho años, no podía enderezarse para arriba. La vio Jesús, la llamó a sí, y le dijo:

«"Mujer, quedas libre de tu enfermedad". Le impuso en seguida sus manos, y al punto se enderezó y glorificaba a Dios.»

Inquieto y zozobrante veía estas cosas el archisinagogo. Acaso los contrarios de Jesús, que estaban allí muchos, le punzaban para que mantuviese en la sinagoga el respeto debido al sábado, según ellos lo entendían. Lo cierto es que el archisinagogo, viendo el movimiento de todo el auditorio por aquel milagro, deseoso de satisfacer a los fariseos, sin duda, pero sin atreverse a reprender directamente a Jesús, indignado de que se hiciese aquella curación en sábado, se dirigió a la multitud, y con severidad que indirectamente hería a Cristo, les dijo:

«Ya hay seis días para trabajar. Venid, pues, en ésos y curaos. Y no en día de sábado.»

Recogió Jesús la alusión de aquel hombre que, sin darle cara, le reprendía delante de los otros, y le echaba en rostro sus curaciones en sábado. Como si el curar fuese obra prohibida. Y respondiendo a la alusión, dijo al archisinagogo y a los que detrás de él escondían la cara:

«Hipócritas, ¿no desata cada uno de vosotros su buey o asno el sábado y lo lleva a beber? Y a esta hija de Abrahán a quien tenía atada Satanás hace ya dieciocho años, ¿no se la podrá desatar de ese vínculo en día de sábado? Cuando esto dijo se avergonzaban todos sus adversarios, y todo el pueblo se alegraba en todo lo que Él con tanta gloria hacía.»

174. PARÁBOLAS DEL GRANO DE MOSTAZA Y DE LA LEVADURA
(Lc 13, 18-21; Mc 4, 30-32; Mt 13, 31-33)

Entonces, recobrada su autoridad y dirigiéndose al pueblo, siguió su explicación. Y, entre otras cosas, repitió aquellas dos parábolas que ya en Galilea había propuesto. Pequeño parecía y despreciable todavía el Reino de Dios que Jesús estaba fundando. Acababa el archisinagogo de manifestar el desprecio que sentía del Maestro. Y decía el Señor:

«¿A qué diremos que se parece el Reino de Dios? ¿A qué lo compararé? Se parece a un grano de mostaza que tomó un hombre y lo echó en su huerto y creció y se hizo árbol grande, y las aves del cielo anidaron en sus ramas.»

Y dijo otra vez: «¿A qué compararé el Reino de Dios? Lo compararé a la levadura que tomó una mujer, y la metió en tres satos de harina hasta que toda la masa fermentó. Y caminaban por ciudades y castillos enseñando, haciendo su viaje hacia Jerusalén.»

175. JESÚS EN LAS FIESTAS DE LA DEDICACIÓN
(Jn 10, 22-39; Lc 13, 22)

Era el mes de Casleu, es decir, a mediados de diciembre. Jerusalén se preparaba para las alegres fiestas de la Dedicación. Al llegar el aniversario de la purificación que los macabeos hicieron del templo profanado por el sacrílego Antíoco, todos los pueblos, pero principalmente Jerusalén, se entregaban a una alegría tan festiva o poco menos como en la fiesta de la Pascua o de las Tiendas. Los judíos llamaban a esta fiesta Chanuca o Dedicación, porque recordaban la dedicación del templo de Dios. En griego se llamaba Ensenia, que significa renovación, por recordar la purificación del templo profanado. También era conocida por el nombre de Luminarias, por las muchas luces con que se iluminaban las tardes de invierno en estos días.

Llegó Jesús a estas fiestas y se dirigió al pórtico de Salomón. Era éste un gran pórtico que, por haberse construido con los materiales del antiguo templo, recibía el nombre de Salomón; estaba situado al Este y de frente al templo propiamente dicho, fuera ya del alcance del culto sagrado, y, sin duda, por su buena disposición y por ser largo, abrigado y bien soleado, era preferido por los doctores para pasear y conversar en él y disputar entre sí y con los discípulos.

«Era, dice San Juan, el invierno. Jesús paseaba en el templo en el pórtico de Salomón. Le roderon, pues, los judíos, y le decían: "¿Hasta cuándo nos tienes suspensa el alma? Si tú eres el Mesías, dínoslo claramente". Les respondió Jesús: "Os lo he dicho y no creéis. Las obras que yo hago en nombre de mi Padre dan testimonio de mí. Pero vosotros no creéis, porque no sois ovejas mías. Mis ovejas oyen mi voz, y yo las conozco y me siguen, y yo les doy la vida eterna y no perecerán para siempre jamás y no las arrebatará nadie de mi mano. Lo que el Padre me dio es más que todas las cosas, y nadie puede arrebatarlas de manos de mi Padre. Yo y el Padre somos uno".»

La respuesta era bien clara y terminante, y para los judíos terrible. No creían porque no eran ovejas de Cristo, es decir, porque, por su culpa, no oían dócilmente su voz. Las ovejas, los que quieren oír la voz de Cristo y recibirla con docilidad, conocen la voz de Cristo, y Cristo las recibe como ovejas, y va delante de ellas y les da vida y gracia eterna, y como ellas no quieran irse, nadie las arrebatará de manos de Cristo; porque el Padre le ha dado un poder superior a todo poder, para defenderlas y salvarlas.

Y termina diciendo categóricamente: «Yo y el Padre somos uno».

«Agarraron, pues, otra vez los judíos piedras para apedrearle.»

Ya desde el principio le rodearon con intentos malvados. Hiciéronle la pregunta con toda intención para tomar de ella ocasión de apedrearle. Cuando oyeron la tan paladina afirmación de que Él era uno con Dios, e Hijo consustancial de Él, todos se bajaron a agarrar las piedras que tal vez de antes tenían allí preparadas.

No se turbó Jesús, no huyó, no se escondió. Él sabía sus horas. Afrontando la agresión, siguió en su puesto todavía, y viéndoles venir, les dijo estas palabras que los debían haber llenado de vergüenza:

«Muchas buenas obras os he mostrado de mi Padre. ¿Por cuál de ellas me apedreáis?»

Le respondieron los judíos: «No te apedreamos por obra buena, sino por blasfemia, y porque tú, siendo hombre, te haces a ti mismo Hijo de Dios.»

Les respondió Jesús con mucha gracia y finura: «¿No está escrito en vuestra Ley: *Yo dije: ¿Dioses sois?* Y si llamó dioses a aquellos a quienes se dio la palabra de Dios, y la Escritura no puede anularse, a quien el Padre santificó y envió al mundo, ¿porque he dicho: soy Hijo de Dios, decís vosotros: tú blasfemas? Si no hago las obras de mi Padre, no me creáis. Pero si las hago, ya que a mí no me creáis, creed a las obras, para que entendáis y creáis que el Padre está en mí y yo en el Padre».

Llama Ley Jesús a todo el Antiguo Testamento, y, en efecto, en uno de los salmos, en el 81, el autor introduce a Yahvé hablando a los jueces de Israel y llamándoles dioses, por la participación de autoridad que han recibido de Dios para administrar justicia. Y tomando aquellas palabras, arguye así Jesucristo: Yo os he dicho que soy Dios y me apedreáis. Pero sin razón, porque vuestra Ley y vuestra Escritura, que no puede equivocarse, llama Dioses a unos hombres sólo porque la Sagrada Escritura los llama así, porque no son dioses ni tienen señales y pruebas como las mías, que he sido consagrado y enviado por el Padre y, por tanto, tengo razones incomparablemente mayores que los magistrados y profetas de Israel para ser llamado Hijo de Dios. Como que soy uno con Él y hago lo mismo que hace Él. Por donde estad ciertos de que el Padre está en mí y yo en Él.

Al oír esto, ya resueltos se echaron a Él para agarrarle, pero Él se les fue de las manos, sea con su destreza natural, sea, como parece más verosímil, con algún milagro. Porque de otro modo no hubiera escapado de aquel círculo con que desde el principio con toda intención le habían cercado.

«Y se fue otra vez al otro lado del Jordán.»

176. EXCURSIÓN A PEREA
(Jn 10, 40-42)

Es Perea la región que al lado opuesto de Jerusalén, al Este del Jordán, se extiende desde las orillas del mar Muerto hasta el de Tiberíades. Estaba entonces sometida a Herodes Antipas. Resonaban en ella todavía los ecos de la predicación del Bautista, y sus habitantes, parecidos a los galileos en muchas cosas, eran propensos a la fe y al entusiasmo religioso.

Acaso en la temporada anterior, después de la fiesta de las Tiendas y antes de la Dedicación, se había alargado allá Jesús en su predicación. Y por eso dice San Juan que se retiró de *nuevo* a esta región. Aunque también se puede entender que San Juan se refiere al tiempo del bautismo en que Jesús había estado allí.

Sea lo que sea, lo cierto es que esta vez Jesús, para huir de sus enemigos, que decididamente le buscaban para la muerte, creyó encontrar refugio seguro en esta región y en la bondadosa lealtad de sus habitantes.

Apenas pasó el Jordán, muchos vinieron a Él, y oyendo lo que de Él se contaba y viendo lo que predicaba y hacía y comparándolo con sus recuerdos de Juan, y con lo que el Bautista habíales enseñado acerca de Cristo, decíanse unos a otros:

«Juan, en verdad, no hizo milagro ninguno. Pero todo lo que dijo de éste sale verdadero. Y muchos creyeron allí en Él.»

177. NÚMERO DE LOS QUE SE SALVAN
(Lc 13, 23-30)

Como predicaba el Señor de la salvación y del Reino de Dios, se le acercó uno y, con esa curiosidad que nos aqueja a los hombres de saber cosas que a veces no nos importan, le dijo: «Señor, ¿son pocos los que se salvan?»

No quiso el Señor responder a la curiosidad ociosa y safisfacer al vano deseo, pero torciendo, o, mejor dicho, enderezando un poco la respuesta, le dijo:

«Esforzaos a entrar por la puerta estrecha, porque os digo que muchos querrán entrar y no podrán. En cuanto el amo de casa se levante y cierre la puerta, comenzaréis vosotros a estar a la parte de afuera y a golpear en la puerta, diciendo: "Señor, ábrenos". Y él responderá diciendo: "No os conozco de dónde sois". Y entonces comenzaréis a decir: "¡Si comimos y bebimos delante de ti, y tú enseñaste en nuestras plazas!"

Y él os responderá diciendo: "No os conozco de dónde sois: apartaos de mí todos, obradores de iniquidad".

Allí será el llorar y el rechinar de dientes, cuando veáis a Abrahán y a Isaac y a Jacob y a todos los profetas en el Reino de Dios y a vosotros que sois echados fuera. Y vendrán del Oriente y del Occidente y del septentrión y del mediodía, y se recostarán a la mesa en el Reino de Dios.

Y he aquí que serán primeros los que son últimos, y serán últimos los que son primeros.»

Así les declara la suerte futura que les espera a los judíos por su rebeldía y obstinación. No quiere resolver si son muchos o pocos los que se salvarán. Pero sean muchos o pocos, vosotros lo que habéis de hacer es afanaros por entrar en el Reino de Dios, no sea que cuando lleguéis ya estén cerradas las puertas, como les va a acontecer a muchos de estos judíos, que van a quedarse fuera, y llegará un día en que todos ellos queden fuera y me llamen y me digan: Ábrenos y no nos desconozcas, pues somos aquellos que comimos y bebimos juntos, y en nuestras calles y plazas estuviste predicando. Y yo les diré: No os conozco, malhechores. Y a pesar de ser el pueblo de Dios, quedarán fuera, mientras los fieles, los buenos judíos, con Abrahán y los patriarcas y profetas estén en el Reino de Dios. Y con éstos entrarán muchos gentiles de todas partes del mundo, y estarán en mi reino. Y así estos gentiles que ahora son postreros a vosotros, serán primeros en el reino, y muchos judíos que ahora son primeros y del pueblo de Dios, serán postreros. Tan postreros, que serán rechazados y echados fuera.

178. ASECHANZAS DE PARTE DE HERODES VATICINIO SOBRE JERUSALÉN
(Lc 13, 31-35)

No veían con buenos ojos los fariseos la presencia y predicación de Jesús en Perea, y deseaban de nuevo llevarle a Jerusalén para detenerlo, por fin, en tiempo oportuno y acabar con Él. Acaso trataron con Herodes, que odiaba la presencia de Jesús, por lo que recordaba de Juan, a quien había dado la muerte. Acaso sin tratar con él quisieron por sí mismos asustar a Jesús y empujarle de nuevo a Jerusalén. Y por eso en este mismo día, cuando acababa de explicar la suerte futura de los obstinados, se le acercaron unos fariseos y le dijeron en tono de amistad: «Sal y vete de aquí, porque Herodes quiere matarte».

No se turbó el Señor, y tranquilo y digno, les dijo con entereza:

«Id y decid a ese zorro: aquí estoy echando demonios y haciendo curaciones hoy y mañana, y al tercer día fenezco. Sin embargo, es preciso que hoy y mañana y al día siguiente siga mi camino, porque no es posible que un profeta perezca fuera de Jerusalén.»

Como diciendo: Decidle que estaré aquí todo el tiempo que yo crea conveniente, haciendo mis buenas obras, y que sólo cuando las termine, terminaré yo en el día que yo sé. Y como era designio suyo salir de allí, para que no creyesen que si salía pronto era por temor a Herodes, añadió: Sin embargo, no por temor a Herodes, sino porque los profetas parece que deben morir en Jerusalén, que los aborrece, por eso seguiré mi camino en lo que me queda hasta ir a la ciudad.

Y dolorido ante el recuerdo de la ingratitud de su ciudad de Jerusalén y conmovido al pensar en la inmensa desgracia que le esperaba, exclamó dulce y terrible a un mismo tiempo:

«¡Jerusalén! ¡Jerusalén!, que matas a los profetas y apedreas a los enviados a ti: ¡cuántas veces he querido recoger a tus hijos como la gallina a sus polluelos, debajo de las alas y no habéis querido! Pues bien, vuestra casa será abandonada, desierta. Y os aseguro que no me veréis hasta que venga el tiempo en que digáis: ¡Bendito el que viene en nombre del Señor!»

Les decía: Yo he querido en vano salvaros. No habéis querido. Por ello vais a ser destruidos. Y cuando yo me vaya, os dejaré abandonados y jamás volveréis a verme hasta que llegue el día en que también vuestro pueblo vuelva de nuevo a recibirme y confesarme y aclamarme por fin, diciendo: ¡Bendito el que viene en nombre de Yahvé!

¿Cuándo acaecerá esto? No lo sabemos. Muchos intérpretes piensan que Jesús alude al fin del mundo. Otros creen que solamente quiso decirles que mientras no se convirtiesen a Él y no le recibiesen como Mesías, no tendrían salvación.

De todos modos, para ellos y para nosotros y para todo el mundo, ¡ay de los que no conocen al Mesías! No tendrán ni los individuos ni las sociedades remedio mientras no digan: ¡Bendito Jesús de Nazaret! ¡Bendito el que viene en nombre del Señor!

179. CONVITE DE UN FARISEO. AL IR A LA MESA, SANA A UN HIDRÓPICO
(Lc 14, 1-6)

Y llegó un sábado, y entró a comer pan (sin duda porque en sábado no preparaban otra comida) en casa de un fariseo, y de los principales, de los que o por su gran autoridad, o por ser sanedritas, eran llamados príncipes.

Al entrar, según parece, y antes de sentarse a la mesa, encontró Jesús a su paso a un hidrópico. Dice el evangelista que todos los presentes estaban observando a ver lo que Cristo hacía.

Lo conoció el que conoce todos los secretos del corazón, y dirigiéndose a los legistas y fariseos que estaban a su lado, les dijo:

«¿Si será lícito curar en sábado?»

Terrible era el aprieto en que los ponía. Todos callaron.

Entonces Jesús tomó al hidrópico, lo sanó y lo despachó. Y volviéndose a ellos, les dijo:

«¿Quién de vosotros, si se le cae un asno o un buey en un pozo, no lo saca en seguida en día de sábado?»

No les dijo más. Nadie le supo responder palabra.

180. CONSEJOS AL SENTARSE A LA MESA
(Lc 14, 7-11)

Debió de ser un espectáculo bastante bochornoso el sentarse a la mesa, como sucede no pocas veces en el mundo. Porque todos buscaban más o menos descaradamente los primeros puestos. Acaso también, como no estaban en la ciudad, sino en aldea, los convidados no tenían tanta educación. En fin, como Jesús era muy notable, todos desearían estar cerca de él, para oírle y verle mejor.

Jesús, tranquilo y digno, estuvo observando todo, y con su gran autoridad que tenía delante de todos, deseando calmar aquella fiebre de ambiciones ruines que allí veía, les dijo esta parábola:

«Cuando seas convidado a bodas, no te pongas en el primer puesto; no sea que haya sido convidado otro más digno que tú, y el que te ha convidado a ti y a él venga y te diga: Deja sitio a éste, y entonces vayas con vergüenza a ocupar el último lugar. Al contrario, cuando seas convidado, ve y siéntate en el último sitio, para que cuando venga el que te convidó te diga: Amigo, sube más arriba; y con eso tendrás gloria delante de todos los que están sentados con tigo. Porque todo el que se ensalza a sí mismo será humillado, y el que se humilla a sí mismo será ensalzado.»

181. CONSEJOS DURANTE LA COMIDA
   (Lc 14, 12-14)

Y se sentaron o recostaron, como entonces se hacía, a la mesa. Y no cabe duda de que el sitio principal debió de ocuparlo el Señor, en cuyo honor se hacía el convite. Y trabando conversación dijo al que le había convidado:

«Cuando des una comida o una cena, no llames a tus amigos, ni a tus hermanos, ni a tus parientes, ni a vecinos ricos, no sea que ellos también a su vez te reinviten a ti, y se te dé la recompensa. Más bien, cuando hagas un convite, llama a pobres, mancos, cojos, ciegos. Y serás bienaventurado, porque ésos no tienen con qué pagarte, y se te pagará en la resurrección de los justos.»

Gran consejo y de mucha perfección y de muchísima caridad. No prohíbe convidar a los ricos y parientes y amigos, sino según el modo de decir de ellos, le aconseja que no sólo invite a éstos, sino más bien a los pobres. Desgracia triste es que los ricos conviden y regalen y obsequien a los que menos necesidad tienen de obsequios, regalos y convites, y no regalen ni conviden nada a los pobres, a quienes con mucho menos podrían hacer felices y librar de muchas necesidades que tienen. No recibirían de ellos, es cierto, más que la gratitud, si acaso, porque no todos la tienen; pero, en cambio, en el día de la resurrección de los muertos, recibirían la retribución multiplicada del que recibe como hecho a sí lo que se hace a los pobres. Doctrina preciosa, pero muy olvidada.

182. PARÁBOLA DE LA GRAN CENA
   (Lc 14, 15-24)

Aunque Jesús dirigía la palabra al anfitrión que le había convidado, le escuchaban todos con atención. Y cuando Jesús dijo que a quien convidase a los pobres se le daría la recompensa y la reinvitación en el

VIII. TERCER AÑO. PARÁBOLA DE LA GRAN CENA

día de la resurrección, uno de los circunstantes, que seguía con atención el discurso del Maestro, exclamó:

«¡Dichoso el que llegue a comer en el Reino de Dios!...»

Se volvió a éste el Maestro y, a propósito de lo que decía, le dijo: «Un hombre hizo una gran cena, y convidó a muchos. Y a la hora de la cena mandó a su criado a decir a los convidados que viniesen, que ya todo estaba preparado. Y comenzaron todos a una a excusarse. El primero le dijo: "He comprado unas tierras y tengo que ir a verlas: te ruego me des por excusado". Y el segundo dijo: "He comprado cinco parejas de bueyes y voy a probarlas: te ruego me des por excusado". Y otro dijo: "Me he casado y, por tanto, no puedo ir". Vino, pues, el criado y dio cuenta de todo a su amo. Airado entonces el amo, dijo a su criado: "Sal pronto a las plazas y cantones de la ciudad y trae acá a los pobres y débiles y ciegos y cojos". Y dijo el criado: "Señor, ya se ha hecho lo que has mandado; mas todavía hay sitio". Y dijo el señor al criado: "Sal a los caminos y vallados y obligalos a entrar para que se llene mi casa. Porque os aseguro que niguno de todos aquellos que fueron invitados ha de probar mi cena".»

Para entender mejor esta parábola, es de notar que la cena era la comida principal entre los antiguos. Solían enviar en el Oriente las invitaciones con tiempo, y luego, cuando llegaba la hora, iban los criados a avisar a los convidados para que viniesen. La cena es, sin duda, la abundancia de bienes que hay en el Reino del Mesías, en la Iglesia de Jesucristo, sea en este mundo, por la abundancia de gracias, sea en el otro, en el convite celestial, por la abundancia de gloria, continuación de la gracia. Muy bien se aplica al convite de la Eucaristía, que es, sin duda, uno de los más preciosos manjares de esta cena espiritual de la Iglesia, y en la que más gracia se nos comunica.

Al suspiro y anhelo de aquel fariseo que deseaba comer el pan del Reino de Cristo, y ver el Reino del Mesías tan esperado por los judíos, contesta nuestro Maestro aptamente con esta parábola.

La lección que daba el Maestro a quien había lanzado la exclamación de deseo de comer el pan del Reino de Dios era bien hermosa. Y podía servir mucho a los presentes. El amo, Él mismo o su Padre, había invitado a esa gran cena a muchos, no a todos al principio, sino a su pueblo escogido. Pero los judíos, los fariseos, el pueblo de Israel, con vanos pretextos y por sus concupiscencias terrenas y caducos intereses, despreciaba el convite y no acudía a la cita. Entonces Jesús llamaba a los pobres de Israel primero. Y como todavía quedaba sitio, llamaba a todos los de fuera de Israel, los del campo, los gentiles, que vendrían en gran número, y decía a sus enviados y apóstoles que los obligasen a entrar, no precisamente por la fuerza, pero sí por instancia moral y con persuasiones insistentes y premiosas. En efecto, al convite del Mesías han acudido todas las gentes.

183. CARÁCTER DE LOS DISCÍPULOS DE JESÚS
(Lc 14, 25-35; Mt 10, 37)

Salió del convite, y seguíanle numerosas turbas, de las cuales, con aquel entusiasmo que tenía la gente de Perea hacia Jesucristo, muchos se le ofrecían por discípulos. Quiso el Maestro desengañarlos y hacerles saber que aquél no era fácil negocio, ni que debían dejarse llevar demasiado inconsideradamente de sus entusiasmos, sino considerar mejor lo que para seguirle a Él se necesitaba. Y volviéndose a la gente que le seguía, les dijo:

«Si alguno viene a mí y no odia a su padre, y a la madre, y a la mujer, y a los hijos, y a los hermanos, y a las hermanas, y, además, hasta la propia vida, no puede ser mi discípulo.»

No quiere, claro está, que se tenga odio verdadero a los parientes, lo cual sería una inmoralidad muy grande. Pero éste era el modo de hablar, y como lo explicó en otro sitio que escribe San Mateo, lo que quiere es que, cuando los parientes se opongan a que el hombre siga a Jesús, entonces se los aborrezca, y se los abandone, y que nadie ame más a los parientes que al Maestro. Ésta es la doctrina verdadera.

Otro precepto les dio, que ya en otra ocasión les había dado. Para que no pensasen que al ser sus discípulos iban a medrar y prevalecer en el mundo, y por si acaso traían aquellos pensamientos de gloria que alrededor del Mesías solían forjarse, les dijo:

«El que no lleve a cuestas su cruz y venga en pos de mí, no puede ser mi discípulo.»

Y para que no se dejen llevar de inconsiderados propósitos, les aconseja que antes de darse a Él miren lo que hacen, y les dice:

«¿Quién de vosotros, al querer edificar una torre, no se sienta primero y se pone a calcular el gasto, para ver si tiene para acabarla? Porque si no, a lo mejor pone el cimiento y no puede poner el fin, y todos los que le ven, comenzarán a burlarse de él y dirán: Este hombre comenzó a edificar y no puede rematar. O ¿qué rey, cuando va a hacer guerra a otro rey, no se sienta primero y delibera si es bastante fuerte para salir al encuentro con diez mil hombres al que viene con veinte mil? Y si no lo es, cuando aún aquél esté lejos, despacha una embajada a pedir paz. Así, pues, el que de vosotros no renuncie a todos sus bienes, no puede ser mi discípulo.»

Es, pues, necesario, que antes de entrar en la escuela de Cristo y de ponerse a seguirle como discípulo, se vea si uno tiene fuerza y constancia bastante para ello.

Bueno es ser discípulo de Cristo, pero, si después se deja de serlo, es peor. Y por eso dice:

«Buena es la sal; pero si hasta la sal se desvirtúa, ¿con qué se la salará? Ni para la tierra ni para el estercolero valdrá nada. La tirarán fuera. El que tenga oídos para oír, oiga.»

Y cierto, si los discípulos de Cristo que habían de sazonar la tierra, hubiesen perdido la sazón y la virtud evangélica, ¿con qué se los hubiera salado? Así, pues, el que quiera ser sal, mire si tiene virtud bastante para, con la gracia y auxilio de Dios, no perder la sazón; porque si la pierde, sólo servirá para echarlo fuera.

184. EL QUE RECIBE A LOS PECADORES
(Lc 15, 1-2)

Grande era la bondad de Jesús, y delicada la benevolencia con que se allanaba a los pecadores y publicanos. Éstos, sobre todo, acostumbrados a ser mal mirados y recibidos en todas partes por lo odioso de su oficio, y también por sus excesos y atropellos, que en el ejercicio de su cargo cometían, encontrábanse muy a su gusto con aquel Maestro insigne, que no sólo no se desdeñaba de recibirlos y tratarlos, sino que aun les mostraba singular afecto.

No es extraño, pues, que en Perea, como en todas partes, se le acercasen, sobre todo, los publicanos y pecadores para oírle. Y acaso los fariseos quedaban detrás de ellos, y, sentidos de que el Maestro no les mostrase alguna preferencia y los distinguiese, como estaban ellos acostumbrados, empezaron a disgustarse y hablar entre sí. «Murmuraban, dice San Lucas, unos con otros los escribas y fariseos, diciendo: Éste atiende a los pecadores y come con ellos».

Habían tocado un punto de los más importantes en la misión de Cristo. Quiso el Maestro de una vez explicarles sus ideas, y enseñarles el amor y afán con que buscaba a los pecadores, y no de un modo, sino de tres maneras, a cuál más delicada, les explicó a ellos y nos explicó a todos cómo habíamos de ser mirados y recibidos por Él los pecadores, por grandes que fuesen nuestros pecados.

185. LA OVEJA PERDIDA
   (Lc 15, 3-7)

Les dijo esta parábola:
«¿Quién de vosotros, si tiene cien ovejas y pierde una de ellas, no deja las noventa y nueve en el campo y va por la que se perdió, hasta que la halla? Y en cuanto la halla, se la pone sobre sus hombros lleno de gozo. Y en cuanto llega a su casa, convoca a todos los amigos y vecinos, diciéndoles: Dadme la enhorabuena, porque he hallado mi oveja que se había perdido. Pues yo os aseguro que de igual modo en el cielo habrá un regocijo mayor por un solo pecador que haga penitencia, que no por noventa y nueve que no necesiten penitencia.»

186. LA DRACMA PERDIDA
   (Lc 15, 8-10)

Y prosiguió exponiendo esta parábola:
«O ¿qué mujer, si tiene diez dracmas (moneda exigua que valía apenas una peseta, por donde se ve qué pobre era esta mujer) y pierde una, no enciende un candil y barre la casa y busca con afán hasta que la halla? Y en cuanto la halla, llama a las amigas y vecinas, diciendo: Dadme la enhorabuena, porque he hallado la dracma que había perdido. Pues yo os aseguro que en la presencia de los ángeles de Dios habrá un regocijo igual por un pecador que haga penitencia.»

187. EL HIJO PRÓDIGO
   (Lc 15, 11-32)

Y en fin, para completar aquella misma doctrina, dijo aquella preciosísima y sin igual parábola del hijo pródigo, idea divina, parábola dulcísima, retrato el más amable de la misericordia de Dios, consuelo de todos los pecadores, imagen acabada de la ruindad y degradación del hombre que huye de Dios y de la magnanimidad y estupenda caridad de Nuestro Señor que le redime.

No son las palabras de un hombre que se figura cómo ha de ser la bondad divina, no son encarecimientos de un predicador que quiere inspirar confianza a su auditorio, no son visiones de un alma blanda y cariñosa que se imagina la bondad del Señor como ella quiere, no. Son palabras de Dios, son aseveraciones del Señor ofendido por los pecadores, son escrituras hechas con la más generosa sangre del Corazón divino.

Voy a poner la parábola, y voy a ponerla sin cambiar un ápice del texto evangélico para que sepamos todos los pecadores cómo nos quiere tratar Dios, cómo le tratamos nosotros a Él, lo que sin Él somos y lo que con Él podemos ser. Toda la historia del corazón humano está en esta preciosa parábola.

Decía así:

«Un hombre tenía dos hijos. Y dijo el menor de ellos al padre: "Padre, dame la parte de la hacienda que me corresponde". Y les repartió la hacienda. Y al cabo de no muchos días el hijo menor, habiendo recogido todas las cosas, se fue a una tierra lejana, y allí malbarató su hacienda viviendo licenciosamente.

»Cuando había gastado todo, hubo en aquella tierra una gran hambre,y él empezó a pasar necesidad. Y se fue y se allegó a uno de los ciudadanos de aquella tierra, el cual le envió a sus dehesas a guardar puercos. Y estaba deseando llenar su vientre de las bellotas que comían los puercos, y nadie se las daba.

»Entrando, pues, dentro de sí, dijo: ¡A cuántos jornaleros de mi padre les sobra pan!, ¡y yo aquí me muero de hambre! Voy a levantarme, voy a ir a mi padre y le diré: "Padre, he pecado contra el cielo y contra ti; ya no soy digno de llamarme hijo tuyo; recíbeme como uno de tus jornaleros". Y se levantó y vino a su padre. Y cuando aún estaba lejos, le vio su padre, y se conmovió de misericordia, y corriendo hacia él, se le echó al cuello y le besó. Y le dijo el hijo: "¡Padre!, he pecado contra el cielo y contra ti. Ya no soy digno de llamarme hijo tuyo..."

»Mas el padre dijo a sus criados: "¡Pronto!, traed el mejor vestido y vestídselo, y poned un anillo en su mano, y calzado en sus pies, y traed el novillo cebado y matadlo y comamos y tengamos festín; porque este hijo mío estaba muerto y ha revivido, estaba perdido y ha sido hallado". Y comenzaron el festín.»

¡Oh! ¡qué admirable la bondad de este padre! Hasta aquí la primera parte. Viene la segunda de esta prodigiosa parábola, en la que no menos se ven las mezquindades de hombre, aun cuando sea justo y bueno. Porque este padre tenía otro hijo mayor.

«Y estaba el hijo mayor en el campo, y como al volver se acercó a casa, oyó el concierto y los coros. Y llamó a uno de los criados y le preguntó qué era aquello. Y éste le dijo: "Es que ha venido tu hermano, y tu padre ha matado el novillo cebado, por haberle recobrado sano".

»Y se enojó, y no quería entrar. Salió, pues, su padre, y se puso a rogarle. Pero él replicó y dijo a su padre: "Aquí estoy sirviéndote hace tantos años, jamás he faltado a tu mandato; y nunca me has dado un cabrito para merendar con mis amigos. En cambio, cuando este hijo tuyo, que se ha comido tu hacienda con prostitutas, ha venido, has matado el novillo cebado".

»Mas él le dijo: "Hijo, tú siempre estás conmigo y todo lo mío es tuyo; pero ahora es preciso celebrar un banquete y alegrarnos, porque este hermano tuyo estaba muerto y ha revivido; estaba perdido y ha sido hallado".»

Jamás, jamás se ha expresado ni se expresará mejor el misterio de amor que se verifica en la reconciliación del hombre con Dios que en esta parábola.

Aquel hijo insolente que pide lo que no es suyo y reclama la libertad que no puede reclamar, y que en cuanto la obtiene y abusa de ella se va poco a poco alejando de su padre y de su casa y de su ciudad, y se pega a un insolente ganadero que le sujeta a los más viles oficios, y que baja por toda esta escala de degradación, teniendo siempre hambre y cada vez más hambre, y tanta hambre, por fin, que deseaba comer lo mismo que comían los más viles animales; es la imagen horrible del pecador que pide a Dios la libertad que no le pertenece, y se va, abusando de ella, cada vez más lejos de Dios, buscando su satisfacción, sin hallarla, pues a medida que pasa el tiempo y se aleja de Dios, siente más hambre de placeres y satisfacciones, hasta desear las satisfacciones de las más execrables bestias... y no logra ni aun ésas. ¿No es éste aquel pecador que exclama en un arrebato de bestial ingenuidad aquel verso, el más indigno de la humanidad y el más verdadero sin embargo: *¡Felices bestiae quibus non est intellectus!* ¡Felices las bestias porque no tienen entendimiento y, por tanto, ni conciencia, ni remordimiento en el gozar y en el pecar!

VIII. TERCER AÑO. EL HIJO PRÓDIGO

Aquel otro hijo primogénito, justo, sí, y obediente a su padre, pero como somos los hombres: envidioso, descontentadizo, soberbio y desagradecido, es la imagen de muchos justos que no tienen, no, las entrañas del padre con sus hermanos, y acaso creen que todo se les debe, sin considerar que ellos han sido mucho más felices, aunque no sea más que por haber estado siempre con su padre. ¡Con qué punzante ironía le dice a su padre: A mí ni un cabrito... y a ese hijo *tuyo,* que se ha comido *tu* hacienda con prostitutas, ¡el becerro grueso! ¡Ni siquiera una vez se descuida en llamarle su hermano! ¡Él se dedigna de lo que no se dedigna el padre!, y ¡eso que su padre es el Señor y él no es señor de nada!

En cambio, ¡qué padre! Padre siempre; que respeta la libertad de su hijo, y no quiere tenerle consigo a disgusto.

Padre, cuando el hijo se ha ido, que sale todos los días al monte vecino, desde donde se divisa el camino por el que puede volver su hijo, a quien conoce que querrá volver y aguarda sin cesar; porque no hemos de creer que fue casualidad el estar allá el día precisamente de su vuelta, sino que estuvo todos los días aguardando.

Padre, cuando le ve venir, que en vez de retirarse dignamente a su casa para aguardar allí al hijo y hacerle ver lo criminal de sus extravíos y ganar su reconciliación, en cuanto le ve venir de lejos, se echa por el camino adelante corriendo a recibir a su amada prenda, y, sin dejarle acabar lo que el hijo quería decirle, le envuelve en un torbellino de besos y abrazos, y, estrechándole contra su seno, le conduce él mismo a la antigua casa, y antes de presentarlo a nadie, manda traerle el mejor vestido para mudarlo por sus andrajos, y el anillo para ponerlo en su mano encallecida, y los zapatos para calzar los pies, estropeados y polvorientos, del viajero, y celebrar el banquete más alegre que hasta entonces había celebrado.

Padre bueno con el hijo pequeño, y bueno también y cariñoso con el hijo mayor, aunque soberbio. Y ¡qué bien responde a sus insolencias y qué hermosa doctrina le da! Tú siempre has estado conmigo y todo lo mío es tuyo. No un cabrito, todo cuanto has comido y gastado aquí, todo ha sido algo más acaso que lo que este hijo ha derrochado, y además, nunca te he negado lo mismo que yo he tenido, y mejor es la suerte del justo que vive con Dios que la de cualquier pecador que anda por el mundo, aun cuando después vuelva a Dios. Y le dice delicadamente lo que el hijo mayor intencionadamente no había querido decir, este *hermano tuyo,* porque no sólo es hijo mío, como tú dices, sino por lo mismo hermano tuyo.

¡Oh!, dichosos los que habitan, Señor, en tu casa; por los siglos de los siglos te alabarán.

¡Oh!, dichosos los que, si algún día salieron de tu casa, vuelven por fin a ella; porque te encontrarán, o mejor dicho, tú les saldrás al encuentro, y los conducirás de nuevo a tu casa, y les devolverás la gracia y les darás, no el novillo cebado, sino tu Santísimo Cuerpo y Sangre preciosa, y con esto la sinfonía de tus bondades, el festín de tu amor, la felicidad de tu compañía. Los que debiéramos contentarnos con ser jornaleros tuyos y esclavos de tu casa, somos recibidos como hijos y tratados con todo el amor de tu Corazón.

¡Padre! Padre nuestro que estás en el cielo, santificado sea tu nombre.

188. PARÁBOLA DEL MAYORDOMO INFIEL
(Lc 16, 1-13; Mt 6, 24)

Tan dulces como nuevas habían sido las doctrinas y parábolas acerca de la misericordia divina para con los pecadores. Pero no menos nuevas iban a ser para el mundo las doctrinas que acerca de la riqueza iba a proponer.

Dirigiéndose a sus discípulos, les dijo esta curiosa parábola:

«Érase un hombre rico y tenía un administrador de quien le delataron que maltrataba sus bienes. Y habiéndole llamado, le dijo: "¿Qué es eso que oigo de ti? Dame cuenta de tu administración, porque en adelante ya no podrás administrar". Y dijo para sí el administrador: "¿Qué voy a hacer ahora que mi amo me quita la administración? Cavar no puedo, mendigar me da vergüenza. Ya sé lo que voy a hacer para que, cuando me quite la administración, me reciban en sus casas".

»Y habiendo llamado uno por uno a los deudores de su amo, dijo al primero: "¿Cuánto debes a mi amo?" Y él le dijo: "Cien batos de aceite" *(cada bato era cuarenta litros)*. Y le dijo: "Toma tu recibo y escribe pronto: cincuenta". Y dijo al otro: "Y tú, ¿cuánto debes?" Y él dijo: "Cien coros de trigo *(cada coro era diez batos o cuatrocientos litros)*. Le dice: "Toma tu recibo y escribe: ochenta".»

Preciosa escena que representa al vivo la industria y diligencia de aquel administrador.

Fraudulenta era y muy injusta y, por tanto, digna de vituperio. Pero aunque mala, era, según el mundo y su manera de pensar, muy buena para no quedarse el pobre en la calle. Y por eso dice Jesús:

VIII. TERCER AÑO. EL MAYORDOMO INFIEL

«Y alabó el amo al inicuo administrador, porque obró sagazmente; porque los hijos de este siglo son más sagaces entre sí, que los hijos de la luz.»

¡Qué verdad es ésta! ¡Cuánto más discurren los mundanos por sus bienes y negocios temporales que los hijos de la luz por sus bienes eternos! Por eso, trasladando la parábola a las cosas eternas y a los hijos de la luz, o a los que deben serlo, añade:

«También yo os digo: Procuraos amigos con la riqueza de iniquidad, para que, cuando os arruinéis, os acojan en las moradas eternas.»

Inicua llama a la riqueza, no porque suponga que está adquirida injustamente, sino porque es causa de muchas iniquidades y pecados. Y nos advierte que con ella, así como el mayordomo infiel se hizo amigos para el día en que se quedase en la calle, así también nosotros, dando limosnas, nos hagamos amigos en la otra vida a los ángeles y a Dios y a los santos, para que, al morir y cuando nos falten riquezas, que a todos faltan y dejan a la muerte, nos reciban bien en las moradas del cielo.

Y haciendo comparación de las riquezas, bienes exiguos y despreciables, con la gracia que es altísimo bien, añade:

«El que es fiel en lo mínimo, también será fiel en lo mucho. Y el que es inicuo en lo poco, también será inicuo en lo mucho. Si, pues, en la riqueza inicua no sois fieles, ¿quién os fiará la verdadera? Y si en lo de otro no habéis sido fieles, ¿quién os dará lo vuestro?»

Si en las riquezas, que son cosa tan pequeña y ajena, porque son del amo, de Dios, y vosotros no tenéis más que su administración, sois infieles y no obráis según la voluntad de Dios, ¿cómo podréis esperar que se os dé la gracia y los otros dones sobrenaturales y muy superiores a la riqueza? Si en administrar la riqueza inicua sois infieles, mucho más lo seréis en la gracia.

Y confirmando lo mismo sobre otro aspecto, añadió:

«Ningún siervo puede servir a dos señores; porque odiará a uno y amará a otro, o atenderá al uno y despreciará al otro.»

Y aunque la máxima es para todos, pero especialmente explica a qué señores alude, diciendo así:

No podéis, si queréis servir a esa riqueza de iniquidad, servir al Señor de la justicia. No. Si servís a Dios, despreciaréis de seguro las riquezas; y si servís a las riquezas, de seguro despreciaréis a Dios. Así había comenzado el Evangelio en el sermón del Monte: «Bienaventurados los pobres de espíritu, porque de ellos es el Reino de los cielos».

La primera condición que puso para servirle a Él y entrar en su reino, fue la pobreza de espíritu, el desapego de las riquezas, la libertad de los bienes del mundo.

189. LOS FARISEOS SE BURLAN Y SON REPRENDIDOS
   (Lc 16, 14-48)

Enojosa debió de ser para los fariseos que allí estaban esta predicación, y no hallaron otra manera de librarse de ella que mofarse de su Maestro. Y así, con gestos de desprecio y acaso con imprudentes carcajadas y contracciones de su burlona faz, comenzaron, los ricos a burlarse del pobre Maestro de los pobres, que les echaba en cara su amor a la rqueza y les aconsejaba que diesen limosna a los pobres.

«Oían todas estas cosas los fariseos, que eran amigos del dinero, y se mofaban.»

Pero Jesús, sin inquietarse y con mucha y solemne paz, dijo:

«Vosotros sois los que os justificáis a vosotros mismos ante los hombres. Pero Dios conoce vuestros corazones. Porque lo sublime entre los hombres es abominación a los ojos de Dios.»

No siempre, claro está; pero éste es el modo de hablar de Jesús y de los hebreos; poner como máxima general lo que muchas veces sucede, como sucedía en el caso presente de que se trata.

Y tomando de nuevo la palabra, comenzó a sembrar consejos y sentencias, que los evangelistas reúnen en sus páginas más cuidadosos de darnos la doctrina que de mostrarnos su enlace. Sin duda que el Señor, cuando las decía las habría enlazado bien entre sí, sea con algún enlace lógico y encadenación razonada, sea, acaso muchas veces, con el enlace de las circunstancias, ya respondiendo a algunas interrupciones que omiten los evangelistas, ya aludiendo a circunstancias presentes, entonces muy conocidas y ahora para nosotros del todo ignoradas. Los exegetas suelen empeñarse y discurrir mucho para encontrar el enlace y sucesión racional de las ideas de Jesucristo en estos casos. Pero no logran restablecer el hilo del raciocinio. Y creemos que no lo lograrán jamás. Ni nos es necesario, aunque nos sería agradable. Bástanos saber qué es lo que Jesús decía y sentía, aunque no tengamos sino sentencias, que, aunque ligadas cuando Él pronunciaba sus discursos, hoy, perdido el hilo del raciocinio, nos parecen desligadas. Acaso también muchas veces los evangelistas, por el parecido de la

VIII. TERCER AÑO. EL RICO EPULÓN Y LÁZARO

materia, reúnen en un mismo capítulo sentencias que fueron pronuciadas por el Maestro en distintas ocasiones, como perlas sueltas, para no perderlas.

Decía, pues, el Señor en esta ocasión: «La Ley y los Profetas hasta Juan: desde entonces se evangeliza el Reino de Dios y todos lo invaden con violencia. Pero más fácil es que el cielo y la tierra dejen de ser, que deje de cumplirse una sola tilde de la Ley».

Parecía decir: ya pasa vuestro poder y vuestra influencia, porque la Ley y los Profetas a que aludíais y en quienes, aunque interpretándolos mal, os apoyáis, dejan de ser desde Juan, porque ya el Reino de Dios, del que vosotros os mofáis, es predicado y entran muchísimos en él con violencia ahora y, sobre todo, en cuanto se anuncie al mundo. Sin embargo, no creáis que de esa misma Ley que ya va a cesar se ha de borrar ni una tilde, porque se cumplirá todo lo que en el Antiguo Testamento está escrito; y lo que de él había de pasar al Nuevo, todo pasará perfeccionado, porque yo no he venido a destruir la Ley, sino a perfeccionarla y a consumarla.

De otra manera entienden otros intérpretes esta sentencia, y, en efecto, de otra manera se puede traducir el texto griego así:

«Hasta los tiempos de Juan han durado la Ley y los Profetas. Desde entonces se anuncia ya el Reino de Dios *(que en la Ley antigua y los Profetas se anunciaba)*. Mas, a pesar de haber sido profetizado y preanunciado, todos lo perseguís y atropelláis. Pero nada conseguiréis, porque todo cuanto en la Ley y en los Profetas estaba anunciado del Reino de Dios, todo se cumplirá.»

Acaso durante aquellos discursos se presentó alguna ocasión en que los fariseos, como veremos después más largamente, le preguntaron o hablaron del divorcio, pidiéndole la explicación de la Ley acerca de este punto. Y, sea por ésta, sea por otra ocasión, dijo:

«Todo el que repudia a su mujer y se casa con otra, es adúltero. Y el que se casa con la repudiada por su marido, es adúltero.»

190. PARÁBOLA DEL RICO EPULÓN Y DE LÁZARO
(Lc 16, 19-31)

Volviendo en seguida al tema principal de las riquezas, por el que se le habían reído despectivamente los fariseos, terminó magistralmente la materia con una parábola que resumía todos los puntos y circunstancias actuales de la polémica, con atinadísimas advertencias a los fariseos.

Dijo así: «Érase un hombre rico que se vestía de púrpura y batista, y banqueteaba opíparamente todos los días. Y érase un pobre, por nombre Lázaro, el cual, cubierto de llagas, yacía arrimado al portal. Estaba deseando hartarse de las migajas que caían de la mesa del rico; pero nadie se las daba. Y hasta los perros venían y lamían sus llagas. Sucedió, pues, que murió el pobre y fue llevado por los ángeles al seno de Abrahán. Murió también el rico y fue sepultado en el infierno.

»Y en el infierno, alzando sus ojos, estando él en tormentos, ve a Abrahán, desde lejos y a Lázaro en su seno. Y dando voces, dijo: "Padre Abrahán, compadécete de mí y envía a Lázaro que moje la punta de su dedo en agua y refresque mi lengua, porque me consumo en estas llamas". Pero le dijo Abrahán: "Hijo, acuérdate que tú recibiste tus bienes en tu vida y Lázaro, al contrario, los males. Ahora él es aquí consolado y tú afligido. Y además de todo, entre nosotros y vosotros se extiende un gran abismo, de modo que los que quieren no puedan ni pasar desde aquí a vosotros, ni desde ahí atravesar a nosotros".

»Entonces dijo él: "Te ruego, pues, Padre, que le envíes a casa de mi padre. Porque tengo cinco hermanos; para que les atestigüe esto, a fin de que no vengan ellos también a este lugar del tormento". Pero le dijo Abrahán: "Ya tienen a Moisés y a los Profetas. Que los escuchen". Y dijo él: "No, padre Abrahán; pero si va alguno de los muertos a ellos, harán penitencia". Y le dijo: "Si a Moisés y a los Profetas no atienden, aunque resucite alguno de entre los muertos no creerán".»

Parecía que el Salvador tenía presente ya lo que iba a suceder cuando viniese de entre los muertos otro Lázaro resucitado dentro de poco, sin que por eso los fariseos creyesen más que creían, a pesar de tener en favor de Cristo la Ley y los Profetas.

Creen algunos, no pocos, que esta narración es histórica, y que, por serlo, el Salvador da nombre al pobre, cosa que en ninguna otra parábola sucede, que dé nombre a ninguno de los sujetos que en ella intervienen. Y bajo el supuesto de que sea historia, muchos se dieron a investigar quién fuese el rico, y aun señalaron y señala hoy la tradición cuál fue la casa del malaventurado. Los más, y esto parece lo cierto, creen que no es historia, sino parábola, como la del mayordomo o la del samaritano o la del hijo pródigo. En la que, sin embargo, hay muchos rasgos reales fuera de la existencia de esos individuos, rico o pobre.

Muchas cosas propias del infierno y del seno de Abrahán están metafóricamente expresadas para la inteligencia popular. Así al pedir el Epulón una gota de agua en la punta mojada del dedo de Lázaro, significa cómo al condenado se le ha de negar hasta el mínimo consuelo; el abismo interpuesto entre el seno de Abrahán y el infierno del Epulón, significa la imposibilidad, por la disposición de Dios, de pasar de un lado a otro; la compasión que muestra el rico Epulón por sus parientes no es imposible en un condenado, sino natural acaso; si bien Nuestro Señor pone todo ese diálogo con la libertad que se tiene en las parábolas, en las que se arreglan las circunstancias acomodadamente a la doctrina que se quiere explicar.

¡Y qué hermosa y cuán hermosamente está aquí la del Maestro!

¡Qué advertencia a los ricos que se sumergen en placeres, gastándose en vicios y francachelas cotidianas sus riquezas!

¡Qué consuelo a los pobres, que viven sin poder saciar su hambre ni de migajas de ricos, sin poder cubrir sus cuerpos de pingajos de poderosos!

¡Qué contraste entre la opípara abundancia del Epulón y el hambre de Lázaro. Aquél, cubierto de púrpura y batista; éste, cubierto de llagas y miseria; aquél, sentado a espléndida mesa; éste, rodeado de los perros que con tanta abundancia recorren las calles de las ciudades orientales; aquél muere y se sabe su muerte y se celebran exequias (que el texto griego da a entender que fueron solemnes); éste muere y va en silencio, sin que nadie se dé cuenta ni le acompañe, al seno de Abrahán.

En cambio, la vida siguiente cambia del todo las dos condiciones.

El pobre Lázaro, recibido y acariciado por su padre Abrahán, goza y descansa, mientras viene la hora de la redención de Cristo que los lleva a todos al cielo. Ya recibió bastantes males en la vida.

Mas el rico Epulón muere, recibe exequias, cierto, pero es sepultado en el infierno y metido en terribles tormentos. A las mesas espléndidas y banquetes diarios han sucedido hambre continua y miseria hasta de una gota de agua con que mitigar su sed...

Y para mayor pena, desde el sitio de su tormento, levanta la vista y ve allá en brazos de su padre Abrahán, lejos, a Lázaro. ¡Cuántas veces también desde el sitio de sus penas, desde el quicial de la puerta, el pobre Lázaro levantó su vista hambrienta hacia las espléndidas habitaciones del Epulón, y vio desde lejos el gran convite del rico!

Una gota de agua pedía el rico a Lázaro y una migaja de pan había pedido muchas veces el pobre al Epulón.

No se la quiso dar el Epulón a Lázaro, y no se la pudo dar Lázaro al Epulón.

¡Terrible mudanza de fortunas!

191. ACERCA DEL ESCÁNDALO
(Lc 17, 1-2)

Concluida esta materia, fue uno tras otro dando varios consejos y preceptos acerca de la vida de la Iglesia, y sin salirse de las presentes circunstancias de este día, cuando aún duraba el dejo amargo del escándalo que los fariseos habían dado riéndose de las enseñanzas divinas, una vez que respondió a éstos cumplidamente acerca de las riquezas y que con la parábola que había expuesto los dejó callados y pensativos, se volvió a sus discípulos y les dijo:

«Es imposible que no haya escándalos. Pero ¡ay de aquel por quien vengan! Más le valdría que le pusiesen una rueda de molino al cuello y lo arrojasen al mar, antes de escandalizar a uno de estos pequeñuelos». Y señalaba a los pequeñuelos que allí estaban, a los niños en edad y a los niños en carácter y firmeza mental, como era el pueblo.

192. SOBRE LA CORRECCIÓN FRATERNA
(Lc 17, 3-4; Mt 18, 15-17)

Para que sus discípulos, sin embargo, fuesen caritativos con las faltas del prójimo, les dijo: «Mirad por vosotros. Si tu hermano peca contra ti, ve y corrígele entre ti y él solo. Si te atiende y se arrepiente, perdónale y habrás ganado a tu hermano. Y si siete veces al día peca contra ti y siete veces al día se vuelve a ti diciendo: "Me pesa", perdónale. Si a ti no te atiende, toma todavía otro u otros dos, para que en la autoridad de dos o tres testigos estribe todo dicho. Si no atiende a éstos, díselo a la Iglesia. Y si ni a la Iglesia atiende, sea par ati como el gentil y el publicano».

Esta delicada gradación en la represión fraterna, aunque aún no estaba establecida en la Iglesia católica, la daba, sin embargo, para ella, estableciendo así, con muy prudentes cautelas, el modo más hermoso de evitar faltas de caridad y enemistades que, una vez rotas, difícilmente se componen. Lo primero es que los ofendidos se arreglen entre sí, sin dar escándalo. Luego, que procuren con la autoridad de otro u otros dos árbitros formar un tribunal amigo, de dos o tres, los cuales, por tener más autoridad, podrán muy bien forzar más al ofensor que haya faltado y argüirle con más entereza. Cuando con estos medios amigables nada se haya conseguido, se invoque la autoridad de la Iglesia, y al decir de la Iglesia alude, sin duda, como lo prueban los mejores exegetas, a aquella Iglesia de que habla el Evangelio en otra parte que Jesucristo prometió fundar en San Pedro, remitiendo a la autoridad de la Iglesia, en su vicario o en quien él señalare, el último juicio para perdonar o retener las culpas.

193. AUTORIDAD DE JUZGAR EN LA IGLESIA
(Mt 18, 18)

Y pasando a más elevado asunto, que completaba el que estaba diciendo, y dirigiéndose solemnemente a sus apóstoles, les dijo:
«En verdad os digo: todo lo que atéis en la tierra estará atado en el cielo, y todo lo que desatéis en la tierra, estará desatado en el cielo.»
Gran facultad la que aquí concede a los apóstoles, y tal que parece increíble.
A San Pedro se la había concedido ya cuando le nombró Piedra de la Iglesia. Aquí la concede a sus apóstoles, aunque dependiendo y estribando en Pedro como en piedra de todos, Más tarde, antes de subir a los cielos, la volverá a conceder, más solemnemente aún, a los apóstoles al enviarlos a predicar con facultades parecidas a las que Él trajo del cielo. Entonces explicaremos el alcance de tan gran prerrogativa, concedida a la Iglesia en su legítima representación.

194. VALOR DE LAS ORACIONES UNIDAS
(Mt 18, 19-20)

Aquí el Señor añadió una doctrina preciosa, que infunde muchísima confianza en los que vivimos reunidos en su nombre y para su gloria.
«También os digo que si dos de vosotros se conciertan en la tierra sobre cualquier cosa que pidieren, se les atenderá por mi Padre que

está en los cielos. Porque donde están dos o tres congregados en mi nombre, allí estoy yo en medio de ellos.»

La promesa no puede ser más animosa. Donde estén dos o tres reunidos por alguna cosa de gloria y honor de Cristo, propia de su misión al mundo y del fin de la Iglesia, esos dos o tres no están solos, sino que está Cristo con ellos: la plegaria que dirijan al cielo va unida y realzada con la interpelación de Cristo, con sus méritos y dignidad infinitos; por donde es imposible que no sea atendida y cumplida. ¿Acaso puede el Padre negar nada al Hijo?

Y si donde estén dos o tres está el Hijo, ¿qué será en las congregaciones?, ¿qué en las sagradas religiones?, y ¿qué, sobre todo, en los concilios de la Iglesia?

195. CUÁNTO SE HA DE PERDONAR
(Mt 18, 21-23)

Mucha mella debieron de hacer en Pedro las palabras en que se les concedía la facultad de perdonar, y no se distrajo de aquello a pesar de estas cosas que después dijo el Maestro. Y por eso, apenas concluyó de hablar Cristo, se le acercó y le dijo:

«"Señor, ¿cuántas veces pecará contra mí mi hermano y le perdonaré? ¿Hasta siete?" Le dijo Jesús: "No te digo hasta siete, sino hasta setenta veces siete".»

Que era como decirle todas las veces que después de pecar viniere arrepentido.

196. EL SIERVO QUE DEBÍA DIEZ MIL TALENTOS
(Mt. 18, 23-35)

¡Ah! ¡qué poco hacemos nosotros en perdonar a nuestros agraviadores, por graves que sean sus agravios, y por repetidas que sean sus ofensas! Preclaramente nos lo dio a entender el buen Maestro añadiendo esta parábola:

«Por eso el Reino de Dios se puede comparar a *(lo que pasó con)* un rey que quiso ajustar cuentas con sus criados. Al comenzar a ajustarlas, le trajeron a uno que le debía diez mil talentos.»

VIII. TERCER AÑO. EL SIERVO QUE DEBÍA DIEZ MIL TALENTOS

Suma enorme, equivalente a cientos de millones de pesetas, y si se trataba de talentos hebreos, a miles de millones.

«Mas, como no tenía con qué pagar, mandó su señor que fuese vendido él, su mujer y sus hijos y todo lo que tenía, y que se le pagase.»

Tal era el derecho oriental en muchos sitios.

«Entonces el criado aquel, postrándose a sus pies, le comenzó a adorar, diciendo: "Ten paciencia conmigo y todo te lo pagaré". Compadecido de aquel siervo, el amo le soltó y le perdonó la deuda. Pero saliendo el siervo, encontró a uno de sus consiervos que le debía cien denarios (unas pesetillas), y, agarrándole, le ahogaba diciendo: "Paga lo que debes". El consiervo entonces, cayendo a sus pies, le suplicaba diciendo: "Ten paciencia conmigo y todo te lo pagaré". Pero él no atendió, sino que fue y le echó en la cárcel msta que pagase lo que debía.

»Viendo, pues, sus consiervos lo sucedido, lo sintieron mucho, y fueron y contaron a su amo lo que había sucedido. Entonces el amo, llamándole, le dijo: "¡Mal criado!, te he perdonado toda aquella deuda porque me lo rogaste, ¿no era justo que tú también te compadecieses de tu consiervo así como yo me he compadecido de ti?" E irritado, el amo le entregó a los sayones hasta que pagase todo cuanto debía. Lo mismo os hará mi Padre celestial a vosotros, si no perdonáis de corazón cada uno a su hermano.»

Tal es la idea de Jesucristo acerca del perdón. Si el Padre nos perdona a nosotros deudas inmensas, no de diez mil talentos, ni de sesenta millones, sino infinitamente mayores, ¿no vamos a perdonar nosotros a nuestros siervos y hermanos deudas pequeñísimas de cien denarios, suma exigua, que no llega ni a la sexagésima parte de un talento?

El siervo que oyó de su consiervo las mismas palabras que él había dicho a su Señor, debiera haberse acordado de la dulce y misericordiosa respuesta que le había dado, y, a ejemplo de él, debiera haber perdonado a su consiervo con mansedumbre, o al menos haberle esperado, pensando qué hubiera sido de él si no se le hubiese perdonado.

No lo hizo así, y de ese modo nos demostró cómo es mucho mejor y más misericordioso con nosotros Dios que los hombres, y cómo es verdad lo que decía David: que es muy preferible caer en manos de Dios que en manos de los hombres.

En efecto, mucho más espero el perdón de Dios por mis pecados, que la indulgencia del hombre por mis faltas.

197. PODER DE LA FE
(Lc 17, 5-6)

Uno de estos días dijeron a Jesús sus discípulos: «Auméntanos la fe».

Y el Señor les repitió la misma doctrina que en otra ocasión les había dado: «Si tuvierais fe como un grano de mostaza, diríais a este moral: desarráigate y plántate en el mar, y os obedecería».

Tan grande es el poder de la fe, que, llegado el caso, con ella pueden hacerse, y en efecto se hacen, los más estupendos milagros.

198. QUE NO DEBEMOS ENGREÍRNOS POR LAS BUENAS OBRAS
(Lc 17, 7-10)

También uno de estos días dio a sus apóstoles una nueva doctrina de humildad.

Movido acaso por la vanagloria que ostentaban claramente los fariseos, como si ellos fuesen santos y observantes, o tal vez por alguna vanidad que sintiesen los apóstoles por haber hecho aquellos días algunas buenas obras, o, en fin, con otra ocasión que no sabemos, el Maestro les dijo esta sencilla parábola:

«¿Quién hay entre vosotros que si tiene un siervo arando o guardando el ganado, cuando vuelva del campo le diga: "Vaya, pasa y come?" ¿No le dirá más bien: "Prepárame la cena, ponte el delantal y sírveme mientras como y bebo, y después comerás tú y beberás?" ¿Acaso muestra agradecimiento al siervo porque ha hecho lo que le mandó? No lo creo. Así también vosotros, cuando hayáis hecho todo lo que os han mandado, decid: Siervos somos sin provecho; hemos hecho lo que debíamos hacer.»

Y en los hombres, que mandan con imperio, cierto, podrá haber orgullo y soberbia, porque al cabo siervos somos todos. Pero Dios es el Señor de todos, y nunca podremos engreírnos; pues, por mucho que hagamos, nunca haremos ni siquiera lo que debemos.

199. VUELVE JESÚS A JUDEA
(Jn 11, 1-16)

De esta manera, predicando por la región, recorrió Jesucristo la Perea, evangelizando al pueblo y deteniéndose, sin duda, en varios pueblos, aunque no los menciona el Evangelio, y pasando así el espacio de algunas semanas, mientras se aplacaban o distraían los odios de los judíos que le buscaban para la muerte.

Mas acercábase ya el tiempo de ella y la hora de ir a arrostrar el peligro tal como estaba señalado en la Providencia. La ocasión fue la enfermedad y muerte de uno de los mejores amigos de Jesús: Lázaro.

Vivía éste con dos hermanas suyas, Marta y María, en Betania, a tres cuartos de legua de Jerusalén. Era familia bien acomodada, piadosa, cortés, hospitalaria y muy amiga de Jesús. Cuando el Maestro estaba en Jerusalén, visitaba con frecuencia su casa, y Lázaro era tan conocido y amigo no sólo al Maestro, sino a todo el Colegio de los Apóstoles, que Jesús le llamaba «nuestro amigo».

De María ya dijimos en otra ocasión cómo disienten los doctores sobre si fue la misma pecadora que ungió los pies de Jesús en casa del fariseo, o fue otra distinta; nuestra opinión se inclinaba más a creer que fue la misma la que entonces se convirtió, la que hospedó al Señor, la que de nuevo le ungió los pies antes de morir como veremos, y la que le acompañó al Calvario y le vio en la resurrección.

Marta parece que era la hermana mayor y la que dirigía la casa.

Lázaro, el único hermano, pues carecían, sin duda, de padre, era el señor de casa y el apoyo de las dos huérfanas.

Estaba, pues, el Señor en Perea cuando enfermó Lázaro. No era muy grande la distancia. Cosa de ocho leguas, y por tanto, la jornada de un día y medio o dos cuando más. Las que tantas veces habían oído y aun visto milagrosas curaciones hechas por su amado huésped, nada pensaron antes que buscar en Él remedio para su hermano.

Así, pues, le enviaron un hombre que de su parte le dijese que Lázaro estaba enfermo, bien seguras de que haría por su amigo, todo lo que pudiese.

Lo cuenta muy hermosamente el evangelista San Juan con aquel delicioso estilo lleno de más delicadezas que las que nosotros pudiéramos poner en nuestro relato, y digno es de que escuchemos su narración, sin más que algún breve comentario, para que alguna cosa que pudiera parecer oscura quede aclarada. Dice así:

«Y había cierto enfermo, Lázaro de Betania, la aldea de María y Marta, su hermana.»

La llama así para distinguirla de otras Betanias, y acaso porque toda la aldea era propiedad de la familia.

«Y era María la que había ungido al Señor con ungüento y enjugado sus pies con los cabellos de su cabeza, cuyo hermano estaba enfermo.»

Dice San Juan que María era la que ungió los pies del Señor; mas esta unción lo mismo puede referirse a la de la pecadora Magdalena, que a la otra que aún no había sucedido cuando murió Lázaro, pero sí había sucedido cuando lo refería San Juan; y, por tanto, no es bastante causa para asegurar que María de Betania fuese María la pecadora. De todos modos, María de Betania era conocida por este distintivo de haber sido *la que ungió los pies del Salvador*.

«Le enviaron, pues, las hermanas un recado diciéndole: Señor, sabe que el que amas está enfermo.»

Mensaje delicado, sencillo, lleno de confianza y de íntimo abandono.

«Mas Jesús, habiéndolo oído, dijo: "Esta enfermedad no es para muerte, sino para la gloria de Dios, a fin de que por ella sea el Hijo de Dios glorificado".»

Bien claro manifestó Jesús sus designios y cómo de una o de otra manera Lázaro no había de quedar muerto, definitivamente al menos, sino que de una o de otra manera de aquella enfermedad se había de seguir la glorificación de Dios y la prueba de la divinidad del Hijo de Dios.

«Y amaba Jesús a Marta y a su hermana y a Lázaro. Cuando oyó, pues, que estaba enfermo, se detuvo aún, en el sitio en que estaba dos días.»

Acaso sin esa noticia hubiera seguido más lejos, pero al recibirla, se detuvo. No volvió, aunque esto parecía lo más natural, por dar tiempo, según su ciencia divina, a que muriese Lázaro, y aún más, a que fuese sepultado y se corrompiese. Porque, en efecto, según la cuenta, Lázaro acababa de morir cuando el mensajero le dio el recado: éste lo ignoraba, pero sabíalo Jesús.

«Después, pasado esto *(es decir, pasados los dos días),* dice a sus discípulos: "Vamos de nuevo a Judea".»

Espanto causó tal anuncio en los apóstoles, por el recuerdo de los peligros y amenazas recientes de los fariseos en Jerusalén, y porque sabían que Jesús era buscado para la muerte.

«Le dicen los discípulos: "Maestro, ahora te buscaban los judíos para apedrearte, y ¿vas allá de nuevo?" Respondió Jesús: "¿Por ventura no son doce las horas del día? Cuando uno camina de día, no tropieza, porque ve la luz del mundo. Ahora, cuando anda de noche, tropieza porque no hay luz en él".»

Es decir: doce horas tiene el día llenas de sol, y en ellas se puede andar sin tropezar; procuraremos andar de día y con cautela y no nos sucederá nada. Sin embargo, los más de los comentadores creen que llama Jesús horas del día a las de su vida, y que aquí asegura que aún no ha llegado la hora de su noche, es decir, de su muerte, y por tanto, que pueden estar seguros de que nada malo les sucederá todavía.

«Dijo esto y luego añadió: "Lázaro, nuestro amigo, se ha dormido; pero voy a despertarle". Le dijeron entonces los discípulos: "Señor, si se ha dormido sanará". Pero Jesús hablaba de su muerte, y ellos creyeron que hablaba del sueño de dormir.»

Es muy probable que los apóstoles sospecharan que Jesús trataba del sueño de la muerte, pues estaba bastante claro el pensamiento de Cristo. Pero, como estaban llenos de miedo de ir al peligro, prefirieron entender las palabras de Cristo en su sentido material.

«Entonces, pues, les dijo Jesús claramente: "Lázaro ha muerto, y me alegro por vosotros de que no hayamos estado allí, para que creáis. Pero vamos a él".»

Hablaba el Maestro con resolución. Los discípulos vacilaban por miedo. Después de dos días que habían pasado desde el primer recado, acaso se habían figurado que no partirían ya a Judea. La inesperada y resuelta decisión del Maestro los había desconcertado. Callaban todos; cuando uno de ellos, Tomás, conocido por el nombre de Dídimo o Gemelo, dijo resueltamente a sus condiscípulos:

«Vamos también nosotros a morir con él.»

Sin duda, se debía necesitar valor para adoptar esta resolución, y acaso los discípulos, a pesar de la resolución del Maestro, mostraron vacilación en acompañarle en su viaje, pues fue menester que Tomás dijese con resolución: Vamos también nosotros con Él, aunque tengamos que morir.

200. RESURRECCIÓN DE LÁZARO
(Jn 11, 17-44)

Se pusieron, pues, en camino. Iba el Mesías a realizar uno de sus mayores milagros, acaso el más insigne de cuantos realizó en su vida mortal. Y tal vez los milagros de Naím y de Cafarnaún y otros fueron tan notables en sí como éste; pero de ninguno como éste nos constan tan manifiestas señales de prodigio como vamos a ver.

«Cuando llegó Jesús, Lázaro llevaba ya cuatro días en el sepulcro. Y estaba Betania cerca de Jerusalén como quince estadios, unos tres kilómetros.»

El Maestro, como vimos, se había entretenido, después de recibir el recado, dos días; con día y medio o dos de camino, son cuatro; por eso dijimos que, según la cuenta, Lázaro debió de morir el mismo día en que dieron a Jesús el recado.

«Habían venido muchos judíos a ver a Marta y María para consolarlas de su hermano.»

Como era familia principal y Lázaro era muy conocido, acudían muchos a consolar a las hermanas y darles el pésame del fallecimiento de su hermano. Debieron de avisar a Marta, que era la hermana mayor, que Jesús venía.

«Marta, pues, en cuanto supo que llegaba Jesús, le salió al encuentro, mientras María estaba sentada en casa.»

Sentido había de ser el encuentro de Marta con Jesús.

«Dijo, pues, a Jesús Marta: "Señor, si hubieras estado aquí, mi hermano no hubiera muerto. Pero aun ahora sé que cuanto pidas a Dios, Dios te lo dará".»

Fe tenía Marta, pero no toda la que debía tener, pues cree que Jesús necesita acudir a Dios para devolver la vida, siendo así que Él mismo tenía en sí, como Dios que era, la fuente de la resurrección y de la vida.

«Le dice Jesús: "Resucitará tu hermano".»

Dulce palabra y la más propia para saludar a Marta en el camino. No debió de fijarse bien Marta, por ser cosa del todo inusitada la resurrección, en lo que decía el Maestro, o acaso, si se fijó, no la creyó del todo, o tal vez sin creer ni dejar de creer, temiendo que Jesús dijese aquello en otro sentido, deseaba alcanzar una contestación más categórica.

«Dijo Marta: "Ya sé que resucitará en la resurrección en el último día". Le dijo Jesús: "Yo soy la resurrección y la vida: el que cree en

VIII. TERCER AÑO. RESURRECCIÓN DE LÁZARO

mí, aunque haya muerto, vivirá; y todo el que vive y cree en mí no morirá jamás. ¿Crees esto?"»

Vio Jesús que la fe de Marta era indecisa, vacilante, desconfiada, y creyó deber corregirla y purificarla, como lo solía procurar cuando iba a hacer un milagro, y por eso le dijo con especial urgencia: ¿Crees esto? ¿Crees que, sin necesidad de acudir a Dios, yo, por ser Dios, tengo en mí la fuente de vida, y que todo lo que vive, vive por mí, y que aún los muertos viven en mí, si en mí creyeron, y que lo que vive en mí no muere nunca, sino que tiene en sí la vida; y, en fin, que yo, por ser resurrección y vida, puedo resucitar y dar o devolver vida a todos? ¿Crees esto?

Hermosa fue la respuesta de Marta.

«Le dice: "Sí, Señor, yo creo que tú eres el Mesías, el Hijo de Dios, el que había de venir al mundo".»

La respuesta es muy propia y maravillosamente digna de las circunstancias. Marta, sea por la turbación y pena, sea por la presencia de su amado amigo, sea por las grandezas de las cosas que se le dicen, entiende y no entiende las preciosas doctrinas del Maestro, y, sin meterse en pormenores, le dice con una fe sencilla y grande: Sí, Señor, yo he creído, creo ahora y he creído siempre, que tú eres el Mesías, y el Hijo de Dios, y el prometido y esperado del mundo, y, por tanto, creo todo lo que dices.

Todo esto pasaba en el punto del camino en que se encontraron antes de llegar a Betania, en un sitio que hoy señala la tradición en el camino. No quiso el Señor ir a casa de sus amigos antes de visitar el sepulcro, y debió de decir a Marta que llamase a María, que, como vimos arriba, estaba sentada en casa, así que, apenas hizo su profesión de fe, partió de allí.

«Dicho esto, se fue secretamente y llamó a su hermana María, diciendo: "El Maestro está aquí y te llama". Ella, en cuanto oyó esto, se levantó al punto y fue a Él. Porque no había llegado Jesús a la aldea, sino que estaba aún en el sitio en que le halló Marta. Los judíos que estaban con ella en la casa y la consolaban, viendo a María que se levantó aprisa y salió, la siguieron, diciendo: "Va al sepulcro, a llorar allí". Cuando María llegó a donde estaba Jesús, al verle, se postró a sus pies, diciéndole: "Señor, si hubieras estado aquí, mi hermano no hubiera muerto". Jesús, pues, cuando la vio llorando y a los judíos que con ella habían venido llorando también, exhaló un gemido *(bramó un gemido, sería la traducción literal)* y se turbó. Y dijo: "¿Dónde le habéis puesto?" Le dicen: "Señor, ven y ve". Jesús se echó a llorar. Y decían los judíos: ¡Mirad cómo le amaba! Mas algunos de ellos dijeron: "¿No podía éste, que abrió los ojos del ciego, haber hecho que éste no muriese?" Jesús entonces, exhalando otro nuevo gemido en sí mismo, va al sepulcro; era una cueva sobre la cual había una piedra. Dice Jesús: "Quitad la piedra".»

Es de notar que el sepulcro de Lázaro difiere del de Jesucristo, y se cerraba no con alguna piedra que rodase, sino con una losa horizontal que cerraba la bajada a un paso como túnel pequeño, por donde se pasa a la cámara mortuoria, donde nosotros entramos agachándonos mucho. Por eso dijo Jesús: Quitad la piedra.

«Le dice Marta, la hermana del difunto: "Señor, ya huele, que es de cuatro días". Le dice Jesús: "¿No te he dicho que si crees verás la gloria de Dios?" Quitaron, pues, la piedra. Y Jesús levantó los ojos a lo alto y dijo: "Padre, gracias te doy porque me has escuchado. Yo ya sabía que siempre me escuchas; pero lo he dicho por la gente que está en derredor, para que crean que tú me has enviado". Y habiendo dicho esto, clamó con gran voz: "¡Lázaro!, ¡sal fuera!" Y salió el que había estado muerto, ligados los pies y las manos con vendas, y su rostro estaba envuelto en un sudario. Les dice Jesús: "Desligadle y dejadle andar".»

¡A un muerto de cuatro días hacía, que, sepultado en una cueva, a pesar de su embalsamamiento, estaba ya tan corrompido que apestaba a los que se acercaban, de lejos, en presencia de muchísimos testigos, sin acercarse al sepulcro, sin tocar ni siquiera la piedra, con sólo el imperio de su voz poderosa, le llama y le da vida y le hace salir del sepulcro el Nazareno!

Sin duda ninguna que ése es lo que Él dice que es, y lo que quiere probar con este su milagro, el más estupendo después del milagro de su propia resurrección. Sin duda ninguna que es hora de decir como Marta: Sí, Señor; yo he creído que tú eres Mesías, y que tú eres el anunciado en los profetas que había de venir al mundo.

Lázaro salió atado con aquellas innumerables tiras y vendas con que los judíos, especialmente los ricos, embalsamaban a sus muertos, atándoles dedo por dedo, manos y pies y todo el cuerpo.

Jesús ni entonces quiso tocarle. Dejó que todo lo hiciesen otros, y así como no removió Él la piedra ni se acercó al sepulcro, así tampoco ahora quiso tocar al que estaba vivo, pero embalsamado y atado, para que se viese más patente el milagro.

Ni sólo parece, en este milagro, verdadero Dios, sino también hombre perfecto, *perfectus Deus, perfectus homo,* que dice el Símbolo Atanasiano. En pocas historias de la vida de Nuestro Señor se ve tanto la amabilidad de su corazón como en ésta. El sincero amigo, el agradecido huésped, el compasivo consolador, el sencillo bienhechor, el delicado compañero... ¡Oh, cuántas cosas y cuán dulces se ven en esta historia!, y ¡cómo, cuanto uno más la medita, halla más tesoros en la divina y humana virtud de Nuestro amado Señor Jesucristo!

¡Oh dichosos una y mil veces los que como Lázaro, Marta y María le tienen y le tratan como amigo! Dichosos los que oyen y entienden aquella palabra: *Omnis qui vivit et credit in me non morietur in aeternum.* «Todo el que vive y crea en mí no morirá jamás». *Etiamsi mortuus fuerit vivet.* «¡Aun cuando muera... vivirá!...»

201. JESÚS, CONDENADO A MUERTE
(Jn 11, 45-53)

Tremenda fue la admiración que el milagro de Lázaro suscitó en toda la Judea. Era tan conocido el resucitado, había sido tan clara su muerte, tan vista su resurrección, tan estupendo el prodigio, que era imposible hablar de otra cosa aquellos días que del milagro que el Profeta Nazareno acababa de realizar. Desde aquel día debieron de ser muchos los que iban y venían de Betania a Jerusalén, y trataban del asunto.

Y parece que a tan manifiesta prueba de su omnipotencia deberían haberse abierto los ojos de los más rebeldes. Mas no fue así. En ésta, como en otras mil ocasiones, se reveló el hombre tal cual es: soberbio, obstinado, ciego por la pasión una vez que de ella se ha dejado dominar. Dice así San Juan:

«Muchos de los judíos, que habían venido a casa María y Marta y visto lo que Jesús había hecho, creyeron en Él. Pero algunos de ellos se fueron a los fariseos y les contaron lo que Jesús hizo.»

Si hubieran tenido un poco siquiera de buena fe, al oír tal prodigio y enterarse de su verdad, hubieran bajado la frente, y hubieran dicho humilde y noblemente: ¡Nos habíamos engañado!, es preciso ceder a la luz de la verdad. Verdaderamente éste es lo que él dice que es: el Mesías, el Profeta, el Hijo de Dios.

Mas no fue así, sino todo lo contrario. Aquella noticia les desconcertó por completo. El acento de los que la referían, la convicción de los que se habían convertido, la estupefacción de todo el pueblo, el continuo ir y venir de la gente a Betania a ver al resucitado, les hizo entender que todos sus planes de excomulgar a quien se hiciese discípulo del Galileo, se desgarraban como telas de araña en un terremoto. Vieron que todo el pueblo se les iba tras de Jesús y se echaba sobre ellos. Precipitadamente se reunieron los pontífices y los fariseos, y reunieron consejo.

Era este consejo el famoso Sanedrín, del cual, para que todo mejor se entienda, vamos a decir algunas palabras. *Sanedrín* es palabra deducida de *synhedrio,* y significa lo mismo que reunión sentada, es decir, consejo, congreso. Según parece, comenzó esta institución después del destierro de Babilonia, en tiempo de la dominación persa. Viéndose los judíos regidos por un poder extranjero, formaron entre sí una especie de directorio extraoficial, para su gobierno, el cual, sin atender a la autoridad soberana de sus señores, influía muchísimo en el pueblo, principalmente en materias religiosas. Era natural que a este directorio perteneciesen, sobre todo, los nobles y ancianos, y así el Sanedrín era una especie de senado aristocrático. Senado le llama Josefo, y en los libros de los Macabeos se le nombra con las denominaciones de «senado, los ancianos, los ancianos del pueblo, los ancianos de Israel, el senado de la nación, los príncipes de la nación y los ancianos del país».

Este Senado, en medio de tantas vicisitudes, fue robusteciendo cada día más su autoridad, y en tiempo de Hircano, etnarca de Judea, 47 años antes de Jesucristo, aparece ya el consejo de Jesuralén con su nombre definitivo de Sanedrín, y ejerce su autoridad sobre todo el país, y viene a ser de hecho el tribunal supremo. Herodes el Grande, aunque dio muerte a cuarenta y cinco sineditras que eran partidarios de Antígono, dejó subsistir y aun robusteció la autoridad del Senado; pero llenándolo de hechuras suyas. En fin, en tiempo de Arquelao quedó circunscrita la autoridad del Sanedrín a las provincias de Samaría y de Judea.

Bajo el régimen de los procuradores, y por tanto en tiempo de Jesucristo, el Sanedrín tuvo una influencia muy grande. Constaba de setenta y un miembros; setenta, número venerado entre los judíos, y el presidente, que lo era el sumo sacerdote.

Tres clases entraban en él principalmente, según puede deducirse de Josefo y del Evangelio: los sacerdotes, los escribas y los ancianos.

VIII. TERCER AÑO. JESÚS CONDENADO A MUERTE

A la primera, de los sacerdotes o príncipes de los sacerdotes, pertenecían los que ejercían actualmente el sacerdocio, los que lo habían ejercido y los príncipes de las grandes familias sacerdotales. Éstos eran en su mayor parte saduceos. Los escribas y ancianos, en cambio eran en su mayoría fariseos. Ambos partidos se odiaban mutuamente. Los fariseos ejercían más influencia en el pueblo.

Este Senado, si bien tenía mucha autoridad para con todas las comunidades judías, estuviesen donde estuviesen, en tiempo de Jesucristo no la ejercía directamente, sino sólo en Judea. Su competencia era para las cosas religiosas y otras que afectaban al judaísmo y no impedían el dominio político de Roma, que les permitía esta sombra de poder, sin perjuicio de intervenir cuando lo creyese conveniente. Conocía en causas civiles, y aun en causas criminales hasta cierto punto. Tenía su policía, sus agentes, sus ministros. Podía meter presos, imponer penas, excepto la pena de muerte, que estaba reservada al procurador, sea que éste fallase según derecho romano, sea que se acomodase el derecho judío, como lo hizo Pilato al condenar al Salvador.

No se conocen los nombres de todos los senadores o sinedritas que pertenecían al Sanedrín cuando Jesús fue juzgado, pero sí los de unos cuarenta de ellos, que pondremos aquí para su memoria.

De la clase sacerdotal. Caifás, Anás, Eleazar, Jonatás, Teófilo, Matías, Ananías, Joazar, Eleazar, Simón Cantero, José, Ismael, Simón, Juan Alejandro, Ananías, Elcías, Sceva.

De la clase de escribas. Gamaliel, Simeón, Onkelos, Jonatás, Samuel, Cananías, Ismael, Zedoc, Jocanam, Abba, Saúl, Cananías, Eleazar, Nacum Halbalar, Simeón Hammispa.

De la clase de los ancianos. José de Arimatea, Nicodemus, Ben Calba Scheboua, Ben Tsitist Haccassat, Simón, Doras, Juan, Doroteo, Trifán y Cornelio. De éstos, Nicodemus y los dos que le siguen tenían fama de ser los más ricos de Jerusalén.

Fuera de José, Nicodemus y acaso de Gamaliel, bien puede creerse que todos los demás eran o soberbios escépticos, llenos de avaricia y concupiscencias, fanáticos de superstición e infatuados de su sabiduría. El escepticismo, la avaricia y la molicie eran más propios de los saduceos; la fatuidad y superstición predominaban en los escribas y fariseos.

Era Caifás pontífice o sumo sacerdote aquel año. Y aunque dice San Juan que aquel año lo era, éralo desde el año 18 de nuestra era. Y no deja de causar admiración el que en aquellos tiempos hubiese perseverado tanto tiempo en el sumo pontificado, cuando los gobernadores romanos ponían y quitaban a su capricho los Sumos Pontífices, hasta el punto de no durar muchos más que un año en su cargo, que de suyo era vitalicio. Sin embargo, Anás y su yerno Caifás tuvieron la habilidad de captarse la voluntad de los gobernadores, de manera que Anás fue Sumo Pontífice desde el año 6 al 16 de Jesucristo, y su yerno desde el 18 al 36, pudiéndose decir que en todo este tiempo estuvo el Sumo Pontificado en manos de Anás, sea que gobernase por sí mismo, sea que gobernase por medio de su altivo, pero para él complaciente, yerno.

Caifás pudo sostenerse en este puesto a fuerza de servilismo para con los romanos. Jamás se le vio salir en defensa de los derechos de los judíos, cuando los procuradores romanos atentaban contra ellos. Al contrario, contra Juan y contra Jesucristo salieron del Sanedrín en su tiempo espías continuos, y perseguidores insidiosos, que llevaban, a no dudarlo, instrucciones y aprecios conformes a su carácter violento. Si Caifás, según dicen muchos, significa lo mismo que Cefas, es decir, *piedra,* no se parece a Pedro en ser fundamento de la Iglesia, pero sí a la piedra en su rudeza y en la violencia con que trató a Jesús.

Se reunió, pues, precipitadamente el Sanedrín, sin duda por mandato de Anás y de Caifás, sea en su sitio ordinario, en el templo, o sea, como algunos quieren, por tradición, en una casa de Caifás, en la montaña, que por esto se llamó Montaña del Mal Consejo. Allí, expuesto el caso, se propuso el punto de las deliberaciones, que fue éste. Decían:

«¿Qué hacemos?, porque este hombre hace muchos prodigios. Si le dejamos así, todos acabarán por creer en él, y vendrán los romanos y nos destruirán el país y la nación.»

No estaba mal urdida la trama. Lo que a ellos más les ofendía era el que su enemigo prevaleciese y que su crédito se arruinase y que el pueblo se fuese en pos del Nazareno. Pero esto no podía decirse. Y por eso pretextaron otra causa.

Y decían: tenemos el caso de un nuevo impostor, que se presenta como Mesías y va a revolucionar al pueblo, y van a irritarse los romanos, y, con pretexto de nuestra rebelión, a acabar de destruir nuestra independencia y de borrar nuestra nación. Hay que tomar algún remedio y cortar los pasos a este hombre. ¿Cómo?

Y parece que debieron darse muchos pareceres y aun excitarse los ánimos, como era natural. No todos eran faltos de rectitud y de conciencia. Allí se hallaban José y Nicodemus, de quienes sabemos que no asintieron a la iniquidad de los enemigos de Jesús. Allí estaba Gamaliel, varón de juicio recto y considerado. Allí estarían acaso otros más o menos tímidos, pero no desprovistos de rectitud y temor de Dios. Además, preciso era que, aun entre los que deseaban atajar los pasos de Jesús, unos fuesen más radicales y propusiesen el último remedio de procesarle y condenarle a muerte, y otros optasen por medios más suaves y humanos. En fin, todos temerían, como se vio después, al pueblo, y verían que en la ejecución de sus planes tropezarían con muchos obstáculos, por ser Jesús, al fin y al cabo, el hombre popular, prodigioso, valiente, querido.

No nos da cuenta de estas vacilaciones San Juan; pero se traslucen bien claras en el modo con que nos refiere el fin de aquella reunión. Dice así:

«Uno, pues, de entre ellos, Caifás, que era sumo sacerdote aquel año, les dijo: "Vosotros no sabéis nada, ni caéis en la cuenta de que os conviene que un hombre solo muera por el pueblo y que no perezca toda la nación".»

Bastante indica esta brusca e intemperante salida, no sólo el carácter violento del presidente, sino también la borrasca de disputas que debió de preceder por la diferencia de pareceres. «¡Vosotros no sabéis nada!». ¿A quiénes se dirigía? ¿Quiénes eran esos vosotros? Acaso los que como José y Nicodemus, si es que alguno otro pensaba como ellos, no consentían en la injusticia, y los pocos o muchos que optaban por medios de represión más suaves que la muerte.

Pero el furioso presidente, que no se contentaba sino con la muerte del Nazareno, y su calculador suegro, el taimado y viejo Anás, que le inspiraba y empujaba, irritábanse de encontrar oposición. Por fin, sin poderse contener, Caifás se puso en pie de repente, resuelto a imponer por arrebato la resolución que con serenidad nunca hubiera acaso prevalecido.

¡Cosas de Dios! Mala era la intención del presidente, y perversa su sentencia. Y, sin embargo, sus palabras contenían una profecía. El Espíritu Santo se las sugirió con tal arte que, sin violentar la libertad y mal proceder del indigno sacerdote, dijo en otro sentido que el que Caifás tenía, una verdad de las más importantes y trascendentales de la fe.

Caifás quería decir que para que la nación judía no fuese destruida por los romanos, era preciso que muriese Jesús Nazareno, quien, presentándose como Mesías, iba, según él, a sublevar a todo el pueblo y atraer sobre la nación las iras de los celosos dominadores, quienes con esta ocasión acabarían con la independencia judía.

El Espiritu Santo, con las mismas palabras, decía esta hermosa verdad mucho más sublime: Es preciso que muera un hombre, el Hombre-Dios, por el pueblo, es decir, por todo el mundo, para que no perezca la nación, para que ese mundo no sea condenado. Es preciso que el Cordero de Dios sea sacrificado, para que con su sacrificio quite los pecados del mundo.

Y por eso dice San Juan: «Esto no lo dijo Caifás de suyo, sino que, siendo sumo sacerdote de aquel año, profetizó que Jesús había de morir por la nación, y no por la nación solamente, sino además para que a los hijos de Dios esparcidos los juntase en uno.»

Es decir, para que fundase una sociedad con todos ellos que es la Santa Iglesia, que adquirió, como dice San Pablo, con su sangre.

Con esta violenta discusión quedó cerrada la sesión. Votose contra el Salvador sentencia de muerte.

«Desde aquel día, pues, dice San Juan, resolvieron quitarle la vida.»

202. RETIRADA DE JESÚS A EFRAÍM
(Jn 11, 56)

El Sanedrín había declarado la muerte del Nazareno.

¿Qué hacemos?, se dijeron al oír la resurrección de Lázaro, ¿qué hacemos? Porque este hombre hace muchos milagros.

La respuesta era obvia, dice San Agustín: «¿Qué habéis de hacer?: creer en Él».

Pero esto no cabía en, la perversa soberbia de los judíos. Y sacaron una consecuencia, la más inconsecuente con la razón, pero la más consecuente con su soberbia: deshacerse de Jesús, quitarse el estorbo de delante.

Mas en la Providencia divina no era aún la hora, y Jesús, para hacer tiempo y dejar que llegase la que él quería, evitó el peligro, como lo solía hacer de ordinario, por los medios naturales, y se alejó de Jerusalén, saliendo de la jurisdicción del Sanedrín. Su primera jornada fue a Efraín, según nos refiere San Juan en estos términos:

«Jesús, pues, no andaba ya entre los judíos al descubierto, sino que se fue de allí a la región cercana al desierto, a una ciudad llamada Efraín, y allí moraba con sus discípulos.»

VIII. TERCER AÑO. CURACIÓN DE DIEZ LEPROSOS

Situada esta población cerca del desierto, probablemente en la frontera de Samaría, le daba bastante facilidad para evitar cualquier agresión.

203. EXCURSIÓN ENTRE GALILEA Y SAMARÍA
(Lc 17, 11)

Sin embargo, no parece que estuvo quieto en Efraín todo el tiempo. Y, aunque es punto algo oscuro en la serie histórica de los sucesos evangélicos, nos inclinamos a creer que fue por este tiempo cuando, antes de volver definitivamente a Jerusalén, hizo el Salvador aquella excursión por entre Galilea y Samaría que nos describe San Lucas.

Subió, según esto, desde Efraín, y, sin penetrar ni detenerse ni en Samaría ni en Galilea, llegó hasta la llanura de Jesrael en Galilea, y, deslizándose por entre los confines de ambas provincias, salió al valle del Jordán, donde tomó más tarde el camino que seguían las caravanas galileas cuando marchaban a Jerusalén.

204. CURACIÓN DE DIEZ LEPROSOS
(Lc 17, 12-19)

«En este camino, al entrar en un pueblo, saliéronle diez leprosos, los cuales se pararon de lejos, y, levantando la voz le dijeron: "¡Maestro Jesús, ten compasión de nosotros!"»

Condenados los leprosos, por causa de su enfermedad, a vivir separados del trato humano, érales forzoso, si habían de tener compañía, juntarse unos con otros. Por lo cual no pocas veces convivían como en sociedad en algún sitio apartado del campo. Tal debía de suceder con éstos, los cuales, al oír que venía la gente y con ellos el Salvador, juzgaron buena la ocasión de implorar su favor y reclamar su omnipotencia. Y parándose, como lo suelen hacer los leprosos, un poco lejos, alzaron hacia Él sus voces.

«Cuando los vio, les dijo: "Id y presentaos a los sacerdotes". Y ocurrió que, mientras iban, quedaron limpios. Entonces uno de ellos, viendo que había quedado limpio, volvió glorificando a grandes voces a Dios. Y se postró a sus pies con la frente hasta el suelo, dándole las gracias. Precisamente éste era samaritano. Y Jesús, hablando, dijo:

"¿No han sido limpiados los diez? ¿Pues dónde están los nueve? ¿No ha habido quien vuelva a dar gracias a Dios sino este extranjero?" Y le dijo a él: "Levántate y vete; tu fe te ha salvado".»

Terrible es la ingratitud humana, y más cuando viene de los que tenían más obligación de estar agradecidos. Diez eran los leprosos, los diez fueron curados, de los diez no vino a dar gracias sino uno, y precisamente el único que no era judío, el que, al contrario, era por raza enemigo de los judíos.

205. PRIMERA Y SEGUNDA VENIDA DEL REINO DE DIOS
(Lc 17, 20-37)

Terminado este episodio, o tal vez en otra ocasión de este viaje, se le acercaron unos fariseos.

No eran los fariseos de Galilea tan acérrimos adversarios de Cristo como los de Judea. Todos ellos, sin embargo, o los más, estaban picados de las mismas prevenciones y envidias que ellos, y no pocos debían de haberse contagiado del trato que con sus compañeros tenían, principalmente cuando los de Jerusalén enviaban a provincias sus espías y delatores. Tampoco todas las preguntas que los fariseos de Galilea proponían entrañaban tanta malicia como las cuestiones que proponían en Jerusalén. Sea, pues, con malicia, sea sin ella, se le acercaron esta vez unos fariseos que, con ocasión, sin duda, de haberle oído predicar muchas veces del Reino de Dios, le preguntaron:

«¿Y cuándo viene el Reino de Dios? Les respondió diciendo: "El Reino de Dios no viene con aparato. Ni podrán decir: Míralo aquí o míralo allá. Porque, mirad, el Reino de Dios está en medio de vosotros".»

¿Entendieron los fariseos lo que quería decirles con este lenguaje místerioso? Ya está el Reino de Dios entre vosotros, porque ya yo he empezado a formar mi Iglesia y a dar mi gracia y a reinar en las almas. Así como el Bautista decía: en medio de vosotros ha estado aquel a quien vosotros no habéis conocido; y como el mismo Jesús les había argüido otra vez diciendo: si yo echo los demonios por obra de Dios, es que ha llegado a vosotros el Reino de Dios; así ahora también les dice: el Reino de Dios que buscáis, miradlo, aquí está en medio de vosotros; yo soy el Rey, mis discípulos y los príncipes de mi reino

VIII. TERCER AÑO. VENIDA DEL REINO DE DIOS

están aquí, son mis apóstoles, y mis vasallos todos los que reciben mi doctrina.

Saltando en seguida de la primera venida a la última que había de hacer más tarde en el día del juicio, y aun a la segunda y más próxima en que había de venir a castigar a Jerusalén por sus pecados, volviose a sus discípulos y explicoles una serie de sentencias, en las que se ve aquella mezcla de ideas que siempre se encuentran cuando Jesús habla del último día del juicio, entretejiendo, como luego mejor lo veremos y explicaremos, cosas del último día final de los mundos, con cosas del último día de Jerusalén.

Dijo, pues, volviéndose a los discípulos: «Vendrán días en que deseéis ver uno solo de los días del Hijo del hombre, y no lo veréis.»

Estaréis tan apurados y afligidos, que anhelaréis que el Señor esté con vosotros y venga a libraros de las tribulaciones; pero no sucederá así. Yo os dejaré sufrir sin aparecer por ninguna parte.

«Y os dirán: ¡Miradle aquí! ¡Miradle allí! Pero no vayáis ni le sigáis.»

Aun cuando os digan que vayáis a otros falsos Cristos y sofistas, no os vayáis de mi doctrina, ni sigáis la ajena de ellos.

«Porque como el relámpago brilla relampagueando desde un extremo del horizonte hasta el otro extremo del horizonte, así lo hará también el Hijo del hombre en su día.»

No dice cuál será este su día, pero en él brillará como el relámpago en un momento.

«Mas antes, añade, es preciso que Él padezca muchas cosas, y sea reprobado por esta generación. Y como pasó en los días de Noé, así será también en los días del Hijo del hombre. Comían, bebían y se casaban hasta el día en que entró Noé en el arca; y vino el diluvio y los hundió a todos. Y como pasó en los días de Lot: comían, bebían, compraban, vendían, plantaban, edificaban; pero el día que Lot salió de Sodoma, llovió fuego y azufre del cielo y acabó con todos. Lo mismo será el día en que el Hijo del hombre se descubra.»

Y queriendo advertirnos que pensando en aquel día no tengamos afición a las cosas terrenas, que todas quedarán acá destruidas, y de nada pueden servirnos, prosigue diciendo:

«En aquel día el que esté en el terrado y tenga sus cosas en casa, no baje a tomarlas. Y lo mismo el que esté en el campo no se vuelva a lo de atrás. Acordaos de la mujer de Lot. El que quiera salvar su ánima la perderá, y el que la pierda la vivificará.»

Es decir, el que quiera dar a su alma la vida, comodidades y bienestar de este mundo, ése la perderá para el otro, y el que crucifique su espíritu y le prive de los bienes de este mundo por Dios, ése alcanzará la verdadera vida.

¿Quién será éste que alcance la vida y quién el que la pierda? ¿Quién lo sabe? Todos debemos temer y estar preparados, porque sólo se atenderá a la buena o mala conducta, y no a las condiciones humanas. Porque dice:

«Os digo: En aquella noche estarán dos en un mismo lecho: el uno será tomado y el otro dejado. Estarán dos juntas moliendo: la una será tomada y la otra dejada. Estarán dos en el campo: el uno será tomado y el otro dejado.»

Les vino a los discípulos la curiosidad de saber dónde sucedería esto y le dijeron:

«¿Dónde, Señor? Y Él respondió diciendo: "Donde esté el cuerpo, allí juntarán también las águilas".»

Como quien dice: en todas partes, dondequiera que haya hombres buenos o malos, allí será el juicio, sin necesidad de más.

Vivamos preparados. Ni ahora, ni después, como veremos, quiere decir cuándo determinadamente será el juicio para que estemos siempre preparados y siempre dispuestos a él. Tanto más cuanto que para cada uno ya de este juicio es el día de su muerte, que también vendrá como un relámpago, cuando menos pensamos.

206. PARÁBOLA DEL JUEZ INICUO
(Lc 18, 1-8)

Sea con esta ocasión, sea con otra, les propuso en este camino una parábola para probarles la necesidad de vivir en continua oración; no, claro está, incesante a la letra, porque tal cosa es imposible, pero sí, como solemos decir de otras cosas, que conviene estar siempre, por ejemplo, confrontando las cuentas, vigilando a los dependientes, y así de otras cosas de la vida. Y dice San Lucas:

«Les decía asimismo una parábola sobre que es menester orar en todo tiempo sin desfallecer, diciendo: Érase en una ciudad un juez que no temía a Dios ni respetaba a hombres. Y había en aquella ciudad una viuda y venía a él diciendo: "Hazme justicia de mi adversario". Y él no quería durante algún tiempo. Pero, al cabo de esto se dijo a sí mismo: "Aunque yo no temo a Dios ni respeto a hombres, sin embargo, ya que tanto me está molestando esta viuda, voy a hacerle justicia, no sea que el mejor día venga y me arañe". Y dijo el Señor: "Ya habéis oído lo que dice el juez inicuo. Pues Dios ¿no ejercerá la venganza de sus escogidos que claman a él día y noche?, ¿y va a tener paciencia en lo de ellos? Os aseguro que los vengará muy pronto".»

Entonces, como pensando en el estado en que encontrará al mundo cuando venga a juzgarle, puso esta misteriosa consideración, capaz de hacernos temblar a todos los hombres, sobre todo al ver la frialdad con que vivimos:

«Aunque el Hijo del hombre, cuando venga, ¿acaso encontrará la fe en la tierra?...»

207. PARÁBOLA DEL FARISEO Y EL PUBLICANO
(Lc 18, 9-14)

No sé si estaban por allí algunos fariseos. Parece que sí y que debían de dar muestras de desdén y arrogancia, y manifestar desprecio para con el vulgo que oía la doctrina del Maestro. Se volvió el Señor a ellos y «dijo a algunos que, muy pagados de sí como si fuesen justos, despreciaban a los demás, esta parábola: Subieron al templo dos hombres a orar: el uno fariseo y el otro publicano. El fariseo, de pie, oraba para sí de esta manera: "Oh Dios, te doy gracias porque no soy como los demás hombres, rapaces, inicuos, adúlteros, o también como este publicano. Ayuno dos veces a la semana, doy diezmos de todo cuanto poseo". En cambio, el publicano, puesto de pie lejos, no quería alzar los ojos al cielo, sino que golpeaba su pecho, diciendo: "Oh Dios, compadécete de mí el pecador".

»Os aseguro que éste bajó justificado a su casa y no aquél. Porque todo el que se ensalza a sí mismo, será humillado, y el que a sí mismo se humilla, será ensalzado.»

Clavados debieron de quedar los fariseos que esta parábola escucharon. Porque vieron en ella, sin duda ninguna, su propio y verdadero retrato. No es muy diferente del estilo de esta oración el de aquella otra que está en el tratado de Berachot: «Te doy gracias (dice o debe decir el que sale de la casa de la doctrina), te doy gracias, ¡oh Dios!, porque me has dado un sitio entre los que se sientan en la casa de la doctrina, no entre los que se sientan en las esquinas (alude a los cambistas y mercaderes); yo me levanto al crepúsculo, y al crepúsculo se levantan ellos; pero yo me levanto a cosas de la Ley y ellos a cosas vanas. Yo trabajo, y trabajan ellos; pero yo trabajo y recibo premio, y ellos trabajan y no reciben premio. Yo corro y corren ellos; pero yo corro a la vida del siglo venidero, y ellos corren a la hoya de la perdición». Y del rabino Simeón Ben Jochai, se cuenta que dijo, entre otras cosas, una vez: Si hay dos justos en el mundo, somos mi hijo y yo; y si hay un justo sólo, ése soy yo.

¡Oh bendita humildad! ¡Desdichado el que no te conoce y feliz el que te tiene! Nada hay ni en la tierra ni en el cielo que resista a la humildad.

208. INDISOLUBILIDAD DEL MATRIMONIO
(Mc 10, 1-12; Mt 19, 1-12; 5, 31-32)

Caminando, vino a pasar el Jordán y llegó de nuevo a los confines de Judea. Y como de costumbre, le siguieron las muchedumbres de otras veces, y se puso de nuevo a enseñar y a curar.

«Entonces unos fariseos se le acercaron para tentarle y le dijeron: "¿Es lícito al varón repudiar a su mujer por cualquier causa?"»

Cuestión grave y delicada. El Deuteronomio decía: «Si un hombre toma una mujer y, habiéndola hecho su esposa, si ella viene a ser desagradable a sus ojos porque él ha descubierto en ella cosa repugnante, que le escriba el libelo *(o certificado)* de repudio, que se lo ponga en la mano, y que la eche de su casa».

Suponiendo la buena conciencia de los súbditos, la Ley no determina más aquella famosa frase «cosa repugnante», *ervarth dabar*. Y sobre su significado había entre los judíos muchas disputas, dividiéndose los pareceres en dos escuelas: laxa la una en su interpretación, y más rigurosa la otra. Era maestro de la primera el famoso Hillel, quien decía que el marido podía divorciarse de su mujer por cualquier cosa que descubriese en ésta que no le gustase. Schamai, por el contrario, no admitía más causa de divorcio que el adulterio o alguna falta contra la castidad del matrimonio.

Grande era el ardor con que se disputaban las escuelas sus dos teorías. Naturalmente, los más libres y desmoralizados seguían la escuela de Hillel. Los más dignos y severos se complacían en la sentencia de

Schamai. Quisieron, pues, los fariseos poner a Jesús en aprieto para que disgustase o a unos o a otros, fuese cual fuese su parecer. Pero estaban muy lejos de esperar la sentencia que salió de los labios del Señor.

Preguntado por los fariseos, respondió también Él preguntando a su vez, y dijo:

«"¿Qué os mandó Moisés?"» Respondieron: "Moisés permitió escribir libelo de repudio y repudiar". Y respondiendo Jesús, les dijo: "¿No habéis leído que quien hizo al hombre desde el principio de la criatura, lo hizo varón y hembra, y dijo: por esto dejará el hombre su padre y madre, y se adherirá a su mujer y serán los dos para una carne? De modo que ya no son dos, sino una carne. Pues lo que Dios unió no lo separe el hombre"».

Harto claro les dijo que el intento de Dios en la creación era que nunca se separasen los que una vez se habían unido. El unirse era obra y designio de Dios, y nadie, fuera de Dios, debía tener autoridad para separar lo que él había unido.

Y bien lo entendieron ellos, pues, viendo la indisolubilidad absoluta que les imponía, mucho más estrecha que la de Hillel y que la de Schamai, le replicaron:

«"Pues entonces, ¿cómo Moisés mandó dar libelo de repudio y repudiar?" Les dijo: "Es que Moisés, por la dureza de vuestro corazón, os escribió este precepto y os permitió repudiar a vuestras esposas; pero no fue así desde el principio".»

En rigor, Moisés no mandó dar libelo de repudio, sino que, viendo que lo daban muchos, para evitar mayores males, si bien no prohibió que se repudiase, como muchos lo hacían, lo dejó así, transigiendo por la dureza del pueblo judío, que no le hubiera obedecido, y se contentó con señalar las precauciones que en esos casos habían de tomarse. Y así es de considerar el texto del Deuteronomio, el cual es de esta manera: «Si el hombre toma una mujer, y la tiene, y si ella llega a ser desagradable a sus ojos por alguna cosa repugnante, y si su marido le escribe libelo de repudio, y se lo da en su mano y la echa de casa, y si ella, salida, toma otro marido, y éste también la aborrece, y le da libelo de repudio, y la echa de casa, o muere, no podrá el primer marido recibirla como esposa, porque está manchada». Donde Moisés propiamente no dice que se dé ni no se dé libelo de repudio, ni que se separen los casados, sino que prohíbe que la mujer, repudiada por el primer marido y unida con otro segundo, vuelva después al primero.

Y, en fin, dejando a un lado lo de Moisés, va el Maestro a proteger su doctrina, y dice:

«Yo os digo que cualquiera que repudie a su mujer, a no ser por fornicación, y tome otra, es adúltero; y el que toma a la repudiada es adúltero.»

Y con esto se fue a casa. La sentencia del Salvador era clara y la entendieron bien los oyentes. Era absolutamente indisoluble el matrimonio, en cuanto a su vínculo. Si alguna mujer era infiel, podría, sí, el marido echarla, pero, si tomaba otra mujer era adúltero, porque no se rompía el vínculo. Y de tal modo no se rompía, que, si alguno tomaba a la repudiada, era también adúltero.

No debieron de quedar conformes con esta doctrina los discípulos, porque, llegados a casa, otra vez le preguntaron lo mismo. Y les dijo:

«"Todo el que repudie a su mujer y tome otra, comete con ella un adulterio. Y si la mujer deja a su marido y se casa con otro, es adúltera". Le dicen sus discípulos: "Si tal es el arreglo del hombre con la mujer, no conviene casarse". Y Él dijo: "No todos cogen esa sentencia, sino aquellos a quienes se concede. Porque hay eunucos que nacen así del vientre de la madre, y hay eunucos que los hacen los hombres, y hay eunucos que se hacen a sí mismos por el Reino de los cielos. El que pueda alcanzar esto, que lo alcance".»

Preciosa y delicada fue la doctrina que explicó Jesús en esta plática con sus discípulos. En ella invita suavemente a todos a alcanzar la virginidad y a vivir en ella no por motivos humanos, por comodidades temporales, por circunstancias de la vida o necesidad de naturaleza, sino por la santidad, por el amor de Dios, por el Reino de los cielos.

209. DEJAD QUE LOS NIÑOS VENGAN A MÍ
(Lc 18, 15-17; Mc 10, 13-16; Mt 19, 13-15)

Y siguió predicando por aquellos contornos. Y, como suele suceder entre nosotros, sucedía también entonces: que los niños, ora traídos por su curiosidad, ora presentados por sus madres, venían en gran número y estorbaban, sin duda, con sus inquietudes e informalidades a los grandes.

«Le presentaban, dice el Evangelio, los niños para que les impusiese las manos y orase. Y los discípulos, viendo esto, amenazaban a los que los presentaban y los reñían. Pero, viéndolo el Señor, lo llevó a mal, y, llamándoles, dijo: "Dejad que los niños vengan a mí, y no los apartéis; porque de los tales es en Reino de los cielos. En verdad os digo que quien no reciba el Reino de Dios como un niño, no entrará en él". Y abrazándolos y poniendo sobre ellos sus manos, los bendecía. Y luego se marchó de allí.»

210. EL JOVEN QUE BUSCABA LA PERFECCIÓN
(Lc 18, 18-23; Mc 10, 17-22; Mt 19, 16-22)

Caminaba Jesús hacia Jerusalén, y aún vibraban en los espíritus los últimos dulces recuerdos de sus caricias a los niños, aún se oían las alegres risas de los infantes amados del Maestro, cuando, al ponerse Jesús en camino, se adelantó afanoso hacia Él un joven. Su porte distinguido, la finura de sus maneras, la discreción de sus palabras revelaban en seguida un adolescente de buena familia y un espíritu de cualidades nada vulgares. En efecto, era un príncipe. No un príncipe del Sanedrín, porque, siendo muy joven, no podía serlo, sino un príncipe de la sinagoga.

En cuanto llegó a Jesucristo, dobló ante Él reverente su rodilla, y con mucha cortesía le preguntó:

«Maestro bueno, ¿qué he de hacer para tener la herencia de la vida eterna?»

Como el joven le creía hombre, Jesús rechaza delicadamente la alabanza, y discretamente le indica que si es bueno es Dios.

«Le dijo Jesús: "¿Por qué me llamas bueno? ¿Por qué me preguntas del bien? Nadie es bueno, sino sólo Dios. Pero bien, si quieres entrar en la vida, guarda los mandamientos".»

Algo perplejo debió quedar con esta respuesta el joven, que esperaba, sin duda, instrucciones subidas y propias de tan eximio Maestro como Jesucristo; no atinaba lo que querría decir con aquel guarda los mandamientos.

«Le dijo, pues: "Y ¿cuáles?" Le dijo Jesús: "Ya sabes los mandamientos: no matarás, no fornicarás, no robarás, no dirás falso testimonio, honra a tu padre y a tu madre, y amarás a tu prójimo como a ti mismo"». Y así fue diciendo salteados algunos mandamientos.

«Repuso el joven, diciendo: "Maestro, todo eso lo he observado desde mi niñez. ¿Qué más me hace falta?".»

Ya sabía el Señor que quien le preguntaba había observado todo eso desde su niñez, pero como Él en lo exterior procedía en general sólo por su ciencia experimental, como si fuera de ésta no supiese nada por su ciencia divina, al oir esto, fijó cariñosamente su amable mirada en el joven, sonriéndole, y añadió:

«"Una cosa te falta todavía. Si quieres ser perfecto, ve, vende todo lo que tienes y dáselo a los pobres, y tendrás un tesoro en el cielo, y ven y sígueme". Cuando el joven oyó esto, se puso muy triste y se fue apenado, porque era muy rico.»

Ya habíamos tenido simpatía por este amable y discreto adolescente. Su pureza de costumbres ha cautivado al mismo Dios. Parecía hombre apto no sólo para entrar en la gloria, sino para llegar a la perfección de los consejos evangélicos. Jesús le traza este altísimo camino de la pobreza, castidad, obediencia y fuga del mundo por seguir sólo a Cristo. A juzgar por la dulce mirada que le dirigió cuando le dijo que había desde su niñez guardado los mandamientos, está deseando recibirle entre sus discípulos... Pero el joven oye, sí, los consejos de Cristo, mas no tiene valor para seguirlos. Y, viendo que la perfección era más cara de lo que él creía, pues le costaba toda su hacienda, se fue triste y apenado, porque, dice el Evangelio, era muy rico...

211. LA RIQUEZA Y LA POBREZA EN EL EVANGELIO
(Lc 18, 24-30; Mc 10, 23-31; Mt 19, 23-30)

Se quedó el Salvador triste viéndole irse, y, volviéndose entonces a sus discípulos y mirándoles a todos, les dijo:

«De verdad os digo: ¡qué difícilmente entrarán los que tienen dinero en el Reino de los cielos!»

Estupefactos quedaron los discípulos al oír tales palabras. Volvió Jesús a repetir la misma sentencia, y casi con las mismas palabras dijo de nuevo:

«Hijos, ¡qué difícil es que los que confían en el dinero, entren en el Reino de Dios! Os lo repito otra vez: más fácil es pasar un camello por el ojo de una aguja que entrar un rico en el Reino de los cielos.»

«Oyendo los discípulos, se admiraban más cada vez, y se decían unos a otros: "Pues ¿quién podrá salvarse?" Y mirándolos Jesús, les dijo: -Para los hombres eso es imposible, pero no para Dios, porque para Dios todo es posible".»

Hipérbole era, sin duda, y modo de decir el de Jesucristo su comparación del camello. Pero grande debe ser la dificultad de entrar en el cielo cuando se tiene amor a las riquezas, puesto que tanto insistió Jesucristo en esta afirmación y tanto estupor causó en sus discípulos su modo de hablar.

Teman los ricos, porque debe ser grande su peligro, si no se fortifican contra las innumerables tentaciones que hacia todas las concupiscencias traen las riquezas consigo.

Pero anímense, porque, aun siendo ricos, pueden ser pobres de espíritu y vencer todos los peligros de la riqueza con el favor de Dios, que Jesucristo les promete.

Mas los que, como aquel príncipe simpático, pero un poco pusilánime y demasiado apegado a las riquezas, sientan la voz del Señor, que los mira con complacencia, y los invita a la perfección de ser sus discípulos, no se aparten tristes, sino quédense con Cristo pobre por nuestro amor, que ganarán mucho.

Óiganlo si no. Gran confianza infundió a los apóstoles el tono de familiaridad con que Jesucristo se desahogaba con ellos, y animándose Pedro, como solía, le dijo:

«"Pues nosotros ya lo hemos dejado todo y te hemos seguido, ¿qué habrá, pues, para nosotros?" Y les dijo Jesús: "Yo os digo de veras, que vosotros, los que me habéis seguido a mí, en la regeneración, cuando el Hijo del hombre se siente en el trono de su gloria, os sentaréis también vosotros en doce tronos, juzgando a las doce tribus de Israel. Y todo el que haya dejado casa o hermanos o padre o madre o mujer o hijos o tierras por mi nombre, por el evangelio, recibirá cien doblado en este tiempo con persecuciones en el siglo futuro heredará vida eterna. Pero muchos primeros serán últimos y muchos últimos serán primeros".»

No es fácil entender cómo los apóstoles han de juzgar y a quiénes; pero es seguro que han de ejercer alguna acción judiciaria conjuzgando con Cristo a las doce tribus de Israel, es decir, según entienden más comúnmente, a todos los pueblos comprendidos en el nombre de las doce tribus. Claro es, dicen también, que en este número no se incluye a Judas, que no siguió a Jesús, ni se excluye a San Pablo, que fue considerado apóstol como los doce. La regeneración será, sin duda, aquella de que habla San Pedro, cuando dice que «esperamos nuevos cielos y tierra nueva, según las promesas divinas, en las cuales reine la justicia», y aquella que vio San Juan en el Apocalipsis, cuando dice que vio el cielo nuevo y tierra nueva, porque el primer cielo y la primera tierra se fueron y el mar no existe». Lo veremos también nosotros, según esperamos, en el día del juicio y fin del mundo.

De esta manera el nuevo *Rabí*, Jesucristo, reformaba aquellas ideas de los rabinos antiguos, de que la pobreza era peor que todas las plagas de Egipto reunidas, peor que toda otra miseria, la más horrible aflicción que puede venir al hombre... ¡Qué distinta manera de juzgar la de Dios y la de los hombres codiciosos!

Grandes alabanzas y grandes premios señala el Maestro a la pobreza evangélica y a la caridad cristiana. Y claro es que no ha de entenderse que da Dios a la letra el cien doblado en esta vida. Pero, como yo entiendo, a quien deja cualquiera cosa en este mundo por Jesucristo, Jesucristo le da una consolación, un modo de vida más feliz, más dichoso, más sabroso cien veces, aun en esta vida, que lo que hubiera gozado si hubiese conservado lo que dejó por Cristo.

Y esto, aunque lo que se deje no sea tanto como aquel príncipe hubiera dejado, sino tan poco como dejó San Pedro. «Gran confianza, dice San Jerónimo. Pedro no era más que pescador, no había sido rico, ganaba su sustento con el trabajo de sus manos y, sin embargo, habla confiado: *Hemos dejado todo*». Y es que ese *todo,* aun para el más pobre, comprende innumerables deseos e imaginaciones, cuya renuncia cuesta acaso más a muchos pobres que a algunos ricos la posesión de aquello de que ya, por haberlo probado, tienen experiencia de que no vale nada ni satisface nunca.

212. PARÁBOLA DE LOS OBREROS DE LA VIÑA
(Mt 20, 1-16)

Una sentencia había dejado caer el Maestro al fin de su conferencia anterior, que necesitaba, sin duda, mayor explicación: «Muchos primeros, les había dicho, serán últimos, y muchos últimos, primeros». Era que Jesucristo no quería que nadie tuviese demasiada confianza en sí mismo, sino que siempre se considerase como dependiente de la mano y gracia de Dios. Y para confirmarlos en esta idea, tomando el hilo de esta sentencia, díjoles esta parábola:

«Es el Reino de Dios semejante a un padre de familia que salió al rayar del alba a alquilar obreros para su viña.»

VIII. TERCER AÑO. LOS OBREROS DE LA VIÑA

Tal suele hacerse hoy también en algunas de nuestras poblaciones agrícolas, en que se juntan ya de mañana todos los braceros en la plaza a esperar allí a quien los contrate.

«Y ajustando algunos obreros a denario por día, los mandó a su viña. Y saliendo a la hora de tercia *(que es media mañana)* vio a otros que estaban en la plaza ociosos, y dijo también a aquéllos: "Id también vosotros a la viña, y os daré lo que sea justo". Y ellos se fueron. Y saliendo otra vez a la hora de sexta y a la de nona *(es decir, al mediodía y a media tarde)*, hizo otro tanto. Y a la hora undécima *(que es el caer del sol)*, habiendo salido, encontró otros que estaban parados, y les dice: "¿Cómo estáis todo el día sin hacer nada?" Le dicen: "Es que nadie nos ha alquilado". Díceles: "Subid también vosotros a la viña".

»Llegada la noche, dice el señor de la viña a su administrador: "Llama a los obreros y págales el jornal, comenzando por los últimos hasta los primeros". Viniendo, pues, los de cerca de la hora undécima, recibieron un denario cada uno. Al venir los primeros pensaron que cobrarían más. Pero también cobraron un denario cada uno. Mas, al cobrar, murmuraban contra el padre de familia, diciendo: "Estos últimos no han hecho más que una hora y los has igualado con nosotros, que hemos soportado el peso del día y del calor". Pero él, respondiendo a uno de ellos, le dijo: "Amigo, no te hago injusticia. ¿No te ajusté por un denario? Toma lo tuyo y vete. Quiero dar a éste, que es el último, lo mismo que a ti. ¿O es que yo no puedo hacer lo que quiero de lo mío? ¿O ha de ser malo tu modo de ver porque yo soy bueno?"

»Así los últimos serán primeros y los primeros últimos. Porque muchos son llamados, pero pocos escogidos».

¡Misteriosa parábola! No es fácil su inteligencia plena. Lo que en ella resulta claro es que el Señor a nadie deja de dar lo que le prometió por su palabra. Que a pesar de eso, la distribución de sus gracias, la abundancia de sus favores, depende siempre de su voluntad. Que reparte sus dones, no sólo según nuestros méritos, sino también según su libre y generosa providencia. Que no puede quejarse aquel a quien da lo pactado, pues aun éste recibe lo que Dios de suyo no está obligado a darle, sino porque se obligó con su libre palabra. Mucho debe agradecer el que por nada y gratis del todo reciba los excesos de su generosidad. Y ¿quién de nosotros no habrá cien veces recibido esta sobreabundancia de la gracia?...

Además, Jesús a todos da el denario de la vocación y de la gracia suficiente, sin atender a sus propios méritos. Aunque, luego de recibido el denario, cada cual debe ver lo que con él hace. Y esto nos servirá para que temblemos de la última sentencia, que añade un misterio más a la parábola: «muchos son los llamados». Cierto, a la salvación, a la gracia, al denario diurno, todos son llamados, y aun a la perfección muchos, como aquel joven que poco antes se había marchado; pero muchos de estos llamados no serán de hecho escogidos para el reino, porque no negociarán con ese denario lo que negociar debieran.

¡Oh buen Padre de familia, llámanos!, ¡pero también escógenos! Porque ¿de qué nos servirá haber sido llamados si no somos escogidos? Y siempre ¡consérvanos primeros!

Primero fue Judas y vino a ser postrero!, y ¡tan postrero! ¡Último fue Saulo y vino a ser primero! ¡Oh misterios de la gracia de Dios! ¡Primeros eran los sacerdotes, escribas y doctores, y vinieron a ser desechados! ¡Últimos eran aquellos pobres, indoctos y mezquinos galileos, y el Maestro los ponía, sin méritos, al frente de las doce tribus de Israel y de los hijos todos de Abrahán! Y ¡cuántos tal vez fueron llamados como ellos!, mas sólo ellos fueron elegidos.

213. NUEVA PREDICCIÓN DE LA PASIÓN
(Lc 18, 31-34; Mc 10, 32-34; Mt 20, 17-19)

A todo esto, iban caminando hacia Jerusalén. Nunca había estado en la sagrada ciudad sin experimentar contradicciones, recibir amenazas y provocar grandes iras de parte de los príncipes. Sobre todo, las dos últimas estancias fueron peligrosísimas: escaparon de la muerte por milagro. Ahora sabían que Jesús de Nazaret seguía condenado a muerte por el Sanedrín. El mismo Jesús les había advertido que en Jerusalén sería atormentado y muerto. Y aunque no sabían compaginar lo que les decía el Señor, pero ya entendían que Jerusalén para Él y para ellos encerraba un tremendo peligro. ¿No habían de temer?

Tanto más, que en el aire del Maestro también advertían lo mismo que otras veces habían advertido, y es que, a medida que se acercaba a Jerusalén, parecía poner más esfuerzo y ánimo, salía de su paso ordinario, caminaba delante de todos, llamando la atención su afán y premura. Andaba como quien recelaba algo en la Ciudad Santa.

Esta vez, dice San Marcos, «al subir a Jerusalén, Jesús caminaba adelantándose a ellos, y ellos se espantaban y siguiéndole temblaban».

VIII. TERCER AÑO. NUEVA PREDICCIÓN DE LA PASIÓN

Su instinto y el conocimiento que tenían del Maestro les hacía creer que había algo extraordinario. Sea que ellos se lo diesen a entender, o que el Maestro de suyo quisiese explicárselo, tomó a los doce en secreto y comenzó a decirles lo que iba a pasar.

Era la primavera, florecían los campos de Judea, se acercaban a la opulenta y florida Jericó; todos los contornos de Jerusalén, todos los caminos que a ella conducen estaban llenos de gente de fiesta que iba a la Pascua; pintorescas y animadas caravanas de diversos países y colores surcaban los caminos, voces de alegre peregrinación y cantos de viajeros alegraban los campos, la luna nueva enviaba, aunque tenue, su cenicienta luz a la tierra anunciando la gran fiesta. Pero el Corazón de Jesús latía con nada alegres pensamientos. El Cordero de Dios pensaba en los pecados del mundo, y en la sangre que para quitarlos tendría que derramar en medio de terribles tormentos de allí a dos semanas, cuando aquellas flores se abriesen y aquella luna nueva se llenase... Así, pues, vuelto a sus discípulos, que con estupor y temblando le seguían, después de separarlos de los demás de la turba y hablándoles con solemne secreto, les dijo:

«Por fin subimos a Jerusalén, y se van a cumplir en el Hijo del hombre todas las cosas escritas por los Profetas. Porque será entregado a los príncipes de los sacerdotes, y a los escribas y a los ancianos, y le condenarán a muerte, y le entregarán a los gentiles, y le escarnecerán, y le escupirán, y le azotarán, y le matarán; y al cabo de tres días, resucitará.»

Bien claro estaba el vaticinio. Y hoy, que sabemos los acontecimientos, no tenemos más remedio que pasmarnos de la exactitud con que se cumplieron todas las palabras de Cristo. Aunque, en verdad, poco nos maravilla a los que tenemos fe cierta de la divinidad del Nazareno.

Los discípulos oyeron, pero dice San Lucas una cosa, que a primera vista parece extraña, aunque no es la primera vez que esto sucede: «Mas ellos, dice, nada de esto entendieron, y estas ideas estaban escondidas para ellos, ni entendían lo que se les decía».

No debe creerse que no entendían lo que Cristo decía, pues todo ello era bien claro y sencillo en sentido literal.

Sino que no se daban cuenta de cómo podían conciliarse todas aquellas ideas y revelaciones entre sí y con la persona del Mesías y del Hijo de Dios; y así sospechaban si habría allí otro sentido alegórico u oculto, que ellos no alcanzasen. Mas tampoco se atrevían a preguntarle por no hallarse con lo que ellos temían.

De este modo, perplejos y en triste silencio, caminaron durante algún tiempo, cuando, antítesis inverosímil de lo que acababa de vaticinar para sí el Rey de la gloria, ocurrió un caso de los más graciosos que se registran en el Evangelio.

214. LAS PRETENSIONES DE LOS HIJOS DEL ZEBEDEO
(Mc 10, 35-40; Mt 20, 20-23)

Debía de ir el Maestro un poco separado de los otros, cuando, humilde y reverente, se adelantó una mujer. Era Salomé, la madre de Santiago y de San Juan. Se acercó, le hizo una humilde reverencia, y le dijo que le quería pedir una cosa, y que se la concediera.

«Le dijo el Señor: "¿Qué quieres?" Le dijo ella: "Maestro, di que se sienten estos dos hijos míos uno a tu derecha y otro a tu izquierda en tu reino".»

Demasiado sabía Jesús que aquella petición no era sólo de la madre. San Mateo dice que se le acercó la madre con los hijos; San Marcos dice que se le acercaron los hijos. Y es claro que se acercaron los tres, pero echaron por delante a la madre, si ya no fue ésta la que tomó la iniciativa.

Era natural esta ambición, sobre todo en la madre, y hay que reconocer que no debía de serle inverosímil la esperanza de conseguir lo que pedía para sus hijos. Algunos creen que eran parientes de Cristo; y Salomé, lo mismo que sus hijos, miraba las cosas muy a lo natural. Ella misma le venía siguiendo con su Madre y sirviendo desde el principio. Además, los dos habían recibido especiales muestras de benevolencia y distinción del Salvador; los llevó consigo a la resurrección de la hija de Jairo y a la transfiguración, les había mudado los nombres propios en el de Rayos e Hijos del trueno, que también indicaba distinción y aprecio. Si acaso, el que pudiera hacerles competencia era San Pedro. Y esto parece que es lo que temían. Por lo cual la madre, sin hacer referencia a esta sospecha, procuró asegurar para sus hijos los dos primeros puestos en aquel reino que ella se figuraba que había de ser reino humanamente espléndido y opulento.

Extraño es que semejante petición la hiciesen precisamente cuando el Señor acababa de hablar de las humillaciones, ignomimas y muerte, y, por decirlo en una palabra humana, del fracaso que le esperaba en Jerusalén. Sin embargo, como no se figuraban ellos que aque-

VIII. TERCER AÑO. LOS HIJOS DEL ZEBEDEO

llo había de tomarse a la letra, y confiando tal vez en aquellas últimas palabras en que preanunciaba su resurrección, que, si no entendían con precisión lo que significaba, bien entreveían que era alguna restauración y comienzo de triunfo, quisieron para entonces tener asegurado el puesto. Y acaso lo estaban cociendo desde mucho tiempo antes, y ya en otras ocasiones habrían pretendido echar la misma solicitud, sino que no debieron de hallar sazón para ello, y esta vez, que encontraron al Maestro separado de los otros, se lo dijeron:

Jesús, pues, que sabía que la petición tanto y más que de la madre venía de los hijos, se dirigió a éstos y les dijo: «No sabéis lo que pedís.»

Porque, en efecto, ¿qué sabían ellos lo que era estar sentado a la diestra y siniestra de Jesucristo, ni cómo era su reinado, ni si sería tan deseable humanamente, como ellos se lo figuraban, estar al lado de Cristo? Y añadió: «"¿Podéis beber el cáliz que voy a beber yo o ser bautizados con el bautismo con que voy a ser bautizado?" Respondieron ellos: «Podemos".»

Yo me imagino que el discreto y bondadoso Maestro, al oír aquella, aunque presuntuosa, noble y valiente respuesta de los Hijos del trueno, debió de sonreírse en su interior, y, así como antes había dicho: no sabéis lo que pedís, así ahora diría: no sabéis lo que prometéis.

Fácil, en efecto, era decir que podrían beber el cáliz de Cristo y ser bautizados con su bautismo, pero, si hubieran sabido lo que en ese cáliz se contenía y probado aquella infinita amargura que en él estaba concentrada, que echó para atrás aun al mismo animoso Corazón de Jesús; si hubiesen adivinado lo horrible del bautismo con que pronto Jesús iba a ser bautizado, de seguro que ya hubieran temblado al afirmar lo que afirmaban. Así, pues, el Maestro les respondió muy resueltamente:

«Sí, beberéis mi cáliz y seréis bautizados con el bautismo con que yo soy bautizado; pero lo de sentaros a mi derecha y a mi izquierda, no es mío darlo, sino a quienes está preparado por mi Padre.»

No les dijo: sí, podéis beber mi cáliz; sino: sí, beberéis mi cáliz; lo beberéis, no porque vosotros tengáis fuerza para ello, sino porque yo os la daré y muy copiosa, porque sin ella ya sé lo que valdrían todas vuestras presunciones. En cuanto a sentaros a mi derecha e izquierda, eso yo, como hombre y siervo de mi Padre, que debo cumplir la misión que me ha dado (habla aquí Jesucristo como hombre y como siervo lo mismo que en otras ocasiones parecidas), no lo puedo dar, sino a quienes Él haya dispuesto, que Él sabe quiénes serán; seréis vosotros o serán otros, que beban el cáliz mejor que vosotros; no os preocupéis del premio, sino preocupaos del trabajo y del mérito, y de beber bien la parte de mi cáliz que se os reparta, que no os faltará la recompensa que merezcáis.

Claro es que bien podía Cristo, en cuanto Hijo de Dios, disponer los sitios en que habían de sentarse sus apóstoles, y, en efecto, lo disponía con su Padre; y por eso en otras partes decía que todo lo de su Padre era de Él, y que Él disponía el reino para sus discípulos juntamente con su Padre. Pero Cristo, cuando hablaba en esta ocasión y en otras parecidas, quería decir: no es propio de mi oficio y de la misión que yo he traído al mundo el dar coronas, sino el invitar a la lucha y a la virtud, ni mucho menos dar las coronas por razones humanas y motivos de parentesco, sino por razones de gracia y de mérito y de providencia, la cual suele atribuirse al Padre; ni, en fin, está ese punto tan sin determinar, que no esté ya determinado a quiénes se darán esos puestos, porque con la gracia de Dios van a merecerlo. Procurad vosotros ser éstos y no perderéis vuestro galardón...

215. LOS PRÍNCIPES DEL REINO DE DIOS
(Mc 10, 41-45; Mt 20, 24-48)

No pudo tenerse toda esta conferencia tan en secreto, que no lo advirtiesen pronto los demás apóstoles; y, parte o todo, pronto supieron de lo que se trataba; y, pasmados de la audacia y ofendidos de las pretensiones de los Zebedeos, comenzaron a tratar entre sí y a indignarse de los dos discípulos y de sus ambiciones. Para lo cual debieron de apartarse un poco del Maestro, a fin de criticar así por grupos con más libertad.

Jesús, que vio cómo estaban riñendo entre sí y acaso echando en cara a los desairados discípulos sus pretensiones, para cortar de raíz aquellas ambiciones y discordias, los llamó y reunió a todos y les dijo:

«Sabéis que los que son tenidos por príncipes en las naciones, ejercen sobre ellas su dominio, y los grandes en ellas se posesionan de ellas. Pero no sea así entre vosotros, sino quien quiera entre vosotros ser primero, sea siervo de todos. Porque también el Hijo del hombre no ha venido para ser servido, sino para servir Él y dar su vida en rescate por muchos.»

No por decir muchos quería excluir a algunos, sino que dijo por muchos, porque realmente la vida de muchos iba con la vida de uno solo a rescatarse: todo el género humano, como lo dice la Escritura en muchos sitios y es dogma de fe, iba con la sangre de Cristo a redimirse. Es frecuente en la Sagrada Escritura poner muchos por todos.

De esta manera a un mismo tiempo corrigió a unos y a otros, y dio a entender con su propio ejemplo cuán lejos debemos estar los cristianos de otras ambiciones que de las de la verdadera humildad, a ejemplo de Cristo Nuestro Señor, que, siendo Señor, no quiso ser servido, sino servir él a sus siervos.

216. EL CIEGO A LA ENTRADA DE JERICÓ
(Lc 18, 35-43)

Siguieron su camino hacia Jerusalén, y se acercaron a Jericó. Imposible evitar el encuentro de muchas caravanas que se dirigían a la Ciudad Santa para la Pascua. Jericó era ciudad de tránsito, muy frecuentada, cercana ya a Jerusalén, última confluencia de los arroyos de peregrinos que iban a desembocar en ella. Al salir, pues, Jesús al camino y acercarse a Jerusalén, se arremolinó mucha turba a su alrededor. Y cuenta San Lucas este caso:

«Al acercarse Jesús a Jericó, estaba sentado un ciego junto al camino pidiendo limosna. Y oyendo el tropel de gente que pasaba, preguntó qué era aquello. Le dijeron que pasaba Jesús Nazareno. Y él gritó diciendo: "¡Jesús, hijo de David, ten compasión de mí!".»

Aún no había llegado a él el tropel de la gente, cuando ya él estaba gritando.

«Los que venían delante le reñían para que callase». Sin duda creían que lo que quería era limosna, o no les parecía bien que un mendigo molestase al Señor entonces, o eran sus voces tan grandes, que llamaban la atención y molestaba y no dejaba oír.

«Pero él gritaba mucho más: ¡Hijo de David, ten compasión de mí!
»Se paró Jesús y mandó que se lo trajesen. Y cuando se acercó le preguntó así: "¿Qué quieres que te haga?" Y él dijo: "Señor, ver." Y Jesús le dijo: "Ve, tu fe te ha dado la salud". Y en el mismo instante vio y le seguía, glorificando a Dios. Y todo el pueblo cuando vio esto, dio alabanzas a Dios».

217. ZAQUEO
(Lc 19, 1-10)

Y llegaron a Jericó, oasis delicioso en medio de aquellas arideces, puesto en los confines de Judea y de Perea; aduana, según parece, puesto de mucho comercio y tráfico, tránsito de muchos viajeros y sitio, en fin, de lujo y magnificencia.

En su clima suave y tibio, crecían altas palmeras y las rosas más estimadas. Alamedas y jardines la adornaban y rodeaban dándole placer. El agua de la fuente de Eliseo y de otras muchas, bien canalizadas, llevaba la frescura y la vegetación por todas partes. Arquelao y Herodes la habían adornado de preciosas quintas y elegantes edificios, y asegurado con muros y torres.

Pasaba Jesús por sus calles, cuando le aconteció un caso muy curioso. Había en la ciudad un hijo de Abrahán, un judío opulento, príncipe de publicanos, que debía de tener arrendados los tributos o de toda la ciudad o acaso de toda la región. Él pagaba al caballero romano encargado de parte de Roma de recogerlos, pero cobraba a los cobradores inferiores, de quienes, por tanto, era superior. Este hombre tenía un gran deseo de ver a Jesús y saber quién era y qué tenía aquel hombre de quien tantas cosas había oído, y entre ellas no pocas a sus camaradas los publicanos. Pero tropezaba con una dificultad: que era pequeño de estatura, y no alcanzaba a verle por la turba.

Entonces tomó la delantera, corriendo por donde venía la gente, y subió a un sicómoro, mezcla de higuera y de morera, árbol de ascensión fácil y regulares dimensiones, por lo cual juzgan algunos que este episodio debió de ocurrir a la entrada de la ciudad; y deseoso de ver al Señor cuando pasaba, acomodose en una rama para aguardarle.

Cuando llegó Jesús a aquel sitio, alzó sus ojos, vio a Zaqueo en el árbol y le dijo: «Zaqueo, anda, baja, porque hoy tengo que hospedarme en tu casa.»

Sorprendido debió de quedar Zaqueo de aquella invitación inesperada. Lo que él menos se figuraba era aquel favor. Además, ¿de dónde le conocía el Maestro? ¿Quién le había dicho su nombre? Acaso la gente que le veía, a pesar de ser persona principal, subido a un árbol como un chico, al pasar le señalaba a los demás con la mano, y decía su nombre, y todos reían de su afán e industria, cuando el Salvador, mirando a donde todos miraban, se invitó a su casa.

En fin, Zaqueo bajó al momento, y, lleno de gozo, recibió a Jesús en casa, donde acaso convidó a sus camaradas y parientes.

Quedaría toda la turba fuera; y hablando de cómo se había metido en casa de Zaqueo, a quien con razón o sin ella tenían por pecador en el mero hecho de saber que andaba en negocios de tributos, que daban muy mala fama, murmuraban de ello, diciendo: Ha ido a hospedarse en casa de un pecador.

Fuese o no fuese pecador Zaqueo, buena muestra dio de la nobleza de su alma apenas recibió la visita de Cristo. Porque «levantándose dijo al Señor: Desde ahora, Señor, doy a los pobres la mitad de mis bienes, y si a alguno he defraudado, le restituyo el cuádruplo».

Puede deducirse de estas palabras de Zaqueo, que no debía de ser tan malo como suponían los que se escandalizaban de que Jesús hubiese ido a hospedarse en casa de un pecador. Un hombre que generosamente se ofrece a dar de limosna la mitad de sus bienes, y que dice dudando que, si debe algo, pagará el cuádruplo, no debía de haber defraudado mucho, puesto que no le argüía de nada claro la conciencia.

Al ver tanta generosidad y tan excelentes propósitos, Jesucristo exclamó diciéndole: «Hoy se ha obrado la salvación en esta casa; porque también es éste hijo de Abrahán. Porque el Hijo del hombre ha venido a salvar y buscar lo que estaba perdido.»

Cristo, según otra vez dijimos, aunque había venido a darse en redención por todos los de todas las naciones, pero Él personalmente sólo había venido para salvar por sí a los del pueblo judío, dejando los demás para sus discípulos.

218. PARÁBOLA DE LAS DIEZ MINAS
 (Lc 19, 11-28)

Mucha curiosidad habían excitado todas las das de Cristo a Jerusalén, porque allí se suponía que había de manifestarse el Mesías y proclamarse definitivamente Rey de Israel. Y cada año crecía esta expectación a medida que crecían las maravillas y popularidad del Gran Profeta de Galilea, y la rabia y contradicción del Sanedrín.

Este año, sobre todo, subían muchos a Jerusalén persuadidos de que en él había de manifestarse por fin el Reino de Dios.

Y parece indicar el evangelista que, entre los que acababan de oír las palabras del Maestro, había no pocos de esta opinión, los cuales, con ocasión de lo que había pasado a Zaqueo y de lo que acababa de decir el Señor, debieron de empezar a tratar de si por fin vendría entonces a manifestarse el Reino de Dios. Porque dice San Lucas:

«Y oyendo ellos estas cosas, prosiguió diciendo una parábola, a propósito de estar Él cerca de Jerusalén y pensar ellos que se iba a manifestar en seguida el Reino de Dios.

»Dijo pues: Un hombre noble se puso en camino para una región lejana, a tomar para sí un reino y volverse». Muy fácil era de entender este modo de hablar, porque entonces era muy frecuente ir los pretendientes de reinos a pedir en Roma que les reconociesen el derecho y les concediesen la posesión, como lo habían hecho recientemente Herodes, Antipatro, Antipas y Arquelao, cuyas historias eran en Jericó bien conocidas.

«Habiendo, pues, llamado a diez siervos suyos, les dio diez minas.»[*]

«Y les dijo: "Negociad, mientras yo vuelvo". Ahora bien, sus ciudadanos le aborrecían y enviaron detrás de él una embajada diciendo: "No queremos que ése reine sobre nosotros". Y sucedió al volver él, después de haber logrado el reino, que mandó llamar a aquellos siervos a quienes había dado el dinero, para saber cuánto había ganado cada cual. Y se presentó el primero, diciendo: "Señor, tu mina ha producido diez minas". Y le dijo: "¡Bien!, siervo bueno, porque has sido fiel en lo muy poco, serás puesto al frente de diez ciudades". Y vino el segundo y dijo: "Señor, tu mina ha producido cinco minas". Y le dijo asimismo a éste: "También a ti que te pongan al frente de cinco ciudades".

»Y vino el otro y dijo: "Señor, aquí tienes tu mina, la cual he tenido guardada en un pañuelo; porque tenía miedo, pues eres hombre rígido, exiges lo que no has puesto y siegas lo que no has sembrado". Le dice: "Mal siervo, por tu propia boca te voy a condenar; sabías que soy hombre rígido, que exijo lo que no he puesto y siego lo que no he sembrado... Pues, ¿por qué no has puesto mi dinero en el Banco, y así yo al venir lo hubiera cobrado con el interés?" Y dijo a los presentes:

---

[*] Sesenta *minas* equivalen a un *talento*, que eran unos 30 kilos de plata. Por tanto, sesenta minas venían a ser 1.800 kilos de plata. Cf. Salvador y Conde, J., O.P.: *Jesús, el dinero y los negocios*, pág. 48. Edibesa, Madrid, 1999. (N. del E.)

"Quitadle la mina y dádsela al que tiene diez minas". Le dijeron: "Señor, ya tiene diez minas". No importa, os digo, porque a todo el que tiene se le dará, y al que no tiene aun lo que tiene se le quitará.
»Y ahora a aquellos enemigos míos que no querían que yo reinase sobre ellos, traedlos acá y degolladlos en mi presencia.»
La parábola está bien clara. El príncipe noble es Cristo. Va dentro de poco al cielo a tomar su reino. Mientras Él vuelve, deja a cada uno el tesoro de sus gracias para que negocien y hagan obras buenas. Los que no quieren que Él reine sobre ellos son los impíos, y entonces los fariseos y escribas. Vendrá Él después del fin del mundo a pedir cuentas a todos y a dar a cada cual la recompensa de lo que haya hecho. Y entonces, ¡ay de los que hayan conspirado contra el Hijo de Dios!... ¡Ay también de los que en esta vida no han hecho nada digno del nombre de cristianos, teniendo la mina, que el Señor les haya dado, escondida en el pañuelo! ¡Dichosos los que con los talentos que Él les haya dejado le hayan dado gloria de buenas obras!

219. LOS DOS CIEGOS DE LA SALIDA DE JERICÓ
(Mc 10, 46-52; Mt 20, 29-34)

Siendo tiempo de mucho paso de caravanas por Jericó, era natural que hubiese en el camino muchos pobres y, sobre todo, ciegos pidiendo limosna.
«Al salir, pues, de Jericó, Jesús con sus discípulos, le siguió gran turba de gente. Y encontraron dos ciegos, uno el hijo de Timeo, Bartimeo, ciego y mendigo. Éste, habiendo oído que Jesús Nazareno pasaba, comenzó a gritar: "Señor, Jesús, hijo de David, ten compasión de mí". Y muchos le reñían para que callase. Pero él gritaba mucho más: "¡Hijo de David, ten compasión de mí!" Se paró Jesús y mandó que le llamasen. Llaman al ciego y le dicen: "Anímate, levántate, te llama". Y él, echando su manto y poniéndose en pie de un salto, vino a Jesús. Y dijo Jesús: "¿Qué queréis que os haga?" Le dicen: "Señor, que se abran nuestros ojos". Compadecido de ellos, Jesús tocó sus ojos y dijo: "Vaya, vuestra fe os ha dado la salud". Y al punto vieron y le siguieron por el camino.»
De estos ciegos, Bartimeo debía de ser famoso y conocido, sea cuando estaba ciego, sea después, si, como es verosímil, fue uno de los

primeros cristianos conocido como uno de los favorecidos por el Divino Taumaturgo.

220. CONVITE EN CASA DE SIMÓN EL LEPROSO
(Jn 11, 55-56; 12, 1-11; Mc 14, 5-9; Mt 26, 6-13)

A todo esto la Pascua se echaba encima.

«Y habían subido, dice San Juan, a Jerusalén muchos de fuera, antes de Pascua para purificarse». Como la Pascua había que celebrarla con pureza legal, y algunas purificaciones, por lo prolijo de los ritos, duraban a veces varios días, los que tenían alguna mancha legal iban a Jerusalén con tiempo a purificarse para estar dispuestos a la Pascua.

»Buscaban, pues, a Jesús, y, al ir al templo, se decían unos a otros: "¿Qué os parece que no haya venido a la fiesta?" Y habían echado los príncipes de los sacerdotes y los fariseos bando de que si alguien supiese dónde estaba lo declarase, a fin de apoderarse de Él.»

Terrible y bien resuelta era la requisitoria. Cada día urgía más al Sanedrín la persecución. Pero bien públicamente se les iba a presentar dentro de poco el que buscaban.

«En efecto, seis días antes de la Pascua, vino a Betania, donde estaba Lázaro, el difunto a quien Jesucristo resucitó de entre los muertos. Le hicieron, pues, allí un banquete en casa de Simón el Leproso, y Marta servía y Lázaro era uno de los que estaban con él en la mesa.»

Debía este Simón haber estado antes leproso y acaso se curó por algún milagro de Jesucristo; o tal vez era éste el nombre de la casa, aunque no viviese ya Simón en ella. Sea esto lo que sea, «cuando estaba recostado a la mesa *(al estilo de entonces, que ya explicamos en otra parte)*, María tomó una libra de ungüento de legítimo y precioso nardo y ungió los pies de Jesús y los enjugó con sus cabellos, y, quebrando el alabastro, se lo derramó sobre la cabeza, y toda la casa se llenó de la fragancia del unge to».

¡Cómo se conoce que el que lo cuenta fue testigo que todavía se acuerda de la impresión del perfume! María era, según ya en otro sitio, lo explicamos, María Magdalena, aquella hoy justa, en otro tiempo pecadora, que, al dejar de serlo, hizo en casa del fariseo lo mismo que hoy en casa de Simón.

«Dijo entonces uno de los discípulos, Judas Iscariote, que le había de entregar: "¿A qué ese derroche del ungüento? ¿Por qué no se ha vendido en trescientos denarios y se ha dado a los pobres?"»

Trescientos denarios decía Judas que debía haber valido el ungüento, y lo sabría. El denario equivalía, más o menos, a un jornal; el ungüento debía de ser finísimo; el vaso también, como solían serlo los del ungüento, de alabastro muy fino, con cuello largo y estrecho, para que el aceite precioso saliese gota a gota y se conservase largo tiempo. Pero la Magdalena generosa, que quería gastar todo el ungüento, quebró el cuello del vaso para derramar hasta la última gota de la esencia.

En cuanto a Judas, lo que menos sentía era lo que decía: dice así San Juan: «Esto dijo, no porque le importaran los pobres, sino porque era ladrón, y, como tenía la bolsa, defraudaba de lo que le echaban.»

Su mal ejemplo indujo a otros a murmurar como él, aunque sin perversa intención. «Viendo los discípulos aquello, se indignaron, diciendo: "¿A qué este derroche? Porque hubiera podido venderse este ungüento en más de trescientos denarios, y darse a los pobres"; y se enfadaban con ella. Viendo esto Jesús, les dijo: "Dejadla en paz, que lo ha guardado para el día de mi entierro. Ha hecho una buena obra conmigo. Porque a los pobres siempre los tenéis con vosotros, y cuando queráis les podréis hacer bien. Pero a mí no me tenéis siempre. Ésta ha hecho lo que ha podido, pues, derramando ese ungüento, se ha adelantado a ungir mi cuerpo para el día de la sepultura, me ha preparado para mi entierro. De verdad os digo que dondequiera que se predique este Evangelio por todo el mundo, se referirá también lo que ésta ha hecho para recuerdo de ella".»

¡Dichosa mujer que tan hermosa defensa mereció por segunda vez de su Salvador! En efecto, dondequiera que hoy se predique el Evangelio de la venida y redención de Cristo, se predica también lo que hizo María Magdalena poco antes de la muerte de su Maestro. No pensó ella, cuando lo hizo, en la muerte de Jesucristo, pero Jesucristo, que sabía que dentro de poco iba a morir y que María querría, mas no podría, prestarle entonces este obsequio, delicadamente lo recibió como si lo hiciera ya el día de su muerte y en su entierro.

Apenas venido el Señor a Betania, enteráronse muchos de los judíos que estaban allí, y vinieron, no por Jesús solamente, sino además por ver a Lázaro, a quien resucitó de entre los muertos. Se conoce que en Jerusalén todos hablaban de Lázaro y de Jesucristo. Sería, cuando vinieron, el sábado a la puesta del sol, pues antes no podían por ser el camino de Jerusalén a Betania triple de lo que se permitía los sábados.

«En cambio los príncipes de los sacerdotes decidieron quitar la vida también a Lázaro. Porque muchos de los judíos, por causa de él, se apartaban y creían en Jesús.»

¡Oh refinada maldad y cada vez más ciega obstinación! Los mismos argumentos que debieran servirles para convertirse al Mesías, para creer en Jesucristo, para dejar su ceguera, ésos los empujaban más y más a la maldad. ¡Qué mala es la luz para quien tiene irritados los ojos!

Mas ya se precipita el fin. Estamos en el último sábado antes de la Pascua. Vamos a entrar en la gran semana de la Redención. Al otro día de este convite, entró Jesús triunfante en Jerusalén, saliendo al encuentro de los que habían dado decreto de denunciar dónde estaba. Bien manifiesto iban a tenerle ante sus ojos. Él iba a presentarse a sí mismo.

IX

LA SEMANA SANTA
DOMINGO DE RAMOS
(10 de Nisán; 2 de Abril)

221. ENTRADA TRIUNFAL DE JESÚS EN JERUSALÉN
(Jn 12, 12-19; Lc 19, 29-40; Mc 11 1-11; Mt 21, 1-9)

Distaba Betania de Jerusalén 15 estadios, cerca de tres kilómetros. Súbese desde allí por un suave declive hasta Betfage, que era una aldea situada casi en el mismo Olivete. Doblando después la cima, desciéndese por una cuesta, muy pendiente al Cedrón, para subir de nuevo a la ciudad de Jerusalén. Éste es el camino que siguió Nuestro Señor en este día celebérrimo de su triunfo.

Moraba Jesús en Betania; había celebrado el famoso convite en casa de Simón el Leproso; estaba pedido para la prisión y para la muerte por decreto del Sanedrín, aunque no del todo público, según parece; era con ansiosa curiosidad esperado por el pueblo innumerable, que se iba congregando para la Pascua más famosa y verdadera que se había de celebrar. Llegaba la hora de los más sublimes acontecimientos que ha visto el orbe. Los que buscaban a Jesús iban a verle muy pronto.

Refieren así los evangelistas el comienzo de la santa semana:

«Al día siguiente del convite de Simón el Leproso, habiéndose acercado a Betfage, al pie del monte Olivete, Jesús envió dos discípulos y les dijo: Id a la aldea que está enfrente de vosotros, y en cuanto entréis en ella hallaréis una asna atada y con ella un pollino atado, sobre el cual aún no ha montado hombre ninguno. Soltadlos y traédmelos. Y si alguno os pregunta: ¿qué estáis haciendo?, ¿por qué los soltáis?, le diréis: Es que el Señor los necesita.»

Era el día 10 del mes de Nisán, el día siguiente al sábado y primero de la semana en que venía la Pascua, día en el cual solían elegir en la ciudad los corderos para la Pascua.

«Fueron, pues, los discípulos y lo hicieron como les mandó Jesús. Hallaron un pollino atado a la puerta fuera, en la encrucijada, y pónense a soltarlo. Y mientras lo soltaban, unos que allí estaban, dueños del pollino, les dijeron: "¿Qué estáis haciendo, soltando el pollino?" Ellos, como les había mandado Jesús, le dijeron: "Es que el Señor los necesita". Y les dejaron. Entonces trajeron la asna y el pollino a Jesús, y, echando sus vestidos sobre el pollino, le sentaron a Él encima. Todo esto se hizo para que se cumpliese lo que estaba dicho por el Profeta: *Decid a la hija de Sión: No temas, hija de Sión; mira a tu Rey que viene a ti manso y montado en una asna y un pollino, hijo de la que se unce al yugo.*

»Esto no lo entendieron por de pronto sus discípulos; pero cuando fue glorificado Jesús, entonces se acordaron de que estas cosas estaban escritas de Él, y que ellos se las hicieron.

»Según, pues, iba Él caminando, muchísima gente extendía sus mantos en el camino, otros cortaban ramos de los árboles y los esparcían por el camino. Y cuando se acercaba ya al pie del monte Olivete, empezaron todas las turbas de sus discípulos, llenas de alegría, a alabar a Dios a grandes voces por todos los prodigios que habían visto, diciendo: Bendito el que viene Rey en nombre del Señor; paz en el cielo y gloria en las alturas.

»Y las turbas que iban delante y las que venían detrás, clamaban diciendo: ¡Hosanna al Hijo de David! ¡Bendito el que viene en nombre del Señor!... ¡Bendito el reino que viene de nuestro padre David! ¡Hosanna en las alturas!

»Y toda la turba que había venido a la fiesta de la Pascua, oyendo que venía Jesús a Jerusalén, tomaron ramos de palmas, y le salieron al encuentro y clamaban: ¡Hosanna! ¡Bendito el que viene en nombre del Señor, Rey de Israel!

»Y la multitud que había estado con Él cuando llamó a Lázaro del sepulcro y le resucitó de entre los muertos, daba testimonio de ello. Y por eso vino a su encuentro la muchedumbre, porque habían oído que había hecho este milagro.»

¡Espléndido sobre cuanto puede decirse debió de ser este triunfo! Al principio los discípulos solos, llevados, sin duda, de un instinto sobrenatural, comprendiendo que el Maestro quería hacer alguna cosa especial, se atrevieron a aderezarle aquella cabalgadura, que, cierto, no era ningún corcel de triunfo, pero, por eso mismo, les parecía más propia para Jesús, que nunca había cabalgado, conociendo como cono-

IX. LA SEMANA SANTA. DOMINGO DE RAMOS

cían su humildad. Sobre el pollino, en que ningún hombre hasta entonces se había sentado, pusieron, sin acordarse de las profecías de Zacarías, sus vestidos, y ellos mismos le alzaron para ponerle a caballo. Nunca tal había hecho su Maestro. Y así caminaban alegres, mas sin ruido al principio y como en familia.

Luego, advirtiendo la gente a quienes encontraban que el gran Maestro venía a caballo, llevados de la natural reverencia y popular amor que le tenían, saliéronle al paso, y, cuando llegaba, unos le tendieron sus mantos, otros le alfombraron el suelo de ramos de árboles que cortaban, y pasando le rodearon y le siguieron. La manifestación era aún familiar, pero empezaba a tomar importancia.

Cuando se acercaron ya en número bastante al pie del monte Olivete, encontraron allí a muchos forasteros que, habiendo venido a la Pascua, acampaban en el monte y extramuros en tiendas de campaña que para aquellos días solían levantar. Todos ellos, al notar el murmullo de la procesión que avanzaba, salieron a ver lo que era: entonces espontáneamente de las turbas de los discípulos del Nazareno, que venían cada vez más alentados, brotó un grito solenme, venerando y santo, que en adelante se había de cantar siempre en honor de Jesús: «¡Bendito el que viene Rey en nombre del Señor! ¡paz en los cielos!, ¡gloria en las alturas!, ¡hosanna en los cielos!», es decir: ¡sálvale desde los cielos, al Rey y a nosotros por él!

Dada la voz por los discípulos, toda la turba que le seguía y precedía, repitió con un corazón el mismo himno de aclamaciones. Y sin poderlo remediar, al oírlo, uniéronse a ellos todos los que en aquellos alrededores y en la entrada de la Santa Ciudad, sobre todo por las faldas del monte Olivete, acampaban ya en sus tiendas, y estaban reunidos para la fiesta. Con lo que al entrar Jesús en la ciudad, la procesión era un río desbordado, un estruendo arrebatador, un triunfo sin precedente, magnífico, lleno de santo entusiasmo y de sagradas aclamaciones. Para confirmarlas y explicarlas, todos los que habían presenciado la resurrección de Lázaro se la contaban a los forasteros, explicando cuán merecedor era el Maestro de aquel triunfo. Y crecía el entusiasmo, y llenaban las voces el espacio, y llegaron a las puertas de Jerusalén, y resonaba ya la ciudad con el clamor de los que venían.

Anonadados quedaron los fariseos al ver, estupefactos, meterse en la Ciudad Santa aquel magnífico triunfo, precisamente cuando ellos habían excomulgado a los que se hiciesen discípulos de Jesús, y tenían dado decreto de que quien supiese dónde estaba se lo dijese. ¡Allí estaba!; no era preciso que le delatase nadie. Allí estaba, a sus ojos, rodeado de un pueblo numerosísimo de muchos miles y miles, que le decían a gritos lo que ellos habían prohibido y no querían decirle: ¡Bendito el que viene en nombre del Señor! ¡Qué se atreviesen a detenerlo!

Por eso, indignados y confusos, no sabían lo que hacer.

Dice así el Evangelio: «Los fariseos, pues, se dijeron unos a otros: ¿Veis que nada adelantamos? ¡he aquí que todo el mundo se va tras él!»

Y mientras ésos, mirándolo todo desde un lado, tenían estas conferencias, otros más impacientes, que estaban, curiosos o espías, entre la turba, indignados, se acercaron al Maestro y le dijeron: «¡Maestro, reprende a tus discípulos!»

Era verdaderamente imprudente su audacia. Por eso fue también enérgica la respuesta del Maestro: «¡Yo os aseguro, les dijo, que si éstos callan, hablarán las piedras!»

Era aquel día destinado por Dios al triunfo; quería Jesús aquel día ser aclamado por el Mesías; y si no hubiese tenido discípulos y pueblos enteros que le aclamasen, se hubiera hecho aclamar por las piedras.

222. LÁGRIMAS EN MEDIO DEL TRIUNFO
(Lc 9, 41-44)

Así, con este encuentro, quisieron los fariseos empañarle la gloria del triunfo aun antes de entrar en Jerusalén. Llegaba, sin embargo, ya a ella la espléndida manifestación; y Jesucristo, sentido por las últimas insolencias de los fariseos, no pudo menos de conmoverse al acercarse a aquella ingrata ciudad, albergue de sus más obstinados enemigos.

Después de doblar el monte Olivete, bajando por la cuesta, llegó a un sitio que aún designa la tradición con el nombre de *Dominus flevit* (que significa *lloró el Señor)*, que tiene frente por frente el grandioso Templo asomado como espacioso balcón y amplísima azotea en la cima de la ciudad.

«Y cuando se acercó, al ver la ciudad, rompió a llorar sobre ella (lloró con altos gemidos, escribe San Lucas) diciendo: "¡Si también tú conocieras, al menos en este día tuyo, lo que a tu paz conduce!, pero ahora se esconde de tus ojos. Porque van a venir sobre ti días en que echarán tus enemigos en torno de ti trincheras, y te cercarán alrededor y te estrecharán de todas partes. Y te arrasarán a ti y a tus hijos dentro de ti. Y no dejarán en ti piedra sobre piedra, por no haber conocido el tiempo de tu visitación".»

Tiempo de la visita de Dios a su pueblo fue toda la vida de Jesucristo, pero principalmente los tres años de su vida pública, y mucho más especialmente este día de la gran manifestación del Mesías.

¿No lo estaban pregonando todos los verdaderos israelitas? ¿No clamaban todos ellos a una voz: ¡Viene el Rey!, ¡viene el esperado!, ¡viene el que había de venir en nombre de Yahvé! ¡bendito sea Él!, ¡bendito!, ¡hosanna!, ¡paz al hombre!, ¡gloria a Dios!?

¡Pero Israel estaba tan lejos de la luz, que ni en este día, expresamente escogido por Dios para la gran revelación y presentación de Cristo, le conoció!... ¡Ya aquel pueblo estaba perdido!, ¡ya su ruina estaba decretada!, ¡ya quedaba para siempre repudiado!

¡Oh si hubiera conocido su día!...

Siguió, pues, llorando el Mesías, y llorando llegó a las puertas de la ciudad. ¿Se dieron cuenta sus discípulos de que su Maestro lloraba? ¿Entendieron bien las terribles amenazas que profería? No nos lo dicen los Evangelios.

223. PROSIGUE EL TRIUNFO
(Mt 21, 10-11.14-16)

La gente llegaba a las puertas de la ciudad en torrente impetuoso y desbordado. Cuando aquel río de hombres desembocó estrepitoso por las puertas de Jerusalén, toda la gente que estaba dentro se conmovió y salió espantada y preguntando: «¿Quién es éste?» ¿Quién es éste que viene como Rey y es aclamado como enviado de Yahvé y triunfa como nadie jamás ha triunfado en esta ciudad?

Por una parte, jamás había consentido Jesús que se le hiciesen semejantes demostraciones, nunca le habían visto buscar glorias ni aclamaciones. Por otra, la inmensa muchedumbre que rodeaba al Maestro no permitía acercarse a ver quién era el triunfador. Por eso la gente preguntaba ansiosa y estupefacta: ¿Quién es? ¿Qué pasa? ¿A quién aclaman?

Y los pueblos que iban rodeando al Señor y aclamándole, respondían: «Éste es Jesús, el Profeta, el Nazareno de Galilea».

Y lo dirían con énfasis y con vanidad provinciana, sobre todo los galileos, de los cuales irían muchísimos en aquella procesión. En cambio, la ciudad se mantenía fría, altiva, indiferente, curiosa, y más que nada desdeñosa, hostil y recelosa.

Siguió la comitiva al templo, término natural de todo triunfo religioso y de toda manifestación mesiánica. Y entrados allá, creció el alborozo y el inmenso clamoreo. Pronto se le acercaron sus amigos, que por todas partes le seguían, los ciegos y los cojos que estarían esperando su venida. Jesús allí mismo, en el templo, les dio la salud que le pedían. Con lo cual subió de punto el entusiasmo y el delirio.

Sobresalían, como siempre, los niños, los cuales, amados de Jesús, le amaban también con singular afecto, y entusiastas, como siempre, bulliciosos, abriéndose paso por entre la multitud, se llegaron al mismo Jesús y allí no cesaban, con sus voces angelicales, de cantar hosannas y más hosannas al Hijo de David, irritando la furia de los escribas y fariseos, que, no pudiéndose contener y viendo los milagros que hacía Jesús y oyendo a cada nuevo prodigio que se verificaba alzarse nueva oleada de voces infantiles que resonaban por todo el magnífico templo, se dirigieron lívidos y fieros al Maestro, y le dijeron:

«¿No oyes lo que éstos están diciendo?» Pero Jesús les dijo: «Sí. Pero ¿no habéis leído nunca aquello: de la boca de los infantes y niños de pecho sacaste perfecta alabanza?...»

Y sin decirles una palabra más, dejándoles, recorrió todo el templo como dueño, y examinó todo cuanto en él había y pasaba, sin decir entonces nada, que sepamos, pero visitando bien aquella casa, cuyo absoluto Señor era. Y luego, sea que en la ciudad nadie le invitó, porque en ella no tenía ningún amigo, sea que no juzgase seguro ni conveniente para sus planes y sus horas pernoctar en la ciudad, siendo ya tarde, salió para Betania con los Doce.

Tal fue el pasmoso triunfo de Jesucristo. Dueño de los corazones, cuando Él quiso, y lo quiso aquel día, se apoderó de ellos y los arrastró en pos de sí a miles y miles como un hombre, y si en vez de corazones hubiera sido necesario arrastrar y hacer hablar a las piedras, de las piedras hubiera hecho aquel día Jesús hijos de Abrahán, que hubiesen glorificado y aclamado y llevado en palmas hasta el templo al Dominador del templo, de quien había hablado el profeta Ageo.

El triunfo parece que fue después del mediodía, y debió de concluir hacia la tarde, según San Marcos lo indica.

LUNES SANTO
(11 de Nisán; 3 de Abril)

224. MALDICIÓN DE LA HIGUERA
(Mc 11, 12-14; Mt 21, 18-19)

Todos aquellos días había el Maestro de venir clara y patentemente a la ciudad, de modo que después pudiese decir muy bien, como dijo: Cada día he estado en el templo enseñando y no me habéis prendido, porque no era vuestra hora, porque yo no quería.

Así, pues, amanecido el lunes, volvió de mañana a la ciudad, donde todos estos días había de trabajar mucho y muy intensamente.

«Y caminando, sintió hambre. Miró y vio desde lejos una higuera puesta a la vera del camino, llena de hojas. Dirigiose a ella, la registró, pero no halló sino hojas solamente; porque, dice San Marcos, no era tiempo de higos.»

El Maestro, que, como veremos, todo lo hacía estos días a propósito para explicar la ingratitud y reprobación de su pueblo, se aprovechó de esta ocasión, mejor dicho, buscó esta ocasión para explicar simbólicamente su idea a los discípulos, y, dirigiéndose a la higuera que sólo había presentado hojas, le dijo:

«"Desde hoy para siempre, nadie coma fruto de ti, nunca jamás nazca en ti nada". Y sus discípulos le oían. Y la higuera se secó al punto.»

¿Por qué la maldijo si no era tiempo de higos, según advierte San Marcos? No era, en verdad, tiempo de higos en general, pero aquella higuera llena de hojas, frondosa sobre todas las otras, puesta en sitio escogido y abrigado, parecía prometer higos al que a ella se acercase. Bien sabía Jesús que no tenía el árbol fruto; pero Él, que obraba en estos casos, en general y de ordinario, como si cayese en la cuenta de las cosas cuando y como caen los demás, al ver la higuera llena de fronda, se dirigió a ella, como se hubiera dirigido otro cualquiera que tuviese hambre, esperando que encontraría alguna breva. Por lo demás, el hambre del Salvador, aunque también de manjar corporal, mucho más lo era de la conversión de su pueblo, y del fruto espiritual de la higuera de Israel, la cual bien cuidada por Yahvé, y por Él puesta en sitio escogido, debería ya haber dado algún fruto y muy escogido; pero, cubierta de hojas, de ceremonias, de apariencias, estaba aún muy lejos de dar fruto, y ni maduro ni no maduro, no tenía ninguno.

La higuera, ni que tuviese fruto ni que no lo tuviese, no merecía castigo. Lo que Jesús hizo entonces fue ponerles una parábola en acción, y lo que otras veces enseñaba de palabra enséñalo esta vez con la misma realidad de la higuera seca.

225. ARROJA DEL TEMPLO A LOS NEGOCIANTES
(Lc 19, 45-48; Mc 11, 15-19; Mt 21, 12-13)

Pasaron adelante y llegaron a Jerusalén. Y es notable que en la última Pascua que estuvo en la Ciudad Santa quiso hacer la misma acción que había hecho en la primera.

Ya vimos cómo el domingo de Ramos inspeccionó todo lo que había en el templo; y entonces nada dijo, ni respondió, pero en este día venía decidido a corregir los abusos que encontrase. En efecto, entrando en el templo, vio que en él estaban, como en la primera vez que vino, una multitud de negociantes comprando y vendiendo y cambiando dinero.

Era preciso entonces a muchos, para los sacrificios, sea de expiación, sea de devoción que querían ofrecer, comprar víctimas, novillos, ovejas, vino, palomas, sal, aceite. Además los israelitas tenían que pagar cada año medio siclo para el sostén del templo y del culto divino. Ofrecía esto dificultad a los extranjeros porque no tenían esa moneda, y no era lícito pagar el tributo sino con moneda sagrada. Era, pues, necesario que para los sacrificios hubiese quienes vendiesen víctimas y todo lo necesario, y para el tributo hubiese cambistas monederos, *colibistas,* que decían en griego, porque percibían en el cambio el lucro de un colibo, moneda pequeña, por cada siclo.

Todos éstos, pues, habían puesto sus tiendas en el atrio de los gentiles, y así lo habían convertido en mercado y casa de negocios. Y es muy creíble que los principales negociantes fuesen los sacerdotes mismos, que alquilaban el atrio a los que ponían en él sus tiendas.

No lo toleró el Hijo de Dios, y, aunque no sabemos que tomase como la primera vez un látigo, pero con gran severidad, «entrando en el templo, dice el Evangelio, comenzó a arrojar a todos los que compraban y vendían en el templo, volcó las mesas de los cambistas y los puestos de los que vendían palomas. Y no dejaba a nadie pasar ninguna cosa por el templo».

Porque, acostumbrados a mirar aquel sitio como un sitio profano y de mercado, muchos, en vez de ir por la calle, sin duda por acortar el camino, pasaban las cosas por el atrio de los gentiles. Naturalmente, la gente no se explicaba por qué hacía todo aquello; algunos acaso, se acordaban de la otra vez, y de las razones que entonces les dijo. Otros se extrañaban. Pero el Maestro se lo explicaba, diciendo:

«"¿No está escrito que mi casa será llamada casa de oración para todas las gentes? Pero vosotros la habéis hecho cueva de ladrones".

»Oyeron esto los príncipes de los sacerdotes y los escribas y buscaban un modo de acabar con Él. Porque le temían a causa de que toda la gente estaba admirada de su doctrina, y no acertaban qué hacer con Él. Porque todos los días estaba enseñando en el templo y todo el pueblo estaba suspenso oyéndole. Y cuando se hacía de noche, salía de la ciudad.»

Terrible y comprometida era la situación de los príncipes: por un lado querían deshacerse de Jesús, por otro veían que cada día estaba el pueblo más entusiasmado de Él. ¡Qué bien se conocía que Jesús era dueño de la vida y de la muerte y de las voluntades de todos, y que aquellos fariseos y príncipes nada podrían hacer si Jesús no se lo permitía!

MARTES SANTO
(12 de Nisán; 4 dé Abril)

226. EFICACIA DE LA FE
(Mc 11, 20-26; Mt 21, 20-22)

Pasó la noche del lunes. Madrugaron el martes, y de mañana, subió Jesús con sus discípulos en dirección a Jerusalén, por el mismo camino por donde el día anterior habían andado. Y llegaron a la higuera y la encontraron seca desde la raíz. Ya se había secado, según dice el evangelista San Mateo, en cuanto el Salvador la maldijo. Pero no se conoció la maldición sino al día siguiente. Y aunque es fácil que la vuelta del día anterior fuese por aquel mismo sitio, pero, como pasaron bien entrada la tarde, no pudieron ver la higuera como la vieron esta mañana.

«Se acercó Pedro y dijo a Jesús: "Maestro, mira cómo se ha secado la higuera que maldijiste". Y, viéndolo los discípulos, se admiraron y dijeron: "¡Qué pronto se ha secado la higuera!"»

Entonces Jesús, tomando la palabra, les repitió lo que ya en otra ocasión les había dicho acerca del poder de la fe:
«Tened fe en Dios. En verdad os digo, si tenéis fe y no vaciláis, no sólo haréis lo de la higuera, sino, si cualquiera dice a este monte (y *al decir esto, acaso señalaría al Olivete, que estaba próximo):* Quítate y échate al mar, se hará. Por eso os digo: todo lo que pidáis orando y creyendo recibiréis. Mas cuando estéis en oración, perdonad si tenéis algo contra alguno; para que también vuestro Padre, que está en los cielos, os perdone a vosotros vuestros pecados. Porque si perdonáis a los hombres sus pecados, os perdonará también a vosotros vuestros delitos vuestro Padre celestial. Pero si no perdonáis a los hombres, ni vuestro Padre, que está en los cielos, os perdonará vuestros pecados.»

227. COMIENZAN LAS DISPUTAS EN EL TEMPLO
(Lc 20, 1-8; Mc 11, 27-33; Mt 21, 23-27)

Insigne había de ser este día para Jesucristo. Llegado a Jerusalén, entró Jesús en el templo, que aquellos días era el sitio de reunión de los más de los forasteros y de los ciudadanos. Y mientras unos en el santuario se dedicaban a los actos de adoración, a las purificaciones necesarias, a los sacrificios por sus pecados o faltas legales, otros paseaban por los atrios del templo, y se ponían a escuchar a alguno de los grandes doctores que, venidos por aquellos días, tendían a la manera oriental su tapiz por el suelo y se sentaban a leer la Ley o discutirla con otros doctores, explicando al pueblo sus opiniones.

No presentaba hoy el templo el vergonzoso espectáculo que había presentado los días anteriores. No era el mercado de ayer; los cambistas habían colocado sus bancos en otras partes, los ganaderos habíanse quedado en el monte Olivete o en otros puestos de feria para vender los corderos y novillos para los sacrificios, los que vendían palomas habían llevado sus jaulas a otros sitios.

En cambio, en cuanto el Señor se presentó en los atrios y la gente se le fue reuniendo a escuchar su palabra y su evangelio, fueron apareciendo los príncipes de los sacerdotes y los escribas y los ancianos. Y juntándose todos ellos, y después de haberse puesto de acuerdo y conferenciado unos con otros, estando Jesús enseñando y evangelizando al pueblo, se le acercaron y le dijeron: «Dinos, ¿con qué autoridad haces estas cosas?, ¿o quién es el que te ha dado poder para hacer eso?»

Aludían, evidentemente, a lo que había hecho el día anterior arrojando del templo a los negociantes, y arrogándose poder para disponer de la Casa Santa, de que sólo parece que podían disponer los sacerdotes y príncipes.

No quiso responder directamente Jesucristo, sino empezando a usar con ellos de aquella destreza de que siempre, pero singularmente en este día, dio muestra, les respondió:

«Yo también voy a preguntaros una cosa, y, si me la decís, yo también os diré con qué poderes hago lo que hago. Respondedme: El bautismo de Juan, ¿de dónde era? ¿Del cielo o de los hombres?»

En gran aprieto les ponía esta pregunta inesperada del Maestro, que los convertía de repente, en vez de acusadores como venían, en reos del mismo a quien querían acusar. Y dice el Evangelio: «Pusiéronse a pensar entre sí, diciéndose: Si decimos que del cielo, nos dirá: Pues ¿por qué no le creísteis? Y si decimos que de los hombres, tememos al pueblo; toda la plebe nos va a apedrear, porque están persuadidos de que Juan era profeta.»

En fin, después de haberlo pensado, echaron por la calle de en medio, diciendo: «No sabemos».

Jesús se fue también por la misma calle y les dijo: «Tampoco yo os digo con qué poderes hago lo que hago».

Tremendo fue el desaire y profundo el bochorno que semejante salida debió de causarles. Mucho debió de celebrar el pueblo la destreza de Jesucristo, y el primer triunfo de aquel día memorable. No dejó Jesús la ocasión de la mano y prosiguió diciéndoles:

228. PARÁBOLA DE LOS DOS HIJOS
(Mt 21, 28-32)

«¿Y qué os parece? Un hombre tenía dos hijos, y va al mayor y le dice: "Hijo, vete hoy a trabajar en mi viña". Y el hijo respondió diciendo: "No me da la gana". Pero luego, arrepentido, se fue. Pero va el padre al otro y le dijo lo mismo. Y éste respondió diciendo: "Voy, señor". Pero no fue.

¿Quién de los dos hizo la voluntad del padre?»

No cabía duda. Respondieron ellos como debían responder, sin saber adónde iba la pregunta: «El primero».

Entonces Jesús tomó la mano y les dijo aplicándoles su respuesta: «En verdad os digo que los publicanos y las meretrices os preceden para el Reino de Dios. Porque vino a vosotros Juan enseñando el camino de la santidad y no le creísteis; al paso que los publicanos y meretrices le creyeron. Y vosotros, ni aun viendo esto os arrepentisteis después para creerle.»

Si antes habían quedado abochornados, con esta parábola debieron de quedar del todo confundidos. Y ya que ellos no quisieron decir el origen del bautismo de Juan, se lo dijo Él bien claro ahora.

Les dejó así el Señor sin palabra y volviose a la plebe y propuso a todos una parábola.

229. PARÁBOLA DE LA VIÑA
(Lc 29, 9-19; Mc 12, 1-12; Mt 21, 33-46)

«Oíd otra parábola:

Érase un señor que plantó una viña, y la cercó de un vallado, y cavó en ella un lagar y le puso una torre, y la arrendó a unos labradores y se fue y estuvo lejos mucho tiempo. Y cuando llegaron los días de la vendimia, envió a los labradores un criado para cobrar los frutos de la viña. Mas los labradores le cogieron, le pegaron y le despidieron con las manos vacías. Les mandó de nuevo otro criado. Pero ellos descalabraron también a éste, le hirieron, le cubrieron de insultos y le despidieron también vacío. Se alegró a enviarles el tercero, y también le apalearon y le echaron y le mataron. Les envió todavía otros criados, muchos más que los primeros, y les hicieron lo mismo a todos ellos; a éste apalearon, a aquél mataron, al otro apedrearon. Dijo entonces el dueño de la viña: "¿Qué haré?" Y como le quedaba todavía un hijo queridísimo, se lo mandó el último de todos, diciendo: "Les voy a enviar a mi amado hijo; quizás cuando vean a este hijo mío, le tendrán respeto". Mas los labradores, viendo al hijo, se dijeron: "Éste es el heredero; vamos, le matamos y tomamos su herencia". Y agarrándolo, le echaron fuera de la viña y le mataron. ¿Pues qué hará el dueño de la viña a esos labradores cuando vuelva? Le dicen: "Acabará con esos miserables y arrendará su viña a otros labradores que le paguen la renta a sus tiempos".»

La respuesta era bien terminante y necesaria. Jesús la confirmó, y les dijo:

«Vendrá y destruirá a esos colonos y dará a otros su viña. Oyendo esto, dijeron ellos: "No sea así".»

Es que habían entendido bien lo que quería decir el Maestro. Veían claramente que aludía a la viña que simbolizaba al pueblo de Israel, de la que cantó Isaías:

«Voy a cantar para mi amado el cántico de mi amado acerca de su viña
Mi amado tenía una viña en una fértil colina.
La cercó, la limpió de piedras, la plantó con cepas escogidas.
Edificó una torre en medio y cavó un lagar.
Y esperaba que le diese uvas y ¡le dio agraces!
Juzgad entre mí y mi viña, habitantes de Jerusalén y hombres de Judá.
¿Qué más debí yo hacer a mi viña que no lo haya hecho?
Pues ¿por qué, esperando yo uvas, me ha dado agraces?»

Precisamente a la entrada del nuevo templo alzábase una enorme cepa de oro, símbolo de la casa de Israel, tantas veces usado por los profetas. Por eso todo el pueblo entendió al punto las alusiones del Maestro. La viña era la nación de Israel con todas sus gracias, colmada por su Señor Yahvé de tantos privilegios, y confiada por Él a los sacerdotes, a los príncipes y al pueblo. Debía esperar el Señor que de esta viña le diesen los judíos frutos de gratitud y de virtudes. Mas, ¡ay!, no le daban nada. Lejos de eso, le daban desabridos agraces. En cambio, a los enviados que Él les mandaba, los maltrataban. Maltrataron a Elías, mataron a Isaías, apedrearon a Jeremías, dieron muerte a Ezequías, y, como dice San Pablo, de todos los criados que mandó Yahvé, «unos fueron apaleados, otros pasaron escarnios y azotes, prisiones y cárceles, fueron apedreados, aserrados, probados, atravesados de espada, o se vieron forzados a andar errantes vestidos de zamarras y pieles de cabras, necesitados, afligidos, vejados...»

El último que les envió Yahvé fue Juan Bautista, que fue degollado.

Entonces les envió su Hijo muy amado, que era el que hablaba, y... allí estaban los sacerdotes y príncipes, que ya habían decretado su muerte y se habían dicho: Venid, éste es el heredero que nos quiere quitar a nosotros nuestra supremacía y el poder e influjo que tenemos en la viña. Acabemos también con éste, no sea que por Él perdamos nosotros nuestros principados.

¿Qué hará con éstos el Señor? Los perderá miserablemente; y la viña, las gracias y privilegios del pueblo de Dios pasarán a las gentes, a otros dueños que den a Yahvé más fruto.

«¡No sea así!», dijo el pueblo. Si los que así hablaban eran los príncipes, creerían que no iba a suceder lo que el Maestro profetizaba. Si los que lo decían era la plebe, diríanlo aterrados de la profecía de Jesús. Parece más bien que lo dijeran los príncipes con tono de incredulidad y desdén irónico, como quien dice: ¡No será tanto! Porque el Maestro volvió a ellos sus ojos, y «mirándolos, les dijo: "Pues ¿qué es aquello que está escrito: La piedra que desecharon los que edificaban ha sido puesta como piedra angular? ¡Ésta es la obra del Señor, cosa maravillosa a nuestros ojos!"»

Aludía el Maestro al salmo 117, salmo precioso, en que al ir en procesión triunfal, en llegando al dintel del templo, decía el que guiaba, símbolo del Mesías, que venía conduciendo a su pueblo:

Abríos, puertas de la santidad,
Para que entre y alabe a Yahvé.

Y decían los sacerdotes:

Ésta es la puerta de Yahvé,
Pueden entrar por ella los justos.

Y respondía el que guiaba, dirigiéndose a Yahvé:

Te doy gracias porque me has oído
y porque me has salvado;
la piedra desechada por los que edificaban
se ha convertido en piedra angular.

Y cantaban a coro los sacerdotes:

Ésta es obra del Señor,
es cosa admirable a nuestros ojos.

Y todo el pueblo, entrando detrás de su jefe, el Mesías, por la puerta de Yahvé, por donde sólo podían entrar los justos, cantaba a coro:

¡He aquí el día que hizo Yahvé!
¡Alegrémonos y regocijémonos en él!
¡Yahvé da la salvación!
¡Jahvé da la prosperidad!

Y los sacerdotes, vueltos al guía que acababa de entrar, decían:

¡Bendito sea el que viene en nombre de Yahvé!
¡Os bendecimos desde la casa de Yahvé!

Preciosa alegoría y profética representación de la redención hecha por el Mesías. Él había sido desechado, como piedra inútil, por los que edificaban y cuidaban la casa santa de Israel, pero Yahvé había de hacer de Él la piedra escogida, la piedra angular, la piedra fundamental, que se pone en el sitio más importante.

Y para que los que le desechaban al edificar la casa supiesen mejor lo que hacían, les añadió con gravedad recopilando todo lo que venía diciendo:

«Así, pues, os digo que se os quitará el Reino de Dios, y será dado a gente que rinda su fruto. Y todo el que caiga sobre esa piedra será despedazado, y sobre quien ella cayere, será desmenuzado.

Y oyendo los príncipes de los sacerdotes y los fariseos estas parábolas, conocieron que se refería a ellos.»

Y, claro está, heridos, avergonzados, confundidos, no hallaban palabras para responder a aquellos argumentos contundentes que no tenían réplica y a aquellas semejanzas clarísimas como la luz. Pero la ira se amontonaba en sus corazones, y sentían vivos impulsos de echarle mano allí mismo, y sujetarle y acabar de una vez con Él, y es seguro que si de ellos solos hubiera dependido, allí mismo y en aquel punto y hora se hubiera repetido la escena que el Maestro acababa de describir; allí mismo los labradores de la viña de Yahvé hubieran destrozado al Hijo muy amado que después de Juan les había enviado el Altísimo, para ver si daban fruto y rendían renta de los favores que Él les había hecho. Y por eso dicen expresamente los evangelistas:

«Y querían los príncipes de los sacerdotes y los escribas echarle mano en aquella hora, mas temieron a las turbas, porque le tenían por profeta.»

Y no decidiéndose a un paso tan duro que les podía haber costado muy caro, apartáronse desdeñosos dejándole con las turbas, para deliberar ellos más libremente sobre lo que habían de hacer.

«Y dejándole, se fueron.»

230. PARÁBOLA DE LA CENA NUPCIAL
   (Mt 22, 1-44)

Idos sus enemigos, siguió Jesús hablando y haciendo tiempo, como quien sabía que volverían luego, y, entretanto que ellos deliberaban, Él propuso esta otra parábola a sus oyentes:

«El reino de los cielos es semejante a un Rey que celebró las bodas de su hijo, y envió sus siervos a llamar a los convidados a las bodas y no quisieron venir. Segunda vez mandó otros criados, a los cuales dijo: decid a los convidados: "Ya he preparado mi banquete; mis toros y mis cebones están degollados y todo preparado. Venid a las bodas". Pero ellos no hicieron caso y se fueron, uno a su granja, otro a sus negocios; y los demás echaron mano de sus siervos, y, después de insultarlos, los mataron. Pues cuando lo supo el Rey, se encolerizó, y, enviando sus huestes, destruyó a aquellos homicidas y pegó fuego a su ciudad. En seguida dijo a sus criados: "Ya las bodas están preparadas; pero los invitados no eran dignos. Salid, pues, a las encrucijadas de los caminos, y a cuantos halléis, invitadlos a las bodas". Y salieron los criados a los caminos, y recogieron a todos los que hallaron, malos y buenos, y se llenó la boda de convidados. Mas entró el Rey a ver los convidados, y vio allí a un hombre no vestido de vestidura de boda. Y le dijo: "Amigo, ¿cómo has entrado aquí sin traer vestido de boda?"»

Se supone, pues los convidados eran pobres, que a todos ellos, al entrar en el festín, se les daba algún vestido de fiesta, por lo cual era gran desprecio el entrar sin él en el banquete. De otro modo el pobre hubiera podido responder que de dónde iba él a sacar semejantes lujos.

«Pero él quedó callado. Entonces dijo a los ministros el Rey: "Atadlo de pies y manos y echadlo a las tinieblas de fuera. Allí será el llorar y rechinar de dientes". Porque muchos son los llamados, pero pocos los escogidos.»

Y con esta sentencia, tantas veces por Él repetida, terminó la parábola. Bien clara estaba y bien repleta de alusiones. El Padre Eterno había preparado las bodas de su Hijo con la humanidad. A ellas para colmarlos de felicidad, de buenaventura y de favores, había llamado y convidado a todos sus amigos y predilectos, a los judíos, al pueblo suyo escogido. Pero, ya se estaba viendo, todos éstos, los príncipes, los sacerdotes, el pueblo de Judea, por sus pasiones y concupiscencias, por su codicia y soberbia, despreciaban estas bodas, y rehusaban entrar en el Evangelio, en el festín de las bodas, y todavía después habían de rehusar con más ignominia maltratando a los siervos que los habían de llamar a la Iglesia, martirizando y matando a los apóstoles y discípulos de Cristo.

Entonces el Padre llama a los extranjeros, a las gentes, a aquellos que, respecto de los judíos, eran los mendigos de su religión, y éstos entran en la Iglesia, recibiendo antes la gracia de Dios, con sincero corazón y pura intención, por la cual y el bautismo Dios da gratis la fe y el vestido de la gracia.

Así, conforme a esto, decía una vez San Pablo a los judíos de Antioquía de Pisidia que le acababan de llenar de injurias y amenazas: «A vosotros, en primer lugar, teníamos que predicar la palabra de Dios; mas, puesto que la rechazáis y no os juzgáis a vosotros mismos dignos de la vida eterna, desde ahora nos volvemos a los gentiles».

Todos los judíos habían sido llamados, y ¡cuántas veces y por cuántos modos llamados! Pero pocos habían de ser los escogidos, porque, como decía el mismo San Pablo explicando con sumo dolor este misterio en su carta a los Romanos: «Los gentiles, que no buscaban la justicia, hallaron la justicia, que nace de la fe; al paso que Israel, que seguía la ley de justicia, no llegó a la ley de la justicia, porque no la buscaba por fe; y tropezaron en la piedra de escándalo, según lo que estaba escrito: Mirad que pongo en Sión una piedra de tropiezo, una piedra de escándalo, y quien cree en él no será confundido».

¡Dichoso el que oye a Jesús y le cree y le sigue al convite!

Los príncipes y sacerdotes, lejos de creerle, estaban maquinando para destruirle y tropezar con Él para su ruina. Ya se iban acercando para poner en práctica sus planes y tentar de nuevo a Jesús, como vamos a ver.

231. AL CÉSAR LO DEL CÉSAR Y A DIOS LO DE DIOS
(Lc 20, 20-26; Mc 12, 13-17; Mt 22, 15-22)

Mal iba saliendo este día para los fariseos. En muy mal concepto iban quedando con las parábolas del Maestro. Mucho tuvieron que morderse los labios y estrujar el corazón, viéndose en público derrotados ellos, que con tan decidido empeño habían venido a humillar y confundir al Nazareno y preparar su definitiva condenación.

Después de las últimas parábolas se habían retirado como pudieron, pero llevando en su corazón el deseo y la mala intención de volver a enredarle. Para lo cual, apartados del sitio en que estaba Jesús, pusiéronse a deliberar sobre lo que harían para cogerle.

Y llamaron a algunos de sus discípulos, los instruyeron, los unieron con algunos herodianos, mandáronles fingirse los santos, y hacer cuanto supiesen para cogerle en algunas palabras y entregarle después por ello al principado y al poder del Presidente.

No eran de suyo los fariseos amigos de los partidarios de Herodes; antes al contrario, los herodianos, por lo mismo que se inclinaban más al lado de Roma, y aun sin eso, por el apoyo que daban a la realeza de Herodes, debían de ser enemigos de aquéllos. Pero como eran más enemigos del Nazareno, fácilmente se unían a los fariseos para atacar a Cristo. Además, a los fariseos, aunque interiormente aborreciesen a los herodianos, les convenía en muchas ocasiones el favor de Herodes, así como a los herodianos la autoridad y el crédito de los fariseos. De todos modos, en esta ocasión unos se apoyaban a otros, y todos se conjuraban con el mismo fin de perder al Nazareno.

Se adelantaron, pues, juntos, con aspecto natural y continente humilde, mientras, como lo nota expresamente el Evangelio, los fariseos, apartados, estaban en acecho observando lo que pasaba. Y llenos de hipocresía, comenzaron con un exordio adulatorio, diciendo:

«Maestro, sabemos que eres veraz, y que hablas y enseñas con sinceridad, ni te importa de nadie, porque no atiendes a respetos humanos, sino que enseñas con verdad el camino de Dios. Así, pues, dinos, ¿qué te parece? ¿Podemos dar tributo al César o no?»

La proposición estaba muy bien presentada, la red muy bien tendida. Apelaban ante todo a su imparcialidad, a su libertad en decir la verdad, a su sinceridad en todo lo que predicaba. Como diciéndole: otros no se atreverían a responder en la cuestión que vamos a proponerte: pero tú responderás, porque no tienes miedo a nadie, ni al César. ¿Es lícito o no lo es darle tributo?

La cuestión era muy controvertida entre los judíos, y constituía uno de los puntos más delicados de la política de entonces. El Maestro estaba expuesto, fuese cualquiera su respuesta: si decía que era lícito, escandalizaría y daría disgusto al pueblo; si decía que no era lícito, ofendería a la autoridad y tal vez sería tratado de sedicioso y rebelde.

Orgullosos debieron de quedar los noveles argumentantes, discípulos de los fariseos, de la destreza con que habían tendido el lazo, y tal vez se figuraron que el Maestro no podría escapar de él.

El Señor, penetrando con su mirada a través de aquellos rostros, en apariencia, sencillos y hasta devotos, «sabiendo, dice el Evangelio, su astucia y su dolo, les dijo: "¿A qué me venís a tentar, hipócritas? Enseñadme la moneda del tributo". Ellos le presentaron un denario».

Era el denario del censo distinto de otros denarios y monedas. Por tener el del censo imagen del hombre, cosa prohibida y aborrecida entre los israelitas, era usado para el tributo y para el comercio, pero no para los usos del templo. Por eso el Maestro pedía determinadamente, como lo advierte San Mateo, habituado por su oficio a fijarse en estas cosas, *la moneda del tributo,* y no cualquiera moneda.

Y le debieron de traer la moneda más ordinaria entonces para el tributo, que era un denario con la efigie del rostro y la inscripción de TIBERIO CÉSAR AUGUSTO, HIJO DEL DIVINO AUGUSTO, por un lado, y por otro, con su misma imagen sentada, y el título PONTÍFICE MÁXIMO.

Lo tomó Jesús en su mano, y presentándoselo y señalándoles la imagen y la inscripción, les dijo:

«"¿De quién es esta imagen y esta inscripción?" Dijeron ellos: "Del César". Entonces les respondió Jesús y les dijo: "Pues bien, dad al César lo que es del César, y lo que es de Dios a Dios".»

Ya llevaban respuesta mejor de la que ellos se esperaban, y más amplia de la que ellos buscaban. Atentos únicamente a cuestiones o de interés propio o de política y arreglos temporales, se olvidaban de dar a Dios lo que era de Dios. Venían a preguntar maliciosamente al Maestro una cuestión con la que pensaban comprometerle ante el gobierno y la autoridad civil, y Él no sólo rompía las redes y respondía sapientísimamente, de modo que nadie le pudiera coger, sino que además les recordaba que fuera del César y sobre el César tenían otro soberano al cual tenían que pagar también otro tributo, que debían, de la fe humilde, de la adoración sincera, de la obediencia y santidad. Por eso no sólo les dijo: dad al César lo que es del César, sino añadió: Pero dad también a Dios lo que es de Dios.

La respuesta produjo un efecto admirable y una sorpresa profunda, pues dice el Evangelio:

«Oyeron, mas no pudieron censurar su respuesta ante el pueblo, y, maravillados de su contestación, callaron, y dejándole, se fueron.»

232. LOS SADUCEOS, CONFUNDIDOS
(Lc 20, 27-39; Mc 12, 18-27; Mt 22, 23-33)

Uno tras otro iba rechazando Jesús en aquel día a todos sus adversarios, sin que nadie chistase a sus respuestas, ni encontrase réplica a su doctrina. El verdadero Salomón estaba confundiendo a la humana sabiduría y humillando al orgullo judaico. Ya quedaban humillados los más sabios, los más presuntuosos, los fariseos y sus amigos. Pero aún no había tenido ninguna cuestión ni encuentro con los duceos.

No eran éstos gente que se preciase de sabiduría ni grandes conocimientos. Materialistas y aficionados a los bienes de este mundo, formaban un partido del todo opuesto a los fariseos. Discípulos de un Sadoc, que no alcanza a precisar bien la historia, formaban un partido, aunque tan compacto y extendido como el de los fariseos, más rico y aristocrático, y ocupaban los más altos puestos sacerdotales. En tiempo de Jesucristo, Caifás y Anás y casi todos los que en el Evangelio son designados con los nombres de pontífices, sumos sacerdotes y príncipes, eran saduceos.

Esto, que a primera vista es tan extraño, no llamará la atención, si se considera que, como ricos, acomodaticios, vividores, en una palabra, podían obtener más fácilmente el apoyo del Imperio Romano, a cambio de respetar el poder constituido. Conservadores del orden establecido, odiaban todo lo que pudiera perturbarlo, atentos sólo a medios temporales y a reglas de esta vida, única en que verdaderamente creían.

Los fariseos, aunque se les oponían en las doctrinas y en los ideales políticos, tendiendo hacia la independencia de Israel, y, por tanto, evitando toda mezcla con el paganismo, pero, por otro lado, como necesitaban muchas veces del apoyo de los amigos de Roma para sus litigios y cuestiones, mientras dependiesen de los romanos, no tenían más remedio que acomodarse a los que por sus riquezas y por sus puestos elevados dominaban en Judea y tenían influencia en Roma.

A su vez, los saduceos, escépticos y carnales, aunque no buscaban más que su propio regalo, el dinero y el placer, para conservarse en sus puestos y no ofender al pueblo, transigían con las doctrinas de los fariseos.

Por donde resultaba, entre unos y otros, una continuada tregua o federación de maldad, asentada en la base de mutuas condescendencias. El fariseo era el partido patriota. El saduceo, el partido romano, contento con una sombra de independencia, que no turbase sus negocios, ni sus comodidades, dispuesto a plegarse a todas las circunstancias con tal de sacar de todas el mejor partido posible.

En cuanto a su doctrina, «los saduceos, dice Josefo, no aceptan como regla de conducta sino lo que está escrito, y no se sujetan a las tradiciones de los antiguos. Pretenden que no hay que observar sino la ley, y que es honroso contradecir a los maestros de sabiduría». Y aunque algunos Padres, guiados acaso por este texto, creían que sólo admitían el Pentateuco, parece más cierto que admitían toda la Biblia, a diferencia de los samaritanos.

Fuera de eso, profesaban muchos errores. Según los Hechos de los Apóstoles, «los saduceos dicen que no hay resurrección, ni ángel, ni espíritu»; sólo admitían como espíritu puro a Dios. Según Josefo, negaban el destino y que Dios tuviese ninguna intervención cuando uno obra el mal o se abstiene de él. Mucho menos admitían la providencia sobre el pueblo judío. Con lo cual destruíase del todo la idea del Mesías, en quien ni creían ni esperaban. De ahí su moral hecha para sacar todas las ventajas posibles de esta vida, y su política reducida a plegarse a la situación para obtener los mayores provechos posibles. Suelen decir que el rico Epulón, que Jesucristo pintó enfrente de Lázaro, el pobre, era un tipo de saduceo. No va mal pensado, porque tales como él debían de ser en general todos.

Grandes e interminables eran las disputas con los fariseos acerca de los ritos y del culto. Los fariseos aducían a cada paso las tradiciones, y, por exagerar su importancia, descuidaban la Ley. En cambio, los saduceos despreciaban las tradiciones, y, por despreciarlas, destituían hasta las prescripciones escritas. Y como no tenían aspiración ni esperanza ninguna fuera de las positivas y sensuales de esta vida, hasta el culto lo manejaban en provecho propio. Ellos eran, sin duda, los que principalmente mercaban en el templo, y fueron de él expulsados a la fuerza por Jesucristo.

Groseros de espíritu, ni sus ideas podían ser muy delicadas, ni sus objeciones muy sutiles. Y buena muestra dieron del embotamiento de sus inteligencias y de la poca delicadeza de sus espíritus en la objeción que presentaron este día a nuestro delicadísimo Maestro. Dice así el Evangelio:

«Se acercaron a Él algunos saduceos, que dicen que no hay resurrección, y le dijeron: "Maestro, Moisés nos escribió que si el hermano de uno muere y deja a su mujer, y no deja hijos, su hermano se case con su mujer, y dé descendencia a su hermano. Pues bien, había entre nosotros siete hermanos; se casó el primero y murió, y sin tener hijos dejó su mujer para su hermano. Mas también el segundo se casó con ella y murió, también sin dejar hijos. Se casó con ella el tercero también. Y del mismo modo fueron casándose todos los siete y murieron sin dejar hijos. Por fin murió también la mujer, la última de todos. Ahora, pues, en la resurrección, ¿de quién será esta mujer? Porque todos siete estuvieron casados con ella".»

Es claro que este caso no sucedió; era una ficción chusca, inventada por la insolente fantasía de aquellos saduceos sensuales y epicúreos que debieron de figurarse que con tan estupenda invención iban a confundir a aquel divino y dignísimo Maestro que había confundido tantas veces a los fariseos, mucho más doctos y sutiles que ellos. A la grosera fabuleja de los saduceos contestó el discretísimo Señor con una respuesta desdeñosa que los dejó bien callados y corridos, si tenían vergüenza y decoro. Porque les dijo:

«Estáis errados, porque no conocéis ni las Escrituras ni el poder de Dios. Los hijos de este siglo toman esposas y son tomados por esposos. Mas los que sean estimados dignos de aquel siglo y de la resurrección de los muertos, ni tomarán esposas ni serán esposos. Porque ni podrán morir ya; pues serán como ángeles de Dios, serán hijos de Dios, siendo hijos de la resurrección.»

En efecto, en el cielo, como no se muere, no será preciso multiplicar los hijos ni, por tanto, habrá casamientos, como los saduceos pensando groseramente decían. Sino que, al revés de lo que pensaban, que el alma muere, allí vivirán los hombres como los espíritus, hechos *casi ángeles* (según la palabra griega) y no ya como hijos de hombres, sino, en virtud del segundo nacimiento, que es la resurrección, como hijos de Dios.

¡Qué contraste entre esta respuesta tan espiritual y divina y la pregunta de los saduceos, tan animal y rebajada! Buena lección les daba el Maestro.

Ni se contentó con esto. Sino que, pasando entonces a los fundamentos de su objeción y al blanco que en ella los saduceos se proponían, que era burlarse de la resurrección y del espiritualismo, prosiguió el Maestro:

«Y por lo que toca a que los muertos resucitan, ¿no habéis leído en el libro de Moisés, en lo de la zarza, cómo le habló Dios diciendo: Yo soy el Dios de Abrahán y el Dios de Isaac y el Dios de Jacob? Ahora bien, no es Dios de muertos, sino de vivos; porque para Él todos viven. Luego vosotros estáis muy equivocados.»

Le oían algunos escribas, y sin duda se alegraron de ver tan breve y contundente refutación de los saduceos. Y apenas concluyó el Señor de hablar, sin poderse contener, dijeron: «Maestro, has hablado muy bien».

«Y las turbas que le escuchaban, se maravillaban de su doctrina.»

233. EL MAYOR MANDAMIENTO
(Lc 20, 40; Mc 12, 28-34; Mt 22, 34-40)

Gozosos los fariseos de que los saduceos hubieran sido derrotados de este modo, pero más y más empeñados en humillar y vencer al Maestro, que tal derroche de sabiduría y discreción estaba haciendo, no dándose por vencidos, se juntaron todos.

Salió de entre ellos uno, legista, no sabemos bien si enviado por los otros o por su propio motivo, o tal vez uno y otro. Había oído las anteriores dificultades, y viendo lo bien que Jesús había respondido, le preguntó, como dice el Evangelio, *tentándole,* sí, pero según parece, no con mala idea, sino con sincero deseo de saber su parecer sobre dudas que él tenía. Le dijo, pues:

«¿Cuál es el mandamiento grande, el primero de todos en la Ley?»

Era ésta, no es la primera vez que lo indicamos, cuestión muy debatida entre los cavilosos fariseos y doctores. A fuerza de discutir la Ley, de arrebañar tradiciones y de escudriñar casos, los fariseos y maestros de Israel habían amontonado preceptos y más preceptos, que clasificaron de mil maneras. Tantos eran cuantas letras tenía el Decálogo, 613, y unos eran negativos, 365, y otros positivos, 248, y cada uno daba más valor a unos o a otros, según sus opiniones, concediendo muchos mayor importancia a sus ridículas tradiciones o exteriores ritos, que a los principales preceptos de Dios. Este escriba hace en la narración evangélica el efecto de un sabio de sentido común, que no comprendía por qué se había de dar tanta importancia a las ceremonias exteriores; y, cansado de discutir conforme a razón con sus compañeros sin poderlos reducir, viene al gran Maestro y le pregunta la duda que él tiene y sinceramente quiere resolver: «¿Cuál es el gran mandamiento? ¿Cuál es el primer mandamiento de la Ley?» Le respondió Jesús, como se lo preguntaban, con toda nobleza, y dijo:

«El primero de todos los mandamientos es: Escucha, Israel, el Señor, tu Dios, es el único Dios. Y amarás al Señor tu Dios de todo tu corazón y de toda tu alma y de toda tu mente y de todo tu poder. Éste es el gran mandamiento y el primero de todos. Y el segundo es semejante a éste. Amarás a tu prójimo como a ti mismo. Mayor que éstos no hay ningún mandamiento. De estos dos mandamientos pende toda la Ley y los Profetas.»

Es decir, estos dos mandamientos son el fundamento, la vida, el cimiento, el sostén de todo lo que enseña la Ley y los Profetas. A esto se reduce toda la doctrina divina de la Escritura.

Mucho agradó al escriba que preguntaba esta sencilla y sólida respuesta, tan lejana de las cavilosidades farisaicas, y dijo al Señor:

«Bien dices y con verdad, que no hay más que un Dios, y no hay otro fuera de Él, y que se le ha de amar con todo el corazón, con todo el entendimiento, con toda el alma y con toda fortaleza. Y que amar al prójimo como a sí mismo, es más que todos los holocaustos y sacrificios.»

Parecía dar a entender que algunos le habían querido probar esto último sin él admitirlo; y por eso se halló satisfecho de la respuesta obtenida. Y debió de decir esto con tal acento de sinceridad, con tal discreción y modo, que «Jesús, viendo que había respondido sabiamente, le dijo cariñoso: "Tú no andas lejos del Reino de Dios". Y ya nadie más se atrevió a preguntarle.»

No dice el Evangelio nada por donde podamos conjeturar si después de esto siguió todavía el Maestro en Jerusalén, hablando y haciendo todo lo que inmediatamente vamos a referir. Parecen, sin embargo, las que faltan demasiadas cosas para un día. Y más si consideramos que Jesús, como pernoctaba en Betania, nunca llegaría a Jerusalén sino bien entrada la mañana y casi mediodía, al paso que tendría que retirarse tiempo de Jerusalén para llegar al anochecer a comer en Betania.

Por eso parece que se puede interpretar que esa frase que pone aquí San Lucas: «Ya nadie se atrevía a preguntarle más», indica el silencio absoluto a que en aquel día redujo nuestro Maestro a sus adversarios obligándolos a una definitiva retirada. Ni aquella tarde ni al día siguiente, se atrevió nadie a preguntarle más.

El Salvador sí preguntó, como veremos, y les habló para confundirlos una vez más y maldecirlos definitivamente. Mas esto lo debió de hacer al otro día, según parece más verosímil.

MIÉRCOLES SANTO
(13 de Nisán; 5 de Abril)

234. CUESTIÓN DE JESÚS A LOS FARISEOS
(Lc 20, 41-44; Mc 12, 35-37; Mt 22, 41-46)

Llegado, pues, a Jerusalén el Maestro en la mañana o casi mediodía del miércoles, iría como los otros días al templo, en el cual pasaba todas sus horas predicando y enseñando. Para ello daba mucha facilidad lo amplio del templo, lo espacioso de sus atrios y la innumerable muchedumbre que, venida de todas partes en aquella semana, por ellos circulaba.

Y como se decían tantas cosas en general del Mesías, que era Él esperado por toda la tierra, y en particular del que se daba por tal, del Nazareno, del gran Maestro, del Rabino insigne que hacía frente a todos los demás rabinos y más aún a los que parecían invencibles, a los sapientísimos fariseos, naturalmente había mucha afluencia de gente ávida de escuchar al gran Evangelista, al insigne Taumaturgo, al irrebatible Maestro.

Estaba, pues, enseñando ya, según refiere el Evangelio, a la gente, cuando se le fueron juntando, lo mismo que los días anteriores, los fariseos, para oírle, y más para cogerle en algunas palabras. Jesús, viéndolos reunidos, aprovechando tan hermosa ocasión, y viendo que no le preguntaban ellos nada, preguntoles Él, y con suma sencillez, pero con divina sabiduría, deseoso, más bien que de vencerlos, de convencerlos y convertirlos, les dijo:

«"¿Qué os parece del Mesías? ¿De quién es hijo? ¿De quién dicen los escribas que es hijo?" Le dicen: "De David". Repuso entonces Jesús y dijo: "Entonces, ¿cómo David, inspirado por el Espíritu Santo, le llama Señor? Porque el mismo David, en el libro de los Salmos, dice: *Dijo el Señor a mi Señor, siéntate a mi diestra hasta que ponga a tus enemigos como escabel de tus pies.* Si, pues, David le llama Señor, ¿cómo es hijo de David?"»

Y nadie le podía dar respuesta, o mejor dicho, no era difícil, porque con decir que Jesús era Dios, como Él se lo había probado otras veces, con confesar que Jesús, en cuanto Dios, había existido mucho antes que David y que Abrahán y que todos ellos, según también otra vez expresamente les había asegurado, cuando quisieron apedrearle por ello, tenían la respuesta. Sino que esto era precisamente lo que ellos no querían confesar. Y prefirieron pasar por ignorantes antes que confesar que Jesús era Cristo, Mesías y Dios.

Si hubieran sido humildes y rectos, o hubieran entendido, o al menos hubieran preguntado al mismo que les ponía la dificultad, Él les hubiera explicado lo que ya otras veces, de un modo o de otro, les había dicho. Es, a saber: que Él era Dios, Hijo de Dios consustancial con el Padre eterno, y al mismo tiempo hombre, Hijo del hombre, encarnado en cuerpo humano. Como hijo del hombre, era descendiente e hijo de David, nacido en Belén y de familia betlemita, descendiente de David; como Hijo de Dios, era Señor de David, Dios de David, Señor del Mundo como lo era Yahvé, por lo cual el Salmista Rey pudo muy bien decir aquella frase ininteligible de otro modo: «Dijo el Señor a mi Señor», es a saber: Dijo el Padre que es mi Señor a su Hijo, que también es mi Señor como su Padre: Siéntate a nú derecha... Pero ¿preguntar nada los fariseos a aquel hombre?...

Y acaso por eso, porque los fariseos no le querían reconocer como Señor suyo, el Maestro, sumamente oportuno y discreto, le añadió la segunda parte del texto, en que les advertía, como de paso, que los que fuesen sus enemigos, como ellos se obstinaban en serlo, habían de ser escabel de sus plantas y tendrían que reconocerle algún día como su rey: «Siéntate a mi diestra, hasta que ponga a tus enemigos como escabel de tus pies».

Se fueron todos o acaso se quedaron allí mudos e hipócritamente respetuosos. Mas el Señor, antes de terminar su vida mortal y reducirse al silencio a que había de reducirse durante su, pasión, quiso, como podía, poner su última sanción a las inexcusables rebeldías y obstinada perversidad de los fariseos, y como lo había hecho en otra ocasión, que recordarán los lectores, así también ahora pronunció, aunque más suavemente, otra invectiva. En ella, ciertamente, repite cosas que entonces también dijo; pero esto nada tiene de extraño si consideramos que ahora como entonces eran los mismos el reprensor y los reprendidos.

Y adviértase cómo procede con autoridad, como juez absoluto, como soberano altísimo, como señor.

235. MALDICIONES CONTRA LOS ESCRIBAS Y FARISEOS
(Lc 20, 45-47; Mc 12, 38-40; Mt 23, 1-39)

«Entonces, dice el Evangelio, se dirigió a sus discípulos, delante de todo el pueblo, y les dijo según su doctrina: "En la cátedra de Moisés se sientan y leen los escribas y fariseos. Haced, pues, y guardad todas las cosas que os digan; pero no hagáis lo que ellos hacen. Guardaos de los escribas. Porque lían cargas pesadas e insoportables, y las ponen sobre los hombros de los hombres; y ellos no las sostienen

IX. LA SEMANA SANTA. MIÉRCOLES SANTO

ni con el dedo. Y todas sus obras las hacen para ser vistos de los hombres. Les gusta andar con vestidos largos, dilatan sus filacterias y alargan las borlas de sus mantos. Buscan los primeros asientos en los banquetes, las primeras sillas en las sinagogas, ser saludados en las plazas y ser llamados rabinos por los hombres. Vosotros no os llaméis maestros, porque uno sólo es vuestro maestro, y vosotros todos sois hermanos. Ni llaméis padre vuestro en la tierra a nadie; porque uno solo es vuestro padre, el que está en los cielos. Ni os llaméis maestros, porque uno solo es vuestro maestro, el Cristo. El mayor entre vosotros sea vuestro servidor. Y el que a sí mismo se ensalce será humillado, y el que a sí mismo se humille será ensalzado".»

Tal fue el exordio de la tremenda invectiva que va a seguir. La cátedra de Moisés se entendía el puesto de autoridad, sea en las sinagogas, sea principalmente en el Sanedrín, desde el cual los escribas y fariseos ejercían la autoridad de Moisés, enseñando su Ley al pueblo, y explicando la doctrina tradicional a los israelitas. El pueblo acataba su autoridad, y hasta los saduceos, por lo menos externamente, la reconocían, porque así les convenía. También el Salvador aconseja que sigan su doctrina, eso que debía de ser mucho más estrecha que la de Moisés; pero convenía mantener el principio de autoridad, mientras no mandase cosas lícitas y quedase abrogada la ley antigua. Por eso dice: haced lo que os digan.

Pero sus obras eran bien distintas de sus palabras y, por tanto, bien indignas de ser imitadas, y por eso dice: no hagáis lo que ellos hacen.

No seáis soberbios como ellos, ni queráis sus títulos de honor como ellos.

No por lo que aquí dice se debe mirar mal el que el pueblo cristiano apellide doctores y padres a sus directores y maestros en la fe. Ni se ha de entender lo que dice Jesucristo a la letra, sino según el espíritu. Es, a saber: no debe ni el sacerdote y ministro del Altísimo, ni nadie, desear, por soberbia, ser llamado padre, maestro, ni otro ningún título de honor. Pero si el pueblo los llama así, no por la reverencia debida a la sabiduría o autoridad de sus personas, sino por su ministerio y representación, en atención a Jesucristo, de quien son representantes, no se ha de pensar que está mal hecho. Y en este sentido el mismo San Pablo se llama Maestro y Padre de los que ha convertido a la fe, y siempre la Iglesia ha llamado Padres a los que, en nombre y con autoridad de Cristo, nos instruyeron en las tradiciones santas, cuya explicación el mismo Señor les había encomendado.

Puesto este solemne, pero enérgico exordio, y cuando tal vez la plebe creía que ya no tenía más que decir a los fariseos y acaso éstos reconocían en sus corazones, llenos de perfidia y encono, las palabras de su más implacable censor, el Maestro, una vez aconsejada a sus discípulos la humildad y la obediencia a los mandatos y la abominación a las obras de los fariseos, se volvió a éstos, que amenazantes y llenos de furor le miraban, y cara a cara lanzó contra ellos la más terrible imprecación que acaso se haya dicho por labios humanos en la tierra:

«¡Ay de vosotros, escribas y fariseos hipócritas, que cerráis el Reino de los cielos ante los hombres, porque ni entráis vosotros, ni dejáis entrar a los que vienen!

»¡Ay de vosotros, escribas y fariseos hipócritas, que devoráis las casas de las viudas, con pretexto de orar largamente!, por eso recibiréis mayor condenación.

»¡Ay de vosotros, escribas y fariseos hipócritas, que recorréis mar y tierra por hacer un prosélito y cuando está hecho, lo hacéis dos veces más hijo del infierno que lo sois vosotros!

»¡Ay de vosotros, guías ciegos, que decís: el que jure por el templo, no es nada, pero el que jure por el oro del templo, queda obligado! Pues, ¡necios y ciegos!, ¿qué es más, el don o el altar que santifica ese don? Luego, el que jura por el altar, jura por él y por todo lo que está sobre él, y el que jura por el templo jura por él y por quien habita en él; y el que jura por el cielo, jura por el trono de Dios y por el que está en él sentado.

»¡Ay de vosotros, escribas y fariseos hipócritas, que cobráis diezmos de la menta y del anís y del comino, y habéis dejado lo más importante de la Ley: el juicio, la misericordia y la fe! Esto debíais hacer, sin dejar aquello. Guías ciegos, que coláis el mosquito y os tragáis el camello.

»¡Ay de vosotros, escribas y fariseos hipócritas, que limpiáis lo exterior de la taza y del plato, y por dentro lo tenéis lleno de rapiña y de inmundicia! Fariseo ciego, limpia primero lo que está dentro del cáliz y del plato, para que también lo exterior se limpie.

»¡Ay de vosotros, escribas y fariseos hipócritas, que sois como sepulcros blanqueados, que de fuera parecen espléndidos, y por dentro están llenos de hipocresía y de iniquidad!

»¡Ay de vosotros, escribas y fariseos hipócritas, que edificáis los sepulcros de los profetas y adornáis los monumentos de los justos, y decís: Si nosotros hubiéramos vivido en los tiempos de nuestros padres, no hubiéramos sido cómplices con ellos de la sangre de los profetas! De modo que os confesáis vosotros mismos que sois hijos de los homicidas de los sacerdotes. Y ahora vosotros colmáis la medida de vuestros padres.

»¡Serpientes! ¡Hijos de víboras! ¿Cómo escaparéis de la sentencia del infierno?

»Así, pues, yo os voy a enviar profetas y sabios y doctores, y vosotros a unos mataréis y crucificaréis, y a otros azotaréis en vuestras sinagogas y los perseguiréis de pueblo en pueblo. Para que así venga sobre vosotros toda la sangre vertida sobre la tierra, desde la sangre de Abel el justo hasta la de Zacarías, hijo de Baraquías, a quien matasteis entre el santuario y el altar.

»En verdad os digo, que todo esto ha de pagarlo la presente generación.

»¡Jerusalén! ¡Jerusalén!, que matas a los profetas y apedreas a los enviados que vienen a ti! ¡Cuántas veces he querido recoger tus hijos como recoge la gallina a sus polluelos bajo sus alas!, ¡y no has querido!

»¡Ya veréis cómo queda desierta vuestra casa!

»Porque yo os digo que no me veréis ya más hasta que digáis: ¡Bendito el que viene en el nombre del Señor!

»Y dichas estas palabras, calló y cesó ya de enseñar.»

No dice el Evangelio lo que los fariseos dijeron, pensaron ni hicieron. Las acusaciones eran terribles, pero verdaderas, y tales, que sabía todo el mundo que eran exactas. Por fuerza, pues, para no empeorar su situación ante el pueblo, que escuchaba espantado de tanta libertad y entereza, debieron callar, y retirarse, despechados, a tomar sus últimas resoluciones de perder a aquel hombre, que, si no, había de perderlos a ellos.

El Maestro, recogiendo sus discípulos, se levantó y empezó a salir del templo. Pero, al salir, sentose en el Gazofilacio, mientras desfilaba por él otra mucha gente depositando al paso sus limosnas.

Antes, sin embargo, de ver lo que allí sucedió, digamos cuatro palabras acerca de los fariseos, para justificar las invectivas de Jesús contra ellos, y dar más clara explicación de lo que sucedió en la pasión del Salvador, a la cual ya nos aproximamos.

236. LO QUE ERAN LOS FARISEOS

Vimos al principio de esta narración y después en varios sitios de ella hemos podido entender no poco de lo que eran estos fariseos en la historia del pueblo judío, en tiempo de Jesucristo, y en qué se diferenciaban, tanto de los saduceos, como también de los escribas, a pesar de que éstos, por pertenecer casi todos a la secta de los fariseos, son con ellos confundidos, y como ellos condenados.

Puede decirse que los directores de Israel estaban divididos en dos grandes bandos: los saduceos, de que antes hemos hablado, y los fariseos. Éstos llevaban mucha ventaja sobre los primeros, y de hecho estaban apoderados de los ánimos del pueblo, intérpretes de la ley, y los verdaderos legisladores de Israel. En efecto, los escribas o intérpretes de la ley en las sinagogas y en el templo, que deberían haberse mantenido independientes de los fariseos, así como de los saduceos, no lo hicieron así y se alistaron casi todos en las filas de las fariseos, con los cuales se confundían en todas sus maquinaciones y costumbres.

Aunque el retrato más acabado de los fariseos es el que Jesucristo nos ha dejado en el Evangelio, sin embargo, cuando se leen los libros judíos, se encuentran sin dificultad en ellos todos los rasgos y un gran parecido entre lo que de ellos dijo nuestro Maestro.

Su falta capital era el ansia de *parecer* «separado», que es lo que significa, según parece, el nombre de fariseos, de todo lo impuro y profano. Fijándose poco en la pureza interior que Yahvé quería y Moisés buscaba con todos sus ritos, y mucho en la pureza exterior y legal, habíanse ido olvidando de la primera y fijando sus ojos sólo en la segunda. De ahí que, dejando a un lado el verdadero espíritu de la ley, la fe, la misericordia, el sacrificio, exagerasen de una manera increíble las prescripciones legales y ritualistas respectivas a la pureza y observancia exteriores de la ley. Todo lo exterior lo llevaban con un rigorismo inaguantable.

Porque Moisés les había dicho que debían tener la ley en la mano y en los ojos, ellos, tomando estas palabras a la letra, se hacían unas filacterias, es decir, una especie de amuleto contra las maldiciones divinas, y como también decían *tefillin,* es decir, oraciones, que consistían en unas cajitas, en las cuales estaban encerrados cuatro principales pasajes de la Ley de Moisés; y éstos los sujetaban ora a la frente, ora a la mano por medio de bandas, correas y lazos, que, como indica Jesucristo, se complacían en dilatar para que así fuesen más vistos y se los tuviese por más observantes.

Asimismo les había aconsejado Moisés que, para acordarse de la observancia de la ley, llevasen en sus vestidos los *gedilim* o *zizit,* especie de caireles o flecos, hechos de cordones con nudos y borlas, que pendían a los cuatro bordes de sus mantos, y los fariseos, no contentos con unos *gedilim* sencillos, complacíanse en poner en sus mantos largos borlones, como si gran borlón fuese gran observancia. Y así en todo lo demás.

Era, pues, bien fácil conocer a un fariseo, por sus exterioridades, sus interminables filacterias, sus largos caireles, sus maneras ceremoniosas. Un sinfín de reglas y reglillas moderaban todo su exterior. Inagotables purificaciones y lavatorios precedían y seguían a sus acciones. El ayuno, el reposo del sábado, la limosna, la oración, el sacrificio, todo en ellos estaba trabado por mil y mil prescripciones, tradiciones, según ellos decían, ficciones en verdad e hipocresías, en que hacían consistir la santidad.

Jesús los acusa de hacer insoportable la ley al pueblo, y de no guardarla ellos. De buscar en todo la alabanza propia, y de hacer todas las cosas para ser estimados. De no dejar al pueblo seguir la doctrina del Evangelio que Él le predicaba. De pedir dinero por sus oraciones. De trabajar mucho por hacer prosélitos. *Prosélitos,* que es lo mismo que *secuaces,* se llamaban aquellos que, sin ser judíos, seguían la ley de los judíos; y se llamaban prosélitos de la puerta los que seguían los preceptos llamados de Noé, sin obligarse ni a los demás de la ley ceremonial, ni a la circuncisión; los que guardaban todo esto se llamaban *prosélitos de la justicia*. Y parece que los fariseos, en vez de convertir de veras a los gentiles, lo único que hacían era incorporarlos exteriormente a la ley, y enseñarles sus hipocresías. En los juramentos tenían realmente las costumbres que les echa Jesús en cara; sin duda, para llamar la atención de los fieles más sobre los vasos, riquezas y ofrendas del templo y del altar, que sobre el altar y el templo mismo, llevados de la codicia, anteponían lo secundario a lo principal.

Bien hacían en exigir los diezmos aun de las cosas más pequeñas; pero Cristo los acusa de que, mostrando este hipócrita cuidado en menudencias y teniendo acerca de ellas mil reglillas y fórmulas, se tragasen con facilidad tantos otros pecados y descuidos enormes.

Sus fórmulas acerca de las purificaciones eran innumerables, como dijimos en otro sitio. En cambio, descuidaban la verdadera pureza. Y eran como vasos limpios por fuera y sucios por dentro, y como aquellos sepulcros que los judíos acostumbraban a blanquear con cal o con pintura, a fin de que la gente al pasar entre ellos no tocase sino, cuando más, sólo la cal, y así no se hiciesen inmundos legalmente.

En fin, los acusa de todos los asesinatos cometidos en el pueblo con los justos, profetas y amigos de Dios, presentándolos como generación descendiente de Caín, como raza de víboras y serpientes, que tiene que dar a Dios cuenta de todos los santos muertos, desde el justo Abel hasta Zacarías, que probabilísimamente fue el hijo de Joíada, que cayó muerto en el atrio de los sacerdotes, diciendo al morir: «Véalo Yahvé y reclame». Su muerte fue famosa entre todas las del pueblo de Israel, y por eso alude Jesús a ella.

Bien había querido el Salvador salvar a estos fariseos. Pero, lejos de convertirse ellos y aceptar al Mesías, además impedían que el pueblo le aceptase. Por eso el Señor, manso cordero que a ningún pecador, a ninguna meretriz, a ningún publicano había desechado, ni humillado, no pudo tolerar a los fariseos, que por soberbios, por hipócritas, por seductores del pueblo, por opresores de los humildes y pequeños, se hicieron abominables al dulcísimo Corazón de Jesús.

Y así el que en el monte dio principio a su evangelio pronunciando las ocho bienaventuranzas, comenzando por los pobres y acabando por los perseguidos, en el templo da hoy fin a su predicación pronunciando ocho maldiciones contra los soberbios, hipócritas y perseguidores.

237. EL OCHAVO DE LA VIUDA
(Lc 21, 1-4; Mc 12, 41-44)

Acabamos de ver cómo el Maestro ha roto definitivamente y para siempre con los fariseos. Al salir del templo, después de haber lanzado contra ellos sus terribles anatemas, no salió de prisa, sino como quien desea que le detengan y le pesa salir de allá a donde ya no había de volver jamás.

Porque después de pronunciar los anatemas, fue y se sentó en el mismo atrio, enfrente del Gazofilacio.

Gazofilacio, *guarda tesoro,* voz mezclada de griego y hebreo pérsico, era el nombre que se daba a la sala en que se guardaban los tesoros del templo, como lo indica la misma palabra. A la izquierda del atrio de las mujeres, abríanse en el muro trece orificios, llamados *safarot* o trompetas, por donde caían en las cajas del Gazofilacio las limosnas que se echaban. La primera recogía los medios siclos del año actual. La segunda, los del año anterior. La tercera era para sacrificios de palomas. La cuarta, para holocaustos, y así sucesivamente.

Estaba, pues, el Maestro viendo cómo salían y entraban y daban limosnas muchos. Y dicen los evangelistas que muchos ricos echaban mucho. La ostentación con que lo hacían causaba disgusto a todos, pero mucho más a. Jesús, que ya se lo había echado en cara. Cuando he aquí que se acerca una pobre viuda y «echó dos ochavos, que son un cuarto».

La miró complaciente el Maestro, y reuniendo a los discípulos, les llamó la atención y dijo:

«Yo os aseguro que esa viuda pobre ha echado más que todos los que han echado en el Gazofilacio. Porque todos ésos han echado de lo que les sobraba para obsequios a Dios; al paso que ésta ha echado de su pobreza todo lo que tenía, todo su sustento.»

Gran confusión perpetuamente para muchísimos ricos que piensan que, porque dan algo de lo que les sobra, dan mucho, si se comparan con muchos pobres que dan muchas veces parte y aun todo su sustento por la gloria de Dios.

Gran aliento para los pobres que pueden poco, pensar que lo poco que dan o que hacen vale tanto a los ojos de Jesucristo.

238. VISITA DE LOS GENTILES A JESÚS
(Jn 12, 20-36)

En esto, sea que Jesús estuviese aún en el atrio de las mujeres, sea que hubiese pasado ya al de los gentiles, unos helenos «se acercaron a Felipe, que era de Betsaida de Galilea, y le rogaban diciendo: Señor, deseamos ver a Jesús».

Eran estos helenos prosélitos y probablemente prosélitos de la puerta, pues parece que no se atrevían a pasar al interior del templo, sino aguardaban en el atrio de los gentiles, y, sabedores de los prodigios que se contaban de Jesús, deseaban verle y oírle, ya que habían venido a Jerusalén con motivo de la Pascua. Y no atreviéndose por sí a dirigirse a Él, intercedieron por uno de sus conocidos, que era Felipe.

Debieron de acudir a Felipe por ser él de Betsaida, así lo indica el Evangelio. Acaso aquellos gentiles tenían alguna relación con este pueblo, acaso Felipe, pues su nombre era griego, tenía parientes helenos.

Felipe, que no parece era muy animoso, no se atrevió por sí a interceder en lo que le pedían, y llamó a otro compañero paisano suyo, también de Betsaida, que acaso era como él conocido de los gentiles. Va, pues, Felipe y se lo dice a Andrés. Y, animados ya los dos, se lo dicen a Jesús.

No dice el Evangelio qué es lo que pretendían con esta visita. Pero lo más seguro es que no querían otra cosa que oír la doctrina del Maestro y aprenderla. Por eso el Maestro, en cuanto le dieron el recado, se transportó en seguida a la futura conversión del mundo, y a la incorporación del gentilismo al pueblo escogido, y como quien respira de las angustias pasadas, exclamó así:

«Ha llegado la hora en que el Hijo del hombre va a ser glorificado.»

Mas ¡ay!, sabiendo que esta glorificación le había de costar la muerte, añadió:

«En verdad, en verdad os digo que si el grano de trigo cayendo en la tierra no muere, queda él solo; pero, si muere, da gran fruto.».

Era lo que de él había profetizado Isaías: «Si diere su vida por el pecado, alcanzará perpetua posteridad».

Y pasando en seguida de su muerte a la suerte de sus discípulos, que debía ser como la suya, dijo:

«El que ama su vida la perderá, al paso que el que aborrece su vida en este mundo la reservará para la vida eterna. Si alguno es ministro mío, sígame; y donde yo esté, estará también mi ministro. Si alguno me sirve, mi Padre le honrará.»

En aquel momento pasó allí una escena conmovedora, un preludio de la escena del jardín de Getsemaní. Jesús, al pensar en la muerte, que se acercaba y que tanto le había de costar, se turbó repentinamente, pasando de la consideración de la suma gloria que le esperaba en el mundo, a la horrible ignominia que antes de esta gloria tendría que tolerar. No ocultó el Señor esta turbación, sino que sencillamente dejó escapar del corazón oprimido este suspiro de angustia:

«Ahora se ha turbado mi alma. Y ¿qué diré? Padre, líbrame de esta hora...»

Era la misma oración que había de decir en Getsemaní: Padre, pase de mí este cáliz. Mas lo mismo que allí, se corrigió en seguida a sí mismo y prorrumpió en este arranque generoso:

«Aunque para eso he llegado a esta hora, Padre, glorifica tu nombre.»

Como quien dice: no, no me libres, porque para eso he llegado a esta hora, para hacer tu voluntad y darte gloria. No atiendas a librarme a mí, sino a glorificarte a ti; ¡hágase tu voluntad!

IX. LA SEMANA SANTA. MIÉRCOLES SANTO

«Entonces vino una voz del cielo: Ya le he glorificado y otra vez le glorificaré.»

Sonó esta voz de manera que los que no estaban cerca creyeron oír un trueno, o acaso vino la voz acompañada de él, o quizás algunos malévolos querían reírse diciendo que era trueno lo que había sido voz. Porque «entonces la turba que estaba presente y había oído la voz, decía que había sido un trueno. Mas otros decían: le ha hablado un ángel».

Respondió Jesús y dijo: «No se ha dado esta voz por mí, sino por vosotros. Ahora es el juicio del mundo; ahora va a ser echado fuera el príncipe de este mundo. Cuando yo sea levantado de la tierra, traeré a mí todas las cosas».

«Esto lo decía significando con qué muerte había de morir», que era la cruz, levantado del suelo.

No sabemos si a todo esto estaban ya presentes los gentiles. Parece que sí, y que presenciaron todo aquel singular y sublime espectáculo, mezcla de humano y de divino, de profético y de presente, de humillante y de magnífico.

El Maestro explicaba perfectamente lo que todo aquello quería decir. Yo soy el Mesías. A pesar de eso, o mejor dicho, por eso, tengo que morir y dar gloria a mi Padre. El Padre me glorificará, y en prueba de ello ha venido esta voz, no por mí, sino por vosotros. Ya es la hora del juicio del mundo, ahora va a decidirse quién está conmigo y quién contra mí. De todos modos, el poder del demonio va a terminar, y en cuanto yo muera crucificado, vendrán a mí todas las gentes.

No pasaba la turba por la idea de que el Mesías muriese. El Mesías vencedor, conquistador, triunfador, espléndido dominador de un reino judío universal, ésa era su idea y esperanza. ¡Un Mesías crucificado!, le parecía un absurdo sacrilegio.

Interpretando mal las profecías del Antiguo Testamento, y no comprendiendo la resurrección, con la cual se explicaban muchas cosas, ni la segunda vida de Cristo en la Iglesia, creyeron que el Mesías no debía morir, y mucho menos crucificado. Por eso con buena fe, o más seguramente con malicia, dijeron:

«Nosotros tenemos oído en la Ley que el Mesías ha de permanecer eternamente. ¿Cómo, pues, dices tú: es menester que el Hijo del hombre sea levantado? ¿Quién es ese Hijo del hombre?»

No se dignó el Salvador refutar esta objeción, cuya malicia veía. Respondió, no a la cabeza, pues no era ella la que ponía la objeción, sino al corazón, que era en verdad el enemigo, y dijo con lástima:

«Todavía está algún tiempo entre vosotros la luz; caminad mientras tenéis luz, para que no os sorprendan las tinieblas; que quien camina entre las tinieblas no sabe adónde va. Mientras tenéis la luz, creed en la luz, para ser hijos de la luz.»

La luz era Él; caminar a la luz era aprovecharse de su doctrina; ser hijos de la luz, creer en ella.

«Ésto dijo Jesús, y habiéndose ausentado, se ocultó de ellos».

239. DESPEDIDA DE JESÚS (Jn 12, 37-50)

Aunque no dice el Evangelio cómo se ocultó Jesús de los fariseos, si por modo extraordinario, o si de una manera sencilla, lo más creíble parece que se escondió entre la gente que le rodeaba, como otras muchas veces, y que entre ellas emprendió, como otras tardes, el regreso a Betania por el monte Olivete.

San Juan, al contarnos este episodio último de la vida pública del Salvador con los fariseos, dirige su mirada restrospectiva a todo lo pasado, y, lleno de pasmo y compasión por la incredulidad farisea, dice al terminar esta parte de su Evangelio:

«A pesar de haber obrado Jesús tantos prodigios en presencia de ellos, no creían en Él. Para que se cumpliese la palabra del profeta Isaías, que dijo: "Señor, ¿quién ha creído lo que ha oído de nosotros? ¿Y a quién se ha dado a conocer el brazo del Señor?" Por eso no podían creer, porque también dijo Isaías: "Ha cegado sus ojos y ha endurecido su corazón, para que no vean con los ojos y no entiendan con el corazón y se conviertan y los sane". Esto dijo Isaías cuando vio la gloria de Él y habló de Él.»

¡Terrible misterio! No creen, porque ya lo había profetizado, Isaías. Y como cuando hemos predicho algún mal suceso, por ejemplo, una quiebra, y después se verifica, decimos: «¡Ya lo dije yo, no tenía más remedio que venir la bancarrota!», así también, aunque con más certeza, con certeza infalible, se pudo decir en este caso: «¡No podían creer! Ya lo había dicho Isaías».

Ni se debe creer tampoco que Dios endurecía propiamente sus corazones, cuando decía a Isaías: «Anda, ve y endurece el corazón de este pueblo, ciega sus ojos para que no vea». Sino que así como nosotros, despechados a veces, cuando no quieren nuestros amigos hacer caso de nuestros consejos, les decimos, por ejemplo: «¡Bien!, toma el dinero que pides, para que te pierdas de una vez, y te hundas», así el Señor, que en el lenguaje de la Escritura se acomoda a nuestras maneras humanas, dijo a Isaías: «Ve, predícales, y encallece con tu predicación su corazón y ciega su mente; para que, teniendo ojos, no vea, y, teniendo oídos, no oiga ni se convierta», que es lo mismo que decir: Predícales, aunque estoy cierto que eso, por su culpa, sólo servirá para endurecerlos.

Culpa de ellos era el no querer oír, ni entender, ni convertirse; porque Dios ya les mandaba predicador y apóstol. Mas ya sabía Yahvé que no querían oír. Tales fueron siempre los judíos como los vio Isaías en sus visiones, desde los judíos de su tiempo hasta los contemporáneos de Jesucristo, y hasta nuestros días...

No por eso debe creerse que todo el pueblo judío renegó de Jesús, ni lo rechazó. Era también profecía y esperanza general del pueblo judío que a ellos primero había de venir la salud, y que por ellos se había de derivar y transmitir a todas las gentes, y que las *reliquias,* los escogidos del Pueblo de Dios, se habían de salvar. Y por eso, para que no creyeran que todos los judíos habían sido lo mismo, a continuación de lo que acaba de decir el evangelista San Juan, añade:

«Sin embargo, aun entre los príncipes, muchos creyeron en Él. Pero los fariseos no lo confesaban, para no ser excluidos de la sinagoga. Porque amaron la honra de los hombres más que la honra de Dios.»

¡Oh, qué antiguo y qué frecuente es este proceder de muchos cristianos que creen, sí, en Dios, pero por no ser arrojados de las sinagogas de los príncipes, no se atreven a portarse como cristianos! Es que «aman más la propia honra que la honra de Dios».

Salía ya Jesús no sólo del templo, sino también de la ciudad, encaminándose al monte Olivete, para ir a Betania, mas todavía quiso dar su última despedida, recapitulación de cuanto durante su vida había predicado. Y, deseoso de que le oyesen los circunstantes, levantó su voz, y clamando, dijo:

«El que cree en mí, no cree en mí, sino en el que me ha enviado. Y el que me ve a mí, ve al que me ha enviado. Yo he venido al mundo como luz para que todo el que cree en mí no quede en tinieblas. Y si alguno oye mis palabras y no las guarda, yo no le juzgo; porque no he venido yo a juzgar al mundo, sino a salvar al mundo. Quien me deseche y no reciba mis palabras, tiene quien le juzgue. La palabra que yo he hablado, ella le juzgará en el último día.

Porque yo no he hablado de por mí mismo, sino que el Padre que me ha enviado, Él me ha dado mandato de lo que he de decir y de lo que he de hablar. Y sé que su mandato es vida eterna. Lo que yo digo, pues, lo digo como mi Padre me ha mandado.»

¡Solemne intimación de la verdad divina! Soberana y última y definitiva advertencia del Maestro, Señor y Mesías, a su pueblo, que no le había querido recibir.

Yo soy el Mesías. Yo soy el que he venido en nombre de Yahvé. Yo os he dicho su embajada y explicado su doctrina. El que la desprecia, desprecia al que me ha enviado. Y será condenado, no por mí; sino por la misma doctrina que yo he dictado. Ved, pues, los que me habéis rechazado lo que hacéis en adelante. Porque aún es tiempo.

El sol de justicia iba a ponerse para aquel pueblo que tanto le había esperado, y tan mal le había recibido. La hora de sus tinieblas se acercaba.

240. LA ÚLTIMA TARDE ANTES DE LA PASIÓN
(Lc 21, 5-7; Mc 13, 1-7; Mt 24, 1-3)

También el sol del día declinaba a su ocaso.

Jesús salió del templo y de la ciudad y tomó la puerta que daba al camino de Betania por el monte Olivete. Bajaban por la falda de Jerusalén que mira al monte, y pasaban rozando por los gigantescos murallones y cimientos en que estribaba el templo.

Con la impresión de las últimas palabras, bajaban silenciosos. Y sin duda que el aspecto de aquellos soberbios sillares en que se cimentaba el magnífico edificio que parecía desafiar a la eternidad por su solidez y firmeza, llenaba de confusiones el espíritu de los discípulos, que meditaban en las últimas doctrinas proféticas del Mesías. Después de tanta expectación del Mesías, después de tanta profecía, después de tantos milagros, pensar que todo iba a acabar en que el Mesías fuese crucificado, el templo arrasado, la ciudad destruida y todo aquello trastornado..., eso no cabía en sus inteligencias. Era para ellos un enigma imposible de resolver.

Aquellas piedras, aquellas moles, aquellos pórticos, aquellas torres...

Pensando en esto, pasaron el Cedrón, que corría al pie de la Ciudad Santa, y emprendieron la subida por la opuesta pendiente. Desde

IX. LA SEMANA SANTA. MIÉRCOLES SANTO

ella el que asciende no verá hoy más que algunas enormes piedras de los antiguos estribos y terraplenes. No se alza erguido el soberbio templo que edificó Zorobabel y realzó estupendamente Herodes. El *Haram-ech-Cherif*, el recinto sagrado, como lo llaman los mahometanos. En medio de una enorme plataforma desmantelada a todo viento, se levantan hoy dos mezquitas musulmanas: la de Omar, rival de la Meca, y la El Aksa.

¡Qué impresión más tremenda recibe el corazón al ver en el centro de la mezquita de Omar erguirse inútil, pelada, profanada, impotente, la misma roca sobre que tantos siglos estribó el altar de los holocaustos! Y ¡qué sentimiento cuando, al dar la vuelta a la mezquita, meditábamos: aquí mismo estuvo el *Sancta Sanctorum!*

Mas si hoy no se ve nada más, cuando por esa misma falda del monte subían los apóstoles, ¡era tan espléndido el espectáculo que contemplaban los ojos! ¡Un templo, el más maravilloso acaso, y de cierto el más insigne de la antigüedad; más, según creen muchos, que el mismo que edificara Salomón! Aquel templo admirable a los ojos y al alma, que en cuanto amanecía, herido por el sol, lanzaba un esplendor tan grande como un manto de nieve, siendo tan hermoso, lo era más entonces a la tarde, bañado por las luces de topacio del sol que caminaba a su ocaso.

Los discípulos, que ya no podían contener su sentimiento ni ocultar sus dudas, se acercaron al Maestro, rompieron el silencio con que subían la pendiente opuesta del templo y llamaron su atención sobre aquellas soberbias construcciones que tenían delante de la vista.

Pues ¿qué? ¿Era entonces la primera vez que las veía Jesús? ¿No las conocía mejor que ellos de haberlas visto muchas veces? ¿Qué de nuevo le podían entonces mostrar que antes no lo hubiese observado? ¿A qué, pues, aquella observación?

Tímidamente se adelantó uno de ellos a indicar su pensamiento, y le dijo:

«Maestro, ¡mira qué sillares, y qué construcciones, y de qué hermosas piedras y votos está adornado el templo!»

Eran efectivamente grandes y hermosamente labradas las piedras y colgaban en el templo por muchas partes opulentos y magníficos dones y adornos.

Interpretó el Maestro lo que decirle quería y le respondió:

«¿Ves todas esas magníficas construcciones? Pues en verdad os digo que de todo eso que veis, día vendrá en que no quede piedra sobre piedra, sin ser destruida.»

No dijo más entonces. Honda impresión causó en los discípulos tan resuelta aseveración y tan absoluta amenaza mezclada de desdén hacia todo aquello que a ellos tan magnífico les parecía. Y callando, siguieron subiendo la cuesta del monte Olivete hasta un punto en que o fatigado o deseoso de contemplar de nuevo al pueblo de sus amores, desechado ya y maldecido, se sentó el Señor enfrente mismo del templo, que maravilloso refulgía a los últimos destellos del sol poniente, mientras se elevaba tal vez la columna del humo del sacrificio vespertino.

Los apóstoles debieron en aquel momento de estar algo separados del Maestro. Tal vez para tener más libertad en sus comentarios acerca de las palabras de Jesús, se habían o rezagado o adelantado un poco a Él, que caminaba silencioso y triste con la fatiga de lo que le había pasado y de lo que al día siguiente le iba a pasar.

Entonces, viéndole solo, se le acercaron cuatro: Pedro, Santiago, Juan y Andrés, aparte de los demás, y con sigilo le preguntaron y dijeron:

«Dinos a nosotros ¿cuándo van a ser esas cosas? ¿Y cuál será la señal de tu venida y la del fin del mundo?»

Acaso no sabían bien ellos mismos lo que preguntaban. Pero eran tres los puntos principales: Primero, cuándo había de suceder aquello, es decir, lo que acababa de decirles del templo. Segundo, cuándo sería su venida, es decir, su principio de reinar, su manifestación como Rey y Mesías, y Dominador. Tercero, cuándo sería el fin del mundo.

Y así como las preguntas, por ser acerca de lo desconocido, eran algo vagas e indecisas, nacidas de una nebulosa curiosidad acerca de lo futuro, así también la respuesta del Salvador, al menos según está en los Evangelios, resulta no poco enredada y dificultosa de entenderse. Sobre los tres puntos responde el Salvador en los Sagrados Evangelios. Pero es muy difícil al exegeta discernir bien los dichos que responden a la ruina de Jerusalén, los que responden al juicio de Dios y venida última suya, y en fin, los que se refieren al fin del mundo.

Tal vez, si tuviésemos todo lo que en aquella conversación secreta de los cinco dijo el Salvador, con las preguntas e interrupciones que naturalmente le dirían sus discípulos, y con algunas transiciones que pondría el Maestro o se entenderían en la misma conversación y aun en el gesto y acento del Profeta, discerniríamos bien lo que ahora aparece confuso al intérprete.

Si ya el mismo Salvador de propósito no quiso dejar así en penumbras los horizontes de lo futuro. Presentando claro cuanto nos convenía saber, dejó en segundo y tercer término esfumado o solamente indicado, lo que no quería que supiésemos del todo.

A quien examina los discursos del Salvador que vamos a traducir en seguida, se le presentarán, desde luego, una porción de ideas que clara e indubitablemente se refieren a la ruina del templo y de Jerusalén, que será la primera venida del Salvador a castigar a su pueblo deicida. Hallará otra porción también de ideas que se refieren manifiesta e indudablemente a la última venida del Salvador a juzgar al mundo y terminarlo por el fuego y por el juicio. Pero en medio de todas ellas hallará otras que aun los exegetas, con toda su habilidad y perspicacia, no acertarán a desenredar, y no saben, ni probablemente nunca sabrán, si se refieren a la ruina de Jerusalén o a la consumación del mundo. Respetemos el misterio y ladeemos la dificultad.

En fin, lo que sobre todo ello se propuso, a nuestro parecer, el Salvador en estos discursos es una cosa mucho más importante para nosotros que la solución de una curiosidad, aunque sea tan importante como la de los discípulos. Y es el advertirnos que, dejándonos de pensar cuándo vendrá el fin del mundo y volverá el Señor a manifestarse, vivamos nosotros de tal modo preparados como si hubiese de venir a todas horas; que estemos persuadidos de que de todos modos en esta vida los cristianos hemos de padecer mucho y ser perseguidos siempre; pero que vivamos con la esperanza de nuestra redención y recompensa final, y con la dulce confianza de que, venga cuando venga el fin del mundo, tarde o temprano, se manifieste el reino de Cristo de esta o de la otra manera, Él siempre, aunque invisible, ha de estar con nosotros.

Ése es el pensamiento que flota en todo el discurso del Salvador. Los cristianos nunca han podido deducir de él la hora de la gran manifestación del Mesías en su gloria. Siempre han creído que podría estar ese día muy cerca. El Salvador no solamente no se lo dijo, sino que manifiestamente negó que se lo diría, y aun dio a entender que no era voluntad de su Padre que se le dijese; pues, si bien como Dios y aun como hombre para su inteligencia sabía todo, como Mesías, como Legado del Señor, no tenía aquel punto entre los que había de enseñar a los hombres. Lo único que les enseñó es que esta manifestación sería al fin de este mundo.

241. PREDICCIÓN DEL FIN DE JERUSALÉN Y DEL MUNDO
(Lc 21, 8-19; Mc 13, 5-13; Mt 24, 4-14)

Lo que dijo, pues, el Salvador a las preguntas de sus cuatro curiosos discípulos, fue esto:

«Procurad que nadie os seduzca. Porque vendrán muchos en mi nombre diciendo: Yo soy el Cristo, y ya se ha acercado el tiempo. Y seducirán a muchos. No vayáis, pues, en pos de ellos. Y cuando oigáis guerras y rumores de guerras, y batallas y sediciones, mirad que no os turbéis, ni os aterréis. Porque es preciso que venga todo esto; mas no por eso está cerca el fin.

»Y les decía entonces: Porque se levantará nación contra nación, y reino contra reino, y habrá por todas partes grandes terremotos y pestilencias y hambres y espantos del cielo y grandes señales. Pero todo esto es el principio de los dolores.

»Mas mirad por vosotros mismos. Porque antes que todo eso os echarán mano y os perseguirán entregándoos en los concilios y en las cárceles, y seréis azotados en las sinagogas y llevados ante los presidentes y reyes por mí, para que me seáis testigos para ellos y para todas las gentes. Pues cuando os lleven para entregaros, tomad en vuestro corazón la resolución de no premeditar *(de no andar muy solícitos)* cómo ni qué habéis de responder; sino lo que en aquella hora se os dé, eso responded. Porque no sois vosotros los que habláis, sino el Espíritu Santo. Porque yo os daré lengua y sabiduría a que no puedan responder todos vuestros adversarios.

»Pero seréis entregados a la tribulación por vuestros padres y hermanos y parientes y amigos, y a algunos de vosotros os matarán. Entregará a la muerte el hermano al hermano y el padre al hijo, y se levantarán contra los padres los hijos, y los matarán. Y seréis odiados de todas las naciones. Mas ni un cabello de vuestra cabeza perecerá.

»Mas cuando os persigan en una ciudad, huid a otra. En verdad os digo, no acabaréis las ciudades de Israel antes de que venga el Hijo del hombre. Por vuestra paciencia poseeréis vuestras almas *(y las salvaréis)*. Y entonces se escandalizarán muchos y entregarán unos a otros, y se odiarán mutuamente.

»Y se levantarán muchos pseudoprofetas, y seducirán a muchos, y, como abundará la iniquidad, se resfriará la caridad de muchos. Mas el que persevere hasta el fin será salvo.

»Pero primero es preciso que se predique este evangelio del reino en todo el mundo, en testimonio a todas las gentes, y entonces vendrá el fin.»

Hasta aquí más que responder a la pregunta que le hicieron los cuatro, lo que hace es profetizarles las calamidades temporales, las persecuciones y odios, las seducciones y engaños que les amenazan a los servidores de Cristo, y todo esto aun antes de la ruina de Jerusalén, que «no vendrá hasta que hayáis recorrido todos los pueblos de Israel».

Pasa ya a indicar más en particular sus presagios acerca de la ruina de la Ciudad Santa.

242. INSTRUCCIONES ACERCA DE LA RUINA DE JERUSALÉN
(Lc 21, 20-24; Mc 13, 14-20; Mt 24, 15-22)

«Cuando veáis cercada de soldados a Jerusalén, entonces sabed que está cerca su devastación. Y cuando veáis la abominación de la desolación, predicha por Daniel, ocupar el lugar Santo (el que lo lea que ponga atención) entonces los que están en Judea, huyan a la montaña. Y los que están en medio de la ciudad, váyanse. Y los que están en el campo no entren en ella. Y los que están en su casa, no se metan ni bajen a tomar nada de ella. Y el que está en el campo, no vuelva a tomar vestido. Porque ésos son días de venganza para cumplir todo lo que está escrito.

»¡Ay entonces de las que están encinta o criando en aquellos días! Porque va a haber gran angustia e ira para este pueblo. Y tienen que caer al filo de la espada y ser llevados cautivos a todas las naciones, y Jerusalén será hollada de las gentes, hasta que se cumplan todos los años de las naciones.

»Rogad para que vuestra huida no suceda en invierno ni en sábado. Porque serán aquellos días de tal tribulación cual nunca la ha habido desde el principio de las criaturas que hizo Dios hasta ahora, ni la habrá jamás. Y si el Señor no hubiese abreviado aquellos días, ningún mortal se salvaría; mas en atención a los escogidos que Él escogió, se abreviarán aquellos días.»

Espantosa calamidad. Pero que se cumplió al pie de la letra, viviendo aún los Apóstoles.

En el invierno del año 67 penetró en Palestina el formidable ejército de Vespasiano. El año 70, cuando Jerusalén estaba rebosando de gente que había acudido a la Pascua, quedó la Ciudad Santa sitiada por el ejército romano. El hambre más espantosa consumía a todos. Madre hubo que llegó a comerse a su propio hijo. Las divisiones más sangrientas asolaban por dentro a los judíos. Los zelotes invadieron el templo, y dice Josefo, el historiador judío, elegido por la Providencia para contar, sin darse él cuenta, el cumplimiento de la profecía del Mesías: «Todo el templo con su exterior estaba inundado de sangre, y cuando apareció el día se encontraron ocho mil quinientos varones degollados».

Y cuando estos desórdenes y tumultos sucedían, todavía era tiempo de huir. Y, en efecto, los cristianos, teniendo presente el aviso del Maestro, huyeron de la ciudad, y, según nos lo dice Eusebio, fue esta disposición general dictada a los cristianos por sus superiores.

Si dijo Jesús que era de pedir que no fuese la fuga ni en invierno ni en sábado, fue modo de explicar lo mucho que les convendría entonces no hallar dificultades de ninguna clase para la huida, porque no cayesen en peligro.

En cuanto a los que perecieron al filo de la espada, ¿quién los puede contar? Un millón cien mil personas dice Josefo que murieron durante el sitio.

Los cautivos fueron, según el mismo Josefo, noventa y siete mil prisioneros durante la guerra. Y toda la raza judía, como lo dio a entender Jesucristo, fue llevada y dispersada por todas las naciones, para que la serie de los siglos presencie en todo el orbe el reinado del que ellos no quisieron por Rey.

En fin, la ciudad y el templo de tal modo han sido y son conculcados por los gentiles, que dan seguridad de que también lo serán hasta que «se llenen los días de las naciones».

Y aun dice Jesucristo que aquella calamidad, con haber sido tan grande, que no se ha conocido ni conocerá otra igual, fue menor de lo que debiera haber sido, gracias a los justos escogidos de aquel pueblo, pues para que pudiesen salvarse ellos, y también acaso por respeto a sus méritos, perdonó Dios mucho a los culpables, y les abrevió las calamidades. ¡Qué hubiera sido si no hubiera habido justos en Jerusalén, y si Jesucristo, por respeto a ellos, no hubiera tenido compasión de los rebeldes!

243. INSTRUCCIÓN ACERCA DE LA SEGUNDA VENIDA (Mc 13, 21-23; Mt 24, 23-28)

No ponen ninguna transición los evangelistas. Pero como ya sabemos que muchas veces, atentos sólo a darnos la suma de la doctrina de Nuestro Divino Maestro, se cuidan poco de algunas perfecciones de estilo que servirían no sólo para adornarlo, sino también para aclararlo, bien podemos conjeturar que el Salvador hizo aquí alguna transición y advertencia para darles a entender que lo que seguía se refería, según parece, a la segunda venida suya. Mas como faltan estas transiciones, por eso se nos hace más oscuro a nosotros el paso.

Prosiguió, pues, Jesús, a darles instrucciones para el tiempo del fin del mundo. No habían los oyentes de entonces de llegar a usar de ellas. Y aunque esto lo sabemos ahora nosotros, ellos entonces no lo podían saber, pues el Salvador de propósito ni a ellos ni a nadie en todo el Evangelio ha revelado cuándo será ni cuándo no será el fin del mundo, sino que quiere que todos puedan temer que sea en su tiempo. Y por eso da los avisos en general para que se tenga siempre cuenta con ellos, tanto más que son útiles también aun antes del fin del mundo, como el mismo Señor lo indica.

Decía, pues, así: «Entonces *(y aquí aludía al fin de los siglos)* si alguno os dice: Mirad aquí al Mesías, o allí, no le creáis. Porque surgirán seudocristos y seudoprofetas, y harán grandes portentos y prodigios tales, que si fuera posible, hasta los escogidos serían inducidos a error. Vosotros, pues, estad atentos. Por eso os lo predigo todo.

»Si, pues, os dice alguno: Venid, que está en el desierto, no vayáis; venid, que está en estas casas, no creáis. Porque así como el relámpago sale de Oriente y brilla hasta el Occidente, así será la venida del Hijo del hombre. Dondequiera que esté el cuerpo, allí se juntarán las águilas.»

Era éste, sin duda, un modo proverbial de hablar. Donde está la presa allí se juntan las águilas. En cuanto sienten dónde está, allá vuelan. De la misma manera, cuando venga el Hijo del hombre, aunque no vendrá despacio como ahora, sino como un relámpago, de repente, sin dar tiempo, para que nadie ande diciendo que está en el campo ni en las casas, porque ya no ha de venir de esa manera, con todo, todos los justos conocerán en seguida y volarán allá, como se precipitan las águilas cuando ven la presa.

244. SEGUNDA VENIDA DEL MESÍAS
(Lc 21, 25-30; Mc 13, 24-37; Mt 24, 29-42)

Y prosiguió diciendo las próximas señales de la segunda venida.

«Pronto, pues, tras la tribulación de aquellos días, habrá señales en el sol y en la luna y en las estrellas. El sol se oscurecerá, y la luna no enviará su luz, y las estrellas caerán del cielo.

»Y en la tierra habrá angustias en las gentes por confusión del estrépito del mar y de las olas. Y se secarán los hombres por el temor y expectación de lo que amenaza a la tierra entera, porque los elementos del cielo se conmoverán.

»Y entonces aparecerá en el cielo la señal del Hijo del hombre, y entonces se lamentarán todas las tribus de la tierra, y entonces verán al Hijo del hombre venir en las nubes del cielo con gran poder y gloria y majestad.

»Y enviará a sus ángeles con gran clamor de trompeta, y ellos congregarán a los escogidos de Él de los cuatro vientos de la tierra, desde un extremo del horizonte hasta el opuesto.

»Y cuando esto comience a realizarse, alzad vuestros ojos y levantad vuestras frentes, porque se acerca vuestra redención.»

¡Oh, y qué preciosa esperanza ésta para aquellos que poco antes sólo habían recibido presagios de ser perseguidos y encarcelados y muertos! Día llegará en que levanten animosos y triunfantes sus frentes, que será el de la segunda venida de su Señor. Tras esta venida viene, sin duda, el reino, la dicha, la abundancia. Y así proseguía el Señor:

«Tomad comparación de la higuera. Cuando ya su rama está tierna y han nacido las hojas, sabéis que el verano se acerca. Así también vosotros, cuando veáis todas estas cosas, sabed que está cerca, que está a las puertas el Reino de Dios.»

Mas los discípulos deseaban saber cuándo precisamente habían de pasar todas estas cosas.

Díceles el Señor:

«En verdad os digo, que no pasará esta generación hasta que todo esto suceda.»

¿De qué generación hablaba? Es verdad que la generaración entonces presente no pasó antes de la ruina de Jerusalén. Pero quizás más que de aquella generación hablaba de la raza judía, que no se extinguirá antes del día extremo del mundo; o de la Iglesia cristiana, que

IX. LA SEMANA SANTA. MIÉRCOLES SANTO

sería perpetua. Y como esto parecía increíble, se confirma en ello Jesús de un modo solemne, afirmando que así sucederá porque Él lo afirma. Aunque otros entienden este paso de este otro modo.

De dos venidas y dos fines les había hablado: del fin de Jerusalén y del fin del mundo. Y les dice: Este fin de Jerusalén sucederá antes que pase esta generación. Porque podrá pasar el cielo y la tierra: pero mis palabras no pasarán. Ahora aquel día y hora, los del fin del mundo, esos nadie los sabe sino el Padre, ni yo.

«El cielo, dice, y la tierra pasarán, pero mis palabras no pasarán.»

Sin embargo, nada dice ni quiere decir acerca del día preciso y hora de aquella venida. Sino que está tan escondido que nadie lo sabe, ni siquiera el mismo Jesucristo lo sabe como Legado divino; es decir, aunque para sí lo sabe y conoce, como sabe y conoce todas las cosas con ciencia infusa, pero no lo sabe para enseñar a los hombres, no está entre las doctrinas que su Padre le ha encomendado predicar y revelar a los mortales. Por eso y para quitar a sus discípulos toda demasiada curiosidad, añade: «Empero, acerca de aquel día y hora nadie sabe nada, ni aun los ángeles del cielo, ni el Hijo, sino el Padre solo.»

Al contrario, ni lo sabrán próximamente, sino cuando se presente, que será de súbito y cuando menos los hombres piensen. De lo cual les advierte para que siempre vivan despiertos y cuidadosos y preparados, y en esto insiste más, como en lo que más nos importa. Decía así:

«Mas como en los días de Noé, así será la venida del Hijo del hombre. Porque, así como en los días antes del diluvio estaban los hombres comiendo y bebiendo y tomando maridos y mujeres hasta el mismo día en que entró Noé en el arca, y no conocieron el diluvio hasta que vino y se llevó a todos, así será la venida del Hijo del hombre.»

Y tan repentina será la venida, que no tendrán muchos tiempo de prepararse y justificarse de sus pecados, sino serán sorprendidos.

«Entonces, dice, estarán dos en el campo, uno será tomado y otro dejado; estarán, dos moliendo en un molino, uno será tomado y otro dejado.

»Atended, pues, velad y orad, porque no sabéis cuándo será el tiempo, ni a qué hora va a venir vuestro Señor. Mirad por vosotros; que no estén cargados vuestros corazones de glotonería ni embriaguez, ni de los cuidados de esta vida, y se os eche encima de repente aquel día.

»Porque vendrá como un lazo sobre todos los que habitan la superficie de la tierra. Y como el hombre que, marchándose lejos, dejó su casa, dio órdenes a sus criados para sus quehaceres y mandó al portero vigilar. Velad, pues, porque no sabéis cuándo va a venir el Señor de casa, si a la tarde o a medianoche o al canto del gallo o a la madrugada: no sea que al venir os halle durmiendo.

»Y lo que os digo a vosotros, se lo digo a todos: velad, pues, orando en todo tiempo, para que seáis tenidos por dignos de evitar todo eso que va a venir, y de presentaros delante del Hijo del horribre.»

Éste era el punto en que, por sernos más provechoso, insistía Cristo nuestro Señor, más que en ninguno otro de los que deseaban sus cuatro curiosos discípulos. Y para explicarles mejor su idea, les puso esta preciosa parábola de las vírgenes.

245. PARÁBOLA DE LAS VÍRGENES
(Mt 25, 1-13)

Era uso oriental celebrar las bodas con un gran convite nupcial, en el cual unos guardaban unas ceremonias y otros otras. Celebrábase el convite a la tarde, y en casa del esposo. Venía éste conduciendo festivamente a su esposa entre coros de amigos suyos de su edad, acompañado de música y danzas. En cambio, las amigas de la esposa aguardaban a la puerta de la casa con lámparas y antorchas encendidas; recibían a los esposos con alegría y fiesta, y, uniéndose a la comitiva que traían, entraban con ella al banquete nupcial.

Decía, pues, el Salvador, recordando estas costumbres:

«Entonces el Reino de los cielos será semejante a diez vírgenes *(es decir, lo que pasará entonces será como lo que pasó a diez vírgenes)*, las cuales tomaron sus lámparas y salieron a recibir al esposo y a la esposa.

»De éstas, pues, cinco eran fatuas y cinco prudentes. Las cinco fatuas tomaron sus lámparas, pero no tomaron aceite en ellas. Al paso que las prudentes tomaron aceite en sus vasos con sus lámparas.

»Como tardaba el esposo, se adormecieron todas y se durmieron. Y a la medianoche resonó un clamor: "¡Ea!, ¡viene el esposo! ¡Salid a recibirle!"

»Entonces despertaron todas aquellas vírgenes y aderezaron sus lámparas. Y las fatuas dijeron a las prudentes: "Dadnos de vuestro aceite, porque nuestras lámparas se están apagando". Respondieron las prudentes, diciendo: "No sea que nos falte a nosotras y a vosotras, id más bien a la tienda y comprad para vosotras".

»Pero, mientras iban a comprar, llegó el esposo, y las que estaban preparadas, entraron con él a las bodas y se cerró la puerta.

»Al cabo vinieron también las otras vírgenes, diciendo: "¡Señor! ¡Señor, ábrenos!" Mas respondiendo él, dijo: "Verdaderamente no sé quiénes sois". Velad, pues, porque no sabéis ni el día ni la hora.»

246. PARÁBOLA DE LOS TALENTOS
(Mt 24, 14-30)

Y porque no sólo hemos de estar vigilantes en cuanto al día, para que no nos sorprenda, sino que además hemos de tener bien empleado el tiempo y hecho lo que el Señor al partir nos ha encargado, les dijo también a los cuatro en esta ocasión la misma parábola de los talentos que propuso en Jericó a todo el pueblo, aunque con algunas pequeñas diferencias.

«El Señor hará lo que aquel hombre que marchándose lejos, llamó a sus criados, y les entregó sus bienes, y a uno dio cinco talentos, a otro dos y a otro uno, a cada cual conforme a sus facultades, y luego partió.

»Fue, pues, el que había recibido cinco talentos y negoció con ellos y ganó otros cinco. Hizo lo mismo el que había recibido dos y ganó otros dos. Mas el que había recibido uno fue y cavó un hoyo y enterró allí el dinero de su señor. Y después de mucho tiempo, vino el señor de aquellos criados y les pidió cuentas.

»Y llegando el que había recibido cinco talentos, presentó otros cinco talentos, diciendo: "Señor, cinco talentos me entregaste, he aquí otros cinco que he ganado". Y le dijo su señor: "Bien, siervo bueno y fiel; porque has sido fiel en lo poco te haré dueño de mucho; entra en las delicias de tu señor".

»Y llegando también el que había recogido dos talentos, dijo: "Señor, dos talentos me entregaste, he aquí otros dos que he ganado". Y le dijo su señor: "Bien, siervo bueno y fiel; porque has sido fiel en lo poco, te voy a hacer dueño de mucho; entra en las delicias de tu señor".

»Y llegó también el que había recibido un talento, y dijo: "Señor, ya sé lo que eres, hombre duro, que siegas donde no sembraste, y recoges donde no esparciste; temeroso, pues, he ido y he escondido tu talento en tierra; aquí tienes lo tuyo".

»Más su señor le replicó y dijo: "Siervo malo y haragán, sabías que yo siego donde no he sembrado y recojo de donde no he esparcido. Por lo mismo, pues, debieras haber dado mi dinero a los banqueros, y así al venir yo hubiera recibido lo mío con los intereses. Quitadle, pues, a éste el talento y dádselo al que tiene los diez talentos; porque a todo el que tiene se le dará y tendrá abundante; y al que no tiene, aun lo que tiene se le quitará. Y al siervo inútil echadle a las tinieblas de fuera, y allí que llore y rechine de dientes".»

Ya en otra ocasión explicamos esta parábola, que es de fácil inteligencia.

Dicho esto, pasó, en fin, el Salvador a designar el modo y la forma cómo se había de ejecutar el mismo juicio, dándonos también en ello preciosísimas enseñanzas, mucho mejores que las que los curiosos discípulos habían venido buscando. Y dijo:

247. EL JUICIO FINAL (Lc 21, 37-38; Mt 25, 31-46)

«Mas cuando venga el Hijo del hombre en su gloria y con Él todos los ángeles, entonces se sentará en el trono de su gloria. Y se congregarán ante Él todas las naciones, y apartará a unos de otros, como el pastor aparta las ovejas de los cabritos. Y pondrán las ovejas a su derecha y los cabritos a su izquierda.

»Entonces dirá el Rey a los de su derecha: "Venid, benditos de mi Padre; tomad la herencia, el reino preparado para vosotros desde la fundación del mundo. Porque tuve hambre y me disteis de comer; tuve sed y me disteis de beber; fui peregrino y me disteis posada; desnudo y me vestisteis; enfermo y me visitasteis; estaba en la cárcel y me vinisteis a ver".

»Entonces responderán los justos, diciendo: "¿Cuándo te vimos hambriento y te alimentamos, o sediento y te dimos de beber? ¿Ni cuándo te vimos peregrino y te hospedamos, o desnudo y te vestimos? ¿Ni cuándo te vimos enfermo o en la cárcel y te visitamos?"

»Y el Rey, respondiendo, les dirá: "En verdad os digo, que cuando lo hicisteis con uno de estos mis hermanitos pequeños, lo hicisteis conmigo".

»Entonces dirá también a los de la izquierda: "Apartaos de mí, malditos, al fuego eterno preparado para el diablo y sus ángeles. Porque tuve hambre y no me disteis de comer, y tuve sed y no me disteis de beber; fui peregrino y no me recogisteis; estuve desnudo y no me vestisteis; enfermo y en la cárcel y no me visitasteis".

»Entonces responderán también éstos diciendo: "¡Señor!, ¿cuándo te vimos hambriento, ni sediento, ni peregrino, ni desnudo, ni enfermo, ni en la cárcel, y no te atendimos?"

»Entonces les responderá diciendo: "En verdad os digo, cuando no lo hicisteis con uno de estos pequeñitos, no lo hicisteis conmigo".

»Y marcharán éstos al suplicio eterno y los justos a la vida eterna».

> *Quid sum miser tunc dicturus?*
> *Quem patronum rogaturus*
> *Cum vix justus sit securus?*
> *Rex tremendae majestatis,*
> *Qui salvandos salvas gratis,*
> *Salva me, fons pietatis.*

¿Qué voy a decir, miserable de mí, entonces? ¿A quién tomaré por patrono, si apenas estará seguro el justo? Rey de tremenda majestad, que a los que se salvan salvas de balde, ¡sálvame, fuente de piedad!

El Maestro había ya terminado su conversación con sus cuatro queridos discípulos. ¿Acaso para entonces se les habían juntado los restantes? No lo dicen los evangelistas.

Emprendieron de nuevo su camino para llegar a Betania, pues la noche se echaba encima.

Era ya preciso pensar en la Pascua. El día de los Ácimos que se llama la Pascua, dice San Lucas, se acercaba. Terrible había de ser aquel día para el apostolado de Jesús y mucho más para su Maestro.

Al levantarse el Señor, lanzó su última mirada sobre la ciudad. Y ¿qué es lo que allí vio que le trajo tristísimo recuerdo? De repente dijo:

«Sabéis que de aquí a dos días se celebra la Pascua, y el Hijo del hombre será entregado para ser crucificado.»

Y calló... ¿Qué conexión tenía aquello entonces con lo que acababa de decir? Tal vez le sugirió esta salida brusca el ver a su discípulo Judas preparando el crimen que había de cometer. Mientras el Maestro estaba explicando aquellas doctrinas a sus discípulos amados, no debía de estar allí uno de los Doce; Judas, con pretexto de sus negocios, se había quedado en Jerusalén cuando el Maestro volvía a Betania, y mientras éste descansaba sentado con sus cuatro, él, allá en la ciudad, andaba pactando con los sacerdotes, como vamos a verlo, la traición y entrega de su Maestro.

Jesús, con su penetrante mirada, le seguía desde lejos los pasos, y le veía desde el monte los ajustes, y se compadecía de su negro corazón...

Pero esto no le impidió desahogarse, diciendo: De aquí a dos días, la Pascua; en ella seré crucificado...

El sol se ocultaba del todo.

Siguieron andando y fueron a Betania.

248. JUDAS

Judas Iscariote es el nombre más antipático y repugnante que se oye en la tierra, y acaso también en el infierno.

¡Y sin embargo, fue «uno de los Doce», como cuando nombra a Judas nos lo advierte de intento el Evangelio!

¡Tremendo misterio de bondad y predilección por parte del Señor y de maldad e ingratitud por parte del hombre! Prueba espantosa de que no depende nuestra salvación precisamente de la grandeza de las gracias, pues grandísimas fueron las que concedió Jesús a su apóstol; ni de la voluntad sola de Dios, que quiere, sí, cuanto está de su parte, salvar a todos, y que, a no ser que supongamos que hizo una comedia en su modo de tratar a Judas, quiso y mucho salvar a su discípulo; sino también de la libertad humana, a la cual el mismo Dios, por sus inescrutables y tremendos juicios, ha dejado el horrible poder de resistir a la gracia divina. Porque aunque, si Él quisiese a todos podría salvarnos, sin embargo, no quiere salvarnos a ninguno, si no queremos... «El que te creó a ti sin ti, dice San Agustín, no te salvará a ti sin ti». ¡Oh temeroso enigma!

Las listas de los apóstoles en el Evangelio, siempre, variando los demás de puesto de orden, nombran el primero a San Pedro y el último a Judas Iscariote, dándole el nombre de *el traidor o el que entregó al Señor*. Así también le distinguen del otro apóstol de su nombre, del fiel San Judas.

Mas Nuestro Señor no tuvo jamás con él ningún desdén, sino al contrario.

Acaso cuando Judas vino al apostolado, quería ser fervoroso y sincero discípulo de Jesús. Acaso venía lleno de ambición interesada, esperando lograr provechos temporales en el futuro reinado del Mesías. Lo cierto es que, o por encargo del Maestro, o por sus propios amaños, vino a ser procurador o cajero del apostolado. Aunque desde el principio Jesús se sustentaba de lo que su Madre y otras piadosas mujeres que le seguían le procuraban, sin embargo, sea para el sustento de la comunidad apostólica en algunos casos apurados, sea, sobre todo, para dar a los pobres, tenía consigo algún dinero que les daban, y de custodiarlo estaba encargado Judas.

¿Sería este oficio la ocasión de su caída? No lo sabemos. Lo cierto es que pronto se le ve disgustarse de su Divino Maestro, y que al fin de su vida revienta en su corazón una postema profunda de sórdida y no común avaricia, que no pudo formarse en poco tiempo, sino que supone un largo ejercicio de codicia.

La primera vez en que Judas aparece ya pervertido es cuando Jesús dijo el sermón del pan eucarístico. De los que murmuraron contra aquella misteriosa doctrina, es muy probable que el principal fuese Judas. De él debió de salir aquella orgullosa censura propia de un racionalista del siglo XIX: «¡Duro es esto que dice! ¿Quién va a creer estas cosas?» Y a él aludía, aunque sin nombrarle, el Salvador cuando dirigiéndose a los Doce, les dijo: «¿También vosotros queréis iros? –¿A dónde iremos, Señor, dijo San Pedro, si tú tienes palabras de vida eterna?». Mas el Salvador claramente pronunció esta misteriosa queja: «¡Yo he escogido a doce!, pero ¿no es diablo uno de vosotros?». En efecto, diablo era ya Judas, aunque vivía con el Salvador.

Desde entonces el infeliz o vaciló siempre en su fe, o lo que es más seguro, no creyó nada en el Mesías, ni, aunque, unido con el cuerpo, siguió perteneciendo con el corazón a los Doce. Su avaricia fue aumentando. De lo que daban al Salvador sisaba cuanto podía. Por esta razón, en el convite de Betania, sintió muchísimo perder tal ocasión de sacar un buen quite, si como se gastó en perfume, se hubiera dado en dinero el coste de la esencia de nardo de la Magdalena, cantidad muy fuerte, para lo que acostumbraría a tener el administrador de los apóstoles. Él fue quien movió toda aquella crítica acerba contra María, en la cual, no con malicia, sino con sencillez, le apoyaron los otros discípulos, tanto, que hubo de salir el Salvador en defensa de la infeliz mujer, que debía de estar bien confusa ante tantas censuras. Sin embargo, esta sencilla defensa que el Maestro hizo de María, a pesar de haberla hecho con tanta delicadeza que ni una palabra dijo directamente contra Judas, hirió tanto al codicioso y atravesado discípulo, que desde aquel día, dice San Mateo, empezó a buscar alguna ocasión para venderle.

Grande era ya entonces su iniquidad. San Juan, claramente y sin eufemismos, dice que cuando esta censura dijo contra María, *era ladrón* y robaba de la bolsa que guardaba.

Pero desde entonces creció enormemente su malicia, pues empezó a maquinar el mayor pecado que se ha cometido en la humanidad: la venta de su propio Maestro, Salvador y Dios.

Perversa en extremo era el alma de aquel hombre. Tipo perfecto del judío en las más sórdidas condiciones de su carácter. Frío, calculador, interesado, zorro, hipócrita, envidioso, descontentadizo, y después de todo, mezquino y desprovisto por completo de todo sentimiento de nobleza y dignidad.

Además, su posición en la compañía de los apóstoles debía de ser violenta. Siendo él el único judío, y siendo sus compañeros, los galileos, gente sencilla, franca, ruda más bien, y quisquillosa, más de una vez saldrían a la conversación los puntillos de honra provincianos entre galileos y judíos, aumentados, sin duda, entonces por la diferencia con que Jesús era recibido y tratado por los unos y por los otros. Y por más que el Salvador le tratase con singular atención y blandura, es seguro que el atrabiliario y falso discípulo oiría con placer y vería con secreta satisfacción la oposición tenaz de sus paisanos a la predicación y persona del galileo.

No influirían poco en su ánimo las últimas violentas discusiones de Jesús en el templo. Judas, dañado ya hasta los tuétanos de codicia y envidia, debió de ver gozoso aquellas discusiones y espiar con ojo de traficante aquella ansia que mostraban los judíos de echar mano del Nazareno, sin atreverse muchas veces, o sin lograrlo cuando se atrevían.

Todo lo que sucedió en Jerusalén desde el Domingo de Ramos fue sin duda, una terrible tentación para Judas, que debió de pasar toda la semana pensando en su especulación, en vender a buen precio a aquellos judíos la presa que codiciaban. De este modo se libraba de un impostor, como él creía o quería creer a su Maestro, acaso hacía un servicio a Yahvé, y sobre todo ganaría algo, que era lo que su avaricia judía más deseaba.

En el templo fue donde aquella terrible tentación, que vino a su cabeza en el convite de Simón el Leproso, se desarrolló y cobró fuerza definitiva.

Así, pues, el último día de la disputa de Jesús con los fariseos, se decidió al crimen.

249. EL CONTRATO DE JUDAS
(Lc 22, 2-63; Mc 14, 1-2.10-11; Mt 26, 3-5.14-16)

Vencidos los fariseos y judíos por la elocuencia y poder irresistible de Jesucristo, desesperados de no poderle echar mano en el templo por temor al pueblo, cuando Jesús, dejándolos confundidos y derrotados, se retiró definitivamente de ellos, ellos, los príncipes de los sacerdotes y los ancianos del pueblo, se reunieron en el palacio del príncipe de los sacerdotes, que se llamaba Caifás. Y tomaron determinación de apresar y matar a Jesús.

Mas temían a la plebe y decían: Durante la fiesta no. Porque temían se amotinase la plebe».

Era muchísima la gente que entonces se hallaba en Jerusalén, y muchísimos los partidarios que entre aquella plebe contaba el Nazareno. Era, por tanto, muy expuesto el cogerle y darle muerte durante la semana que había de durar la Pascua, y mucho más prudente aguardar otra ocasión en que estuviesen ellos solos.

Tales eran sus planes. Mas, ¡oh sabiduría altísima de Dios! precisamente entonces y casi a la misma hora estaba diciendo Jesucristo a sus discípulos todo lo contrario: «Ya sabéis que pasado mañana es la Pascua y el Hijo del hombre será entregado para ser crucificado».

Y así, que no como los fariseos querían, había de ser.

Y, en efecto, mientras los fariseos y príncipes decretaban matar a Jesús después de la Pascua, se presentó en su presencia un hombre que quería hablarles. Debieron de saber, sin duda, pues le admitieron en aquella reunión tan reservada y trascendental, que aquel extraño traía algo referente al asunto que motivaba la asamblea. Tal vez venía presentado por algún miembro del mismo Sanedrín a quien se habría dirigido.

Entró y, sin duda, al entrar atrajo sobre sí todas las miradas. Grande fue la sorpresa de todos. Porque vieron delante de sí precisamente a uno de los discípulos de su más formidable enemigo, a Judas el Iscariote. ¿Qué vendría a decir?, ¿qué misión iría a proponer? Todos redoblaron su atención y perversa curiosidad. Triste es el modo como expresa el Evangelio lo que aconteció a Judas.

«Entró, dice San Lucas, Satanás en Judas, el llamado Iscariote, uno de los Doce, y fuese a los sumos sacerdotes resuelto a entregarle.»

Admitido Judas en la estancia, «habló con los príncipes de los sacerdotes y magistrados acerca del modo como podría entregar a

Jesús», y debieron de discurrir acerca de ello larga y determinadamente buscando el medio más apto. Y aunque ellos acababan de decir que no convenía durante la Pascua, pero con la oportunidad que ahora se les presentaba, cambiaron de parecer y aceptaron la propuesta del falso discípulo.

Entonces éste les dijo: «"¿Qué me queréis dar y yo os lo entrego?" Ellos, alegres de lo que oían, se comprometieron a pagarle y le propusieron treinta monedas de plata. Y él aceptó. Y desde entonces púsose a buscar la ocasión de entregarle aparte de las turbas.»

Treinta monedas de plata eran, sin duda, treinta siclos, moneda muy corriente entre los judíos, y sagrada, por decirlo así, según ya lo explicamos en otro sitio, para los usos del templo, en que no se admitía la otra profana, que llevaba el busto de los emperadores. La cantidad era en sí misma bien pequeña; valdría tanto como cien pesetas de nuestra moneda, ya que cada siclo, poco más o menos, equivalía a tres y cincuenta céntimos. Era lo que, según se prescribía en el Éxodo, debía pagarse a un amo a cuyo esclavo se había dado sin querer la muerte. Y en la profecía de Zacarías, el Buen Pastor, puesto en Israel por Yahvé, cansado de las ingratitudes y protervias de su rebaño, cuenta así lo que sucedió: «Yo les dije: Si os parece bien, pagadme mi salario, y me dieron treinta siclos de plata. Y me dijo Yahvé: ¡Echa eso al alfarero! ¡Echa esa magnífica suma en que me han valorado! Y tomé los treinta siclos y los eché en la casa de Yahvé a un alfarero».

No fue otro el infame contrato que hoy se celebró entre el más alvoso traidor que ha habido en el mundo, y los más infames asesinos de Israel. Inconcebible era la perversidad de Judas en vender a su Maestro. Pero más inconcebible su mezquindad al contentarse con treinta dineros por la venta del más admirable de los hijos de los hombres, del Mesías e Hijo de Dios.

Bien pudo estar todo este tiempo Judas apartado de los demás sin que chocase su falta. Cuando los otros con el Maestro subieron por el monte Olivete de vuelta a Betania, él pudo quedarse muy bien en la ciudad, como para arreglar las cosas para la Pascua, tal vez para comprar el cordero pascual y todo lo necesario para la cena.

Ajustada la compra del cordero pascual y ajustada también la venta del Cordero de Dios, salió de la ciudad, con el enorme peso de su crimen, a juntarse con sus compañeros, a quienes, si no alcanzó en el camino, se reunió en Betania. ¡Mala noche la que le esperaba meditando en su compromiso! ¡Horrible remordimiento el que tenía que roerle, por malo que fuese su corazón de zorro!

En memoria de esta injuria hecha a nuestro Salvador, la Iglesia, desde los más antiguos tiempos, designó el miércoles para día de penitencia, a una con el viernes, porque en el primer día fue vendido y en el segundo crucificado.

JUEVES SANTO
(14 de Nisán; 6 de Abril)

250. LA PASCUA: MODO DE CELEBRARSE

Iba Jesús. a celebrar ya la última Pascua, y será bien que, para que mejor entendamos todo lo que aconteció en estos últimos días de la vida del Salvador, expliquemos lo que significaba la Pascua entre los judíos.

Pascua era una palabra derivada de otra: *phesa* en hebreo, *phase* en arameo, *pasja* en griego, de donde *pascha* en latín y *pascua* en castellano.

Significa lo mismo que tránsito, y aludía al tránsito del Señor de que nos habla el libro del Éxodo en este pasaje que, aunque sea un poco largo, vamos a copiar a la letra para que mejor se entienda todo.

«Dijo Yahvé a Moisés y Aarón en el país de Egipto:

Que este mes sea para vosotros el principio de los meses; será para vosotros el primero de los meses del año. Decid a la reunión de Israel: el décimo día de este mes, tome cada uno un cordero por familia, un cordero por casa. Si la casa es poco numerosa para un cordero, lo tomará en común con el vecino, reuniéndose un número de personas tal que puedan comer todas el cordero. El cordero será sin defecto, macho, de un año; podréis tomar un cordero o un cabrito. Lo guardaréis hasta el catorce de este mes, y toda la gente de Israel lo inmolará entre las dos tardes. *(Quiere decir entre el comienzo del crepúsculo y el fin de él.)* Recogeréis de su sangre y la pondréis en los dos montantes y en el dintel de la puerta de las casas en que se coma. Se comerá la carne en ese día: la comeréis asada al fuego, con panes sin levadura y con yerbas amargas *(es decir, lechugas, apio y otras semejantes)*. No comeréis nada crudo ni cocido con agua, sino todo asado al fuego, cabeza, patas y entrañas. No dejaréis nada para el día siguiente, y si resta algo, lo quemaréis. Lo comeréis así: ceñida la cintura, puestas al pie las sandalias, bastón en mano y de prisa. Porque es el paso (la Pascua) de Yahvé. Yo pasaré esa noche por el país de Egipto, y heriré de muerte a todos los primogénitos de Egipto...

»Yo soy Yahvé. La sangre será una señal en vuestro favor en las casas en que estéis. Yo veré la sangre y pasaré por alto de vosotros y no habrá para vosotros plaga de muerte cuando yo castigue al país de Egipto. Conservaréis el recuerdo de este día y lo celebraréis con una fiesta en honor de Yahvé. Lo celebraréis de generación en generación, y será una fiesta perpetua.»

Y prosigue después diciendo las prescripciones y ritos que durante la Pascua habían de observarse durante siete días. Éste es el origen de la Pascua, la fiesta más sagrada y significativa de Israel, profecía viva y constante de la inmolación del Cordero de Dios que había de quitar los pecados del mundo, y que, inmolado por nuestro amor, había de ser, como dice San Pablo, nuestra nueva y verdadera Pascua de los cristianos.

Se llamaba también esta fiesta y semana la fiesta o semana de los *ácimos,* es decir, de los panes sin levadura, porque durante todo ese tiempo no era permitido ni probar ni siquiera tener en casa pan fermentado.

La manera de celebrarla era una especie de reproducción familiar de aquella última noche que los hebreos pasaron en Egipto, y un recordatorio dramático de aquella redención de Israel hasta en sus menores detalles.

El tiempo era el mes de Nisán, es decir, el primer mes de los judíos, que comenzaba en la primera luna de nuestro marzo y acababa en la primera de nuestro abril. Duraban las fiestas siete días, Y comenzaban desde el catorce. Este respeto al tiempo lo conserva todavía la Iglesia, que celebra la Pascua en la misma época del año en que caería entre los hebreos, para recordar así los misterios de la Pasión en el tiempo en que acaecieron. Y por eso es variable la Pascua todos los años respecto de nuestro calendario que tiene otra base que el calendario hebreo.

Todos los ritos estaban con minuciosidad determinados. Desde la noche del 13 de Nisán, en que ya comenzaba el 14 de Nisán, el amo de casa la registraba toda, recogía todo el pan y levadura que encontraba y lo quemaba al mediodía, de modo que al comenzar la noche del 14 de Nisán no quedase en casa nada de pan fermentado. Entretanto, las mujeres preparaban para la noche sin levadura, sin sal y sin aceite panes y leves tortas.

Entre las dos tardes, es decir, entre el comienzo y fin del crepúsculo, se inmolaba el cordero.

El cordero pascual no había de ser un cordero cualquiera. Cordero o cabrito, que lo mismo servía uno que otro, había de ser macho, tendría un año cumplido, y estaría exento de todo defecto, sobre todo de los defectos rituales. Entre el diez y trece del mes lo separaban del rebaño y lo tenían en su casa atado a su propia cama.

En la tarde del 14 de Nisán lo inmolaban durante el sacrificio vespertino, entre el clamor de cien trompetas y el canto de los salmos. Se procedía a esto con mucho orden en cuanto cabe, y con una presteza singular. Todo era necesario para despachar una tan gran multitud de inmolaciones. Divididos en tres grupos, entraban los israelitas con sus corderos uno tras otro, para proceder por partes. Al lado de los sacrificadores, que podían serlo cuantos no tuviesen mancha legal, colocábanse los sacerdotes, que recogían la sangre en vasos que corrían de mano en mano hasta el altar en que se derramaba. Calcúlese lo que estas operaciones costarían, teniendo presente que, según dice Josefo, algún año llegaron a 256.500 los corderos sacrificados. Mas cada uno dieron tiempo a los levitas para repetir tres veces los salmos designados.

Sacrificado el cordero y degollado en el templo, llevábanlo a casa, y allí lo asaban regularmente en dos palos de granado, uno que lo atravesaba a lo largo y otro en cruz, que extendía los cuartos delanteros.

Para comerlo, se juntaban de ordinario de diez a veinte personas. Era para los varones obligatorio participar del cordero y comer pan ácimo, aunque sólo fuese el tamaño de una oliva. Las mujeres podían asistir y participar del convite, pero no estaban obligadas.

En los primeros tiempos comían el cordero pascual de pie, como parece indicarlo la Ley. Luego lo comían sentados, para dar a entender que habían llegado los tiempos de la libertad. Y aun los siervos y los que en otras ocasiones no se sentaban, habían de sentarse al comer el cordero.

La cena se hacía poco más o menos de este modo:

Juntados los convidados, tendíanse en taburetes o lechos poco elevados que estaban alrededor de la mesa, y apoyado el brazo izquierdo sobre un cojinete, tenían libre el otro para coger los manjares. El padre de familia tomaba una copa de vino mezclado con un poco de agua y decía: «¡Bendito sea el Señor que crió el fruto de la viña!» Y bebía y daba a beber de la misma copa a los convidados. En un barreño que circulaba por todos, se lavaban las manos y en una servilleta que iba de mano en mano se las enjugaban.

Se acercaba entonces la mesa preparada, que se metía entre los lechos de los convidados, que formaban en escuadra una (u) de tres lados. En ella venía el cordero asado, rodeado de varias clases de perejiles y yerbas amargas. Delgados y recientes los panes ácimos, se extendían por la mesa. Y en una salsera, para mojarlos, estaba la famosa salsa *charoset;* hecha de manzanas, higos, limones cocidos en vinagre y condimentados con canela y especias de varias clases. Se procuraba darle un tinte de ladrillo o de adobe, y la colocaban en una taza alargada, de modo que les recordase el mortero y la arcilla con que trabajaban en tiempo de los faraones.

El presidente tomaba las yerbas, y, mojadas en *charoset,* las probaba y daba a los demás, mientras rendía gracias a Dios con oraciones.

Entonces se escanciaba otra copa, y, tomándola el más joven, preguntaba al presidente o padre la significación de aquello que estaba haciendo. Tomaba entonces la mano el padre, y, señalando uno por uno todos los objetos de la Mesa, iba explicando con toda solemnidad a los circunstantes lo que cada cosa significaba, las angustias de sus padres en Egipto y en el camino a la tierra prometida, y las misericordias de Yahvé con su pueblo.

«Por estos prodigios, concluía diciendo, debemos alabar y ensalzar al que cambió en alegría nuestras lágrimas, y en luz nuestras tinieblas. A él sólo debemos cantar *¡Alleluya!*»

Y todos a una voz empezaban el *Hallel,* es decir, la alabanza, con los salmos 112 a 117.

Se bebía la copa preparada, lavábanse de nuevo las manos, tomaba el padre los ácimos y, partiéndolos, los distribuía en pequeña cantidad, para que se acordasen de las escaseces antiguas, se repartían también las yerbas untadas en *charoset* y se comía por fin el cordero.

Comido el cordero todo entero, se llenaba por tercera vez la copa. Bebían de ella todos, y entonaban los últimos salmos del *Hallel.*

La cuarta copa final pasaba de mano en mano y con ella quedaba terminado el convite.

Todo debía consumirse antes de medianoche. Si quedaba algo del cordero, debía consumirse en el fuego.

Estas ceremonias serían las que más o menos variadas observarían Jesús y sus discípulos en la última cena, como vamos a verlo, si bien los evangelistas, dándolas por sabidas, nada dicen de ellas.

251. DIFICULTADES ACERCA DE LA PASCUA DE JESUCRISTO

Una gran dificultad y controversia suele suscitarse acerca del día en que el Salvador celebró la Pascua, y de ella diremos aquí breves palabras, sin entrar en más discusiones, que no cuadran bien con el carácter de sencillez y popularidad que estamos dando a nuestra historia.

De suyo la Pascua comenzaba, como hemos dicho, en la noche del 14 de Nisán, y la cena pascual tenía que ser en esta noche. Al otro día era ya primer día de Pascua, y fiesta en que no se podía trabajar.

Los sabios, pues, estudiando los Evangelios, tropiezan con varias dificultades y aparentes divergencias, que unos explican de una manera y otros de otra.

Todos convienen en que Jesucristo celebró la cena un jueves, padeció la muerte un viernes, y resucitó un domingo.

Pero la disputa suele ser sobre los días en que cayeron este jueves de la cena y este viernes de Pasión. Unos dicen que cayeron en 13 y 14 de Nisán, y otros que en 14 y 15.

Por una parte, parece que, según San Juan, la Pascua comenzaba el sábado, y según eso el viernes fue 14, y el jueves no pudo ser el primer día de los ácimos, que ritualmente era el 14 de Nisán. Pero según indican los otros evangelistas, el día en que celebró Cristo la cena era ya el primer día de los ácimos, y por tanto, según parece, el jueves era ya 14, y el viernes tenía que ser 15 o primero de Pascua.

Muchas son las soluciones que a este problema procuran dar los exegetas. Algunos dicen que Jesucristo celebró la Pascua un día antes que los demás judíos, porque quiso de este modo dar fin a la Pascua antigua y hacer que la verdadera Pascua, la inmolación del verdadero Cordero se celebrase el mismo día en que por la tarde habían de inmolarse los corderos pascuales. Según éstos, la cena pascual debería haberse celebrado, y se celebró, en efecto, por los demás judíos, el viernes, y Jesucristo la anticipó. Otros dicen que no sólo Jesucristo, sino también los judíos, por alguna de varias razones que exponen, celebraban podían celebrar, el convite del cordero en dos días, jueves 13 y el viernes 14 de Nisán; pero que la Pascua comenzaba este año el sábado.

Otros creen que no hubo ninguna mudanza de lo orditinario, sino que el jueves, Cristo hizo lo que todos los judíos hicieron, y comió, como todos los demás, el cordero pascual cuando correspondía. Y que el viernes, en efecto, era ya el primer día de Pascua. Algunas y fuertes dificultades hay contra esta opinión y en su lugar, aunque de paso, las explicaremos. Pero acaso sea esta solución la que menos inconvenientes ofrece entre todas.

Parece indudable que si Jesús hubiera comido la Pascua un día distinto de los demás judíos, ya los evangelistas lo hubieran notado, y el mismo Señor hubiera dado la razón de ello.

Ahora bien, ninguna, parte se descubre en los Evangelios en todo el proceder de Jesucristo en estos días ninguna cosa desusada. Tanto San Juan como los otros tres hablan como si Jesús no se hubiese salido en nada de lo acostumbrado. Prueba suficiente de que en todo se ajustó a las prescripciones legales.

Así la cuestión queda reducida a explicar algunas frases de los Evangelios, para lo cual sería preciso conocer muy al pormenor todas las costumbres de los hebreros en tiempo de Pascua, y el sentido que suelen tener ciertos modos de hablar, de San Juan, sobre todo.

Dejemos nosotros estas sutiles, aunque importantes cuestiones para los sabios, y vamos a la narración de lo que Cristo hizo en la Pascua.

Únicamente añadiremos, para perfeccionar la idea que estamos dando de lo que era la Pascua para los judíos, que la cena pascual no era más que el comienzo de la fiesta. Seguían después siete días festivos, en los cuales también ofrecían los hebreos muchos sacrificios, y se reunían muchas veces en el templo, y se festejaban en las calles y en los alrededores, que todas ellas rebosaban de ingente multitud y abigarrado pueblo de todas partes. Lo que en los Hecho de los Apóstoles se refiere del día de Pentecostés, puédese decir mucho mejor del día de la Pascua: que en él se hablaban en la Ciudad Santa lenguajes y dialectos de todas clases, y se juntaban naciones de todo el mundo. «Partos, y medos, y elamitas, de Mesopotamia, de Judea, de Capadocia, del Ponto, de Asia, de Frigia, de Panfilia, de Egipto, de la región de Libia, de cerca de Cirene, peregrinos, romanos así judíos como prosélitos, cretenses, árabes».

Y aunque había mucha hospitalidad, sobre todo en este tiempo de Pascua, era imposible recibir a todos en las casas. Porque si es verdad lo que dice Josefo, que algún año fueron 256.500 los corderos sacrificados, bien podemos suponer que serían lo menos 2.565.000 los convidados a comerlos, o como el mismo Josefo calcula 2.700.000 y hasta tres millones. Los cuales, rebosando de las casas, ponían sus tiendas y moradas en las plazas, en las calles y, sobre todo, en el campo, en las lomas de los montes, en los valles, en los huertos, formando alrededor de la Ciudad Santa el más vistoso y pintoresco espectáculo que a la imaginación puede ofrecerse, de tiendas de todos los tamaños, hechuras y colores.

Todos los peregrinos permanecían durante toda la semana pascual en Jerusalén. Sólo por necesidad se toleraba a algunos volver al tercer día. El segundo de las fiestas se hacía al Señor la oferta de las primicias de los campos. Antes de esta ofrenda no se podía probar ninguno de los nuevos frutos del año.

252. PREPARACIÓN DE LA PASCUA DE JESÚS
(Lc 22, 7-13; Mc 14, 12-16; Mt 26, 17-19)

Llegaba, pues, para todos la Pascua, y para Jesús la última y más importante de las pascuas, última que había de valer también a los ojos de Dios, y que iba a ser sustituida por otra mucho más santa, por la verdadera Pascua del verdadero Cordero que quita los pecados del mundo.

Era el día mismo de los ácimos, y a la tarde había que comer el cordero. No había por tanto, tiempo que perder. Llamó el Señor a dos de sus discípulos, a Pedro y Juan, y les dijo:

«Id y preparadnos la Pascua para que la comamos».

Cuando dijo esto, le preguntaron los discípulos:

«¿Dónde quieres que te preparemos para comer la Pascua?»

Atento me figuro yo que estaría a toda esta conversación Judas Iscariote, y bien pudiera ser que con motivo de ser él el procurador, y deseoso de saber el sitio de la cena para realizar sus intentos, pusiese empeño en conocer de antemano el sitio, y aun en ser elegido para preparar el banquete. Mas sea por esto, sea por otros motivos, Jesús ni eligió a Judas para el oficio, sino a Pedro y Juan, que eran de toda confianza y muy a propósito para el cargo, ni tampoco definió el sitio en que había de comer el cordero. Sino que respondió así:

«Id a la ciudad, y al, entrar en ella, encontraréis a un hombre llevando un cántaro de agua. Seguidle hasta la casa en que entre, allí diréis al dueño de ella: el Maestro te dice: Mi tiempo está cerca, voy a celebrar la Pascua en tu casa con mis discípulos. ¿Dónde está el aposento en que he de comer la Pascua con mis discípulos? Y él os enseñará en lo alto de la casa un salón espacioso amueblado. Preparad allí.»

Todo hace pensar que el Señor, próvido, sin que lo supiesen los apóstoles, había tratado del asunto con el dueño de la casa, que tal vez debía de ser alguno de los discípulos, José o Nicodemus o la madre de Juan Marcos. Estaba este salón en lo alto de la casa, y preparado para la cena, pascual. Debía de pertenecer a dueño de toda confianza, porque en él se juntaban los discípulos después de muerto Jesús y en él recibieron al Espíritu Santo. Lo espacioso de su recinto puede deducirse de que en él pudo San Pedro, después de la resurrección, hablar a ciento veinte discípulos de Jesús, cuando la elección de Matías. Debía, en fin, de dar por alguna ventana o por la escalera o azotea a la calle, pues desde allí habló y fue oído San Pedro por los transeúntes.

Fueron, pues, los dos apóstoles, llegaron a la ciudad, encontraron al hombre del cántaro, observaron dónde entraba, dieron al amo de la casa el recado de su Maestro, hallaron todo como éste les había dicho y prepararon la Pascua.

Como nada más nos dice el Evangelio, nada más podemos decir nosotros de lo que San Pedro y San Juan hicieron. Pero de seguro harían lo que todos los demás. Llevarían consigo el cordero que debió comprar días antes el Iscariote, y entrarían con él en el templo a inmolarlo. Una vez sacrificado el cordero, irían al cenáculo, y prepararían los ácimos, las yerbas, la salsa, la mesa, el estrado, los vasos y los barreños para las purificaciones.

Era la caída del día, habíase puesto ya el sol, y pasado, como ellos decían, *la primera tarde*. Surgían las tinieblas de la noche, y se acercaba la *segunda tarde,* como llamaban al fin de ella. El cordero estaba inmolado; puesto al fuego, íbase tostando, mientras el Señor desde Betania se acercaba por última vez a Jerusalén a ser Él también inmolado al otro día. Ya no habían de ver sus ojos otra tarde, ni otra puesta de sol.

Viniendo de Betania, al doblar la cumbre del monte Olivete, se presentó ante sus ojos aquel espectáculo maravilloso de miles y miles de tiendas de campaña todas enramadas y vistosamente engalanadas para la fiesta nocturna. De las más de ellas subía ya el humo de las hornillas en que se estaban asando los corderos. Un confuso murmullo de gente innumerable, mezclado con aleluyas, exclamaciones, pedazos de salmos, tonadas orientales, risas, gritos, voces, subía desde el fondo del valle y causaba alegría a los corazones libres de cuidados.

El de Jesús iba despedazado por dos encontrados afectos. El uno, de un gran anhelo de celebrar aquella Pascua y salir aquella misma noche a salvar a la humanidad; el otro, de horror y espanto a la perspectiva de lo que tenía que sufrir. Desde allí veía el huerto de Getsemaní, las casas de Anás y Caifás, el palacio de Herodes, la torre Antonia y la morada de Pilato, el arco del Ecce Homo, la calle de la Amargura y el Calvario...

¡Triste bajada la de Jesús, angustiado en medio de la general alegría que resonaba en todas las moradas!

Pasó por el lado del huerto de Getsemaní, subió a la ciudad y entró en el Cenáculo.

253. SE SIENTAN A LA CENA
(Lc 22, 14-18; Mc 14, 17-25; Mt 26, 20-29)

Entraron en el Cenáculo, que ya les estaba preparado. Recibiríalos, sin duda, el amo de la casa y él mismo los conduciría a lo alto de su morada, donde estaba todo aguardándoles.

Llegados allá Jesús y sus discípulos, sentáronse todos y ellos solos a la mesa, y dieron comienzo a la cena pascual. Y estaban ya, sentados, cuando, con gran solemnidad, el Maestro, en presencia de las viandas pascuales, les dijo:

«Con gran deseo he deseado comer esta Pascua con vosotros, antes de padecer. Porque os aseguro que desde ahora no volveré a comerla hasta que se cumpla en el Reino de Dios». Es decir, hasta que se celebre otra más cumplida y verdadera en el Reino de los cielos.

«Entonces tomó la copa, dio gracias y dijo:

"Tomad y repartidla entre vosotros. Porque os digo que no beberé de este fruto de la vid hasta el día en que beba con vosotros otro nuevo en el Reino de mi Padre".»

Estaba, pues, celebrando la última Pascua que había de celebrar en el mundo, bebiendo el último vino y comiendo el último pan. Ya no había de celebrar en vida otra Pascua, ni otro convite, sino en su Reino, donde había dispuesto como les dijo después, una mesa en que con Él habían de comer y beber otros manjares celestiales y del todo sobrenaturales.

No era todavía este pan ni este cáliz que les sirvió el de la Sagrada Eucaristía. Era uno de los panes y una de las copas que en la cena pascual debían tomarse, y que Jesús tomó, pues la celebró ni más ni menos que como solían celebrarla los demás judíos.

254. LA DISPUTA DE LOS PUESTOS (Lc 22, 24-30)

Entonces no se sabe bien con qué motivo, acaso con el afán de beber antes de la copa que estaba circulando, comenzó entre los discípulos una de aquellas disputas pueriles, propias de hombres sencillos e imperfectos, como las que en otras ocasiones también suscitaron.

Comenzaron a disputar entre sí quién de todos era el mayor. Acaso juntamente con el honor, se disputaron el puesto, pretendiendo cada uno sentarse más cerca del Señor, y observar mejor lo que Él hacía, y estar unido más íntimamente con Él, en aquella noche, que además de ser de suyo muy solemne, comprendían que debía tener algún muy grande misterio, a juzgar por todo lo que iban viendo los últimos días.

Cortó la disputa el Señor con su admirable y acostumbrada mansedumbre, repitiéndoles lo que les había dicho con ocasión de la petición de los hijos del Zebedeo:

«Los reyes de los gentiles los dominan, y los que tienen imperio sobre ellos son llamados bienhechores. Pero no sea así entre vosotros. Sino el que es mayor entre vosotros hágase como el menor. Y el que manda como el que sirve. Porque, ¿quién es mayor?, ¿el que está sentado o el que sirve? ¿No es verdad que el que está sentado? Y sin embargo, yo estoy entre vosotros como el que sirve.»

Y animándoles a buscar otras preferencias y dignidades más altas, les dijo: «Pero vosotros sois los que habéis permanecido conmigo en todas mis tentaciones, y yo os tengo preparado un reino, así como mi Padre me lo tiene preparado a mí, para que comáis y bebáis a mi mesa en mi reino, y os sentéis en tronos juzgando a las doce tribus de Israel.»

255. EL LAVATORIO DE LOS PIES (Jn 13, 1-20)

Debió de suceder esto al fin de la cena, cuando más alegres los ánimos y más estrechadas las comunicaciones, todos querían acercarse al

Maestro. Y el Salvador, después de haberles dado los anteriores consejos, deseoso de enseñarles la humildad con el ejemplo propio, y de prepararlos también para el gran misterio y la otra cena mucho más sublime que, sin ellos saber nada, les tenía preparada, procedió a una acción de las más admirables de su vida.

«Antes de la fiesta de la Pascua, sabiendo Jesús que llegó su hora de pasar de este mundo al Padre, habiendo amado a los suyos que estaban en el mundo, los amó hasta el extremo. Y acabada la cena, cuando ya el diablo se había propuesto en su mente que Judas, el hijo de Simón Iscariote, le entregase, sabiendo que el Padre había puesto en sus manos todas las cosas y que de Dios había salido y a Dios iba se levantó de la cena, se quitó los vestidos, y, tomando un lienzo, se lo ciñó. En seguida echó agua en una jofaina, y comenzó a lavar los pies de los discípulos y a enjugarlos con el lienzo de que estaba ceñido».

No sabemos por dónde comenzó, pero ya debía de haber lavado a alguno los pies, cuando

«Llegó, pues, a Simón Pedro. Y éste le dice: "¡Señor!, ¿tú me lavas a mí los pies?" Respondió Jesús y le dijo: "Lo que yo hago no lo entiendes tú ahora. Pero lo entenderás después". Díjole Simón: "A mí no me lavarás jamás los pies". Le respondió Jesús: "Si no te lavo, no tendrás parte conmigo". Dícele Simón: "Señor, no solamente mis pies, sino también las manos y la cabeza". Dícele Jesús: "El que está lavado no tiene necesidad sino de lavarse los pies, antes bien está limpio todo. Y limpios estáis vosotros, pero no todos". Sabía bien quién era el que le iba a entregar, por eso dijo no están limpios todos.

»Cuando acabó de lavar los pies de ellos y tomó sus vestidos, sentándose de nuevo a la mesa, les dijo: "¿Sabéis lo que acabo de hacer con vosotros?" Vosotros me llamáis Maestro y Señor y decís bien, porque lo soy. Pues si yo, Señor y Maestro, os he lavado a vosotros los pies, también vosotros debéis lavaros los pies unos a otros. Porque os he dado ejemplo, para que, como yo he hecho con vosotros, así lo hagáis vosotros.

»En verdad, en verdad os digo: no es el siervo mayor que su señor, ni el apóstol mayor que quien le envía. Si esto sabéis, si lo hacéis, seréis bienaventurados.»

Y acordándose de que no todos lo serían, porque no todos lo harían, añadió: «No lo digo por todos vosotros. Yo sé a quiénes he elegido. Pero para que se cumpla la escritura: *El que come mi pan levanta-*

rá contra mí su pie. Os lo digo desde ahora, antes de que suceda, para que cuando suceda, creáis que soy yo».

Y añadió una sentencia clara en sí misma, pero que no podemos averiguar bien con qué enlace ni a qué propósito la dijo; acaso falta en el Evangelio alguna interrupción o suceso que lo explique.

«En verdad, en verdad os digo: que quien recibe al que yo enviare a mí me recibe, y quien me recibe a mí, recibe a aquel que me envió.»

No era el fin de este lavatorio solamente el darles ejemplo.

Se propuso, además, según tradicional sentimiento de la Iglesia, purificar a sus discípulos más y más para los grandes misterios que se acercaban.

256. INSTITUCIÓN DE LA EUCARISTÍA
(Lc 22, 19-20; Mc 14, 22-24; Mt 26, 26-28; 1Co 11, 23-25)

Ya había terminado, como dijimos, la cena pascual. Ya el Maestro había lavado los pies de sus discípulos. Ya estaba de nuevo sentado a la mesa el Salvador, cuando, mirándole todos y esperando a lo que iba a hacer, tomó el Señor un pan de los que aún quedaban en la mesa, y lo partió en pedazos, y lo dio a sus discípulos, diciendo:

«"Tomad y comed, éste es mi cuerpo que se da por vosotros. Haced esto en memoria de mí". Del mismo modo tomó en seguida el cáliz, dio gracias, y se lo entregó, diciendo: "Bebed de él todos. Porque ésta es mi sangre del Nuevo Testamento, que por vosotros y por muchos será derramada para remisión de los pecados. Haced esto siempre que bebáis en memoria de mí".»

¡Oh admirable Sacramento! Verdaderamente tenía razón San Juan cuando decía que Jesús, habiéndonos amado, nos amó hasta el fin, hasta el exceso, hasta el extremo, hasta no poder más. Y con razón al ir a instituir un sacramento tan prodigioso y estupendo, tuvo que tener presente el Salvador que su Padre le había dado todo en sus manos, y que tenía poder para hacer toda clase de milagros y prodigios, aun este de la Eucaristía, que es el mayor que ha hecho jamás el Señor en la Iglesia.

Discretamente nos revela el mismo Apóstol Amado, que la razón de hacer este prodigio y realizar este misterio el Señor, era el saber que

IX. LA SEMANA SANTA. JUEVES SANTO

había salido del Padre para estar con nosotros y que ya se le acababa este tiempo de estar entre los hombres. Y como tenía este grandísimo amor y deseo de estar con los hombres, de tal manera combinó su omnipotencia, su amor y su providencia, que, aunque se fuese, se quedase, y aunque estuviese en su Padre, estuviese también con sus hijos.

¡Qué tesoro de omnipotencia, que sublimidad de misterios y, sobre todo, qué riquezas de amor concentró el Corazón de nuestro dulcísimo Salvador en este momento de la institución de la Eucaristía! ¡Con qué sencillez realizó tan estupendos prodigios!

Así como la Antigua Alianza o Testamento de Yahvé con el pueblo de Israel se consagró con sangre de víctimas, así también esta Alianza y Testamento Nuevo de Jesucristo con su pueblo, se confirmó y selló con la sangre del Cordero inmaculado y la inmolación del cuerpo de Jesucristo. Y por eso dijo el Señor: ésta es mi sangre del Nuevo Testamento. Y llama eterno a este Testamento la Iglesia, porque no tendrá jamás fin, como lo tuvo el Antiguo.

En esta noche, además de instituir Jesús la Eucaristía, instituyó a sus apóstoles sacerdotes, como nos lo enseña el Concilio de Trento, cuando dice: «Cristo ofreció a Dios Padre su cuerpo y su sangre bajo las especies de pan y vino, y con los símbolos de las mismas cosas, a los apóstoles a quienes entonces instituía sacerdotes del Nuevo Testamento, las entregó para que las tomasen, y a ellos y a sus sucesores en el sacerdocio, les mandó que las ofreciesen por medio de estas palabras: Haced esto en memoria de mí. Así lo ha entendido siempre la Iglesia católica». (Sec. 22, c. I).

De manera que en esta noche el Señor instituyó la Eucaristía, dio la comunión a sus discípulos, los ordenó sacerdotes, ofreció el sacrificio incruento, que después había de ofrecer sangriento en la cruz, mandó que este sacrificio se ofreciese perpetuamente y, en fin, reunió en un punto toda la vida que había tenido en la tierra, quedándose perpetuamente en la Eucaristía, para perpetuar con nosotros, después de subido a los cielos, lo que estando en la tierra había hecho.

Hermosamente dice la Iglesia en uno de sus himnos: «Dado a nosotros, nacido para nosotros, de una Virgen intacta, y habiendo conversado en el mundo, esparciendo la semilla de su divina palabra, cerró con una institución admirable la duración de su estancia».

Y ¡tan admirable como fue la invención!, como que gracias a ella vive Jesús aún con n6sotros, y se sacrifica en medio de nosotros y nos santifica con su misma persona.

257. REVELA LA TRAICIÓN QUE LE PREPARAN
(Jn 13, 21-30; Lc 22, 21-23; Mc 14, 18-21; Mt 26, 21-25)

A todo esto, estaba allí el traidor, sentado a la mesa con los demás apóstoles. Mucho tenía que sufrir el generosísimo Corazón de Jesús teniéndole delante. Le había ya varias veces indicado delicadamente que estaba al tanto de sus maquinaciones. Le había lavado los pies, acaso con más especial atención que a los otros; de creer es que más de una vez se encontraron sus ojos plácidos, serenos, amantes, con los recelosos de Judas. Pero su Corazón estaba lleno de angustia y ahogo con la enojosa presencia del malvado. Así que comenzó a desahogarse diciendo a todos:

«Y a pesar de todo, he aquí, que la mano de quien me va a entregar está conmigo en la mesa.»

Dijo y calló con un silencio imponente. Todos los discípulos vieron que su espíritu se había turbado. Tanta era su pena y angustia. Y, por fin, cuando todos estaban pensativos sin acertar a entender bien lo que el Señor acababa de decirles, protestó Jesús y les dijo clara y terminantemente, de modo que nadie tuviese duda de su idea:

«En verdad, en verdad os digo, que uno de vosotros me va a entregar, uno que está comiendo conmigo. Ahora bien, el Hijo del hombre se va, según está decretado. Mas ¡ay de aquel por quien el Hijo del hombre va a ser entregado! Bien le hubiera sido el no haber nacido.»

Terror grande y profunda sorpresa infundieron estas palabras del Señor entre todos los discípulos. Se miraban unos a otros dudando a quién se refería. Y, llenos de tristeza, comenzaron a preguntar entre sí quién de ellos podría ser el que tal cosa hiciese y empezaron a decir todos: «¿Acaso soy yo, Señor?»

No quería Jesús revelar quién fuese, sino sólo llamarle a penitencia y obligarle suavemente, si quería, a reconocerse. Por eso a nadie respondió en particular, sino que dijo: «Uno de los doce, que moja su mano conmigo en el plato, ése me ha de entregar.»

Acaso, aunque la frase del Salvador podía convenir a cualquiera de los doce, Judas, por estar cercano al Salvador, según parece, pudo darse por especialmente aludido. Y o por esto o por no diferenciarse de los otros, dijo él también: «¿Acaso soy yo, Maestro?»

Grande era su imprudencia, pero por fuerza, al preguntar esto al Maestro, debió de turbarse el traidor, y temblar de la respuesta que el Salvador había de darle.

«Le dijo Jesús: "Tú lo has dicho"». Es decir, tú eres.

Un rayo debió de ser tal palabra para Judas, que le dejó anonadado. Gracias a que Jesús la debió de pronunciar con voz suficiente, sí, para que la entendiese Judas, que, según trazas, estaba a su lado, pero tan sumisa que nadie fuera de él pudo oír.

Desde entonces aumentó, sin duda, la zozobra del perverso discípulo, que no veía la hora de salirse. Pero creció su sobresalto, si como es de suponer, advirtió las señas que se cruzaron entre Pedro y Juan.

No sabemos cómo se colocaron los apóstoles en la mesa. Pero parece lo más cierto que cerca de Jesús estaban Judas y San Juan. De sí mismo nos lo asegura claramente San Juan, pues dice que estaba recostado en el seno del Señor. Es decir, según la manera de entonces de comer, recostados sobre el codo izquierdo, San Juan estaba delante del Salvador, o lo que es lo mismo a su derecha, de manera que su cabeza venía a caer en el seno del Señor. San Pedro estaba más lejos, y en sitio desde donde no podía hablar al Señor sin que lo oyesen todos. Pero deseoso de terminar aquellas crueles incertidumbres y acaso averiguar quién era el traidor para darle allí su merecido, quiso, por medio de Juan, averiguar quién fuese. Y o con palabras si estaba cerca, o más bien con gestos, indicó a Juan que preguntase al Señor a quién se refería.

«Dejándose, pues, caer Juan sobre el pecho de Jesús, le dijo: "¡Señor!, ¿quién es?"»

Dulce expansión y curiosidad del discípulo amado. Mucho debió de conmover a su Maestro entonces aquella pregunta llena de amor. Y en voz baja, para que nadie lo oyese, y delicadamente sin decirle el nombre, para que no lo supiese hasta el fin, le dijo:

«Aquel a quien yo dé el pedazo de pan mojado, ése es.»

Tal vez aún tardó un rato en dárselo hasta que estuviese todo acabado. Pero en fin, «mojando un pedazo de pan, se lo dio a Judas, hijo de Simón Iscariote». Entonces entendió Juan quién era el traidor. Pero no lo dijo a nadie. Fijó, curioso y aterrado, su vista Juan en Judas, el discípulo amado en el traidor infame, la paloma cándida en el buitre codicioso. Y con la mirada de águila que tenía, penetró en el negro abismo de aquella conciencia tenebrosa... Y algo debió de notar el discípulo amado en Judas cuando tomó el bocado. Alguna mutación de su rostro, alguna intranquilidad de su espíritu, alguna revolución de sus ojos debió de advertir. Porque dice en su Evangelio:

«Y tras el bocado, entró en él Satanás.»

Quiso Jesús librar a Judas de compromisos y acelerar aquella situación verdaderamente tirante y sumamente expuesta, y le dijo:

«Lo que haces, hazlo más pronto.»

No era, claro está, empujarlo al crimen. Sino advertirle con ironía que estaba en el secreto de todo, y que ya estaba mal allí, pues estaba comprometido. Era en cierto modo decirle: Vas a salir para tu mal hecho; sal, pues, cuanto antes, porque aquí estás expuesto.

No entendieron los demás que estaban a la mesa para qué le dijo esto. Algunos creían que, como tenía Judas la bolsa, le quiso Jesús decir: Compra las cosas que nos son necesarias para la fiesta (porque al otro día, sábado, ya no podrían comprar nada), o que diese algo a los pobres.

«En cuanto recibió, pues, el bocado, salió al punto. Y era de noche...»

¡Oh advertencia misteriosa del discípulo amado! Era noche. Era la noche que no había de terminar jamás para aquel hombre que, estando junto a la luz, no quiso dejarse iluminar de ella, sino que cerró los ojos al sol de justicia. Era de noche por fuera. Pero otra noche mucho más tenebrosa llevaba dentro de su corazón el Iscariote.

258. EXPANSIONES DE JESÚS
(Jn 13, 31-32)

¡Cuánto sufrió Jesús hasta que salió el traidor! tanto, que no lo quiso disimular. Y apenas se vio libre de su presencia, respiró y dijo:

«Ahora ha sido glorificado el Hijo del hombre y Dios ha sido glorificado en Él. Si Dios ha sido glorificado en Él, también Dios le glorificará a Él en sí, y pronto le glorificará.»

En efecto, ya el Hijo iba a glorificarse; empezaba a glorificar al Padre con su Pasión, y el Padre por la Pasión iba a glorificar al Hijo con la resurrección y grande gloria que le preparaba. Y esta Pasión y esta glorificación empezaban cuando el traidor iba a cumplir su hecho.

Desde entonces comenzó el Salvador a expansionarse con sus discípulos, libre por fin de la presencia e impedimento de Judas. Maravillas de ternura familiar, y al mismo tiempo de sublime teología, componen las últimas conversaciones del Maestro. No es posible detenernos a analizar. Las iremos poniendo según están en los Evangelios, persuadidos de que no dejará nuestra alma de encontrar en esta despedida de Jesús dulcísima recreación y gran luz para conocer el corazón del que nos amó hasta el extremo.

El precepto nuevo (Jn 13, 33-35)

«Hijos, ya poco tiempo estaré con vosotros. Me buscaréis, pero así como dije a los judíos: A donde yo voy no podéis venir vosotros, así también os lo digo a vosotros ahora. Os doy un mandamiento nuevo: que os améis mutuamente; como yo os he amado, así también os amaréis mutuamente. En esto conocerán todos que sois discípulos míos: si os tenéis amor mutuo.»

No era nuevo el mandato de la caridad con el prójimo, ni entonces por primera vez lo aconsejaba el Maestro. ¿Por qué, pues, ahora dice que da un mandato nuevo?

Es que ahora el Maestro aconseja a sus discípulos que además de aquel amor general que deben profesar a todos los hombres, y de una manera aún más singular que con el precepto de la caridad que obliga a todo el mundo, se amen especialmente entre sí con un amor singular, y superior al de los demás hombres que no fuesen discípulos de Cristo. Y tal deseaba que fuese este amor entre los discípulos de Jesús, entre los cristianos, que todos conociesen que lo somos en el amor especial que nos profesamos.

Ojalá se renueve en todos y cada uno de nuestros espíritus aquel amor de los primeros cristianos, que, herederos de este precepto, se amaban entre sí de tal modo que, en efecto, por la caridad especial que se tenían, llamaban la atención de los paganos, y les obligaban a exclamar, algunas veces: «¡Cómo se quieren unos a otros los cristianos!»

Aviso a Simón Pedro (Jn 13, 35-38; Lc 22, 31-34)

Pedro, que le había oído que se iba y que no le podría seguir, no quedó convencido de ello y le preguntó: «¡Señor!, ¿a dónde vas?»

Respondió Jesús: «A donde yo voy no puedes tú seguirme ahora; pero ya me seguirás después».

Sospechó Pedro que se trataba de seguirle a la cárcel o a la muerte, y dijo: «¿Por qué no te puedo seguir ahora? ¡Señor!, contigo estoy resuelto a ir a la cárcel y a la muerte. Daré mi vida por ti.»

Se sonrió tristemente el Salvador, que conocía lo futuro, y sabía cómo Pedro le había de negar, y con suave ironía le dijo:

«¿Darás tu vida por mí? Pedro, en verdad, en verdad te digo: no cantará hoy el gallo hasta que niegues tres veces que me conoces. Simón, Simón, Satanás os ha pedido para cribaros como el trigo, pero yo he rogado por ti, para que no falte tu fe, y tú, después de vuelto confirma a tus hermanos.»

Como el diablo había pedido a Job para sí, para que Yahvé le permitiese tentarle, así también pidió a Simón y sus hermanos, y los iba a zarandear terriblemente en la Pasión y hacerlos caer si pudiese. Dios dejó en manos del tentador a los discípulos, así como había dejado a Job. Mas Jesús había pedido que no faltase la fe de Pedro. Y aunque le había de negar, pero no dejaría de creer en Él. Y luego, convertido de su caída, vuelto a los suyos, había de confirmarlos a todos, según el encargo que le había dado el Maestro. Y todo sería menester. Porque se les venían encima grandes peligros.

Aviso a los apóstoles (Lc 22, 34-38)

«Y les dijo: "Cuando os envié sin bolsa, y sin saco ni calzado, ¿os faltó acaso algo?" Le dijeron: "Nada". Les dijo pues: "Ahora, sin embargo, el que tenga bolsa que la tome, y lo mismo el saco, y el que no la tenga venda su manto y compre espada porque os digo que ya va a cumplirse en mí lo que está escrito: *Fue contado entre los malvados.* Porque lo que a mí toca llega a su fin».

No quería hablarles a la letra, sino en sentido figurado. Era como decirles: hlasta aquí yo he sido vuestra providencia, y por mí se os han dado todas las cosas, pero yo me voy, y quedáis solos; mirad por vosotros, y, puesto que viene la persecución, preparaos a ella, porque a mí me van a acometer como si fuese un criminal. Y vosotros también correréis peligro.

Lo que Jesucristo decía en sentido figurado, ellos lo tomaron a la letra y empezaron a ver lo que tenían, y especialmente las espadas. Dos tenían, sea que las trajesen de Galilea en previsión de temores, sea que las hallasen allí mismo en la casa; y le dijeron: Señor, mira aquí dos espadas. Mas Él, que no hablaba a la letra, cortó las discusiones e inquietudes con un gesto que expresaba su idea, diciendo: «Basta ya». Como quien dice: No se trata de eso; dejadlo ya.

Moradas del cielo (Jn 14, 1-4)

«No se turbe vuestro corazón. Creed en Dios; creed también en mí. En la casa de mi Padre hay muchas moradas. Porque si no, os lo hubiera dicho; porque voy a prepararos sitio. Y cuando haya ido y os haya preparado sitio, volveré otra vez y os tomaré conmigo, para que donde yo esté, estéis también vosotros. Y ya sabéis adónde voy yo. Y el camino también lo sabéis.»

El camino (Jn 14, 5-14)

«Le dice Tomás: "Señor, no sabemos adónde vas; ¿cómo vamos a saber el camino?" Le dijo Jesús: "Yo soy el camino, la verdad y la vida. Nadie viene al Padre sino por mí. Si me llegáis a conocer a mí, también a mi Padre llegaréis a conocer. Y desde ahora le conocéis y le habéis visto". Le dice Felipe: "Señor, muéstranos al Padre, y nos basta.»

Deseaba Felipe tal vez tener alguna visión de Yahvé.

Le dice Jesús: "Llevo tanto tiempo con vosotros y ¿no me habéis conocido? Felipe, el que me ve a mí, ve al Padre. ¿Cómo dices tú: Muéstranos al Padre? ¿No crees que yo estoy en el Padre, y el Padre en mí? Las palabras que yo os hablo no las hablo de mí mismo; sino que el Padre que mora en mí, Él hace las obras. Creedme que yo estoy en el Padre y el Padre está en mí. Y si no, creed por las mismas obras.

»En verdad, en verdad os digo, que quien cree en mí hará también él las obras que yo hago, y hará mayores que éstas: porque yo me voy al Padre. Y todo lo que pidáis al Padre en mi nombre, lo haré para que sea glorificado el Padre en el Hijo. Si me pedís alguna cosa en mi nombre, eso lo haré.»

Promesa grande. Sino que muchas veces pedimos cosas que no son en nombre de Cristo, ni sirven para su honor y para los fines que Él trajo al mundo de salvarnos y perfeccionarnos, y por eso no las conseguimos. Pidamos lo que se puede pedir en nombre de Cristo, y lo lograremos.

El consolador: El Espíritu Santo (Jn 14, 15-26)

«Si me amáis guardad mis mandamientos. Y yo rogaré al Padre, y os daré otro abogado, para que esté con vosotros para siempre, el Espíritu de verdad, que el mundo no puede recibir, porque no le ve ni le conoce; pero vosotros le conoceréis, porque morará en vosotros y estará con vosotros. No os dejaré huérfanos; vendré a vosotros. Un poco más y el mundo ya no me verá. Pero vosotros me veréis, porque yo

vivo y vosotros viviréis. En aquel día vosotros conoceréis que yo estoy en mi Padre, y vosotros en mí y yo en vosotros. Quien tiene mis mandamientos y los guarda, ése es el que me ama, y quien me ama a mí, será amado de mi Padre, y yo le amaré y me mostraré a mí mismo a él.
»Le dice Judas, no el Iscariote: "Señor, ¿qué sucede? ¿Que te vas a manifestar a nosotros y no al mundo?"»

No entendía el apóstol que siendo el Mesías Jesucristo, y habiendo hasta entonces trabajado tanto para manifestarse al mundo, y esperando todos la venida del Reino de su Señor, ahora se hubiese de contentar con manifestar su gloria a los discípulos y no a todo el mundo.

Delicada la respuesta del Mesías, dándole a entender cómo el Reino que Él iba a fundar era muy distinto del reino que se figuraban los judíos, lleno de esplendor mundano. Y que se manifestaría su Reino y su gracia al que le amase y guardase sus palabras. Por eso respondió diciendo:

«Si alguno me ama, guardará mis palabras, y mi Padre le amará y vendremos a él, y en él pondremos nuestra morada. Quien no me ama no guardará mis palabras; y las palabras que oís no son mías, sino del Padre que me envió.»

No eran aún capaces los discípulos de entender todas las cosas que les iba diciendo y otras muchas que les quería enseñar, y por eso añadió:

«Esto os he enseñado mientras estoy con vosotros. Pero el Paráclito, el Espíritu Santo, que mandará mi Padre en mi nombre, él os enseñará todas las cosas, y os hará recordar todo lo que yo os he enseñado.»

Doble oficio del Espíritu Santo que había de enviarles. Primero, recordarles cuanto Jesús en esta y en otras ocasiones les había enseñado, haciéndoselo entender. Segundo, enseñarles además otras muchas cosas, todas las que eran necesarias para la Iglesia futura.

Despedida (Jn 14, 27-31)

Llegaba ya la hora y era preciso despedirse. Y se despidió el Salvador dando la paz: «Os dejo la paz, os doy mi paz. No os la doy como la da el mundo.»

Era esto un adiós. Y debieron ellosde juzgar que Jesucristo se les iba. Por eso, sin duda, al oír estas palabras de despedida, aunque no entendían definitivamente su sentido, se turbaron. Mas Él les dijo:

«No se turbe vuestro corazón. Ni se acobarde. Habéis oído que os he dicho: Voy y vengo a vosotros. Si me amaseis, os alegraríais, porque voy al Padre, porque el Padre es mayor que yo. *(Habla aquí Jesús de sí en cuanto hombre; pues en cuanto Dios, el Hijo es igual al Padre).* Y os lo digo ahora antes que suceda, para que cuando suceda, creáis. Ya no hablaré muchas cosas con vosotros. Porque viene el príncipe de este mundo. Y él en mí no tiene nada. Pero para que el mundo conozca que amo al Padre y que según el mandato que me dio el Padre así obro, levantaos y vamos de aquí.»

Evidentemente, el Maestro estaba agitado. Aquella terrible turbación que había de llegar en el huerto a su extremo había comenzado ya desde mucho antes. Durante toda la cena el espectáculo de aquel cordero que tantos años se había comido en representación del verdadero Cordero que aquel día por fin iba a ser sacrificado, la presencia del traidor, el pensamiento de la noche que se venía encima le tenía perturbado. ¡Oh misterio de la tristeza de Dios!

Así, pues, al decir estas últimas palabras, se levantó de la mesa como para salir. Pero no salió todavía. Le costaba despedirse de los suyos. Quería decirles muchas cosas. Le dijo muchas y dejó por decir muchas más aún, para el Espíritu Santo. Y en todas ellas manifestó su tiernísimo amor.

De pie ya, y en presencia de la separación próxima por la muerte, acordábase de la perpetua unión que Él quería tener con sus discípulos, y les dijo esta delicadísima parábola:

La vid (Jn 15, 1-8)

«Yo soy la vid verdadera y mi Padre es el labrador. Todo sarmiento que no lleva fruto en mí, lo arranca, y a todo el que lleva fruto lo limpia para que lleve más fruto. Ya vosotros estáis limpios por las palabras que yo os he hablado. Permaneced en mí y yo en vosotros. Como el sarmiento no puede llevar fruto de sí mismo si no permanece en la vid, así tampoco vosotros si no permanecéis en mí. Yo soy la vid, vosotros los sarmientos. El que permanezca en mí y yo en él, ése lleva mucho fruto. Porque sin mí no podéis hacer nada. Si alguno no permaneciere en mí, será echado fuera como el sarmiento, y se secará, y lo recogerán y lo echarán al fuego, y se quemará. Si permaneciereis en mí y las palabras mías permanecieren en vosotros, lo que queráis pedidlo y se os hará.»

Y para animarlos más y más y darles a entender cuán seguro es esto que promete, y en qué consiste la glorificación del Padre, les añadió: «En esto es glorificado mi Padre, en que llevéis mucho fruto y os hagáis mis discípulos.»

Amor de Jesús (Jn 15, 9-11)

«Como me amó a mí el Padre, así yo os he amado a vosotros. Perseverad en mi amor. Si guardáis mis mandamientos, perseveraréis en mí amor, así como yo he guardado los mandamientos de mi Padre y persevero en su amor. Os he dicho esto para que mi gozo esté en vosotros, y vuestro gozo sea cumplido.»

Amor mutuo (Jn 15, 12-17)

Y deseando de nuevo encarecer su anterior mandato del amor mutuo, les dijo: «Éste es mi mandato: que os améis unos a otros como yo os he amado. Nadie tiene mayor amor que éste: el de poner su vida por sus amigos. Vosotros sois mis amigos, si hacéis lo que os digo. Ya no os llamo siervos, porque el siervo no sabe lo que hace su señor; pero os he llamado amigos, porque todas las cosas que he oído de mi Padre os las he enseñado.

»No me elegisteis vosotros a mí, sino que yo os elegí y os puse para que vayáis y llevéis fruto, y el fruto vuestro persevere, para que todo cuanto pidáis a mi Padre en mi nombre, os lo conceda.»

Ésta era la idea de Jesucristo. Eligió discípulos para por su medio llevar el fruto a todas partes, y hacer que este fruto, aun después de ido el Maestro, perseverase, perseverando el ministerio apostólico perpetuamente. Y así como al Hijo concedía el Padre lo que le pedía, así a los discípulos y ministros de Cristo había de concederles cuanto le pidiesen en nombre de Cristo, para la redención y salvación de las almas.

Y como no se apartase de su alma la idea de su nuevo precepto, de nuevo lo repitió aquí diciendo:

«Os mando esto: que os améis unos a otros.»

Odio del mundo (Jn 15, 18-27)

Pero como tanto como Él los amaba los había de aborrecer el mundo, los previene y les dice:

«Si el mundo os odia, sabed que antes que a vosotros me ha odiado a mí. Si fueseis del mundo, el mundo amaría lo que es suyo. Pero como no sois del mundo, sino que yo os he separado del mundo, por eso os odia el mundo. Acordaos de mi palabra que os he dicho: no es el discípulo mayor que el maestro, ni el siervo mayor que su señor. Si a mí me persiguieron, también a vosotros os perseguirán; si guardaron mi palabra, también guardarán la vuestra.

»Pero todo eso os harán por mi nombre, porque no conocen al que me envió. Si yo no hubiese venido, y no les hubiese hablado, no tendrían pecado; mas ahora no tienen excusa de su pecado. El que me odia, odia a mi Padre. Si no hubiera hecho obras que nadie ha hecho, no tendrían pecado; mas ahora las han visto, y me han odiado a mí y a mi Padre. Pero había de cumplirse el dicho que está escrito en su ley *que me odiaron sin motivo*. Mas cuando venga el Paráclito que yo os enviaré del Padre, el Espíritu de verdad que procede del Padre, él dará testimonio de mí, y vosotros también daréis testimonio, pues estáis conmigo desde el principio.»

Persecuciones (Jn 16, 1-15)

«Esto os he dicho, para que no os escandalicéis. Os pondrán fuera de la sinagoga, y aun vendrá tiempo en que todo el que os mate, piense hacer reverencia a Dios. Y esto os harán porque no han conocido al Padre ni a mí. Mas os he dicho esto para que cuando llegue la hora de ello, os acordéis de que os lo he dicho. No os he dicho desde el principio estas cosas, porque estaba con vosotros. Mas ahora voy al que me envió.»

Al decir esto, parecía desear que le volviesen a preguntar lo que antes le habían preguntado. Mas efecto, sin duda, de la tristeza, que poco a poco iba invadiendo los corazones de todos, nadie preguntaba ni hablaba nada. Por eso el Señor les dijo:

«Y ninguno de vosotros me pregunta: ¿Adónde vas? Es que como os he dicho estas cosas, la tristeza ha invadido vuestros corazones. Pero os digo la verdad, a vosotros os conviene que yo vaya. Porque si no me voy, no vendrá el Paráclito a vosotros. Pero si me voy, le enviaré a vosotros. Y él cuando venga convencerá al mundo de pecado, de justicia y de juicio. De pecado, porque no creen en mí. De justicia *(es decir de la justicia y santidad de Cristo)*, porque voy al Padre y ya no me veréis. De juicio *(es decir, del juicio que se ha hecho al demonio)*, porque el príncipe de este mundo está juzgado *(es decir, vencido y sujeto)*.

»Todavía tengo muchas cosas que deciros, pero no sois ahora capaces de entenderlas. Mas cuando venga él, el Espíritu de verdad, os enseñará toda la verdad; porque no hablará de suyo, sino hablará cuanto oiga, y os anunciará lo por venir. Él me glorificará a mí, porque tomará de lo mío, y eso os anunciará.»

Porque, en efecto, el Espíritu Santo, aunque igual al Hijo y al Padre, procede del Padre y del Hijo, y aunque podría decir todo, pero no diría sino lo que Cristo querría, según la misión que le dio el Padre, conforme a la providencia que eligió Dios con nosotros.

«Todo cuanto tiene el Padre es mío. Por eso os he dicho que tomará y anunciará de lo mío.»

Conversión de la tristeza en gozo (Jn 16, 16-23)

«"Dentro de poco ya no me veréis, y dentro de otro poco me veréis, porque voy al Padre". Se dijeron entonces algunos de los discípulos unos a otros: "¿Qué es eso que está diciendo: dentro de poco no me veréis, y dentro de otro poco me veréis, y que voy al Padre?" Y decían: "¿Qué es ese dentro de poco que dice? No sabemos lo que habla".»

Fue todo esto en voz baja.

Pero conoció Jesús que querían preguntar y les dijo:

«¿Estáis preguntando entre vosotros esto de dentro de poco no me veréis, y dentro de otro poco me veréis? En verdad, en verdad os digo, que vosotros lloraréis y os lamentaréis y el mundo se regocijará. Vosotros sí, os entristeceréis, pero vuestra tristeza se convertirá en gozo. La mujer cuando está de parto, tiene angustia, porque llega su hora; mas cuando ha dado a luz un niño, ya no se acuerda de su angustia, porque ha nacido un hombre al mundo. Y vosotros lo mismo: ahora sí, tenéis tristeza, mas otra vez os veré y se alegrará vuestro corazón y nadie quitará vuestro gozo de vosotros.

»Y en aquel día no me tendréis que preguntar nada.»

Orad (Jn 16, 23-28)

«En verdad os digo: si alguna cosa pedís al Padre en mi nombre, os la dará. Hasta ahora nada habéis pedido en nombre mío. Pedid y recibiréis, para que vuestro gozo sea completo. Esto os he dicho en proverbios. Viene la hora en que ya no en proverbios, sino claramente os daré noticias del Padre. En aquel día pediréis en mi nombre, y no os digo que yo rogaré al Padre por vosotros, porque el mismo Padre os ama, porque vosotros me habéis amado a mí, y habéis creído que yo salí de Dios. Salí del Padre y vine al mundo. Otra vez dejo el mundo y vuelvo al Padre.»

Conclusión (Jn 19, 29-33)

«Le dicen ssu discípulos: "¡Vamos!, ahora hablas con claridad, y no dices ningún proverbio. Ahora sabemos que lo sabes todo, y no has menester que nadie te pregunte. Por eso creemos que has salido de Dios".

»Les respondió Jesús: "¿Ahora creéis? Pues llega la hora, y ha llegado ya la hora de que os desparraméis cada cual por vuestro lado, y me dejéis solo. Pero no estoy solo, que el Padre está conmigo. Esto os he hablado para que tengáis paz en mí. En el mundo tendréis angustia. Pero ¡animaos!, yo he vencido al mundo".»

Terminaba ya la conversación del Salvador. Llevado de su amor a sus discípulos no la había terminado durante tanto tiempo ni parecía saber terminarla. Hasta la repetición e incoherencia aparente que se nota en muchos trozos del Evangelio, parecen reflejar la situación de ánimo del Maestro que busca en sus últimas expansiones el amor de sus discípulos.

Es una de las notas más curiosas de Jesucristo. El verle siempre tan divino, y a pesar de eso tan humano y, sobre todo, tan bueno y delicado. ¡Oh Señor!, y ¡qué poco nos parecemos a ti los hombres!

259. ORACIÓN SACERDOTAL DE JESUCRISTO
(Jn 17, 1-26)

Ya se había despedido el Maestro de sus discípulos, el Mesías de sus apóstoles, el Padre de sus hijos, con aquel conmovedor discurso tan prolongado como el amor de Jesús, que se veía claramente no acertaba a separarse de los suyos que tanto amaba.

Y antes de salir de su compañía y de aquel último cenáculo de su vida mortal, al ir a sacrificarse como víctima de nuestros pecados, el

Sacerdote único de la Nueva Ley dirigió al Padre la augusta oración con que daba fin a su vida y comienzo a su Pasión. En ella ruega primero por sí, luego por sus discípulos y, en fin, por sus fieles de todos los siglos.

Oración por sí mismo (Jn 17, 1-5)

Dice San Juan: «Esto habló Jesús, y levantando sus ojos al cielo, dijo: Padre, llega la hora. Glorifica a tu Hijo para que tu Hijo te glorifique, conforme al poder que le has dado sobre toda carne, de dar vida eterna a cuantos le has entregado. Ésta es la vida eterna: que te conozcan a ti, único Dios verdadero, y al que tú has enviado, Jesucristo. Yo te he glorificado sobre la tierra; he terminado la obra que me encargaste hacer. Ahora, pues, glorifícame tú, ¡oh Padre!, a tu lado, con la gloria que tuve en ti antes de que existiera el mundo".»

Hasta aquí la parte de la oración se dirige por sí mismo. Jesús ha glorificado al Padre con toda su vida, explicando su doctrina, su gloria, su evangelio. Ahora pide que el Padre le glorifique, por medio de la Pasión y resurrección después de ella, y extensión de la Iglesia, para que el Hijo de nuevo y más que antes glorifique al Padre usando del poder que éste le dio de dar la vida eterna y sobrenatural, que consiste en conocer a Dios y en conocer a Jesucristo, su enviado; mas no de cualquier manera, sino con la misma gloria que tuvo antes de venir al mundo, y aun antes de existir el mundo, con la gloria del Unigénito de Dios.

La hora de esta glorificación, dice Jesús a su Padre, ha llegado ya. La hora más augusta y solemne de la humanidad se acerca.

Oración por sus apóstoles (Jn 17, 6-19)

Prosigue el Sumo Sacerdote orando por sus apóstoles, y dice:
«He manifestado tu nombre a los hombres que tú me has dado del mundo. Tuyos eran y tú me los has dado, y han guardado tu palabra. Ahora han conocido que todo lo que tú me has dado procede de ti; porque las palabras que tú me diste se las he dado a ellos, y ellos las han recibido y han creído que tú me has enviado.»

¡Qué delicada y dulcemente alaba el Maestro a sus discípulos y Jesús a sus hijos para encomendarles en seguida al Padre! Para ellos exclusivamente dirige ahora sus preces: por el mundo ya rogará en otras ocasiones.

«Por éstos te ruego. No ruego por el mundo, sino por los que me has dado, porque son tuyos y lo mío es todo tuyo, y lo tuyo es mío y he sido glorificado en ellos. Y yo ya no estoy en el mundo, pero éstos están en el mundo, y yo voy a ti. Padre Santo, guárdalos por tu santo nombre a éstos que me has dado, para que sean una cosa como lo somos nosotros. Mientras estaba yo con ellos, yo guardaba en tu nombre a los que me has dado, y ninguno ha perecido, sino el hijo de perdición, para que se cumpliese la Escritura. Pero ahora voy a ti, y digo esto en el mundo, para que tengan en sí gozo completo.

»Yo les he dado tu palabra y el mundo los ha aborrecido porque no son del mundo, como tampoco yo soy del mundo. No pido que los saques del mundo, sino que los guardes del malo *(quiere decir, del demonio)*. No son del mundo como yo no soy del mundo. Conságralos en la verdad: tu palabra es la verdad. Como me enviaste a mí al mundo, así yo los he enviado al mundo y yo me consagro *(me sacrifico)* por ellos para que sean consagrados con la verdad.»

Así tan dulcemente recomienda a sus discípulos, a los cuales, al dejarlos en el mundo sin su compañía, desea una protección aún más singular, de parte del Padre, que la que hasta entonces les había concedido. Y en especial les desea no que sean separados del mundo, pues tienen que vivir en él para convertirlo, sino que, aunque vivan en él, no sean vencidos del príncipe malo del mundo, que los perseguirá y combatirá rudamente. Sino que sean santificados con la verdad, con el Espíritu de verdad, para que la conozcan y la prediquen y la extiendan. Santifícalos, dice, porque son tuyos y míos, dados por ti; porque han creído en mí y me han sido fieles, porque quedan en el mundo, y confían en mí, y van a ser tentados y perseguidos por haber creído en mí, y predicarme a mí.

Oración por todos los fieles (Jn 17, 20-24)

Ni sólo pide en esta oración por sus apóstoles, sino que prosigue sus plegarias por todos los fieles que después habíamos de creer en Él, y dice: «Mas no sólo te pido por ellos, sino también por los que han de creer en mí, por su palabra, a fin de que todos sean una cosa, como tú, oh Padre, en mí, y yo en ti, para que también ellos sean una cosa en nosotros, y el mundo conozca que tú me enviaste. Y yo les he dado la gloria que tú me has dado, para que sean una cosa como nosotros somos una misma cosa. Yo en ellos y tú en mí, para que sean consumados en la unidad, y conozca el mundo que tú me has enviado y los has amado a ellos como me has amado a mí. ¡Padre!, quiero que los que me has dado estén conmigo donde yo estoy, a fin de que contemplen mi gloria, aquella gloria que me diste, porque me amaste, antes de la creación del mundo.»

¡Ved qué divinamente rogó por nosotros, por los que habíamos de creer en Él! Ved cómo pide para nosotros la unión entre nosotros y con Dios, la unión de fe, la unión de convicciones, la unión de pensamientos, la unión de aspiraciones, y la unión de mutua caridad, unidos con Cristo, con una unión de la cual es modelo la íntima unión del Padre con el Hijo.

Esa unión de fe y amor estrecho, aun con todos los defectos que la imperfección humana tiene en esta vida, es tal en la Iglesia católica, como no la hay fuera de ella. Y será estrechísima cuando la Iglesia se perfeccione en el cielo.

Para crear y mantener esta unión, Cristo nos ha dado su gloria, este conjunto admirable de resplandores de la Iglesia, con su fe, su gracia, su santidad, sus milagros, sus sacramentos; gloria y esplendor, que tanto más refulge cuanto más se la percute.

Y para que pensemos que la unidad que Él pide no es sólo la de esta vida, y que el premio que nos quiere dar es sublime, añade aquellas inefables palabras, que ¡cómo agradeceremos bastante a nuestro Redentor! ¡Quiero que mis fieles estén donde yo estoy, y que allí contemplen mi gloria!, y no la gloria que me puedas dar como a hombre, sino la misma gloria que me diste como a Dios, y que yo como Dios tuve antes de la creación del mundo, porque antes de toda creación me amaste cuando estaba en ti, y que es comunicada a la humanidad después de terminada mi obra en la tierra.

Admirables esperanzas las que estas palabras suscitan en los que perseveremos fieles al Mesías en la Iglesia.

Conclusión (Jn 17, 25-26)

Para terminar la oración exhala esta exclamación de entrañable afecto:

«¡Padre justo!, el mundo no te ha conocido. Pero yo te he conocido, y éstos han conocido que tú me has enviado. Y yo he dado a conocer tu nombre y lo daré para que el amor con que me amaste esté en ellos y yo también lo esté.»

¡Oh dulcísimo testamento de nuestro Señor Jesucristo! ¡Oh admirable y divina creación del Sacerdote de la nueva Ley del Amor! ¡Oh revelación estimabilísima del tesoro de amor encerrado en el Corazón de Jesús! ¡Oh espectáculo sublime de nuestro Redentor que va al sacrificio, a la Pasión ignominiosa, a la muerte, y, más profeta que todos los profetas, ora a su Padre por la santa Iglesia, que precisamente va a fundarse después de su muerte, y pide para ella la gloria, la victoria, la santidad, la unión de la gracia, hasta consumarse en la unión de la gloria!

¡Qué gran seguridad de su obra muestra el que, sabiéndolo, va a la muerte seguro de que después de ella ha de triunfar y ser glorificado y glorificar a cuantos crean en Él por medio de la predicación y palabra de sus apóstoles!

Jesucristo tenía los ojos levantados al cielo. Los apóstoles, iluminados por la luz del cielo para entender la oración del Mesías, escuchaban atónitos y silenciosos. Jamás oración ninguna se había pronunciado que sonase más grata en la tierra y que fuese más eficaz y poderosa en el cielo. ¡Cómo la recibió el Padre!, y ¡cómo se movió a darnos cuanto pidamos por medio de su Hijo para santificarnos y salvarnos!

260. CAMINO DE GETSEMANÍ
(Jn 18, 1; Mc 14, 26-31; Mt 26, 30-35)

Acabada la oración, Jesús pronunció el himno final que se acostumbraba al terminar la cena, ya fuese el salmo 135 ya la segunda parte del *Hallel*. Y salieron del Cenáculo.

Sería ya bien de noche y cerca por lo menos de las diez. Atravesando las solitarias calles de la ciudad, silenciosas, estrechas y oscuras, dieron vuelta al barrio de Ofel, y, costeando la colina en que estribaba el Templo, bajaron al fondo del valle de Josafat, por donde corría el torrente Cedrón.

Si entonces esta bajada y el fondo del valle estaban más cubiertos de vegetación y de frescura, el camino sería más apacible. Hoy es aquel sitio ingrato, árido, áspero y polvoriento. De todos modos, entonces también bien triste sería el viaje. La luna llena desplegaba su cinéreo cendal de luz pálida sobre el sombrío valle. En la cima de Jerusalén se dibujaban las masas plateadas del Gran Templo, en cuyo altar humeaba aún el sacrificio vespertino. En el fondo murmuraba la escasa corriente de aquel arroyuelo casi seco, al que desembocaban todos los desaguaderos del Templo. La brisa de la noche agitaba los arbustos, las higueras, las mieses, los olivos que poblaban el estrecho valle. Todo bañado de tenue claridad y luz fantástica, acrecentaba el vago temor que en aquella noche, después de tantas cosas como habían ya visto y oído, debía llenar los corazones de los apóstoles. Ninguno hablaba. Tal vez al pasar Junto al Templo hallaron a algunos grupos de sacerdotes o de devotos que, cuando por la solemnidad de las fiestas duraba aún la iluminación a los atrios, se retiraban a sus casas.

Jesús iba a su acostumbrada oración, y los discípulos, aunque rendidos, le acompañaban como solían, sin ganas ni de hablar, ni de preguntar, sino más bien de coordinar y recopilar lo que habían aprendido, y de descansar...

Rompió el Señor el silencio mientras caminaban al Olivete, que tenían enfrente, y dijo:

«Todos vosotros vais a escandalizaros en mí esta noche. Porque está escrito: Heriré al pastor y se dispersarán las ovejas del rebaño.»

Si antes estaban tristes, más tristes los debió de dejar esta advertencia, que les anunciaba, aunque vagamente, próximos, muy próximos acontecimientos de persecución, de dispersión, de desorden. Era preciso reanimar un poco tanta depresión y por eso añadió el Señor:

«Pero después que haya resucitado, os precederé a Galilea».

No entendían bien lo que el Salvador les quería decir. Pedro, sin pararse en esto segundo que para consolarles les decía, y revolviendo aquello primero de que todos se habían de escandalizar de Jesús, llevando a mal que esto se pudiese pensar de él, le dijo:

«"¡Aunque todos se escandalicen de ti, yo no!, yo no me escandalizaré jamás". Le dijo Jesús: "En verdad te digo que tú hoy en esta noche, antes que el gallo cante la segunda vez, me negarás tres veces.»

Terrible era la aseveración del Maestro, y debía haber hecho a Pedro más humilde y más cauto para prepararse, para considerar, para orar. Mas él, con aquel carácter impetuoso, vehemente y resuelto, que rayaba en jactancia y excesiva seguridad de sí mismo y de sus fuerzas, seguía hablando con más empeño y diciendo:

«Aunque tenga que morir contigo juntamente, yo no te negaré.»

Y no queriendo ser menos que Pedro, todos los demás discípulos dijeron lo mismo.

Calló Jesús. ¿Para qué contristarlos más? Bien pronto se vería que todas aquellas palabras se las llevaba la brisa. Sabía bien Jesús lo que le iba a suceder y no dejaba de ser ésta una de las espinas que más agudamente herían su delicado y amante Corazón. Pero conocía y amaba mucho a sus pobres discípulos. Y daba a aquella falta todas las excusas que podía y, sobre todo, el perdón de antemano.

Y callando ya Jesús, y tal vez susurrando entre sí los apóstoles, bajaron al fondo del valle, atravesaron el puentecillo del torrente y, según su costumbre, se dirigieron al monte Olivete.

Muchas veces había venido allá el Maestro, y, según parece colegirse claramente de lo que dice San Lucas, y más expresamente San Juan, era tal la costumbre, que Judas estaba persuadido de que iría allá también este día, y conocía muy bien el sitio «porque Jesús iba a él frecuentemente con sus discípulos.»

261. EN EL HUERTO DE GETSEMANÍ
(Lc 22, 39-46; Mc 14, 32-42; Mt 26, 36-46)

Pasado el Cedrón, y caminando un poco más, llegaron a una granja llamada Getsemaní o *lagar de aceite,* acaso porque lo era, en la cual había un huerto plantado de olivos. ¡Qué venerable y a un mismo tiempo tremendo y dulce es aquel sitio! ¡Pocos nos conmovieron tanto en Tierra Santa! Aún pudimos ver nosotros ocho venerables árboles de aquellos que en el huerto fueron testigos de la agonía más grande, de la traición más sacrílega, de la prisión más inicua que se ha visto en la tierra. Junto al jardín, a poca distancia, había una gruta natural, que se conserva hoy día, donde, según fidedignas tradiciones, Jesús oraba muchas veces, tal vez cuando estaba malo el tiempo. Esta noche oró en el mismo huerto, entre los árboles.

O de Lázaro, como creen algunos, o de la familia de Marcos, o de otro conocido de Jesús, tanto el jardín como toda la granja estaban siempre abiertos a Jesús, que entraba allí como en su casa.

Llegaron, pues, fatigados y cargados de sueño, al jardín. Entraron todos, y casi a la entrada dijo el Maestro a sus discípulos: «Sentaos aquí, mientras yo voy allá y oro.»

A Pedro, Santiago y Juan les mandó venir consigo. Empezaba ya la separación. Jesús, dice el Evangelio, comenzó a estar triste, a temblar, a sentir pavor, a llenarse de tedio; que todas estas palabras usaban los evangelistas.

Y como solemos hacer cuando estamos tristes, comenzó a buscar la soledad y se fue metiendo a paso lento con sus tres más íntimos discípulos por entre los olivos. Caminaban en silencio los cuatro, cuando el Señor, Dios verdadero, pero hombre también no menos verdadero, sin poder contener la profunda tristeza de que estaba rodeado y según la enérgica palabra de la Escritura, compenetrado, dijo a sus tres carísimos apóstoles aquella confesión y confianza, que más parece propia de un hombre miserable, que de un Dios todopoderoso:

«Mi alma está triste hasta la muerte.»

Misterio asombroso y estupendo. ¡Dios está tan triste, que moriría por la tristeza! ¡Dios siente tedio, y pavor, y hastío de tristeza, y se lo dice a sus discípulos, como decimos nosotros a nuestros íntimos nuestros dolores cuando buscamos consuelo!

No sé lo que sentirían aquellos apóstoles que habían visto en el Tabor la gloria del Unigénito; pero de seguro que debieron hondamente conmoverse. Tal vez querrían consolarle. Pero, ¿cómo iban ellos a consolar a su Dios?, y ¿de qué le iban a consolar, si no sabían por qué era aquella tristeza ni la parte que de ella les había de tocar, en los vagos pronósticos que hacía tiempo, y sobre todo aquella noche, les había venido diciendo?

Misterio asombroso y estupendo, no sólo para aquellos discípulos entonces, sino siempre para el entendimiento humano de todos los sabios, por penetrante y mística que haya sido su mirada. Nada más incomprensible al espíritu humano que los desmayos, los abatimientos, los pavores y tristezas de Dios. Contentémonos con narrarlos, contemplarlos y saberlos. No nos empeñemos vanamente en explicarlos. El abismo es tan hondo que no llega al fondo, ni mucho menos, la más aguda vista. Contentémonos con asomarnos a él y ver su negrura inmensa e inexplicable.

Muchos y terribles motivos tenía para entristecerse. En primer lugar, venía allí cansado de cuanto había hecho, dicho, y, sobre todo, sentido aquella noche en la augustísima cena, tan llena de misterios y de afectos de hondísima caridad. La espantosa despedida del apóstol traidor, que había salido a venderle; la dulcísima de sus apóstoles, a quienes, hijos de su alma, amigos, compañeros en sus tribulaciones,

IX. LA SEMANA SANTA. JUEVES SANTO

tantas y tan dulces palabras había dicho; la despedida también de su madre para ir a padecer, y las palabras sin palabras con que por última vez le recordaría lo que Él y lo que ella con Él tenían que padecer en aquella hora, para redimir al género humano, todo esto tendría, sin duda, cansado y fatigado su Corazón.

Esto mirando atrás; pero mirando adelante, se presentaba ante sus ojos el espectáculo terrible, por todas partes por donde se le mirase, de la Pasión: aquella, a los ojos humanos, horrible derrota que había de sufrir de parte de sus más implacables y aborrecidos enemigos, los judíos, los sacerdotes, los escribas y fariseos, con tanto dolor en el cuerpo y, sobre todo, con tanta ignominia en el alma. Porque llegaba ya la hora en que había de decir lo del salmo 20: «Me han rodeado muchos novillos y poderosos toros me han acosado. Han abierto contra mí sus fauces como león que ruge y hace presa». Y lo del salmo 141: «Me volví a mi derecha y miré, y no hallé quien me reconociese. Desapareció para mí todo escape, y no hay quien salve mi vida. Y lo del salmo 68: «He caído en la profundidad del mar, y la tempestad me ha sumergido». Y lo de otros muchos salmos terribles y dolorosos que de Él estaban escritos para esta obra.

Vio en un punto reunido cuanto ya tenía que padecer en las próximas doce horas, y allá, en el fondo de todo, alzada la ignominiosa cruz, fin de tantos tormentos. Vio lo mal que se lo íbamos a agradecer, y cómo, a pesar de tanto trabajo suyo, nosotros, abusando de nuestra libertad, habíamos de pecar, y muchos, ¡ay!, hasta condenarse; vio las persecuciones sacrílegas que habían de levantarse contra su Iglesia y su Evangelio; vio, en fin, y oyó los innumerables insultos y blasfemias que contra Él habían de pronunciarse en todos los siglos, comenzando desde aquella noche... Y su Corazón se llenó de horrible angustia, que le rodeaba y empapaba de tedio y de pavor hasta lo más profundo del alma.

También le debió de causar honda tristeza el verse ante la Justicia divina, como vestido de nuestros pecados, de los cuales se había hecho fiador y víctima responsable, apareciendo, como dice Hojeda en su poema, vestido de aquella horrible ropa tejida de todos los siete pecados capitales, con todos los crímenes y culpas cometidos en todos los siglos por todo el género humano.

En fin, concluyamos esta digresión con aquellas preciosas palabras de San Ambrosio: «Tomó Jesús mi tristeza para darme su alegría, y por mis pasos y caminos bajó hasta la tristeza de la muerte, para que yo, por sus pasos y caminos, fuese llevado a la vida».

Dijo, pues, llegando al medio del huerto:

«Mi alma está triste hasta la muerte.»

Callaron todos, y Jesús, resuelto a pasar a su oración, añadió:

«"Quedaos aquí, y velad conmigo. Orad para que no caigáis en tentación".

»Y se arrancó de ellos (así dice el Evangelio, indicándonos lo que debió de costarle aquella separación en medio de su angustia) y, adelantándose como un tiro de piedra, dobló sus rodillas, postró su faz hasta el suelo, y empezó a orar.

»Y dijo: "Padre mío, si es posible, pase de mí este cáliz. Pero no se haga mi voluntad, sino la tuya".»

La agonía era terrible, el dolor era espantoso, el desconsuelo, mortal. Entonces «aparecióse un ángel del cielo, que le confortaba».

¡Misterio también insondable! ¿Cómo un ángel confortó al Rey de los ángeles? ¿Adónde había descendido el Hijo de Dios, que hubiese de recibir confortamiento de una criatura?

Mas la agonía duraba con todo eso, y «el Señor, puesto en ella, oraba con más instancia que, si era posible, pasase de Él aquella hora. Y decía: «¡Padre!, todas las cosas son posibles para ti. Pase este cáliz de mí. Pero no se haga lo que yo quiero, sino lo que tú.»

¡Nuevo y más espantoso misterio! El Hijo está orando al Padre, y orando con oración instante y amorosa, y el Padre no accede a su súplica. Y sigue rogando el Hijo, pidiendo una y otra vez por espacio de una hora, que le permita redimirnos de otro modo más suave, y que le libre de tantas penas..., ¡y el Padre no le quiere atender! Le manda un ángel que le conforte, pero no aparta el cáliz de su mano.

El Hijo sigue orando, diciendo siempre las mismas palabras, y la aflicción aumenta, y la angustia se convierte en agonía, y se acelera el movimiento del corazón, y se apresura la circulación de la sangre, que se agolpa en las venas, hasta que, en fin, prolongándose aquel combate y agonía entre el horror y la conformidad, y el amor y el dolor, y la vergüenza y el miedo, rompe la sangre por todos los poros de su cuerpo, y comienza aquel divino Señor nuestro a sudar espesos grumos de sangre roja, que bañan todo su cuerpo y mojan sus vestidos hasta regar la tierra, como dice San Lucas.

«Se le formó un sudor como de grumos de sangre que corrían hasta la tierra.»

Milagro, fenómeno natural, o lo que sea, este sudor que así nos refiere el evangelista San Lucas, que era médico, y ponía más advertencia a estas cosas que otros, bien nos declara la extremada angustia a que en aquella agonía se redujo el Señor.

Bastaba ya de sufrir, y el Maestro buscaba el consuelo y compañía de sus tres amados. «Levantándose de la oración, vino a sus discípulos, mas los halló durmiendo por la tristeza. Y dijo a Pedro: "Simón, ¿duermes? ¿Conque no habéis podido velar una hora conmigo? Levantaos, velad y orad, para que no entréis en tentación. El espíritu está pronto, mas la carne es débil".»

Era natural aquel sueño. La fatiga, la prolongada tristeza, la soledad oscura, todo les inclinaba al sueño. Debían haber orado con el Maestro. Y comenzaron a orar con Él; y le vieron adelantarse y arrodillarse y postrarse en tierra; y oyeron sus oraciones. Mas, prolongándose la oración, uno tras otro fueron quedándose dormidos. ¡Nuestra carne es tan débil!

El Maestro se dirige especialmente a Simón, porque Simón había sido quien más había alardeado de fidelidad al Maestro. ¡Buen contraste formaba con su promesa aquella debilidad!

«Y aún de nuevo se fue a orar por segunda vez, diciendo las mismas palabras: "Padre mío, si no puede pasar este cáliz de mí, sin que yo lo beba, hágase tu voluntad".»

Las mismas palabras dice el Evangelio que decía, y en sustancia las mismas eran. Pero en ellas adviértese ya, más que el deseo de librarse del cáliz, la conformidad. Propiamente no pide ya que se lo quiten; sino, dando por supuesto que ya no se lo va a quitar el Padre, le pide que se haga su voluntad.

«Y volvió otra vez, y halló de nuevo a sus discípulos durmiendo, porque sus ojos estaban entumecidos, y no sabían qué excusa darle.»

No se la pidió el Señor, ni, padre compasivo, les dijo esta vez nada.

«Y dejándolos de nuevo, se volvió y oró por tercera vez, diciendo las mismas palabras.»

Y terminó su oración. Aunque no había obtenido nada, se levantó de ella más animoso y más resuelto. Volvió de nuevo a sus discípulos. Venía fatigado, sudoroso, mezclado en sus cabellos y regia frente el polvo de la tierra con la sangre del sudor, manchada la vestidura con grumos sanguinolentos que quedaban en ella después de la agonía; pero sereno, repuesto, y en su habitual manera. Los discípulos seguían durmiendo. Su sueño los había dominado por completo. Se puso a su lado el Maestro, y dándoles licencia ya para dormír un poco, y acaso para esperar el suceso que Él preveía claramente, les dijo bondadoso: «Dormid ya, y descansad».

Y probablemente siguieron ellos durmiendo tanto más descansados, cuanto ya el mismo Maestro había concluido su oración, y les daba licencia de dormir. Dormir, no pensar, no discurrir lo que les amenaza y les podría acontecer, era para ellos lo mejor en aquel tiempo lleno de nieblas y de incertidumbres.

El Maestro seguía velando y, sin duda, no sólo con su vista divina, sino también con su mirada humana, pudo ver y oír cómo por la misma cuesta del otro lado del Cedrón, por donde ellos habían bajado, resplandecían luces, y bajaban con cautela soldados y ministros, y, conducidos por uno que no lo era, venían acercándose al huerto, sin vacilar ni detenerse. Ya el resplandor de la luz que los conducía estaba cerca, y el murmullo de las apagadas voces y el chocarse involuntario de las armas, y el tropezar de los pasos, llegaba a sus oídos.

Los discípulos, que estaban a la puerta, o probablemente dormirían, o si alguno estaba despierto, vio todos aquellos movimientos, más bien con curiosidad de saber quién caminaba a aquellas horas hacia el Olivete, que con recelo de ninguna clase.

Cuando se acercaron y el resplandor de las luces brilló entre las ramas del huerto, y la gente estaba tan cerca que casi llegaba a su lado, dijo Jesús a los apóstoles que aún dormían:

«Basta. Llega ya la hora; ya el Hijo del hombre va a ser entregado en manos de pecadores. ¡Despertad!, ¡vamos!, ¡ya está ahí el que me va a entregar!

»Aún estaba Él hablando, cuando llegó allá Judas.»

Despertaron sobrecogidos los apóstoles y se encontraron con un espectáculo que los llenó de turbación y espanto.

262. LA PRISIÓN DEL SEÑOR
(Jn 18, 3-10; Lc 22, 47-54; Mc 14, 43-54 Mt 26, 47-56)

¡Vino Judas! ¿Dónde había estado en todo este tiempo, desde que salió de la cena, el avieso discípulo?

Desconcertado por las revelaciones que había comenzado a hacer el Maestro durante la cena, receloso de que el Señor revelase del todo lo que ya bastante claro había indicado, resuelto a acabar cuanto antes lo que cuanto más durase más le comprometía, aunque tal vez no había antes resuelto entregarle aquella misma noche, se decidió a terminar de una vez su ardua empresa. Y como no había tiempo que perder, hizo en verdad lo que el Maestro le había dicho: «Lo que haces, hazlo pronto». Palabras con que acaso el Salvador, que conocía sus pensamientos, le hablaba al que en aquel momento tenía en su cabeza. Vacilaba acaso Judas entonces si entregarle o no aquella noche; y el Señor le venía a decir: Sí, hombre, lo que estás pensando, lo que has de hacer, ya que lo has de hacer, hazlo pronto. Y a hacerlo pronto salió, cuando ya había anochecido.

Del cenáculo se fue a los magistrados del Sanedrín, y les propuso su plan de ir aquella misma noche a Getsemaní a la hora en que él sabía iría el Maestro con sus discípulos, y prenderle allí.

Los magistrados dieron por buena su proposición, juntaron sus ministros que tenían para guarda y defensa del templo y otras acciones, como los tuvieron para guardar el sepulcro de Jesús, según después veremos. Y desconfiando de lo que pudiera acontecer, temiendo que los apóstoles y discípulos que estuvieran con el Nazareno le defendiesen, o que las turbas, sobre todo de galileos, llamadas en su auxilio por su Profeta, acudiesen, o que el mismo Cristo, con su extraordinario poder los rechazase, y aun también (porque de los traidores nadie debe fiarse) que el mismo Judas los llevase engañados, obtuvieron que viniese con ellos la cohorte, la compañía que guardaba la Torre Antonia, que, adosada al flanco septentrional del templo, dominaba por completo el templo y la ciudad para que el poder romano estuviese sobre toda ella.

No es creíble que fuese toda la cohorte, sino algunos soldados de ella. No se sabe cómo obtuvieron el permiso de Pilato, ni aun si lo necesitaban para estos casos imprevistos. Pero sea como quiera, a la dirección de Judas se pusieron la compañía de soldados romanos, para auxiliar, si fuese necesario, a los ministros armados que tenía el Sanedrín, otros valientes que quisieron con ellos juntarse, y venían armados de palos, y, en fin, para dar autoridad y presenciar la captura, algunos de los mismos pontífices y magistrados.

Traían linternas y antorchas para alumbrarse, pues, aunque había luna, el bosque ofrecía mucho escondite y oscuridad. Tomaron probablemente el mismo camino que Jesús había traído, y quien, como él, estaba despierto, pudo perfectamente verlos bajar por la cuesta de enfrente y pasar el puente, y acercarse, y aun escuchar sus cautelosas voces y órdenes, y el ruido inevitable de los pasos y de las armas.

Cuando ya se acercaron al huerto, el traidor se destacó de todos y se adelantó a la turba. Mas, antes de adelantarse, les volvió a repetir la señal para conocerle y a dar las instrucciones para cogerle. Porque les dijo: «Aquel a quien yo dé un beso, ése es. Detenedle y llevadle con cuidado.»

Y apresuró el paso, para que no pareciese venir con ellos.

Por eso aún dormían los apóstoles, cuando llegó el traidor sin despertarlos, porque aún venía él solo. Y fue preciso que el Salvador los despertase e hiciese ver lo que ellos no advertían.

«"Basta ya, les dijo, despertad, ¡vamos!, que ya está cerca el que me va a entregar". Y cuando aún estaba Jesús hablando, llegó Judas Iscariote, uno de los doce, y acercándose a su Maestro, le dijo: "¡Salve, Maestro!", y le dio un beso.»

Y por cierto, dice el evangelista, «le besó cariñosamente».

¡Qué horror causa imaginar reunidas aquellas dos cabezas, aquella mejilla divina y aquella boca infernal!

No apartó Jesús su rostro de los inmundos labios del judío y recibió el beso infame con humildad y mansedumbre admirable, y, sacando de su buen Corazón la palabra más delicada para aquella ocasión, le dijo con serena y dulce ironía:

«Amigo, ¿a qué has venido?, ¿con un beso entregas al Hijo del hombre?»

¡Y cuántas cosas se encerraban en estas palabras! Preciosamente las entendió el P. La Palma, que así las explica: «Amigo, no porque lo eres, sino porque lo has sido; y por haberlo sido, es mayor la injuria que me haces, y más vivo el sentimiento y dolor que me causas: *Quia si inimicus meus maladixisset mihi, sustinuissem utique,* etc. Porque si fuese mi enemigo el que me maldice, lo toleraría... (Sal 54, 13). Amigo, que lo has sido y lo debías ser, y por lo que a mi me toca lo puedes ser de aquí en adelante, que yo estoy dispuesto a serlo tuyo. Amigo, no porque tienes ganas de mi amistad, ni porque tus obras merezcan este nombre, sino porque lo pide mi amor y las obras que yo hago contigo como si lo fueses. Pues, amigo, ¿qué intento es éste que traes, y qué empresa es ésta a que has venido?»

Cuando esto decía Jesús, aún no estaban allí los ministros. Judas no supo qué responder, ni pudo disimular, o tal vez temió a sus condiscípulos, y por una o por otra parte se escurrió a su gente. En cuanto a Jesús, repuesto ya de sus anteriores tristezas y pavores, se presentó majestuoso y sereno como quien era, como quien sabía lo que le iba

IX. LA SEMANA SANTA. JUEVES SANTO

a suceder, como quien iba a la muerte porque quería, y había de dar la vida porque quería también. Dice San Juan:

«Jesús, pues, sabiendo todo lo que iba a suceder sobre Él, se adelantó y dijo: "¿A quién buscáis?" Y ellos dijeron: "A Jesús Nazareno". Les dijo Jesús: "Yo soy". En cuanto dijo, pues, yo soy, echáronse para atrás y cayeron en tierra.

»De nuevo les preguntó Jesús: "¿A quién buscáis?" Y ellos dijeron: "A Jesús Nazareno". Respondió Jesús: "Os he dicho que yo soy. Si, pues, a mí me buscáis, dejad que éstos se vayan".

»Para que se cumpliese la palabra que había dicho: Los que me diste, no he perdido a ninguno de ellos.

»Entonces se acercaron y echaron mano de Jesús.»

Sublime debió de ser la escena. Según parece, o turbados o por haberse anticipado Judas demasiado y haberle cortado el Señor con su palabra reveladora, los ministros no conocieron bien en la oscuridad, que a pesar de las linternas habría, quién era el Nazareno. Además, sea poder sobrenatural del Señor, sea terror natural que les infundió, parece que todos estaban desconcertados, temiendo tal vez alguno de aquellos prodigios que podía hacer el que resucitó a Lázaro y calmó la tempestad del mar. De todos modos, bastó la voz de Jesús para derrotar a sus enemigos, y darles a entender cuán fácilmente los podía deshacer, si quisiese. ¿Qué hará, dice aquí el P. La Palma, cuando venga a juzgar, el que cuando iba a ser juzgado hizo tal demostración de su virtud y majestad?

Los apóstoles, o animosos de suyo, o animados más bien al ver la omnipotencia de su Maestro, pensaron en resistir a aquella tropa, y recordando el coloquio de las espadas en la cena, «viendo los que estaban cerca de Él, lo que iba a venir, le dijeron: "Señor, ¿heriremos con la espada?"»

Simón Pedro era, sin duda, uno de los que estaban más cerca de Jesús, y acaso uno de los que le hicieron la pregunta. Sólo que él no aguardó la respuesta, sino que, impetuoso y vehemente como era, creyendo llegada la hora en que debía probar la fidelidad tan confiadamente jurada a su Maestro, «extendió su mano, desenvainó su espada, y dando un golpe a un siervo del Príncipe de los sacerdotes, le cortó la oreja derecha. Malco se llamaba este siervo».

«Entonces Jesús dijo: "Dejad aún eso". Y volviéndose a Pedro, le dijo: "Mete tu espada en la vaina: porque todos los que gasten espada morirán a espada. ¿Acaso piensas que no puedo rogar a mi Padre, y me mandará al punto más de doce legiones de ángeles? Pero ¿cómo se cumplirán las Escrituras de que esto ha de suceder? ¿El cáliz que me ha dado mi Padre no lo voy a beber?"»

Aseguraba un dicho general que, quien usaba espada, moriría a espada. Y de él se valió Jesús en esta ocasión. Por qué llevaba Pedro espada, no lo saben bien los expositores. Pero ya recordamos que cuando Jesús, aunque en sentido figurado, les habló de tomar espada, le dijeron: «aquí tenemos dos». Y una de ella sería la de Pedro, que tenía vaina y todo.

Y no contento con decir aquellas palabras para amansar a Pedro, se acercó el Señor al herido, le tocó la oreja y le dejó sano. Bueno como siempre, y como siempre omnipotente, además de su gran caridad en curar a uno de sus enemigos, cuando venía a prenderle, mostró su discreta prudencia. Porque de no haber cohibido públicamente a Pedro, y de no haber sanado a Malco, pudieran algunos después haberle acusado de esta agresión. Y Cristo quería quitarles todo pretexto de acusación fundada.

Terminó este incidente, se volvió a los que habían venido contra Él, afrontó a los príncipes de los sacerdotes, magistrados del templo y ancianos que habían venido, y les dijo con severa ironía:

«Como a un ladrón habéis venido con espadas y palos a prenderme. Cuando estaba cada día en el templo enseñando, no me echasteis mano ni me prendisteis. Pero para que se cumplan las Escrituras de los profetas, ésta es vuestra hora y el poder de las tinieblas.»

Estas palabras marcaban el momento de la mayor mudanza de la vida del Mesías. Empezaba ya la Pasión y el sacrificio. El Cordero de Dios iba a quitar los pecados del mundo. Y resuelto a sacrificarse, dejó ya su omnipotencia y repitiendo en su corazón: «Hágase tu voluntad y no la mía», cerró sus ojos, bajó la cabeza, y sin hablar palabra, se metió por nosotros en aquel mar de tormentos, *veni in altitudinem maris,* y ola tras ola recibió sobre sí toda la tormenta que habían levantado nuestros pecados, llena de espuma de improperios, de empellones, de blasfemias, de azotes, de bofetadas y de muerte.

«La cohorte y el tribuno y los ministros de los judíos apresaron a Jesús, y lo ataron, y lo llevaron a casa del Príncipe de los Sacerdotes.

»Entonces todos sus discípulos, abandonándole, huyeron.»

Preso el Señor, y mudo como oveja que va al matadero, desanduvo el camino que había traído, y, repasando el Cedrón, subió maltratado, arrastrado, insultado y abandonado de todos los suyos, por la cuesta que conducía a la ciudad, oyendo cómo sus perseguidores comentaban los lances de aquella prisión.

Únicamente, a cierta distancia, detrás de la tropa, se distinguía un blanco fantasma que los seguía y que debió de infundir recelo a los temerosos judíos. ¿Quién sería? Corrieron tras él los ministros, agarrándole, mas él, dejándoles la sábana con que venía arrebujado, se les salió de entre las manos desnudo y fue a perderse entre los árboles.

Nadie sabe quién fue. Acaso, dicen, era Lázaro, o Marcos, que, viviendo en Getsemaní, ansioso de ver lo que sucedía, se levantó presuroso de su lecho, se echó el primer vestido que halló y siguió al preso por el camino, por el puente y por la cuesta, hasta que le dieron el susto, y, por no dejarse prender, huyó despavorido sin atreverse a seguir más al Maestro.

Fuera de éste, que le siguió un poco, más por curiosidad que por fidelidad, ninguno de los suyos le acompañaba.

Aunque sí. Uno iba allí entre los esbirros y ministros enemigos de Cristo, uno de los doce, uno de los que habían comido en su mesa: ¡Judas Iscariote! ¡Oh nombre infame! ¡Oh nombre desventurado! ¡Oh tipo de gran ingratitud! ¡Mejor le hubiera sido no haber nacido!

263. JESÚS ANTE ANÁS
(Jn 18, 13-14; 19-24; Lc 22, 53; Mc 14-53; Mt 26, 57)

Con esta cautela, conforme les había aconsejado el traidor, no sin recelo y temor de que se les escapase de las manos, como se les había escapado otras veces que habían querido apedrearle, evitando meter alboroto por temor al pueblo, y con el silencio posible, por lo intempestivo de la hora, llevaron los ministros a Jesús al palacio de Caifás. Allí tenía que ser juzgado delante del Sumo Sacerdote y su Consejo o Sanedrín.

Mas antes de presentarle a Caifás, le pasaron por ante Anás, suegro suyo. ¿Por qué?

Anás, aunque no era propiamente el Sumo Sacerdote, pues lo era Caifás, y no podía haber más que uno, conservaba, sin embargo, este título de Sumo Sacerdote, en primer lugar, por haberlo sido. Y así los evangelistas en otras ocasiones hablan de Sumos Sacerdotes en plural, refiriéndose a los que lo han sido. Pero fuera de esto, Anás podía ser especialmente llamado Sumo Sacerdote, porque, si no lo era oficialmente y en cuanto a las funciones, éralo en cuanto al prestigio e influencia en el gobierno. Había sido Sumo Sacerdote durante seis o siete años, desde el 6 ó 7 de Jesucristo hasta el 15 ó 16; había sido desposeído del sacerdocio por imposición de los romanos, siendo procurador Valerio Grato; había conservado toda su influencia en el manejo de los negocios, hasta el punto de vincular, puede decirse, el pontificado por mucho tiempo en su familia, pues llegó a obtener para cinco de sus hijos el Sumo Sacerdocio, y ahora antes que para ellos lo había obtenido para su complaciente yerno, Caifás. Como buen saduceo, era muy positivista, amigo de adular a los gentiles, afanoso por lograr riquezas, ducho en obtener el favor de los poderosos, y audaz en oprimir y destruir a cuantos le estorbaban el paso. Terrible es el retrato que de él nos hace Josefo.

«Anás, escribe, vio crecer de día en día la estima y favor de sus conciudadanos. Nadie más hábil en el arte de acumular riquezas. Con ellas se granjeaba, mediante espléndidos regalos, el favor del gobernador imperial y el del Pontífice. Tenía a su servicio gente sin conciencia, dispuesta a reunirse con lo más desalmado de la ciudad para atacar a los sacerdotes, aun en el mismo templo, despojarlos de las ofrendas de los fieles, y aun derribarlos a golpes, si oponían resistencia.»

Casi es seguro que él y su familia eran los dueños principales del tráfico que se había establecido en el templo, y que Cristo dispersó a latigazos.

Supo de tal modo imponerse y prosperar, que, según decía el mismo Josefo, se le miraba en su tiempo como el más dichoso de su nación. Era, puede decirse, el que de parte de los judíos manejaba todos los resortes del Sanedrín, y con él se tenía que contar para todas las cosas. Caifás, su yerno, más audaz de palabra, acaso para complacer los designios rencorosos de Anás, era mucho menos diplomático que su taimado suegro. Y es verosímil que toda la urdimbre contra Jesús la tejió, más que ningún otro, el zorro viejo de Judea, que, cubierto tras el Sumo Sacerdote y el Sanedrín, manejaba artera y ladinamente a todos sus miembros, que o eran hechura suya o le debían muchos favores o le tenían muchos temores.

A este viejo dice San Juan que llevaron a Jesús antes de presentarlo al tribunal legítimo. La razón debió de ser el quererle complacer su yerno, sus hijos, amigos y paniaguados, dándole la satisfacción de ver antes que ninguno, aunque no fuese más que para saborear las primicias del triunfo de sus rencores de tres años, al que tantas veces a él y a todos los suyos había reprendido por sus villanías, llamándolos familias de víboras, y aun había expulsado del mercado que en el templo ellos seguramente habían instalado con pretexto de los sacrificios.

Acaso Anás, como más anciano y delicado (contaría entonces más de sesenta años) no pensaba asistir a aquel juicio preparatorio que poco después se había de celebrar, como veremos; mas antes de retirarse, pues era ya muy avanzada la noche, quiso tener el gusto de saber que había resultado bien la prisión, y que había caído por fin en sus garras el odiado Taumaturgo y popular Nazareno. Todo lo estaba temiendo, y quería acostarse tranquilo y seguro.

A él, pues, llevaron ante todo al Salvador. Le soltaron las ataduras y pusieron a Jesús frente al viejo sacerdote. Puesto el reo en su presencia, Anás, aunque sin jurisdicción, con notable abuso y descortesía, fuera del tribunal, como si él fuese juez, le preguntó con toda la mala intención de que era capaz acerca de sus discípulos y de su doctrina. No le preguntaría, como le habían preguntado otras veces los príncipes y acaso él mismo, si se dignó hacerlo en persona en las disputas que habían sostenido en el templo con el Maestro; sino con más arrogancia y al menos aparente seguridad, como venerando juez a reo criminal.

Pero mucho más veneranda y augusta fue la respuesta del Señor, que le dijo:

«Yo he hablado públicamente al mundo; yo siempre he enseñado en la sinagoga y en el ejemplo, adonde concurren todos los judíos, y en oculto no he hablado nada. ¿Por qué me preguntas a mí? Pregunta a esos que me han oído lo que les he hablado. He aquí esos que saben lo que he dicho.»

Y pronunciando así, acaso señaló a los presentes a quienes se refería.

«En diciendo esto, uno de los ministros que estaba a su lado dio a Jesús una bofetada *(propiamente la palabra del Evangelio significa un bastonazo),* diciendo: "¿Así respondes al Pontífice?"»

De seguro que no estaría Anás acostumbrado a que se le respondiese con aquella entereza, y los empleados le adularían como se adula a un poderoso cacique de quien se depende. Por eso el alguacil, deseando congraciarse con el amo, se propasó de aquella manera.

No le pareció a Jesús dejar pasar aquella injuria callando ni dar a entender con su silencio que no tenía respuesta o que por ningún caso faltaba Él al respeto debido a todos; y no con cólera, que estuvo mansísimo y dueño de sí como siempre, sino con dignidad y razón, respondió volviéndose al alguacil:

«Si yo he hablado mal, da testimonio de lo malo. Y si bien, ¿por qué me pegas?»

Y como ni podía dar testimonio de que había mal hablado, ni podía justificar su conducta, parece que el alguacil debió de reportarse y contenerse por entonces.

Anás no quiso pasar adelante en el interrogatorio, aunque acaso lo hubiera deseado. Probablemente era entonces la primera vez que hablaba de frente con el Nazareno. De él había oído mucho, contra él había hablado y sobre todo maquinado muchísimo más. De todo lo que hacía Caifás y aun el Sanedrín, era Anás el astuto y calculista instigador. Ahora, aunque tenía preso a Jesús, y estaba resuelto a darle la muerte cuanto antes, aunque hubiera deseado cebarse algo más en su víctima y cobrarse de las veces que contra ellos había hablado Jesús ante el pueblo, pero recelaba y temía enredarse y quedar desairado por las atinadas y contundentes réplicas del que tantas veces había dejado sin palabra y confundidos a sus hijos, nietos, primos y paniaguados. Así que, contento de ver que iban bien sus planes, satisfecho de haber visto y hablado como superior a su enemigo, receloso de verse cogido y humillado si quería seguir su interrogatorio por terreno inexplorado, y, en fin, cortado por la respuesta que le dio a él y la que dio a su alguacil, y por su seguridad y firmeza que, preso y todo, mostraba aquel Taumaturgo que no sabría lo que podría hacer todavía contra sus enemigos, mandó atar de nuevo al reo y llevarlo al Pontífice, su yerno, que en otra ala del mismo palacio le estaba aguardando con los sacerdotes, escribas y ancianos.

264. PRIMERA NEGACIÓN DE PEDRO
(Jn 15-18; Lc 22, 54-57; Mc 14, 54.66-68)

Antes que Jesús pasase a Caifás, y próximamente cuando Anás estaba preguntando a Jesús acerca de sus discípulos, uno de éstos, el principal de todos, Pedro, le estaba negando por primera vez.

La cosa sucedió de esta manera:

Aunque cuando Jesús fue preso se desbandaron los discípulos, sin embargo, San Pedro y otro discípulo del Señor llegaron al palacio, mezclándose, sin duda, con los grupos de curiosos que sin poderlo evitar se despertarían e irían juntando a la ronda de ministros que llevaba a tal preso al juicio.

No se sabe quién fue el discípulo que iba con Pedro. Según opinión de muchos fue Juan, que perseveró al lado del Maestro hasta la cruz, y, a juzgar por los rasgos y pormenores que pone en su Evangelio, parece haber sido testigo presencial de todo lo que pasó en el palacio de Anás y de Caifás. Otros, sin embargo, creen que sería otro discípulo de más categoría que Juan, pues era conocido y familiar en el palacio del Pontífice, donde entraba como en su casa.

Este discípulo conocido del Pontífice no tuvo dificultad de entrar con Jesús en palacio. Pedro, que no tenía ningún conocimiento en palacio, tuvo que quedarse con los demás curiosos en la puerta por la parte de fuera. Tienen las grandes casas y palacios de Oriente muy de ordinario, algún patio interior espacioso, frecuentemente rodeado de algún claustro de columnas y con puerta a la calle. El otro discípulo, cuando advirtió que su compañero Pedro se le había separado y quedaba fuera, salió de nuevo, se acercó a la portera y le rogó que permitiese la entrada a Pedro, como efectivamente lo hizo.

Naturalmente, en aquella noche en que todos debían estar con ojo avizor para evitar cualquier asechanza o enredo, la portera se fijaría en todo. Y si no dijo nada cuando el otro discípulo intercedió en favor de Pedro, no por eso dejó de fijarse en éste, y seguirle todos sus movimientos.

Entró el apóstol y vio en el atrio a los criados y los ministros, que, sentados alrededor de un brasero, se calentaban del frío, que era bastante, por ser de noche y todavía el mes de abril, y estar en un patio descubierto, en Jerusalén, donde baja bastante la temperatura pasado el día. Pedro, por no quedarse solo, se fue a sentarse con ellos para esperar a ver en qué paraba todo aquello.

No pudo la portera contener las ganas que tenía de averiguar si eran ciertas sus conjeturas de que aquel desconocido era un discípulo de Jesús, y cuando ya el otro discípulo se había ido, se le acercó y delante de todos le dijo:

«¿Acaso también tú eres de los discípulos de ese hombre?»

La manera de preguntar, diciendo «también tú...» parece dar a entender que la portera sabía que el otro que le había traído era discípulo de Jesús, y por eso decía «tú también...».

Se sobrecogió Pedro ante tan inesperada pregunta, que tan pronto le dirigían y en tanto compromiso le ponía, y respondió al punto resuelta y sacudidamente: «No soy».

Clavó en él la criada su mirada y como afirmándose en sus sospechas le dijo: «"También tú andabas con Jesús Nazareno". Mas Pedro le negó delante de todos, diciendo: "Mujer, no conozco a ése, ni sé ni entiendo lo que dices". Y salió fuera al anteatrio y cantó el gallo.»

Pedro ya había negado al Señor por primera vez. ¡Oh, si advertido a tiempo hubiera huido de la ocasión! Pero su corazón magnánimo no le permitía separarse de su Maestro, y quería ver el fin de todo aquello, y acaso anhelaba ser encarcelado y muerto con su Maestro, aunque cuando llegaba la ocasión desmayase el valor y la constancia.

265. JESÚS ANTE CAIFÁS
(Mc 14, 55-64; Mt 26, 59-66)

La visita de Anás no había tenido más objeto que el de satisfacer el capricho de aquel verdadero amo de Judea. Pero era preciso comenzar el proceso en forma.

Llevaron, pues, al reo ante Caifás. Según todas las probabilidades, éste o habitaba en la misma casa de su suegro, aunque en un departamento distinto de ella, o vivía en otra casa contigua y unida con ella, como solían estar muchas en Jerusalén. Caifás estaba ya esperando a Jesús en su puesto.

¿Quién fue Caifás? Ya le conocemos por lo que dijimos de él al comenzar esta Vida, pero es conveniente conocerle aquí un poco mejor.

José Caifás, yerno de Anás, obtuvo el Sumo Pontificado a los dos años de haber sido depuesto su suegro, y lo retuvo durante 18 años hasta el 36, en que fue depuesto por Vitelio, sucesor de Pilato. Imposible que en un tiempo en que los Sumos Pontífices eran a cada paso remudados por los romanos, se hubiese sostenido tanto Caifás, si no es a fuerza de servirles abyecciones, y malas habilidades suyas y de su suegro, que encontraba en él un instrumento apto para sus manejos. En efecto, muchas veces dejó desamparados e indefensos los derechos y tradiciones de su pueblo, ante los atropellos romanos. Su política estaba bien caracterizada en aquellas palabras que dijo acerca de Jesús:

IX. LA SEMANA SANTA. JUEVES SANTO

Conviene que perezca un hombre para que no perezca toda la nación. Conviene que no demos motivos a los romanos de esclavizarnos más y aun destruir nuestra raza, aunque para ello tengamos que faltar a toda justicia destruyendo a un hombre, al Nazareno.

Él, por sí, y más aún a instigación de su suegro, fue quien llevó adelante la persecución contra Jesús, y en aquel memorable consejo, cuando después de la resurrección de Lázaro se trató de lo que habría de hacerse con Jesús, tras varias deliberaciones, que debieron de ser muy movidas, como ya explicamos, él fue quien, arrogante, violento, contando con la aquiescencia servil de la mayoría, se levantó y dijo con todo desdén y descaro: «Vosotros no sabéis nada, no reflexionáis que debe morir un hombre por el pueblo, y que no debe perecer toda la nación».

En su casa también se tuvo el «mal consejo» de apresar a Jesús, aunque no en día de Pascua; en ella o en el Sanedrín debió de presentarse en seguida Judas y contratar con Caifás la venta del Nazareno. En fin, Caifás fue quien oficialmente dirigió todas las maniobras contra Jesús, aunque, sin duda, consultando en todo y plegándose en todo a su suegro, con quien estaba identificado.

Como todo lo de la prisión de Jesús se había dispuesto y llevado a cabo con mucha precipitación y no se podían tener todas las cosas bien amañadas con tanta premura (especialmente, si, como estaba ya previamente decidido y prejuzgado, había de acabar todo con la muerte del Nazareno en el día siguiente antes del sábado), había dispuesto Caifás que, en cuanto se trajese al reo se tuviese una especie de procesillo o juicio preliminar; en el que se preparase todo para la mañana siguiente, a fin de acabarlo cuanto antes, para evitar cualquier trastorno en un asunto tan difícil e inseguro.

Estaban, pues, ya reunidos en tribunal y aguardando al preso, Caifás, con todos los sacerdotes, escribas y ancianos. Con *todos,* dice San Mateo, pero debe entenderse con todos moralmente. Por de pronto Anás debió de quedarse en su casa; faltarían también algunos otros entre los que no fuesen partidarios de Caifás, que no lo eran todos, como consta expresamente de José de Arimatea. Pero había bastantes para que se pudiese decir que estaba presente todo el Sanedrín.

Apenas traído a presencia el reo, los Sumos Sacerdotes y el Consejo entero diéronse a buscar falsos testimonios contra Jesús. Mas no los hallaban. Algo acaso les había perjudicado el haberles venido el preso tan aprisa y antes de que hubiesen podido muñir bien las calumnias.

Sin embargo, no fueron pocos los falsos testigos que dijeron cosas contra el Nazareno. Sino que las cosas que delataban no eran suficientes para lo que se deseaba, que era darle la muerte. «Muchos, dice el Evangelio, decían testimonio falso contra Él, mas estos testimonios no eran suficientes».

Pasaba en balde un tiempo precioso, y no adelantaba nada la causa. Al cabo de otros muchos, presentáronse dos que parecía iban a decir algo decisivo.

«Pues nosotros, dijeron, hemos oído a éste decir: Yo destruiré este templo hecho a mano, y al cabo de tres días reedificaré otro no hecho a mano.»

No era así; Jesús no había dicho «yo destruiré»: sino, «destruid vosotros, y yo reedificaré». Además, con señas o de otro modo, dio a entender que se refería no al templo material, sino a su divino cuerpo, aludiendo a su muerte y a su resurrección. Pero fuera de esto, y sin esto, tampoco pareció este testimonio suficiente para deducir de él nada digno de su muerte. Porque ni siquiera probaba que el Nazareno quisiese la destrucción del templo; pues, aun dado caso que Él lo hubiera destruido, era para reedificarlo pronto, al cabo de tres días. También Herodes destruyó gran parte del templo para reedificarlo mucho mejor después. Y no por eso mereció muerte, sino alabanza.

Jesús callaba a cuanto de Él se decía, sin dar ninguna muestra de sus sentimientos.

La sesión se dilataba, la causa se desvanecía, la inquietud se aumentaba, y la paciencia sobre todo del impetuoso e inicuo presidente se agotaba. Caifás, sin poderse contener ya, sin saber tampoco por dónde echar en medio de aquella balumba de contradicciones, calumnias y nonadas, perdiendo su serenidad, saliendo fuera de sí, y levantándose de su asiento, se adelantó hacia Jesús al medio de la sala y le dijo: «"¿No respondes nada a estas cosas que éstos te echan en cara?" Mas Él callaba y nada respondía.»

Y en verdad que debía de ser espectáculo sublime ver a aquel reo insigne, que tanta sabiduría había derramado otras veces, que con tanta destreza había confundido y dejado sin palabra a aquellos mismos que entonces le tenían preso para darle muerte, y que a pesar de tantos testigos como hablaban contra Él, echándole en cara cuanto podían, aumentando y exagerando hasta no poder más, puesto en medio de la sala, callaba durante todo el proceso, sin dar señal ninguna de asentimiento, ni de disentimiento, ni de temor, ni de desprecio, ni, en fin, de pasión ninguna, esperando seguro y tranquilo su suerte. Aunque no tuviesen tantos motivos para saber que era Dios y Mesías, sólo por verle como estaba, tenían que reconocer en Él una inmensa superioridad sobre sus miserables y mezquinas pasiones.

Cuando preguntó con tanta insolencia el Pontífice a ver si no tenía que responder algo, prosiguió Jesús sin moverse en el mismo silencio.

Entonces Caifás, tomando la entonación augusta de Sumo Sacerdote y usando de su autoridad de juez y de la fórmula con que pedían juramento de alguna confesión, le dijo:

«Por Dios vivo te conjuro que nos digas si tú eres el Mesías, el Hijo de Dios (¡que sea bendito!).»

¡Tremendo momento en que un hombrecillo con tanta arrogancia como si él fuera el personaje más venerando de la tierra, y en nombre de Dios tomaba cuentas al mismo Hijo de Dios, si era o no el Mesías y el Hijo de Dios!

Sin levantar la voz ni manifestar ninguna arrogancia, con sublime sencillez y verdad respondió Jesús: «Yo soy. Tú lo has dicho.»

La respuesta no podía ser más categórica.

Mas para que no, por estar allí entonces abatido y preso, ni por haber de estar aún más humillado y derrotado en todo aquel día, creyesen que su afirmación era falsa, les advirtió y les dijo:

«"Pero yo os digo que dentro de poco habéis de ver al Hijo del hombre sentado a la diestra del poder de Dios, y viniendo en las nubes del cielo". Pero entonces el Príncipe de los sacerdotes rasgó sus vestiduras diciendo: "Ha blasfemado. ¿Qué necesidad tenemos ya de testigos? Ahora mismo habéis escuchado la blasfemia. ¿Qué os parece?" Y respondieron todos, diciendo: "¡Reo es de muerte!"»

La pasión de venganza a unos, y el servilismo y adulación a otros impidieron darse cuenta de la tremenda amenaza que con tan graves palabras les había dicho el Señor de que le verían en breve, no humillado como le estaban viendo entonces, sino lleno de gloria sentado a la derecha de la virtud de Dios, es decir, revestido con igual potestad que el Padre, venir a juzgarlos y exigirles razón de su proceder presente. Y si se dieron cuenta del alcance de aquella amenaza, no la creyeron o no quisieron proceder como convenía para prepararse a aquel día. Pero el Maestro bien claro se lo dijo: pronto me veréis revestido de majestad.

Pronto fue en la resurrección, pronto fue en la venida a destruir a Jerusalén, y pronto es también cuando en nube celeste ha de venir a juzgar a todos, y entre todos a los deicidas. ¡Infelices entonces de los que pronunciaron sentencia de muerte contra el Autor de la vida, si no se han reconciliado con Él!

El Príncipe de los sacerdotes rasgó sus vestiduras. Señal era ésta de sumo dolor, usada no sólo entre los orientales, sino aun entre los griegos y los romanos. Cuando el judío escuchaba una blasfemia, rasgaba desde el cuello hasta el pecho, excepto el interior, todos sus vestidos, aunque fuesen diez, significando con esta exterior demostración y ceremonia el íntimo dolor del corazón interior. El Sumo Sacerdote Caifás rasgó sus vestidos como si Dios, al decir que era Dios, hubiese pronunciado la más execrable blasfemia. No era la blasfemia la que a él le daba dolor, sino más bien el que Jesús viviera y prevaleciera. Eso le tenía más desgarrado el corazón de rencores que las ropas de jirones.

Probabilísimo es que los demás jueces rasgaron también sus vestidos, como el Sumo Sacerdote. Así resultaba más dramática toda aquella farsa de juicio en que se estaban violando todas las formalidades prescritas y usadas en los juicios de los judíos.

En efecto, según autores bien enterados, no se podía juzgar ni los sábados ni los días festivos, ni en sus vísperas, ni durante la noche, ni antes del sacrificio matutino, como lo estaban haciendo. Lo menos necesitaban dos testigos de cada cosa, y éstos debían ser preguntados aparte, bajo juramento, y examinados con atención. Nadie podía ser condenado por la sola confesión propia. Todo proceso de muerte debía durar más de un día, y en él los jueces debían examinar de dos en dos la causa y dar de uno a uno la sentencia, que recogían dos escribas, designados uno para los votos favorables y otro para los adversos. Ninguna sentencia de muerte podía valer si se pronunciaba fuera del Gazit o sala del Sanedrín destinado a estos juicios, ~o sin asistencia de todos los miembros.

Mas ¿cómo se iba a pedir formalidades de expediente a los que no guardaban ni querían guardar la misma ley natural, sino que venían resueltos a decretar la muerte, fuese el que fuese el resultado de las averiguaciones?

VIERNES SANTO
(15 de Nisán; 7 de Abril)

266. LA NOCHE TRISTE
(Lc 22, 63-65; Mc 14, 65; Mt 26, 67-68)

Apenas Jesús había dicho que Él era el Mesías y el Hijo de Dios, y los sacerdotes pronunciado la sentencia de muerte, levantáronse algunos de ellos, los que más rencor sentían sin duda, los que acaso habían sido más humillados en las disputas con el sabio Maestro, los que más servilmente se rebajaban a la familia de Anás, y comenzaron a escupirle, ultraje usado entre los judíos, y a cubrirle el rostro, y a darle bofetadas y a decirle: «¡Cristo!, ¡Mesías!, ¡adivínanos!, ¿quién te ha dado ese golpe?»

Mas después que los sacerdotes y escribas le maltrataron, retiráronse Caifás y los otros a descansar y prepararse para el día siguiente, y dejaron al reo en manos de sus ministros y criados, los cuales, tomándole consigo, se lo llevaron del tribunal a custodiarle hasta el día siguiente.

Allí los criados y ministros hicieron lo que habían visto hacer a sus amos. Teniendo que pasar la noche en vela, picados del humor de pícaros y malandrines que suelen tener los de su clase, deseosos también ellos de vengarse de las reprensiones que el Nazareno había pronunciado contra sus amos, sin tener compasión de la desgracia del que ya estaba condenado a muerte por sus señores, determinaron pasar lo que hasta la madrugada faltaba de noche a costa del Nazareno.

Y lo mismo que sus amos lo habían hecho, «le burlaban, le pegaban, le velaron los ojos, le golpeaban las mejillas, y le preguntaban diciendo: "¿A ver si adivinas quién es el que te ha dado este golpe?" Y como estas cosas, le decían otras muchas blasfemando».

Noche verdaderamente triste, noche afrentosa para Jesús, pero sin comparación más afrentosa para aquellos indignos sacerdotes y sus ministros. Noche de altísimos ejemplos para todos los que tenemos que sufrir, que de seguro nunca hemos de sufrir tanto como sufrió Jesús en ella.

Al pasar de la sala del juicio a la sala de prisión, en que había de estar lo restante de la noche, volvió Jesús, según parece, a atravesar el patio donde estaban los soldados de la guardia. Todos se levantaron afanosos y curiosos a mirarle. Entre las cabezas que asomaban para verle pasar, fijó el Maestro su mirada en una que le miraba con más avidez. En la de Pedro, que acababa de negarle por tercera vez. ¿Qué pasó por el discípulo infeliz? Bajó su vista confundido. Oyó que el gallo cantaba. Y salió a llorar...

¿Cómo habían sucedido sus negaciones? De esta manera.

267. SEGUNDA NEGACIÓN DE PEDRO
(Jn 18, 25; Lc 22, 58; Mc 14, 69-70; Mt 26, 71-72)

Mientras Jesús era juzgado dentro, Pedro, después de la primera negación, había salido, como dijimos, a la antepuerta, al portal, que estaba entre el patio y la calle, y, sin duda, se estuvo allí algún rato algo separado de la turba. No dejaría la portera primera de seguirle la pista y espiarle, ni de llevar el chisme y sospecha a las demás criadas, las cuales, con curiosidad y desenvoltura propia de ellas, se fijarían en Pedro.

Lo cierto es que otra, que vendría a traer algún recado o menester a los soldados, o que por una u otra causa pasó por allí, señalando al que estaba un poco apartado y tal vez entonces volvía de la puerta al fuego donde se calentaban los otros, dijo a los que allí estaban:

«"También éste estaba con Jesús Nazareno". Y él por segunda vez lo negó con juramento: "Que no conozco a ese hombre". Mas otro, mirándole, dijo: "Tú también eres de ellos". Y dijo Pedro: "Hombre, no soy".»

Y para más disimular, sin duda, y afectando seguridad, se puso al fuego y se calentaba con los demás arrimado a él. Entonces, pues, todos, como deseando saber en resolución si era o no discípulo del Nazareno, le dijeron:

«"¿Eres tú de sus discípulos?" Negó Pedro y dijo: "No soy".»

Con esto, sea que lo creyesen, sea que lo dudasen, dieron por terminado el lance y le dejaron en paz. Siguió el juicio de Jesús adentro, y siguieron las conversaciones de brasero afuera, en las cuales Pedro, comprometido por las discusiones anteriores, empeñado en disimular sus relaciones con su Maestro, debió de hablar lo bastante para dar a entender que era galileo, por el acento que tienen los galileos, muy distinto del de los judíos.

Y así pasó cosa de una hora.

268. TERCERA NEGACIÓN DE PEDRO
(Jn 18, 263 Lc 22, 59-62; Mc 14, 70-72; Mt 26, 73-75)

Pasada esta hora, cortando de repente la conversación uno de ellos, refiriéndose a los pasados incidentes, dijo: «Verdaderamente, también éste estaba con Aquél; porque es galileo».
Terrible y cada vez más angustiosa era la situación de Pedro. Difícil era responder nada, con la turbación que le tenía cogido. Y así dijo lo que otras veces: «Hombre, no sé lo que hablas.»
Naturalmente, la curiosidad iba aumentando cada vez más. ¿Sería, por fin, o no sería aquel hombre discípulo del Nazareno? Si lo era, ¿para qué estaba allí? ¿Era espía? ¿Esperaba alguna ocasión favorable? ¿Tendrían los ministros y guardias que temer algún enredo? Preciso era estar alerta, salir de la duda, acabar de una vez con la cuestión. Los que por allí estaban esparcidos, en grupos, o paseando por el patio, se acercaron, y fijándose más en Pedro y en el acento con que hablaba, galileo puro, y que era imposible disimular, y mucho más estando azorado como lo estaba el acosado discípulo, le dijeron:
«Sí, tú eres de ellos. Porque hasta tu modo de hablar te delata.»
Para mayor desgracia de Pedro, estaba allí un criado del Pontífice, pariente de aquel mismo Malco a quien Pedro había cortado la oreja, el cual, adelantándose y encarándose con él, le dijo:
«¿Acaso no te vi yo mismo en el huerto con Él?»
Pedro estaba atrapado, no tenía escape, puesto en medio de todo el grupo, que tenía fijas en él con terrible afán sus miradas escrutadoras, no sabía adónde volverse, y hubiera deseado hundirse en el suelo, para librarse de aquel corro que le hostigaba y acosaba, y casi le iba a echar las manos para llevarle al tribunal donde estaba su Maestro. Comenzó, pues, a negar de nuevo, y a jurar y perjurar y decir una vez y otra:
«"¡Que no conozco a ese hombre que decís!" Y al punto, cuando aún él estaba hablando, cantó por segunda vez el gallo.»
No hubiera salido Pedro, según creo, de aquellas manos, ni hubiera convencido a sus enemigos de lo que aseguraba, si no hubiera velado la providencia de su Maestro, que quería salvar a su discípulo. ¿Qué sucedió entonces? Aunque el Evangelio sólo dice que entonces le miró Jesús a Pedro, entiendo que las cosas pasaron así. Mientras esto juraba y aseguraba Pedro, de la sala del juicio se oyó el ruido de gente que venía, y se volvieron allá, a una escena que excitaba más poderosamente su atención, las miradas de todos.

Traído por los ministros, venía Jesús llevado a la prisión. Todos, dejando la discusión cortada, se agolparon al paso a ver al Nazareno y entender el resultado del proceso. Entre todos, como dijimos, estaba Pedro. Su cabeza asomaba curiosa y tanto más perturbada en su mirada cuanto que su corazón estaba sumamente agitado por el apuro reciente.

Pasó Jesús, y al pasar junto a Pedro, volvió un poco la cabeza y miró...

No le habló, no le podía hablar. Le hubiera comprometido del todo. Pero aquella mirada ¡cuántas cosas le dijo! ¡Cuántas cosas le recordó!... «Antes que el gallo cante dos veces, me negarás tres veces».

Pedro bajó los ojos compungido, humillado, arrepentido. Y aprovechándose de la distracción de la gente, se escabulló como pudo y salió fuera. El gallo seguía cantando. El noble y honrado pescador, el más amante de los apóstoles de Cristo, rompió a llorar.

Flevit amare. ¡Lloró amargamente!...

Y es tradición muy antigua que nunca después oía el apóstol el canto del gallo que no se echase a llorar recordando su pecado. Tanto, que de las lágrimas que derramaba se le habían formado dos surcos en sus mejillas.

¡Oh misteriosa debilidad la del hombre! ¡El Apóstol que se había distinguido en la confesión de Cristo, por la que mereció las llaves del Reino del cielo, fue precisamente quien más renegó de ese mismo Cristo!

¡Dichoso es quien nunca se avergüenza de ser cristiano!

Y si alguna vez por temor al mundo nos avergonzamos, ¡dichosos si en medio de nuestras flaquezas nos mira Cristo y nos trae a su confesión y despierta nuestras lágrimas!

San Pedro debía de tener presente lo que le aconteció en este día cuando escribió en su primera carta (4, 13-16):

«A medida que participéis de los padecimientos de Cristo, alegraos, para que también en el descubrimiento de su gloria os regocijéis alborozados. Si por el nombre de Cristo os baldonan, dichosos vosotros: porque en vosotros reposa lo que hay de gloria y de virtud en Dios, y su Espíritu.

»Que nadie de vosotros padezca como homicida, o ladrón, o malhechor, o defraudador de lo ajeno. Pero si padece como cristiano, no se avergüence, antes glorifique a Dios con este nombre.»

¡Oh, qué olvidada tenemos esta sentencia, y cómo renegamos muchas veces de Cristo y del nombre de cristianos en nuestra vida!

269. NUEVO JUICIO DE JESÚS
(Jn 18, 28; Lc 22, 66-71; 23, 1; Mc 15, 1; Mt 27, 1-2)

Cuando Pedro le negó por tercera vez y salió a llorar, era el segundo canto del gallo; es, a saber, como cosa de las tres de la mañana. El primer canto suele ser hacia las once o doce. Jesús fue llevado a la prisión, donde pasó la noche entre baldones y golpes de la servidumbre, y los sanedritas fueron a descansar un rato, quedando todos ellos citados para la mañana, pues pensaban darse toda la prisa posible para acabar el viernes, antes del sábado, todo el expediente, y coronar sus deseos con la muerte de su enemigo.

Así que «a la mañana, en cuanto amaneció el día, se reunieron el Senado de la plebe y los príncipes de los sacerdotes y los escribas con todo el Consejo, a fin de formar el proceso contra Jesús para entregarle a la muerte».

Todo lo habían ya preparado en el procesillo de medianoche. Únicamente restaba formalizarlo. Tal vez en la reunión primera, como indicábamos, no estaban presentes todos los sanedritas, sino la pandilla de todos los amigos de Caifás, y enemigos de Jesucristo, que quisieron apañar el asunto, para después, en la reunión general y en forma, saber encauzar la vista por el camino seguro que diese en sus propósitos.

Mas a la mañana estaban todos. Colocados en sus puestos, en la misma casa de Caifás, en la gran sala donde se había tenido el juicio a medianoche, esperaban al reo, que se presentó muy pronto traído por los alguaciles, y quedó en medio de aquel gran tribunal de setenta jueces, que clavaron en él sus ojos apenas se presentó en el centro de todos.

Los alguaciles le quitaron las ataduras, y comenzó el juicio. Preparado ya de antes, y resuelto en lo que había de hacer, no se ocupó el Presidente en buscar como a medianoche, testigos contra el Salvador, ni en sacarle culpas ni crímenes. Se fue derecho al punto principal, y él con sus amigos, ya preparados para lo mismo, le preguntaron: «Si tú eres Cristo, dínoslo.»

Estaban bien seguros, conociendo el carácter de Jesús, de que respondería que sí, como había respondido a medianoche. Con mucha majestad les respondió Jesús lo que bastaba no sólo para decirles que sí, que era el Mesías, sino para asegurarles que esto era cierto. Y como la pregunta la parecían hacer en tono de buscar sinceramente la verdad, les quiso Él dar a entender que penetraba sus falsos corazones y que entendía la farsa que estaban haciendo, y la hipocresía de aquel acento de sinceridad y rectitud, siendo así que traían ya resuelta la sentencia, dijese lo que dijese. Y les dijo:

«Si os digo que sí, no me creeréis a mí. Y si yo os arguyo, no me podréis responder, pero no me soltaréis. Mas después de esto el Hijo del hombre estará sentado a la diestra del poder de Dios.»

Como si su respuesta fuese impertinente, y nada les importase a ellos toda ella, le instaron impacientes a una voz:

«"¿Luego tú eres el Hijo de Dios?" Respondió Él: "Lo que decís: lo soy". Y dijeron ellos: "Ya ¿qué necesidad tenemos de testimonios? nosotros mismos lo hemos oído de sus labios". Y levantándose toda la reunión de ellos, ataron a Jesús y le llevaron de casa de Caifás al Pretorio.»

Todo lo hicieron aprisa, de fórmula, según lo prejuzgado desde entonces, y como temerosos de que si se detenían, si daban lugar a exámenes y dudas, no podrían lograr la sentencia. Porque no todos estaban conformes con ella. Por lo menos José de Arimatea no asintió a aquella sentencia. Y si estuvo allí Nicodemus, tampoco asentiría de seguro. Ni probablemente el íntegro Gamaliel hubiera dejado pasar el asunto si se hubiese discutido. Pero el arrastre de los caifitas, la conspiración de los saduceos y fariseos enemistados con Cristo, y entonces unidos entre sí, a pesar de sus ordinarias diferencias, no permitió siquiera discusiones, y lo que otra cosa hubieran votado, parte por falta de resolución parte por ver inútil toda oposición, si no asintieron, tampoco se opusieron al torrente de los enemigos de Cristo.

270. LA DESESPERACIÓN DE JUDAS
(Mt 27, 3-10)

Cuando iban a Pilato llevando al reo, entre los que se agolpaban al paso a ver al Nazareno, preso y conducido al Pretorio romano, se acercó un hombre a los príncipes de los sacerdotes, llevando en su rostro las marcas de un horrible pesar y remordimiento, y en sus manos treinta monedas. Era Judas, que venía a devolver el precio de su traición a los príncipes de los sacerdotes y a los ancianos, y decía:

«Yo he pecado, vendiendo sangre inocente.»

Acaso el infeliz, deseando deshacer su crimen, esperaba convencerlos. Yo os dije, decía, que era malo. Pero, no, es inocente; y yo he pecado entregando como culpable a un justo.

Sorprendidos quedaron, sin duda, los sacerdotes de aquella inesperada detención y salida. Mas como si nada tuviesen ellos que ver con lo que Judas había hecho, le dijeron:

«Y eso ¿qué nos importa a nosotros? Allá te las arregles tú.»

Y prosiguieron sin hacerle caso.

¡Infeliz traidor! Después de entregada su presa y vendido su Maestro, caminó, como dijimos, con los alguaciles y soldados a Jerusalén. Cobró su dinero. Bien poco para tan enorme crimen. Y como sucede que una vez obtenido el capricho que anhelábamos a precio de nuestra conciencia, ésta comienza a gritar, empezaron los remordimientos de Judas. ¿Vio lo que hacían a su Maestro? ¿Estuvo en el palacio de Caifás aquella noche? ¿Supo allí que había sido condenado a muerte? Lo más probable es que no; que se retiró después de hecho su cobro.

Mas a la mañana, después de la horrible noche que le haría pasar el recuerdo de aquel beso que quemaba, y de aquella palabra del Maestro: «Amigo, ¿a qué has venido?, ¿con un beso me entregas?», salió al oír el tropel y vocerío con que llevaban a Jesús al Pretorio. Y al saber que había sido condenado a muerte, se abrieron completamente los negros ojos de su conciencia, y comprendió todo el alcance de su traición. Cogió los dineros, y loco e insensato, creyó que podría deshacer lo hecho, y por lo menos librarse de su culpa si devolvía aquel infame dinero que le abrasaba las entrañas.

Y con este frenesí se presentó a los sacerdotes. Desechado de éstos, sin saber cómo devolver su dinero, se fue al templo, arrojó allí las sacrílegas monedas, y loco, fuera de sí, salió a vagar errante, mucho más atormentado que Caín cuando mató a su hermano.

Entretanto los sacerdotes, después de la muerte del Señor, recogieron aquel dinero y los que no habían tenido escrúpulos en beberse la sangre de Jesús, los tuvieron en mezclar aquellos dineros con el tesoro del templo. Era precio de sangre, y estaba prohibido juntar con el dinero del templo lo que proviniese de cualquier acción criminal o indecorosa. Por ello, después de pensado, compraron un campillo perteneciente a un alfarero, colocado al Sur de Jerusalén, y lo destinaron para sepultura de los peregrinos que en la ciudad muriesen y no tuviesen enterramiento. Por lo cual le llamaron, aún mucho tiempo después, *Campo de sangre,* Haceldama. Todavía hoy le señala la tradición al Sur de Jerusalén, como triste recuerdo de la más negra de las traiciones.

Por haberse adquirido este campo con el dinero de Judas, dice oratoriamente San Pedro, en los *Hechos de los Apóstoles,* que lo adquirió el mismo Judas.

Éste no sabemos si vivió aún algunos días después de la muerte de Jesús. Parece más seguro que sí. En ese caso, terrible debió de ser su dolor, y espantoso su remordimiento, sobre todo cuando conoció la muerte, y supo la resurrección de su Maestro, y cada vez que oía a alguno de sus antiguos compañeros.

Su existencia era insoportable. Por fin, sin poder resistir el tormento de su conciencia, un día fue, cogió un lazo, entró en el mismo campo que con su dinero se había comprado, colgó el lazo de un árbol, y del lazo se colgó él, con tan mala suerte que, rota la cuerda, cayó en tierra, dio con su faz y pecho en el suelo, se reventó, y quedó cadáver con todas sus entrañas desparramadas por el suelo.

Maldecida quedó la tierra de aquel campo comprado a precio de sangre, y lo que ya por esto se llamó Haceldama, campo de sangre, después, por haber en ella muerto y reventado el condenado apóstol, confirmóse en este tristísimo nombre de horror.

Insensato fue y muy poco había aprendido Judas en la escuela de Cristo. Si hubiese atendido, más que a robar, a seguir las doctrinas del Maestro, hubiera conocido la misericordia que atesoraba aquel corazón buenísimo de Jesús, capaz de perdonarle a él mismo.

Si Judas hubiera acudido a Jesús, Jesús le hubiera recibido con un beso bien distinto del que él le había dado en el Huerto. Con el beso de su infinita caridad.

Porque no confió, ni al fin, en Jesucristo, por eso se condenó.

271. PILATO

Apenas había amanecido cuando ya todos los sanedritas caminaban por la calle hacia el palacio de Pilato. Delante de todos iba Jesús atado y custodiado, conducido por los alguaciles, mientras ellos, ufanos y animosos, conversaban discurriendo lo que a Pilato habían de decirle para convencerle de lo que ellos pretendían y lograr la crucifixión de Jesucristo.

IX. LA SEMANA SANTA. VIERNES SANTO

Era Poncio Pilato procurador de Judea, y con este título gobernaba toda la región de Palestina, dependiente en derecho del propretor de Siria, mas no por eso menos árbitro y dueño de su región, que si no dependiese del propretor.

Residía de ordinario en Cesarea, a la orilla del mar, habitando un real palacio de Herodes el Grande. Por fiestas y en cualquier tiempo en que se reuniese mucha gente, o pudiese temerse algún alboroto en Jerusalén, se trasladaba a la capital, y habitaba más de ordinario el Palacio de los Mármoles, también de Herodes el Grande, y otras veces la Torre Antonia, que estaba unida al templo, y desde la cual, con la guarnición que allí tenía, más fácilmente podía dominar cualquier revuelta, como desde ciudadela bien fuerte y amenazadora. La tradición más parece creer que en tiempo de la Pasión, Pilato moraba en la Torre Antonia; muchos doctos, sin embargo, creen más probable, por varias conjeturas, que debió de habitar entonces en el palacio de Herodes.

Ambas moradas eran regias, fuertes y magníficas. Sobre todo las del palacio de Herodes estaban adornadas de mármoles, de oro, de columnatas y estatuas, de fuentes y jardines, de flores y vegetación. La misma Torre Antonia era una ciudadela, una pequeña villa, capaz de dar descanso y placer dentro a sus habitantes. La habían construido los asmoneos, mas Herodes después la había renovado, como renovó el templo, y, adornado con la suntuosidad en él acostumbrada, para dedicarla, como lo indica su nombre, a Marco Antonio.

Estaba la torre adosada al templo, y tenía sus habitaciones elevadas, y ante sí, según se puede deducir por conjeturas, un atrio al aire libre de buenas proporciones, rodeado de pórticos, empedrado de losetas o cantos rojos, y comunicado con las galerías de la fortaleza adjunta por una o dos escaleras de málrmol. Una de ellas es la *Escala Santa,* que hoy se conserva en Roma, junto a San Juan de Letrán, alta, de veintiocho gradas de mármol blanco, anchas, de más de tres metros las ocho primeras, y de dos y medio las otras veinte. Hoy los fieles en Roma las suben de rodillas en reverencia de haber subido y bajado Jesucristo por ellas. Este sitio, en el cual estaba una tribuna móvil llamada *bema,* era el *Litóstrotos* o el *Gábbata* de que nos habla el Evangelio con los dos nombres. *Litóstrotos,* es decir, *empedrado,* le llamaban en griego, por ser su pavimento de piedra; *Gábbata,* es decir, *altura,* le llamaban en hebrero por estar algo elevado.

Allí habitaba el procurador Poncio Pilato. Su nombre Poncio indica la familia Poncia a que pertenecía, no muy noble probablemente, como quiera que el cargo de procurador que tenía sólo lo ejercían por aquel tiempo libertos, o, cuando más, caballeros del orden ecuestre, de ninguna manera patricios. Pilato sería el sobrenombre alusivo a algún sucesor suyo o de su familia, que dijese relación al dardo, *pila* en latín, de donde estaba sacado.

Si es verdad, como lo dice el Evangelio apócrifo de Nicodemus, que su mujer se llamaba Claudia Procla, pudiera ser que por ella estuviese emparentado con patricios de la familia Claudia, si ya ella también no era otra mujer de origen liberto, de alguna familia manumitida por los Claudios, la cual le prestó su nombre al dar libertad a su familia.

Ejerció su cargo desde el año 26 de Jesucristo hasta el 37, gobernando siempre su provincia según su carácter. La cualidad en él más notable era la debilidad. Odiaba al pueblo judío, y lo miraba más bien como a rebaño que tenía que cuidar y esquilar, que como a pueblo que tenía que gobernar. Y como débil, se valió en muchas ocasiones más de la violencia y de la audacia que confía en las armas, que de la prudencia y el talento.

Esta debilidad, que unas veces, cuando se desataba, le hacía precipitarse demasiado, y otras, cuando se contenía no decidirse a nada, según encontrase delante adversarios fuertes o tímidos, le hizo cometer no pocos desaciertos en su gobierno, y comprometer a veces su autoridad, como le sucedió al principio de su procura. Quiso entonces obligar a los judíos a que dejasen circular al descubierto por Jerusalén las águilas e insignias militares, que, por conceptuarlas los judíos como ídolos, por respeto a su religión, solían enfundarse mientras circulaban por Palestina. Pero al punto se encontró con que una comisión de muchísimos personajes se le metía en su palacio de Cesarea para reclamar contra sus disposiciones. Les amenazó él con la muerte si no se retiraban, creyéndolos aterrar de este modo. Mas viendo que ellos, sin atemorizarse, persistían resueltos a morir antes que ceder, retiró su palabra y retractó su orden. Conforme a este hecho fue todo su gobierno, mezcla y variación sucesiva de audacias y debilidades.

Éste era el hombre a cuyas manos venía ya la causa de Jesucristo. Los sanedritas que se la entregaban sabían bien, sin duda, que podían contar con la complacencia final de Pilato.

272. LA ACUSACIÓN ANTE PILATO
(Jn 18, 2-38; Lc 23, 2-7; Mc 15, 2-5; Mt 27, 11-14)

Llegaron al palacio de Pilato, según creemos, como de siete a ocho. Iba ya de seguro tras ellos no poca turba de curiosos, de los que, enterados de los sucesos de la noche anterior, acudían ansiosos de ver el sesgo que tomaba aquel tan difícil y curioso negocio.

Y aunque madrugaron mucho los jueces por la prisa que tenían y el deseo de acabar con su enemigo por sorpresa y aquel mismo día antes de que el pueblo pudiese impedirlo y aun darse cuenta suficiente de ello, no por eso cogieron desprevenido a Pilato, que ya por los soldados de la cohorte había recibido cuenta de lo que en la pasión del huerto había acontecido.

Llegados a los arcos que daban entrada en el Pretorio, mandaron delante al preso, y junto un recado diciendo que ellos estaban fuera, que no entraban por no contaminarse y poder comer las víctimas de Pascua y asistir a sus solemnidades, y que se dignase salir fuera.

Recibió Pilato al reo maniatado, oyó el recado, se dio cuenta en seguida del odio con que procedían los sanedritas.

No es posible que Pilato no conociese de oídas a Jesús, y acaso le había visto. Por poco que supiese y entendiese de su provincia, sabría y entendería algo y aun bastante de lo que de Jesús Nazareno se había hablado, y en especial de sus diferencias con los sanedritas. Así, pues, por todo esto, y por lo que de la noche anterior había oído, debía de estar prevenido. Acaso, sin embargo, no esperaba que los judíos pusiesen en sus manos la causa del Nazareno, y le sorprendió su llegada.

Parece que le puso de mal humor el que viniesen a él con reo de tal calidad y compromiso. Deferente, sin embargo, a los escrúpulos religiosos de los fariseos, que no querían entrar en casa pagana, salió a ellos fuera a la entrada del atrio y les preguntó un poco desabridamente, y, a juzgar por la respuesta, en tono de duda y de recelo:

«¿Qué acusación traéis contra este hombre?»

Los sanedritas, que debían conocer a Pilato y estar acostumbrados a sus intemperancias, lejos de amedrentarse, le contestaron con insolencia y en el mismo tono, y dándose por ofendidos de que se dudase de ellos, le dijeron:

«¡Si éste no fuese malhechor, no te lo hubiéramos entregado.»

Entonces Pilato, cogiéndolos por sus palabras y deseando librarse de la causa, dándose al propio tiempo como por satisfecho de su justicia de ellos, les dijo:

«Tomadle, pues, vosotros, y juzgadle según vuestras leyes». Vosotros decís que es malhechor; yo os lo creo. Pues bien, juzgadle vosotros y castigadle; yo doy por bien hecho cuanto hagáis.

«Le dijeron entonces los judíos: "A nosotros no nos es permitido dar muerte a nadie".»

Quedaba ya revelado su intento. Su intento no era darle una pena cualquiera, como parecía suponer el Procurador, sino la pena de muerte. Para eso venían a él, y si no lo había entendido desde el principio, se lo decían ya bien claramente.

Y nota San Juan que con esto se iba a cumplir la profecía que Jesús había hecho señalando qué clase de muerte había de tener. En efecto, cuatro veces, por lo menos, había Jesús predicho su muerte de cruz: a los apóstoles, a Nicodemus, a los sanedritas mismos y a la plebe, en tiempo en que tal profecía era completamente increíble.

Sobre si los judíos tenían o no derecho de muerte, disputan bien los doctores. Lo que me parece más probable es que lo tenían, pues dieron muerte a San Esteban y también a Santiago el Mayor, y se puede citar la degollación de San Juan Bautista por Herodes. Pero durante los días de Pascua no podían dar muerte a nadie. Además, lo que ellos deseaban para Jesucristo era la muerte de cruz, y con este intento principalmente iban al Presidente, y remitían a él la causa, aun haciendo contra su amor propio y nacional.

Al escuchar Pilato que se trataba de pena de muerte, debió de tomar el asunto más en serio y despacio, y según el estilo romano, y aun según todo derecho de no condenar a nadie sin examinar y discutir la causa; y debió, sin duda, de preguntar cuál era el delito por el que exigían para aquel hombre tan extrema pena.

«Comenzaron, pues, ellos a acusarle diciendo: "Hemos hallado a éste revolviendo a nuestra gente, prohibiendo dar tributo al César y diciendo que Él era Mesías rey".»

Con mucha habilidad y más bien astucia, se ve cómo los pérfidos sanedritas cambiaron la faz de toda la causa ante Pilato. Para ellos era reo de muerte porque se había hecho Hijo de Dios, por blasfemo. Ante Pilato presentan otras querellas distintas del todo de las que presentaron e hicieron valer en su tribunal: que rebelaba la gente, que prohibía dar tributos, que se hacía rey, el rey esperado del pueblo judío. Causas verdaderamente gravísimas, de lo más grave que se podía presentar ante el tribunal de un gobernador romano encargado de velar por la soberanía del César.

IX. LA SEMANA SANTA. VIERNES SANTO

Caviloso quedó Pilato ante tan formidables capítulos de acusación. Y deseoso, sin duda, de informarse más despacio, entró dentro, no ya del pórtico, sino del Pretorio, sin duda, a alguna habitación interior, que sería su despacho; y allí, sin testigos o sólo con su secretario y los suyos, llamó a Jesús, que estaba retenido y preso y no había presenciado las últimas acusaciones que se le hicieron a la puerta del atrio.

«Jesús, pues, se presentó ante el Presidente. Y le preguntó el Presidente, diciendo: "¿Tú eres el rey de los judíos?"»

Conoció Jesús que esto se lo habían dicho sus enemigos fuera, mientras Él había estado dentro, y, antes de responder al Presidente, le dijo con entereza y gravedad como quien tenía autoridad y, más que eso, era juez, que podía serlo:

«¿Eso lo dices por tu cuenta, o te lo han dicho otros de mí?»

Desagradó a Pilato esta pregunta de su reo, que no temblaba ante su presencia, sino que se permitía hacerle esta advertencia para que no se dejase sorprender de sus enemigos. Y por eso, un poco enfadado y desdeñoso, respondió:

«Pues ¡qué!, ¿soy yo judío acaso? ¡Tu gente y los pontífices te han entregado a mí! ¿Qué es lo que has hecho?»

Jesús, como si no se diese cuenta del enfado y desdén del Presidente, prosiguió a responder a la primera pregunta de que ya ligero y despreciativo parecía prescindir el Presidente, y dijo:

«Mi reino no es de este mundo. Si mi reino fuese de este mundo, de seguro mis ministros lucharían para que no fuese yo entregado a los judíos *(a esos que me han entregado a ti);* pero no, mi reino no es aquí.»

Conoció Pilato que de una manera o de otra Jesús se declaraba rey, en lo que acababa de responderle, y por eso le dijo:

«"Luego ¿tú eres rey?" Le dice Jesús: "Bien dices. Yo soy rey. Yo he nacido y he venido al mundo para dar testimonio de la verdad. Todo aquel que es de la verdad oye mi voz".»

Manera de hablar era ésta desusada, y tal, que indicaba en el reo una preexistencia anterior a su venida al mundo. «Yo he nacido y he venido al mundo para dar testimonio de la verdad...»; y además una misión singularísima y altísima, dar testimonio de la verdad, enseñar al mundo dónde está la verdad...

Pilato, que era un escéptico de tantos como abundaban en su tiempo en Roma, y que probablemente no sabría más filosofía que el que no había filosofía ninguna, que es la más fácil de todas de aprenderse, sin entender del todo aquel discurso del Señor, pero viendo en él algo misterioso, que acaso temía acabar de conocer, se contentó con decir desdeñosamente:

«"Y ¿qué es verdad?..." Y diciendo esto salió de nuevo a los judíos y les dijo: "Yo no hallo en éste causa ninguna".»

No quiso aguardar la respuesta de Jesucristo a su importantísima pregunta. Ni el Presidente se la hacía para obtener respuesta, ni para averiguar una cuestión filosófica, que tal vez temía ver descifrada, sino más bien para darle a entender que todo aquello era impertinente e inútil, puesto que no se sabía lo que era verdad, y que su destino y su propósito era bien cándido, puesto que pretendía resolver el problema de la verdad, que era insoluble para tantos sabios y para todos nosotros.

Mas, persuadido por todo lo que había oído entonces y por todo lo que antes sabía, de que Jesús era inocente y de que en toda aquella trama no había más que el odio de los fariseos, salió fuera y resueltamente les dijo: Aquí no hay crimen ninguno; en ese hombre no hay delito para la pena de muerte ni para ninguna pena. Yo no hallo en Él causa ninguna.

Y debió de salir esta vez trayendo consigo al mismo reo, acaso con designio de devolvérselo.

Mas los fariseos y sanedritas, picados de lo que Pilato les decía, comenzaron a descargar sobre Jesús una granizada de acusaciones acerca de muchísimos puntos, acumulando sobre Él cuantas injurias podían.

Jesús callaba a todo, y no respondía una palabra, ni daba señal alguna de queja ni muestra de desaprobación.

Caso tan insólito no pudo menos de llamar la atención a Pilato. Y volviéndose a Jesús le dijo:

«"¿No oyes cuántos testimonios dicen contra ti?" Mas Jesús no respondió una palabra más a nada de lo que le decían. Tanto, que el Presidente estaba extraordinariamente admirado. Ellos, en cambio, se envalentonaban y decían: "Está revolviendo al pueblo por toda la Judea, comenzando desde Galilea hasta aquí". Pilato, en cuanto oyó Galilea, preguntó si aquel hombre era galileo. Y en cuanto supo que era de la jurisdicción de Herodes, le remitió a Herodes, que también estaba por aquellos días en Jerusalén».

Bien se veía que Pilato estaba buscando un medio cualquiera de deshacerse de aquella causa que le hacía muy poca gracia, y en la que veía mucho enredo y compromiso y que no sabía qué efectos iba a producir en el pueblo. No debía de tener mal corazón, aunque poco constante, y así deseaba salvar al inocente. Pero al mismo tiempo debía de temer desagradar al pueblo, fuese cual fuese su sentencia. Así que, en cuanto oyó Galilea, aunque estaba disgustado con Herodes, tal vez por alguna cuestión de jurisdicción, y acaso por eso mismo de estar disgustado, le pareció magnífica salida la de enviarle aquel reo, con lo cual se libraba él del compromiso, y, vendiendo el obsequio a Herodes, podría reconciliarle consigo de las pasadas rencillas.

273. JESÚS ANTE HERODES
(Lc 23, 8-12)

No sé lo que les parecería a los fariseos de aquel corte dado a su asunto. Herodes, ciertamente, era enemigo de Jesús. Sus ministros, no todos, pero los más eran amigos de los fariseos, y varias veces se habían confabulado con ellos para armar lazos al Nazareno. Por este lado, debió parecerles bien la determinación de Pilato.

Mas, por otro, les disgustaría el interponer nuevas dilaciones, y también el impedimento que tendrían, si Herodes asumía la causa, de darle muerte pronta y muerte de cruz, como deseaban.

Fueron, pues, a Herodes con el preso de parte del Presidente.

Herodes, como ya lo dijimos a su tiempo, aunque enemigo de Jesús, atormentado por la muerte que había dado a Juan, algún tiempo anduvo temiendo si el Nazareno que predicaba en Galilea sería Juan, que hubiese resucitado. Había seguido la noticia de sus misiones, oído sus milagros, escuchado sus alabanzas y sus vituperios, y, como dice San Lucas, «se alegró mucho de ver a Jesús, porque estaba hacía mucho tiempo deseando verle, pues había oído mucho de Él y esperaba presenciar cómo hacía algún milagro».

Naturalmente, un hombre que miraba las cosas al estilo humano, y estaba acostumbrado a que todo el mundo obedeciese a sus caprichos, no podía dudar de que el Nazareno haría en su presencia un milagro de tantos como hacía ante el pueblo. Como si los milagros fuesen espectáculos de prestidigitación y juego de manos para divertir a la gente. Y no dudaba que le complacería el Nazareno en cuanto comprendiese que su muerte estaba en manos del tetrarca, y que de ganarse la voluntad de Herodes dependía su vida o su muerte.

Esperando, pues, pasar un día entretenido, le recibió con mucha alegría, propia de su vida fatua y mundana, y con ceremonia y fausto, desplegando a su alrededor toda su guardia.

Pasó el Señor a su presencia. Tal vez allí a su lado estaba su cuñada, que con él vivía malamente, y su hija Salomé, y sus cortesanos, los que habían arreglado la prisión y muerte del Bautista, y habían contemplado su cabeza ensangrentada.

Todos se prometían un espectáculo de los más interesantes.

Cuando se presentó Jesús, comenzó Herodes a hacerle mil preguntas.

«Mas Él nada respondía. Al contrario, los príncipes de los sacerdotes y los escribas estaban instantemente acusándole.»

¡Espectáculo fue aquél bien curioso! Por una parte, Herodes y sus aduladores cortesanos deseando sacarle algún milagro y preguntándole para congraciarse muchas cosas y acosándole de mil maneras.

Por otra, los sanedritas acusándole de más y más delitos, y recordando, sin duda, las cosas que contra el mismo Herodes aquel Nazareno había dicho.

Y en medio de ambos bandos, Jesús sin hablar una sola palabra.

Fracasaron las esperanzas de todos. Fue un chasco enorme y una decepción general.

Herodes, que ni siquiera debía de tener energía para airarse, se contentó con despreciar a Jesús. Y declarado el desprecio del tetrarca, se declaró también el de su guardia que le rodeaba. Y todos convinieron en que aquel hombre era un fatuo, un insensato, un loco, digno únicamente de desprecio. Alguien entre los cortesanos, si ya no fue el mismo Herodes, propuso la idea de que se le vistiese de candidato y aspirante de rey, con alguna ropa o manto blanco. Y, en efecto, sacaron una vestidura cualquiera blanca, tal vez alguna vieja y arrinconada de su amo, y se la pusieron, burlándose de sus pretensiones como de las de un loco.

«Le despreció Herodes con todo su ejército, y, vistiéndole de una ropa blanca, le burló y le remitió a Pilato.

Con esto se hicieron amigos Herodes y Pilato aquel mismo día; porque antes eran enemigos uno de otro.»

La causa de Jesús les sirvió de lazo de paz.

Así terminó este episodio de la causa de Jesús. El profeta anunciado y bautizado por el Bautista no se prestó a ser juguete del adúltero asesino de su Santo Precursor y primo. Lejos de eso, puesto ante la corte afeminada de Herodes en aquella morada del escándalo y de la impureza, no quiso ni pronunciar una palabra, ni formar una sonrisa, ni prestar una atención. En el palacio de Herodes sólo mostró la más soberana indiferencia.

274. JESÚS ES POSPUESTO A BARRABÁS
(Jn 18, 39-40; 19, 1; Lc 23, 13-23.25; Mc- 15, 6-15; Mt 27, 15-26)

No le salió bien la trama a Pilato; Herodes no resolvió nada y el Presidente hubo de recibir de nuevo al reo, remitido por Herodes, quien, sin duda, al mismo tiempo que le daba las gracias por su atención y deferencia, le daría su parecer del personaje, diciéndole que más que un criminal veía en Él un pobre loco iluso, y que él hiciese lo que mejor le pareciese.

Llegó Jesús rodeado de mayor turba que antes, que iba engrosando más y más cada vez, sobre todo desde que, vestido de blanco, salió del palacio de Herodes, atrayendo con aquel disfraz llamativo y ridículo la curiosidad y las burlas de la plebe, siempre soez o insultadora. El griterío y algazara de los que venían advirtió a Pilato que ya llegaban. En efecto, vio entrar a poco al preso ridículamente vestido de blanco, entre alguaciles. Se enteró Pilato de lo que pensaba Herodes. Y sabiendo que los príncipes y magistrados se habían detenido como antes a la entrada del pórtico, bajó de nuevo las escaleras del Pretorio, y salió a la puerta. Llamó a los príncipes y a los magistrados y a toda la plebe y les dijo:

«Me habéis presentado a este hombre como agitador del pueblo, y ya habéis visto que preguntándole ante vosotros no he hallado en Él ninguna culpa de esas de que le acusáis. Como ni tampoco Herodes; porque os he remitido a él, y ya veis que no le ha impuesto nada que merezca muerte. Voy, pues, a castigarle y a dejarle en libertad.»

Furiosa debió de ser la rabia con que los sacerdotes y escribas recibieron estas palabras, que venían a destruir todos sus propósitos. Y furiosa hubiera sido, a no dudarlo, su respuesta si un rumor estrepitoso de gente no hubiera venido a turbar aquel diálogo y a distraer su atención y la del Presidente.

Desde el tiempo de la dominación romana, o más bien desde antiguo y en memoria de la liberación de Egipto, era costumbre que las autoridades y entonces el Presidente romano, diese libertad a un preso, el que el pueblo pidiese.

Para obtener este favor, venía ya alborotado un gran pelotón de plebe a la hora de costumbre, y por una de las calles desembocaba en la plaza en que los judíos discutían con el Presidente acerca de Jesucristo. Serían de seguro los más gente revoltosa y tronada, amigos y parientes de los presos, que venían a abogar por sus compinches, o por sus parientes, o por sus cabecillas, en fin, por quien cada uno más interés tuviese.

Y presentándose en tropel y con audacia ante el Presidente, comenzaron a pedir les hiciese el favor que siempre les hacía.

Vio Pilato en esto una hermosa ocasión de procurar la libertad de Jesús. Se acordó de un preso insigne y famoso que tenía en la cárcel llamado Barrabás, el cual estaba encadenado con los sediciosos, porque en una revuelta había cometido un homicidio. En vez, pues, de darles a elegir cualquiera, quiso forzarles a elegir a Jesús, obligándoles a escoger entre Él y Barrabás.

Debió de pensar el Presidente que entre Barrabás y Jesucristo nadie se atrevería a dudar. Debió también de creer que la plebe no profesaría aquel odio que profesaban los sacerdotes y escribas a Jesucristo. Y que, apelando al juicio del pueblo, quedaría de seguro libre Jesucristo, pues estaba cierto de que los sumos sacerdotes le habían entregado por el odio que le tenían.

Con esto, fuese Jesús culpable o fuese inocente, el juicio terminaría y el compromiso en que se hallaba se desharía sin quedar él disgustado con el Sanedrín.

Acudió, pues, al tribunal del pueblo. Y les dijo solemnemente:

«Es costumbre vuestra que en Pascua os suelte un preso. ¿A quién queréis que os suelte: a Barrabás o a Jesús, que se dice el Mesías?»

Y dejándolo para reflexionar un punto, se sentó en su tribunal, para esperar y conferenciar con sus oficiales.

«Estando en su tribunal sentado, le mandó su mujer un recado diciéndole: "No te metas nada con ese justo; porque yo he sufrido mucho en sueños esta noche por Él".»

¿Fue natural?, ¿fue sobrenatural aquel sueño? Mucho disputan los doctores. Pero, fuese lo uno o lo otro, todos convienen en que fue algo extraordinario en la providencia. Algunos creen que Claudia Procla, la mujer de Pilato, conocía al Salvador y aun era adicta a la religión mosaica, prosélita y creyente, instruida además acerca de la persona y

IX. LA SEMANA SANTA. VIERNES SANTO

doctrinas de Jesucristo, por el Centurión de Cafarnaún o por otros. Aquella noche se debió de hablar en su tertulia no poco acerca de la prisión que se iba a hacer del Salvador por los sacerdotes, pero con tropas prestadas por su marido. Acaso ya entonces quiso desenredar a su esposo de aquel negocio. Y ahora, viendo que cada vez se metía más en él, no pudiendo llamarle a su aposento, le envió al mismo tribunal con toda urgencia recado.

A todo esto el tiempo volaba. ¿Qué hacía mientras tanto el pueblo?

El que estaba allí congregado no era en su mayor parte el pueblo de Galilea, ni el de los adictos de Jesús, que eran muchísimos, ni siquiera el pueblo independiente y piadoso, que buscaba la santidad. Era, por una parte, el pueblo comprometido con los sacerdotes, el pueblo judío que, prevenido por los sacerdotes y sanedritas, no amaba a Jesucristo; y por otra, el pueblo bajo, la chusma bullanguera, amiga de presos y encarcelados, compuesta, de seguro, de todos los sediciosos, malsines, y pillastres de Jerusalén.

Y si bien estaban allí muchos que, sin duda, seguían y amaban a Jesús y sobre todo querían la justicia, pero no estaban a la cabeza de ellos sino las dos comisiones, digámoslo así, de los que o querían la muerte de Jesús, o querían la libertad de algún preso que les interesaba más que el Nazareno de Galilea.

Así pues, «los príncipes de los sacerdotes y los ancianos concitaron a la turba y persuadieron a los pueblos que pidiesen a Barrabás, y perdiesen a Jesús». Se esparcieron pronto por entre la muchedumbre, que deliberaba, y a voces, con gritos, con amenazas, con pérfidos sofismas y calumniosas mentiras, y hasta de seguro, como lo habían hecho otras veces, con amenazas de excomunión y anatema, fueron persuadiendo a todos los que galleaban y tenían fuerza y prestigio motinesco, y a todos los tímidos que pidiesen la libertad de Barrabás y reclamasen la muerte de Jesús.

Al que sepa lo que es el pueblo, al que conozca cómo en el motín los buenos, los honrados, los pacíficos, se callan, se retiran, pliegan sus labios, y doliéndose de la injusticia, no reclaman contra ella por temor al tumulto; al que haya visto, por el contrario, cómo en la revuelta triunfan siempre los bárbaros, los furiosos, los insolentes y criminales, porque audaces y violentos claman más, gesticulan más, se apoderan de los sitios más avanzados, se ponen al frente de las muchedumbres y arrinconan a los hombres de buen corazón, no les extrañará que los sacerdotes hubiesen podido persuadir al pueblo que eligiese a Barrabás. Mucho menos teniendo presente que los que en aquel tumulto estaban a la cabeza, llevaban la representación y estaban próximos al tribunal y a las puertas del Pretorio, eran en su mayor parte judíos de Jerusalén, partidarios del Sanedrín, amigos de sediciosos, y acaso cómplices y compañeros de Barrabás.

Los amigos del Nazareno, galileos en su mayor parte, allí serían los menos tal vez, pues acampaban muchos en las afueras, estaban todavía viniendo y no se habían dado cuenta de todo lo que pasaba; tenían además el recelo de lo desconocido, que siempre tienen los provincianos, sobre todo los aldeanos cuando vienen a la capital, cuyos elementos, usos y recursos, o les son desconocidos, o al menos no les son familiares.

Así que fácilmente pudieron persuadir los sacerdotes al pueblo lo que querían y formar una mayoría imponente, aunque improvisada, y en su mayor parte inconsciente.

Pasado, pues, el tiempo suficiente para deliberar, salió el Presidente, y teniendo allí a su lado a Jesucristo, les dijo:

«"¿A quién queréis que os suelte de los dos?" A una voz exclamó toda la turba diciendo: "¡Quita a ése y suéltanos a Barrabás!"»

¡Pasmado debió de quedar Pilato de tanta insolencia! Pero disimuló su furia, por no echar a perder sus planes, y pensando que, si acaso por amor a Barrabás, le habían preferido a Jesús Nazareno, se alegrarían también de que les diese otro preso y así amplificase sus privilegios, les habló con la intención nada disimulada de dar libertad a Jesús, y marcando con toda intención sus cualidades de Rey de los judíos y de Mesías, diciendo:

«"¿Pues qué queréis que haga de Jesús, del Rey de los judíos, que se dice Mesías?" Y ellos clamaron todos de nuevo diciendo: "¡Crucifícale, crucifícale!"»

¡Qué bien habían aprendido la lección de los sanedritas. Pilato estaba desconcertado. No se explicaba lo que veía. Fuera de sí y lleno de vehemencia y de ira, aunque también de debilidad y cobardía, les dijo:

«Pues ¿qué mal ha hecho éste? Yo no hallo en Él ninguna culpa de muerte. Así que le pondré un castigo y le daré libertad.»

Sus voces se perdían en el tumulto. Cada frase de éstas era interrumpida por formidables gritos, que cada vez, según expresamente lo nota San Lucas, crecían más y prevalecían sobre la voz del débil Presidente, y decían siempre el mismo horrible estribillo deicida: «¡Crucifícale! ¡crucifícale!»

Estaba vencida desde entonces la batalla. La masa se había declarado contra la justicia y contra la autoridad. El Presidente había desnudado su debilidad delante del pueblo. Había puesto en parangón a un Profeta santo y venerable, a un Legado divino y Taumaturgo insigne con un sedicioso vulgar y asesino indigno. Había dejado su autoridad a merced de la plebe, dándole facultad de condenar a quien él mismo repetidas veces había declarado inocente. Había, en fin, empezado a ceder, diciendo que, aunque le creía inocente y sin culpa, le iba a castigar, por complacerles a ellos, pero exigiéndoles que después quedase en libertad. Estaba ya todo perdido, aunque todavía el Presidente juzgase otra cosa.

Por de pronto mandó soltar a Barrabás, y se metió dentro a dar órdenes.

275. JESÚS ES AZOTADO
(Jn 19, 1; Mc 16, 15; Mt 26, 26)

Llamó a los verdugos, acaso a sus lictores, si los tenía el procurador, y mandó que azotasen a Jesús, quedándose él, mientras se ejecutaba su sentencia, en las habitaciones interiores de la fortaleza Antonia, conferenciando, sin duda, con sus amigos y oficiales acerca del tumulto que se había armado, y buscando nuevos modos de salvar la vida de aquel inocente.

Era el tormento de la flagelación de los más terribles entre los romanos. El orador latino Marco Tulio Cicerón escribió uno de sus más insignes fragmentos de elocuencia describiendo el tormento de la flagelación dado a unos ciudadanos romanos por Verres. Y eso que a los libres sólo se les azotaba con varas que llevaban en sus haces los lictores. Mas a los que no eran ciudadanos romanos se les podía dar, y en efecto se les daba, la flagelación con otros instrumentos, cuales eran riendas y correas de cuero, vergas de buey, ramales de cuerda, cuero o hierro con ruedecitas de metal o pinchos de acero o bolas de plomo en los extremos, sartas de tabas de carnero o de otros huesecitos y nudos, con los cuales, como solían decir los que describían este tormento, cortaban, rajaban, desgarraban, rompían, abrían el cuerpo y las carnes del azotado.

En cuanto al número de azotes, la ley judía fijaba un máximum de cuarenta golpes, que los fariseos por escrúpulos habían reducido a treinta y nueve (a los cuarenta menos uno, como se decía corrientemente), y cuando se daban con azotes de tres ramales, a trece. Pero Nuestro Señor recibía los azotes de manos de los romanos, que no tenían tales órdenes.

Para mejor descargar los azotes, atábase al reo por las muñecas a una columna baja, obligándole así a presentar las espaldas a los golpes de los verdugos. La que tuvo sujeto a Nuestro Redentor se conserva en la iglesia de Santa Práxedes, de Roma. Es una especie de pedestal o pilar en forma elegante, de mármol negro con vetas blancas, de sesenta centímetros de alto y cuarenta y cinco de diámetro en su base. En su cima una argolla, que ahora falta, a la cual estuvieron sujetas las muñecas de Nuestro Salvador.

Esta columna estaba en sitio público donde todo el mundo pudiese presenciar el castigo dado al criminal.

Los lictores o verdugos eran de ordinario varios: dos, cuatro, seis, para que, si era necesario, se fuesen remudando. Y como es natural en esta clase de gente, solían ser hombres crueles, sin corazón, que a veces, si alguno que tuviese sentimientos nobles no se hallaba presente y se lo impedía, complacíanse en lucir su fiera destreza y fuerza brutal, teniendo a gala, en sus porfías de crueldad, el producir efecto en las víctimas, señalando mejor los cardenales, descargando con más tino sus latigazos, recorriendo con más refinamiento toda la piel, hundiendo con más profundidad las correas y las vergas en pecho, brazos, muslos y espaldas. A esto ayudaba el ser los que eran condenados a tal suplicio gente criminal y culpable, que solía tener bien ganado cualquier tormento.

Agarraron, pues, a Jesús Nazareno los verdugos. Le sacaron al sitio de la flagelación, que sería el atrio interior. El pueblo estaría agolpado ante el atrio exterior, fuera en la plaza pública. Le desnudaron, delante de todos, de sus vestidos. Ataron sus muñecas a la argolla. Quedaron inclinadas las divinas espaldas. Y a vista de todo el pueblo, que estiraría sus cabezas para verle y fijaría sus miradas en el cuerpo de su Dios, desnudado ante ellos en el sitio y forma en que los villanos y criminales solían serlo, fue recibiendo Jesús sin quejarse, ni dar muestras de impaciencia, sino sólo de augusto dolor, una horrible granizada de azotes, con que en breves momentos quedó todo su santo y delicadísimo cuerpo cubierto de sangre, de heridas, de surcos sangrientos, de jirones de piel desgarrada...

Cinco mil azotes dicen algunos que le dieron, y que tal fue la revelación hecha a una mujer, la cual no fue Santa Brígida, pues esta santa no fija número ninguno. Yo soy del parecer de Suárez, quien dice que nada nos obliga a creer que tales revelaciones fueran verdaderas. La ley judía señalaba cuarenta. La ley romana señalaba, en ciertos casos al menos, sesenta y seis. Éstos eran tan horribles, que a veces bastaban para que el flagelado muriese sin necesidad de otro tormento. Pero Jesús era flagelado sin más ley que la ley de nuestros pecados, y de la rabia del pueblo judío.

No son necesarias inútiles ponderaciones. Ni la sublimidad, el misterio, la incomprensibilidad de la flagelación estriba en el mayor o menor número de golpes.

Lo terrible, lo estupendo, lo maravilloso, es que Jesucristo, que nuestro Dios, que nuestro Señor, haya sido azotado, y azotado por mi causa.

¡Esto, esto, Señor mío, es lo admirable! ¡Que tú te hayas dignado dejarte desnudar en la plaza pública, y ser golpeado, y cubierto de llagas y de sangre por mí!...

¿Qué más queréis, oh lectores míos, que os diga? Si no os mueve el espectáculo que consideráis, ¿qué os van a mover mis palabras?

276. JESÚS ES CORONADO DE ESPINAS Y BURLADO
(Jn 19, 2-3; Mc 15, 16-20; Mt 27, 27-30)

Acabó la flagelación. Mas no acabó ni la rabia de los judíos, ni la insensibilidad de los soldados.

Era preciso retirar al reo ensangrentado, para dejarle respirar y descansar un poco, y para aguardar las órdenes del Presidente, que, según había dicho, le quería soltar.

Le cubrieron mal o bien con sus vestidos y lo retiraron adentro, al Pretorio.

El Presidente tardaba. Tal vez estaba aguardando que las turbas, satisfechas, se disolviesen, que acabasen así sus rugidos y reclamaciones, y que, libre de ellas, pudiese salir Jesucristo, aunque maltratado, con vida.

Mientras el Presidente tardaba, los soldados se propusieron divertirse a costa de Jesús.

Le hicieron sentar en un poyete que aún se muestra, y se llama, la Columna de los improperios.

Congregaron a toda la cohorte alrededor de Jesucristo. Quitaron a éste los vestidos que, acabada la flagelación, le habían echado encima para cubrirle. Y sacando yo no sé de dónde una clámide vieja de púrpura, color propio de reyes, de emperadores y generales de ejército, se la echaron a las espaldas.

–Vamos a coronarle de rey– se dijeron recordando y completando la fiesta que, tratándole de candidato, habían celebrado en casa de Herodes sus camaradas los soldados de la otra guardia.

Y crueles al mismo tiempo que burlones, formaron o encontraron un aro de juncos, que se conserva en el tesoro de Nuestra Señora de París. Le rodearon de espinos entrelazados entre sí, y con gestos cómicos y grotescas reverencias, colocaron la horrible corona de espinas en la sagrada cabeza de Nuestro Señor, hincando en sus sienes y en su frente veneranda las afiladas púas de aquellas ramas de ramno.

No inmutó el sereno rostro el dolor de la frente traspasada, pero hilos de roja sangre corrieron por la sagrada faz, que en breve quedó tristísimamente desfigurada.

Entonces, añadiendo burlas a burlas, y sarcasmos a los dolores, tomaron una caña, y cogiéndole los dedos de las manos amarradas se la pusieron entre ellos, queriendo simular el cetro de rey.

Luego todos los soldados, formando como guardia de honor, comenzaron a acercarse a Él, y, desfilando ante su presencia, doblaban al pasar su rodilla, y le adoraban, y le saludaban diciendo:

«"Salve, rey de los judíos". Y escupiéndole, le tomaban la caña, y herían su cabeza, y le daban bofetadas.»

Resonarían las carcajadas por la sala, porfiarían los groseros soldados a quién inventaba un insulto más chusco, abriríanse más y más las heridas de la frente al clavarse las espinas por los golpes de la caña, se afearía cada vez más la cara de Dios al irse amontonando en ella la sangre de las heridas, el sudor de la frente, las salivas de los soldados y el polvo de la estancia.

Ya era hora de que el Presidente se enterase de su obra y contuviese a aquellos sayones, que tanto traspasaban sus mandatos, si ya no es cierto lo que algunos creen, que él mismo por su debilidad, por sus criminales contemporizaciones, por sus cobardías, aconsejó al jefe de los soldados que lo maltratasen bien, para que así se contentasen más los judíos.

Mal le salían los planes, porque el pueblo perseveraba firme pidiendo a las puertas del atrio la crucifixión del reo.

277. ¡ECCE HOMO! (Jn 19, 4-16)

Entonces Pilato se llegó a la sala en que estaba el preso. Se apartaron todos los soldados, y quedó el Salvador expuesto a las miradas del Presidente, que no pudo menos de conmoverse ante semejante espectáculo.

Sin decir palabra, tomó de la mano al reo, lo trajo consigo fuera, se asomó al atrio exterior, y desde allí llamó la atención del pueblo para pedir silencio, y dijo:

«"Os lo traigo afuera para que conozcáis que no hallo en Él culpa ninguna". Salió, pues, Jesús, trayendo la corona de espinas y el vestido de púrpura. Y les dijo: *"¡Ecce Homo!* ¡Veis aquí al hombre!"»

Entonces se desarrolló en aquella plaza la más horrible escena que imaginarse puede.

«Al verle los pontífices y los ministros, comenzaron a gritar, diciendo: "¡Crucifícale, crucifícale!" Les dijo Pilato: "Tomadle vosotros y crucificadle. Porque yo no hallo en Él causa ninguna". Le respondieron los judíos: "Nosotros tenemos ley, y según la ley debe morir, porque se ha hecho Hijo de Dios".»

No habían dicho esto antes al Presidente. Y si lo decían ahora, era más bien, según yo creo, por excitar al pueblo, que era lo que entonces importaba, que por persuadir al Presidente. A éste, lejos de persuadirle esta acusación nueva, le aterró más y más. Tanto, que al oír esto, volvió a tomar a Jesús y se metió de nuevo en el Pretorio con Él a solas, y le dijo:

«¿De dónde eres tú?»

Ya sabía que era de Galilea, pero entonces preguntaba por otro origen, porque había oído decir que se hacía Hijo de Dios. Y eran tantos los misterios y maravillas que venía observando, que no pudo menos de fijarse en la idea y pensar a su manera y según sus mitologías e historias de los dioses romanos falsos, si, en efecto, tendría delante a un dios, o a un hijo de algún dios. Por eso le preguntó:

«¿De dónde eres tú?»

Pero Jesús no le dio respuesta ninguna.

¿Para qué había de responder a aquel juez inicuo que confesaba que no hallaba culpa ninguna en el Nazareno, al mismo tiempo que le presentaba deshecho ante el pueblo?

Se picó un poco Pilato, que debía de estar muy excitado, y le dijo:

«¿A mí no me hablas? ¿No sabes que tengo poder para crucificarte y poder para librarte?»

Bien poco se conocía, y bien poco usaba de su poder. Y ésta fue su propia condenación. Pero no quiso Jesús dejar pasar aquella arrogante presunción de autoridad sin protesta, para que no pareciese por su silencio confesarse inferior a su juez. Y abriendo aquellos labios que hacía ya tanto tiempo los tenía cerrados, dijo con divina gravedad:

«No tendrías sobre mí poder ninguno, si no se te hubiese dado de arriba. Por eso el que me ha entregado a ti tiene mayor culpa.»

Desde entonces, Pilato andaba buscando el modo de librar al Nazareno con más empeño que antes. Pronto debieron de caer los judíos en la cuenta de que su última forma de acusación, si bien excitaba al pueblo, como religioso que era, a pedir la muerte del que llamaban blasfemo, en cambio era mayor obstáculo para que el Presidente condenase a Cristo. Cambiaron, pues, de nuevo de táctica, y viendo vacilar a Pilato, que acaso conferenciaba allí delante con sus oficiales, clamaban gritando:

«Si das libertad a ése, no eres amigo del César. Porque todo el que se hace rey a sí mismo va contra el César.»

Esto acabó de anonadar al débil Presidente. Al oír este clamor, temeroso de incurrir en desgracia del César, sacó fuera consigo a Jesús, se sentó en el tribunal que pusieron en el Litóstroto o Gábbata, y, viendo que nada adelantaba sino que arreciaba el motín, mandó traer agua, y delante del pueblo se lavó las manos, según ceremonia antigua, cuando uno quería salirse de una causa, y dijo:

«Yo soy inocente de la sangre de este justo; vosotros lo veréis. Y respondiendo todo el pueblo, dijo: "¡Su sangre sea sobre nosotros y sobre nuestros hijos!"»

¡Infelices!, ¡ya lo fue! ¡y sigue siéndolo sobre sus hijos! y seguirá siéndolo sobre sus nietos hasta el fin del mundo.

«Era la Parasceve o preparación de la Pascua, cerca de la hora sexta, y dijo Pilato a los judíos *(sin duda al ir ya a entregarle a los lictores):* "¡He aquí vuestro Rey! Respondieron los pontífices diciendo: "¡No tenemos más rey que a César!" Entonces Pilato se lo entregó para que fuese crucificado.»

278. EL CAMINO DEL CALVARIO
(Jn 16-17; Lc 23, 26-27; Mc 15, 30; Mt 27, 31)

Dada estaba ya la sentencia. El Presidente, volviéndose a Jesús, pronunció la fórmula judicial y dijo: *Ibis ad crucem:* «Irás a la cruz».

Volviéndose en seguida al lictor le mandó preparar la cruz, y usando también de la fórmula judicial, dijo: *I, lictor, expedi crucem:* «Vete, lictor, y prepara la cruz».

Tal vez estaba ya preparada alguna o algunas que habían servido a otras crucifixiones, o cuando menos, siendo este suplicio tan usado entre los romanos, habría siempre algunas hechas para el caso.

La cruz era un género de suplicio originario, según dicen, de Persia, y adoptado por los griegos y más tarde por los romanos. Entre los hebreos no se usó hasta la dominación de Roma. Aun entonces no se aplicó a nadie que tuviese derecho de ciudadanía, sino sólo a ladrones, malhechores, hombres plebeyos y bajos. Pero para esta ralea de gente se hizo muy común.

Era tan ignominioso este tormento, que Cicerón lo llamaba el último y mayor suplicio de los esclavos. Entre los hebreos la manera más común de aplicar la pena de muerte era las piedras. Así apedrearon a San Esteban.

Cuatro géneros de cruces se estilaron: la cruz simple, que era un solo palo (l) al cual fijaban pies y manos; la cruz *commisa,* en forma de T; la cruz inmissa, o cabezada en la forma ordinaria (†) y la cruz aspada ×, conocida con el nombre de cruz de San Andrés, que murió en ella.

La de Jesús fue la tercera, cabezada, como se la suele representar.

Era forzoso al que iba a ser crucificado llevar su propia cruz al sitio del suplicio. Y por eso dice Jesús que quien quisiese seguirle había de tomar su cruz y caminar en pos de Él. Y la llevaba o sueltos los dos travesaños, que luego se habían de cruzar y clavar al llegar al sitio elegido, o como era más regular, armada ya toda la cruz; y de este modo solemos pintar a Jesucristo.

No parece que la cruz era muy grande, ni era esto necesario. Bastaba, y así sería en la de Jesús, que el crucificado quedase un poco levantado del suelo; pero al menos mediría toda ella cerca de tres metros, de manera que, encajada en el suelo, todavía quedase el crucificado algo levantado sobre él, y además sobresaliese por encima del travesaño horizontal la cabeza de la cruz. Su peso calculan que sería de 40 a 50 libras. Toda ella, en fin, era tal que la pudiese llevar el reo, aunque estuviese débil, como entonces Jesucristo.

El camino que recorrieron fue desde la Torre Antonia, donde está el Pretorio, hasta el Calvario o Gólgota, donde fue crucificado, espacio de 600 ó 700 metros. El pueblo llama a este camino con el nombre de Vía Crucis, Camino de la Cruz, Vía Dolorosa, y en español Calle de la Amargura.

Aunque muchos críticos disputan acerca de ello, parece que fue el mismo que hoy suelen seguir los fieles en Jerusalén cuando hacen el Vía Crucis. Es cierto que las guerras de los romanos primero y de los mahometanos y cruzados después, y las diversas dominaciones por que Jerusalén ha pasado, han desfigurado mucho los parajes. Hoy hay muchas casas edificadas en un trayecto del camino que se cree que siguió el Señor, y sobre el suelo antiguo hay amontonados tantos escombros, que muchos dicen que el pavimento de hoy está levantado en algunos sitios diez y aun veinte metros sobre el suelo antiguo. Acaso sea esto exagerado, pero de seguro que tiene mucho de verdad. Sin embargo, no es difícil y sí muy creíble, que la piedad hay, conservado tenazmente el recuerdo de los principales pasos que recorrió el Salvador en aquel viaje, el más augusto y memorable que se ha hecho en la tierra; y si en algunos sitios los pasos antiguos están enterrados, pero otros más levantados, son los mismos que recorrió Jesucristo.

El camino, al salir de la fortaleza Antonia, bajaba un poco al valle de Tyropeón, para volver a elevarse después por una pendiente no muy suave, y salir por la puerta judiciaria hasta llegar, fuera ya de los muros, al Calvario. Aún señala en el camino la tradición el sitio en que Jesús encontró a la Verónica y donde fue ayudado por el Cirineo.

El Calvario es el montecillo (si tal nombre merece) en que fue Nuestro Señor crucificado. Gólgota en hebreo, o Gulgolet mejor dicho, es en latín *Calvaria,* y en castellano significa *Calavera,* de donde viene Calvario. Algunos piensan que más bien que calavera se llamaba sitio de calaveras, porque creyeron que estaba destinado para ejecutar a los condenados a muerte y que allí estaban sus esqueletos. Mas esto es inverosímil, pues, de ser ello así, no hubiera elegido aquel sitio para jardín suyo uno de los más ricos de Jerusalén, José de Arimatea. Ni de que este sitio fuese destinado para ejecuciones hay indicio ninguno.

Creyeron otros que, según tradición antigua, en aquel sitio estaba sepultado nuestro primer padre Adán, y que la Providencia ordenó las cosas de manera que el muerto por quien todos morimos, fuese bañado con la sangre que corriese del Redentor, por quien todos somos vivificados. Mas tampoco esta idea tiene sólido fundamento real; a ella tal vez alude la costumbre frecuente de poner al pie del Crucificado una calavera con las tibias cruzadas.

Más bien parece cierto que si el sitio se llamó Calvario y Gólgota, fue porque realmente la cumbre del montecillo o, mejor dicho, todo el montecillo, presentaba el aspecto de un cráneo o calavera, descubierto de tierra y pelado de toda vegetación.

Sea lo que fuere de esto, el Calvario era una altura de tierra y de roca, sólo de cinco o seis metros y de no mucha extensión, apta para servir como quien dice de peana a tres crucificados. Estaba junto a los muros de la ciudad, y a la vera de un camino y distaba tan poco del jardín de José de Arimatea y de su sepulcro, que todo hoy está encerrado en una misma iglesia, como puede verse en los adjuntos grabados de la siguiente página.

279. JESÚS LLEVA LA CRUZ

Aunque los Evangelistas no nos descubren pormenores, podemos reconstruir cómo regularmente sería el Vía Crucis, por los datos que de este caso y otros parecidos tenemos.

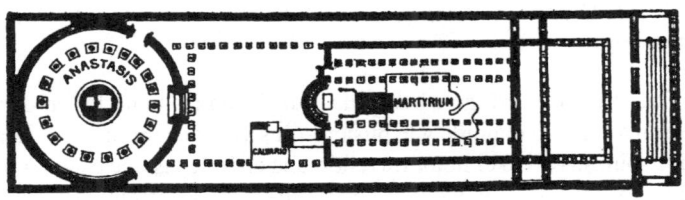

El primer monumento que levantó Constantino sobre el Santo Sepulcro y Calvario.
Anastasis.–Una rotonda con cúpula, y en el centro el Santo Sepulcro.
Calvario.–Delante de la Anastasis había una ancha plaza con tres columnatas, al lado de ella estaba el Gólgota rodeado de una reja.

Martyrium.–Delante de este pórtico estaba la magnífica basílica dedicada al Martirio de Nuestro Señor, con un gran atrio al Oriente.
Este conjunto de edificios mide de largo 140 metros.

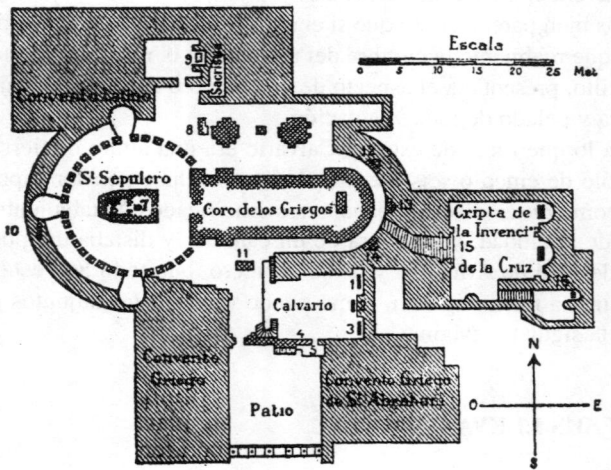

Plano de la basílica del Santo Sepulcro, tal como está ahora.

Calvario.–1. La Cruz. 2. El Stabat. 3. Donde fue crucificado. 4. Donde le desnudaron. 5. Capilla de los francos.
Santo Sepulcro.–6. Tumba. 7. Vestíbulo. 8. Santa Magdalena. 9. La aparición a Magdalena. 10. Sepulcro de J. de Arimatea. 11. Piedra de la unción. 12. 13. 14. Capillas de Longinos, de la División de los vestidos, de los Improperios.

Fue, pues, el verdugo a buscar la cruz. Mientras tanto los soldados quitaron a Jesús la clámide y le pusieron sus vestidos propios y la corona de espinas. Volvió el lictor trayendo una cruz de las que estaban preparadas, y todos los utensilios necesarios para la ejecución: clavos, martillo, cuerdas, vinagre, etc. Puso la cruz en manos del Salvador para que la tuviese, y todavía debió pasar algún tiempo mientras se preparaba la comitiva. Porque era necesario que se dispusiesen los soldados, que se preparase el cartel de la causa, que viniesen los lictores y, en fin, que se sacasen otros dos presos que con Jesús habían de ser crucificados.

IX. LA SEMANA SANTA. VIERNES SANTO 573

Porque, fuese mala intención de dar al día y a la justicia más solemnidad, fuese que, como de todos modos habían de ser ajusticiados, quisiese el Presidente para ahorrar malos espectáculos, hacerlo todo de una vez, fuese, en fin, querer justificar su conducta envolviendo la ejecución de un inocente con la de dos verdaderamente criminales, ello es que al sentenciar la muerte de Jesucristo determinó Pilato que junto con él despachasen a otros dos condenados a muerte que tenía presos. Y mientras les daban aviso, y les preparaban las cruces, y los sacaban, se pasó por fuerza un buen rato, en el cual estuvo nuestro amado Salvador tal vez con la cruz entre sus manos, oyendo a su alrededor los diversos afectos de la gente que se agolpaba curiosa a verle con el instrumento de suplicio ya en sus brazos, y a comentar, cada uno según su manera, el resultado horrible de aquel juicio.

Salieron por fin los otros dos reos criminales, que, a juzgar por lo que después hicieron, llegarían blasfemando y renegando contra aquel Nazareno, cuya condenación había acelerado la de ellos, y, mirándole con rabia y amenazas, comenzarían ya a decirle lo que en el Calvario le siguieron diciendo.

Cargaron por fin a cada uno de los tres sus cruces, y, puesta en orden la comitiva, salió de la Torre Antonia. Abrían la marcha a duras penas los soldados guiados por el centurión Longinos. Seguía después el pregonero trayendo en la mano el cartel en que estaba escrita la causa de la condenación de Jesús, en tres lenguas, hebrea, griega y latina, diciendo: *Jesús Nazareno, Rey de los Judíos*.

Tras él venía Jesús, custodiado de cuatro soldados; y acaso de algún otro esbirro. Del mismo modo, en pos de Él seguían los otros dos ladrones, cada uno precedido de su pregonero y de su cartel con su causa, y escoltados por sus cuatro soldados.

Aunque era frecuente en estos casos recorrer para escarmiento del pueblo las calles más notables antes de llegar al sitio del suplicio, pero esta vez no se hizo así, acaso por abreviar, pues era tarde, y porque no falleciese antes el Salvador, que estaba muy agotado.

Por el camino, pues, más breve entre las estrechas y tortuosas calles de Jerusalén, caminaba lentamente, abriéndose paso a fuerza de empujones de la gente la lúgubre comitiva. Todos se agolpaban para ver un espectáculo tan estupendo, y mirar qué figura y qué rostro llevaba aquel hasta hace pocos días admirable Taumaturgo, que a tantos había dado salud y vida, y maestro irrebatible que tantísimas veces había dejado sin palabra a los fariseos que entonces, por fin, le arrastraban a la muerte.

La aglomeración de la gente impedía que se viese fácilmente al Señor. Sobre la multitud de cabezas agolpadas a todo lo largo del camino, aparecían los cabos o puntas de las tres cruces que llevaban los tres reos, avanzando lentamente.

El Salvador apenas tenía fuerza natural para llevar su carga. Ayuno de toda comida desde la última cena, desangrado por el sudor del Huerto y por las aflicciones y castigos recibidos, exhausto de cansancio, fatigado del desvelo, acabado por los insultos y atropellos de la gente, y también conmovido por los acentos de compasión que no faltarían, caminaba arrastrándose con mucha fatiga bajo su carga.

El camino, cuesta abajo primero y cuesta arriba después, le obligó a caer, según tradición piadosa, nada menos que tres veces bajo el peso de la cruz. Agolparíase la gente cada vez que caía, un murmullo de comnoción general recorrería por toda la muchedumbre, que preguntaba anhelosa lo que sucedía y temblaba de pensar que el reo iba a quedarse en una de aquellas caídas.

280. MADRE E HIJO

Después de haber caído una de estas veces, cree la tradición que se encontró con su Santísima Madre. Nada dice de este encuentro el Evangelio; pero lo llevan escrito en sus corazones todos los fieles, y se lo cuentan todos los padres y madres a sus hijos.

No se puede dudar que la Virgen María tuvo noticia de todo cuanto iba sucediendo hora por hora desde que en el Cenáculo su Hijo se despidió de ella para ir a padecer y morir. Cuál sería el dolor que, aunque lo tuviese previsto, sentiría al saber que, en efecto, su Hijo iba siendo maltratado, burlado, tratado de loco, azotado y coronado de espinas, piénsalo tú, lector amado, si has conocido madre o hijos, aunque sean muy distintos de Jesús y María.

Oído que Jesús era sentenciado a muerte y que iba a salir al Calvario, tomó su manto, veló su rostro, y acompañada de sus amigas y tal vez también de algunos discípulos, salió del Cenáculo por las calles retiradas, al encuentro de su Hijo. En un sitio a propósito del camino, le aguardó, algo apartada de la gente. Llegó primero a ella el estrepitoso murmullo de la innumerable muchedumbre que bullía por todas las calles, y que estaba también en los puestos más eminentes, tomados para ver al Nazareno con su cruz. ¡Qué dolor tan horrible sería para ella la vista y presencia de toda aquella gente que la rodeaba, y cómo palpitaría su santísimo corazón mientras esperaba de un momento a otro aparecer entre soldados y verdugos a su inocentísimo Hijo! Por fin le vio acercarse. Le miró. ¡Cómo venía! ¡Qué distinto de como ella le había dejado la noche antes! Aunque era muy difícil conocerle según venía, le reconoció como Madre buena, y si bien muchas veces habría meditado lo que sabía que iba a suceder, ¡oh, cuánto más sufriría con la vista que no había sufrido con la consideración!

¡Oh!, qué bien les había dicho aquel anciano: «La espada del dolor también traspasará tu alma».

Desde entonces Hijo y Madre caminaron juntos al Calvario, y si bien la Madre iba a alguna distancia del Hijo por evitar cualquier indigno atropello, pero los corazones caminaban muy juntos diciéndose el uno al otro... muchas cosas...

281. LA VERÓNICA

Tampoco de Verónica dice nada el Evangelio. Sólo la tradición cuenta su delicada historia.

El Salvador caminaba sudoroso bajo el peso de la Cruz, empujado, aguijado y arrastrado a trechos por sus verdugos, cuando, al llegar a una casita más allá de la Puerta judiciaria, salió de ella una mujer decidida, que sin temor a nadie, se adelantó en medio de la turba, y, abriéndose paso por entre los soldados que aguardaban al reo, en menos que se mira se acercó y aplicó al divino rostro un lienzo blanco, enjugó con él el sudor sanguinolento del Señor, y se retiró prontamente con el corazón traspasado de dolor, recogiendo el lienzo y dejando sus miradas al retirarse en el Nazareno.

Unos la llaman Verónica y otros Berenice. Eusebio quiere dar a entender que Verónica era la hemorroisa a quien curó el Señor de su enfermedad. Sea de esto lo que sea, era, sin duda, mujer noble y generosa, valiente y decidida, que, en medio de aquellas tropelías, se atrevió a consolar al afligido reo.

Bien se lo premió el Señor. En recompensa de su acción, le dejó estampada la imagen de su rostro en el mismo lienzo con que enjugó su sudorosa faz.

282. EL CIRENEO
(Lc 23, 26; Mc 15, 21; Mt 27, 32)

Aún quedaba mucho que andar, y por cierto lo más difícil, por ser lo último y caminar cuesta arriba. Las fuerzas se agotaban más cada vez. El caminar se iba haciendo más lento y pesado; empezábase a temer que el Señor no podría llegar al Calvario. Hablarían los judíos con los soldados, y para que no se les quedase el reo en el camino, se decidieron a quitarle la cruz y obligar a alguno de los circunstantes a que la llevase.

Precisamente entonces venía del campo, seguramente de su trabajo, un hombre, Simón Cireneo. Tal vez, como natural de Cirene, era pagano, según algunos creen. Pero es más seguro que, aunque fuese natural de Cirene, estuviese ya fijo en Jerusalén, pues allí tenía heredades y trabajo, y por lo menos después tuvo allí familia conocida, puesto que para dar a entender quién era, le señala el evangelista San Marcos diciendo que era el padre de Alejandro y Rufo, que debían de ser bien conocidos a los fieles. En su carta a los Romanos dice con cariño San Pablo: «Saludad a Rufo, elegido en el Señor, y a su madre y mía también». Fácil es que éstos fuesen el hijo y la esposa del Cireneo; y que esta señora tuviese alguna especial amistad maternal con San Pablo, que la llama su madre. Por lo demás, Simón podía haber sido muy bien de Cirene, aunque fuese judío, puesto que en Cirene, en la Libia africana, había una colonia judía que años antes llevó allá Tolomeo Lago.

Simón, como había estado ocupado en sus faenas del campo todo el día, apenas estaba enterado de lo que había sucedido. Al volver, se encontró de frente con la terrible procesión de aquel gentío inmenso. Se enteró de lo que pasaba, se acercó al Salvador, acaso mostró por Él especial interés y compasión, y esto bastó para que los soldados y judíos echasen mano de él; y como solían hacerlo otras veces, con violencia le obligaron a tomar la cruz del Salvador, para aliviar así a aquel de quien tanta compasión mostraba. Era imposible resistir entonces a lo que ordenaban los soldados. Y así, aunque tal vez a disgusto y resistiéndose, se plegó a lo que ellos le impusieron acaso en pena de haber mostrado compasión. Tomó, pues, la cruz, y detrás de Jesús y arrimado al que a todos los suyos había puesto esta condición de tomarse cada uno su cruz y seguirle detrás con ella, siguió hasta el Calvario, en pos del Nazareno, llevando él solo ya la preciosa carga santificada por el que hasta allí la había llevado.

En pago mereció ser llamado a la fe y venerado en la Iglesia de Jesucristo.

Con esto se aceleró la procesión y comenzaron a caminar más aprisa para concluir a tiempo toda la faena que aún restaba.

283. LAS MUJERES DE JERUSALÉN
(Lc 23, 27-31)

Y cuando así caminaba, se encontró, entre las que en primera fila le aguardaban para verle al paso, unas mujeres que, apenas le divisaron entre la turba, llevadas de su natural compasión, comenzaron a sollozar y a lamentarse de aquel espectáculo.

Sin duda que otras muchas también como ellas habían llorado y sollozado al verle. Pero aquéllas debieron de hacerlo de manera tan notable, que llamaron la atención más que otra ninguna. Además, libre el Señor entonces del peso de la cruz que le ahogaba, pudo dirigirse a éstas como no había antes podido a otras, por estorbárselo su carga.

Viendo, pues, que le seguían y no cesaban de sollozar y lamentarse fuertemente, el que hacía tanto tiempo no había hablado una sola palabra, se volvió entonces a ellas y les dijo:

Jerosolimitanas, no lloréis por mí, sino llorad por vosotras mismas y por vuestros hijos. Porque día vendrá muy pronto en que digan: ¡Dichosas las estériles y los senos que no han tenido hijos, y los pechos que no han criado! Y entonces comenzarán a decir a los montes: ¡Caed sobre nosotros!, y a los collados: ¡Sepultadnos!»

Y para darles a entender cuán grande había de ser la tribulación de aquel día de la destrucción de Jerusalén que había de echárseles encima muy pronto, terminó con esta formidable sentencia:

«Porque si en el árbol florido se hace esto que veis, ¿qué se hará en el árbol seco?»

Si en mí, árbol florido de virtud y santidad, sólo por querer redimiros se hace este castigo, ¿qué se hará en vosotros y en vuestros hijos y en esta ciudad deicida, leño seco que no da ningún fruto?

284. LLEGADA AL CALVARIO
(Jn 19, 18; Lc 23, 33; Mc 15, 22.23.25.28; Mt 27, 33.34.38)

Mas no era aquella hora de sermones, ni permitían dilación los soldados, ni los fariseos veían con paciencia que todavía resonase aquella voz del Maestro que tantas veces los habían confundido.

Siguieron, pues, adelante y llegaron al término.

Echaron los tres crucíferos las cruces en el suelo. Se apartó Simón, cumplida su tarea, del grupo de los reos. Los soldados cogieron las cruces y las fueron colocando bien, y sacaron los clavos y martillos para la terrible faena.

En esto unas buenas señoras de Jerusalén, que solían hacer esta gracia a los reos, se adelantaron, y al Salvador, probablemente como a los otros, le ofrecieron un vaso de vino con hiel, dice San Mateo; de vino con mirra, dice San Marcos. Era ésta una bebida que con el fin de aletargar los sentidos y aliviar los dolores de la cruz, preparaban algunas mujeres piadosas a los condenados. En ella entraba el vino en primer lugar; pero en el vino echaban algunas mezclas de mirra, de áloe, de incienso y de otras sustancias que creían ser dormideras. «Al que va a morir, dice el Talmud, le darás a beber un grano de incienso en un vaso de vino, para que pierda el conocimiento de sí mismo». Tal se hizo con el Señor.

Él tomó el vaso, y, agradecido, lo gustó, pero no lo bebió, y lo devolvió a las señoras. Así mostró por una parte su agradecimiento, pero por otra parte se abstuvo de aquella bebida, para que nadie atribuyese a ella lo que en la cruz Él había de hablar y hacer para ejemplo de los hombres. Además, que Él quería padecer con todo su conociminiento y reflexión.

En fin, era indigno de Dios tomar bebidas ningunas que quitasen el conocimiento natural.

Entonces los soldados, a vista de todo el pueblo, le desnudaron de sus ropas, le quitaron y recogieron el manto que ya no había de llevar más sobre sus hombros, el cíngulo, la túnica y las sandalias. Alargáronle un lienzo, que tal vez solían dar las mismas señoras que preparaban el vino con mirra. Los crucificados de ordinario eran puestos en la cruz desnudos. Mas el pueblo judío evitaba la desnudez, y acaso por respeto a las costumbres nacionales permitían los romanos a los reos que se cubriesen lo más necesario para el decoro. Tal misericordia se guardó al menos con el Hijo de Dios, que rodeó su cintura con aquel lienzo.

IX. LA SEMANA SANTA. VIERNES SANTO

Estando, pues, preparadas ya todas las cosas y colocada la cruz en tierra aguardando el cuerpo santísimo de Jesús, como el ara que espera la víctima que en ella se va a sacrificar, Jesucristo, cordero inocente que nada tenía que pagar por sí, pero que tenía que pagar en aquella hora la redención de todos los pecadores del mundo, se tendió en el suelo, alargó sus brazos y sus pies a los sitios de los clavos, y cerrando sus ojos se entregó del todo a sus verdugos.

Sonó el martillo, y un clavo fijó primero una mano y luego otro la otra al madero. Acaso éste estaba ya, de otras veces que había sostenido a otros cucificados, agujereado y manchado con sangre vieja de otros criminales, y así era más fácil fijar los clavos. Después de las manos clavaron los pies con otros dos clavos, porque con uno los dos, como algunos quieren, es muy difícil y casi imposible hacerlo. Si el dolor en las manos había sido grande, mayor, sin duda, fue el de los pies, por ser éstos más gruesos y tener más tendones y huesecillos que atravesar.

Quedó el sacrosanto cuerpo de Cristo sujeto al madero.

Alzaron entonces, como solían, a poder de brazos y con picas y con cuerdas la cruz con el crucificado, y arrimándola al agujero que en la peña se había cavado, la hincaron en él, la sujetaron con alguna cuña, y dejaron al Redentor suspendido ya en el patíbulo.

Hicieron en seguida poco más o menos lo mismo con los otros dos reos, aunque con mayor resistencia de ellos, con blasfemias y maldiciones mezcladas de quejas y de ayes y lamentaciones de rabia. Y una tras otra fueron apareciendo las tres cruces en sus sitios, quedando Jesús en medio de las otras dos.

Algunas veces parece que crucificaban estando ya la cruz en su sitio, y levantando al reo con cuerdas hasta ella, sujetándole y clavándole en seguida. Otras también, hincado en su sitio el poste más largo, clavaban en tierra al reo al travesaño horizontal, y una vez clavado en éste, lo levantaban con cuerdas por la cabeza del otro poste ya hincado, a la altura conveniente, y entonces clavaban primero un palo en otro, y luego los pies del reo en el poste vertical. Otras veces lo hacían de otras maneras como más fácil les pareciese al ejecutar, y según las costumbres de los pueblos.

El Evangelio se limita a decir sencillamente:

«Le crucificaron, y con Él crucificaron a dos ladrones: uno a la derecha y otro a la izquierda, y en medio a Jesús». Y da por supuesto que todo se hizo como se acostumbraba en estos casos, y era de todos conocido. Nosotros creemos más probable que las cosas sucedieron como las hemos escrito. Suelen los artistas poner debajo del crucificado un descanso en que se apoyaban sus pies. Los autores hablan de un *sedile* o descanso, que dicen salía del medio de la cruz en que se asentaba el crucificado. Y creen que este descanso salía más bien más arriba, de modo que el paciente quedase en él sentado. Parece más natural que se hiciese lo otro, y que tanto para sostén del paciente como también para clavar los pies se pusiese el descanso saliente que vemos en muchos crucifijos.

285. SORTEO DE LOS VESTIDOS DE JESUCRISTO
(Jn 19, 23-24; Lc 23, 34; Mc 15, 24; Mt 27, 35-36)

Era el mediodía, poco más o menos. Apareció el Señor crucificado en medio de un pueblo inmenso que le contemplaba. Los soldados le miraron un poco, y, viendo que todo estaba bien y que aquello podría durar, como sucedía muchas veces, horas y aun días, pues no pocos crucificados vivían dos y tres en su tormento sin morir, se sentaron alrededor de las cruces, vigilando cada grupo de soldados a su respectivo reo.

Era para ellos todo cuanto los reos poseían al tiempo de ser crucificados, y pusiéronse a repartirse desde luego lo que les pertenecía. Poco sacarían los que guardaban a Cristo. Un manto, un pañuelo o turbante con que cubrir su cabeza para defenderla de los rayos del sol, como se usa en Oriente, un cíngulo de sujetar la túnica, unas sandalias y una túnica: eso era todo el tesoro del Rey de los cielos y tierra.

Todo esto fue lo que recogieron los soldados. De todo ello hicieron cuatro lotes, tantos cuantos eran los soldados que guardaban a Jesucristo. Puede ser que del manto hiciesen algunos pedazos, porque daría de sí para ello y de estos fragmentos y de todo lo demás hicieron las cuatro porciones dejando aparte la túnica. Sacaron luego los dados, y con ellos echaron a suerte para ver qué tocaba a cada uno.

La túnica, si no muy preciosa, debía de ser mejor que todo lo restante. Siendo además de punto de arriba abajo y sin costura, hubiera perdido todo su valor hecha pedazos. Por eso cuenta San Juan que los soldados se dijeron al verla:

«No la rasguemos, sino echemos a suertes a ver quién se la lleva.»

Y de este modo, advierte el evangelista, se cumplió la Escritura que dice: «Se dividieron mis vestidos y sobre mi túnica echaron suertes», o como dice el texto del salmo profético, «sobre mi túnica echaron el dado».

286. EL REY DE LOS JUDÍOS
(Jn 19, 19-22; Lc 23, 38; Mc 15, 26; Mt 27, 37)

Y sucedió un caso muy providencial. Porque aquel título que el pregonero traía delante de Jesús, en el cual debía venir escrita la causa por que Jesús era condenado a muerte, se puso también sobre la cruz, fuese esto costumbre en todas las crucifixiones o particularidad usada en esta de Jesucristo por Pilato, y estaba escrito en las tres lenguas más usadas y conocidas de todo el pueblo que en aquellos días se congregaba en Jerusalén, es a saber: en hebreo, en griego y en latín. Y tanto en latín como en griego estaba escrito en orden inverso, como se escribe siempre en hebreo. Y decía así: JESUS NAZARENUS, REX IUDAEORUM, que quiere decir: Jesús Nazareno, Rey de los judíos. De este título es abreviatura el INRI que de ordinario se pone encima de los crucifijos, compuesto de las cuatro iniciales del título latino.

Nada pudo escogerse más propio de aquella ocasión solemne. En este título quiso poner Pilato la causa por que Jesús había sido condenado. Y sea casualidad, sea intención, la puso de tal modo, que no pudo expresar más divinamente los designios de Dios.

En efecto, aquel crucificado era el Rey de los judíos, y nunca más rey que cuando estaba crucificado, porque nunca conquistó tan propiamente el cielo y la tierra, nunca trajo a sí tanto las almas y fundó la Iglesia universal, como cuando allí fue crucificado.

Antes lo había dicho Él mismo: «Yo, cuando sea levantado en la tierra, traeré a mí todas las cosas».

Ahora lo escribía Pilato, cuando al crucificarle puso encima el título del que estaba crucificado, y dijo en las tres lenguas principales, como quien lo decía a todo el mundo: Este *Jesús Nazareno* que veis aquí crucificado es el *Rey de los judíos.*

Siempre lo canta y lo cantará la Iglesia en un verso sublime del Viernes Santo: *Regnavit a ligno Deus:* Reinó Dios desde una cruz.

«Esta inscripción, dice San Juan, que como testigo debió observar todo lo que allí pasaba, la leyeron muchos de los judíos, porque el sitio en que le crucificaron estaba cerca de la ciudad, y estaba escrito en hebreo, latín y griego.»

Y sin duda que su lectura daría ocasión a muchos de hablar en pro y en contra, y de disputar sobre si era o no Jesús Nazareno el Mesías.

Naturalmente, los Príncipes tomaron esto como una injuria que se les hacía a ellos, después de todo lo que había pasado. Precisamente hacía pocas horas que habían dicho a voz en cuello todos que no querían que aquel hombre reinase sobre ellos, y que no tenían más rey que César. Enfadados, pues, presentáronse a Pilato y le dijeron:

«No escribas: Rey de los judíos. Sino que Él dijo: Yo soy Rey de los judíos.»

Mas Pilato, harto ya de sus exigencias, gozándose también en echarles en rostro la clase de reyes que tenían y, acaso, persuadido en la realidad de que aquel a quien había entregado a la muerte era de verdad rey y algo sobrenatural y superior a todos, los mandó despachar diciendo:

«Lo que he escrito, he escrito.»

Es a saber: ya sé lo que he escrito, y no pienso mudar nada.

No sé si lo sabía él. Pero bien lo sabía Dios Nuestro Señor. En toda la tierra aparecerá siempre dominándolo todo una cruz, y en la cruz un crucificado, y sobre ese crucificado un título que nadie jamás podrá borrar ni corregir. Un crucificado es el Rey de los judíos, el Rey de las naciones, el Mesías y Señor que el Padre había prometido enviar al mundo para conquistarlo a la verdad.

¡Jesús en cruz Rey de los judíos y de todo el mundo!

¡Oh misterio! ¡Oh portento del poder y sabiduría de Dios!

287. INSULTOS A JESUCRISTO CRUCIFICADO. SU PRIMERA PALABRA
(Lc 23, 34-37; Mc 15, 29-32; Mt 27, 39-43)

Extraordinaria debió de ser la curiosidad que Jesucristo crucificado, sobresaliendo por encima de todo el pueblo, debía inspirar a toda la inmensa muchedumbre que se había amontonado al pie del Calvario.

Entre un mar de cabezas apiñadas, vueltas todas ellas a un punto, a la cruz, aparecía colgado al aire, en medio de otros dos crucificados, el Salvador, entre la densa multitud que le rodeaba. Cerca de Él estaban, como de ordinario, los más atrevidos y descarados que se suelen

IX. LA SEMANA SANTA. VIERNES SANTO

meter en los sitios más comprometidos en estos casos. Cerca también, tan cerca cuanto su orgullo les permitía, hallábanse presenciándolo todo, satisfechos, los sacerdotes y escribas. Seguía todo el vulgo tras de ellos. «Lejos, como dice San Lucas, estaban todos los conocidos, y las mujeres que le habían seguido desde Galilea, viendo aquello».

No dice San Lucas quiénes eran estos conocidos. Ni si eran muchos, ni si pocos. Porque, aunque dice *todos,* no quiere decir que estaban allí todos, sino que todos los que estaban allí estaban lejos. Acaso varios, si no todos, sus discípulos principales, más o menos recatadamente, se habían reunido a ver en qué paraba todo aquello. De las mujeres, dice expresamente San Mateo que eran muchas, y entre ellas estaban María Magdalena, María de Cleofás, madre de Santiago el Menor y de José, y cuñada de la Santísima Virgen, y, según la liturgia del viernes de Dolores, también Salomé, madre de los hijos del Zebedeo. Ni San Mateo ni San Marcos nos dicen que estuviese entre ellas la Virgen, ni nombran a ningún varón. Sólo por San Juan sabemos que estuvo allí él mismo, y sólo él también nos dice que estuvo la Virgen Santísima al pie de la cruz.

Todo el pueblo estaba contemplando. Terminada la crucifixión, y sentados los guardias, comenzó luego el ir y venir de la gente que se empujaba, y cuando el cordón de soldados lo permitía, se arrimaba para ver más de cerca el hecho curioso, y, después de satisfecha su curiosidad, pasaba adelante a comentar lo que acababa de ver. Pero ¡qué amarga debió de ser aquella primera hora para Jesús Nazareno, que ni siquiera por el estado de aflicción en que se hallaba se vio libre de las maldiciones y persecución de sus enemigos!

Los que pasaban le blasfemaban meneando sus cabezas y diciendo: «¡Bah!, tú que destruyes el templo y lo reedificas en tres días, sálvate a ti mismo. Si eres Hijo de Dios, baja de la cruz.»

Sea que éstos hubiesen entendido que Jesucristo cuando habló de este poder suyo trataba del templo de su cuerpo, y de su poder de salvarse de la muerte, sea que entendiesen que se trataba del templo material, échanle en cara ahora aquellas palabras, como si hubieran sido pura jactancia.

Y se acercaban después los sumos sacerdotes y, examinándole, se burlaban entre sí con los escribas y senadores, y, sin dirigirse al Señor, como el pueblo, que siempre es más descarado, tal vez por no atreverse a afrontar las miradas del que tantas veces los había confundido, y aun en la cruz no dejaría de inspirarles algún temor y de seguro mucho remordimiento, se decían:

«A otros ha hecho salvos y a sí no se puede salvar. Si es el Cristo escogido de Dios, el Rey de Israel, baje ahora de la cruz, para que lo veamos y creamos en Él. ¿Confía en Dios?, que le libre si le quiere; pues dijo: Yo soy Hijo de Dios.»

Seguían los soldados haciendo su guardia y escuchando lo que a su lado se decía. Y parece que para aliviar la sed de los crucificados tenían, una bebida compuesta en su mayor parte de agua y vinagre, que acaso de tiempo en tiempo acercaban a los labios de los pacientes. Al ir, pues, ofreciendo el vinagre, burlábanse y le decían:

«Si tú eres el Rey de los judíos, sálvate.»

Y, en fin, hasta los ladrones que estaban crucificados a su lado le repetían los mismos insultos, y uno de ellos decía:

«¿No eres tú el Cristo?; sálvate a ti mismo y a nosotros.»

¿Qué hacía entretanto el Salvador? Callaba, y como dice el Salmo 37, «quedó como un hombre que no entiende y que no tiene en sus labios réplica». Hasta que por fin levantó sus ojos, abrió sus labios, y vuelto a su Padre, le dijo mansísimamente y con todo sosiego:

«¡PADRE, PERDÓNALOS!, PORQUE NO SABEN LO QUE ESTÁN HACIENDO.»

Y no parece que lo dijo una sola vez, sino que muchas veces desde que fue crucificado, *decía,* escribe San Lucas, esta hermosa oración.

Y no por aquellos solamente que allí le crucificaban y ofendían, sino sin duda, también por nosotros, que tantas veces le hemos ofendido y agraviado, repitió entonces lo mismo, y lo repite hoy en los altares y en el cielo a su Eterno Padre. Y gracias a sus oraciones e interpelaciones, obtenemos la misericordia divina.

288. SEGUNDA PALABRA DE JESÚS
(Lc 23, 39-43; Mc 15, 32; Mt 27, 44)

Parece que al principio los dos ladrones insultaban a Jesús. Irritados acaso de que por Él se les había adelantado la muerte, rabiosos por los tormentos que, al principio sobre todo, por ser mayor la fuerza de la vida, eran más sensibles y violentos, revolviéronse contra todos, como suele suceder en estos casos, y también contra el que era objeto de la rabia general, contra su compañero de penas.

IX. LA SEMANA SANTA. VIERNES SANTO   585

Dimas y Gestas son los dos nombres que comúnmente dan a estos ladrones, y suele suponerse que el bueno era Dimas y estaba crucificado a la derecha, y el malo, Gestas, a la izquierda. Están estos nombres sacados del Evangelio apócrifo que se llama de Nicodemus, y acaso serían los verdaderos, aunque otros apócrifos ponen otros.

Gestas, pues, decía al Señor: «¿No eres tú el Cristo? Sálvate, pues, a ti y a nosotros.»

Pero Dimas, que comenzó blasfemando, cayó en la cuenta de que aquel crucificado no era como ellos. Y viendo su divina paciencia, oyendo su magnánima oración a su Padre, considerando su mansedumbre augusta en nada semejante a su impaciencia, y recordando lo que desde antes sabía del Nazareno, se persuadió de que aquel crucificado era algo más que ellos, algún ser superior, Rey, sin duda, aunque los judíos se riesen de tal título; Dios, de seguro, e Hijo de Dios, por más que blasfemasen los sacerdotes. Y primero calló, y luego, viendo que su compañero seguía insultando, vuelto a él le dijo increpándole:

«¿Ni tú temes a Dios, siendo así que estás en el mismo suplicio? Y por cierto nosotros con toda justicia, porque pagamos lo que merecen nuestros hechos. Pero éste no ha hecho mal ninguno».

Y entonces, volviéndose con toda reverencia y humildad a Jesús, le dijo: «Señor, acuérdate de mí cuando vengas a tu reino.»

Preciosa confesión, preciosa adoración y preciosa oración la de este hombre. En ella, con brevísimas palabras, confesaba sus delitos, demandaba perdón, reconocía la divinidad y realeza de Jesucristo y, en fin, pedía la salvación de su alma para después de morir. El que siempre oye nuestras súplicas, ¿cómo había de desoírlas en aquel momento en que efectuaba la redención de las almas? ¡Imposible! Y las primicias fue el alma de este pecador, para fundirnos así más y más confianza.

«Díjole Jesús: "EN VERDAD TE DIGO QUE HOY ESTARÁS CONMIGO EN EL PARAÍSO".»

Por paraíso entienden los judíos jardín, edén, sitio de bienaventuranza. Y sitio de bienaventuranza había de ser aquella tarde el limbo de los justos, adonde había de bajar Jesús después de expirar, y lo hubiera sido cualquier sitio donde Jesús glorioso se presentase. Y allá prometió Jesús que llevaría a Dimas, y le llevó, en efecto, en aquella misma tarde, como primicias del fruto de su pasión.

Mas para que de tal modo se avive nuestra esperanza que no desaparezca el santo temor, ved al lado de ese escogido de Dios, ese otro reprobado. Las mismas gracias, exteriormente al menos, tiene; los mismos ejemplos ve, las mismas palabras oye; tan cerca está de la cruz como su compañero. Y, sin embargo, ¡Gestas se condena donde Dimas se salva!

289. TINIEBLAS DEL MEDIODÍA
(Lc 23, 44-45; Mc 15, 38; Mt 27, 45)

Era la medianoche cuando nació Jesús, y el cielo se llenó de luz y claridad que hicieron aquella noche mucho más clara que el mediodía.

Ahora iba a morir Jesús y el sol se llenó de tinieblas que hicieron al mediodía más oscuro que la medianoche.

Porque estando el cielo sereno, «el sol se oscureció y las tinieblas se extendieron por toda la tierra y duraron hasta la hora de nona» (es decir, hasta media tarde, o las tres de nuestras costumbres).

Enorme era el crimen que se estaba consumando en Jerusalén. Jamás se había cometido otro que bajo ningún concepto pudiera igualársele. Injusticia estupenda, aun prescindiendo de la divinidad de Jesucristo, dados los innumerables beneficios que el Taumaturgo había ido sembrando por toda la tierra, y la inocencia de su vida y bondad de su corazón. Pero injusticia inconcebible si se tiene en cuenta que aquel que estaba condenado a muerte sin pruebas, con un atropello incalificable, era el Mesías y era el Hijo de Dios, y había probado que lo era con su doctrina, con sus milagros evidentes y con las profecías acerca de su vida.

Era natural que Yahvé diese una muestra de su enojo por la muerte de su Hijo, y que la naturaleza se conmoviese y perturbase al ser oprimido su hacedor. Por eso el rey de los astros se oscureció. Poco importa que recogiese sus rayos obligado por la omnipotencia divina, o que se interpusiese la luna u otro astro, milagrosamente puesto por Dios contra todas las leyes de la naturaleza; poco que el eclipse se extendiese sólo por aquella región, por toda la tierra de allí, o por todo el mundo, por toda la tierra del orbe, que de las dos maneras se puede explicar y, en efecto, lo explican los doctos. El Padre daba testimonio de que Aquel que moría era, en efecto, Dios, era el Cristo, era el Mesías, era el que Él mismo se había predicado.

Y el fenómeno fue tan notable, que todavía en tiempo de Tertuliano, como este escritor decía, se podía ver en los archivos y anales romanos la descripción de este eclipse, que conmovió, sin duda, a cuantos lo presenciaron.

290. LA MADRE DOLOROSA. TERCERA PALABRA DE JESÚS (Jn 19, 25-27)

Seguían las tinieblas espesas dominándolo todo. El sol, como avergonzado de iluminar aquella escena de crueldad inaudita y de escandalosas blasfemias, había recogido todos sus rayos. Al apagarse los resplandores del sol, apagáronse los murmullos incesantes y la gritería ensordecedora de toda la muchedumbre que había ido al Calvario a ver morir ajusticiado al hombre más famoso de toda Judea.

Y toda la turba, despavorida y sin saber qué pensar de aquella oscuridad, que los había sorprendido cuando menos pensaban, comenzó a diseminarse y a volver a la ciudad. Cesaron las blasfemias, callaron las injurias, respetaron todos al Crucificado, hicieron sitio al lado de la cruz, que les infundía pavor y remordimiento.

Con esto los amigos que estaban lejos de Jesús pudieron acercarse más, y con más seguridad y confianza hasta la cruz. Nada de esto nos cuentan los otros evangelistas; pero San Juan, que se halló presente, nos dice que se pusieron al lado de la cruz tres mujeres, que son María, la madre de Dios; María la de Cleofás, hermana de la Virgen, y María Magdalena. No deja de ser notable que los otros evangelistas pongan entre los amigos que estaban lejos de la cruz a la madre de San Juan, y que, en cambio, no pongan a la Santísima Virgen. Y al contrario, San Juan en su Evangelio pone al lado de la cruz a la Virgen Santísima y no pone a Salomé, su propia madre, de quien nos dice la liturgia que estuvo también allí. ¿Quedaría Salomé lejos de la cruz con los demás cuando se acercó la Virgen María? ¿Estaría la Virgen desde el principio no con aquel grupo de amigos, sino en otra parte con San Juan?

No sabemos. Lo cierto y que no puede negarse es que por fin la Virgen con dos de sus amigas, una de ellas cuñada, y con San Juan, el discípulo amado, se acercó a la cruz y allí de pie estuvo contemplando la pasión de su Hijo. Dice San Juan, contando lo que vio:

«Estaba de pie junto a la cruz de Jesús su Madre y la hermana de su Madre, María de Cleofás, y María Magdalena».

Stabat Mater dolorosa
Juxta crucem lacrimosa
Dum pendebat Filius...

«Estaban de pie la Madre Dolorosa llorando junto a la cruz, de la cual pendía su Hijo.»

Estaba de pie y no desmayada, como malamente y sin fundamento lo han creído algunos. Pero lloraba, y lloraba con mucha razón. ¿No había de llorar la Madre viendo al Hijo en tanto tormento, siendo así que el Hijo lloró por los males de Jerusalén, y aun por la muerte de Lázaro? Lloraba traspasada de la agudísima espada que le profetizó Simeón, y agobiada del más profundo dolor que jamás corazón humano ha padecido, podía decir a los que por allí pasaban aquellas palabras de Jeremías:

«¡Oh vosotros los que pasáis por el camino, a ver si halláis un dolor como el mío!»

¿Y dónde lo habían de hallar? ¿Acaso ha habido madre más madre que María, ni Hijo mejor que Jesús, ni alma que deba tanto a su Dios, ni entendimiento que le conozca mejor, ni corazón que le ame más de veras, ni espiritu que haya visto a su hijo amado en más acerbos dolores?

Medianera nuestra fue la Madre de Dios desde que empezó a ser madre, asociándose voluntariamente a la obra de la redención, y dándonos aquel hijo suyo que había de ser el precio de nuestra redención. Mas así como la obra por excelencia redentora de Jesucristo fue la pasión y muerte, así también ésta fue la hora en que nuestra Madre hizo de un modo especial este oficio con nosotros.

Al pie de la cruz, donde Jesucristo nos estaba redimiendo, estaba la Madre Dolorosa de pie y constante, ofreciendo a su Hijo y ofreciéndose a sí misma sacrificada con su Hijo por la salvación del género humano. ¡Veis ahí a vuestra segunda Eva, mucho más madre nuestra que la primera!, la cual no busca el placer del fruto prohibido, ni obliga a Adán a prevaricar y dar la muerte a todos sus hijos que de él habían de nacer, sino que, llena de resignación y de dolores, acompaña al nuevo Adán a su muerte y ofrece para ella al Hijo queridísimo de sus entrañas, para que de este modo Jesucristo dé la vida a innumerables pecadores, a cuantos por el pecado de Eva, que hizo pecar a Adán, habían muerto.

Eva, al pie del árbol prohibido, tentada por el demonio, hizo caer a Adán, y por esta caída trajo la muerte y quitó la gracia a todo el género humano. María, hecha Madre de Dios por su asentimiento al ángel, hoy al pie del árbol bendito de la cruz, arrostró su dolor y el del Hijo, que era mayor que el suyo propio, y así en cierto modo se asoció ella también con su Hijo a redimir al género humano.

No fue propiamente Eva la que hizo pecar al género humano, y si sólo ella hubiera pecado, no por eso hubiera pecado el género humano, pero, haciendo pecar a Adán, que era nuestra cabeza, fue causa de la caída de todos los hombres. Tampoco fue María la que salvó al género humano, y si ella sola hubiera padecido, no por eso el género humano hubiera sido salvado y redimido. Pero engendrando, educando y ofreciendo a su Unigénito, por medio de Jesús nos redimió, y *compadeciendo,* es decir, padeciendo juntamente con Él, con Él cooperó en la cruz a redimirnos, y logró ser asociada, en cuanto una criatura puede serlo, a la gran obra de la redención del linaje humano.

Y así como en Adán por Eva todos pecamos y morimos, así en Cristo por María todos somos salvados y santificados.

He aquí la dulcísima figura de nuestra madre María, puesta junto a nuestro padre Jesús; nuestra medianera junto a nuestro Redentor; nuestra Madre de gracia junto al Autor de la gracia; María junto a Jesús.

Eva inauguró una época infeliz, en que el malvado Caín mató al inocente Abel.

María está inaugurando otra nueva era, en la que el justo Abel con su sangre redime a su ofensor Caín.

Advirtió muy pronto el Hijo la presencia de la Madre. Vio junto a ella al discípulo amado, único acaso que de todos los discípulos se acercó hasta la cruz para no dejar sola a la afligida Madre. Abrió sus ojos, y, fijándose en su Madre y en el discípulo amado que estaba junto a ella, dijo a su Madre, acaso haciendo alguna indicación con su cabeza:

«"¡Mujer, he ahí tu Hijo!" Y en seguida dijo al discípulo: "¡He ahí a tu Madre!"»

Triste era en verdad el cambio. La Madre perdía a Jesús y recibía en cambio a Juan. En vez de su hijo Dios, el hijo del Zebedeo. Pero el hijo de María, modelo de hijos, no quiso, ni aun en lo humano, dejar a su Madre huérfana y desamparada. Y por eso se la recomendó a Juan, encargando al discípulo amado, a quien tal vez con este objeto había siempre distinguido como hermano especial entre todos los discípulos, que en adelante mirase por esta Señora que quedaba no sólo viuda de San José, que había ya muerto hacía tiempo, sino también sin su Hijo único.

Al propio tiempo consideran los doctores de la Iglesia, y este modo de pensar se ha hecho ya común y ordinario entre los fieles, que San Juan en aquella ocasión representaba a todo el género humano, y que en su persona el Salvador nos recomendó a todos que tuviésemos a su Madre por nuestra Madre, y encargó a su Madre que nos tuviese a todos por hijos suyos.

¡Oh, y cuántos nos salvamos por virtud de esta última recomendación de Jesucristo a su Madre!

¡Oh Madre de Dios y Madre de todos los hombres! ¡Sálvanos a los pecadores por la sangre del Justo! ¡Salva a tus hijos miserables por la gracia de tu Hijo misericordioso!

Con dulcísima gratitud y amor escuchó San Juan el encargo de Jesucristo. Y dice el mismo San Juan «que la recibió consigo». Y consigo la tuvo cuidándola como hijo hasta que murió, por lo cual también no figuró tanto en el apostolado en los primeros tiempos como otros compañeros suyos.

291. ABANDONO DE JESUCRISTO. CUARTA PALABRA
(Mc 15, 33; Mt 27, 46)

A estas palabras y a esta tristísima escena se siguió profundo silencio en el Calvario. Las tres cruces seguían clavadas en tierra. Los soldados, sentados, las rodeaban custodiándolas. Tras de ellos la Madre, San Juan y las compañeras de la Virgen contemplaban a Jesús en silencio.

Empezaban las últimas y más terribles horas de agonía. Dice San Lucas al contarnos las tentaciones de Jesús en el desierto, que el demonio huyó de Él entonces hasta la ocasión. Y conjeturan los expositores que las principales ocasiones en que el demonio volvió a tentar al Salvador fueron el jardín de Getsemaní y la cruz en estas horas tan tristes de agonía.

En ellas Jesucristo, cumplidos todos los oficios de orar por sus enemigos, de absolver al buen ladrón y de despedirse de su Madre amada, quedó solo consigo «sino en medio de aquellas tinieblas y silencio mortal, únicamente interrumpido de vez en cuando por algunos quejidos de los otros ajusticiados que alternaban con el murmullo de los guardias y las observaciones de los curiosos que aún quedaban a ver el fin. Se reconcentró el alma santísima de Cristo, y comenzó a recordar lo que en el brevísimo espacio de dieciséis horas había pasado de tribulación, de dolor y de afrenta.

Entrad reverentemente dentro del aquel Corazón Santísimo, y ved el abismo negrísimo de dolores que en él se depositó durante todo el día. Él durante tres años había hecho innumerables beneficios a todo el mundo, y había luchado y vencido a los judíos, sacerdotes y fariseos. Cuando le quisieron confundir con su ciencia, los confundió con su sabiduría; cuando le quisieron ahogar con sus piedras, los burló con su omnipotencia; cuando le armaron lazos de fraude, los esquivó con su prudencia; cuando los encontró profanando el templo, los dispersó con su látigo; siempre que quiso frustró sus planes y asechanzas diabólicas con su divino poder. Quisieron estorbarle el triunfo del Domingo de Ramos y Él prevaleció con su gracia. ¡Qué triunfo aquél tan espléndido y mesiánico!

Mas ahora, por fin, ¡aparecía cogido en las redes de sus enemigos, humillado, vencido!

Parece que se le podía decir: ¡Tú no eres el Cristo! ¡Tú no eres el Hijo de Dios! ¡Imposible! Si lo fueras, no estarías en esa cruz; no te hubieran vencido. Y si no eres el Cristo, eres un impostor, un maldito que nos has engañado. A ver, baja de la cruz para que te creamos.

¡Horrible derrota! La fantasía le presentaba todo lo que le había sucedido con los más negros colores. Traiciones, ingratitudes, abandonos, ruinas, crueldades, injurias, calumnias y persecuciones de todas clases habían descargado sobre Él como furiosa tempestad sus amarguísimas olas.

Se veía el Salvador como el náufrago que perdido en la inmensidad da voces y no es oído, y cada vez que despierta de su desesperación vuelve a pedir socorro y no es escuchado.

«Señor, decía, como predijo el Salmista, ¡cómo se han multiplicado los que me atribulan! ¡Cuántos se levantan contra mí!... ¡He venido a lo profundo del mar y la tempestad me ha sumergido!... Sálvame, Yahvé, porque ¡las aguas han entrado hasta mi alma!... Estoy pagando lo que no he robado.»

Y si dejando lo presente y lo pasado miraba a lo futuro, acrecentábase su dolor sobremanera. Porque no vio como desde el monte de la tentación reinos futuros iluminados de resplandor, sino que en aquella hora el demonio debió de agolpar ante su fantasía todas las horruras y todas las heces de nuestras ingratitudes y pecados. ¡Qué horror! Como aves nocturnas que salen a favor de las tinieblas y cruzan errantes por el espacio, así por encima de la cabeza de nuestro Salvador crucificado cruzaba en informe procesión el enjambre de nuestros innumerables inmundos pecados. Interminables hileras de deshonestos, de mujerzuelas desvergonzadas, de jóvenes petulantes, de muchachos simples, de viejos consumidos, cuerpos encanijados, rostros libidinosos y almas agostadas; turbas disformes de blasfemos, con infernal algarabía, tropas de escandalosos y explotadores de conciencias humanas, regimientos de codiciosos y avaros, usureros y falsificadores, jueces y magistrados venales y ladrones. Y luego los iracundos, y los glotones, y los envidiosos, y los sacrílegos, y los indiferentes, y los esposos infieles, y los hijos indóciles, y los padres indolentes y, en fin, todos los pecadores. Aquello era interminable...

Y como su vista divina era agudísima, penetraba todo lo por venir, y veía a todos y cada uno de nosotros, pecadores, como si estuviese allí presente... ¡Allí estaba yo!... ¡Allí afligiendo con mis ingratitudes al Corazón de mi Redentor!

Avivaba sin duda ninguna el demonio tentador la fantasía del Crucificado presentando ante su vista con fulgores infernales estos tres cuadros de lo pasado, de lo presente y de lo futuro, a cuál más horribles. En vano volvía sus ojos al cielo. ¡El cielo estaba cerrado para Él!... ¡Oh profundo misterio! ¡El Padre estaba como retirado de su Hijo!...

Y aunque ninguna tentación del demonio, por fuerte y por insistente que fuese, podía hacer pecar a Jesucristo, que era impecable; pero podía atormentarle en lo que no fuese pecado. Y así es verdad que entonces el Salvador, aunque de ningún modo desesperó de su Padre y de su Dios, como algunos herejes han delirado; pero en aquella hora sufrió muchísimo viéndose por todas partes abandonado. Los hombres le habían dejado por completo indefenso y desamparado. Y su Padre le había dejado a merced de sus más odiosos enemigos sin dar muestra ninguna de que Él era su Hijo amado. Lo único que había hecho en su favor era oscurecer el sol. Pero por lo demás, bien podían decir sus enemigos con aquella amarguísima ironía con que se lo habían dicho: «Confía en Dios; que le libre si le quiere, ya que decía: Soy Hijo de Dios».

IX. LA SEMANA SANTA. VIERNES SANTO

Al ver y considerar, pues, el Señor este abandono completo en que estaba en medio de la más horrible tempestad que jamás hombre ninguno haya sufrido, no quiso ya seguir en silencio, y al cabo de dos horas de sufrir sin quejarse, sintiendo su alma amargada con las heces de las más tristes derrotas, se le oprimió el pecho, se le estrechó el corazón, mucho más que en el huerto de Getsemaní, y exprimiendo sus ojos y alzando su mirada al cielo, y temblando de hastío, de pavor y de cansancio, dio de repente una gran voz que resonó por todo el monte, diciendo:

«*Eloi! Eloi! lamma sabacthani?*

Es decir: «¡DIOS MÍO! ¡DIOS MÍO! ¿POR QUÉ ME HAS DESAMPARADO?...»

Eran éstas las primeras palabras del salmo que compuso David profetizando esta hora. Y tal vez el Salvador fue diciendo o al menos sintiendo todo aquel salmo que tan perfectamente cuadraba a su actual disposición, como que para ella había sido hecho. Dice así el salmo profético:

«¡Dios mío! ¡Dios mío! ¡Vuelve a mí tus ojos! ¿Por qué me has desamparado? Los gritos de mis culpas han alejado de mí la salvación.

»¡Dios mío!, ¡clamo durante el día y no me oyes!, ¡durante la noche y no hay consuelo para mí!

»Nuestros padres esperaron en ti y los libraste. Clamaron a ti y los salvaste. Pero yo soy un gusano, y no hombre, el oprobio de los hombres y la abyección de la plebe.

»Todos los que me ven se burlan de mí, abren sus labios y mueven su cabeza, *diciendo:* Esperó en el Señor; que le salve, puesto que le quiere.

»Sí, tú me sacaste del seno materno. Tú eres mi esperanza desde los pechos de mi madre.

»Desde el seno de mi madre fui arrojado en tus rodillas; desde mi nacimiento eres tú mi Dios.

»¡No te separes de mí, porque la tribulación está próxima y no hay quien me socorra.

»Numerosos novillos me rodean, toros poderosos me acosan. Abren sus bocas contra mí como león que ruge y desgarra.

»Me deshago como el agua que se escurre, y mis huesos se desatan. Mi corazón como la cera se derrite en mis entrañas.

»Mi fuerza se seca como una teja, y mi lengua se pega a mi paladar. Me has reducido a polvo de sepulcro. Me rodean muchos perros; una tropa de criminales me asedia.

»Han taladrado mis pies y mis manos, y cuentan mis huesos, y me miran y contemplan.

»Se reparten mis vestidos, y echan suertes sobre mi túnica.

»Tú, Señor, no alejes de mí tu socorro; toma mi defensa.

»Libra, Señor, mi alma de la espada, y mi vida del poder de los perros. Sálvame de la boca del león, y libra mi debilidad de los cuernos del unicornio.»

Tal fue la oración del Señor en el ara de la Cruz. En aquella ara todo estaba perturbado y cambiado. El hijo de Dios pudo decir a su Padre: Tú oyes a todos menos a mí. Y, en efecto, Dios oye a los Santos, Dios oye a los pecadores, Dios oye a los adúlteros y a los calumniadores y a los sacrílegos y a los ladrones, cuando acuden a Él, y esperan en Él.

¿Cómo es esto? Es, dice el Crucificado, que sus culpas y sus crímenes apartan de Él la misericordia divina. Pues ¿qué crímenes son, ¡oh inocente Cordero!, los tuyos? ¿Qué pecados ve Yahvé en ti, si tú eres incapaz de cometer ninguno?

¡Ah, éste es el misterio de la humanidad redimida! Mis pecados y los de todo el género humano tú los has hecho tuyos. Y por eso es preciso que tú pagues por todos, y que no seas oído, como nosotros no merecíamos ser oídos.

Tú, sí, eres un gusano; tú eres el oprobio de la humanidad, tú eres el pecador, tú eres el maldito... *Maledictus qui pendet a ligno*. Y por eso «a ti, que no conoces pecado, te ha hecho el Padre víctima de pecado por nosotros», pues has tomado sobre ti nuestros pecados y te has vestido de ellos.

Y en cambio yo soy oído, yo soy atendido y perdonado, porque yo, una vez blanqueado mi vestido con tu sangre, soy inocente, soy santo, soy justo, soy hijo de Dios.

¡Oh!, bendito seas tú, Hijo de Dios, que te hiciste pecador por mí, para que yo pecador fuese hecho hijo de Dios gracias a ti.

Por eso eres tú desamparado como yo debería haberlo sido, y por eso yo soy defendido y guardado como deberías tú haberlo sido.

292. LA SED DEL SEÑOR. QUINTA, SEXTA Y SÉPTIMA PALABRAS. MUERTE DE JESÚS
(Jn 19, 28-30; Lc 28, 45-49; Mc 15, 35-41; Mt 27, 47-56)

La hora final se acercaba. Ya las profecías acerca de Jesucristo se iban todas cumpliendo, y cuanto en el libro de la Ley estaba escrito acerca del Mesías se estaba consumando. Los tormentos seguían aumentando cada vez más en Jesucristo, ya que Él no sufrió como otros desmayo ninguno, ni letargo. Y cuando tal vez los ladrones habían desfallecido y perdido el sentido, Jesucristo lo mantenía despierto del todo.

Y sin duda que muchos tormentos había de sufrir en la cruz el que, como dice muy bien Santo Tomás, padeció todo y de todas las maneras que puede sufrirse. Porque, dice, padeció de gentiles y judíos, de hombres y mujeres, de príncipes y ministros, de plebeyos, de familiares y conocidos; padeció en sus amigos, en la fama, en el honor y la gloria, en sus cosas y vestidos; en el alma, tristeza, tedio, temor; en el cuerpo, azotes y heridas; padeció en todos sus miembros, cabeza, manos, pies, rostro, pecho, y en todos sus sentidos, etc.

De nada, sin embargo, buscó alivio; no se quejó de nada sino de la sed.

Apenas había pronunciado aquellas palabras: *Eloi! Eloi! lamma sabacthani?*, algunos de los judíos que estaban allí presentes, o porque no entendieron el grito de Nuestro Señor, o porque quisieron reírse con algún equívoco de Él, habían dicho con risa:

«¡Vaya!, ése llama a Elías.»

Y casi en seguida, Jesús, sin darse por entendido de aquella malicia, bajó la voz, y como hablando a los guardias, dijo:

«*Sitio*. Tengo sed.»

No era que buscaba alivio a sus dolores, sino que sabía que estaba escrito de Él que le darían vinagre en su sed, y por eso, sabiendo que todo lo demás estaba cumplido y consumado, para que también esto poco que faltaba se consumase, dijo: «Tengo sed».

Y tenían allí los guardias un vaso lleno de vinagre y agua, como lo acostumbraban para los sacrificados, y uno de los soldados, en cuanto oyó la palabra de Jesús, se levantó a toda prisa, cogiendo una esponja la empapó en vinagre, la clavó en una caña de hisopo, que lo más tendría medio metro, y alzándola se la dio a gustar. Pero sus camaradas le decían:

«Déjale, a ver si viene Elías a librarle.»
Y él también, a su vez, dándoles a entender que era para ello preciso sostenerle la vida, les respondió:
–Pues eso, «dejadle, a ver si llega Elías a desclavarle».
«Apenas recibió Jesús el vinagre, dijo: *"Consummatum est.* CUMPLIDO ESTÁ. Se acabó". Y de nuevo clamando con gran voz dijo: "PADRE, EN TUS MANOS ENCOMIENDO MI ESPÍRITU". Y diciendo esto, inclinando su cabeza, entregó su espíritu.

»Y al punto el velo del templo se rasgó en dos de arriba abajo, y la tierra tembló, y los peñascos se hendieron, y los sepulcros se abrieron, y muchos cuerpos de los santos, que reposaban, resucitaron, y saliendo de los sepulcros, después de la resurrección de Jesús, entraron en la Ciudad Santa y se aparecieron a muchos. Y el centurión, que había estado de frente, viendo lo que había sucedido y cómo había muerto exclamando de aquel modo, glorificó a Dios diciendo: "Verdaderamente, Hijo de Dios era éste". Y los que a sus órdenes estaban guardando a Jesús, viendo el terremoto y todo aquello que sucedía, se llenaron de pavor y dijeron: "Verdaderamente éste era Hijo de Dios". Y toda la turba que reunida asistía a este espectáculo y veía lo que pasaba se volvía dándose golpes de pecho.»

Todo esto debió de pasar rapidísimamente. Después de las tinieblas, que debieron de comenzar hacia la una, y de la despedida de su Madre, que fue poco después, Jesucristo se sumergió en un silencio de contemplación que duró bastante: tal vez hora y media o dos horas. Durante todo ese tiempo, no advirtiendo novedad, se distrajeron los soldados, languideció la curiosidad de las turbas, que, asustadas por las tinieblas, se habían en gran parte retirado y prolongándose el silencio, disminuyó en todos, naturalmente, la atención. Como tampoco los otros crucificados, que estaban aletargados, hacían otra cosa que lamentarse de vez en cuando, el espectáculo había perdido la mayor parte de su novedad.

De repente, y cuando todos estaban distraídos y cansados, Jesucristo dio aquel grito a su Padre, con el cual llamó poderosamente la atención de los que le oyeron. Se pusieron todos en pie y alerta: el centurión se levantó y se puso frente afrente de Jesús Nazareno, como espiando todos sus actos y movimientos, que ya le estaban llamando la atención. Todos también se agolparon a observar lo que pasaba.

Entonces, casi a continuación, dijo Jesús sencillamente a los que le miraban: Tengo sed.

IX. LA SEMANA SANTA. VIERNES SANTO

Al punto corrió un soldado caritativo y le presentó la esponja de vinagre.

Jesucristo la gustó, y dijo en seguida: Todo ha concluido ya.

Se estremecieron al oírlo los circunstantes, y avivaron sus sentidos al ver la muerte de aquel misterioso crucificado.

Le vieron entonces que, afirmándose en la cruz, levantó su frente al cielo, abrió sus ojos serenos, sonrió lleno de confianza, y no como quien muere, sino como quien sale a su triunfo, no como quien se rinde a la muerte, sino como quien es dueño de la muerte y de la vida, dio un tremendo grito que resonó en todo el Calvario y «dijo: ¡Padre!, en tus manos encomiendo mi alma».

Inclinó entonces soberanamente augusto la cabeza y murió.

Todo lo estaba mirando fijamente el centurión muy de cerca y frente a frente, y junto a él los soldados de su compañía. Quedaron aún un momento observando, si en efecto había muerto. Y viendo que sí, rompió el centurión su silencio con un hondo suspiro diciendo: «¡No cabe duda!, éste era Hijo de Dios, era lo que decía».

Y sus soldados, dándole la razón, repitieron lo mismo diciendo: «¡No cabe duda!, así es. Éste era Hijo de Dios».

Así murió Nuestro Señor Jesucristo. Murió porque quiso.

Los tormentos, sí, bastaban para quitarle la vida; pero Él bastaba para impedir la acción de los tormentos. Y en efecto, estuvo prolongando su vida milagrosamente en medio de suplicios que le debían haber muerto mucho antes. Y cuando Él quiso, expiró, o mejor dicho, *dio su vida,* que nadie se la hubiera podido arrebatar, por la salvación del género humano.

¡Ved ahí la obra estupenda del amor divino! «Ésta es, dice San Juan Crisóstomo, la primera razón de la pasión: que quiso Dios que se supiese cuánto amaba a los hombres Él, que más quiere ser amado que temido».

Y el divino San Juan exclama: «¡Tanto amó Dios al mundo que le entregó a su Hijo unigénito!»

Y el cristianísimo San Pablo escribe extasiado: «Me amó y se entregó a sí mismo por mí».

Y el amantísimo San Agustín dice confundido: «Más me amaste a mí que a ti, puesto que moriste por mí».

¿Qué valen junto a este Señor crucificado todos los demás argumentos para servir a Dios? Bien decía Santa Teresa, o quien quiera que fuese el que escribió estos divinos versos:

No me mueve, mi Dios, para quererte
el cielo que me tienes prometido.
Ni me mueve el infierno tan temido
para dejar por eso de ofenderte.
Tú me mueves, Señor; muéveme el verte
Clavado en una cruz y escarnecido;
Muéveme el ver tu cuerpo tan herido;
Muévenme tus afrentas y tu Muerte.
Muéveme, en fin, tu amor, y en tal manera,
Que aunque no hubiera cielo yo te amara,
Y aunque no hubiera infierno, te temiera.
No me tienes que dar porque te quiera,
Pues aunque lo que espero no esperara,
Lo mismo que te quiero te quisiera.

293. EL CORAZÓN ABIERTO
(Jn 19, 31-37)

Turbados, sin duda, andarían los judíos con todas aquellas perturbaciones. Ni sólo los que más animosos o más piadosos y curiosos presenciaban en el Calvario la muerte del Mesías, sino aun los que refugiados en la ciudad, sintieron, sin embargo, las señales de perturbación que sucedieron a la muerte de Jesús.

Porque el terremoto debió de ser muy grande. Aun hoy día se muestra en la roca, entre el sitio de la cruz de Jesucristo y la del mal ladrón, una hendidura de 170 centímetros de largo con 25 de ancho. La cortina que dentro del santuario separaba el *Sancta Sanctorum* del *Santo* y no se corría jamás, se rasgó de por sí de alto abajo, dejando al descubierto el santuario, como dando a entender que todo aquello estaba de sobra. Los sepulcros, que se abrían por sí mismos, indicaban que se preparaba alguna mudanza misteriosa, como efectivamente se vio después de la resurrección del Señor, que se aparecieron varios resucitados a sus amigos. En fin, toda la confusión que se originó de todos estos sucesos traía despavoridos y confusos a todos los espectadores, que ya por las duraderas tinieblas estaban de antes perturbados.

Los judíos, satisfechos sus criminales intentos, estaban deseando que terminase todo aquel suceso, que ya se les convertía en cruel remordimiento y tremenda acusación de su injusticia. Con el pretexto, pues, de que al otro día era gran fiesta, porque no sólo era sábado, sino que además era sábado de la semana de Pascua, determinaron acelerar todo lo de Jesucristo cuanto pudiesen y quitar de la vista para siempre a aquel hombre, que desde que expiró en la cruz era ya acusador implacable.

Fueron, pues, al Presidente y «le rogaron que quebrantasen las piernas a los crucificados y los retirasen» para que no quedase aquel espectáculo en el día de la fiesta.

No siempre fallecían pronto los crucificados. Vivían de ordinario más de doce horas: a veces durábales la vida dos y tres días. Hasta se daba el caso de que viniesen las aves de rapiña a acometerlos y los lobos y chacales a morderlos. Para acelerarles la muerte, era muy frecuente usar del suplicio que se llamaba crurifragio, suplicio brutal y horrible, que consistía en quebrar las dos piernas del crucificado a golpes de maza dados a los reos contra el madero para que se desangrasen.

Dio licencia Pilato para lo que se le pedía, y «vinieron los soldados, y al primero le rompieron desde luego las piernas, y lo mismo al que había sido crucificado con él. Mas al llegar a Jesús, viéndole ya muerto, no le quebraron las piernas, sino que uno de los soldados con la lanza le abrió el costado, y al punto salió sangre y agua».

Lo probable es que los soldados viniesen resueltos a hacer lo mismo con Jesucristo. Pero les rogarían los amigos de Jesús que le perdonasen tan terrible operación, y lo conseguirían fácilmente, dado el estado de ánimo de los guardas de reverencia hacia Jesucristo. Pero por si acaso no estaba muerto, se le acercó uno de los soldados, que la tradición llama Longinos, lancero, como quien dice, acaso por su hecho, de la palabra *longe, lanza*. Éste, en vez de romperle las piernas, le clavó su lanza y le abrió herida ancha y profunda, pues, según Santo Tomás, cabría en ella el puño, y atravesó el corazón de quien tanto nos amó.

Y advierte San Juan notándolo, que «al punto salió sangre y agua». Sangre salió, naturalmente; porque aún estaba reciente el fallecimiento. Cómo salió agua disputan los doctores; y unos dicen que por milagro, otros que naturalmente; aunque no es visto que de un difunto salga no digo suero, ni otro componente de la sangre, sino agua verdadera como salió en Jesucristo. También discurren mucho acerca de lo que Nuestro Señor, y de su parte San Juan, quiso significarnos con este brotar de sangre y agua. Lo que solemnemente añade San Juan es esto:

«Y quien lo vio, dio testimonio, y su testimonio es verdadero. Y él sabe que dice la verdad, para que vosotros creáis. Porque todo esto se hizo para que se cumpliese aquella escritura: «No quebrantaréis hueso en él». Y también dice otra escritura: «Verán al que traspasaron».

La primera profecía es la de la prescripción que hizo Moisés acerca del cordero pascual prohibiendo que le rompiesen ningún hueso. En lo cual se ve que el cordero fue tipo de Jesucristo, verdadero cordero a quien tampoco le habían de romper ningún hueso.

La segunda es un vaticinio del profeta Zacarías, en que Jahvé dice que los mismos que le habían de crucificar le habían de contemplar arrepentidos, porque, como en la misma profecía dice, «derramaría sobre ellos espíritu de perdón y de misericordia».

Así quedó abierto y roto aquel Corazón que sólo para amarnos se había hecho. Abrió el soldado el corazón, dice San Agustín, para que allí, en cierta manera, se nos abriese una puerta de vida, puesto que de allí nacen los sacramentos, sin los que nadie entra en la vida verdadera.

A la muerte del Salvador se abrió el velo del templo para que quedase inútil el santuario antiguo; pero se abrió también el Corazón de Jesús para que en adelante entrásemos todos en el nuevo templo.

«¡Oh Corazón, exclama la Iglesia, arca que contiene la ley, no de la esclavitud antigua, sino de la gracia, del perdón, de la misericordia!

»Oh Corazón, Santuario intemerado de la nueva Alianza, templo más santo que el antiguo, y velo más útil que el rasgado.

»El amor quiso que quedase herido con potente herida, para que veneremos las heridas del amor invisible.

»¿Quién no volverá amor al que le ama? ¿Quién no amará al que le redime? ¿Quién no elegirá en este Corazón su eterna morada?»

¡Dichoso quien vive y muere en él lleno de amor!

294. DESCENDIMIENTO DE LA CRUZ
(Jn 19, 38; Lc 23, 50-52; Mc 15, 42-45; Mt 27, 57-58)

Las intenciones de los judíos eran, sin duda, de retirar a toda prisa y sin honra el cuerpo del Nazareno, sepultarlo en la fosa con los otros condenados, hundir en el sepulcro común sus huesos y poner sobre ellos y sobre toda la vida del Maestro la tierra que destruyese para siempre su memoria. ¡Pero cuán poco sabían de lo que les aguardaba!

Dios dijo al mar: ¡Hasta aquí!, y le puso una infranqueable barrera con menuda arena.

También ahora, una vez muerto su Hijo, dijo al mar de las potestades infernales: ¡Basta! ¡Hasta aquí! Y no pudo más contra Jesucristo. La admirable sentencia de San Pablo dice: «Cristo se hizo obediente hasta la muente y muerte de cruz». Pero en seguida añade: «Por lo cual Dios le exaltó, y le dio un nombre sobre todo nombre; para que al nombre de Jesús se doble toda rodilla en el cielo, en la tierra y en los abismos».

Todo esto empezó ya a cumplirse en cuanto Jesucristo murió en la cruz.

Porque apenas salían los judíos de la presencia de Pilato con el permiso de que se quebrasen las piernas a los condenados y se los descolgase en cuanto muriesen, entró en su presencia un señor respetable a pedirle una gracia.

Era José, senador o consejero noble del Sanedrín, caballero rico de Arimatea, pueblo situado a 23 kilómetros de Jerusalén, en el camino que lleva, a Jafa, «hombre, bueno y justo, que también él esperaba en el Reino de Dios, y era discípulo de Jesús, aunque oculto, por temor de los judíos. Éste no había asentido a la sentencia y actos de los judíos». Acaso no asistió a las deliberaciones en casa de Caifás, en las que Jesús fue condenado por el Sanedrín; si asistió, dio su voto en contra.

Si antes había tenido miedo a los judíos, y no se había declarado como debiera, ahora, movido por la muerte del Maestro y por la gracia divina y suave providencia de Dios, desechó todo temor, y como dice San Mateo: «Audazmente entró a Pilato, y le pidió el cuerpo de Jesús». Y en verdad que se necesitaba audacia para que un hombre de las cualidades de José se presentase entonces a pedir esta gracia, y manifestase creer en aquel Maestro muerto cuando a los ojos humanos ya no quedaba de Él más que un cadáver destrozado.

Le oyó Pilato y quedó admirado de que ya hubiese muerto. ¿Por qué se admiró Pilato? Es verdad que los crucificados duraban a veces muchas horas y aun días en la cruz, pero aquel crucificado antes de ser clavado había padecido mucho, y sólo a duras penas y ayudado del Cireneo pudo llegar incólume al suplicio.

Mas como acababan de estar los judíos a pedirle que se cortasen las piernas a los crucificados, no dejaría de chocarle que ya en seguida le dijesen que Jesús había muerto. Y tal vez Pilato tenía aún esperanza de que Jesús moriría de alguna otra manera, o de que no, moriría, si tal vez era Hijo de Dios según Él categóricamente se lo había afirmado.

Llamó, pues, al centurión, que había estado custodiando la ejecución, y le preguntó si Jesús había muerto. Le dijo que sí. Y aunque todo esto era de esperar, seguramente la noticia debió producir en su espíritu un remordimiento y temblor semejante al que debe tener un asesino que ha herido mortalmente a un inocente, cuando después le traen la noticia de que, en efecto, el herido por él acaba de fallecer.

Así, pues, azorado, no tuvo dificultad en permitir lo que le pedía José, y le concedió el cadáver de Jesús. Lo que le concedió no era, sin embargo, nada notable. Cuando algún pariente o amigo solicitaba el cadáver de algún ajusticiado, se le concedía sin dificultad.

Obtenido el permiso, se aplicó José a su tarea con toda prisa, pues el tiempo urgía y era ya tarde. Antes de terminar el día compró lienzo fino y se dirigió al Calvario. Tal vez primero fue a llamar a Nicodemus, que estaba en condición muy semejante a la suya, rico, noble, senador, discípulo de Jesús, pero también discípulo oculto por miedo y temor de los judíos. Ambos se habían distinguido por su resistencia a la maldad de los otros fariseos y saduceos. Ninguno de ellos había aprobado con su voto lo que el Sanedrín había hecho contra Jesús. Ahora, a la muerte de Jesús, iban a unirse los dos amigos para tributar al Maestro el testimonio de su afecto.

Así como José había comprado lienzo fino, Nicodemus se encargó de los aromas y bálsamos. Y espléndido como su amigo, llevó nada menos que cien libras de mezcla de mirra y áloe. Llegados al Calvario, dice el Evangelio, «quitaron el cuerpo de Jesús y lo ligaron con vendas con aromas, y lo envolvieron en lienzo limpio, como es costumbre sepultar entre los judíos».

Todo, pues, se hizo según la manera más natural y acostumbrada. Con escaleras arrimadas a la cruz desclavaron los santos varones el sagrado cuerpo y le fueron bajando con toda reverencia. La primera que sin duda, estuvo allí presta a recogerle y abrazarle fue su Madre, aunque los evangelistas parece que hacen propósito de no nombrarla, acaso por reverencia a su dolor. Pero el arte tradicional cristiano siempre ha venerado como una de las figuras más dignas de compasión la de la Piedad, la de la Madre, sentada al pie de la cruz, con su Hijo deshecho y destrozado en sus brazos.

«Cuando la Virgen, dice el suavísimo P. Granada, tuvo a su Hijo en sus brazos, ¿qué lengua podrá explicar lo que sintió? ¡Oh ángeles de paz!, ¡llorad con esta sagrada Virgen, llorad cielos, llorad estrellas del cielo, y todas las criaturas del mundo acompañad el llanto de María! Abrázase la Madre con el cuerpo despedazado, y apriétalo fuertemente en sus pechos; para esto sólo le quedaban fuerzas. Mete su cara entre las espinas de la sagrada cabeza, júntase rostro con rostro, tíñese la cara de la Madre con la sangre del Hijo, y riégase la del Hijo con las lágrimas de la Madre. ¡Oh dulce Madre!, ¿es ése, por ventura, vuestro dulcísimo Hijo? ¿Es ése el que concebiste con tanta gloria y pariste con tanta alegría? ¿Dónde está aquel espejo de hermosura en quien vos os mirábades? Ya no os aprovecha mirarle a la cara, porque sus ojos han perdido la luz; ya no os aprovecha darle voces y hablarle, porque sus orejas han perdido el oír; ya no se menea la lengua que hablaba maravillas del cielo; ya están quebrados los ojos que con su vista alegraban al mundo. ¿Tanto han podido las manos de los hombres contra Dios?»

295. SEPULTURA DEL SEÑOR
(Jn 19, 39-42; Lc 23, 53-56; Mc 15, 46-47; Mt 27, 59-61)

Después que dieron lugar al dolor de la Madre, todos fueron contemplando de cerca aquel cuerpo despedazado y deshecho por los tormentos.

Pero el tiempo urgía; preciso era acortar la devoción y acelerar el trabajo que tenía por fuerza que concluir antes que brillasen las estrellas.

Junto al sitio de la crucifixión y casi al pie del mismo Calvario, tenía José un jardín, en el que había construido un sepulcro donde sólo él había de ser colocado. La distancia de ambos sitios no llegaba a treinta metros. El sepulcro era muy pequeño. Hoy una puerta de un metro y treinta y seis centímetros de alta, por sesenta y seis centímetros de ancha, da entrada a una cámara de dos metros (2,07) de larga por otros dos escasos de ancha (1, 95). La mitad de este recinto a la derecha y a una altura de sesenta y cinco centímetros sobre el suelo la ocupa el nicho en que fue colocado, el Salvador. Todo ello estaba excavado y tallado en la misma roca viva, que formaba todas las paredes, el suelo y la bóveda. Hoy falta la bóveda, que, por efecto de tantas transformaciones, ha desaparecido, pero se conserva la roca todo alrededor hasta una altura de metro y medio, aunque revestida de mármoles blancos.

Antes de esta cámara estaba un vestíbulo o antecámara tallada también en los interiores de la peña, un poco mayor que el mismo sepulcro, y con puerta de la misma roca algo más grande que la del sepulcro. Dice San Cirilo de Jerusalén que este vestíbulo fue destruido cuando Constantino, por embellecer tan santa reliquia y acomodarla a las exigencias de un templo, tajó todo lo que del monte rodeaba al mismo sepulcro, incluso este vestíbulo, del que desapareció arrasado todo menos el suelo. Hoy así el Santo Sepulcro como este suelo, sobre el que se levantaba antes el vestíbulo, están encerrados en un templete edificado de tal manera que resulta otro vestíbulo, como aquel antiguo, el cual es denominado Capilla del Ángel. En él está un fragmento de la Piedra redonda que cerraba el Santo Sepulcro, sobre la cual se sentó el ángel. A unos 20 metros del Sepulcro de Nuestro Señor, una gran losa rojiza cubre la roca en la que se cree que fue ungido Nuestro Salvador del modo que vamos a ver en seguida. Es de notar que este sepulcro, como era frecuente costumbre, sólo estaba destinado para uno, para José, su dueño. Además era nuevo, y nadie jamás había sido puesto en él, como expresamente lo hace notar el Evangelio.

La sepultura dice San Juan que la hicieron como es costumbre de los judíos. Prepararon, pues, el santo cadáver, y, sin duda, lo lavaron; que si lavaban todos los cadáveres, mucho mejor lavarían aquel que, además de ser más santo que todos, estaba tan cubierto de sangre y polvo, de sudor y salivas que, como decía muy bien el profeta Isaías, nadie hubiera sido capaz de reconocerle, pues estaba como un leproso que no tuviese faz de hombre.

Luego prepararon los aromas, que eran entonces, como de ordinario, mezclas o confecciones de mirra y áloe, resinas aromáticas muy comunes de la tierra. Solían prepararlas parte en polvo, parte en líquido o pasta glutinosa.

Cortaron parte del lienzo en tiras, formando con ellas vendas, con las cuales, empapadas y untadas en los aromas, fueron ligando y fajando todos los miembros de Jesús, comenzando por los dedos de pies y manos, siguiendo por los brazos y piernas, y terminando por todo el cuerpo, de modo que quedase todo Él fajado y como empastado en gomas aromáticas. Así al menos se hacía de ordinario, aunque entonces, por andar algo de prisa, quizás lo harían con menos cuidado y aun tal vez omitieron algunas de estas operaciones. San Juan dice que le ataron con *lienzos*. Los otros evangelistas dicen que le envolvieron en un lienzo o sábana limpia.

Pusieron, en fin, sobre su faz santísima un sudario o pañuelo, y quedó terminado el embalsamamiento.

No era el que usaban los judíos tan perfecto que evitase la corrupción, como el de los egipcios. Embalsamado estaba Lázaro, y con todo eso a los cuatro días ya de él decía su hermana que despedía hedor. Ni tampoco era el fin de este embalsamamiento la incorrupción del cadáver, sino sólo un obsequio al difunto, como entre nosotros el simple amortajar.

Dispuesto ya el cadáver para la sepultura, lo tomaron y lo metieron en el nicho del sepulcro.

Durante todo este tiempo no habían estado solos los varones. Las mujeres, sobre todo María Magdalena y María la madre de José, deslizáronse tras los santos varones, y, mientras éstos amortajaban al Maestro, ellas, sentadas, lo miraban todo con atención, fijándose dónde y cómo le colocaban, maquinando entre sí, aunque sin decir nada a los hombres, venir otro día y arreglarlo todo mejor y más a su gusto. Tampoco aquí dice nada el Evangelio de María Virgen. Mas de seguro que estuvo presente a todo, no como quien se desliza a curiosear, sino presidiendo como Madre todas las operaciones que con su Hijo se hacían. Y cuando, colocado ya el cuerpo en su nicho, iban a cerrar el monumento, ella sería la última que le vio, ella la última que se quedó con San Juan, su nuevo hijo, en el sepulcro, ella la que le daría el último beso y le dirigiría la última mirada y le colocaría en la faz el santo sudario, tras el cual quedaban escondidos aquellos ojos piadosísimos del Hijo.

Los varones estaban ya aguardando a que la Madre saliese para terminarlo todo. Salió la Virgen, y entonces, haciendo rodar hacia la puerta una gran piedra que en forma de rueda de molino cerraba la entrada, cerraron el sepulcro y bajaron a la ciudad acompañando a la santa Señora.

296. SOLEDAD

La Virgen Santísima, después de dirigir su última mirada al sepulcro en que quedaba su tesoro, se echó el manto con sus pliegues salpicados acaso de la sangre preciosa de su Hijo, cubrió su afligido rostro, y llorando silenciosas y resignadas lágrimas, se puso a desandar el mismo camino que había traído acompañando a su Hijo con la cruz a cuestas. Adoró la cruz, bajó la pendiente del Calvario, y se metió por las calles de Jerusalén.

Aunque iba cubierta con su manto, muchos la conocerían. Movidos de compasión, la saludarían, le abrirían paso y más de uno diría en voz baja a su vecino, señalándola: «La Madre de Jesús Nazareno... La Madre del ajusticiado...»

¡Oh, y cómo le hablaban y qué tristes recuerdos le sugerirían todas aquellas gentes y todos y cada uno de aquellos sitios!

Llegó, por fin, al Cenáculo, a aquella casa en que la noche antes se había despedido su Hijo de ella para comenzar su pasión en el Huerto, y se retiró a llorar su dolor y su soledad.

¡Oh dolorosísima Señora!, ¿a quién la compararemos? *Cui comparabo te?* ¿Dónde hallaremos un dolor tan grande que con su ejemplo se pueda consolar esta Virgen inocentísima? *Cui exaequabo te et consolabor te, Virgo Filia Sion?* ¡En ninguna parte!, porque su dolor es inmenso como el mar. *Magna est enim velut mare contritio tua.*

Probablemente tuvo allí que empezar al punto su oficio de Madre de todos los fieles. Uno tras otro se irían reuniendo en torno suyo los discípulos, dispersos desde la noche antes, en que el Pastor fue herido. ¿Adónde habían de acudir mejor que a la Madre de misericordia? Ella los iría recibiendo, oiría sus excusas y sus penas, consolaría sus desalientos y les infundiría esperanzas de mejor suerte.

Vino Simón Pedro y vino Andrés y Santiago y todos los discípulos... menos uno... ¡Faltaba Judas! Faltaba el traidor. ¡Oh desgraciado, que no cayó en la cuenta de que tenía una Madre que hubiera intercedido por él!.

Así pasó la noche del Viernes Santo, y el sábado solemne de la Pascua, aguardando con firmísima fe y esperanza la hora feliz y la nueva aurora de vida para su Hijo.

297. BAJADA DEL SEÑOR AL LIMBO

Mientras su cuerpo estaba en el sepulcro, el alma de Cristo bajó al limbo o seno de Abrahán.

Limbos llamamos a las moradas de aquellas almas que aunque no merecen el infierno de los tormentos, no merecen tampoco entrar en el cielo. Tales son ahora los niños que no han cometido pecado mortal, pero que no tienen gracia santificante, por no haber sido bautizados. Tales eran también antes de la redención los justos del Antiguo Testamento que habían muerto en gracia de Dios.

No iban al cielo porque hasta que se efectuó nuestra redención y entró en la gloria Jesucristo, nadie penetró en ella. Mientras tanto, estaban recogidas en el limbo o seno de Abrahán, así llamado porque Abrahán, como padre de todos los creyentes, era considerado el primero y más digno de todo el limbo. No padecían tormentos, antes gozaban de felicidad, pero poseían aún la gloria de vor a Dios.

Todos cuantos habían muerto en gracia, Adán y Eva, Noé, Abrahán, Isaac, Jacob, Moisés, y los santos Patriarcas, David y los Reyes justos, los Profetas, los Mártires y cuantos, sea de los judíos, sea también de los gentiles, habían muerto sin pecado, todos allí aguardaban el santo advenimiento de su Redentor. No faltarían recientes noticias y prontas esperanzas de que de un día para otro apareciese allí ante sus ojos el Redentor. Simeón y Ana, San José y San Juan Bautista, otros muchos que habían ido falleciendo en los últimos días llevarían allá la luz de la aurora divina, contando lo que el Mesías estaba ya haciendo en el mundo. Y acaso la luz e inspiración directa de Dios revelaba a sus escogidos mucho mejor lo que respecto de su suerte se estaba ya verificando en el curso de los siglos. Que si fue tan generoso en profecías con los que vivían en el mundo, aunque, pecadores, mucho más generoso sería en ilustraciones con los que en el seno de Abrahán, justos para siempre, le amaban y le deseaban.

Llegó, pues, el día ansiado y de un momento para otro esperado, y repentina luz de divinidad, luz que jamás vio vista humana, inmenso gozo de gloria, gozo que jamás cruzó por corazón de hombre, por dichoso que fuese, inundó todo el limbo y lo convirtió en paraíso.

Dice San Pablo que Cristo antes de subir «quiso bajar a las partes más bajas de la tierra», y dice San Pedro (1, 3, 19), «que muerto en el cuerpo, pero vivificado en espíritu, marchando a las almas que estaban en cárcel, las evangelizó», es decir, les dio la nueva buena del Evangelio y redención, y los hizo felices a todos con sola su presencia, dándoles a ver su alma santísima y la divinidad que la revestía.

Allí con todos los demás estaba ya el buen Ladrón purificado en la cruz por la absolución del mismo Señor y Redentor nuestro.

Así pasó el alma divina en el limbo todo el tiempo de estos tres días que estuvo muerto, esperando que llegase su hora de gloria y resurrección.

SÁBADO SANTO
(16 de Nisán; 8 de Abril)

298. LA GUARDIA DEL SEPULCRO
(Mt 27, 62-66)

Era ya el sábado. Los judíos, fallidos sus deseos de confundir los restos del aborrecido Nazareno con los de los criminales vulgares en la fosa común, vieron con rabia y rencor cómo su compañero José burlaba sus planes. Que aquel a quien ellos habían puesto en la cruz entre dos ladrones, muerto y todo, cuando parecía ya descalificado, desprestigiado y deshecho, todavía obtuviese tal respeto que dos senadores nada menos, prestigiosos, justos, ricos, le reclamasen para honrar su memoria, le embalsamasen por sí mismos y le pusiesen en la propia sepultura de uno de ellos, era una salida inesperada con que no habían contado. Jesucristo muerto se les iba de las manos.

Y ¿quién sabe lo que después de esto podría venir?...

Porque el muerto había dicho que resucitaría al tercer día. Sería esto verdad o no sería, ellos afectaban no creerlo; mas de seguro que no dejarían de temerlo en su corazón. Lo cierto es que las maravillas acompañaban a aquel Nazareno hasta la misma muerte, y que aun después de ella, el mismo cadáver quedaba fuera de su dominio. Y aun cuando ellos no creyesen en nada, ¿no era de temer que algunos de sus discípulos se aprovechasen de aquella profecía y urdiesen alguna trampa y engaño con el fin de acumular contra el Sanedrín la ira popular y tomar venganza de la muerte dada al Maestro? Y ¿qué se proponían José y Nicodemus con pedir para sí el cadáver? ¿Era únicamente deseo de honrarlo o abrigarían otros planes subversivos?

Por una razón o por otra o por todas empezaron a vacilar y cabildear entre sí sobre el caso, y después de varias conferencias, se fueron los príncipes de los sacerdotes a Pilato y le dijeron:

«Señor, nos hemos acordado de que aquel embaucador, cuando aún vivía, dijo: Después de tres días resucito. Manda, pues, asegurar el sepulcro hasta el tercer día, no sea que vengan a lo mejor los discípulos y lo roben y digan al pueblo: Ha resucitado de entre los muertos, con lo cual será el último engaño peor que el primero.»

Pilato estaba entonces, al parecer, para decir a todo que bueno, y así les dijo:

«"Tomad guardia, id y asegurad como os parezca". Y ellos fueron y aseguraron el sepulcro sellando la piedra y con guardia.»

La manera de cerrar los sepulcros era, no con puerta alguna, sino con alguna gran piedra, la cual a veces era cuadrada, y se corría o retiraba deslizándose hasta tapar o descubrir la entrada; a veces era redonda, ya como un disco, ya en forma de media naranja, y entonces se la rodaba hasta que, aplicada a la puerta, cerraba el sepulcro. En el sepulcro de Lázaro la entrada es diferente del de Jesús, y la piedra más bien debió de ser una losa cuadrada horizontal, y por eso el Señor decía sencillamente: «Quitad la piedra de ahí». Mas en el sepulcro de Jesucristo, a juzgar por la palabra que usa el Evangelio, la piedra era, sin duda ninguna, redonda.

Fueron, pues, con la orden recibida de Pilato los príncipes de los sacerdotes, y en nombre y con la autorización del Presidente, tomaron posesión del sepulcro. Cercioráronse de que aún estaba allí el cadáver; arrimaron de nuevo la piedra y la sellaron; lo cual harían de esta o parecida manera: cruzáronla de alto abajo, y de derecha a izquierda con algunas cintas o cordeles, cuyos cabos sujetaron a la pared exterior con arcilla o argamasa; y, en fin, sobre estos mismos cabos imprimieron en la masa el sello del Sanedrín. Podían ya dormir tranquilos y estar seguros de que nadie, sin saberlo ellos, violaría el sepulcro, ni sacaría de él el cadáver. El sepulcro por todas partes, menos por la puerta, estaba cerrado por la misma roca viva, en la cual estaba cavado; la puerta además de sellada estaba cerrada. No había posibilidad de fraude ninguno.

Y ¡qué bien servía la misma iniquidad a la Providencia sin saberlo ni pretenderlo! Habían tomado todas las medidas posibles de prudencia para evitar todo fraude, y esas mismas medidas sirven hoy para probar que fue verdadera la resurrección, sin que sea posible suponer engaño ninguno.

X

VIDA GLORIOSA

DOMINGO DE PASCUA
(17 de Nisán; 9 de Abril)

299. LA RESURRECCIÓN
(Mc 16, 9; Mt 8, 2-4)

Era el primer día de la semana. Amanecía el alba. En el jardincito de José velaban los guardias cuidadosamente el cadáver de aquel Nazareno, que, muerto y todo, tanto cuidado inspiraba. La piedra estaba en su lugar cerrando completamente el sepulcro. Los sellos aparecían enteros. Empezaba ya el día crítico, el día designado por el Nazareno para resucitar. Por una distracción increíble, y mejor dicho, por una providencia de Dios acertadísima, los amigos de Jesús estaban casi completamente descuidados de la gran profecía de Cristo, que debía ser fundamento de toda su esperanza y el cimiento de su restauración. No se acordaban de la promesa que el Maestro les había hecho de resucitar al tercer día, o, si se acordaban, tenían miedo de creer en ella, o temían un nuevo fracaso como el que acababan de presenciar en la pasión de Cristo; o, en fin, por causa de la muerte de su Maestro, estaban tan aturdidos y desconcertados que apenas tenían ganas ni capacidad de recordar ideas antiguas, ni de concertar profecías y designios, que no habían comprendido del todo, ni menos de prometerse un suceso tan maravilloso como el que el Mesías se resucitase a sí mismo, cosa inaudita entre todos los milagros más célebres de la antigüedad. También por esto mismo, por ser la idea tan nueva, por prestarse tan poco a la imaginación, no podían figurarse, sino con mucho trabajo, lo que su Maestro había querido decirles cuando les prometió que resucitaría. Mucho mejor que ellos se dieron cuenta de lo que dijo los príncipes, como más instruidos.

Así, pues, nadie estaba preparado para esperar la resurrección. Los soldados, incrédulos e ignorantes, atenderían, sí, a que nadie violase el sepulcro y les arrebatase el santo cadáver, que era lo que les habían encomendado, pero lo que menos esperarían es lo de la resurrección.

Mas el alma de Jesús, que estaba en el limbo, llegada la mañana del domingo, subió a la tierra acompañada, de sus fieles y santos, penetró en el sepulcro, se metió de nuevo en aquel desfigurado y exánime cuerpo amortajado, le reanimó en un instante, le revistió de las dotes de gloria, y con sutileza, como si su cuerpo fuese de aire y luz compuesto, salió a través de sus vendas y lienzos y sudarios, dejándolos inmobles como el envoltorio de una crisálida, y sin soltarlos ni romperlos, salió a través de la roca sin mover la piedra ni empujar la puerta, y se lanzó triunfante a campo abierto, glorioso para nunca más morir.

Nadie tuvo la dicha de presenciar este espectáculo sublime más que las almas bienaventuradas que con Él habían salido ya del limbo subterráneo, redimidas del todo por Jesucristo.

Entonces, de repente, bajó un ángel del cielo. Tocó el suelo, estremeció la tierra. Se acercó al sepulcro y, con majestad derribó la piedra, y como quien era señor de todo aquello se sentó sobre ella. «Su faz, dice el Evangelio, era fulgente como un relámpago, su vestido, blanco como la nieve».

«De miedo de él se estremecieron los guardias y quedaron como muertos.»

¡Día feliz! Había terminado el duelo admirable con que, como dice la secuencia de la Misa de Resurrección, pelearon la vida y la muerte. *Dux vitae mortuus regnat vivus.* «El rey de la vida muerto reina vivo». Reina desde que ha muerto y reina sobre todos los muertos y sobre la misma muerte.

Hora es de exclamar como San Pablo con las palabras de Oseas:

«La muerte se ha sumido en la victoria. ¿Dónde está, oh muerte, tu victoria? ¿Dónde está tu aguijón? El aguijón de la muerte es el pecado». Pero la muerte y su aguijón han sido absorbidos por la victoria que sobre la muerte ha obtenido Nuestro Señor Jesucristo, primogénito de los muertos, que así como dio su vida, así también la toma por sí mismo, cumpliendo su excelsa profecía, que nadie, fuera de Él, jamás puede hacer. «Yo doy mi vida para tomarla otra vez. Ninguno me la quita, sino que yo la doy por mí mismo: tengo poder para darla y poder para volverla a tornar».

300. EL SOBORNO DE LOS GUARDIAS
(Mt 28, 11-15)

Los guardias, repuestos de su terror, acaso para dar cuenta de lo que con tanto empeño se había encomendado a su custodia, examinaron el sepulcro, si es que el ángel se lo permitió. De todos modos se dieron cuenta perfecta de que Jesús había resucitado y no estaba allí. Y viendo que ya su guardia estaba de más, pues el sepulcro estaba vacío, «vinieron a la ciudad y contaron a los príncipes de los sacerdotes todo lo que había sucedido».

Tremenda debió de ser la perturbación que experimentaron aquellos criminales sacerdotes al oír el relato de los guardias. ¡Vivía de nuevo el que ellos habían querido sepultar para siempre!, y el milagro, el milagro estupendo que había prometido, la resurrección de sí mismo al tercer día, que les había dado como prueba suprema de su divinidad, habíase ya cumplido sin duda alguna.

Se reunieron precipitadamente con los sanedritas, y, tratado el asunto en Consejo, resolvieron y ejecutaron lo siguiente: «Llamaron a los soldados, diéronles gran cantidad de dinero y les dijeron: "Decid: estando nosotros durmiendo, han venido de noche sus discípulos y lo han robado. Y si el Presidente oye esto, nosotros le hablaremos y os libraremos de todo peligro". Los soldados tomaron el dinero y dijeron como les habían mandado. Pero no era posible guardar un secreto tan difícil entre tantos. Mucho menos cuando empezaron a correr rumores de la resurrección del Nazareno por las muchas apariciones con. que después se presentó a sus discípulos, confirmadas por las apariciones de otros muchos muertos en Jerusalén a sus amigos, según refiere San Mateo. Pero, sobre todo, cuando después de Pentecostés ya la ley de Cristo comenzó a predicarse públicamente. Poco a poco se reveló toda la verdad del suceso, y fue tan sabido, que San Mateo, al escribir su Evangelio, termina la narración de este episodio diciendo: «Este suceso se divulgó entre los judíos y dura hasta hoy todavía».

¿Quién hay tan necio que se empeñe en ahogar la luz del sol?...

El sepulcro quedó vacío de aquel a quien los hombres creyeron muerto, cuando precisamente empezaba su verdadera vida y salía triunfante a establecer su Iglesia. Desde entonces toda la humanidad gira alrededor de ese sepulcro vacío.

Los incrédulos buscan al muerto y sin cesar investigan los rincones secretos por donde su cadáver ha podido evadirse a sus miradas, y todo creen menos que Jesucristo haya resucitado. ¡Insensatos!, ¿para qué buscáis entre los muertos, al que vive?

Los fieles, en cambio, vamos al sepulcro a consolarnos, viendo allí, no muerto al que es verdadera vida, sino muerta a la misma muerte y al pecado, y triunfador sobre ella al que, según el profeta Oseas, pudo decir: Oh muerte, yo seré tu muerte. Y al que efectivamente lo es, porque resucitando es nuestra esperanza cierta de que con Él y como Él resucitaremos todos como nos lo ha prometido.

301. EL DOMINGO DE RESURRECCIÓN
(Jn 20, 1; Lc 23, 56; 24, 1-9; Mc 16, 1-8; Mt 28, 5-8)

¡Oh qué alegre fue este día para la naciente Iglesia de Jesucristo! Era entonces lo que en nuestro tiempo es un lunes, el día siguiente al descanso, al sábado. En él se renovaban los trabajos interrumpidos en el día anterior. Hoy, en conmemoración de la fiesta principal de Jesucristo, se llama domingo, o lo que es lo mismo, día del Señor, día Señorial, porque verdaderamente fue el día de Jesucristo Nuestro Señor.

Era la mañana, lo último del sábado, como dice San Mateo, que venía ya a amanecer en el primer día de la semana, y cuando aún había oscuridad, salían ya de su casa unas cuantas mujeres: María Magdalena, María de Santiago, Salomé, Juana, la mujer de Cuza, el intendente de Herodes, y otras acaso con ellas. Llevaban consigo aromas y perfumes, que habían preparado tal vez ya en parte el viernes antes de empezar el descanso y, sobre todo, el sábado después de puesto el sol, cuando ya era lícito el trabajo. Habían dejado pasar el sábado sin moverse, aunque, impacientes de ver al amado que habían dejado en el sepulcro y de procurarle un embalsamamiento mejor que el de José y Nicodemus, que no las había dejado contentas.

Todas ellas se habían citado para la mañana del primer día y allí estaban ya prestas para su faena. Echaron a andar y pensando en lo que iban a hacer, se les ocurrió de pronto una no pequeña dificultad:

«¿Quién nos retirará de la puerta del monumento la piedra?»

Porque, como nota San Marcos, la piedra era *muy grande,* y ellas no llevaban consigo ningún hombre que tuviese la fuerza necesaria.

Parece que las mujeres no sabían que los judíos habían puesto guardia al sepulcro.

Pensando en esta dificultad, avanzaban, sin embargo, y llegaban al sepulcro cuando salía el sol. Ya los guardias, aterrados, habían desaparecido, y antes que viniesen las mujeres, y acaso por distinto camino que ellas, habían bajado a Jerusalén. Cuando se acercaron, vieron, maravilladas, que la piedra estaba vuelta y la entrada libre.

Sobrecogidas de admiración, entraron en el monumento y ¡lo encontraron vacío! No estaba allí el que ellas buscaban. Entonces Magdalena, llena de sobresalto, corrió a la ciudad, y se dirigió a Pedro y Juan. Debían éstos de vivir juntos en aquellos días, y tal vez estaban en el Cenáculo con la Virgen María, mientras los demás apóstoles andarían dispersos en diversos sitios con sus amigos como podían.

Mientras Magdalena venía toda apurada a contar lo que había visto a San Pedro y a San Juan, las otras mujeres, consternadas, perseveraban en el sepulcro viéndose completamente cortadas en sus destinos, y sin saber qué hacer ya con todos aquellos aromas, que, desaparecido el cadáver de Jesucristo, eran del todo inútiles.

«Y estando así consternadas, dice San Lucas, he aquí que aparecen a su lado dos varones fúlgidamente vestidos».

De ellos San Marcos y San Mateo sólo mencionan uno, «*un joven vestido de túnica blanca*», y San Mateo da a entender que era el mismo que al resucitar el Señor separó la losa y aterró a los guardias.

Llenas de espanto y deslumbradas, inclinaron al punto la frente, y no se atrevían a mirar aquel maravilloso espectáculo. Mas el ángel, el mismo que había aterrado a los guardias, les dijo a ellas:

«No temáis vosotras. Porque ya sé que buscáis a Jesús Nazareno, el que fue crucificado. ¿Por qué buscáis al vivo entre los muertos? No está aquí; ha resucitado, como Él dijo. Venid y ved el sitio en que pusieron al Señor. Acordaos de lo que os habló cuando aún estaba en Galilea, diciendo: Es necesario que el Hijo del hombre sea entregado en manos de los pecadores y crucificado, y que al tercer día resucite. Id presto, y decid a sus discípulos, y a Pedro en especial, que ha resucitado y que irá delante de vosotros a Galilea; allí le veréis, como Él os dijo. Yo os lo aseguro.»

No que antes de ir a Galilea no le verían algunos en Jerusalén, sino que las apariciones a todos los discípulos y el trato que durante toda aquella cuarentena quería tener con ellos, habían de ser principalmente en Galilea, donde quería reunirlos lejos de Jerusalén, para mayor paz y tranquilidad.

Al oír estas palabras, se acordaron las mujeres de las predicciones de Jesús, que lo mismo ellas que los discípulos, o no entendían, o no creían, o no recordaban, como ya lo explicamos. «Y al punto salieron del monumento llenas de temor y de alegría grande».

Y en el camino no dijeron una palabra a nadie. Encontrarían, sin duda, muchos amigos, hablarían de los sucesos del Maestro, sentirían, de seguro, según es el carácter femenino y según era de raro el suceso, gran comezón de contarlo todo a todos. Se callaron, sin embargo, muy prudentes, por el temor que tenían, y se fueron derechas a contarlo a quienes les había dicho el ángel, a los discípulos.

302. PEDRO Y JUAN EN EL SEPULCRO
(Jn 20, 2-10; Lc 24, 12)

Mientras esto veían y oían las mujeres que habían quedado en el sepulcro, María Magdalena había ya avisado a los dos apóstoles, Pedro y Juan. Se presentó a ellos toda demudada y confusa y les dijo decididamente lo que ella se había figurado en cuanto vio la losa quitada y el sepulcro vacío:

«Han robado al Señor del monumento, y no sabemos dónde lo han puesto.»

En cuanto oyó Pedro esta noticia, se echó sin más a la calle, y tras él el Discípulo Amado, y dirigiéronse al sepulcro.

Y llevados del anhelo de ver lo que pasaba, «corrían», dice San Juan, y al principio corrían «los dos juntos», mas luego el más joven se adelantó a Pedro, y llegó el primero al monumento. Llegado allá, se inclinó y vio colocados los lienzos, pero no entró. Respetuoso con el mayor y primero de los apóstoles, aguardó a que llegase Simón Pedro. «Llegó éste detrás de Juan, y entró en el monumento, y vio *(no sólo)* los lienzos colocados, sino también el sudario que habían puesto sobre la cabeza del Señor; y no estaba el sudario puesto con los demás lienzos, sino separado, plegado en un sitio. Entonces entró también el otro discípulo que había llegado el primero al monumento y vio y creyó». Así lo describe el mismo San Juan, que se fijó en todos los pormenores de aquel suceso, uno de cuyos personajes fue él mismo.

Para entender bien todos estos hechos, es preciso ponernos en su caso, y considerar el estupor misterioso que un suceso tan prodigioso hubiera infundido en nuestros ánimos, si, agitados por el amor, por la esperanza, por el temor, nos hubiéramos hallado como ellos por primera vez en presencia de lo sublime, de lo nunca visto, de lo desconocido, de lo misterioso de aquella resurrección, cuyas huellas únicamente veían allí en aquellos lienzos, abandonados no de cualquier manera, sino cuidadosamente, y en aquel venerando sepulcro vacío por tan prodigioso milagro.

El suceso era sumamente maravilloso, el más maravilloso que pudo suceder ni había sucedido nunca, la resurrección propia de un hombre por sí mismo. El sepulcro vacío debía inspirar una curiosidad profundísima. San Juan y San Pedro, al llegar a él, no se contentaron con un examen cualquiera, sino que entraron, se fijaron en cómo estaban los lienzos, y cómo, separados de ellos, de las bandas con que había sido envuelto el cuerpo, estaba el sudario con que fue envuelta la cabeza, y todo esto, como lo nota San Lucas, lo examinó San Pedro inclinado sobre la fosa en que había sido colocado el santo cadáver, y ahora sólo quedaban los lienzos.

Entonces San Juan dice de sí mismo que creyó. Y añade que todavía entonces no sabían las Escrituras de que Él debía resucitar de entre los muertos». Y por eso dice que entonces creyó por lo que vio en el sepulcro; porque después, cuando más tarde se enteró de la Escritura, creyó también y más firmemente por la misma Escritura divina.

«Con esto se volvieron los discípulos a su casa. Y Pedro volvía admirado de todo lo que había pasado».

303. APARICIÓN A MARÍA MAGDALENA
(Jn 20, 11-18; Mc 16, 9-11)

Regularmente María Magdalena, cuando avisó a Pedro y Juan de lo que pasaba, volvió con ellos al monumento, y como mujer, llegaría algo después que ellos, o al mismo tiempo que San Pedro. Vio y examinó como ellos lo que había en el sepulcro, y viéndose fallida en sus esperanzas de encontrar al menos el cadáver del Maestro amado, sin cuidarse más que de su propio dolor, se sentó fuera del monumento llorando su pena.

Lloraba, pues, sin consuelo, porque ni siquiera tenía el de ver a Jesucristo muerto; y anhelando ver, ya que no el cadáver, al menos el sitio que se lo recordaba, después de haber estado un rato fuera, se volvió hacia el monumento, se abajó para ver su interior, y vio que antes no había visto: «dos ángeles vestidos de blanco y sentados uno a la cabeza y otro a los pies de donde había estado el cuerpo de Jesús...

«Le dicen ellos: "Mujer, ¿por qué lloras?" Les dice ella: "Porque se han llevado a mi Señor, y no sé dónde le han puesto".»

Entonces sea que oyó detrás en el jardín algún ruido de hojas o de pasos o de alguien que se acercaba, «se volvió hacia atrás y vio a Jesús de pie; pero no sabía que era Jesús. Dícele Jesús: "Mujer, ¿por qué lloras?, ¿a quién buscas?" Ella, pensando que era el jardinero, le dice: "Señor, si tú le has llevado, dime dónde le has puesto para que vaya y lo recoja. Le dice Jesús: "¡María!..." Y ella, volviéndose, le dice: "¡*Rabboni!*", es decir, ¡Maestro!»

Si antes Jesús había desfigurado su voz, ahora debió de pronunciar tan propiamente y tan dulcemente esta palabra ¡María!, que María, enajenada y como transportada, cayó al punto a los pies del Señor, exclamando arrebatada al ver a quien deseaba: ¡Maestro! Y puesta a los pies de Jesús, comenzó a besárselos con todo amor y reverencia.

«Le dice Jesús: "No me toques, que todavía no he subido a mi Padre. Sino vete a mis hermanos y diles: subo a mi Padre y vuestro Padre, a mi Dios y vuestro Dios".»

No es fácil interpretar todas las cosas que le dijo el Señor en estas palabras. La más verosímil manera de interpretarlas es ésta:

–No te detengas ahora a besarme los pies; déjame, que no me voy todavía al Padre y tiempo tendrás de verme y de besarme los pies. Lo que ahora vas a hacer es ir pronto a mis hermanos, mis discípulos, y decirles de mi parte, que ya voy a mi Padre, que he resucitado, que vivo, pero no para seguir viviendo siempre con ellos, sino que ya voy disponiendo mi partida, pues he resucitado para subir luego a mi Padre, a mi Dios, que también lo es suyo.

304. LA APARICIÓN A LAS MUJERES
   (Mt 28, 8-10)

No es bastante claro el modo de contar los sucesos de este día el Evangelio, de manera que se pueda asegurar con certeza y precisión todos y cada uno de los pasos, todas y cada una de las idas y venidas de los discípulos y las mujeres de Jerusalén.

Lo que a nosotros nos parece más probable es que María Magdalena, según hemos referido, se volvió a Jerusalén a avisar a Pedro y

Juan, apenas vio el sepulcro vacío y antes de ver ningún ángel; mas luego volvió al sepulcro, regularmente con los dos apóstoles.

También las mujeres, después que vieron a los ángeles y oyeron su discurso, debieron de volver, y era muy natural, a Jerusalén a decir a los discípulos el recado de los ángeles. Y una vez que se lo dijeron, volvieron de seguro al sepulcro ansiosas de ver más y más, como lo habían visto la vez primera. La distancia era corta y este ir y volver no era costoso.

Es lo más fácil que viesen allí a Pedro y Juan y lo que éstos habían hecho, y que conversasen con ellos, comunicándose mutuamente afectos e impresiones, y acaso estuvieron por allá cuando a María Magdalena se le apareció el Señor, si ya no la dejaron sola, cansada de permanecer allí y sin ver lo que pensaban los apóstoles y discípulos de todo lo sucedido. Si la dejaron sola, ella luego les alcanzó en el camino, pues a la vuelta estaba con las demás.

Y volvían llenas de gozo y de temor a un mismo tiempo por segunda vez a Jerusalén, cuando «he aquí que las sale al paso Jesús y les dice: "¡Bienvenidas!" Ellas al punto se adelantaron y se abrazaron a sus pies y le adoraron. Entonces les dice Jesús: "No temáis; id y avisad a mis hermanos que vayan a Galilea; allí me verán".»

305. ENCUENTRO CON LOS APÓSTOLES
(Lc 24, 9-11)

Vueltas a la ciudad, fueron diciendo lo que habían visto a *los Once*. Los Once no se ha de entender como si a todos los once lo hubiesen ido contando. Este nombre de *los Once* ahora y los *Doce* en otras ocasiones, vino a ser el apelativo más bien que el numeral de los apóstoles, y sinónimo de esta misma palabra, algo así como cuando llamaban Veinticuatro a todos y cada uno de los regidores de Sevilla o de otros Ayuntamientos de Andalucía, aun cuando fuesen menos de veinticuatro, por haber sido veinticuatro en su origen.

A los Once, pues, es decir, a aquellos de los Once que encontraron, y a cuantos de los demás amigos y discípulos con ellos estaban, fueron contando lo que les había pasado, cómo habían visto a los ángeles y al Señor y los recados que les había dado.

Y a pesar de que se lo decían personas tan de su confianza como María Magdalena y María de Santiago y Juana Cuza y las demás, sin embargo, «a sus ojos parecieron estas relaciones delirios, y no les creyeron».

Y bien puede ser que tampoco lo descreyesen del todo. Pero era el fenómeno tan extraño, tan nunca visto, tan increíble, naturalmente, que no se aventuraban a dar fe, ni se atrevían a manifestar siquiera creencia de nada de lo que les decían, antes acaso para aparecer más fuertes y superiores se reían de las pobres mujeres, como de visionarias e ilusas.

Así disponía la Providencia todas las cosas, para que en virtud de esta resistencia de los discípulos se viese mejor que no había de su parte engaño alguno.

306. LA APARICIÓN DE EMAÚS
(Lc 24, 13-35; Mt 16, 12-13)

Avanzaba el domingo, y era la tarde. Probablemente después de la primera venida de las mujeres, y antes de la segunda, cuando las Marías habían ya referido sus visiones de los ángeles, pero no habían visto aún al Señor, o si le habían visto, no lo habían dicho, dos discípulos, después de haber pasado el día de fiesta en Jerusalén, volvían a su granja, distante unos diez kilómetros; y dice San Marcos «que cuando iban andando se les mostró en otra figura, al ir a su granja».

San Lucas nos cuenta el suceso preciosamente San Lucas, y aun algunos, viendo los pormenores con que nos lo refiere, han creído que él era uno de los dos discípulos a quienes se apareció Cristo; tanto más, cuanto que la narración sólo nombra a uno de los dos, a Cleofás, y calla el nombre del otro. Lo cierto es que del uno sólo sabemos el nombre de Cleofás, contraído de Cleopatro, y del otro ni el nombre siquiera.

Sea de esto lo que sea, el suceso aconteció así:

«Dos de los discípulos iban en este día a una aldea que dista de Jerusalén el espacio de sesenta estadios, y se llama Emaús. Iban hablando entre sí de todas aquellas cosas que habían pasado. Y sucedió que, mientras iban hablando y discurriendo entre sí, también Jesús, acercándose, caminaba al lado de ellos; pero sus ojos estaban cohibidos para conocerle.

»Les dijo, pues: "¿Qué conversación es esa que traéis entre vosotros en el camino, que estáis tristes?" Y respondiendo el uno, que se llamaba Cleofás, le dijo: "¿Tú solo eres el forastero en Jerusalén que no sabes lo que ha sucedido allí en estos días?"

X. VIDA GLORIOSA. DOMINGO DE PASCUA 621

»Y él les dijo: "¿Qué?" Y le dijeron: "Lo de Jesús Nazareno, que fue un profeta poderoso en obras y palabras delante de Dios y de todo el pueblo; y cómo le han entregado los sumos sacerdotes y nuestros magistrados a sentencia de muerte, y le han crucificado. Y nosotros estábamos creídos que Él era quien iba a redimir a Israel; pero es el caso que ya está pasando el tercer día desde que sucedió todo eso. Es verdad que unas mujeres de entre los nuestros nos han espantado, porque, habiendo ido esta madrugada al sepulcro y no habiendo encontrado su cuerpo, han vuelto diciendo que también han visto una visión de ángeles que afirmaban que Él está vivo. Y algunos de los nuestros han ido al sepulcro y han hallado todo como decían las mujeres. Mas a Él no le han visto".

»Y les dijo Él: "¡Oh insensatos y tardos de razón para creer todas las cosas que han dicho los profetas! ¿No era necesario que padeciese el Mesías todo aquello, y que así entrase en su gloria?" Y comenzando por Moisés y por todos los profetas, les iba interpretando en todas las Escrituras lo que se refería a Él.

»En esto llegaron a la aldea adonde iban, y Él fingió que iba más lejos. Pero le hicieron fuerza diciendo: "Quédate con nosotros, porque llega ya la tarde y va cayendo el día". Y entró con ellos. Y sucedió, estando Él con ellos a la mesa, que tomó el pan y lo bendijo, y lo partió y se lo daba a ellos. Entonces se les abrieron los ojos y le reconocieron. Mas Él desapareció de sus ojos.

»Y se dijeron uno a otro: "Pues ¿no estaba ardiendo nuestro corazón en nuestro pecho mientras nos hablaba en el camino cuando nos descubría las Escrituras?" Y levantándose al punto, se volvieron a Jerusalén y hallaron reunidos a los Once y a sus amigos, que les decían: Ha resucitado el Señor realmente y se ha aparecido a Simón.

»Y ellos referían lo que había pasado en el camino, y cómo le conocieron en la fracción del pan. Mas no les dieron crédito».

Tal fue la deliciosa historia. Como era tiempo de Pascua, aquellos dos amigos habían ido a Jerusalén. Pasado el sábado, día de fiesta, quisieron volver a su granja, y después de haber esperado hasta el mediodía a ver qué resultaba del Maestro, perdidas ya sus esperanzas, y menospreciando los espantos que les habían querido poner las mujeres con sus visiones de ángeles, como Él, el Nazareno, no aparecía por ningún lado, se pusieron por fin, en camino con intención de llegar a buena hora para comer en Emaús.

En forma de caminante se les apareció el Señor y no le conocieron porque su figura no era la misma, sino otra.

Tan suave y agradable fue su conversación, que le forzaron a quedarse con ellos. No era, sin duda, muy tarde, pero ellos acentuaron un poco los motivos para obligarle más.

Sentados a la mesa, y cuando esperaban continuar su *conversación,* que los tenía muy encendidos y animados desde el camino, vieron que el peregrino tomaba el pan de una manera extraña en sí misma, pero conocida para ellos, por haber sabido que el Nazareno, en el jueves de su cena, había hecho lo mismo. El huésped, con seguridad y certeza de lo que hacía, tomó el pan como lo había tomado el Nazareno, y lo mismo que aquél, lo bendijo, lo consagró, lo partió y se lo dio. Añadida a esto la iluminación interior de Dios, se abrieron sus ojos, y ya iban a postrarse a sus pies, y a adorarle, y a darle su amor y obediencia... cuando el huésped desapareció de sus ojos...

Se miraron uno a otro estupefactos, y se dijeron: «Pero ¿cómo no le hemos conocido antes? ¿No sentías tú arder como yo tu corazón en el camino cuando nos hablaba? ¿Quién podía ser sino Él? ¿No advertiste cómo se parecía a Él cuando predicaba en su vida?...»

Pero era necesario referir esto a sus amigos. Al punto se levantaron de la mesa. Todavía, aunque ya venía el ocaso, podían llegar a buena hora a Jerusalén, pues no había más que dos horas escasas de camino.

Cuando ellos llegaban, los discípulos estaban reunidos con los Once a la cabeza en un sitio que casi de seguro sería el Cenáculo, donde desde entonces tuvieron sus ordinarias reuniones. Acababan de cenar, aún estaban a la mesa. Entraron ellos emocionados, y casi a un mismo tiempo se dijeron ellos a los de dentro y los de dentro a ellos, que sí, que el Señor había resucitado.

–Pedro le ha visto –decían los de dentro.

–Nosotros también le hemos visto –decían los de Emaús.

Y refirieron todo cuanto les había pasado.

Sin embargo, a los de dentro, a muchos de ellos al menos, les pareció inverosímil el relato de los de Emaús, y no creyeron que aquél hubiera sido el Maestro. Preferían atenerse al relato de Pedro. Y como somos tan refractarios a creer las preferencias de los demás, no se quisieron avenir a creer aquel suceso tan misterioso ni a conceder a aquellos discípulos, acaso de segunda fila, una marca de predilección tan grande que no se había concedido todavía a los Once.

307. APARICIÓN A PEDRO
(Lc 24, 24)

Por lo que los discípulos dijeron a los de Emaús, se sabe que se apareció a San Pedro Jesucristo en el mismo día de la resurrección. San Pablo, en su carta a los Corintios, dice también que Jesucristo resucitado fue visto primero por Cefas, luego por todos los Once.

Pero fuera de estas afirmaciones, que no dejan lugar a dudas, no tenemos relato ninguno de esta aparición. Debió de ser después de volver Pedro del sepulcro, acaso en el camino, como se apareció a las mujeres. Y no me parece mal el parecer de aquellos que juzgan que Pedro fue el primero, por supuesto, después de la Virgen, su Madre, en recibir la visita de Jesucristo resucitado. Porque si bien San Marcos dice que se apareció en primer lugar a María Magdalena, no quiere decir que ésta fue la que recibió la primera visita de Jesús, sino que teniendo intención San Marcos de referir algunas apariciones, la primera de las que él refiere fue la de María Magdalena. Como quien dice: se apareció varias veces; en primer lugar a María Magdalena, después a dos discípulos (que son los de Emaús) y últimamente, estando a la mesa, a los Once. Y así como se apareció más veces y entre la primera y segunda que él dice, sucedieron otras visiones, así pudo antes de la que él pone primero, suceder la aparición a Pedro, como yo creo más natural, dada la preeminencia del Príncipe de los Apóstoles y de la Iglesia, y la predilección con que siempre le distinguió el Maestro.

No sabemos lo que en esta aparición pasaría, ni los recados e instrucciones que el Maestro le daría. Pero se puede suponer que serían especiales, como a jefe de la Iglesia naciente, y a superior de todos los apóstoles y discípulos. Y acaso la reunión que tuvieron aquella misma noche, y la cena que juntos cenaron, como vamos a ver, obedeció a disposiciones del príncipe de los Once.

308. APARICIÓN A LOS APÓSTOLES Y DISCÍPULOS
(Jn 20, 19-23; Mt 24, 36-43; Mc 16, 14)

Como ya hemos dicho, cuando los de Emaús llegaron, estaban todavía los apóstoles y discípulos reunidos y sentados a la mesa, casi seguramente en el Cenáculo. Entrados ellos, cerraron las puertas, por temor que tenían a los judíos.

Era ya bien tarde. Estaban llenos de animación discutiendo todos los sucesos de aquel día tan extraordinario, y tratando de compaginar todas las cosas y de interpretarlas, discutían especialmente el último hecho que les habían referido los de Emaús, negándoles el crédito todos o la mayor parte. Ya las mesas de los manjares se habían retirado del centro, pero los convidados seguían reclinados en sus triclinios de sobremesa, cuando de repente...

«Vino Jesús y se puso en medio de ellos y dijo: "¡Paz a vosotros! ¡Yo soy!, ¡no temáis!" Mas ellos, turbados y espantados, se figuraban ver un fantasma.

»Y Él les dijo: "¿Por qué estáis turbados y por qué se levantan esas vacilaciones en vuestros corazones? Ved mis manos y mis pies, porque yo soy el mismo. Palpad y ved, porque un fantasma no tiene carne y hueso como veis que yo tengo". Y diciendo esto, les mostró las manos y los pies y el costado, y les reprendió su incredulidad y dureza de corazón, por no haber creído a los que le habían visto resucitado.

»Mas como ellos por su gozo no creyesen y se maravillasen, les dijo: "¿Tenéis aquí algo de comer?" Entonces ellos le presentaron un pedazo de pez asado y panal de miel. Y tomándolo, comió delante de ellos y les dio los restos. Se alegraron, pues, los discípulos viendo al Señor.

Les dijo de nuevo: "¡Paz con vosotros!, como mi Padre me envió, os envío yo a vosotros".

»Y habiendo dicho esto, sopló sobre ellos, y les dice: "Recibid el Espíritu Santo; a quienes perdonéis los pecados les serán perdonados y a quienes se los retengáis les serán retenidos.»

No dicen los evangelistas si los discípulos le tocaron o no. Pero San Ignacio Mártir, discípulo de San Juan, citado por Eusebio, decía: «Yo, por cierto, aun después de la resurrección, sé y creo que Jesucristo tuvo cuerpo; y cuando vino a los que estaban con Pedro, les dijo: «Tomad, palpad y ved que no soy espíritu incorpóreo. Y al punto (añade) le tocaron y creyeron».

Y esto mismo da a entender el modo como comienza el evangelista San Juan su primera carta, diciendo: «Lo que era desde el principio, lo que vimos con nuestros propios ojos, lo que contemplamos y lo que *nuestras manos palparon* acerca del Verbo de la vida... eso os anunciamos» (1 Jn 1, 1).

X. VIDA GLORIOSA. DOMINGO DE PASCUA 625

De este modo cada vez se iba confirmando más y más la verdad de la resurrección. Jesucristo, el mismo que hacía pocos días había vivido con ellos, vivía también ahora.

Y si bien su vida era mucho más excelente que antes, y podía aparecer y desaparecer, y entrar y salir por donde y cuando quisiese, y no padecía ni sufría nada; pero su voz era la voz de antes, y su figura la de antes, y tenía el mismo cuerpo y la misma alma que en vida, ni era espíritu o fantasma o aparición. Podía hablar, y comer, y ser abrazado y tocado. Y ellos le tocaban y palpaban para cerciorarse de la verdad de la resurrección.

309. LA INSTITUCIÓN DE LA CONFESIÓN
(Jn 20, 21-23)

En esta aparición, como hemos visto, se instituyó la confesión, y se concedió a los discípulos la más alta jurisdicción que pueda concederse en la tierra.

«A quienes perdonéis los pecados se les perdonarán en el cielo.»

«A quienes se los retengáis, se les retendrán en el cielo.»

En estas dos cláusulas están encerradas las credenciales para el poder judicial sobre todas las conciencias. Breves son, y sin duda que las narraciones evangélicas no cuentan sino sucintamente lo más esencial del Evangelio. De seguro que entonces mismo y después en los cuarenta días, como diremos, explicó el Maestro estos poderes y su ejercicio en la Iglesia, para que se formase, como se había de formar, la Sociedad de Cristo. La perpetua tradición de la Iglesia ha entendido siempre estas palabras de Cristo de la confesión, que ciertamente no creo que se hubiera introducido jamás en el mundo, si no se hubiera visto la voluntad expresa y el mandamiento obligatorio de Jesucristo.

Dice así el Concilio de Trento, hablando acerca del Sacramento de la Penitencia:

«El Señor instituyó el sacramento de la Penitencia entonces principalmente cuando, resucitado de entre los muertos, inspiró en sus discípulos diciendo: Recibid el Espíritu Santo; a quienes perdonéis los pecados les serán perdonados, y a quienes se los retengáis, les serán retenidos. Y que con este hecho tan insigne y con estas palabras tan claras se dio a los apóstoles y a sus legítimos sucesores el poder de perdonar y de retener los pecados, para reconciliar a los fieles caídos después del bautismo, siempre lo ha tenido por cierto el consentimiento de todos los Padres; y con muchísima razón reprendió y condenó como a herejes la Iglesia católica a los Novacianos, que en otro tiempo negaban el poder de perdonar.»

Y, en efecto, en esas palabras está claramente afirmado y concedido a los apóstoles y sus sucesores el poder de juzgar las conciencias y de traer a su tribunal *todos* los pecados de *todos* los fieles. Porque si *ningún* pecado se perdona que no se perdone por los ministros de Jesucristo, y todos se perdonan por ellos, es claro que quien quiera ser absuelto de las faltas graves que haya cometido, y penetrar así en los cielos, donde nadie entra con pecado, no tiene más remedio que acudir a ese tribunal, el único puesto por Dios para decidir estas causas.

Y como para saber los jueces si han de perdonar o retener, es preciso que conozcan antes la causa, claro está que es preciso exponerles los pecados graves, y que, pues los confesores o jueces sólo dan sentencia de lo que conocen, siempre que haya las debidas disposiciones, aquello que no conozcan, o que se les oculte, no quedará absuelto, si no es en aquellas excepciones que el mismo Señor haya establecido, como, por ejemplo, siempre que se haga un acto de perfecto amor de contrición, con propósito, sin embargo, de confesarse después, cuando se pueda, y con obligación de hacerlo, como lo sabemos por la doctrina cristiana.

310. APARICIÓN A SANTO TOMÁS
(Jn 20, 24-29)

Cuando apareció el Señor a los apóstoles, no estaba Santo Tomás con ellos.

Aunque fuese incrédulo, aunque estuviese desalentado, aunque, como todos, se encontrase desconcertado en sus esperanzas, no es creíble que se hubiese separado de sus compañeros por ninguna de estas razones. Lo mejor para él y para todos los galileos y discípulos de Jesús en aquellos días, era vivir juntos para mutua defensa y auxilio.

No volvieron desde luego a Galilea, por pasar toda la semana de Pascua en Jerusalén. Forasteros como eran, no tenían casas propias, ni tendrían amigos numerosos en la ciudad.

El amo del Cenáculo, que debía de ser de mucha confianza del Maestro, les abría sus puertas y todos, naturalmente, se refugiaban allí como en el sitio de cita, de refugio y de conferencia.

Tomás faltó el día de la resurrección a la cena, probablemente por algún negocio tendría o porque estaría convidado de algún amigo.

Cuando volvió al cenáculo o le encontraron sus compañeros, le dijeron al punto: «¡Hemos visto al Señor!...»

No lo creyó Tomás. De genio pronto e impetuoso, franco y decidido, haciendo frente con temeridad a todos sus compañeros, respondió: «Si no veo en sus manos la marca de los clavos y meto mi dedo en el agujero de los clavos, y meto mi mano en el costado, no creeré.»

Y pasó toda la semana de la Pascua.

«Y a los ocho días, otra vez estaban a sus discípulos dentro, y Tomás con ellos. Viene Jesús, cerradas las puertas, y se pone en medio, y dijo: "¡Paz a vosotros!" Y en seguida dice a Tomás: "Trae acá tu dedo, y mira mis manos; y trae tu mano, y métela en mi costado. Y no seas incrédulo, sino fiel". Respondió Tomás y le dijo: "¡Señor mío y Dios mío!"

»Le dijo Jesús: "Tomás, porque me has visto has creído. ¡Dichosos los que no lo han visto y han creído!"»

Bondadoso fue el Señor con su discípulo, y no pudo usar modo ninguno mejor para a un mismo tiempo confundirle, enseñarle y ganarle. Como, por su parte, Tomás era un gran corazón y amaba de veras a su Maestro, según lo había demostrado antes en vida, con la misma vehemencia con que antes había expresado su desconfianza, mostró ahora su fe.

No dice el Evangelio si tocó o no tocó, en efecto, las llagas. Es más creíble que las tocase, porque el Señor se las hizo tocar. Pero de una o de otra manera, creyó en seguida, y creyó firmemente, y creyó no sólo en la humanidad, sino también en la divinidad de Jesús, y sin poderse contener, exclamó en un arrebato sublime aquella preciosa confesión del Mesías: «¡Señor mío y Dios mío!», en que se compendia la fe, el arrepentimiento, la súplica, y, sobre todo, el amor.

Ésta es la plegaria que el Sumo Pontífice desea que digamos al ver al Santísimo Sacramento expuesto, y, sobre todo, en la consagración, fijando en él nuestros ojos. Y por decirla, nos concede indulgencias.

Feliz Santo Tomás, que vio a Jesús y creyó en Él.

Pero más felices podemos ser nosotros en este punto si, no viéndole, a pesar de ello, creemos. Dice la Iglesia hermosamente en el himno *Adoro te devote* de Santo Tomás de Aquino:

> *Plagas sicut Thomas non intueor;*
> *Deum tamen meum te confiteor.*
> *Fac me tibi semper magis credere.*
> *In te spem habere, te diligere.*

«No veo como Tomás las llagas; pero, sin embargo, te confieso por mi Dios. Haz que cada día te crea más, tenga esperanza en ti y te ame.»

No es que Jesucristo desee que tengamos una fe irracional, Sino que, siendo imposible e innecesaria la experiencia personal, nos contentemos con el testimonio de testigos autorizados y creamos cuando hay motivos suficientes para creer.

311. LAS LLAGAS DE CRISTO

¿Por qué Jesús quiso conservar en su cuerpo resucitado las señales de sus heridas?

Muchas y muy hermosas son las razones que para ello pudo tener. Y las expone magistralmente el P. Luis de la Puente en la quinta parte de sus *Meditaciones*.

La primera fue para confirmar a sus discípulos en la fe de su resurrección y confirmarnos de paso en la fe de que resucitaremos, como Él, con nuestros propios cuerpos.

La segunda, para que fuesen señales de su victoria y juntamente indicios de lo mucho que estima padecer por nosotros, alentándonos así a tener en nuestro cuerpo algunas señales de padecer por su amor.

La tercera, para que le sirviesen de memoria y despertador de lo que le hemos costado.

La cuarta, para mostrar estas llagas al Padre y aplacar su ira contra nosotros.

La quinta, para provocarnos más y más a su amor y obediencia.

La sexta, en fin, para confundir en el juicio a los condenados, mostrándoles lo que hizo por salvarlos. A los cuales, como dice San Agustín, dirá entonces: «¡Veis aquí al hombre que crucificasteis!; mirad las llagas que le hicisteis, reconoced el costado que alanceasteis, el cual por vosotros y para vosotros fue abierto... ¡y con todo eso no quisisteis, entrar por Él!...»

312. APARICIÓN A LA SANTÍSIMA VIRGEN

Todas estas apariciones sucedieron en Jerusalén antes de salir los discípulos para Galilea. Y no dejará, de chocar a algunos el que en todas ellas no se haga mención de la Virgen María. ¿Es que no se le apareció su Hijo?

Se le apareció, sin duda, y antes que a ninguno. Sobre lo cual dice muy bien San Ignacio de Loyola, conforme al sentir de los Santos: «Primero apareció a la Virgen María, lo cual, aunque no se diga en la Escritura, se tiene por dicho en decir que apareció a tantos otros. Porque la Escritura supone que tenemos entendimiento, como está escrito: ¿También vosotros estáis sin entendimiento?»

Se le apareció, pues, y se le apareció antes que a nadie. A la aurora, cuando María le esperaba, su divino Hijo se le presentó triunfador, resplandeciente, difundiendo por todas partes luz y amor, paz y alegría. ¿Quién es capaz ni de imaginar siquiera lo que en aquella dulcísima visita e íntimo coloquio pasó entre Madre e Hijo, y entre tal Madre y tal hijo, y en la primera visita que se hicieron después de haberse hallado juntos en el mayor dolor que se ha sufrido en la humanidad?

Sin duda ninguna, que si en el Calvario la Madre de Jesús sufrió más que ninguno ha sufrido en el mundo, en el Cenáculo, al recibir la visita de su Hijo resucitado, gozó también antes que nadie y más que todos los que han gozado en este mundo.

313. VUELTA DE LOS DISCÍPULOS A GALILEA

«¡Os precederá en Galilea! Allí le veréis». Tal fue la cita del ángel.

«Id y decid a mis hermanos que vayan a Galilea. Allí me verán». Ésta que la cita del mismo Jesús el mismo día de su resurrección. Lo mismo les había dicho durante su vida mortal. «Cuando yo resucite os precederé a Galilea.

Y aunque también le habían de ver y le vieron en Jerusalén, pero con esto les quiso dar a entender que donde principalmente había de estar con ellos despacio era en su patria, en el mismo sitio que le retuvo durante la mayor parte de su vida mortal.

Galilea era el país natal y la habitual morada de los apóstoles. Sólo por necesidad o por seguir al Señor, y principalmente por causa de las fiestas, salían de Galilea y venían a Jerusalén en Judea. Ahora también, si estaban en Jerusalén, era por causa de la Pascua a que habían venido el Domingo de Ramos con su Maestro por última vez. De esta Pascua no habían de volver como otras habían vuelto, victoriosos y acompañados de su Maestro. Éste había ya muerto en Jerusalén. Sin embargo, otra clase de victoria les esperaba. El Maestro había resucitado como Él mismo se lo había dicho.

Pasados, pues, los días de la Pascua, aun sin el aviso del Maestro, de por sí los apóstoles, que eran todos, menos el Iscariote, naturales de Galilea, y los discípulos, que también eran en su mayor parte galileos, hubieran venido a su país, sin duda ninguna.

Para los planes del Señor era también mucho más conveniente la paz de Galilea, lejos de los enemigos de Jesús. Allí, como veremos, pensaba irlos instruyendo en muchas cosas de la futura Iglesia. Y después, cuando ellos ya estuviesen preparados, los llevaría de nuevo a Jerusalén a presentarlos al mundo del modo que después veremos, en la siguiente Pascua de Pentecostés.

Siguiendo, pues, el mandato del Maestro, acabada la Pascua, salieron de Jerusalén y, así, por la paternal providencia de su Señor, se alejaron del peligro que podrían haber corrido en medio de tantos enemigos, sobre todo desde que se empezó a divulgar de nuevo que el Nazareno vivía y andaba en medio de sus discípulos y hablaba y comía con ellos. De seguir en Jerusalén, difícilmente hubieran los apóstoles escapado a la saña y rencor de los que mataron a su divino Señor.

Saldrían, como es regular, terminadas las fiestas con sus paisanos, en caravana de vuelta a sus tierras. Las conversaciones versarían por fuerza acerca de los últimos sucesos, así de los que todos sabían y habían visto, de la pasión, muerte y sepultura del Salvador, como de lo que habían oído de la resurrección y de las apariciones. Y en el camino tendrían los apóstoles que responder a las innumerables preguntas y curiosidades de los compañeros.

De esta manera su vuelta, durante el viaje, y después de la llegada a su patria y a sus casas, fueron como las primicias del apostolado futuro.

Adónde se recogieron no es fácil definirlo. La bolsa común, aunque no tendría de seguro mucho dinero, había desaparecido en manos de Judas. Cada cual podía haber vuelto a su casa, y es fácil que así lo hiciesen al principio. O acaso muchos se reunieron amigablemente ya para estar, ya para hablar, en la casa de Pedro en Cafarnaún.

X. VIDA GLORIOSA. VUELTA A GALILEA

314. LA PESCA MILAGROSA EN TIBERÍADES
(Jn 21, 1-14)

Allí debían de estar reunidos varios, por lo menos un día en que acaeció el siguiente suceso, precioso idilio del mar, que nos refiere San Juan con su encantador lenguaje.

«Después, dice, se manifestó otra vez Jesús a sus discípulos junto al mar de Tiberíades. Y se manifestó de esta manera:

»Estaban juntos Simón Pedro y Tomás, llamado Dídimo (Gemelo) y Natanael, que era de Caná de Galilea, y los hijos del Zebedeo y otros dos.»

Quiénes fueron estos otros dos es muy difícil, por no decir imposible, saberlo. Algunos forman conjeturas más o menos fundadas. Regularmente, la memoria de San Juan, anciano ya cuando esto escribía, no recordaba bien quiénes fueron éstos, o tal vez eran personas poco conocidas ya de los fieles y no los quiso nombrar.

«Les dice Simón Pedro: "Voy a pescar".».

Aunque los discípulos habían seguido a su Maestro, y por Él habían dejado todo, no lo habían, sin embargo, dejado de tal manera que no pudiesen hacer uso de ello de nuevo. Y tal vez la confianza de camaradas permitía a Simón Pedro y a los Zebedeos echar mano de cualquier lancha de sus antiguos compañeros y actuales amigos. Por otra parte, regularmente tendrían necesidad de trabajar para comer. Por eso dijo San Pedro, como invitando a los demás: Voy a pescar.

«Le dicen: "Vamos también nosotros contigo". Y salieron y subieron a la barca, y en aquella noche nada pescaron. Llegada la mañana, se presentó Jesús en la orilla; pero los discípulos no conocieron que era Jesús. Les dijo, pues, Jesús: "Chicos, ¿tenéis algo que comer?" Le respondieron: "No". Les dice Él: "Echad la red a la mano derecha de la lancha y hallaréis".

»La echaron, pues, y no la podían sacar por la cantidad de peces.»

Al ver esto Juan, a quien tal vez desde el principio le estaba llamando la atención el tal hombre y lo que les decía, fijó su virginal y penetrante vista en el desconocido.

«Le dijo, pues, a Pedro el discípulo a quien amaba Jesús: "¡Es el Señor!" Simón Pedro, en cuanto oyó que era el Señor, se ciñó la túnica, porque estaba desnudo, y se echó al mar. Mas los otros discípulos vinieron en la lancha tirando de la red de los peces, porque no estaban lejos de la orilla, sino como unos doscientos codos (cien metros). Pues en cuanto saltaron en tierra vieron unas brasas arregladas y encima, sobrepuesto, un pez y un pan.

»Les dice Jesús: "Traed de los peces que habéis pescado ahora". Subió Simón Pedro y trajo a tierra la red llena de ciento cincuenta y tres grandes peces. Y siendo tantos, no se rompió la red.

»Les dijo Jesús: "Venid a comer".»

Era natural que lo insólito de aquel caso y la presencia del resucitado suscitase en los discípulos algún recelo y vivo deseo de cerciorarse de si efectivamente era Jesús o no el que de esta manera los trataba, o si era un fantasma que veían sus ojos o algún otro parecido al Maestro, pero distinto de Él. Mas era tan patente que el que tenían delante era Jesucristo, su antiguo Maestro, que toda pregunta se ahogaba en la garganta y toda curiosidad se helaba en los labios. Y dice muy bien San luan que, como presente, adivinaba lo que pasaba a sus compañeros:

«Y nadie de los discípulos se atrevía a preguntarle ¿quién eres tú?, sabiendo que era el Señor.»

Jesús, pues, los condujo al sitio, y Él mismo les sirvió la comida por Él mismo tan cariñosamente preparada.

«Viene Jesús y toma el pan, y se lo da, y lo mismo el pez.»

Y ¡qué dulce debió ser aquella mañana en la playa de Tiberíades, con un huésped tan cariñoso, y delicado, con un almuerzo tan sencillo y sazonado! ¡Pocas escenas contempló el fogoso mar tan delicadas como aquélla! Comían todos, servía el Señor, y se dejaban servir los discípulos sin pedirle cuentas ningunas de quién era, contentándose con saber que era el Señor y con contemplarle llenos de amor.

En nuestro viaje a Tiberíades, nos mostraron un sitio que llamaban *Mesa de Cristo,* donde nos dijeron que había tenido lugar este banquete. Será verdad; pero ya no se veía el pan, ni el pez y, sobre todo, faltaba el Señor... Únicamente queda el rincón del mar y las piedras donde acaso estuvieron las brasas encendidas por Jesucristo.

315. EL PRIMADO DE PEDRO
(Jn 21, 15-19)

Y terminó la comida. Y estaban aún las redes en la playa, los peces recogidos, la lancha flotando en las olas de la orilla, y aguardaban, sin duda, los discípulos, terminado el almuerzo, qué iría a decirles o a hacer su Maestro...

Entonces Jesús se dirigió a Pedro, y tuvo con él este diálogo, que traduciremos con la mayor expresión que podamos:

«Dice Jesús a Simón Pedro: "Simón de Juan, ¿me amas más que éstos?" Y dice él: "Sí, Señor, tú sabes que te quiero". Le dice: "Apacienta mis corderos". Le dice de nuevo por segunda vez: "Simón de Juan, ¿me amas?" Le dice: "Sí, Señor; tú sabes que te quiero". Le dice: "Pastorea mis ovejas". Le dice por tercera vez: "Simón de Juan, ¿me quieres?" Se entristeció Pedro de que por tercera vez le dijese ¿me quieres? y le dijo: "¡Señor!, tú sabes todo, tú conoces que te quiero". Le dice: "Apacienta mis ovejas".»

Para que nadie pensase que el Primado que le había concedido en vida lo había perdido por sus negaciones, para que la triple negación se borrase con este triple acto de amor, para cumplir, en efecto, lo que le prometió en vida: «Te daré las llaves del Reino de los cielos», en esta ocasión entabla con su discípulo preferido este solemne diálogo.

Delante de los otros discípulos le ratifica los poderes del modo más amoroso y paternal. Allí, junto a aquellas brasas en que le había preparado Él mismo su almuerzo, le hace confesar tres veces que ama a aquel mismo a quien otra vez delante también de otro fuego de peores recuerdos, le negó por tres veces.

El Maestro le pregunta a ver si le ama más que los demás. El discípulo, curado ya de su jactancia antigua, no se atreve a anteponer su amor al de nadie, y le responde lisamente: Más o menos que los otros, tú sabes que te quiero. Dos veces preguntado, dos veces responde de la misma manera. A la tercera vez, tiembla de sí mimo, se mira, se pregunta íntimamente si será verdad que quiere a Cristo, o si tal vez como aquel día en que prometió que no le negaría, se equivocaría ahora también. Y en presencia del que todo lo sabe, triste, porque su Maestro le preguntaba tres veces, como si dudase, no se atreve primero a decir que sí, y comienza diciendo: Señor, tú lo sabes todo... Y no resignándose con esto, se asegura de nuevo, aunque humildemente, en que quiere a Jesús, y añade: ¡Tú conoces que te amo!...

A su vez, el Maestro, al primer acto de amor le dice: Apacienta mis corderos, da a mis discípulos y a mis fieles el pasto de la verdadera doctrina. Al segundo acto extiende más esta facultad y dice: Pastorea mis ovejas, dales el pasto de la verdad y guíalas y cuídalas en todo: que te las entrego. Al tercero se lo confirma finalmente, dándole así facultad de guiar y regir toda la Iglesia.

Acaso serán menudencias del lenguaje, pero acaso también serán matices de la realidad las diversas palabras con que Jesús pregunta y con que Pedro responde. La palabra de Jesús al preguntar las dos primeras veces a Pedro si le ama, es el verbo griego *agapain*, y la de Pedro al responder es *filein;* por eso hemos traducido también de distinta manera; porque la primera parte parece más bien responder a nuestro grave y profundo amar, al paso que la segunda, por indicar un afecto como más tierno y cariñoso, responde más a nuestro *querer*. Y es notable que Jesucristo la tercera vez, por haberle respondido siempre el apóstol: te quiero, le pregunta ya también con la misma palabra ¿me quieres?

Tampoco le preguntó el Señor tres veces si le quería más que los otros, sino que una vez que Pedro no le dijo nada de esta comparación en la primera respuesta, no le indicó nada de ello en la segunda pregunta.

En fin, el Maestro le da en la primera vez el encargo de *apacentar* a sus corderos; en la segunda, el de *pastorear,* que es más que apacentar, y no só~o a sus corderos, sino también a sus ovejas o más bien ovejitas, que tal es la palabra, y en la tercera, el de pastorear a sus ovejas, y, por tanto, como lo notan muchos Padres y Doctores, le entrega toda la Iglesia, ya que fuera de los corderos y de las ovejas no hay nada en la Iglesia de Dios.

Imponente, sin duda, debió de ser aquella conversación de Maestro y discípulo delante de los demás, que callaban reverentes ante tanto misterio y tan solemne examen para la investidura de la más alta dignidad de la tierra. No se oiría más que la voz del Maestro que preguntaba y la del discípulo que respondía, acompañada del rumor de las olas, mientras los demás, con la vista fija en Pedro y en su Señor, y sin respirar siquiera, seguían con ansiedad todos los pasos de aquella escena.

Entonces Jesús, volviendo a un tono más jovial y familiar, y como dando a entender el sublime cambio que en Pedro se verificaba en el apostolado, le dijo dulcemente, recordándole los años de su juventud, cuando Pedro, según su carácter, debió de ser de los más animosos e inquietos entre los compañeros de su pueblo:

«Sí, sí, en verdad, en verdad te digo, cuando tú eras joven, tú te ceñías y corrías donde querías, pero cuando seas viejo, extenderás tus manos y te ceñirá otro, y te llevará a donde tú no quieras.»

Y dijo esto indicando con qué clase de muerte había de glorificar a Dios y de modo que le entendieron todos lo que decía.

Le profetizó cariñosamente cómo había de morir crucificado. Y, en efecto, es tradición de la antigüedad que Pedro murió crucificado, y, por cierto, según Orígenes, crucificado cabeza abajo, por haberlo pedido él mismo, que se tuvo por indigno de ser crucificado del mismo modo que su Maestro.

316. ¡SÍGUEME!
(Jn 21, 19-24)

Entonces se levantó el Maestro, y llamando a Pedro de entre los demás, le dijo: «¡Sígueme!»

Se levantó Pedro y siguió al Señor que se iba. Mas si bien los otros por respeto le quedaban, pero el discípulo amado no se pudo contener y siguió también detrás de Pedro al Señor. Lo notó Pedro, y, volviéndose, vio que le seguía el discípulo a quien amaba Jesús, el que en la cena se había reclinado en el pecho de Jesús, y por instigación de Pedro le había dicho: «¿Quién es el que te entrega?» Al verle, pues, ahora Pedro, que le amaba singularmente y le tenía por compañero en todos estos días, se acercó a Jesús, y con confianza grande le preguntó: «Señor, ¿y éste, qué?...»

Como quien desea saber algo de él, le pregunta: ¿Quieres que nos siga también? ¿Y qué será de él? ¿Qué suerte le espera? ¿También él morirá por fuerza?

No quiso responder el Maestro a esta curiosidad, y le dijo gravemente:

«Si quiero que se quede hasta que yo venga, a ti ¿qué te importa? Tú sígueme a mí.»

No expresa más el Evangelio. Pero parece que el empeño del Señor entonces era tomar a Pedro solo y aparte de los demás para comunicarle, sin duda, algunas instrucciones, acaso acerca de lo que aquellos días había de hacerse y de otras cosas relativas al cargo de supremo pastor de la Iglesia que acababa de ratificarle.

Otros, sin embargo, interpretan que Jesús le dijo esta palabra más para que le imitase en la vida que para que le siguiese entonces con el cuerpo.

Escribió este capítulo San Juan después, según parece, de haber concluido, como quien dice, la primera redacción de su Evangelio. Y la ocasión parece haber sido ésta: Había llegado el discípulo amado a muy avanzada edad, había escrito su libro hacia el año 95 ó 96. Sus amigos y discípulos, viéndole conservar su vigor y lozanía en medio de su avanzada edad, sabiendo la historia de Tiberíades, comenzaron a explicarla, desfigurándola un poco, como si Jesús hubiera dicho que Juan no había de morir. Y para deshacer este error, y también acaso para explicar el fundamento de la autoridad del Primado, escribió este precioso capítulo, y por eso añade al fin de su relato:

«Corrió, pues, esta voz por los hermanos que ese discípulo no muere. Pero Jesús no le dijo que no muere, sino: "Si quiero que éste quede hasta que yo venga, a ti ¿qué te importa?"»

Cuando esto escribía el discípulo amado, Pedro ya había muerto, y él vivía aún esperando su hora, que le llegó a los sesenta y ocho años después de la Pasión de Nuestro Señor en el reinado de Trajano.

Al fin de este relato añade el evangelista: «Éste mismo es el discípulo que da testimonio de estas cosas y que las ha escrito, y sabemos que su testimonio es verdadero.

317. EN EL MONTE DE GALILEA
   (Mt 28, 16-20; Mc 16, 15-18)

Un día mandó Jesús a los Once a reunirse en un monte de Galilea. No sabemos cuál fue. Y aunque la orden fue dada a los Once, no debieron de ser sólo ellos los que se reunieron en el sitio de la cita. San Pablo refiere que «en una ocasión se apareció el Señor a más de quinientos hermanos a un mismo tiempo, de los cuales, escribe él, muchos viven todavía, aunque algunos ya han muerto». No dice San Pablo cuándo fue esta aparición. Pero algunos creen, y es muy verosímil que en esta ocasión, en la que, por tanto, se juntaron, más que Once. Y acaso la causa de mandarlos Jesús ir al monte fue porque allí podían reunirse no sólo los Once, y sino muchos más con toda libertad.

Reunidos ya todos, se presentó el Señor viniendo de lejos, según parece. Todos, al verle venir, le adoraron, como era razón. Algunos, sin embargo, todavía dudaron.

«Entonces Jesús, acercándose, les habló y les dijo: A mí se me ha dado todo poder en el cielo y sobre la tierra. Id, pues, y enseñad a todas las gentes, bautizándolas en el nombre del Padre y del Hijo y del Espíritu Santo, enseñándoles a observar todas las cosas que os he mandado.

X. VIDA GLORIOSA. VUELTA A GALILEA 637

»Y estad seguros de que yo soy con vosotros hasta la consumación del siglo.»

Antes de la Pasión se lo habían dicho: Así como me envía a mí el Padre, así os envío yo a vosotros. Y ahora se lo repite augusta y solemnemente. Yo tengo recibida del Padre toda potestad en el cielo y sobre la tierra. Pues bien, según estos poderes que yo tengo y con el poder que yo ahora os comunico, id a todo el mundo. Enseñadles a todos mi doctrina y evangelio. Una vez que estén enseñados, si creen, bautizadlos. Y luego sujetadlos y educadlos en guardar todos los preceptos que yo os he dado. Y esto para siempre. Porque si bien ya he muerto, y si bien luego he de irme definitivamente a mi Padre, pero puedo estar y estaré en medio de vosotros hasta el fin del mundo: mientras viváis vosotros, con vosotros; y después que muráis vosotros, con vuestros sucesores.

«El que crea y se bautice será salvo; mas el que no crea se condenará. Y a los que crean les acompañarán estas señales: lanzarán demonios en mi nombre, hablarán en nuevas lenguas, cogerán con la mano las serpientes, y si beben veneno no les hará daño, pondrán las manos sobre los enfermos y sanarán.»

Todos estos milagros han acompañado en distintas ocasiones a los evangelistas de la doctrina de Cristo y a los creyentes fieles en ella. No siempre, ni todos a todos; pero sí unas veces unos y otras otros, en la Iglesia de Dios, se han visto todos esos y mayores prodigios en confirmación de la fe cristiana, y, gracias a Dios, se siguen aún viendo y seguirán sucediendo perpetuamente en la Iglesia católica, única que goza de este privilegio de la santidad de los milagros, y única también que se atreve a darse por poseedora de esta prerrogativa prometida por Cristo a su Iglesia verdadera.

318. LOS CUARENTA DÍAS
(Hch 1, 3)

Es evidente por la lectura de los Evangelios que no están en ellos contadas todas las apariciones de Nuestro Señor Jesucristo resucitado, y que en las mismas que en los Evangelios están narradas se describen muy pocos pormenores. Cada uno de los evangelistas refiere sólo algunas de las apariciones y, si no hubiera sido por los otros, no sabríamos que se había aparecido más veces. El mismo San Juan dio la primera vez por terminado su Evangelio después de la aparición de Santo Tomás. Y por eso a continuación de ella escribió:

«Otros muchos milagros hizo Jesús a la vista de sus discípulos, que no están escritos en este libro. Pero éstos se han escrito para que creáis que Jesús es el Cristo, el Hijo de Dios, y para que, creyendo, tengáis vida en su nombre.»

Y luego más tarde él mismo, porque juzgó conveniente deshacer la voz que acerca de su inmortalidad corría, escribió el dulcísimo episodio de Tiberíades, como probablemente hubiera podido escribir otros muchos tal vez tan interesantes o más que éste.

Por eso justamente San Lucas en el Libro de los Hechos de los apóstoles, que escribió como continuación de su Evangelio, dijo que «Jesús después de haber padecido se mostró vivo a sus discípulos *con muchas pruebas,* por espacio de *cuarenta días,* diciéndoles las cosas tocantes al reino de Dios».

Durante, pues, cuarenta días estuvo Jesucristo apareciéndose a sus apóstoles y discípulos y durante todos ellos estuvo tratando de cosas pertenecientes al Reino de Dios, es decir, al reino de Jesucristo en esta vida, que es la Iglesia, y a la salvación y santificación de las almas para la gloria, que es el reino de Dios en la eternidad.

¿Qué cosas fueron éstas de que trató en estos días? Muchas y muy importantes, sin duda, y como se cree con mucha razón por todos los doctores, las principales acerca de su Santa Religión, de la administración de sus sacramentos, del Santo Sacrificio, de cuanto pertenece a la constitución, régimen, administración, propagación y perfección de la Santa Iglesia, que una vez subido Él a los cielos había de quedar encomendada a los apóstoles y sus sucesores para tantos siglos cuantos durase este mundo.

319. LOS APÓSTOLES VUELVEN A JERUSALÉN. ÚLTIMO CONVITE
(Lc 24, 44-49; Hch 1, 4-5)

Los cuarenta días pasaban, la Pascua de Pentecostés se acercaba. Esta Pascua, llamada así por ser *cincuenta días* después de la Pascua principal, y llamada también clausura por serlo en cierto modo del tiempo pascual, y una especie de acción de gracias por las mieses, solía reunir también en Jerusalén una multitud venida de todas partes en número inmenso.

Los apóstoles, que ya de suyo pensarían acudir a esta fiesta, no aguardaron al mismo día de Pentecostés, sino que medio mes antes de la fiesta se pusieron. en camino, obedeciendo seguramente a las órdenes que les había dado el Maestro de acudir allá a ver las últimas manifestaciones de su vida nueva, y presenciar las últimas victorias de su misión mesiánica en el mundo.

María, la Madre de Jesús; los apóstoles, los parientes de Jesús, muchos otros discípulos suyos acudieron llenos de ánimo y de expectación a la Ciudad Santa.

Allí un día Jesús los reunió a todos y, así como cuando iba a padecer celebró con sus discípulos la última cena, así también ahora que iba a subir a los cielos tuvo con ellos la última comida. Regularmente sería en el mismo Cenáculo, morada habitual de los apóstoles en Jerusalén después de la última Pascua. La conversación en la mesa versó acerca de las últimas instrucciones que les quería dejar Cristo al partirse, y, sobre todo, lo principal que en los días anteriores les había dicho. Les decía entre otras cosas:

«Todo esto es lo que os dije cuando todavía estaba con vosotros: que era preciso que se cumpliesen todas las cosas que están escritas sobre mí en la ley de Moisés, y en los profetas y en los salmos.»

Y al mismo tiempo les describió el sentido de las Escrituras para que las entendiesen, y les dijo:

«Pues así estaba escrito de mí, y así era necesario que el Cristo padeciese y resucitase de los muertos al tercer día, y que en su nombre se predicase la penitencia y la remisión de los pecados a todas las gentes, comenzando por Jerusalén. Mas los testigos de esto sois vosotros. Y yo os enviaré la promesa de mi Padre sobre vosotros. Así, pues, permaneced en la ciudad hasta que seáis revestidos de la virtud de lo alto. Porque Juan bautizó con agua, mas vosotros vais a ser bautizados con el Espíritu Santo, de aquí a no muchos días.»

320. ASCENSIÓN DEL SEÑOR
(Hch 1, 6-12; Lc 24, 50-53; Mc 16, 19)

Terminó la refección. Se levantó Jesús y salió conduciendo a todos al campo. Bajando al Cedrón, pasaría junto a Getsemaní, subiría por el sitio donde lloró frente al templo de Jerusalén, tomó el camino de Betania y llegó al monte Olivete que allá conduce, por aquel sendero tantas veces en vida recorrido, al ir de Jerusalén a Betania y de Betania a Jerusalén.

Todos estaban íntimamente persuadidos de que se trataba de algún suceso grande y extraordinario. Y como siempre alimentaban aquellas ideas de grandeza temporal y de conquista de reinos, y de un imperio mesiánico que esperaban ya casi con impaciencia y que, en efecto, si en alguna ocasión se había de establecer, nunca como entonces, algunos de los que habían concurrido se le acercaron y le preguntaron:

«Señor, ¿vas ya, por fin, a restaurar el reino de Israel?»

No quiso Jesús ni responder directamente a la pregunta ni deshacer la errónea idea que del futuro reino de Israel tenían los que preguntaban. Y dejando al Espíritu Santo la perfecta explicación de este punto, les dio a entender suficientemente que su reinado, fuese como fuese, sería universal, y que en el orden y modo habían de proceder, desde Jerusalén a Samaría y desde Samaría a todo el mundo.

«No es para vosotros, les dijo, conocer las circunstancias ni el momento que el Padre se reserva en su propio poder. Lo que haréis es recibir la virtud del Espíritu Santo, que vendrá sobre vosotros y ser mis testigos en Jerusalén, en Samaría y hasta lo último de la tierra.»

Mientras hablaban, habían llegado ya al monte Olivete.

Calló Jesús y se detuvo. Todos pusieron en Él sus ojos esperando lo que iba a hacer. Jesús levantó sus manos, bendijo a todos. Y al mismo tiempo que los bendecía, suavemente y por su propia virtud, se fue levantando sobre todos, y viéndolo todos, se fue alejando más y más por el cielo...

Ante aquel espectáculo nunca visto, todos quedaban estáticos y mavillados sin explicarse lo que veían, mirando arriba y esperando dónde y cómo había de terminar aquella ascensión, cuando una nube vino a interponerse entre ellos y su Maestro, robándoselo a su vista.

Mas ¿quién era dueño de apartar los ojos de aquel sitio en que habían perdido a Jesús?...

Ansiosos y quietos seguían todos mirando a la nube inmóviles y callados, esperando verla deshacerse o pasar, para luego, volver a contemplar a su amado siguiéndole en su carrera triunfal. Pero ya no le volvieron a ver más. La nube ni se disolvía, ni pasaba... Mientras ellos seguían mirando, aparecieron a su lado dos varones vestidos de blanco, dos ángeles del cielo, que les dijeron:

«Galileos, ¿qué estáis mirando en el cielo? Este mismo Jesús que de vosotros ha subido al cielo, ha de venir del mismo modo que le habéis visto ir al cielo.»

Se postraron en tierra, adoraron al que habían visto subir a los cielos, y llenos de un gozo singular, volvieron a Jerusalén a cumplir las últimas órdenes del Maestro.

321. ESTÁ SENTADO A LA DIESTRA DE DIOS PADRE
(Hb 8, 1-2; 7, 22-25)

No muere ya Jesucristo Nuestro Señor una vez que ha resucitado. Ya no le domina la muerte. Sino que vive, vive eternamente, y vive también ahora por nosotros, interpelando y orando continuamente a nuestro favor en el cielo por nuestra salvación.

Admirablemente lo explica la Carta a los Hebreos:

«Tal Sumo Sacerdote tenemos, dice, que está sentado a la diestra del trono de la majestad en los cielos, ministro del Santuario y del Tabernáculo verdadero que fijó el Señor y no el hombre.

»Jesús es fiador de mejor Testamento *(que el antiguo)*. Aquellos sacerdotes fueron creados en gran número, porque la muerte les impedía permanecer; pero Jesús, por permanecer para siempre, tiene el sacerdocio sempiterno. Por lo cual puede salvar para siempre a los que por Él se acercan a Dios, como que siempre está vivo para interpelar por nosotros.»

Allí está, en efecto, Jesucristo nuestro Redentor presentando continuamente a su Padre por nosotros, no sangre de novillos o corderos, sino su propia, inmaculada y preciosísima sangre, derramada un día por nuestra salud en el sacrificio del Calvario, y expuesto ahora todos los días en el sacrificio incruento del altar, y su propio cuerpo víctima perpetua inmolada en la Cruz y duradera en el Santísimo Sacramento.

Allí en el cielo a la diestra de Dios Padre, y aquí en la tierra en el altar, vive y vivirá siempre, continuando sin cesar por nosotros la vida que hizo aquí en la tierra por nuestra salvación, y salvando continuamente para siempre a los que por medio de Él se acercan a su Padre, al cual nadie puede llegar si no es por medio de Jesucristo, único camino y única puerta que da al cielo y al Padre.

322. CONCLUSIÓN (Jn 21, 25)

Por lo cual terminaremos diciendo grave y encarecidamente con la Carta a los Hebreos:

«Por tanto, hermanos míos, teniendo libertad de entrar en el santuario *(del cielo)* con la sangre de Cristo, por el camino nuevo y vivo que Él nos inauguró por el velo, es decir, por su carne, y teniendo un gran Sacerdote en la casa de Dios, lleguémonos con sincero corazón, Llenos de fe, limpios de mala conciencia los corazones, y bautizados los cuerpos con agua pura; mantengamos recta la confesión de nuestra esperanza, porque es fiel quien nos hizo las promesas.»

«Otras muchas cosas, dice San Juan al terminar su Evangelio, hizo Jesús, las cuales, si se escribieran una por una, pienso que ni en todo el mundo cabrían los libros que se escribiesen.»

Lo que debemos agradecer a nuestro buen Señor es que todo lo que hizo, ya lo que sabemos, ya también lo que ignoramos, todo ello lo hizo para gloria de su Padre y salvación y edificación nuestra.

En vida y en muerte y después de la muerte, Jesús es nuestro y para nosotros. Para nosotros vivió en carne mortal, por nosotros y para nosotros murió en la cruz, para nosotros vive ahora en el cielo vida inmortal, y en el Sacramento vida de víctima oculta y sacrificada.

Ingratos y perversos seremos si conociendo esta vida de Nuestro Señor Jesucristo, y viendo cómo Él vivió para nosotros, no vivimos nosotros para Él, y no nos sacrificamos cuanto podemos por Él, que se sacrificó totalmente por nosotros.

Y, además de ingratos y perversos, seremos insensatos, sobre todo cuanto se puede pensar, si teniendo un modo tan seguro de llegar al cielo y entrar hasta el Padre, como es Jesucristo Nuestro Señor, al fin erramos el camino y no llegamos a la gloria.

¡Malos si, sabiendo la vida de Cristo, pecamos, y necios si nos condenamos!, podemos decir al terminar este escrito.

Por lo cual diré a mis lectores estas palabras que San Juan decía a los suyos en una de sus cartas:

«Hijos míos, esto os escribo para que no pequéis.

»Mas si alguno peca, tenemos un abogado ante el Padre, a Jesucristo justo.»

¿Habéis leído la vida de Cristo? Pues entonces ya veis que no debemos pecar contra quien tanto nos amó, y tanto por destruir el pecado hizo y padeció.

X. VIDA GLORIOSA. CONCLUSIÓN

Mas si alguno, por desgracia, peca, sabed que tenemos en el cielo un abogado, a Jesucristo justísimo y santísimo, que interpelará por nosotros.

Amemos a Jesucristo sobre todas las cosas. Y si alguno no ama a Nuestro Señor Jesucristo, sea condenado.

Si quis non amat
Dominum nostrum Jesum Christum
anathema sit

ÍNDICE

Páginas

Introducción 5

I
VIDA ETERNA

1. Jesucristo en cuanto Dios nace del Padre y vive en el Padre   11
2. Lo que el Verbo hizo por los hombres en su vida eterna   13
3. El Verbo quiere redimirnos   15

II
VIDA EN LAS PROFECÍAS

4. Esperanza de Israel en el Mesías 19
5. A las puertas del Paraíso 23
6. Al otro día del diluvio 23
7. Abrahán, padre de muchas gentes 24
8. Israel 25
9. Moisés 27
10. El Hijo de David 27
11. Salmos mesiánicos 28
12. Los profetas 29
13. Daniel 31
14. Esperanzas mesiánicas populares 32

III
LA PATRIA DE NUESTRO SEÑOR

15. El país de Palestina 35
16. Galilea, Samaría, Judea 37
17. El Jordán. Los caminos 41
18. Gobernadores y habitantes 43

Páginas

IV

INFANCIA DE JESUCRISTO

19. Los padres de Jesús	47
20. María	48
21. José	52
22. Los desposorios	53
23. La Encarnación	55
24. Concepción del precursor	58
25. La visitación	60
26. Nacimiento de San Juan	62
27. Matrimonio de María y José	64
28. De Nazaret a Belén	66
29. No hay posada	69
30. El nacimiento	72
31. Los pastores	74
32. La circuncisión	76
33. La presentación y purificación	79
34. La Epifanía	83
35. A Egipto	88
36. Muerte de los Santos Inocentes	90
37. El niño de Nazaret	92
38. Hijo de la Ley	93
39. La primera Pascua de Jesús	95
40. El encuentro	97
41. El carpintero de Nazaret	100
42. Progresos de Jesús	102
43. Los hermanos de Jesús	104

V

VIDA PÚBLICA

44. Principio del Evangelio	107
45. Postración del pueblo judío. Gobierno. Sacerdocio. Fariseos. Saduceos	108
46. El precursor	113
47. El bautismo de Juan	115
48. La voz del que predica en el desierto	116
49. Bautismo de Jesús	117
50. La cuaresma de Jesús	119

		Páginas
51.	La tentación	121
52.	Testimonio del Bautista	127
53.	El Cordero de Dios	129
54.	Los primeros discípulos	130
55.	Las bodas de Caná	133
56.	En Cafarnaún	136

VI

PRIMER AÑO DEL APOSTOLADO DE JESUCRISTO

57.	La Pascua en Jerusalén	139
58.	Arroja a los profanadores del Templo	140
59.	Conversiones en Jerusalén	148
60.	Nicodemus	148
61.	Evangeliza los campos de Judea	152
62.	Prisión de Juan Bautista	155
63.	Se retira Jesús de Judea a Galilea	156
64.	La samaritana	157
65.	Entrada en Galilea	162
66.	Curación del hijo del Régulo	163
67.	El profeta en su patria	164
68.	Cafarnaún	168
69.	Los pescadores de hombres	170
70.	Un endemoniado en la sinagoga	171
71.	La casa de Simón	173
72.	Orando y trabajando	173
73.	El leproso	174
74.	Cura al paralítico y perdona los pecados	176
75.	Vocación de Mateo. No vego a buscar a los justos, sino a los pecadores	178
76.	El esposo	180

VII

SEGUNDO AÑO DEL APOSTOLADO DE JESUCRISTO

77.	Segunda subida a Jerusalén	183
78.	Un paralítico de treinta y ocho años	183
79.	Jesús se dice Hijo de Dios	185
80.	El Señor de la vida	188

		Páginas
81.	Los discípulos, cogiendo espigas por los campos	191
82.	El de la mano seca	193
83.	Retirada a Genesaret	194
84.	Elección de los apóstoles	194
85.	Los apóstoles	198
86.	El sermón del Monte	202
87.	El centurión y su esclavo	212
88.	El hijo de la viuda de Naím	214
89.	Embajada de Juan Bautista al Señor	215
90.	Jesús alaba a Juan Bautista	216
91.	La pecadora en casa del fariseo	219
92.	Correrías apostólicas de Jesús	224
93.	Maneras del divino apóstol Jesucristo	225
94.	Hostilidad de los fariseos	231
95.	La blasfemia contra el Espíritu Santo	234
96.	Quiénes son la madre y hermanos de Jesús	236
97.	Las parábolas	237
98.	La primera parábola. El sembrador	242
99.	La lámpara encendida	244
100.	Cómo crece la semilla	245
101.	Parábola del grano de mostaza	246
102.	Parábola de la levadura	246
103.	Parábola de la cizaña	247
104.	El tesoro escondido. La perla preciosa. La red	249
105.	La despedida	250
106.	La tempestad	251
107.	Los endemoniados de Gerasa	252
108.	La hemorroísa	255
109.	La hija de Jairo	258
110.	Los dos ciegos de Cafarnaún	259
111.	Endemoniado y mudo	260
112.	Nueva expedición de Jesucristo	261
113.	Por los pueblos de Galilea	263
114.	Misión de los apóstoles a predicar	263
115.	Frutos de la primera misión de los apóstoles	267
116.	Muerte de San Juan Bautista	268
117.	Herodes busca a Jesús	270
118.	La primera multiplicación de los panes	271
119.	Quieren proclamar a Jesús rey y Él huye	274
120.	Jesús camina sobre las olas	275
121.	Nueva faena	276

122. La gran promesa de la Eucaristía	277
123. Escándalo y deserción	281

VIII

TERCER AÑO DEL APOSTOLADO DE JESUCRISTO

124. Mandatos de Dios y tradiciones de los hombres	283
125. Las migajas y la perrilla	285
126. El sordomudo	287
127. Segunda multiplicación de los panes	288
128. El milagro del cielo	290
129. El fermento de los fariseos y saduceos	291
130. El ciego de Betsaida	291
131. La piedra de la Iglesia	292
132. El Mesías profetiza su pasión	296
133. La Transfiguración	300
134. Bajada del Tabor	303
135. El endemoniado mudo al pie del Tabor	305
136. De nuevo vaticina su pasión	307
137. Última visita a Cafarnaún. Jesús paga tributo	308
138. Envidia de los apóstoles	309
139. Una conversación del Maestro. El niño. La humildad. Los que obran en nombre de Cristo. El escándalo	310
140. No quiere ir a Jerusalén con sus parientes	314
141. Marcha de Jesús a Judea	317
142. La repulsa de los samaritanos	317
143. Tres vocaciones	318
144. La misión de los setenta y dos discípulos. Maldición a Corozaín, a Betsaida y a Cafarnaún	319
145. Regreso de los setenta y dos misioneros	321
146. Un doctor de la ley tentando al Maestro	322
147. La parábola del samaritano	323
148. Marta y María	325
149. Entrada en Jerusalén	326
150. El fin de la Escenopegia	331
151. La adúltera perdonada	334
152. Jesús, luz del mundo	337
153. Los hijos de Abrahán	340
154. El ciego de Jerusalén	343
155. La luz del mundo y los ciegos	346

Páginas

156. El buen pastor 348
157. La oración dominical 351
158. Valor de la oración 356
159. El endemoniado mudo 358
160. Alabanza de la Madre de Dios 359
161. El milagro de Jonás 359
162. Convite del fariseo. Invectivas de Jesús 361
163. Plática a los discípulos 363
164. El pleito de la herencia 365
165. No hay que tener demasiada solicitud por las cosas de la vida 365
166. Hay que buscar las cosas del cielo 366
167. Estamos de paso 367
168. Sobre la diligencia apostólica 367
169. El fuego de Cristo y el bautismo 368
170. Invitación a la justicia que Él enseña 368
171. Amenazas a la nación 369
172. Parábola de la higuera infructuosa 371
173. Curación de la mujer encorvada 372
174. Parábolas del grano de mostaza y de la levadura .. 373
175. Jesús en las fiestas de la dedicación 373
176. Excursión a Perea 375
177. Número de los que se salvan 376
178. Asechanzas de parte de Herodes. Vaticinio sobre Jerusalén 377
179. Convite de un fariseo. Al ir a la mesa, sana a un hidrópico .. 379
180. Consejos al sentarse a la mesa 379
181. Consejos durante la comida 380
182. Parábolas de la gran cena 380
183. Carácter de los discípulos de Jesús 382
184. El que recibe a los pecadores 383
185. La oveja perdida 384
186. La dracma perdida 384
187. El hijo pródigo 384
188. Parábola del mayordomo infiel 388
189. Los fariseos se burlan y son reprendidos 390
190. Parábola del rico Epulón y de Lázaro 391
191. Acerca del escándalo 394
192. Sobre la corrección fraterna 394
193. Autoridad de juzgar en la Iglesia 395
194. Valor de las oraciones unidas 395
195. Cuánto se ha de perdonar 396
196. El siervo que debía diez mil talentos 396

		Páginas
197.	Poder de la fe	398
198.	Que no debemos engreírnos por las buenas obras	398
199.	Vuelve Jesús a Judea	399
200.	Resurrección de Lázaro	402
201.	Jesús, condenado a muerte	405
202.	Retirada de Jesús a Efraím	410
203.	Excursión entre Galilea y Samaría	411
204.	Curación de diez leprosos	411
205.	Primera y segunda venida del Reino de Dios	412
206.	Parábola del juez inicuo	414
207.	Parábola del fariseo y el publicano	415
208.	Indisolubilidad del matrimonio	416
209.	Dejad que los niños vengan a mí	418
210.	El joven que buscaba la perfección	419
211.	La riqueza y la pobreza en el Evangelio	420
212.	Parábola de los obreros de la viña	422
213.	Nueva predicción de la pasión	424
214.	Las pretensiones de los hijos del Zebedeo	426
215.	Los príncipes del Reino de Dios	428
216.	El ciego a la entrada de Jericó	429
217.	Zaqueo	430
218.	Parábola de las diez minas	431
219.	Los dos ciegos de la salida de Jericó	433
220.	Convite en casa de Simón el leproso	434

IX

LA SEMANA SANTA

DOMINGO DE RAMOS (10 de Nisán; 2 de Abril)

221.	Entrada triunfal de Jesús en Jerusalén	437
222.	Lágrimas en medio del triunfo	440
223.	Prosigue el triunfo	441

LUNES SANTO (11 de Nisán; 3 de Abril)

224.	Maldición de la higuera	443
225.	Arroja del templo a los negociantes	444

Páginas

MARTES SANTO (12 de Nisán; 4 de Abril)

226. Eficacia de la fe	445
227. Comienzan las disputas en el templo	446
228. Parábola de los dos hijos	447
229. Parábola de la viña	448
230. Parábola de la cena nupcial	451
231. Al César lo del César y a Dios lo de Dios	453
232. Los saduceos, confundidos	455
233. El mayor mandamiento	459

MIÉRCOLES SANTO (13 de Nisán; 5 de Abril)

234. Cuestión de Jesús a los fariseos	460
235. Maldiciones contra los escribas y fariseos	462
236. Lo que eran los fariseos	465
237. El ochavo de la viuda	468
238. Visita de los gentiles a Jesús	469
239. Despedida de Jesús	472
240. La última tarde antes de la pasión	474
241. Predicción del fin de Jerusalén y del mundo	478
242. Instrucciones acerca de la ruina de Jerusalén	479
243. Instrucción acerca de la segunda venida	481
244. Segunda venida del Mesías	482
245. Parábola de las vírgenes	484
246. Parábola de los talentos	485
247. El juicio final	486
248. Judas	488
249. El contrato de Judas	491

JUEVES SANTO (14 de Nisán; 6 de Abril)

250. La Pascua: modo de celebrarse	493
251. Dificultades acerca de la Pascua de Jesucristo	497
252. Preparación de la Pascua de Jesús	499
253. Se sientan a la cena	501
254. La disputa de los puestos	502
255. El lavatorio de los pies	502
256. Institución de la Eucaristía	504
257. Revela la traición que le preparan	506
258. Expansiones de Jesús	508
259. Oración sacerdotal de Jesucristo	517
260. Camino de Getsemaní	521

	Páginas
261. En el huerto de Getsemaní	523
262. La prisión del Señor	528
263. Jesús ante Anás	533
264. Primera negación de Pedro	536
265. Jesús ante Caifás	538

VIERNES SANTO (15 de Nisán; 7 de Abril)

266. La noche triste	543
267. Segunda negación de Pedro	544
268. Tercera negación de Pedro	545
269. Nuevo juicio de Jesús	547
270. La desesperación de Judas	548
271. Pilato	550
272. La acusación ante Pilato	553
273. Jesús ante Herodes	557
274. Jesús es pospuesto a Barrabás	559
275. Jesús es azotado	563
276. Jesús es coronado de espinas y burlado	565
277. ¡Ecce Homo!	567
278. El camino del Calvario	569
279. Jesús lleva la cruz	571
280. Madre e Hijo	574
281. La Verónica	575
282. El cireneo	576
283. Las mujeres de Jerusalén	577
284. Llegada al Calvario	578
285. Sorteo de los vestidos de Jesucristo	580
286. El Rey de los judíos	581
287. Insultos a Jesucristo crucificado. Su primera palabra	582
288. Segunda palabra de Jesús	584
289. Tinieblas del mediodía	586
290. La Madre dolorosa. Tercera palabra de Jesús	587
291. Abandono de Jesucristo. Cuarta palabra	590
292. La sed del Señor. Quinta, sexta y séptima palabras. Muerte de Jesús	595
293. El corazón abierto	598
294. Descendimiento de la cruz	600
295. Sepultura del Señor	603
296. Soledad	605
297. Bajada del Señor al limbo	606

	Páginas
SÁBADO SANTO (16 de Nisán; 8 de Abril)	
298. La guardia del sepulcro	608

X

VIDA GLORIOSA

DOMINGO DE PASCUA (16 de Nisán; 9 de Abril)

299. La Resurrección	611
300. El soborno de los guardias	613
301. El domingo de Resurrección	614
302. Pedro y Juan en el sepulcro	616
303. Aparición a María Magdalena	617
304. La aparición a las mujeres	618
305. Encuentro con los apóstoles	619
306. La aparición de Emaús	620
307. Aparición a Pedro	623
308. Aparición a los apóstoles y discípulos	623
309. La institución de la confesión	625
310. Aparición a Santo Tomás	626
311. Las llagas de Cristo	628
312. Aparición a la Santísima Virgen	629
313. Vuelta de los discípulos a Galilea	629
314. La pesca milagrosa en Tiberíades	631
315. El primado de Pedro	632
316. ¡Sígueme!	635
317. En el monte de Galilea	636
318. Los cuarenta días	637
319. Los apóstoles vuelven a Jerusalén. Último convite	638
320. Ascensión del Señor	639
321. Está sentado a la diestra de Dios Padre	641
322. Conclusión	642

FONDO EDITORIAL 2004

Juan Pablo II y los grandes de la tierra. Una obra excepcional, en la que 125 personajes mundiales (reyes, jefes de estado o de gobierno, líderes políticos y religiosos, hablan del personaje de nuestro tiempo: Juan Pablo II. 255 págs. a todo color, gran formato. 28,75 € (*).

DICCIONARIOS EDIBESA

* **Diccionario social de los Padres de la Iglesia.** La impresionante doctrina social de los Santos Padres, en un diccionario, por Restituto Sierra Bravo, 420 págs. 17,50 €.
* **Diccionario doctrinal de San Agustín,** por Pedro J. Lasanta y Rafael del Olmo, O.S.A. 960 págs., 29,50 €.
* **Diccionario teológico de Santo Tomás.** Textos selectos y ordenados de la *Suma de Teología*, por José A. Martínez Puche, O.P. 892 págs., 28,75 €.
* **Diccionario de espiritualidad de Santa Teresita.** La doctrina espiritual de Santa Teresa del Niño Jesús, en un millar de textos, por Vicente Martínez-Blat, O.C.D. 365 págs., 11,50 €.
* **Diccionario teológico-espiritual de San Juan de Ávila,** preparado por Pedro J. Lasanta. 551 págs., 15 €.
* **Diccionario social y moral de Juan Pablo II.** Pedro J. Lasanta. Enseñanzas del Papa, sobre política, trabajo, familia, vida humana, valores, en 2.210 textos. 734 págs., 23,50 €.
* **Diccionario de teología y espiritualidad de Juan Pablo II.** Por Pedro J. Lasanta. La doctrina teológico-espiritual del Papa en un volumen de 1.268 págs., con 5.000 textos, 32 €.
* **Diccionario de Pablo VI.** El rico magisterio del Papa del Vaticano II, por Pedro J. Lasanta. 870 págs., 32 €.
* **Enciclopedia de la Virgen.** Todo sobre María, por José A. Martínez Puche, O.P., Rafael del Olmo, O.S.A, e Ignacio H. de la Mota. 1.950 págs., 59,50 €.

COLECCIONES

1.ª DOCE MAESTROS DEL ARTE CRISTIANO

12 libros a todo color, con la trayectoria vital y artística y sus mejores obras, de: FRAY ANGÉLICO, RAFAEL, BELLINI, BOTICELLI, CARAVAGGIO, GHIRLANDAIO, GIOTTO, LEONARDO DA VINCI, MANTEGNA, MIGUEL ÁNGEL, TIZIANO y FILIPPO LIPPI.
Con la garantía de Scala, de Florencia. Cada libro: 12 €. Los 12, 120 € (no 144).

---

* Los precios incluyen el IVA.

Libros

2.ª DOCUMENTOS Y TEXTOS

Doce libros bellamente encuadernados con lo mejor del Magisterio de la Iglesia desde el Vaticano II, Santos Padres, San Agustín y Santo Tomás.

1. **Encíclicas de Juan Pablo II** (5ª ed.). Las 14 Encíclicas. Prácticos índices, 1.875 págs., 42,50 €.
2. **Diccionario social y moral de Juan Pablo II,** por Pedro J. Lasanta. 2.210 textos. 734 págs., 23,50 €.
3. **Diccionario de teología y espiritualidad de Juan Pablo II,** por Pedro J. Lasanta. 5.000 textos, 1.268 págs., 32 €.
4. **Encíclicas de Pablo VI.** Y la exhortación «Evangelii nuntiandi». 450 págs. 22,50 €.
5. **Diccionario de Pablo VI,** por Pedro J. Lasanta. 870 págs., 32 €.
6. **Encíclicas del Beato Juan XXIII.** Y mensajes a España y Latinoamérica. 648 págs., 21 €.
7-8. **Documentos sinodales.** Las siete Exhortaciones Apostólicas (Pablo VI y Juan Pablo II) y textos del Sínodo de los Obispos. Dos tomos. 1.720 págs., 46,50 €.
9. **Cardenal Rouco.** Magisterio del arzobispo de Madrid y Presidente de la Conferencia Episcopal. 1.450 págs., 33 €.
10. **Diccionario social de los Padres de la Iglesia.** La impresionante doctrina social de los Santos Padres, por R. Sierra Bravo. 420 págs., 17,50 €.
11. **Diccionario doctrinal de San Agustín,** por Pedro J. Lasanta y Rafael del Olmo, O.S.A. 960 págs., 29,50 €.
12. **Diccionario Teológico de Santo Tomás,** por José A. Martínez Puche, O.P. Textos de la "Suma" por orden alfabético. 892 págs., 28,75 €.

- **Precio especial de toda la colección: 210 €** (La suma de los precios de los 12 es de 328,75 €).

3.ª ENCICLOPEDIA MARIANA

Para saber todo sobre la Virgen: doctrina, espiritualidad, historia, devoción:
María, en la Biblia y en los Padres de la Iglesia (2.ª ed.). J. R. Flecha, Klemens Stock, S.J., J. A. Martínez Puche, O.P., ofrecen lo mejor que la Biblia y los Padres dicen de la Virgen. 391 págs., 13,25 €.
Documentos Pontificios Marianos (2.ª ed.). Selección de los documentos de los Papas y Concilios, del año 268 al 2002. 467 pags., 16,50 €.
3. **San Bernardo y San Alberto hablan de María** (2.ª ed.). Las *Homilías Marianas* de San Bernardo, y una selección del *Marial* de San Alberto Magno. 321 págs., 11,30 €.
4. **San Luis M.ª G. de Montfort y San Alfonso hablan de María** (2.ª ed.). *Tratado de la verdadera devoción a la Santísima Virgen* y *El Secreto de María*, de Montfort, y *Las Glorias de María* (Salve Regina y Virtudes de María) de San Alfonso M.ª de Ligorio. 490 págs., 17,25 €.
5. **Antología Mariana. 100 autores hablan de María** (2.ª ed.). Selección de textos de 100 autores, cristianos y no cristianos: una sinfonía de 100 voces de todas las generaciones que proclaman dichosa a la Virgen. 421 págs., 14,90 €.

Libros

6. **María, en la literatura y en el arte** (2.ª ed.). Vida de María, de Fray Luis de Granada. Un centenar de poetas y de artistas honran a la Virgen: *a todo color*. 369 págs., 19,50 €.
7. **Año Mariano. María, en la liturgia y en la piedad** (2. ª ed.). Cada día con María, por José A. Martínez Puche, O.P. 687 págs., 23,50 €.
8. **María, Madre de la Hispanidad.** Vírgenes Patronas de España y de América. 635 págs. + 80 color. 24,50 €.
9-12. **Enciclopedia de la Virgen**. Por J. A. Martínez Puche, Ignacio H. de la Mota, Rafael del Olmo ofrecen, por orden alfabético, casi todo sobre la Virgen: doctrina y devoción, historia y leyenda, fiestas y advocaciones, personajes, países, poblaciones, patronazgos marianos. 1.950 págs., 59,50 €.

• **Precio especial de toda la colección: 170 €.**

4.ª NUEVO AÑO CRISTIANO

12 tomos, uno por mes, dirigido por José A. Martínez Puche: liturgia, santoral actualizado (santos, beatos, venerables, siervos de Dios), jornadas eclesiales.
1. **ENERO** (4.ª edición), 636 págs., 20,25 € *(Cartoné: 22,25 €)*.
2. **FEBRERO** (3.ª ed.) 477 págs., 15,65 € *(Cartoné: 17,65 €)*.
3. **MARZO** (3.ª ed.) 422 págs., 13,50 € *(Cartoné: 15,50 €)*.
4. **ABRIL** (4.ª ed.) 446 págs., 14 € *(Cartoné: 16 €)*.
5. **MAYO** (4.ª ed.) 594 págs., 18,50 € *(Cartoné: 20,50 €)*.
6. **JUNIO** (4.ª ed.) 568 págs., 17,50 € *(Cartoné: 19,50 €)*.
7. **JULIO** (3.ª ed.) 671 págs., 21 € *(Cartoné: 23 €)*.
8. **AGOSTO** (4.ª ed.) 748 págs., 23,75 € *(Cartoné: 25,75 €)*.
9. **SEPTIEMBRE** (3.ª ed.) 640 págs., 20,45 € *(Cartoné: 22,45 €)*.
10. **OCTUBRE** (4.ª ed.) 635 págs., 20,30 € *(Cartoné: 22,30 €)*.
11. **NOVIEMBRE** (3.ª ed.) 564 págs., 18,25 € *(Cartoné: 20,25 €)*.
12. **DICIEMBRE** (3.ª ed.) 598 págs., 20,25 € *(Cartoné: 22,25 €)*.

• **Precio de la colección: en rústica, 200 €; en cartoné: 220 €.**

5.ª DOCE VIDAS DE JESÚS

1. **Vida de Jesucristo según el Evangelio** (2.ª ed.), del P. LAGRANGE, O.P. Obra capital entre las grandes Vidas de Jesús. XII + 545 págs., 17,45 €.
2. **La más antigua Vida de Jesús. Diatessaron de Taciano** (2.ª ed.). Los 4 Evangelios, en un solo relato en el siglo II. 259 págs., 10,50 €.
3. **Vida de Cristo** (2.ª ed.), de FRAY LUIS DE GRANADA. Profundidad, claridad, unción y la elegancia del Siglo de Oro. 370 págs., 13,25 €.
4. **Jesucristo** (2.ª ed.), de L. DE GRANDMAISON, S.J. Erudición, belleza literaria, grandes intuiciones. 638 págs., 21 €.
5. **Vida de Jesús según los Evangelios sinópticos** (2.ª ed.), de JOSÉ SALGUERO, O.P. Una obra de nuestros días. 356 págs., 13,85 €.

Libros

6. **Nuestro Señor Jesucristo según los Evangelios** (2.ª ed.), de L.-Cl. FILLION. Quizá «la Vida de Jesús más completa que se ha escrito». 447 págs., 14,45 €.
7. **Memorias de un reportero de los tiempos de Cristo**, del P. Carlos M.ª de Heredia, S.J. Fiel al Evangelio, se lee como una novela. 1.010 págs., 23,45 €.
8. **Vida de Nuestro Señor Jesucristo** (2.ª ed.), del P. REMIGIO VILARIÑO, S.J. La más popular en España en el siglo XX. 645 págs., 21 €.
9. **La vida de Jesús, en el país y pueblo de Israel** (2.ª ed.), de F. M. Willam. Seriedad del sabio sacerdote alemán, piedad, elegancia. 493 págs., 17,45 €.
10. **Vida de Jesús** de FRANÇOIS MAURIAC. Joya literaria del novelista francés, Académico y Premio Nobel. 224 págs 10,50 €.
11. **Historia de Cristo** (2.ª ed.), de GIOVANNI PAPINI. Obra cumbre de Papini, el convertido deslumbrado por Jesús. 383 págs., 14,45 €.
12. **Vida de Jesucristo** (2.ª ed.), de GIUSEPPE RICCIOTTI. Para conocer con claridad todo sobre la vida del Señor. 590 págs., 19,25 €.

• **Precio especial de las 12 Vidas de Jesús:** 170 € *(no 196,50 €)*.

OBRAS DE JOSÉ LUIS MARTÍN DESCALZO

* **María de Nazaret** (2.ª ed.). Comentarios y poemas marianos. 140 págs., 7,85 €.
* **Yo amo a la Iglesia** (2.ª ed.). La Iglesia y sus miembros. 290 págs., 11,75 €.
* **Días grandes de Jesús,** (Navidad, Semana Santa, Pascua...). 300 págs., 11,75 €.
* **Para mí la vida es Cristo** (2.ª edición). La vida cristiana, hoy. 299 págs., 11,75 €.
* **Relatos de un cura joven. Folletos del joven Martín Descalzo: 1**. Al filo de la Palabra, de tema bíblico. 196 págs. **2.** Cristianos para nuestro tiempo, sobre los estados de la vida cristiana. 204 págs. Cada libro: 9 €.

• **Precio especial de la colección: 49 €** *(no 61 €)*.

OBRAS DE JOSÉ MARÍA PEMÁN

ANTOLOGÍA PRIMERA. Los siete libros siguientes, de tema religioso, en bello estuche: sólo 60 € (en lugar de 75 €).
* **La Navidad de Pemán.** Poesía y deliciosa prosa ante el Portal. 130 págs., 7,25 €.
* **La Pasión según Pemán.** Profundidad, elegancia, sentimiento y fe. 147 págs., 7,25 €.
* **Lo que María guardaba en su corazón,** y poemas, discursos, y artículos marianos. 348 págs., 13,25 €.
* **El divino impaciente**, *Si me quieres o me dejas, El Gran Cardenal*. Tres obras del mejor teatro. 349 págs., 13,25 €.
* **Las flores del bien,** *De la vida sencilla,* y otras obras poéticas. 317 págs., 11,75 €.
* **Los testigos de Jesús.** Personajes que cambiaron la Historia, vistos por Pemán. 174 págs., 9 €.
* **A la luz del misterio.** Y escritos sobre Dios, la Iglesia, el hombre. 374 págs., 13,25 €.

ANTOLOGÍA SEGUNDA. Los diez libros siguientes en bello estuche al precio especial 90 € (en lugar de 124,45 €).

Libros

* **El Séneca y sus puntos de vista.** Artículos de la filosofía popular. 189 págs., 9 €.
* **Mis mejores artículos.** Ochenta artículos que Pemán seleccionó. 325 págs., 13,25 €.
* **De las letras y las artes.** Escritores y artistas y su mundo. 395 págs., 15 €.
* **Mis almuerzos con gente importante.** Los personajes del siglo XX. 228 págs., 10,50 €.
* **Mis encuentros con Franco.** Un libro prohibido por Franco.175 págs., 9 €.
* **El Séneca en televisión.** La serie de TVE que conmocionó a España. 224 págs., 10,50 €.
* **Poesía selecta.** Nueva selección poética. 225 págs., 10,50 €.
* **Teatro selecto.** «Cuando las cortes de Cádiz», «La casa», «Edipo»... 580 págs., 18,75 €.
* **Andalucía.** «La eternamente vencedora», «Barrio de Santa Cruz», «Señorita del mar», etc. 500 págs., 17,45 €.
* **Apuntes autobiográficos.** La «Confesión general», escritos personales. 221 págs., 10,50 €.

OBRAS DE MANUEL LOZANO GARRIDO (LOLO)

Libros llenos de vida y de fe, del periodista ciego e inválido de Linares.
* **Las estrellas se ven de noche:** Diario de «Lolo». 330 págs., 5,75 €.
* **El árbol desnudo,** novela autobiográfica. 264 págs., 5,75 €.
* **Las golondrinas nunca saben la hora.** 282 págs., 5,75 €.
* **Dios habla todos los días.** Y te habla a ti. 251 págs., 5,75 €.
* **Cuentos en «La» sostenido.** Cuentos deliciosos. 179 págs., 5,75 €.
* **El sillón de ruedas.** 343 págs., 5,75 €.
* **Cartas con la señal de la Cruz.** 284 págs., 5,75 €.
* **Mesa redonda con Dios.** 249 págs.. 5,75 €.
* **Reportajes desde la cumbre.** 350 pags.. 5,75 €.
* **Bien venido, amor.** 100 pensamientos de Lolo. 180 págs., 1,85 €.
* **Lolo, un cristiano.** Semblanza espiritual de M. Lozano Garrido, por Pedro Cámara. 190 págs., 2,50 €.
* **La alegría vivida en el dolor.** Vida y virtudes de Lolo, por Rafael Higueras. 270 págs., 5,75 €

1. LA BIBLIA, PALABRA DE DIOS

* **EVANGELIO 2005.** Texto evangélico de la misa diaria y oración, calendario litúrgico, santoral, oraciones y vida cristiana. 374 págs., 1,60 €.
* **EVANGELIO 2005, EN LETRA GRANDE.** Contenido del anterior. 3,50 €.
* **El Evangelio.** Textos de los Cuatro Evangelios para cada día del año. 186 págs., 1 €. ¡Un millón y medio de ejemplares! (En cartoné, 3 €).
* **El Evangelio. Con «oraciones y vida cristiana».** Textos de los Cuatro Evangelios para cada día del año. 218 págs., 1,25 €.
* **El Evangelio. Recuerdo de la Primera Comunión.** Texto evangélico diario, oraciones y vida cristiana. 218 págs., 1,25 €.
* **El Evangelio. Recuerdo de la Confirmación.** Texto evangélico diario, oraciones y vida cristiana. 218 págs., 1,25 €.
* **Evangelio para cada día (y Vocabulario evangélico popular).** Los Evangelios a lo largo del año, con abundantes índices y santoral. 326 págs., 5,75 €.

* **L'Evangeli de cada dia.** Evangelio para cada día, en catalán, con reflexión diaria, por José A. Martínez Puche, O.P. 2 tomos, 12 €.
* **Evangelio para nuestros mayores** (3.ª ed.), por José A. Martínez Puche, O.P, en letra grande, con reflexión **diaria**, encuadernado, a dos colores. 500 págs., 13,25 €.
* **El Evangelio en crucigramas**, por Lucía Caram, O.P.: crucigramas, sopas de letras, test, ejercicios, etc. 614 págs., 15 €.
* **Ejercicios y pasatiempos de «El Evangelio en crucigramas».** 310 págs., con todos los ejercicios. 2.ª ed. 310 págs., 3,75 €.
* **El Evangelio de Jesús, difusión e influencia, siglos I-XXI**, por César I. de la Mota., 317 págs., 15,75 €.
* **Santa Biblia.** Edición interconfesional popular. ¡Dios habla hoy! 1.550 págs., 9 €.
* **Introducción al estudio de los Salmos.** Por Jesús García Trapiello. 190 págs., 12 €.
* **Evangelio según San Juan.** Introducción y comentario, por José Luis Espinel. 284 págs., 14,50 €.
* **El Pentateuco.** Historia y sentido, por Ángel García Santos. 292 págs., 15 €.
* **Claves para leer los Evangelios Sinópticos.** Por Gerardo Sánchez Mielgo. 280 págs., 14 €.
* **El otro Evangelio. Relectura de las Cartas Apostólicas**, por R. de Andrés. 372 págs., 11,50 €.
* **Tu Palabra me da vida. 1.000 pensamientos de la Biblia** (2.ª ed.), por Julio Sáinz Torres, CMF. Antología bíblica en mil puntos. 240 págs., 4 €.
* **PERSONAJES BÍBLICOS DEL A.T.** Una visión sugestiva y ejemplar, por M.ª Benedicta Baiber. 415 págs., 14,50 €.
* **NUEVO TESTAMENTO, COMENTADO E ILUSTRADO.** Trad. Luis Alonso Schökel, S.J. 618 págs., a todo color. ¡Sólo 16 €!

* **AUDIOVISUAL: «EL EVANGELIO EN LOS MISTERIOS DEL ROSARIO». 216 diapositivas** (16 para cada Misterio), **3 casetes** explicativos, **1 folleto** con el guión. En un estuche: 45 €.

2. DIOS, TRINIDAD, JESUCRISTO

– *TRINIDAD, PADRE, ESPÍRITU SANTO*
* **Padre, Hijo y Espíritu Santo**. Encíclicas de Juan Pablo II sobre Dios, Padre-Hijo, Espíritu Santo. 432 págs., 5,50 €.
* **Misterio trinitario.** Dios, silencio y cercanía, por Sebastián Fuster. 298 págs., 15 €.
* **Eucaristía y Trinidad para el siglo XXI** (2.ª ed.). 12 catequesis, por Sebastián Fuster, O.P. 3,75 €.
* **Más que Padre. El Dios de todos los días** (2.ª ed.). 500 textos sobre Dios Padre para los 365 días del año, por Rafael de Andrés, S.J. 386 págs., 11,50 €.
* **Dios Padre. Vocabulario de Juan Pablo II.** Enseñanzas del Papa sobre el Padre, y la «Dives in misericordia», con índices. 230 págs., 3 €.
* **Dios Padre, Iglesia y misión**. Por José Luis Irízar. 270 págs., 9 €.
* **Amor y misericordia de Dios nuestro Padre.** Por Pedro J. Lasanta, según Juan Pablo II. 170 págs., 5,15 €.

Libros

* **Padre mío y Padre vuestro** (2.ª ed.). 12 catequesis, por Sebastián Fuster, O.P. 125 págs., 3,25 €.
* **El Espíritu Santo**. 12 catequesis, por Sebastián Fuster, O.P. 120 págs., 3 €.
* **El Espíritu que ungió a Jesús,** por Armando Bandera, O.P. La teología del Espíritu Santo. 374 págs., 17,45 €.
* **Espíritu Santo, Iglesia y misión,** por José Luis Irízar. 320 págs., 9 €.
* **Al Dios desconocido. Oraciones al Espíritu Santo,** por Rafael de Andrés, S.J. 267 págs., 9,50 €
* **Tratado del Amor de Dios,** obra cumbre de San Francisco de Sales. 774 págs., 9,75 €.

– JESUCRISTO
Ver al principio: Colección «DOCE VIDAS DE JESÚS»
* **JESÚS DE NAZARET**. El gran libro de Albert Hari, con espléndidos dibujos y fotos a color, para que los niños del siglo XXI descubran al mejor amigo, Jesús. 227 págs., 18 €.
* **Navidad 2000** (224 págs.) y **Redención 2000** (228 págs.). 2 libros: veinte siglos de doctrina, espiritualidad, poesía y arte sobre el *Nacimiento e infancia de Jesús* y la *Redención*, por José A. Martínez Puche, O.P. Biblia, Santos Padres, Teología, Magisterio, Poesía y un centenar de cuadros a todo color, edición de lujo. 23,50 € cada libro.
* **Jesús, revelación del misterio del hombre.** Ensayo de antropología teológica. Por Martín Gelabert, O.P. 266 págs., 13.50 €.
* **Dios escribe y se escribe con trazo humano.** Esbozo de cristología fundamental. Por Vicente Botella Cubells, O.P. 226 págs., 13 €.
* **La Cristíada,** de fray Diego de Hojeda, O.P. Edición de lujo, con 32 láminas a todo color de la vida de Cristo. 528 páginas, con dibujos originales. 41 €.
* **Jesús, siempre y más** (2.ª ed.). Rafael de Andrés, S.J., ofrece 1.000 opiniones de autores de todo tiempo y nación, sobre Cristo. 525 págs., 11,50 €.
* **Jesús, cara a cara. 100 entrevistas con Cristo** (2.ª ed.), por Rafael de Andrés, S.J. Para llegar a Cristo y saber lo que piensa. 302 págs., 11,50 €.
* **Jesús, el dinero y los negocios.** Un libro luminoso sobre un tema capital, por J. Salvador y Conde, O.P. 256 págs., 10,50 €.
* **El lado humano de Jesús de Nazaret**, un tema apasionante, por J. Salvador y Conde, O.P. Láminas color. 415 págs., 10,50 €.
* **Jesús. He aquí el Hombre.** Semblanzas de Jesús, por Maximiliano G. Cordero, O.P. Cómo era Jesús: su alma, su cuerpo, psicología, actitudes. 220 págs., 8,75 €.
* **Memorias de Jesús,** por Francisco de Mier, C.P. Jesús habla con los personajes de la Biblia: sus raíces, sus encuentros, sus memorias. 426 págs., 15 €.
* **Memorias de María, memorias de Juan,** por Samuel Valero: la vida de Jesús, contada por la Madre y el Discípulo. 252 págs., 11,45 €.
* **La extraña historia de un tal Jesús.** El Evangelio en lenguaje actual, por Vicente García, S.J. 256 págs., 9 €.
* **El poema de Jesús. El Evangelio en verso,** por María Teresa Reyero, clarisa. 357 págs., con láminas en color, 11,45 €.
* **Con Cristo al tercer milenio,** por R. Palmero, obispo de Palencia. 221 págs., 9 €.
* **Imitación de Cristo, por Tomás de Kempis** (2.ª ed.). La traducción española clásica de fray Luis de Granada. Bellamente encuadernado. 491 págs., 9 €.

Libros

* **Emaús. Era necesaria la Pasión y Glorificación de Cristo,** por Ignacio Domínguez. 156 págs., 5,75 €.
* **MI CRISTO ROTO,** del P. Ramón Cué, S.J. Texto de sus famosas conferencias. 161 págs., 4,50 € (Disponible en casetes, CD y vídeo).
* **LA SÁBANA SANTA DE TURÍN: su autenticidad,** por el P. Jorge Loring, S.J. 253 págs., 9,50 €.

3. LA VIRGEN MARÍA

Ver al principio: BIBLIOTECA MARIANA

* **María, la Madre del Señor, en el Nuevo Testamento,** por Klemens Stock, S.J. La auténtica figura de María. 180 págs., 9 €.
* **La Iglesia habla de María.** 50 años de documentos marianos pontificios. Índices detallados. 500 págs., 5,75 €.
* **Vida de María,** de Fray Luis de Granada. 109 págs., 5,50 €.
* **El Avemaría. Estudio bíblico, teológico y espiritual,** por Luis López de las Heras, O.P. 82 págs., 5,25 €.
* **La belleza de María.** Ensayo de teología estética, por Miguel Iribertegui. 454 págs., 19,23 €.
* **La leyenda mariana,** por Carlos M.ª de Heredia, S.J. Igual estilo que *Memorias de un reportero de los tiempos de Cristo*. 273 págs., 11,45 €.
* **El Año Mariano.** Cada día con María, por José A. Martínez Puche, O.P. 599 págs., 17,50 €.
* **El alma de la Legión de María.** Delfín Castañón, O.P. Carisma y actualidad. 110 págs., 5,25 €.
* **El Rosario, oración de un corazón en vela.** Por Emilio Cárdenas, marianista, conversa con un joven que no rezaba el rosario. 130 págs., 5,25 €.
* **La Virgen del Rosario y Santo Domingo de Guzmán en el arte,** por Domingo Iturgaiz, O.P. 143 páginas, láminas color, cartoné, 11,50 €.
* **EL LIBRO DEL ROSARIO,** por José A. Martínez Puche, O.P. Origen, historia, doctrina pontificia, práctica y Diccionario. 303 págs., 12,50 €.

4. SANTOS, CRISTIANOS EJEMPLARES

* **NUEVO AÑO CRISTIANO.** La obra más completa y actual del santoral en español, con 1.000 biografías de santos, beatos, venerables y siervos de Dios. 12 tomos, 200 €; en cartoné, 220 €.
* **LOS SANTOS. Un amigo para cada día.** El Año Cristiano de los niños, por Miguel A. Requena, O.P. 130 imágenes a color. 400 págs., 22,50 €.
* **SAN ANTONIO DE PADUA. Vida, doctrina, devoción,** por Luis Pérez Simón, O.F.M. Con grabados color. 9,25 €.
* **VÉANTE MIS OJOS. Santa Teresa para el hombre de hoy,** por el cardenal Marcelo González Martín. Fotos color, cartoné, 246 págs., 10,75 €.
* **Teresa de Jesús, la Santa, la Madre, la Maestra,** por Julio Rouco, O.C.D. 251 págs., 11,45 €.

Libros

* **San Francisco de Sales.** Biografía, mensaje de Juan Pablo II. 91 págs., 2 €.
* **San Pablo cuenta su vida. Su persona, vida y cartas,** por Luis López de las Heras, O.P. 84 págs., 5,25 €.
* **Pablo, predicador del Evangelio.** Anuncio de salvación y gracia, por Miguel de Burgos. 370 págs., 19,23 €.
* **Santo Domingo y su Orden,** por el P. Lacordaire. La «Vida de Santo Domingo» y otros escritos. 217 págs., 9 €.
* **San Martín de Porres,** por fray Salvador Velasco. 9.ª edición. 390 págs., 7,75 €.
* **San Pedro de Alcántara** (1499-1999). Vida y mensaje, por Baldomero J. Duque. 104 págs., 3 €.
* **Tomás de Aquino, el santo, el maestro.** Por Abelardo Lobato y J. A. Martínez Puche, O.P. 147 págs., 3,75 €.
* **Catalina de Siena, doctora de la Iglesia: vida y enseñanzas.** Por J. Salvador y Conde, O.P. Doctrina por orden alfabético. 376 págs., 9. €.
* **Ignacio de Loyola.** Tras el rastro de Jesús, por William Hevett. Guía del CD y casetes «Ignacio de Loyola». 223 págs., 7,75 €.
* **Vida del Padre Maestro Juan de Ávila,** por Fr. Luis de Granada, 173 págs., 5,75 €.
* **San Tarsicio, mártir de la Eucaristía,** por Ignacio Domínguez. 120 págs., 5,25 €.
* **Si tú le dejas... Vida de la M. Maravillas de Jesús,** por las Carmelitas Descalzas del Cerro de los Ángeles y de la Aldehuela. 549 págs., con ilustraciones, 13,25 €.
* **Los frutos de la siembra de Madre Maravillas,** por Baldomero Jiménez Duque. 14 carmelitas ejemplares, hijas de la Beata Maravillas de Jesús. 116 págs., con láminas, 5,25 €.
* **Sor Teresita del Niño Jesús, O.P.** Alegría en el sufrimiento y la entrega, por Lorenzo Galmés. 120 págs., con láminas color, 5,25 €.
* **El Padre Cadete.** Carmelita ermitaño en un alcornoque de las Batuecas, por Dámaso de la Presentación y Matías del Niño Jesús. 240 págs., 10,50 €.
* **Unidas hasta la muerte.** José Luis Gutiérrez García traza el perfil de las siete salesas mártires en 1936. 320 págs., con láminas en color, 13,75 €.
* **Mártires, testigos que nos comprometen,** por José Luis Irízar. Los 2.000 misioneros martirizados en los últimos 50 años. 491 págs., 11,45 €.
* **Balduino. De profesión: Rey de los Belgas,** por José M.ª Salaverri, S.M. Biografía de un rey, cristiano ejemplar. 176 págs., 9 €.
* **Cuando el amor es entrega.** Vida de la M. M.ª Amparo del S. C. de Jesús, clarisa de Cantalapiedra, por Paloma Tena Revillas. 276 págs., 10,50 €.
* **Cristina de la Cruz Arteaga y Falguera**, la gran escritora y ejemplar jerónima, por Crescencio Palomo, O.P. 64 págs., 3.90 €.
* **EL PADRE PÍO. LA MADRE TERESA**, por Francesco di Raimondo, colaborador médico de ambos. 214 págs., fotos color, 10,50 €.
* **ÁNGELO. Testimonio de fe de un joven con cáncer.** Por Domenico Mondrone, S.J., con prólogo del padre Mario Pezzi. A los 13 años moría santamente de cáncer "Angiolino", dando testimonio de fe en Jesucristo. 175 págs., 7,50 €.
* <u>SANTA TERESITA:</u> 5 libros fundamentales, preparados por el gran especialista **Vicente Martínez-Blat, O.C.D.:**
1. **Santa Teresita, día a día.** La biografía más actual y documentada. 232 págs., 9,50 €.
2. **Obras selectas de Teresa de Lisieux, Doctora de la Iglesia.** La "Historia de un alma", y una selección de sus mejores escritos, más un *glosario doctrinal*. 645 págs., 16,50 €.

3. **Diccionario de espiritualidad de Santa Teresita**. Un millar de textos antológicos, por orden alfabético. 365 págs., 11,50 €.
4. **Historia póstuma de Santa Teresa de Lisieux**. Las más bellas páginas que han escrito sobre ella los más famosos literatos, mujeres, papas, santos, teólogos, filósofos, artistas... 365 págs, 11,50 €.
5. **HISTORIA DE UN ALMA**. Texto íntegro y notas. **Tamaño normal**, 260 págs., 4,75 €. **Edición de bolsillo**, 333 págs., 2,50 €.

CÓMICS: VIDA DE SANTOS: Deliciosos cómics de Pilarín Bayés, con guión de M. Ángel Requena, O.P., al precio de 5,75 €.

* **Santo Domingo de Guzmán** * **Cojeando hasta el cielo** (B. Genoveva Torres) * **San Vicente Ferrer** * **El santo de la escoba** (San Martín de Porres) * **Santa Gema** * **Francisco y Jacinta, los pastorcitos de Fátima** * **El buen Papa Juan** (Beato Juan XXIII) * **San Josemaría Escrivá** (ed. castellana y catalana).

5. FORMACIÓN CATÓLICA

* **PARA SALVARTE,** del P. Jorge Loring, S.J.: ¡55 ediciones con más de un millón de ejemplares! La enciclopedia católica del siglo XXI: de la eternidad de Dios y la creación a la clonación y el genoma humano. 778 págs., 14 €.
* **SÍNTESIS DE LA MORAL CATÓLICA,** por los dominicos de Bolonia. 170 págs., 4,50 €.
* **COMPENDIO DE TEOLOGÍA MORAL.** Moral católica para el siglo XXI, por Gerardo Cappelluti, O.P. Gran éxito de la Editorial del Vaticano. 201 págs., 5,50 €.
* **COMPENDIO DEL NUEVO CATECISMO, con notas pastorales y ejemplos.** Por Juan Antonio Flores, arzobispo de Santiago, República Dominicana. 510 págs., 10,75 €.
* **Enseñanzas del nuevo Catecismo**, por Mons. Juan A. Flores. 222 págs., 4,75 €.
* **VIVE TU FE ¡El Catecismo en crucigramas!** (3.ª edición). Un método actual y atractivo, para aprender el Catecismo. Fichas, crucigramas, sopas de letras, tests, etc. 388 págs., 13,25 €.
* **EL EVANGELIO EN CRUCIGRAMAS**, por Lucía Caram, O.P.: crucigramas, sopas de letras, test, ejercicios, etc. 614 págs., 15 €.
* **El ministerio de la Iglesia.** Cambio de perspectiva, por Jesús Espeja, O.P. 226 págs., 13,22 €.
* **Ésta es tu Iglesia**. Una exposición clara y sencilla, por Jesús Álvarez Maestro, O.A.R. 243 págs., 9 €.
* **Hemos roto la cruz.** Manual de Ecumenismo para el pueblo, por Jesús Álvarez Maestro, O.A.R. 228 págs., 9 €.
* **A las fuentes de la sacramentología cristiana**, por Pedro Fernández, O.P. 363 págs., 21 €.
* **Los sacramentos de la Iglesia, a tu alcance**. Los siete sacramentos, por Pedro J. Lasanta. 181 págs., 9 €.
* **La alegría del perdón.** 2.000 años de doctrina sobre el Sacramento de la Penitencia, por Julio Atienza y Pedro J. Lasanta. 290 págs., 11,45 €.

Libros

* **El sacramento de la Penitencia.** Teología del pecado y del perdón, por Pedro Fernández, O.P. 352 págs., 18,63 €.
* **Ser cristiano en un mundo hostil,** por Vittorio Messori. El famoso periodista ante el cristianismo actual, desde la perspectiva del siglo XIX, con F. Faà de Bruno. 198 págs., 10,50 €.
* **Para comprender mejor la fe.** Introducción a la teología, por Jesús Espeja. 178 págs., 9,02 €.
* **Teología Fundamental.** Dar razón de la fe, por Felicísimo Martínez, O.P. 280 págs., 13,52 €.
* **El Credo, por Santo Tomás de Aquino.** Trad. por Manuel Ortega. 84 págs., 5,25 €.
* **El Padrenuestro (y Avemaría) de Santo Tomás.** Trad. M. Ortega. 107 págs., 5,25 €.
* **Testigos del Espíritu** (2.ª edición). Los nuevos líderes y sus movimientos: Kiko Argüello, Chiara Lubich, Giussani, A. Riccardi, etc. 350 págs., láminas color, 15 €.
* **La Tierra del Maestro. Guía y espiritualidad de los Santos Lugares** (2.ª ed.), por Francisco M. López-Melús. Láminas color. 313 págs., 10,50 €.
* **Religiosidad popular. Teología y pastoral,** por Mons. Carlos Amigo, arzobispo de Sevilla, y Ángel Gómez Guillén. 284 págs.10,50 €.
* **Dignidad y aventura humana,** por Abelardo Lobato. 274 págs., 13,22 €.
* **Nuestro arquetipo humano.** Trazos de su razón soberana, por Eladio Chavarri, O.P. 282 págs., 13,82 €.
* **La vida religiosa.** Teología y Derecho, por José J. Fernández Castaño, O.P. 181 págs., 10,82 €.
* **Eclesiología.** Comunión de vida y misión al mundo, por Claudio García Extremeño, O.P. 348 págs., 17,43 €.
* **Tras la justicia.** Introducción a una filosofía política, por Rafael Larrañeta, O.P. 236 págs., 11,72 €.
* **De la utopía a la política económica.** Necesidad y método, por Jorge Arturo Chaves, O.P. 280 págs., 15,03 €.
* **El Vaticano II en el reto del tercer milenio.** Hermenéutica y teología, por Vicente Botella, O.P. 276 págs., 13,82 €.
* **El desafío ético de la información,** por Niceto Blázquez, O.P. 354 págs., 18,63 €.
* **Moral de convicciones, moral de principios.** Ética desde las ciencias humanas, por Esteban Pérez Delgado, O.P. 291 págs., 15,03 €.
* **Teoría de los derechos humanos,** conocer para practicar, por Antonio Osuna, O.P. 254 págs., 15,03 €.
* **Los derechos humanos.** Ámbito y desarrollo, por A. Osuna, O.P. 340 págs., 19 €.
* **En camino.** Hacia una pastoral del mundo obrero, por Miguel Cisteró. 443 págs., 15 €.
* **Antología poética religiosa,** por Manuel J. Núñez, 253 págs., 5,75 €.
* **Mil pensamientos para vivir mejor.** Antología de frases y citas, por Ángel Rodríguez Vilagrán. 219 págs., 5,15 €.
* **Ventana a la mujer. María Eugenia Milleret, pionera de la promoción femenina,** fundadora de las Religiosas de la Asunción, por Martina López, R.A. 143 págs., 5 €.
* **La conciencia, a examen,** por Ignacio Domínguez. Con gran sentido pastoral y práctico, en "prosa rimada": la conciencia, el examen sobre lo esencial de la vida cristiana. 208 págs., 6,50 €.
* **EUROPA, identidad y misión.** Aportaciones de Juan Pablo II, por Bienvenido Gazapo y Elia Cambón. 408 págs., 17,50 €.

6. ESPIRITUALIDAD CRISTIANA

* **LOS CINCO MINUTOS DE DIOS** (32.ª edición), por Alfonso Milagro, claretiano. Un pensamiento bíblico y una sugestiva reflexión para cada día. 404 págs., 8 €.
* **LA EUCARISTÍA, la mejor escuela de oración, santidad y apostolado**, por Gonzalo Aparicio. 281 págs., 8,50 €.
* **De la Eucaristía a la Trinidad** (2.ª ed.), por Vincent M. Bernadot, O.P. Clásico de la espiritualidad. 227 págs., 5,15 €.
* **A la sombra de la Trinidad**, una espiritualidad para el siglo XXI, por Antonia M. Mora, T.M. 119 págs., 3,50 €.
* **Guía de la vida interior**. Josep Otón Catalán, un seglar, maestro de espíritu. 231 págs., 7,75 €.
* **La Eucaristía del Nuevo Testamento:** «Una obra que honra a la exégesis española», por José Luis Espinel. 300 págs., 15 €.
* **Sedienta de Eucaristía** (2.ª ed.), por M. Teresa M.ª Ortega, O.P. 96 págs., 5,25 €.
* **Orando entre llamas.** Experiencia de oración, de Teresa M.ª Ortega, O.P. 172 págs., 7,25 €.
* **Trigo de su era. 1.738 pensamientos desde la vivencia de la fe**, de M. Teresa M.ª Ortega, O.P. Lo mejor de sus fecundos escritos. 424 págs., 10,75 €.
* **LAS BIENAVENTURANZAS, ECLOSIÓN DE AMOR,** de Francisco M.ª López-Melús. Obra de plenitud doctrinal y espiritual, sobre la esencia de la vida cristiana. 580 págs., 15,50 €.
* **Corazón vivo. El Corazón de Cristo, fuente de vida.** 30 reflexiones para un mes junto al Corazón de Dios. 77 págs., láminas color. 5,50 €
* **LA IMITACIÓN DE CRISTO (Kempis)** (2.ª ed.). Trad. de Fr. Luis de Granada, cartoné. 491 págs., 9 €.
* **El martirio de Cristo y de los cristianos.** Los cristianos, llamados a seguir a Jesús, el Mártir, el Testigo fiel, por José M. Iraburu. 152 págs., 4,25 €.
* **Síntesis de espiritualidad católica** (6.ª ed.), por José Rivera y José M. Iraburu. En coedición con «Fundación Gratis Date», es el libro ideal para quienes quieren caminar por la senda del Evangelio de Jesús. 444 págs., 9 €.
* **Vivencias de gratuidad. Dios me salva,** por Chus Villaroel, O.P. 366 págs., 10 €.
* **La fuerza de ser hijos de Dios,** por Ignacio Domínguez. 124 págs., 5,25 €.
* **Los ejercicios espirituales de San Ignacio de Loyola.** Comentario y textos afines, por Darío López Tejada, S.J. 1.075 págs., 29,50 €.
* **En las fuentes de la alegría, con San Francisco de Sales,** por de F. Vidal. Antología de textos «salesianos» que invitan al gozo en el Señor. 494 págs., 9,50 €.
* **Inquietudes y vivencias de un seglar.** Antología espiritual de Emilio Pérez, abogado. Amplia experiencia en altos cargos eclesiales. 126 págs., 5,86 €.
* **Para encontrar a Dios.** Vida teologal, por Martín Gelabert, O.P. 295 págs, 15,02 €.
* **Sugerencias sacerdotales,** por Baldomero J. Duque. 190 págs., 5,15 €.
* **Sobre la marcha** (4.ª ed.). Confesiones de un tetrapléjico que ama la vida, por Luis de Moya. 212 págs., 11,50 €. Grabado en 6 casetes, con libro: 27 €. Vídeo: 17 €.
* **«CAMINOS DE SANTIDAD»**, 6 libros, para ayudar a seguir a Jesucristo, en cualquier estado de vida, a cualquier edad. Por Rafael M.ª y Justo López Melús. Cada libro: 9 €, La colección de 6: 45 €: **I. Decálogos que dirigen.** 396 págs., **II. Semillas que dan vida.** 366 págs., **III. Destellos que iluminan.** 336 págs., **IV. Bienaventu-**

ranzas que bendicen. 336 págs. **V. Ejemplos que edifican.** 384 págs. **VI. El reto de la santidad: Debo, puedo, y quiero ser santo.** 264 págs.
* **Nueve días con la Virgen del Carmen**. 10 formularios, con textos marianos de Juan Pablo II, por Gregorio Cortázar. 344 págs., 6,75 €.
* **Adorar con María,** por Marie-Benoîte Angot. María, modelo de la oración perfecta. 145 págs., 5,25 €.
* **El Rosario de Juan Pablo II** (7.ª ed.), por José A. Martínez Puche, O.P. 48 págs., color, 1,50 €.
* **El Rosario meditado** (6.ª ed.). Una invocación para cada Avemaría, por Pascual Meseguer, O.P. 48 págs., color, 1,25 €.
* **Rosario bíblico**, por Salvador Muñoz Iglesias. 178 págs., 5 €.
* **El Rosario de María**, hoja desplegable color, 0,10 €.
* **Rosario de la Virgen**. Hojita plastificada con los 20 Misterios y letanías. 0,07 €.
* **LA VERDADERA VIDA EN DIOS, encuentros con Jesús, por VASSULA RYDÉN.** 12 tomos.
Editados 1.º (364 págs., 12,75 €) y 12.º (220 págs., 10,50 €).

7. PARA LA FAMILIA, NIÑOS Y JÓVENES

* **Quince cartas a un padre preocupado** (3.ª ed.). Venancio L. Agudo aporta soluciones a los problemas de la formación de los hijos. 150 págs., 5,25 €.
* **Escuela de Padres en casa** (3.ª ed.), por Nieves Martínez. Educación desde la familia y el diálogo. 212 págs., 7,25 €.
* **El amor humano. Su sentido y su alcance.** Por A. López Quintás. Curso de ética basado en el amor. 256 págs., 9 €. Grabado en 12 casetes, con libro: 47 €.
* **Amor y vida. Acerca del matrimonio cristiano**. Por Florencio García Muñoz. 304 págs., 11,45 €.
* **Divorcio, aborto, natalidad y educación: Cuatro batallas ¿perdidas?,** por Luis Riesgo. 219 págs., 9 €.
* **Cuatro batallas ¿perdidas?: divorcio, aborto, educación, natalidad.** Luis Riesgo habla claro. 87 págs., 3 €.

8. DOCUMENTOS DE LA IGLESIA

LIBROS EN CARTONÉ
* **Encíclicas de Juan Pablo II** (5.ª ed.). Prácticos índices, 1.875 págs., 42,50 €.
* **Diccionario social y moral de Juan Pablo II,** por Pedro J. Lasanta. 2.210 textos, 734 págs., 23,50 €.
* **Diccionario de teología y espiritualidad de Juan Pablo II,** por Pedro J. Lasanta. 5.000 textos, 1.268 págs., 32 €.
* **Encíclicas de Pablo VI.** Y la exhortación «Evangelii nuntiandi». 450 págs., 22,50 €.
* **Diccionario de Pablo VI,** por Pedro J. Lasanta. 870 págs., 32 €.
* **Encíclicas del Beato Juan XXIII.** Y mensajes a España y Latinoamérica. 648 págs., 21 €.

Libros

* **Documentos sinodales.** Las siete Exhortaciones Apostólicas (Pablo VI y Juan Pablo II) y textos de los Sínodos Generales. Dos tomos, 1.720 págs., 46,50 €.
* **Cardenal Rouco.** Magisterio en sus primeros años en Madrid. 1.450 págs., 33 €.

FOLLETOS
* **La Vida Consagrada,** de Juan Pablo II. 222 págs., 3,75 €.
* **El día del Señor.** Carta de Juan Pablo II, sobre el domingo. 95 págs., 2,75 €.
* **La alegría de ser cristiano,** por Pablo VI: «Gaudete in Domino», Credo del Pueblo de Dios, y Testamento. 145 págs., 5,25 €.
* **Fides et ratio** (2.ª ed.), de Juan Pablo II sobre la fe y la razón, 194 págs., 4 €.
* **Evangelium vitae,** de Juan Pablo II sobre la vida humana, y «**Donum vitae**». 280 págs., 4 €.
* **Reconciliatio et paenitentia,** de Juan Pablo II. 160 págs., 4 €.
* **Caminar desde Cristo** (5.ª ed.). Vida religiosa del siglo XXI. 3,75 €.
* **El Rosario de la Virgen María** (6.ª ed.). El nuevo Rosario de Juan Pablo II. 2,50 €.
* **Las personas consagradas y su misión en la Escuela.** 2,50 €.
* **Ecclesia de Eucharistia**, la encíclica eucarística. 2,50 €.
* **El Sacramento de la Redención**, instrucción eucarística. 2,50 €.

9. LITURGIA Y AÑO LITÚRGICO

* **Nueva oración de los fieles.** Por Lucía Caram, O.P. Dos tomos, a dos tintas, con las «oraciones de los fieles» más actuales. * Tomo I: Domingos, festivos, especiales (408 págs., 21 €.). * Tomo II: Ferial (544 págs., 24 €). Los dos tomos: 39 €.
* **Misal Dominicano. Todo el Misal Romano, más lo dominicano.** Dos tomos. 46 €.
* **Liturgia de las Horas O.P. Propio de los santos dominicos.** 2.156 págs., 30 €.
* **El Misal de Pablo VI,** por P. Farnés, D. Borobio, etc. Estudios sobre la misa del posconcilio: lo que se ha avanzado y lo que falta. 316 págs., 11,45 €.
* **Recuperar la fiesta en la Iglesia.** Talante pascual del cristianismo, por L. C. Bernal, O.P. 400 págs., 11,45 €.
* **Celebrar, un reto apasionante.** Bases para una comprensión de la Liturgia, por José M. Bernal. 456 págs., 23,50 €.

• Homilías

* **GUINOES BÍBLICOS PARA HOMILÍAS DOMINICALES (Ciclos A,B,C)** (2.ª ed.), por José Salguero, O.P. Una obra excepcional: sabiduría bíblica, aplicación a la vida actual, sentido práctico. 754 págs., 21 €.
* **Dios con nosotros** (ciclo A), **Hijo de Dios (B), Mesías y Señor (C)** por José-Román Flecha, decano de Teología de Salamanca. Cada libro, de unas 300 págs., 11 €.
* **Despertar con Dios.** Reflexiones para la meditación y la homilía, por Ángel Galindo y las monjas dominicas de Segovia. Tres tomos (ciclos A,B,C), a 11,45 € tomo.
* **Homilías de exequias.** Vida, muerte y resurrección, por Gerardo Sánchez, O.P. 12 opciones, con lecturas bíblicas y comentarios homiléticos.

Libros

- **Navidad**

- **NAVIDAD 2000**, por J. A. Martínez Puche. Biblia, teología, espiritualidad, poesía y arte a color. 224 págs., 23,50 €.
- **Contemplación de Navidad,** por Antonio López Baeza. Versos y oraciones del Enmanuel. 147 págs., 5,75 €.
- **Nos vino un Niño del cielo.** Poesía navideña latinoamericana. Antología de Miguel de Santiago y Juan Polo Laso. 368 págs., 11,50 €.
- **La Navidad de Pemán.** Poesía y deliciosa prosa ante el Portal. 130 págs., 7,25 €.

- **Cuaresma, Semana Santa, Pascua**

* **Toma tu cruz y sígueme,** por Ricardo Cuadrado Tapia, O.P. Una parte, dedicada a los enfermos; la otra, el nuevo Vía crucis con su complemento, el Vía-lucis. 145 págs., 5,25 €.
* **Saliendo al «paso» del Señor.** Comentarios bíblicos a los «pasos» de la Semana Santa y Pascua, por J. M. Alcácer, 187 págs., 8,50 €.
* **Semana de la vida. La primera Semana Santa.** Por Francisco de Mier, C.P. 392 págs., 11,45 €.
* **Las tres grandes catequesis bautismales.** Por Andrés Pardo. Las catequesis de la primitiva Iglesia 92, modelo de las de hoy. 92 págs., 3,75 €.
* **Vía Crucis. De la Cruz a la Luz (16 Vía Crucis),** por J. R. Flecha, y J. A. Martínez Puche. 256 pags., 6 €.
* **Vía Crucis nuevo.** El itinerario de la crucifixión, por Salvador Muñoz Iglesias. 70 págs., color, 4 €.
* **La Pasión según Pemán.** Profundidad, elegancia, fe. 147 págs., 7,25 €.
* **EMAÚS.** Era necesaria la Pasión y Glorificación de Cristo, por Ignacio Domínguez. 155 págs., 5,75 €.

10. BIBLIOTECA DOMINICANA

(Ver en LITURGIA, 7: Misal y Oficio de Lecturas O.P.)
* **HISTORIA DE SANTO DOMINGO**, de Humbert M. **VICAIRE**. La mejor biografía. 980 págs., láminas color, 25,50 €.
* **A la escucha del Cardenal Congar,** por Juan Bosch, O.P. Vida y mensaje del gran teólogo dominico que se adelantó al Vaticano II. Bibliografía completa: 290 págs., 11,45 €.
- **Francisco de Vitoria y su «Relección sobre los Indios».** Los derechos de los hombres y de los pueblos, según el fundador del Derecho Internacional. Por Ramón Hernández, O.P. 185 págs., 9 €.
- **Espiritualidad dominicana,** por Felicísimo Martínez. El carisma y la misión de la Orden de Predicadores. Principios y criterios, válidos para otras órdenes. 258 págs., 11,45 €.
- **La devoción a María en la Orden de Predicadores,** por Alfonso D'Amato. Estudio histórico, teológico y espiritual. 242 págs., 11,45 €.

Libros

- **Comunidad y comunión en la vida dominicana**, por Alfonso D'Amato. Escrito desde la experiencia dominicana, aborda temas para toda vida religiosa. 9 €.
- **Historia de la Orden de Predicadores.** Por Delfín Castañón: la orden dominicana con sus congregaciones. 220 págs., 11,45 €.
- **La provincia dominicana de Aragón. Siete siglos de vida y misión,** con ocho santos como Raimundo de Peñafort, Vicente Ferrer, y otros grandes personajes. 9 €.
- **Eckhart, Tauler, Seuze.** Vida y doctrina de los tres grandes místicos dominicos alemanes, por Brian Farrelly, O.P. 358 págs., 11,45 €.
- **Dominicos que dejaron huella.** Juan Bosch (dir.). 67 semblanzas de grandes dominicos de ayer y de hoy. 252 págs., 11,45 €.
* **La Virgen del Rosario y Santo Domingo de Guzmán en el arte**, por Domingo Iturgaiz, O.P. 143 páginas, láminas color, cartoné, 11,50 €.
* **SANTO DOMINGO DE GUZMÁN EN LA ICONOGRAFÍA ESPAÑOLA**, por Domingo Iturgaiz. Una obra definitiva, con 140 págs., color. 488 págs., 27,75 €.

11. MISIONES. OTROS

* **Memoria de Misión.** La gigantesca hazaña misionera de los dominicos españoles en las *Selvas Amazónicas* durante el siglo XX, por José Manuel Soria, misionero y periodista. 580 págs., 15,50 €.
* **Cartas desde Alaska** (2.ª ed.). El misionero Segundo Llorente, S.J., a las Carmelitas Descalzas. 268 págs., 9 €.
* **Recuerdos de África** (2.ª ed.). Memorias de un misionero en Sierra Leona, por Santiago Marcilla, agustino recoleto. 270 págs., 9 €.
* **El corazón, punto de encuentro**, por José M. G. Belmonte, O.P., misionero en Japón. Hacia un encuentro Oriente-Occidente. 172 págs., 6,75 €.
* **Historia de las Misiones. Primeros siglos de evangelización**, por las Obras Misionales Pontificias. Dos libros: **I: De la Edad Antigua a la Edad Media.** 251 págs., (9 €) **II: Bajo el Patronato Regio.** 264 págs., 9 €.
* **Ejercicios espirituales para misioneros**, por José L. Irízar, 683 págs., 15 €.
* **Religiosos para la Nueva Evangelización,** por Pedro J. Lasanta. Religiosas y religiosos, ante el tercer milenio. 304 págs., 11,45 €.
* **La Parroquia y el Camino Neocatecumenal** (2.ª ed.), por Jesús Higueras, párroco de la Paloma, Madrid. 144 págs., 7,75 €.
* **Hacia la Parroquia del Tercer Milenio,** por Jesús Higueras, párroco de la Paloma, Madrid. De la larga experiencia a la pastoral. 220 págs., 5,75 €.
* **Guía de las Cartujas de España,** por Luis Doeijo. Ayer y hoy de la Orden Cartujana en España, con ilustraciones en color. 248 págs., 8,45 €.
* **Guía internet de la Iglesia Católica.** 4.000 recursos Web, por Juan Pedro Ortuño. 450 págs., Con CD-Rom: 16,50 €.
* **Saludablemente bien. La homeopatía y humanización de la medicina.** Una alternativa para vivir con salud, equilibrio y sentido, por Lucía Caram. 305 págs., 10,50 €.
* **Milenarismos.** El cristianismo en la encrucijada de los dos milenios. Por Sebastián Fuster, O.P. Los milenarismos en el umbral del tercer milenio. 244 págs., 11,45 €.
* **El Nacional clericalismo vasco,** por Niceto Blázquez. 254 págs., 11,50 €.

Libros

* **El vacío del posconcilio,** por J. Esparza. Experiencias de un párroco rural. 310 págs., 11,45 €.
* **Seguidores de Jesús en el umbral del 2000.** Diagnóstico del catolicismo español, por Francisco Azcona, director de la Oficina de Estadística y Sociología de la Iglesia. 6 €.
* **La Iglesia en la prensa de España.** La Iglesia y a los temas religiosos, en la prensa nacional, por José A. Marcellán. 310 págs., 11,45 €.

Pedidos a: **EDIBESA. Madre de Dios, 35 bis. 28016 Madrid**
Tel.: 91 345 19 92 - Fax: 91 350 50 99
E-mail: edibesa@planalfa.es -
http://www.edibesa.com